叢書・ウニベルシタス　1166

法現象学入門

ソフィー・ロイドルト
青山治城 監訳
八重樫徹・植村玄輝・木村正人・宮田賢人・鈴木崇志 訳

法政大学出版局

Einführung in die Rechtsphänomenologie
by Sophie Loidolt

日本語版への序文

二〇一〇年に出版された『法現象学入門』は、当時すでに百年におよぶ法現象学の伝統を包括的に叙述するものとしては最初のものでした。本書が記録し体系的に整理した「法・権利（Recht）」という現象へのさまざまな通路が示しているように、現象学的な思想は最初期から現在に至るまでずっと学際的な方向性を持っています。本書における歴史的かつ体系的な回顧が未来の新しい思想の道を開くことを望んでいます。

実際、本書が出版されてからの十年の間に国際的に何が生じたのかと言えば、それは、現象学研究が社会的なものや政治的なものについて、あるいは社会批判や規範的な現象について、ますます鋭く問うようになったという事態です。この動向によってさらに明確になったように、規範的な秩序は単に抽象的な構造であるのではなく、そうした構造の影響を被る主体の生き生きとした経験の中で顕在化するものです——そして結局のところ、規範的な秩序を作り出したり把握したり生きたり変化させたりできるのは、こうした経験だけなのです。これまでに行われた法現象学的な研究は、近年の動向にとって今後も価値あるインスピレーションの源、方法上の導きとなりうるものです。本書が法現象学のこれまでを振り返る助けになることを私は望んでいます。

同様に、社会団体の存在論的な形式への関心も高まりを見せています。日本における現象学の伝統には、この動向に関する重要な代表人物である尾高朝雄がいます。社会存在論的なテーマをとりわけ規範や法に関する考察と結びつける尾高の議論は、「世界団体」という国際法的な段階にまで及んでいます。国境や文化を超えた共同体についてのこうした問題や、それを法的・人権的な観点からどう調整するかという事柄は、近年の膨大な文献が示すように、今日における喫緊の課題です。

本書の原稿を、私はウィーンの出身校で完成させました。ウィーン大学は尾高朝雄がハンス・ケルゼンの下で学び、アルフレート・シュッツと親交を結んだ場所でもあり、本書がこのたび日本語に翻訳されることは、私にとって大きな喜びと名誉であります。さらにこのことは、ウィーンと日本の間の（法）現象学的な友好関係が世界に開かれ、国際的であり、学際的であることを象徴していることを示しています。

こうして新しい橋を架けていただいたことについて、本書の監訳者である青山治城氏、そして翻訳者の八重樫徹氏、植村玄輝氏、木村正人氏、宮田賢人氏、鈴木崇志氏に心より感謝したいと思います。

二〇二一年八月　ウィーンにて

ソフィー・ロイドルト

序言

本書は、二〇〇六年ウィーン大学の哲学研究科に受理された私の博士論文のうち公刊されていない部分に基づくものである。この部分で、古典的な法現象学におけるさまざまな立場を概観する基盤は提示されたが、もちろん包括的な「法現象学入門」とするためにはより詳細な作業と主題の拡大が必要であった。私はこの作業を二〇〇九年から二〇一〇年にかけて終え、その前の二〇〇九年に私は、『要求と法的正当化――エトムント・フッサールに即した法的思考の理論』というタイトルで博士論文の主要部分を公表している。この博士論文のうち最初に刊行された非常に包括的な部分（それは認識論的、倫理的観点から法的記述を扱ったもの）と、手短ながら明確に法現象学を扱った部分との関係については十分吟味されていなかった。そのため、それらは別々に公表するのが好都合であると思われた。したがって、ここに提示する最終版の目的は法現象学への導入であって、法哲学と現象学の基本問題への導入部分を含んでいる。これは同じ「法現象学入門」というタイトルで二〇一〇年の夏学期にウィーン大学で行った講義が基になっている。

私はここで、ルーヴァンのフッサール文庫に対して、フッサールの未公開草稿の公開に対する許諾、ならびにつねに親切に支援して頂いたことに謝意を表したい。また、オーストリア科学アカデミー（ÖAW）

にも、本書を準備するきっかけとなったAPART研究助成金による支援に感謝したい。公法および国際法の実務家としての専門的な知識に基づく助言を与えて下さったフィリップ・ビトナー氏にも心から感謝する。

二〇一〇年八月、ウィーンにて

法現象学入門 ◉ 目次

法現象学入門

凡例

一　本書はSophie Loidolt, *Einführung in die Rechtsphänomenologie: Eine historisch-systematische Darstellung*, Mohr Siebeck, 2010の全訳である。

二　傍点は原書の強調イタリック。

三　『　』は原書の作品名イタリック。

四　「　」は原書の引用符。

五　〈　〉は「　」内の短文や強調された特殊な用語を見やすくするために訳者が用いた記号。

六　（　）［　］は原書に準じる。

七　〔　〕は訳者による補足。

八　原注は行間に番号（1、2、3……）を付し、訳注は行間に番号〔訳注一、訳注二、訳注三……〕を付して側注とする。

第一部　導入——法現象学とは何か

法現象学とは、現象学的な観点からわれわれの社会生活における法秩序と法に関して哲学的な熟慮をすることである。この最初の規定は非常に一般的なものに見えるが、それにはそれなりの理由がある。この規定によれば、非常に多様で異質な領域が開かれるからである。そうした多様な領域は、法現象学の最初の著作である、アドルフ・ライナッハの「民法のアプリオリな基礎」(Reinach 1913) 以後ほぼ百年の間に概括的な修正が必要であった。[1] 本書はそうした欠陥を埋めようとするものである。その場合、二十世紀初頭から現在までに現象学と法哲学、法理論、法学との間で緊密な対話をしてきた諸々の立場および現在そうした対話を行っている各種の立場を歴史的かつ体系的に概観しなければならない。

同時に本書は、現象学に信頼を置いていない法学者、法理論家、法哲学者に対して現象学を紹介するだけでなく、法哲学にほとんど関心を持たない現象学者を法哲学に導き入れるような記述を提供しようとするものである。[2] 特に本書第一部は(法現象学的な出発点にとって重要なものにかぎって)現象学と法学に関わる

(1) この点についての簡略な概観および辞書的な説明としては、Natanson (1973), Waldenfels (1992), Hamrick (1997), Pallard/Hudson (1999) を参照。〔ライナッハの当該論文は、*Jahrbuch für Philosophie und phänomenologische Forschung* に発表されたもので、松坂佐一氏による翻訳(「ライナッハ 法の現象学について、民法の先験的基礎」、「名古屋大学法政論集」一四三号、一九九一、一四四号、一九九二)がある。少々読み難い訳文ではあるが、松坂訳の頁を併記した。〕

(2) 私は法学者ではなく、哲学者としてまず現象学的、法哲学的な視点からテーマに接近するものであるため、法律家や法学の理論と実践が実際にどのようになっているか、その全体を代弁することは残念ながらできない。私が望むのは、現象学的な立場をより近づきやすい方法で分かりやすくすることである。法哲学に親しんでいない全ての読者が基本的な問題にできるだけ直接関与し、それらの問題に関して法現象学的な解答を与える試みに加わるために、法哲学的な部分は意識的に一般的に扱う。その際、まず私にとって重要であったのは、諸々の法現象学的な立場を法哲学的にはでき

基本概念と基本問題を概説したものであり、法現象学へのアプローチを容易にするものである。その意味で、本書は、法や社会の存在論的問題を手引きとしつつ、現象学に初めて本格的に取り組む上でも相応しいものである。同じく本書は、多くの専門家に対して、これまであまり論じられてこなかった領域に気づかせる可能性を持つはずである。

法現象学は、現象学の一部であると同時に哲学と法学の間にある基本的な学問領域である法哲学の一潮流として理解することができる。法哲学同様、法現象学は次のような中核的な問いを発するものである。(一) 法とは何か (法概念論)、(二) 法の妥当根拠とは何か (法の拘束性)、(三) 法規範はいかにして成立するのか (発生、法源)、(四) 法規範と他の社会規範、特に道徳との関係、(五) 法の機能とは何か、(六)「正義」と「法」との関係、法はいかなる内容を持つべきか、(七)「法感情」と「法」との関係はいかなるものか、(八) 法と国家には相互関係があるのか、(九) 法学の任務とは何か、等々。本書で紹介している論者たちも、これらの問題やそれ以外の主題領域について現象学的な基本的省察に基づいて論じ、答えようとしている。

そこでは、間主観性や社会的存在論、生活世界に関するフッサールの考察や、彼の論理学や形相論も取り上げられている。ハイデガーやシェーラーの諸論考を法現象学の観点から生産的に発展させたものも含まれる。まず最初に注目すべき人物としてアドルフ・ライナッハがいる。彼は法学者であると同時に現象学者でもある。彼の約束の理論は言語行為論の先駆でもある。さらにはケルゼンの弟子たちによる「ウィーン学派」もある。彼らは、フッサールの現象学を純粋法学のために役立てようとしたのであり、厳密に法実証主義的な法理解を主張している。他者倫理 (レヴィナス) や異他的なものの現象学 (ヴァルデンフェルス)、ハンナ・アーレントの「人権の現象学」に関する最近の著作群も現在の法現象学的な流れとして理解することができる。したがって、諸々の非常に異なる〔法現象学の〕立場について語りうるが、それらは、二十世紀における現象学および法哲学の重要な部分を反映するものであると同時に、法実証主義や生活世界、正義の問題などに対する新しい道を開拓しようとするものである。

法現象学的な思考にとって重要な（重要でありうる）問題設定について基本的な概観を与えるために、この序論では二つの章から始めたい。それは、法哲学的および現象学的な基本問題と基本概念をコンパクトに要約するためである。それによって、〔現象学と法哲学を結びつける〕学際性を示す古典的議論に入るための出発点となる諸条件が与えられるはずである。すなわち、そのような学際性は、現象学と法哲学におけるその時々の「主要な議論」によって周辺化されたものや、二つの潮流についての多様で創造的、革新的な解釈の中に見られる。法哲学および現象学によるそうした周辺化に対して、本書は一つの思考を対置することになる。その思考とは、この二つの学問領域は元々互いを豊かにし合えるような結びつきを持っていると考えるものである。すなわち、法学は現象学が用意する特定の方法を用いて諸々の事物についての思考を深め、現象学は法に基づいてその方法の適切さと有用性についてさらに反省を加えることができると考える思考である。

るだけ中立的に提示することであった。それゆえ、特定の議論の文脈における法現象学の立場については直接触れていない。しかし、特定の文脈に基づき、そこから生まれてきた議論、現在の法哲学や法理論のテーゼを生み出してきた議論はもちろん望ましいものであり、一つの問題提起という意味で、具体的な法的諸問題と現象学的研究領域とを結びつけるとともに現象学的研究領域を継承しようとする本書の目的そのものだとも言えよう。

第一章　法哲学の基本問題と法現象学の基本概念

法哲学の古典的な基本問題は、法現象学が扱う問題でもある。したがって、最も重要な諸問題に光を当てるべきであり、その際考慮すべきは、諸々のテーマが互いに関係し合い、何重にも重なっているということである。その諸問題は、ここではさしあたりこれまでさまざまになされてきた法哲学的、法理論的な議論とは独立に、法哲学の「普遍的な」諸問題として提示される。それゆえ、ここでの考察は非常に基礎的なものとして構想されている[3]。このような限定は意識的になされている。というのも、そうすることで、ここで扱われるテクストにおいてそれぞれの概念や問題がどのように理解されていたかを知るための用語上の基盤が据えられるはずだからである。そうすることで、この後テーマごとにまとめられた各章において

(3) 現在の法理論の文献としては、ブッケル、クリステンセン、フィッシャー＝レスカーノ編『新しい法の理論』(Buckel/Christensen/Fischer-Lescano Hg. 2009) を参照。ドイツ語圏における法哲学を総括するものとしては、ブルガー、ノイマン、キルステ『二十一世紀の法哲学』(Brugger/Neumann/Kirste Hg. 2008) を参照。二十世紀全体についての概観としては、Braun (2001), Brockmöller/Hilgendorf (Hg. 2009) がある。

て、（現在の）法哲学と法理論に特殊なテーマとこの基盤とが結びつく点を探求することができる。

第一節　法の本質と法概念(4)

法哲学における古典的な問題とは、法をして法たらしめるものは何かという問いである。あるいは、より簡単に存在とは何か（*quid est?*）という形而上学的な問いにならって言うならば、法とは何かという問いである。この問いは、「法とはBGB(5)のことである」といった特定の法令（Rechtsordnung）によって答えられるものではなく、他の事物や出来事、命令と区別される、法一般の普遍的な本質的特徴が問題とされている。この問いが前提としているのは、哲学的な分析によって確かめられうる特定の性格を持った特徴を持つ特有の現象が法であるということである。その特徴が法をして法たらしめるものであり、法の本質（*essentia*）であり法の存在ないし本性（*natura*）である。それによって法の一義的な概念が規定される。そうした特徴が見られない場合には、その法はもはや法ではないのである。

法の本質と概念に関してはすでに何百年にもわたってさまざまに対立する議論(6)がなされてきたが、そうした議論を見ると、法の本質がいつか認識できるであろうとは思われない。そもそもそうした本質が存在することを期待させるものはほとんどないように思われる。それゆえ、あるいはそれ以上に、ある事物の「本質」に関する問いは、今日の哲学においては不信の目で見られ、むしろ言葉の使い方を問うことが好まれる。他方では、概念や本質を追求することを性急に放棄すべきではない理由が語られる。というのも、われわれはみな通常、ある規定が単に道徳的なものなのか、事実上法に属するのかについては明確に区別できることを知っているからである。少なくとも、人はそうした問いに答えるために調べるべき場所を知っているからである。すなわち、そうした区別の基準をあげることができるのであり、ある規範が制定されているかどうかは、法律条文を調べれば分かるということである。このような基本的直観から生まれる法実証主義は、法の概念や本質を、ある具体的な（国家）領域で具体的な歴史的な時期に具体的なある書き手によって規定された法規範として、具体的で「実証的な」存在とみなす。さらに法と道徳を区別する基準は、すでに日常的な理解の内にあり、特定の規定された帰結の内にある。そうした帰結は、道徳規範と区別されて（道徳規範が考慮されずに）法規範が自ら引き出すものである。制度化され合法化された法の強制力は、法が貫徹されるために必要なものであり、それがなければ法は秩序に対する単に無邪気な期待にすぎないものになる。法実証主義の伝統においては、そうした強制力がまさに法の中心的で特徴的なメルクマールとして認められてきた。

しかし、一つの権威によって強制力のある規則として制定されただけで、その全てが「法」と言えるの

（4）この点について詳細かつ体系的で、非常に読みやすいものに、Alexy (2002) 27–136 がある。

（5）ドイツ民法典。

（6）この点について参考になる概説としては、Brieskorn (1990), Coing (1993), Freeman (2001), Hoerster (2006), Hofmann (2003), Horn (2004), Horster (2002), Kirste (2009), Luf (2004), Naucke/Harzer (2005) などがある。Werner Maihofer (1973) は、法の本質と概念に関するテクスト集を編集しており、十九、二十世紀の特にドイツ語圏における生き生きした議論について格好の概観を与えてくれる。

だろうか。例えば、ニュルンベルク人種差別法のような「ナチスの法」は、本当に法なのだろうか。ここに法の二重の意味を構成する第二の水準がある。すなわち、法は一方でつねに作り直される規範的社会秩序であり、他方では倫理的、道徳的な要求として義務づけるものでもある。法は正義と繋がりがあるはずであり、決して道徳的な原理を冒すべきではない。法が道徳原理に違反する場合にはもはや法とは言えないというのが、自然法論者（または法的道徳主義者）の直観である。[7]

だが、このような二つの側面をいかにして一つの法概念に結びつけることができるのだろうか。あるいはまた、そもそもこの二つを結びつけるべきなのだろうか。法哲学の中心的な議論はこの点をめぐって生じるのであり、立場によってさまざまな回答が出されてきた。というのも、法の概念と本質については、例えば、法解釈学的、法哲学的、法制史的、法社会学的、政治的、道徳的、純粋に宗教的等々の視野から捉えられ、法の持つ基本的な性格についても異なる強調点が異なる側面から示される。単に「経験的」な水準を超え、法の多様な現れ方を一つの概念で捉えるという試み、言い換えると、少数の具体的な諸例からそれらを包括する共通のものに至ろうとする試みは、こうしたさまざまな立場に共通するやり方である。

こうした論争に関与することなく、法について、あらゆる共通性を網羅する形で言えることは何であろうか。法は海や石のような自然物ではなく、人間が作り出すもの、定立するもの、文化的創造物であるとすることは、すでに古代ギリシアにおいてなされたピュシス（自然）とノモス（定立されたもの）との区別同様、無難な言い方であるように見える。法は、人間と何らかの関係を持つものであり、社会的な現象であり、間主観性を前提とし、政治的、経済的、道徳的な他の社会現象と強く関連している。さらに言えば、法は人間の共同生活を規制するものであり、しかもそれを規範的な仕方で行う。このことは、法において問題となるのは、（自然科学の命題のように）何がどのようにあるかといった記述的、叙述的な命題ではなく、命令的で規範的な命題であり、何があるべきか、特に人間がどのように行動すべきかを示す命題である。[8] 法を単に「当為」としてのみでなく、「存在」として捉えることができる、ある社会の中で遵守されている具体的な秩序として捉えることができる、すなわち両者とも（例えば社会学的な用語を用いて）描写的に記述されうるものだとしても、法の持つ規範性は法の中核をなす概念である。

社会的で規範的な現象といった極めて漠然とした仕方で規定されていることは別にしても、あらゆる法学のテクストの中には法を定義する多くの試みがあるのは当然のことである。ここではコチオル／ヴェルザーの『民法綱要』（Koziol/Welser 1992）、ノルベルト・ホルンの『法学および法哲学入門』、およびノルベルト・ブリースコーンの『法哲学』（Brieskorn 1990）から三つの例を引いてみよう。

（法とは）人間の共同生活における秩序であり、ある法共同体にとって拘束的な秩序であって、その秩序は正義の要請の下にあり、場合によっては強制的に貫徹される（Koziol/Welser 1992, 4）。

（7）ハンス・ケルゼンの法実証主義に従うフェリックス・ソムロは、「法という言葉の二重の意味」を次のように説明している。「法という言葉の意味として、ある倫理規範の絶対的な正当性要求が考えられているが、それとは別に他方では、単に作られたにすぎない特定の異質な規範を指している」（Somló 1973, 424f.）。彼は、法的な意味での法と倫理的な意味での法とを区別しているのである。

（8）当為と存在をこのように厳格に区別すると規範的な法則と自然法則の違いは明確になるが、そこで考えられていることが詳しく説明されないと、一般的な法則概念に含まれる両義性も明らかになる。すなわち、自然法則が一般に、そしてまた必然的に因果形式において、何かが何であり、いかにあるかを記述するのに対して、規範的法則は私がいかに行為すべきかを命じるものである。この点については、シュピーゲルベルグ（第二部第二章第四節第一項）を参照。

法とは、人間の共同生活を規制し、人間の間の衝突を判決によって解消するために国家によって保障された諸規範である（Horn 2004, 4）。

法として特徴づけられるものは社会生活の当為秩序であり、その役割は、自由な空間を仲介することであり、安定化、負担の軽減、方向づけである。そしてその定立と内容は具体的な人間集団によって拘束的なものとみなされ、その貫徹は最終的にある組織化された手続きと特定の制度によって保障されたものである（Brieskorn 1990, 33）。

こうした法学的な定義の試みには法概念を構成する際の重点の置き方に相違が見られるが、その一方で明らかなことは、これらの定義ができるだけ大きな可能性を持った概念を目指しているために非常に抽象的にならざるをえなくなっていることである。こうした定義をすることよりもより大きな哲学的関心から展開されるべきことは、一つの本質や一つの概念の限界、区別基準、可能性の条件をそれが存在するかぎりにおいて提示することを試みることである。この問題を追求するために、哲学者たちは経験的方法、超越論的方法、形相的方法、合理的方法、弁証法的方法、論理演繹的方法、（言語）分析的方法、そして現象学的方法など、さまざまな方法を発展させてきた。

現象自体が提供する可能性、それを問うことはすでに現象学的であるが、それは、法のさまざまな源泉と現れ方の共通性と相違を探究することであろう。すなわち、国家的に定立された法としての法、法律および命令としての法、裁判所における判決や「裁判官法」としての法、慣習法としての法、主観的権利としての法など、その共通性と違いを探究することである（Horn 2004, 14–23参照）。こうした探究は、どこから法が生まれてくるか、どのようにして成立するのか、という問いによって導かれるものであろう。さらなる可能性は、社会的安定性や協働、法的統合を目指した平和の秩序として、あるいは自由の秩序として、法をその機能に基づいて分析するところにあるかもしれない（Horn 2004, 24–27参照）。そこではむしろ法の目的が目指されている。また、法は人間の共同生活にとって法がどの程度まで必要な秩序であるのか、つねに社会とともに登場する（社会あるところ法ありとされる）のはなぜか、と問うこともできる。これはまさに、社会学的あるいは人間学的な問題設定であり、そうした問いにおいては、人間は政治的動物（*zôon politikón* アリストテレス）、万人の万人に対する闘争状態にあるもの（ホッブズ）、自由な存在（カント）などとみなされてきた。あるいは逆に、法を経済的な支配階級による精神的上部構造として概念化し、それゆえ批判的に分析されることもあった（マルクス）。法の本質と法概念に対する接近の仕方は、このように少なくとも法現象自体と同様に多様である。

第二節　法の事実性と妥当性[9]

法哲学および法現象学の中心にある問題であって、本質に関する問いに属するのは、その妥当性の問題

（9）ここで再び、発展的な説明として非常に明快なアレクシーの『法の概念と妥当性』（Alexy 2002）があげられるであろう。法の「妥当性」についてはその137–198を参照。

である。その際に重要なのは、論理学や数学におけるような「真」か「偽」か、明証性、認識の正当化、あるいは命題を正しく導出することではなく、できるだけ一般的に定式化するならば、ある規範が「法的な当為要求としての位置を持つ」(Luf 2003, 32) かどうかである。

妥当性はさまざまな次元で規定されうる。まず第一に法創造の正しさや純粋に形式的な基準において、第二に法が貫徹されているという事実性の次元において、第三に正当化を要求する特定の内容を持った当為において。ラルフ・ドライヤーが区別している法学的、社会学的、倫理的妥当性の基礎づけがこれに当たるが (Luf 2003, 34, Alexy 2002, 139–143参照)、これらの基礎づけは、非常に異なる局面を見せており、「妥当性」は全く異なる仕方で理解されている。法学的な観点では法制定の形式に関わり、社会学的には効果的に法が貫徹されているかどうかが問題であり、倫理的には道徳性や正義という基本的な公準に適合しているかどうかが問題にされる。

第一の場合、事実上誰もその法に従っておらず、全く通用することもなく(「死せる法」)、道徳的に誰も認めず、正当化されないとみなしていたとしても、法は(法学的に)「妥当している」ことになろう。つまり、そうした場合であっても、法は成文化され、妥当性を持った法であり続ける。この最初の実証主義的な妥当性は、法学的には周知のことである。この意味で妥当する法とは、適切に立法されて「効力を」持ち、法典に載っている場合の法である。第二の意味での妥当性とは、その法が事実上遵守され(承認されているかどうか、変更されているか、貫徹されているかどうかに関わる認識の問題であり、道徳的、規範的な質や法学的基準に合っているかどうかとは無関係である。[10] 第三の場合、道徳的、規範的な正当性に基づく妥当性の条件は、問題となっている法規範を誰も遵守せず、それどころか、その法が法律学的法として存在しない場合でも充足される。[11]

こうした妥当性概念の異なる面は、法理論的な対立にも反映されている。ノベルト・ホルンは、人間が制定法に従うべき理由を主題とする妥当性理論について四つの体系的な観点を提示し、その妥当性理論にはそれぞれ非常に異なる特徴があるとしている。

(一) 法律自体が従うことを要求する（命令理論）。
(二) 必要な場合に実際に適用される法律に従うべきことを求める強制的威嚇の存在。
(三) 法律が一般的に、圧倒的多数の市民によって承認されている。
(四) 個々人が良心の命令としても法律を信頼している。

---

(10) この点で考慮すべきことは、ある法秩序の実効性についての単なる考慮、すなわち「貫徹可能性のチャンス」（M・ヴェーバー）に関する問いは妥当性問題とは無関係であるはずだということである。なぜなら、ここで問題となっているのは事実上の規範従属であり、何らかの基準に従って「妥当している」かどうかとは全く無関係だからである。

(11) ロベルト・アレクシーは、法概念に関する議論と法概念の妥当性とを結びつけている。「問題は、いかなる法概念が正しく、適切であるかということである。この問いに答えようとする者は、三つの要素を結びつけなければならない。すなわち、秩序に適合した実定性（*Gesetztheit*）、社会的な実効性（*Wirksamkeit*）、内容的な正当性（*Richtigkeit*）の三つである。……秩序に適合した実定性と社会的実効性に全く意味を認めず、もっぱら内容的な正当性のみを求める者は、純粋に自然法的、理性法的な法概念を考えている。純粋に実証主義的な法概念が生まれるのは、内容的な正当性を全く除外し、秩序にあった実定性と社会的な実効性のみに依拠する場合である。これら両極端の間には多くの中間的な形が考えられる」（Alexy 2002, 29）。「社会的な実効性と内容的な正当性、秩序に適合した実定性という、この三つの要素は、社会学的な妥当性、倫理的妥当性、法学的妥当性という三つの妥当性概念に対応する」（Alexy 2001, 139）。

最初の二つは実定法的な妥当性要求という概念の下に総括することができ、後の二つは承認概念の下に総括できる（Horn 2004, 69）。

この点は次のように定式化することもできよう。最初の二つのアスペクトは、妥当性の客観的な観点を求めているのに対して、後の二つは主観的ないし間主観的な妥当性の根拠を提示している、と。「客観的」とは社会的な権威を持つ事実上の力があるということではない。（一）命令や指令を与えることであり、それが（二）脅威の下でなされ、それに違反した場合には物理的な力によって貫徹される（真理ではなく権威が法を作る）ということである。そうした理論の始祖はトマス・ホッブズであり、法実証主義の最も古い代表者であるイギリスのジョン・オースティン（一七九〇―一八五九）によって洗練された。そうした命令理論、指令理論は今日ではほとんど時代遅れになっているが、その理由は、その理論が主権的支配者の権力要求を持つ絶対主義国家像と緊密に結びついているからである。民主的法治国家の時代には、こうした側面はむしろ強制秩序という観点で定式化された。法が自由の秩序として機能しうるのは、法がこの自由を法への違反に対して擁護しつつ自らを強制秩序として貫徹する時だけである。国家的強制による貫徹なしには法秩序はほとんど無価値と考えられる。そのために、国家的強制が妥当性の基本的な要素をなす。人間が法律に従うのは、強制を免れようとするからである。

このように妥当性を力によって理解しようとする純粋に帰結論理的、行動主義的な説明の他に、「妥当性」についての第二の問題化次元がある。それは、承認という本質的な要素であり、外的な強制力ではなく内的な同意ないし自由意志を基盤としている。ある法秩序が行政機関の大きな圧力で変更されたとしても、それを誰も承認しなければ、短期的または長期的に国家権力に対抗する政治的、革命的な動きが生じる。一般的な承認と個人的な承認とを区別できたとしても、二つの水準のいずれにおいても問題が生じる。すなわち、新たに承認されるものは何か、それはいかにして、またなぜ承認されるのか、という問題である。法現象学者たちにとって、承認という側面はしばしば大きな意味を持つ。というのも、ここでの承認とは単に心理学的なものではなく、超越論的なものとして理解されるからである。つまり、そこでは、間主観的な妥当現象一般としての法が現前する可能性の条件が見られているからである。

妥当性については、規範理論的な観点で問う他の接近方法もありうる。というのも、ここで問題となっているのは規範（当為命題）の妥当性の特殊な性格であるため、当為と存在の差異、ならびに存在から当為を導くことの不可能性が強調されるのである。そのような立場をとる者として、例えば、新カント派の法理論家で批判的法実証主義者であるハンス・ケルゼン（一八八一―一九七三）がいる。彼は、（たとえ彼がしばしば批判的な議論の対象とされ、批判される場合でも）多くの法現象学の論者たちにとって大きな意味を持っている。彼にとって重要なことは、事実上存在する力や権威としての「存在」から当為、すなわち妥当性を導き出すことはできないということである。「ある規範の妥当根拠となりうるのは他の規範の妥当性でしかない」（Kelsen 2000a, 196 邦訳一八六頁）。したがって、当為命題（法規範）の妥当性を最終的に体系的に基礎づけうるためには、法学は、「諸規範の段階構造」の最高かつ最終的な要素としての形式的で空虚な（leer）当為（「根本規範」[12]）の概念を用いなければならない。もちろん、それは純粋に形式的な（しかも仮説的）基準であって、法命題の内容とは全く関係がない。

（12）より詳しい説明は、ケルゼンの『純粋法学』（本書第二部第一章第二節第一項）を参照。

だが、この存在と当為の問題は、さらに別の観点からもテーマ化されている。すなわち、法命題の内容に関して倫理的な仕方で問題とされる。それについてはラートブルフとともに次のように定式化することができよう。一つの国家ないしは社会の法意志（Rechtswille）からある意欲（ein Wollen）が引き出される場合、そこに強制が伴う場合にはある必然（Müssen）さえ引き出されるとしても、（道徳的な観点からして）いかなる当為も導かれないということである（Radbruch 2003, 215 邦訳『法哲学』一六四頁参照）。強制力は当然必要であるが、法の妥当性を認めるための十分条件ではないのである。強制力は、あらゆる権力の行使に先立って正当化される必要があるのであり、法的拘束力を与える権力行使は単なる事実上の不当行為であってはならないのである（Luf 2003, 36）。このような議論はハーバーマスの『事実性と妥当性』（1994）でも扱われており、法現象学のコンテクストでもこの著作に言及されている。ここで問題となるのは、一方では、複雑な官僚体制として事実上の権力が存在し、維持されているという、法の社会学的な契機であるが、他方では、普遍的な妥当性の契機が問題であり、ハーバーマスにおいては、コミュニケーション的理性による間主観的な法の正当化が目指され、それによって倫理的－道徳的な観点を正当に評価することが試みられている（Habermas 1994 参照）。

法哲学的な観点における妥当性問題を生じさせる基本的な区別は事実性と妥当性の区別、より詳しく定式化するならば、実効性（効果）と道徳的・規範的な妥当性要求との間の区別である。「法が有効であるならば、その法は遵守され、適用されるであろう」と言うことと、「法が妥当しているならば、その法は適用されなければならない」と言うこととは異なる（Horster 2002, 76）。これは、一方では法規範が事実上社会的な現実の中で現実化されるという観点で見ることができる（力による妥当）と同時に、法規範の妥当性要求の基礎に対して規範的に問いかけることができるということである（人は規範に従っているのかという問いと、なぜ従っているのかという問いの違いである）。すでに見たように、この最後の問いは、再び事実上法が貫徹されることによって答えられるが、そこには時に意識されるように、ある種の循環がある。内容的な要求を基準として社会的現実を規制しようとするあらゆる法秩序の目的は、結局、全ての人が（正当だと）認めることを行うように、規範的要素と事実上の要素を一致させることである。

第三節　自然法／理性法対実定法

自然法と実定法との対立は、すでに述べた、法概念の基本にある二つの意味を反映している。[13] 自然法思想はヨーロッパ・西洋の歴史において長く栄光のある伝統を誇り、[14] 古代ギリシア・ローマにまで遡るとともに中世キリスト教によってさらに洗練されている。そこで問題となるのは、大局的に言えば、人間が作り出す法律に対して「法の基礎にある自然（Natur aus Rechte）」である。自然の概念は、ここでは（存在から引き出される当為という意味での）規範性に変化しており、自然（*natura*）ということで考えられているのは、つねに本質（*essentia*）である。自然法の「自然」は、一方でそれ自体理性的に秩序づけられた宇宙と結び

（13）この点について概観するには、『自然法と法実証主義』（Maifoher Hg. 1962）という論集があるが、これは同時にさまざまな論者たちの法哲学に対する導入ともなっている。
（14）この点については、例えば、Welzel（1962）の「古典派」を参照。

つけられ、他方では人間の「本性」と関連づけられている。この二つは、理性の自然的能力（自然の光 *lumen naturale*）によって見られ、そこから規範的な結論を引き出すことができると想定されている。[15] このような想定が妥当するのか、存在事象から当為が帰結しうるのか、ということはつねに問題とされるが、特にその理由となるのは、「人間の本性」に関する言明が多様であり、人間の本性を一貫させようとする時に避けがたく生じる制約にある。自然法は次第に理性法に引き継がれ、理性法は人間本性や神的な秩序の認識よりもむしろ人間理性を啓蒙的に使用することによって維持されてきた。そのように理性が利用されることによって、今や普遍的法則と無条件的に義務づける秩序原理が認識され、その際に自己を規定する存在、道徳的自律性を持った存在としての理性的存在の自由が前面に登場してくる。

だが、理性法が自然法と同様に変わらずに持つのは、普遍的に義務づけ、時間を超えて有効で無条件的な妥当性要求である。理性法は、誰によっても定立されず、誰にも認められなくとも妥当し、いつでもどこでも妥当するのであり、普遍的で必然的な法命題を提起する。しかも、それは無条件に妥当するのであるから、人間的で偶然的なあらゆる秩序に対して、理性法の名の下で正当化される反論もなしうる（その反論が単に精神的なものに留まるか、あるいは「文書で」なされるか、または事実上の政治的行為によってなされるかは、理論家のさまざまな背景から生じるまた一つの問題である）。自然法と理性法とは本質に即して実質的に規定される。つまり、その法規範の内容が正当化されるもの、「正しいもの（recht）」として規定される。そもそも、単に「合法的（rechtens）」であること、特定の法体系に適っていることと、本当に「正しい（recht）」こと、つまりあらゆる実定法とは独立に正当（richtig）で妥当すること（gültig）とを区別することは、自然法・理性法と実定法との対立に特徴的なことである。

イマヌエル・カントは理性法の最も重要な主張者の一人であり、『人倫の形而上学』から引用される有名な箇所で、彼の時代の法実証主義者や法律家に対して、この観点から挑戦している。このパラグラフの表題は「法とは何か」であり、彼の議論は次のように展開されている。

何が合法的であるか（quid sit iuris）ということ、すなわち、諸法則がある一定のところにおいてある一定の時に語ること、あるいは語ったことなら、彼（法学者）も確かに述べることができる。しかし、諸法則の意図するところが果たして正しい（*recht*）かどうかということ、また、一般に法および不法（iustum et iniustum）が認識されうるための普遍的基準は、もし彼がしばしかの経験的諸原理を見捨てて、右の諸判断の源泉を単なる理性の内に求め（もっとも、右の諸法則もそのための手引きとしてなら大いに彼らの役に立ちうるであろうが）、かくしてある可能的な実定的立法のための基礎を設定しようとするのでなければ、彼らにとっておそらく隠されたままに留まるであろう。およそ単に経験的な法論は（パイドロスの寓話の中の木製の頭のように）、美しいかもしれないが、ただ残念なことに、脳髄のない頭である（MdS, AB 32 邦訳五四頁）。

だが、法実証主義者たちに脳髄がなかったわけではない。法実証主義は、初めから事実上定立され編纂された法とその歴史的な展開にのみ集約した理論から始まって、十九世紀には一般的に承認されつつ実行可能な法を基礎づけるものに発展してきた。一国内における社会的で平和的な共存という目的が、妥当性

(15) 自然法の「源泉」はそれゆえ、神の（意志）やロゴス、自然、あるいは主観的な審級としての良心と結びつけられる。

に関する原理的な問いよりも前面に出されたのである。妥当性についての原理的な問いとは、法は何を実現すべきなのか、何が重要であって、何のために編纂されるべきなのか、といった問いである（社会改革者、功利主義者であって法律家であったジェレミー・ベンサムやその弟子に当たるジョン・オースティンが最初の決定的な一歩を進めたことは偶然ではない）。最終的に、法実証主義は、すでにあげたオーストリアの法理論家であり、国家学者であり国際法学者でもあるハンス・ケルゼンを通して、哲学的な基礎づけ、新カント派のマールブルク派に刺激された基礎づけを得て、批判的法実証主義となり、（他のあらゆる理論的、道徳的、政治的、社会学的、心理学的な影響から純化されたという意味での）純粋法学となる。[16] 第二次大戦後、法実証主義は方法的に道徳的な問いから距離をとったことによって特に倫理的な点で信用を失ったように見える。同時に、人権概念に関する自然法思想が復活した。H・L・A・ハートによって、法実証主義は次の重要な展開を迎えるが、それは言語哲学と言語学が法学にとって実りをもたらすものとされたことによる（Hart 1973）。その後、実定法と自然法とを仲介する理論も展開される。例えば、ロナルド・ドゥウォーキン（Dworkin 1985, 1986）は、法の諸原理を実定法の内にある倫理的な方向づけの見えない消尽点として仕上げ、この論争は今なお法哲学的な思考の中心的な論点となっている。

おそらく驚くべきことだが、法現象学者たちは古典的に理解される自然法や理性法の側面で位置づけられることがなかったが、[17] 唯一エトムント・フッサールには理性法の理念が見出される。その理由は、第二次大戦以前の法現象学者たちが置かれていた歴史的な事情がある。というのも、当時は法実証主義が有力な理論であったからである。他方では、現象学的な方法に基づく理由もあった。その方法とは、神的ないし理性的な秩序に依拠することなく、例えば純粋に形式的なアプリオリの内にそうした秩序を見出しうるとする方法である。こうした理由から、法現象学者たちはしばしば「事物の本性[18]」や「事象それ自体」に関わる「第三の道」を選択した。だが、「事物の本性」や「事象それ自体」とは、全体としての世界秩序概念といったものではなく、約束や契約といった特定の領域、あるいは間主観的な関係に限定することであった。

第四節　法と道徳——法規範とその他の社会規範

実定法と自然法・理性法との哲学的な区別（ある法とあるべき法との区別）と並んで、法とその他の社会規範との区別についても論じられてきた。全く正確な区別はできないとしても、一般には（一）国家的に保障された行動規範としての法規範と（二）個々人の良心に基づいた道徳規範（moralische Norm）、（三）国家的強制力を欠いても尊重される社会的、慣習道徳的な（sittliche）規範が区別されてきた（Horn 2004, 6参照）。違反した場合の制裁は、おそらく法と道徳（法と慣習道徳の場合も同様）を区別する際の最終的な基準とはな

(16) 純粋法学については、第二部第一章第二節第一項で詳しく論じる。

(17) ヘルベルト・シュピーゲルベルグやウィリアム・ルイペンはその例外で、彼らは彼らの法現象学的理論と自然法とを結びつける方向性を引き出している。本書第二部第二章第四節第一項および第三項2を参照。

(18) グスタフ・ラートブルフの『法学』で有名になったこの概念については、本書第一部第一章第六節および第二部第二章第一節第一項4（注を含む）を参照。

らない。というのも、道徳的、慣習道徳的な規範への違反の場合、社会的圧力という意味での制裁も存在するからである。それにもかかわらず、しばしばこの基準が導入されてきた理由は、法の場合には制裁のあり方が規定されていることにある。「法律は、［…］要件と法的効果とを結びつける冷静な条件づけの形式を採用している」（Horn 2004, 11）のであり、確かな法の適用を確保するために要件と法的効果をできるだけ正確に規定する。そこに道徳や慣習道徳と異なる法の技術性がある。

基準論理的な区別の可能性以上に喫緊の課題として、しばしば、法と道徳や慣習道徳が互いにどのような影響関係にあるのか、特に法は道徳的な影響を許容できるのか、できるだけ道徳から距離をとるべきなのか、が問われてきた。その際、ケルゼンが強く要請したことだが、この問題は法学者の価値中立性問題と結びついていた。法を道徳から完全に切り離すべきだとするリベラルで価値相対主義的な見解は、正義の意味や法感情に関する日常的な理解とは相容れない。われわれが全く自明な仕方で「われわれの権利」に訴え、「正しい」とか「権利を持つ」と主張して、そのように扱われる「権利を持っている」と主張する場合、それは「法感覚」によるのであって、法律学的情報に基づくものではなく、道徳や法と慣習道徳の入り混じったものである。もちろん、法律上の権利を道徳的、慣習道徳的権利と区別してそれぞれ別のものとして扱うことも可能である。[19] 他方で、第一に、ある社会の道徳規範、慣習道徳規範の多くが法的に編纂されることもほとんど明らかであるとともに、第二にいわゆる「法感情」と言われるものもその起源は、法感情が法と道徳を結びつけることにあり、法律上の規制以前にただ意味もなく（ratlos）、あるいは無感情（emotionslos）に存在するわけではないことにある。

理論的に見ると、法と道徳の関係は三つの原理的な方向で捉えられる（Luf 2003, 45–50参照）。（一）包括的な道徳的秩序の統一体として、（二）それぞれが完全に切り離されたものとして、（三）相互媒介的なも

のとして見る、この三つである。第一のバリエーションは、あまり複雑化していない社会ならびに神権政

(19) この点について前述のフェリックス・ソムロは法実証主義的な立場を具体的に分かりやすく説明している。すなわち、「われわれが誰にかについて、それが彼にとって正当（*recht*）に見え、彼には権利（*recht*）があると言う場合、そう言うことで考えているのは、ある判決が法的な力を持つとか、一定の手続きの下で弁護士が当事者を代弁することを法が要求していると言う場合とは全く別のことである。われわれがある法条文を適用すると不法を犯すことになると言う場合、この言葉の二つの意味は全く異なっている」（Félix Somló 1973, 424f.）。倫理的な意味での法が絶対的正しさの要求を備えた規範として考えられているのに対して、法律学的な意味での法とは単にある権威によって制定された規範に他ならない。法という言葉の二重の意味に関する混乱をソムロは、従来の法概念規定の失敗に原因があると考える。というのも、法律学的な意味での法は経験的な概念であるのに対して、倫理的な意味での法は哲学的な概念だからである。「この第二の、倫理的で絶対的正しさという意味を持つ法という言葉は、規範の中身には全く立ち入らないような法の定義では十分ではないと考える原因となっている。そのために人はいつも、ある別の意味での、より高次の意味での法を立ててしまうことになる。その意味での法は、ある場所である時に歴史的な偶然と大きな恣意性を持った特定の定立者によって制定されたものではない。倫理的な意味での法という言葉が用いられるのはわれわれの法感情によるのであって、それによって何か別の法があるかのように思い込まされるのである」（Somló 1973, 428）。こうした二重の解釈を超えて二重の意味を与えるのは、法律学的に理解される法規範の内容が倫理的な法理解と混同されるという事実である。「われわれは、法律学的な意味での法を「実定」法として特徴づけ、それ以外の意味での法を理念的な法、あるべき法または正しい法として区別することによって法という言葉の二重性を避けてきた。だが、この後者の意味での法概念がより道徳的なものであり、法に関する倫理的な基準にすぎないものとして解釈することで、そうした用語法を通じて、実定法とより高次の法という下位層を包括する法概念それ自体があるかのように考えてしまう。実定法の対立物は理念法や正しい法ではない。正と不正とは対立するが、いわゆる実定法は正しいことも正しくないこともありうるのである」（Somló 1973, 429）。

治的なシステムといった、法発展の初期段階に見ることができる。[20] 道徳と法との統一は、それが制度化された「善への強制」と結びつき、その強制が個々人の持つ良心の自由や自己責任、異なる思考への寛容さに反する場合、今日的理解によれば欠陥とみなされる。こうした考えは、歴史的な観点からしても、法把握のリベラルな展開において重要である。このような考えがラディカルに展開されると、法は完全に道徳との関連が絶たれるようになり（二）、法に対する道徳的な要請は許容しえないイデオロギー的混同とみなされる。それによれば、法とは社会技術となり（Kelsen 1988, 243 邦訳二四九頁）、法は（例えば妥当根拠の形で）決して倫理的なものと結びつくことはなくなる。法と道徳の統一テーゼ（一）に対する批判が法の道徳化および自由を脅かす働きと関わるのと同様、法と道徳を分離するテーゼ（二）に対する批判は、法の脱道徳化が与えられた政治的状況に対して無責任であるだけでなく、破壊的な態度をもたらす点に向けられる。それに加えてより大きな疑問が投げかけられる。すなわち、法がその機能を十分に果たすことができるためには慣習道徳的な下支えが必要ではないかということである。法秩序が完全に道徳から切り離され、連帯性を失うことによって、社会的に人々を事実上結びつける機能が他の道徳的、慣習道徳的領域に移される。こうした議論において最終的に登場してきたのは、リベラルな、極端に個人主義的な法理解と、道徳と法と政治に関して社会的な結びつきを重視する共同体主義的な見方（これは保守的とも社会主義的な形とも見える）の対立である。

三つ目の相互媒介テーゼが試みているのは、法と道徳の分離を維持したまま、法の基盤に倫理的‐道徳的な余地を同時に与えることである。こうした試みは、われわれ西欧社会に見ることができる。すなわち、われわれの社会は、形式上民主的な決定手続きをその価値尺度とし、例えば「憲法愛国主義」（シュテルンベルガーやハーバーマス）を要請している。そして、この社会は、人権保障の要請および法治国家的な諸原理の実現を法システムの基本的で慣習道徳的な要請とし、国家の法的権力を原理的に倫理的に正当化する必要性と原理的な批判可能性に拠り所を求めている。[21]

この仲介テーゼに影響を与えた、周知の区別の一つが、カント的な「道徳性」と「合法性」との区別で

（20）その一例として、古代ギリシアのディケーという言葉の持つ多義性があげられる。これについては、イェーリングの法哲学が次のように記述している。「生の秩序全体、すなわち慣習道徳、人倫（Sittlichkeit）法、これら全てがディケーである。ディケーを見る者はディカイオスであり、見損なう者がアディコスであるが、その際、民法の規定と道徳や礼儀作法とは区別されていない」（Somló 1973, 425より引用）。ディケーは、ドイツ語で言えば「やり方、方法」という表現に似ていて、ある社会の一般的で日常的な特定の秩序を表現するものであるが、その秩序の内の異なる側面やあり方の正確な区別はされていない。イェーリングが引き合いに出しているように、この言葉はインドのダルマ（*dhárma*）、ヘブライ語のミシュパット（*Mischpat*）に近いが、違う点は、これらの用語が人々の意志ではなくその背後に神の意志を有していることである。ローマ人によって初めて、法、慣習道徳（Sitte）、人倫（Sittlichkeit）や道徳（Moral）の複合体から法が引き離され、ギリシア人によってすでに述べられていた区別が明確にされ、（さまざまな「役所」が設置されることで）制度化された。人間の法（*ius*）と神の法（*fas*）とが区別された。これに対して、慣習と道徳は、なお言葉の上では*mos*とか*mores*という言葉で区別のない共通のものとされていた。イェーリングによれば、ドイツ語が初めて法と慣習道徳、道徳という三つの領域の違いを最終的に明らかにしたのであり、それによって、それらの多義性についても論じることができるようになった（Somló 1973, 428参照）。

（21）この点について、近代法の展開（Luf 2003, 51–54参照）の内に、一方では道徳的なことを構成要件とする犯罪の減少が見られ、他方で特定領域における再道徳化を見ることができる。受け継がれてきた価値表象が脱道徳化され、多くの社会における倫理的、文化的、宗教的多様性に対応する一方で、二十世紀に起こった破壊的な政治現象に対して一部で再道徳化という事態が生じた。例えば、基本権、人権、亡命権などであり、（消費者保護、賃借権、労働権、あるいは刑法においては婚姻関係における強姦、子どもの虐待など）特定の道徳的、社会的問題が意識されてきた。

ある。この区別は、法と道徳を切り離すのではないが、法領域を道徳的な重荷から解放するように、行為の動機づけを区別するものである。というのも、法に関しては、かくあるべしとする人格的(道徳的)な確信を持つことなく、共通の法的ルールに外面的に従って行動することで十分だからである。そうであるかぎり、カントによれば「悪魔の民」[22]であっても法治国家に加入できる。それは、自由の相互的な制限を定言命令によって肯定しなければならないからではなく、そうした制約を単に(ホッブズ的な個人がそうできるように)合理的な計算として考慮することができるからである。

これに対して、ケルゼン学派でないかぎり、法現象学者にとっては、まず第一に、法において価値観の観点は無視することができない。[23]なぜなら、法現象学者は、カントと違って純粋に形式的な法と道徳の基礎づけが可能と信じるのではなく、感情の要素[24]と実存的な状況が決定的だと考えるからである。第二に、現象学の伝統は、レヴィナスとともに他者の思想を生み出している。他者の思想とは、他者に対する無限の責任を求めるものであり、法システムもつねにこの責任に悩まされ、「攪乱」される。

第五節　法と正義

法と正義との関係は、ある点では法と道徳の関係の特殊事例と言え、正義の理念は特殊な仕方で法に対応している。(短期間ながらワイマール共和国におけるドイツ帝国議会議員であり、法務大臣でもあった)法哲学者のラートブルフ(一八七八―一九四九)は、正義とは法の「理念」であり、「法は正義に奉仕するという意味を持つ現実である」と捉えていた（Radbruch 2003, 37『法哲学』一五〇頁）。そこでは、法は（「自然」と「理念Ideal」との間にある）文化形象として捉えられ、「価値関係的事実」（Radbruch 2003, 11『法哲学』一三八頁）として存在と当為の対立を架橋するものと規定され、そこに法の意味があるとされた[25]。正義の理念は平等と合目的性ならびに法的安定性の概念を超えてそれらを包含する（Radbruch 2003, 35–40『法哲学』一四七―一五六頁参照）。第二次大戦前のラートブルフは価値相対主義者であり（Radbruch 2003, 17『法哲学』一二六―一二七頁参照）、法実証主義に傾いていた（正義の理念は特定の価値観と世界観によって異なると見ていた）が、ナチズムを経験した

（22）「国家創設の問題は、周知のように困難であるが、それ自身悪魔の民にとっても（彼らが悟性を持っているかぎり）解決可能であり、次のように言われる。「理性的存在者は自らを維持するために全体として普遍的な法則を求めるが、各人は密かにその法則に逸脱する傾向を持つ。だが、彼らを組織して憲政組織（Verfassung）に組み入れることで、彼らが私的感情において互いに対立したとしても、公的行為においてはあたかも彼らがそのような悪しき感情を持っていなかったのと同じ結果を生む」のだと」（Kant 1977, B 61/AA 366 邦訳二八六頁）。

（23）このことは、A・カウフマンも次のように述べている。「価値観の観点なしには始まらない」と（A. Kaufmann 1994, 155）。

（24）現象学派によれば、諸価値は、評価者の情緒作用および感情作用によって与えられる。フッサールは知覚とのアナロジーで「価値覚（Wertnehmen）」について語っている（本書第二部予備的考察第八節および第二部第二章第一節第二項A2参照）。

（25）ラートブルフはこの点で、中立的な科学（自然）と哲学的な価値論（理念）との間に価値関係的な文化科学（文化）を見る方法論的三元論を代表する人である。「法の概念は文化概念であり、価値関係的な現実の概念であって、価値に奉仕する意味を持った現実である。法とは、法理念に奉仕する意味を持った現実である。法の理念は、その点で正義の理念に他ならない」と述べている（Radbruch 2003, 34『法哲学』一四七頁）。

後では、「法律を装った不法」と「法律を超える法」を明確に区別した。これと同じ題名の論文が一九四六年に書かれているが、これは二十世紀法哲学の著作としては最も影響力の大きかったものであり、実定法と正義の間の間隙が耐えがたいほどになった場合、「不正な法」としての法律は正義に道を譲らなければならないという要請（Radbruch 2003, 216『実定法と自然法』二六〇頁）が、法哲学の歴史において「ラートブルフ定式」とされた[26]。

正義の問題はいかにして解決されるべきか、何が正当な社会を作るのか、こうした現実の哲学的論争は、まず第一にアリストテレスの配分的正義と矯正的正義（iustitia distributive und commutative）という概念に関わり、それに加えて手続き的正義に関わるものである。第二に、少なくともわれわれの社会ではたいていの正義概念の中核をなす中心的な原理は平等の理念であるが、場合によってそれは「各人に彼のものを」という基本原理と対立する。第三に、正義は正当な出発点の条件としての「公正さ」（ロールズ）や共同体主義的な善の倫理（ウォルツァー）としても捉えられており、法だけでなく経済的、社会的、政治的な領域とも関わっている。ここ三十年の間に、非常に多くの重要な研究やテーゼが正義の問題に関して提起されてきているが[27]、特に注目すべきことは、当初の法現象学（すなわち第二次大戦以前）においては、正義は重要なテーマとされていないことである。その原因は、歴史的、思想史的な点で法に関する考察において価値観の問題が後回しにされたことにある。他方、現象学者たちにとって、社会の法的秩序あるいは法的関係をその本質に即して記述するか、（例えばエディット・シュタインのように）そうした秩序を価値観の観点で（理想的な価値秩序に向けて）判断するか、この二つを方法論的に区別すべきことは全く明らかなことであったことも、その原因の一つである。さらに振り返って見るべきことは、例えばシェーラーやフッサールは、法と「正義」を抽象的に関係づけるよりも諸価値の経験と捉え方を記述することを優先したことである。

彼らにとってむしろ重要であったのは、諸価値が色との類比において感じられるような特有の質を持つこと（シェーラー）、諸価値が具体的な状況の中で私に立ち現れること（「正義」という価値は、ラートブルフの定式が明らかにしたように、不正な社会において不正を否定するものとして現れること）を強調することである。ここから、価値経験は「理念的な法」の創造に統合される。第二次大戦前の法現象学において、法概念が価値と明らかに結びつくことを認めていたシェーラーとフッサールは例外であるが、彼らのテーゼは明確ではない。その後、特にレヴィナスやデリダ、ヴァルデンフェルスらが正義の問題を法と結びつけた。彼らにおいて正義は、意のままにならない無限な他者の要求に応えることとされ、それゆえ、純粋に「構想」とか「概念」として汲み尽くされるものではなくなる。

第六節　法と国家

法と国家は非常に密接な関係にあるため、多くの現象学者たちにとって両者に本質的な関係があるのか

（26）次のような彼の法実証主義批判も有名である。「法実証主義は、法律は法律だという確信によって、ドイツの法曹階級から、恣意的で破壊的な内容の法律に対抗する力を奪ってきた」（Radbruch 2003, 215『実定法と自然法』二五九頁）。

（27）この点に関する簡潔な概観として、例えば、デトレフ・ホルスターの『入門法哲学』（Horster 2002）における「実定法と正義の理念の緊張関係」という章（139–182）を参照。

が問題となる。確かに歴史的に見ると、人間はより小さな共同体（家族、部族、氏族、都市など）において共同生活をしてきたのであり、そこでは何らかの法的規則を打ち立ててきたことに疑いはない。だが、古典的な法共同体は、国家との相互依存関係において初めて構築されたものである。その国家とは、国家権力と国家機関によって法の貫徹可能性、すなわち法的安定性を確保すべきものだが、逆に言えば国家は法的構築物である。「全ての国家は法的に構築されたものであるが、それは国家が不文のあるいは文章化された最小限の規範と規則によって国家の機関や国家の力の行使を構造化し、安定化しなければならないという意味においてである」（Horn 2004, 16）。

　だがこれは、法治国家あるいは民主的な法治国家を特に問題とすべきだということを意味するものではない。法治国家とは、「市民に対する全ての国家行為が法律と権利に結びついていること」（Horn 2004, 3）、それゆえ絶対的な恣意を不可能とする法秩序が存在するところに特徴がある。民主的法治国家を特徴づけるものは、これに加えて、国家権力と主権が民主的な選挙によって行使され、権力の分立が行われ、憲法において市民の基本的権利が国家権力に対して保護されることが明記されているということである。だが、たとえこれらが実現されていないとしても、「ある特定の、境界によって限定された国家領域と国民（Staatsvolk）（国家の市民Staatsbürger）と統一的な国家権力が存在する」（Horn 2004, 15）かぎり、つねに一つの国家が問題となる。したがって、法の統一性と国家の統一性が結びついているか、それがどのようにして結びついているのかが問題であり、その問題は、事実的検証と理念的考察を含んでおり、しばしば国家の任務に関する政治的な次元とも結びついている。

　とはいえ、国家と法との関係において考察されるべきことは、現在の世界秩序においても、国家的なものではない法の現象形態があるということである。例えば、国家的プレゼンスが欠けていたり弱かったりする地域における氏族法や部族法、国家間を規律する国際法、EUに見られる超国家的な法、教会法や国際貿易法などのことである。古典的な個々の国家機関はこれらについての権限を持たないがゆえに、それらに関わる法が貫徹され制裁を課しうるかどうかが問題となる。

第七節　法の諸機能――法と社会

すでに述べたように、国家的法秩序は、(社会的)平和、コンフリクトの解消、自由、社会的安定、協働(契約法や結社)や統合(例えばヨーロッパ統合)といったスローガンの下で、共同生活を規制する上で多くの課題と機能を果たさなければならない(Horn 2004, 24–28参照)。本質的な法の課題は、その他にも法主体に特定の刺激を与えることでその行動と行為を制御することにある。システム理論家のニクラス・ルーマンが詳細に記述した近代社会の複雑なシステムにおいて、法は社会的複雑性を特定のコードによって縮減するための多くの機能を引き受けている(Luhmann 1988, 1993, 1997)。このような複合的なテーマに対する法現象学的な接近は、一方ではアルフレート・シュッツの意味理解の社会学を通してなされ、他方では、メルロ＝ポンティ流の「社会的ゲシュタルト」の思想を通してなされている。特に「社会的ゲシュタルト」の概念によって、法、社会、経済などが相互作用することを自らの内で自らを差異化する全体像として捉えることができる。

第八節　法学－法哲学－法理論

最終的に法を対象とする学問は法学と称され、最も一般的には法解釈学と基礎法学に分けられる。法解釈学は、その時に妥当している法を扱うものであり、法制史や法哲学、法理論、比較法、法社会学、一般国家論などの基礎法学とは異なる（Horn 2004, 31 参照）。

したがって、法哲学と法理論の区別[28]は曖昧であり、最も大きな違いは理論的に法を問題とする際に古典的な哲学的正義論に立ち戻る必要性を認めるかどうかである。ノルベルト・ホーンは否定的なニュアンスを持って次のように定式化している。

> 法理論とは、多かれ少なかれ哲学的な基本問題に関与しない法哲学であり、〔哲学ほど〕抽象度の高くない地平において国家と社会における法および法の成立条件、作用のあり方、法適用の方法、法律学的議論の構造に関する一般的な言明をなすことに自己限定したものである（Horn 2004, 42 以下）。

アルトゥール・カウフマンによれば、法哲学と並ぶ法理論の存在については「歴史的にのみ説明することができるにすぎない」（A. Kaufmann 1994, 10）。別の観点から見ると、倫理的な問いや正義の問いの解消可能性に関する非認知主義[29]的な懐疑と方法的および内容的な区別がこの区別によって表現されている。このことと関連して、法理論においては、哲学やその形而上学的な遺産から離れて、自らに固有の諸原理を自ら調達する必要性が表明されている。だが、法理論と法哲学とは、法的事実や法の実効性を経験科学として研究する法社会学と異なると同時に、法解釈学とも距離をとる点である程度共通性がある。

現在の法学の主要な「理論状況」(A. Kaufmann 1994, 331–421 参照) は、大まかに「分析法学」「法律学的解釈学」「システム理論」「マルクス的社会主義的法理論」に分類できる。中心的な諸テーマは、これらの法学の全てにおいて一定の役割を果たしている規範理論によって扱われている。

最後に法学方法論も付け加えなければならないが、これは特に法的決定や包摂、諸規範の特定、(体系的、歴史的、目的論的といった) 諸解釈と対決する法適用論である。法理論と法実務の間には緊密な相互的影響関係があり、それがまた学問的反省を生み出しうるのである (Kriele 2004, 31–40 参照)。

第九節　思想史の発展と現在の議論——法現象学の位置

歴史的に見てドイツ語圏において法現象学が初めて展開され始めた時期は、法哲学的にさまざまな伝統的傾向が存在していて、同時にそれらを突破したいといった気分が生じていた時代である。そこではなお、

(28) この点についての導入としては、Koller (1992), Vesting (2007) 参照。
(29) 非認知主義とはメタ倫理における一つの理論的な立場であり、そのテーゼは、規範的な領域は科学的に接近できるものではなく、それゆえ真／偽という形で何かを述べることができないというものである。道徳的行動は、教育や感情、慣習などに関わるものであり、これらについて事実上何が「よりよい」のかを「認識すること」とは関係がない。

例えば（自然法論に対する）歴史学派、エルンスト・ルドルフ・ビーアリングの心理学的法理論、ルドルフ・フォン・イェーリングの目的法学（『権利のための闘争』一八七二、『法における目的』一八七七／八三）など、十九世紀以来の理論や概念が影響力を持っていた。また同時に、新カント派（ルドルフ・シュタムラーの「正法」理論）や新ヘーゲル派（ユリウス・ベンダーやカール・ラーレンツなど）の潮流が生まれていた。これらの法哲学者たちは、古典的な哲学の思考様式に基づくばかりではなく、自ら新しい、部分的には学際的な影響を受け始めていた。例えば、社会学の創設者であるマックス・ヴェーバーの著書がますます大きな影響力を持つようになり、新カント派と並んでグスタフ・ラートブルフのような法哲学者に対して大きな力を持つようになっていた。フッサールの現象学もまさに、新しい哲学の出発点を期待させるものとして登場した。アルトゥール・カウフマンは、さまざまな新しいこれらの理論状況を次のように描写している。

哲学において「事象そのものへ」の帰還が求められたのとほぼ同時期に、法哲学は再び「法事象」に向き合い始めた。フッサールの『イデーン』(1913) が発表された一年後に、ラートブルフの『法哲学綱要』(1914) が刊行され、それによって法の内容と正しさへの問い直しが開始された (A. Kaufmann 1994, 21)。

もっともこの少し前にケルゼンの主要著作である『国法学の主要問題』(Kelsen 1923) が刊行され、そこでは純粋法学と批判的法実証主義の基本思想が初めて定式化された。したがって、ライナッハが最初の法現象学的な著作によって議論に加わった時（一九一三年）、ドイツ語圏における法哲学の状況は活気づいていた。

その後の展開はすでに手短に示した通りである。第一次大戦後、批判的法実証主義はますます影響力を強めたが、新カント派や新ヘーゲル派、現象学派の著作も続いて影響力を持っていた。議会制民主主義崩壊とナチスの台頭を促したのは、法哲学的思考における（ケルゼンの激しい敵対者でもある）カール・シュミット[30]のような理論家であった。第二次大戦後には、特にドイツにおいて意識的な新しい始まりが見られた（ラートブルフの定式）が、一般にそれは「自然法のルネッサンス」（A. Kaufmann 1994, 98）と呼ばれ[31]、現在に至るまで、ジョン・フィニスに代表される徳倫理、善の倫理を説く新トマス主義に引き継がれている。

英語圏に於いても、言語哲学の影響を受けて、分析的法哲学[32]が発展している。実証主義的方向（法実証主義者）では、H・L・A・ハートの名前と現在ではジョゼフ・ラズの名前があげられる。ドイツにおける論理的－認識論的および言語分析的な研究の始まりは、アイケ・フォン・サヴィニーやノベルト・フォレスター、コッホ／リュスマン（『法的基礎づけ論』(H.-J. Koch & H. Rüßmann 1982)）などが先行者としてあげられる。実証主義と自然法とを仲介する有力な理論としてはロナルド・ドゥウォーキン（Dworkin 1985,

(30) 第二部第二章第四節第三項1の脚注参照。
(31) これについては、Braun (2001) をも参照。
(32) 英語圏（アングロアメリカン）の法哲学においては一般に、現在の区別に従って（一）「法学の歴史」、（二）「自然法」、（三）「分析法学」、（四）「規範的法学」を区別することができる。その際、分析的な法哲学は中立的な水準で法の概念と本質を追求し、規範的方向では規範的な観点で法を評価する（この区別はジョン・オースティンに由来する）。（三）の分析的法哲学には「法実証主義者」（三・一）や「法的リアリスト」（三・二）、「歴史法学派」（三・三）、（四）の規範的法学には「徳法学」（四・一）、「義務論」（四・二）、「功利主義」（四・三）が含まれる（Gray 1999, Tebit 2005 参照）。

1986）が重要だが、彼の理論は、法適用に際して実定的に成分化されていない道徳的な法原理を拠り所にしている。アメリカの文脈では、分析的‐実証主義的な法哲学（規範的法理学と対比される分析的法理学）の枠内で、法をまずは法の現実的な実践と政治的な権力行使に基づいて理解する潮流、十九世紀（オリバー・ウェンデル・ホームズ）以来一貫して理論的に主張されてきたリアリズム法学の流れがなお主導的である。

ドゥウォーキンおよびハーバーマスの討議倫理に影響を受けたドイツのロベルト・アレクシーが『法的議論の理論』（Alexy 1983）を発表しているが、これは道徳的諸原理を議論の理論のために活用し、それによって「非実証主義的な」流れを討議理論的に展開、発展させたものである（『法の概念と妥当性』（Alexy 2002）参照）。二十世紀後半における方法論においてはさらに、分析論‐解釈学‐論争が重要である（A. Kaufmann 1997, 106参照）。その他の法哲学の流れとしては、すでに述べたルーマンのシステム理論がある。そこでは、法は社会的な機能システムとして理解されている。また、英語圏では法の経済分析が強く主張されている。

最後にあげるべきは、「規範的法哲学」のさらなる展開である。これは、義務論や功利主義といった古典的倫理の方向性と並んで特に英語圏における「徳の法哲学」（*Virtue Jurisprudence*）および自由主義的（libertäre）法理論を生み出してきた。同じくアメリカで生まれた批判的法学研究は法を単なる権力行使のパラダイムで考察するため法と法システム全体を疑問視する。また、二十世紀後半には、すでに述べたように、ジョン・ロールズによって展開された正義論（J. Rawls 1971）が大きな影響力を持つようになった。

法現象学は、主要な法哲学的議論の中で影響力のある地位を確保することはできなかった。その理由の一つは、特定の「学派」を形成することのないその多様性にある。もう一つはその理論的複雑性であり、多くの法理論家がそこに関心を示しながらも大部分が尻込みしたことによる。

法現象学と結びついているのは、最も広い意味での法－存在論的－捉え方である。それについては、ブルンナー規範的法哲学派[33]の代表者であるウラジミール・クベシュが「今日の法哲学的諸理論と法の批判的－存在論的把握」(Kubeš 1982) という論文の中でその多様性を総括的に説明している。[34] 以下で詳しく述べる法現象学者と並んでクベシュがあげているのがアルトゥール・カウフマンである。彼はラートブルフの弟子の一人であり、法の存在構造（本質と実存）、法の存在のあり方と取り組んでいる。ヘルムート・コーイングは、ディルタイ、プレスナー、ジンメル、シュッツに繋がる哲学的人間学の観点から出発している。オーストリアの法哲学者であるルネ・マルチッチは、彼が名づけた「存在法」という存在論の代表者である。クベシュ自身、ニコライ・ハルトマンの哲学に寄せて法の批判的－存在論的把握について論じている。

アルトゥール・カウフマンは、『現代の法哲学および法理論入門』(1977, 第六版1994) という広範な書物をを出版している。現象学的な出発点を「法刷新の新たな試み」という章に組み入れ (A. Kaufmann 1997, XIII)、それを「実体存在論的自然法と機能主義的な実定法実証主義の彼方」に「第三の道」を切り開こうとする試みと特徴づけている (A. Kaufmann 1994, 102)。その際、彼は、アプリオリな法の理論と並んで、シェーラーの影響を受けたアプローチを強調しているが、それは法を貫徹する「事象論理的構造」を追求するものである。その糸口を彼は「事物の本性」概念と緊密に結びつけているが、この概念はもともとラー

(33) ブルンナー法哲学派は、ケルゼン学派に近いフランティゼク・ヴァイルによって設立されたものであり、ケルゼン理論の再構成に大きな貢献をしている (Jestaedt, in: Kelsen 2008, xxii 参照)。クベシュ自身は、法的規範主義を超えて、存在論的、認識論的、価値論的な法の問題を探究している。

(34) これについては第二部第二章第四節第五項1を参照。

トブルフに由来するもので、存在と当為という方法二元論を緩めるために用いられた手段である[35]（A. Kaufmann 1994, 103）。実際、シェーラーの価値倫理学は、いくつかの法哲学入門においてフッサール（これは科学的人間学の拡張としてのみ取り上げられている）よりも頻繁に引用されている（A. Kaufmann 1994, Horn 2004, 217, 233）サルトルやメルロ＝ポンティは実存主義の主唱者として繰り返し取り上げられ（A. Kaufmann 1994, 118）、ハイデガーは時に法哲学の選択肢とみなされることもあるが、強く拒否されることもある（Marcic 1971, 334–340, Kubeš 1982）。

ここまでは法哲学に対する概観的かつ教科書的な導入のスタイルをとって主に名前と標語に基づいて非常に図式的な記述をしてきたが、それによって法哲学全体についての概観と、そこにおける法現象学の位置と評価を示せたはずである[36]。本書は、そうした図式的な扱いとは異なり、法現象学の柔軟性と多様性を、その完全な理論的基盤から明らかにすることを目標としている。それによって、現象学の変容の局面でもある異なる歴史的局面における問いの立て方の緊張関係を明らかにできるはずである。

次に示すアルトゥール・カウフマンの法哲学に関する言葉は、ありふれたものになるが、法現象学がしばしば遭遇する問題、方法論的無理解を示している。

法哲学の刷新に関する本質的な刺激はエトムント・フッサール（一八五九—一九三八）の現象学に発する。［…］現象学的理論によれば、それ自身で存在する諸々の本質は「理念化する作用」において全ての「偶然的現存在の係数」を「形相的および現象学的に還元」して、もしくは「括弧に入れる」ことによって純粋な自己所与において、しかも、厳密な洞察と誤りのない十全性において明らかになるはずだとされる。この極めて錯綜した認識方法を知りたいと思う者は、ゲルハルト・フッサール（一

八九四―一九七三）の靴の現象学を読めばよい。[37] この例が特徴的であるのは、現象学的方法が単純な構

(35)「事物の本性」と「事象そのもの」という概念の平行性は否定できない。そのことはラートブルフ自身が述べていることだが、彼はそこでの問題が規範的考察でないことを認識している。「純粋法学によってしばしば法の現象学的考察との結びつきが設定されている。そうした「事物の本性」に向けられた「本質直観」は必ずしも同時に価値判断を意味するわけではない。実定法によって設定された当為の規定が現象学によって発見された存在法則と異なることには十分な理由がある。したがって、法の現象学の問題は法の価値哲学の問題とは異なるものと言えよう」（Radburch 2003, 32『法哲学』一三九頁）。事物の本性に関する議論で提起されうる諸問題については、第二部第二章第一節第一項4（とりわけそこでの脚注）およびHamrick（1997）407参照。

(36) ここでの観察も評価も、特にドイツ語圏における受容を特に重視したものではない。これに対して、浩瀚な英語の辞書である『法の哲学』（Hg. Gray 1999）には、「法現象学」について詳しく豊富な内容を含んだ章があり、R・ハドソンとH・パラードがアドルフ・ライナッハ、フェリックス・カウフマン、ゲルハルト・フッサール、カルロス・コッシオについてそれぞれ概観的な記述をしている。また「フランスにおける法現象学」と題された章で示されているように、フランス語圏においても十分に受容されている。

(37) ここで取り上げられているところでゲルハルト・フッサールが試みているのは、日常的な使用対象における目的理念を明らかにすることであり、使用対象の本質を目指す慎重な（しかし決して複雑ではない）現象学的考察から法に向かおうとしている。「われわれにとって重要なことは、靴を例とした解釈によって、われわれの実践的周囲世界の中にある事物について一般的な言明がなされうることを明らかにすることである。われわれの言明は、物理的事物のアプリオリな領域の中にある。われわれが語っているのは、（一つの靴の目的的意味を持つ）事物についてではなく、それが特定の歴史的現実の中でわれわれと出会う仕方でもなく、あるいは何らかの仕方で幻想の中で表象されたこの種の事物についてではなく、その理念にまで還元された「靴」という事物についてである。すなわち、一足の靴であろうとする事物の目的的意味である」（G. Husserl 1955, 17）。これについては、第二部第一章第三節第二項3をも参照。

造を持つ対象においてのみ機能し、法のように複雑なもの、とりわけ規範的なものについては機能しないからである。立法者が事象に適した規制を行おうとする時に、彼が考慮すべきアプリオリな法の要素を浮き彫りにしようとしたゲルハルト・フッサールとアドルフ・ライナッハ（一八八三―一九一七）の努力（「アプリオリな法理論」）は、成功しないままに終わった（A. Kaufmann 1994, 102f.）。

このような判断は確かに議論の余地はあるであろうし、その際、さまざまな法理論的、哲学的立場があることは避けられない。だがむしろ、だからこそ世界とその現象を考察する際に現象学によって実際に開かれる可能性を見るためには、現象学の「非常に複雑な認識方法」に対して単なる標語的なものとして取り組む以上により近づくことがどうしても必要なのである。

第二章　現象学の基本問題と法現象学の基本概念

現象学とは現象の理論あるいは現出の理論であり、現出の構造を問うものである。現出とは、つねに誰かにとっての何かの現出である。これはつまり、現出という出来事の全体において現出する何か（あるいは誰か）と現出が向かう誰かが存在するということである。現出とはつねに何かの現出であり、言い換えると、意識はつねに何かについての意識だということである。それぞれの現象、あらゆる現出するものはこうした構造の中で自己を呈示し、そうした観点からより詳しく分析されうる。何かが自らを呈示するのはどのようにしてか。現出の条件とは何か。現出する対象にとって現出とは何を意味するのか。現出するその何かと現出するという出来事の違いは一体何なのか。

事物についてこのように問う新たな仕方によって、現象学はその創始者であるエトムント・フッサール以来影響力のある二十世紀の哲学的潮流のひとつとなった。マックス・シェーラー、エディット・シュタイン、マルティン・ハイデガー、ジャン゠ポール・サルトル、モーリス・メルロ゠ポンティ、エマニュエル・レヴィナス、ポール・リクールといった哲学者たちはこの狭い領域に属する人たちであり、ジャック・デリダ、ジャン゠フランソワ・リオタール、ミシェル・フーコー、ハンナ・アーレントなどは広い意味でこの潮流に属する。テオドール・W・アドルノやユルゲン・ハーバーマス、ジャック・ラカンといった思想家は、現象学の影響を受けつつ、それと対峙してきた。たとえ分析的な「心の哲学」によって現象学が議論に組み入れられ、また現象学がその成立以来学際的な性質を示しているとしても、いわゆる「大陸哲学」のいくつかの特徴的な性格は、現象学なしには考えられない。そのことは特に本書が示しているところである。

現象学的考察の出発点は非常に広い適用範囲に開かれているが、その理由は、その出発点が特定の領域に限定されず、事物について熟考する方法を提起しているからである。現出するもの全てが問題であるだけでなく、現出がその構造の内で現出すること、および「誰かに対する」現出であることが問題であるため、身体的、社会的、文化的な世界‐内‐存在としての人間的間・主観性の分析から抽象的、認識論的分析主義、さらには科学主義的還元や自然主義との批判的対決まで、多様な現象学的思考を働かせることが可能なのである（Zahavi 2007, 7f. 邦訳三頁以下参照）。

フッサールの現象学は歴史論理的に見ても当然ながら、法現象学者たちの大部分にとって実際に彼らの考察の出発点になっているがゆえに、その後に提出される諸概念もほとんどがフッサールに由来するものである。このことはまた同時に、現象学の普遍的な基本的課題を示している。ハイデガーやメルロ＝ポンティ、レヴィナスらがフッサールの基本的問題設定と取り組む中で行った変形や視点の変容について、ここでは法現象学的考察にとって特に重要な事柄について手短に述べるに留め、詳しくはそれぞれの章で扱うことにする。

第一節　事象そのものへ！　現象学的現象

フッサールのスローガンである「事象そのものへ」とは、あらゆる理論的前提から自由に、現出という出来事自体に入り込むことを求めようとするものである。つまり、哲学的にはただ、自らを呈示するもの、それがどのように呈示されるかだけを妥当するものとみなすことである。どれほど、あるいはどのように可能かは別として、排除すべき理論的仮定は、例えば自然科学的方法、弁証法的思考、あれこれの根拠から「現実に」ある全てが「全く別様で」ありうるというところから出発する形而上学的留保など、多様でありうる。フッサールが明らかにしようとしたことは、そもそも形而上学的に考えることができるか、あるいは自然科学的に言えば、そもそも何かを測ることができるためには、われわれはつねに単純な現出という出来事に基づいていなければならないということである。自然科学理論および最終的には自然科学的世界像は、自然科学者たちに始まるものであって、彼らは彼らが経験するものを実験と数学的計算によって正確な枠組みにもたらそうと試みる。だが、経験とは、厳密に考えると、経験されるもの（対象）の経験（作用）であって、経験は特定の構造、すなわち「誰かが－何かを－経験している」という構造を持っている。それゆえ、フッサールは、この最終的な、現出・経験のそれ以上遡ることのできない基盤に立ち戻ろうとした。それゆえ、現象学は徹底して先入見を排した認識であることを要求する。つまり、現象学においては、方法と対象とが一緒になるということである。言い換えると、自らを呈示するものとその呈示のされ方の双方が最終的に分析を可能とする諸概念を与えてくれるのである。

自らを呈示するものこそ現象である。だが、現象学にとって「現象」とは正確に言って何なのか。[38] よくある誤解は、現象学は世界が「現実に」「客観的に」どのようにあるのかとは対照的に、世界が私やわれわれに「主観的に」どのように現出しているかを分析するだけだと考えることである。そこで「現象」とは「現実に」自然科学的に計測でき、その他の仕方で規定可能な「客観的」対象とは別の「主観的現出形式」だとされる。だが、これは全くの誤りである。現象学が求めるのは対象の現実性であって、現出の前とか背後のどこかにあるものではない(Zahavi 2007, 15 邦訳六頁参照)。そうではなく、現出、現象とは対象の基本的与えられ方そのものである。あるいは、クラウス・ヘルトが彼の〔編集した〕『現象学的方法』の前書きで明快に述べているように、現象学の根本問題、そして基本的な発見は、客観性が主観に相対的に与えられるということである(Held 2002a, 12–18 参照)。

これは一体何を意味するのか。まずは一つの概念の説明から始めたい。そもそも「客観性」とは何か。その答えは、私や他の誰かがどのように知覚するかにかかわらず、何ものかがしかじかの仕方であるというものである。だが、われわれがわれわれの経験とは独立に何かが存在するという経験をするというのは、われわれの経験内部のことに他ならない。そうであるかぎり、客観性とは、経験ならびに経験することの特定の、特殊な形式である。対象の特定の与えられ方を基にしてわれわれに明らかとなるのは、われわれがこれまで客観的に見えていると信じてきたものが単に「主観的な」錯覚であり、それが何なのか今になってようやく「現実に」分かるということである(もちろん、この構造は原理的に決して閉じられない)。「単にそう見えるだけのもの」と「実際に与えられているもの」という二つの経験は、ある同一の構造内部でなされる。すなわち、「誰かに－何かが－現出している」という構造である。主観の側(「誰かに」)と客観の側(「何かが」)とは、現実に「客観的なもの」を何かが単に「主観的に」歪めて現出させること、客観性が失われるということではなく、全くそれとは逆の事態である。両者は現出という出来事として客観性を初めて可能とするものである。主観性とはこの相関関係の一つのアスペクトであり、そのアスペクトが全く誤って歪んで見えるのはたいてい錯覚や偏見のせいにされるからである（われわれが「主観的」という言葉を用いる場合、日常用語でもそのように考えている）。実際、われわれが何かを客観的なものとして認識する出来事において主観的契機は不可欠である。

現象学にとって現象とは単なる「見かけ」ではなく、現象の中には、錯覚から現実まで対象のさまざまな与えられ方が含まれる。ダン・ザハヴィは（そのこれまた非常に明快な現象学入門における）哲学的帰結を次のように定式化している。

現象学は、われわれに現出する世界とそれ自身で存在する世界とを区別する、二－世界－論と呼ぶことのできるであろう考え方をキッパリと拒否する。［だがそれによって］現象学は現出と現実の区別を廃棄しようとするのではない。［…］現象学にとって重要なことは、区別される二つの領域ではなく、現出する世界に属する内的な区別だけである（Zahavi 2007, 15 邦訳五―六頁）。

したがって、そもそも初めて発見され分析されるべきものは、異なる与えられ方である。フッサールが言うように、われわれはたいてい対象に「入れ込んで」いるためにわれわれにその対象が現出しているその与えられ方がどのように決定され構成されているかを見逃しがちなのである（Hua VI, 179 邦訳二五一頁）。

（38）ハイデガーは、有名な『存在と時間』の第七章で、現象概念、ロゴス概念、現象学概念を存在への問いの文脈で説明している。ここではこれについて詳しく論じることはできないため、そのテクストを提示するに留める。

いわゆる「自然的態度」(Hua III/1, 57 邦訳I―1、一四二頁) ではつねに直接対象の傍にあり、対象は一定の仕方で与えられるために、その対象がわれわれにとって「そこに」のみあることを反省することがない。このような与えられ方の分析から、フッサールはある中核的発見をする。それはすなわち、対象のあり方と与えられ方とのアプリオリな相関関係である。

> 対象の見え方と対象の主観的な状況依存的な与えられ方との間にはある相互関係、相関関係があり、その具体的な与えられ方の性格は対象性のあり方に依存している。[…] ある国の気候は、数学的な理論命題の内容とは全く異なる与えられ方をしているように私には見える。この二つの事象の与えられ方の原本的な (original) あり方は交換可能ではない (Held 2002a, 15)。

ザハヴィの定式化によれば、「対象がどのように現出するかは対象自身にとって本質的なものである」(Zahavi 2007, 15 邦訳六頁)。

現象学の重要な功績は、さまざまなタイプの現象をカタログ化したことである。例えば、物理的な事物、使用対象、芸術作品、メロディー、事態、数、動物、社会的関係などが現出する仕方には本質的な相違がある。その際、同じ対象ももちろんそれ自体非常に異なる現出の仕方をする。つまり、同じ対象が、こちら側から見るかあちら側から見るか、弱い光の下で見るか強い光の下で見るかによっても異なる。また、知覚されたもの、あるいは想像されたものとして、想起されたもの、確かなもの、疑わしいもの、伝達されたものとして見られたりする。対象の与えられ方には直接性の違い、現在性の違いがある（Zahavi 2007, 13f. 邦訳四頁）。

このようにしてさまざまなタイプの現象や「対象領域」について語ることができるようになるが、そうした領域は「領域的存在論」とも呼ばれる。これによって考えられることを分かりやすく説明するための古典的な例は、空間－時間的な対象であり、それと相関する知覚分析である。私がその前に座っているこの机といった任意の対象について言えば、この机はつねに私にとってパースペクティヴ性を持っている。私はこの机を同時にあらゆる角度から見ることはできない。私が事物を知覚する際の意識が「射映する知覚」でないとすると、その意識に対応するのは空間－時間的な事物ではない[39]。現出の仕方は対象のあり方にとって基本的なものである。この場合、現出の仕方は、フッサールが「射映」と呼んだパースペクティヴ性（制限のある不完全な知覚）である[40]。さらに机はある種の光の中で特定の背景を持って現出しており、私

（39）「事物知覚が問題となる場合、射映する知覚であることがその本質である。それと相関して、事物知覚の志向対象の意味には、つまり事物知覚の内に与えられるものとしての意味には、原理上そのような性格を持つ、射映する知覚を通して知覚されるものであるということが属している」（Hua III/I, 80 邦訳I―1、一八七頁）。

（40）志向対象が与えられる意識体験が射映せず、意識流にとって「実的に（reel）内的」であるかぎり、「意識」と「現実」との本質的違いも与えられる。このことは、「事物の偶然的な固有の意味」でも「われわれ人間による構成」（Hua III/I, 77 邦訳I―1、一八三頁）とは関係なく、空間的事物の本質には、原理上知覚におけるこの種の存在は射映を通してのみ与えられうるということが含まれる。これは、知覚が事物に接近できないということを意味するわけではない。フッサールが主張しているのは、（現出が何かについての単なる記号のように）知覚意識を記号意識と写像意識にすりかえてはならないのであって、時空的対象の原本的な与えられ方がどのようなものであれ、知覚意識それ自体を捉える

はその周囲を周ることで、今机の前面が黒いことから推測する（フッサールなら「思い込み」と言うであろう）ように背面も本当に黒いかどうかを「原本的所与性」の下で確かめることができる。実際の知覚が実際に行っている以上のことを行うことを望む、このような思い込みは、志向性の一つの形である。志向性とは、意識が何かについての意識としてつねに特定の仕方で何かに向けられていることであり、何かを一定の仕方で「思い込み」、そのようにして対象のさらなる与えられ方に従うことができるということである。このことはもちろん、知覚をはるかに超えたプロセスである。私は机を単に知覚することができるだけでなく、思い描き、記憶し、机についての判断をなし、十分に価値づけ、占有しようとし、その歴史的脈絡の中で見ることができる。それとともに、私は机を（単に）知覚されたものとしてではなく、思い出されたものとして、思念されたものとして、評価を与えたものとして、価値を与えたものとして、望んだものとして分析する。

われわれは、［志向］作用と対象との相関関係の中にあるさまざまな意味の層をここでこれ以上詳しく説明することはできないが、これらの層は現象学の大きな研究領域をなしている。

現象学は全く一般的に、対象のさまざまな現出の仕方に関する哲学的分析として捉えることができる。しかも、それとの関連で、対象があるがままに自己を呈示することを可能にする理解の構造を反省的に探究するものとして捉えることができる（Zahavi 2007, 13 邦訳四頁）。

ここでアルトゥール・カウフマンの「苦情」をもう一度思い出してみよう。すなわち、彼によれば、このような「高度に複雑な認識方法」は明らかに単純な構造の対象にのみ適用可能であって、法のように

「複雑で」規範的なものには適用できない。疑いなく知覚対象は現象学「お気に入りの対象」ではある（というのも具体例をあげる時によく知覚対象が取り上げられる）。そして現象学はこのような基本的パラダイムから離れることが難しいと非難されてきた。しかし、現象学が最も優先的に考えている対象は時空的知覚対象ではなく、フッサール最初の主要著作である『論理学研究』で扱われた理念的な対象である。それは論理的命題とその妥当性であり、この著書ではそれが現象学的反省の対象とされ、それによってその与えられ方が問われたのである。現出するものは原理上全て現象学的分析の潜在的対象であり、法が複雑な現象であり規範的なものとして特殊な現出の仕方をするにしても、法もまた現象学的分析の対象なのである。本書は、さまざまな思想家が「法」という現象に現象学的に立ち向かう際に靴のパラダイムに縛られていたわけではないことを明らかにするであろう。

第二節　実質的アプリオリ、本質直観と原本的直観（明証性）

「現象学の基本概念」と題する本章の中のこの節では、法現象学者たちが扱ってきた主な概念と構想を取り上げよう。『論理学研究』における中心概念の一つは「実質的アプリオリ」である。フッサールの現

べきことである（Hua III/1, §§42–44 参照）。

象学における方法論的進展で決定的なものは、彼がアプリオリを形式的な構造やカテゴリーに限定していないことであり、アプリオリと経験とを対立させたカントと対立する点である。カント哲学においては、偶然的な経験的データは普遍的で必然的なアプリオリな諸原理に従属する。カントにおいては、経験だけから普遍性や必然性を獲得することができない。なぜなら、ヒュームが示しているように、未来はつねに別様でありうるからである。カントにあっては、法則性、すなわち厳密な普遍性や必然性は形式的なものに留まるからである。フッサールにおいては、この点が全く異なる。彼が見ているのは、感覚的所与、すなわち経験の内に見られるそのつどの個別性という経験的偶然性だけではない。彼が示しているのは、そこで与えられたものから本質法則を引き出すことができることである。有名な例は、再び知覚領域において示される。色はつねに平面とともに現出し、音は本質的に特定の持続と強さを伴う。音の持続が持つ構造は本質的に音自身の性質とともに与えられる（音の持つ三つの性質はそれ自身の確定的秩序を持つために、必然的にそれぞれが媒介の役割を果たし、その秩序は原理上上に向かっても下に向かっても開かれている）（Hua XXVIII, 403参照）。法にとって重要な次のような例がそこに見出される。約束は記憶能力を前提としている。

こうした認識は全て、形式的な原理でもなくカント的なカテゴリーでもなく、経験的な偶然性でもない。それは音や色などの本質形式である。色は平面「なしには」与えられないため、平面なしには「考えられ」ない。こうした認識は必然的で普遍的であるが単に形式的なものではないゆえに、フッサールはこの認識を実質的アプリオリと呼ぶのである。その「理念性」（本質）は、経験的‐偶然的な「事実性」（事実）と区別される。それに応じて、フッサールは事実学（事実的‐偶然的なものに関わる経験科学）と本質学（特に経験的なものに関わるとしても、その本質的構造に関わるものであって、決して偶然的なものではなく必然的であり特定の普遍的な対象領域を互いに境界づける科学）とを区別する（Hua III/1, §§1–9）。当時哲学にたずさわっていた多くの者にとって、『論理学研究』におけるこの「実質的アプリオリ」の発見は、ある種の新規開拓(Eröffnung) に等しいものであった。なぜなら、価値や契約、国家や社会といった対象領域の全体がその実質的アプリオリに向けて探究されうるものであったからである。

本質構造に関する認識がなされるあり方を、フッサールは「直観 (Anschauung)」と呼んでいる。それゆえ、この直観は、単に経験的に呼び起こされるものでも、空間と時間についての形式的直観でもなく、与えられたものとの本質的関係を「見出す」ことで何か精神的なことを行っている。フッサールが本質直観、形相、形相的変様について語っているのはそのためである（私は表象において対象をじっくりと、それが意味する対象もしくは対象の性質の本質に至るまでさまざまな方向に向けて対象を変様させる）。それによって何か「神秘的な本質視」が示唆されるのではなく、結局この方法は現象に向けて遡行することで概念を明らかにする働きに他ならない。

「直観」は本質直観にとってだけでなく、現象学自体にとって本質的な概念である。

> 私は、それが客観的なものであれ思念されたにすぎないものであれ、ある事象についてただ語ることができるだけである。というのは、私は、その事象を事象に即した仕方で、いわば「直観的に」「生き生きと」体験する可能性が現実化されうることを前提しているからである。そうした可能性がなければ事象は私にとって決して知られることはなく、私にとって実在しないのである (Held 2002a, 14)。

したがって、直観の概念（同様の意味を持つ「直覚 (Intuition)」）によって考えられていることは、それによって対象が私に与えられる事象に近づくことである。そこにおいて対象「それ自体」が「生き生きと」与えられ、不明確でも、不明瞭でもなく、混乱したものでもない仕方で与えられる、完全で明確な所与性の原理的可能性をフッサールは「明証性」ないし「原本的直観」と呼ぶ。ある対象について正しい言明をなしうるためには、この原本的直観にまで遡行しなければならない。

事象に近づき、それによって事象を「照らす」洞察（「直覚」ないし「直観」）なしには、哲学的思考は空虚な議論あるいはでっち上げに留まる。そうした概念遊戯に対してフッサールは、現象学的記述、明証性を基礎とする叙述を対置させた[41]（Held 2002a, 17）。

実質的アプリオリ、本質視、原本的直観は、したがって、現象学的分析を可能にし、特徴づける本質的な方法の基本的な基盤である。こうした方法的背景が法の分析にとっても決定的な転換を用意したことは、新カント派という別の哲学に由来する法哲学者の言葉からも分かる。ラートブルフは、「確かに、いかなる法哲学もカントによって基礎づけられ、シュタムラーによって新たに確立された認識、つまり形式的な性格をそれ自身の内に持つものだけが普遍妥当的に認識されうるということを無視することはできない」と述べている（Radbruch 2003, 30『法哲学』一三七頁）。法現象学者たちはこの見解には同意できないであろう。

第三節　還元と構成

「還元」という概念ないし考え方は、法現象学においては現象学におけるほど中心的な意義を持っていない。還元は、（一九一三年の『イデーンⅠ』の出版によって公式に遂行された）フッサールの超越論的転回にとってのキーワードであるが、多くの法現象学者はそうした転回をしていない。現象学を突然「超越論的」なものにしたものは何なのか。そこでの問題は、もはや実質的アプリオリや本質視ではなく、意識と世界との（基づけ）関係である。超越論的転回以前の探究をフッサールは「形相的心理学」としている。それはなお本質的に現象学に属するものではあるが、なおつねに前提の多い一つの基本的仮定をなしている。つまり、意識はその存在論的存在が自明とされる世界の中にある何ものかであり、いわば世界の一部であって、「どこからのものでもない視点」から現実を記述する存在論の一部だとする仮定である（Zahavi 2007, 19 邦訳一〇頁参照）。われわれの自然的態度に対応するこのような自己対象化は、今や〔超越論的転回によっ

(41) 現象学の方法的基礎に関する範例をフッサールは「あらゆる諸原理の原理」と呼んで『イデーンⅠ』(§24) で次のように定式化している。「一切の諸原理の中でもとりわけ肝心要の原理がある。それはすなわち、全ての原本的に与える働きをする直観こそが、認識の正当性の源泉であるということ、つまりわれわれに対し直観の内で原本的に（いわばその生身のありありとした現実性において）呈示されてくる全てのものは、それが自分を与えてくる通りのままに、しかしまた、それがその際自分を与えてくる限界内においてのみ端的に受け取られねばならないということである」(HuaIII/I, 51-43 邦訳Ⅰ—1、一一七頁)。

て」反論される。それは、世界の中に自らを位置づけることが（現出という出来事としての）より基本的な基盤に基づく能作（*Leistung*）であることを明らかにするためである。このことが意味するのは、意識は原理上、また何よりもまず「世界を開く」ものだからである。というのも、意識は（「作用」としては）決して完全に世界内の一つの対象に還元できないのであって、世界の現出における何かについての意識として最終的に世界を担っているからである。

現象学的エポケー（括弧入れ）と還元は、今や一つの「策動（Manöver）」（Zahavi 2007, 22 邦訳一三一頁）であり、それによってわれわれは意識の役割についてよりよき視野を手に入れるために、われわれの自然的態度を働かないようにする。この点については、フッサールの章でより詳しく述べることにして、ここではただ、われわれに与えられる世界が「現実に」存在し、われわれとは独立に目の前にあるというわれわれの仮定に関わるのがこの策動であることだけを述べておく。われわれが世界をわれわれの基本的仮定の内でつねに「存在するもの」として設定することを、フッサールは自然的態度の「一般定立」（Hua III/1, 60 邦訳I―1、一三二頁）と呼んでいる。われわれがこの仮定を括弧に入れる、すなわち、「世界が現実である」という基本的仮定を排除し、働かないようにするとしても、われわれは何か（現実）を喪失するわけではなく、現実が現実としてわれわれに自らを示すあり方を獲得するのである。われわれは、世界を現出の全体として獲得し、それによって意識の構成能作を獲得する。

それゆえフッサールにおける「超越論的」ということが何を意味するのかと言えば、「それはあらゆる認識形成の究極的源泉へと立ち返ってそれに問いかけんとする動機であり、認識者が自己自身ならびに自己の認識する生への自己省察を加えんとする動機なのである」（Hua VI, 100 邦訳一三七頁）。つまり、カントの超越論哲学との対決において、対象（および認識）の形式的条件を構想するだけではなく、超越論的現象学は構成する意識の全領域およびそれに対応する世界の全領域をそれらの意味と妥当性が築き上げられる過程において追究するのである。

第四節　超越論的主観性と超越論的間主観性、他者性

「超越論的主観性」および「超越論的間主観性」の概念は、この意味で理解されなければならない。超越論的主観性をフッサールは、「あらゆる客観的意味形成と存在妥当の根源的な場」（HuaVI, 102 邦訳一三九頁）として捉えている。そこで探究されているのは、特定の経験的－心理学的主観性ではなく、主観性として一人称のパースペクティヴが持つ基本的な性格、すなわち、志向性（対象に向けられていること）、その身体性、時間性、歴史性、間主観的な投錨（Zahavi 2007, 15 邦訳八頁参照）である。

現象学が注意を喚起しようとするのは、世界と主観はこれまでの認識論におけるように互いに別々に存在し、（例えば像理論のように）両者が再び「結びつき」うるのはどのようにしてかをあれこれ考えるべきものではないということである。結局、われわれはいつもすでに世界の傍に、あるいは世界の内にあるのである。もしそうでなければ、われわれが実在と呼ぶものの像である完全な世界像は保証されない。なぜなら、われわれはそうした世界に繋がる道を持っていなかったことになるからである。意識が世界を開くことは、そうした繋がりに他ならない。世界と主観性とは、そうした同一の遂行的出来事の二つの側面である。

超越論哲学として現象学のさらなる決定的認識と展開は、必然的に構成的間主観性と結びついてくる。ある対象が客観性を持つということは、その対象がある特定の仕方で私に現出するだけでなく、それが他者に対しても現出するということでもある。「私は対象や出来事、行為を私的なものとしてではなく公的なものとして経験する」(Zahavi 2003, 115 邦訳一六七頁)。間主観的な経験可能性と客観性との間のこうした関係は、必然的でアプリオリなものであり、志向性それ自身の内にすでに他の主観との関係として含まれている(Zahavi 2003, 124 邦訳一八一頁参照)。共通の世界、客観的で現実の世界の意味、言い換えると超越、客観性、実在性といったカテゴリーは、最終的には妥当性のカテゴリーとして間主観的にのみ構成されうる。(逆に言えば、「単なる主観的な現出」といった言い方は、ここで初めてその意味を持つ。私の経験対象が他者によっても経験されうることが私に意識されるならば、事物自身とそれが私に現出することとの間にはある区別がありうることも私に意識される(Zahavi 2003, 123 邦訳一七九頁参照)。)

客観性を「間主観的な与えられ方が多様である中で対象の持つ同一性」として解釈するためには、むしろ逆に間主観性による構成という説明が必要となる。私はこうした他者たちをどのように経験しているのだろうか。こうした問いによって現象学の中心的な領域が示され、その領域は多様でさまざまな分析を呼び起こしてきた。例えば言語の構造に関してなされてきた他の間主観性分析(言語の間主観性は他の現象学者によっても決して否定されてはいない)とは異なり、現象学にとっての最初の出発点は、あらゆるテーゼがそこにおいて証明されるべき固有の経験、第一人称の視点である。

超越論的間主観性とは、それゆえ三人称の視点から記述され分析されうるような世界の中に前もって客観的に存在する構造ではなく、〈私〉(das Ich) 自身が関わる諸々の主観の間の関係である。言い換えれば、超越論的間主観性は〈私〉の経験構造の徹底した解明と分析によってのみ開示することができる。このことが示唆しているのは、間主観性が自我に根ざしていることだけでなく、〈私〉が間主観的に構造化されていることでもある（Zahavi 2003, 128 邦訳一八六頁）。

そこで重要なことは、他者経験におけるだけでなく超越論的、構成的間主観性におけるそうした相互的な構成し合いの出来事を提示する（aufweisen）ことである。この点についてフッサールは数多くの分析をしているが、ここではそこにある基本的な意図だけを素描することしかできない。そのために有益なことは、二つの問いの水準を区別することである。その一つは他者が、もう一つは、（構成する）間主観性が、私の中でいかにして呈示される（sich ausweisen）のか、である。

（一）最初の問いについて、フッサールは、いわば具体的な身体的他者経験[42]の水準で扱っている。その際に最も強調されていることは、私の身体やよく似た他者の行為から一つの意識を結びつけるといった単なる類推が問題なのではないということである。むしろ、原本的に接近不可能なものとしての原本的な他者

（42）自分を経験し感じる「身体（Leib）」と外的に現出する客観的「物体（Körper）」との違いに応じて、「経験対象」としての他者は私にとってはさしあたり「物体」である。感情移入と共現前化によって初めて、私は他者に（意識する身体としての）身体を帰属させる。その際、フッサールにおいてはこのような合理化の道はすでに多くの分析によって記述されている。その分析が示しているのは、受動的で志向性以前の間主観的 - 身体的な関係である（Hua XIV, XV 参照）。

経験（Hua I, 117–144 邦訳二〇六頁参照）を私が持っていることである。このような他者の他者性が与えられるのは、彼の意識と身体は私にとって私自身の意識や身体のように接近することが不可能であることによってである。なぜなら、もしそうでなければ、われわれの間にある違いが止揚されてしまうからである。「他者の自己所与性は私にとっては接近することができず、超越的なものであるが、まさにそうした限界を私は経験することができる。もしも私が本当の意味である他の主観の経験をするとすれば、私が経験するのは、まさにあらゆる対象と異なり、他者が私から逃れていることである」（Zahavi 2003, 119 邦訳一七二―一七三頁）。それに応じてフッサールが試みているのは、抽象的には「原初的領域」としてもっぱら「自分固有の」経験として与えられているものを、経験がいつもすでにそれによって貫通されているもの、彼が「異他的なもの」とか「〈私〉にとって異他的なもの」と呼ぶものから切り離すことである。

（二）このことは第二の点、経験において構成する間主観性の働きを明らかにすることに直接繫がる。これは、共通に経験される対象の客観性、ひいては「世界」の客観性だけでなく、歴史的な分節化において、あるいは匿名的共同体として、言語や伝統といった仕方で継承されてきた規範性という意味で表現されるものでもある（Zahavi 2003, 124 邦訳一八三頁参照）。次の節の「生活世界」において、この重要な点についてはもう一度取り上げることにする。

単数でのみ、すなわち普遍的な構造として考えられるカント的な「超越論的主観」の構想に対抗して、フッサールが彼の分析において「超越論哲学の間主観的変貌」[43]（Zahavi 2003, 114 邦訳一六五頁）を説いていることは確かである。フッサールの場合、超越論的主観はライプニッツに依拠して名づけられた諸モナドである。実際、歴史性と人格性、そして固有の経験の豊かさの内で具体的に構成する複数の〈私〉の中心は多様であるが、意味形象としての共通世界を構成し、その妥当性の最終基盤である。

フッサールの間主観性理論は、身体を持ちながらともに構成する者としての他者について哲学的に考察し、注目すべき成果をもたらしている（Leistung）が、そこにはいくつかの難点があることも確かである。その後の現象学者たちはその点を批判するとともに、他の点に重点を置くことでその理論をさらに展開してきた。例えば、ハイデガーは超越論的構成論に対して、いつもすでに前反省的、実存的に先行する共存在（*Mitsein*）の優位を説き、「人間はもともと、共通な世界の中でほとんど自己を忘れて実存しており、そのつど他者や異他的なものと出会って初めてそうした共通性から外に出るのだ」（Held 2002b, 33）と論じている。ハイデガーはさらに進んで、その『存在と時間』において日常的な使用対象（「道具」）として、いつもすでに他の主観への指示を含む対象の基本的あり方を描き出している。こうした実存的傾向、あまり認識論的でない傾向はメルロ＝ポンティにも見られる。だが、彼は、フッサール同様経験対象の公開性を超え、主体がそこから初めて生じてくる機能的匿名性の内にある根源的、身体的な共‐主観性を設定している。レヴィナスはこれとは全く別の道を歩み、他者の持つ原本的な近づきがたさの側面を特に徹底して、他者との出会いを知覚的あるいは認知的なものとしてではなく、まずは倫理的なものとして理解している。この思想は、他者性の内にある他者を否定することなしには、私が所有したり捉えたり認識したりすることが決してできないような、他者が逃れ去る次元に依拠している。サルトルにもこれと似ている点があるが、彼はこれとは全く異なる他者の超越性を強調している。その特徴は、彼にとっては、他者が私自身を

（43）Zahavi（1996）参照。そこでもこのテーゼが詳しく説明され、ハーバーマスやアーペルに対してこれを弁護している。

知覚でき、客観化できることにある。(44) このように、間主観性問題に対する現象学的接近の方法は多様であるが、少なくとも共通する特徴は示すことができる (Zahavi 2007, 87f. 邦訳六七頁以下参照)。その一つは、主観性と間主観性は（ハーバーマスやアーペル、ルーマンのように）二つの相互排除的な理論選択肢として考えられるものではなく、その全く特殊な共通性において、主観性が意味するものについての新たな、より一貫したラディカルな理解を可能とする。第二は、知覚的、日常的に用いられる、感情的、本能的、身体的な志向性や存在様式であれ、前言語的な構造に注目することで、間主観性は純粋な言語構造の水準よりも基本的なものとみなされることである。

最後に第三の点を定式化するとすれば、現象学の基本的な洞察は、間主観性の解明は世界内の偶然的な関係だけでなく、同時に主観と世界との関係を新たに規定することを要求している点にある。「間主観性は、単にすでにある確立された存在論に組み入れることはできない。むしろ、自己と世界と他者という三つの領域に共属しているのであって、それらが相互的関係において明らかになり、相互的な関係性の内でのみ理解されるのである」(Zahavi 2007, 89 邦訳九三頁)。

第五節　生活世界、内世界的現象学と超越論的現象学、現存在、実存

フッサールが彼の後期哲学で展開した生活世界の概念は、その後現象学を超えて大きな影響を与えた。当初フッサールにおいてこの概念は、われわれが基本的に頼りとし疑問視することのない、日常的で直観

的に与えられる実践的な経験（ただし、フッサールによれば現象学的に、すなわち学問的に分析されうる経験）を意味するかぎり、科学の世界に対置された概念として理解されていた。フッサールは、科学に敵対的でなく、前科学的経験と科学的理論との基づけ関係を明らかにすることを目指した。だが、それとは全く反対に、フッサールは、近代科学のみならずわれわれの日常的な理解にまで及んでいる科学的、自然主義的世界像を初めて可能にした主観的かつ間主観的な能作を示そうとした。「科学の対象は、その存在が科学に固有の理論的－論理的実践の主観的能作に依存する意味形象である。そしてこの実践はそれ自身、生活世界における生に属する」（Held 2002b, 49）。フッサールは、諸科学（および「ヨーロッパ的人間性」）が孕む「危機」を診断している。なぜなら、諸科学はその作用の起源を忘却しているからである。超越論的間－主観性とは、それが設定するものに対して行為的責任を有し、あらゆる意味創設の最終的な源泉である。

「歴史性とか発生、伝統、正常性（Normalität）といった諸概念に超越論哲学に中心的なある重要性が与えられるかぎり」（Zahavi 2003, 131 邦訳一九〇頁）、生活世界の概念のもう一つの次元が含意するのは、間主観性に関するフッサールの分析をよりラディカルにすることである。ザハヴィは存在論的生活世界概念と超越論的生活世界概念を区別している（Zahavi 2003, 136 邦訳一九七頁参照）。フッサールとフィンクが「内世界的」とも呼んだ存在論的生活世界概念は単純に日常的経験世界であると理解される一方で、超越論的生活世界概念によって考えられているのは歴史的動態と歴史的に沈殿する構造であり、それによってもとも

(44)　トイニッセン（1977）がある有名になった言い方で「他者化」と名づけたこの現象について、フッサールはすでに注目していた。だが、彼はそれを実存的あるいは弁証法的な主人と奴隷の構造においてではなく、そこで遂行される私自身の経験の変容と見ている。

と理論的なものであった前提が最終的に日常的実践に取り込まれ、それによって生活世界の要素もまたその現出形式も変化する。「自然的態度の世界は今や、その世界の中でなされる実践とそれが沈殿することによって、つまりそうした「一つの流れ」によって豊かにされ、そこにあるのは具体的な歴史的世界である」(Held 2002b, 52)。超越論的な解釈を付け加えると、この世界は、われわれの歴史的‐世界的な生を形成する諸々の意味構造を供給する場である。フッサールがこれらの、またその他の多くの現象学的分析によって到達したことは、誤って静態的な構造物とみなされていたものを構成する出来事として扱い、それらがその発生の歴史の中で見られるように流動化させることによって静態的な見方を打ち破ったことである。「発生的現象学」と呼ばれるこのプロジェクトは、その後多くの現象学者によって取り組まれ、その中に現象学的な分析と批判の中核があると見られている。

この点が法現象学にとって特に重要なのであるが、間主観性や生活世界に定位した理論的アプローチは社会学的考察方法にとって基本的なものであることが明らかになった。フッサールは全く具体的に〈私〉がただ社会的なもの(*socius*)でしかありえないこと、すなわち特定の共同体の一員であること、それが実態であることをほのめかしている(Hua XV, 193 参照)だけではない。フッサールはまた、現象学の企ては「社会学的超越論哲学」であることも示唆している(Hua IX, 539)。その点でわれわれは、現象学を全く一般的にさまざまな共同体の形を現象学的に記述することを含む「プロト社会学ないしメタ社会学」(Zahavi 2007, 91 邦訳九五頁)として捉えることができる。

身体的で社会的、文化的なものに埋め込まれた世界‐内‐存在として主観を捉える、人間的実存の基準となるモデルによって、現象学は社会科学の展開のための枠組みを提供している。より簡潔に言えば、説得的な社会理論は説得的な主観性理論を前提とし、まさに現象学がその理論を提供できるのである（Zahavi 2007, 91 邦訳九五頁）。

右で述べた正常性や伝統といった概念がそこでどのような役割を持っているかは、生活世界との関係で簡単に説明できる。われわれの理解は特定のひな形やモデル、構造やタイプにそって行われ、それらはわれわれのこれまでの経験を通して形成されてきたものであり、われわれに特定のものを予期させる（規範性予期）とともに、それとは別の非日常的な経験をさせ、われわれの持つ予期を変化させる。われわれが「正常」として知覚するものは、結局一種の慣習であって、個々のものを超えて歴史的、間主観的に引き継がれた存在を示唆している。「人」が挨拶する、テーブルに覆いをかぶせるなどがそれに当たる匿名的なあり方であり、そのことは、ハイデガーもフッサールも、後にはシュッツもそれぞれの分析において適切に記述している。何が「正常」であるかを直接あるいは間接的に私が学ぶのも他者からであり、そうしたことがまさに私の世界を構成し、それが「異他的な世界」に対する「故郷世界」を作り上げている。だが、この対比は静態的なものとして考察することはできない。私がする経験は、私の地平、つまり私の持つ予期を変化させ、結局は私の世界を変化させる。私の世界が意味創設からなるように、主観性自身が新たな意味を作り出すことができる。それゆえ、クラウス・ヘルトとともに、現象学の哲学的関心は次のように要約できるであろう。

哲学のテーマは、主観的‐相対的で、それ自身歴史的に豊かになる普遍的な地平、生活世界としての世界である。そのように理解される世界は近代の客観主義的な研究実践の中で忘れ去られてきた。超越論哲学は反省に基づくのであって、それは、世界がそれに対して現出する責任ある主体(45)であることに思いをいたすことである(Held 2002b, 52)。

これまで主にフッサール現象学に基づいて現象学的基本概念について述べてきた簡略な説明は、もちろん現象学全体(46)の思考法を包括するものではないが、この後に扱う法現象学の観点からすると十分なものである。ハイデガーやシェーラー、シュッツ、メルロ＝ポンティ、レヴィナスなどが、それぞれ全く独自の現象学的展開を行い、フッサールの思考と批判的に対決し、あるいはそれを補うように付け足したことは、それぞれの章で、法現象学に関わるかぎりで説明する。

現象学的問いの持つ多様性を明確に分かるようにするために、本章のキー概念として、メルロ＝ポンティの有名な『知覚の現象学』(フランス語版一九四五、ドイツ語版一九六六〔日本語版一九六七〕)の「序文」から引用しておきたい。そこで彼は、現象学の超越論哲学的、存在論的、実存哲学的、内世界的アプローチの全体像を印象深い仕方で要約している。

現象学とは本質の研究であって、一切の問題は、現象学によれば、結局は本質を定義することに帰着する。例えば、知覚の本質とか、意識の本質とか、といった具合である。ところが、現象学はまた同時に本質を存在へとつれ戻す哲学でもある。人間と世界とはその〈事実性〉から出発するのでなければ了解できないものだと考える哲学でもある。それは、人間と世界とを了解するために自然的態度の諸定立を中止しておくような超越論的哲学であるが、しかしまた、世界は反省以前に廃棄できない現前としていつも〈すでにそこに〉あるとする哲学であり、その努力の一切は、世界とのあの素朴な接触を取り戻すことによって、最終的にそれに一つの哲学的規約を与えようとするものである。それは、一つの〈厳密学〉としての哲学たろうとする野心でもあるが、しかしまた、〈生きられた〉空間や時間や世界についての一つの報告書でもある（Merleau-Ponty 1966, 3 邦訳1―一頁）。

（45）主体に「責任がある」のは、主体の行為においてであり、その行為とはさまざまな可能性からの選択であり、それらの可能性は世界の中にあり、地平意識が可能とするものとしてすでにそこにある（Held 2002b, 47 参照）。

（46）さまざまな方向性と流れを持つ現象学に関する体系的な概観としては、『スタンフォード哲学事典』の論稿をあげておきたい。これは『現象学事典』による分類を要約して引き継いでいる。それによると、「フッサールの仕事は二十世紀前半、多様な現象学的作品をもたらした。伝統的現象学の多様性は、『現象学事典』（Kluwer Academic Publishers, 1997, Dordrecht and Boston）を見れば明らかである。そこでは、諸論考を七つのタイプの現象学に分類している。（一）超越論的、構成的現象学が追究しているのは、われわれの周囲にある自然的世界に対する関係は度外視して、純粋意識あるいは超越論的意識において諸対象がいかにして構成されるかであり、（二）自然主義的に構成する現象学は、意識も自然の一部とする自然的態度によって想定される自然の世界の内にある事物を意識がいかにして構成し捉えるかを問題とする。（三）実存的現象学は、具体的な状況内でなされるわれわれの自由な選択や行為の経験を含む具体的な人間の実存を追究する。（四）発生的、歴史的現象学が追究するのは、われわれの経験の内に見出される意味が、時間を超えた集合的経験の歴史的過程の中でいかにして一般化されるかである。（五）発生的現象学は、その人自身の経験の流れの中で事物の意味がいかにして発生するかを追究する。（六）解釈学的現象学は、経験の解釈的構造と、われわれ自身や他者を含むわれわれの人間世界の中でわれわれの周囲にある事物がどのように理解され関与しているのかを問題とする。（七）実在論的現象学は意識と志向性の構造を追究するのだが、そこで想定されているのは、そうした構造が意識の外にある現実世界、意識によって生み出されるのではない現実世界の中で生じるということである」（http://plato.stanford.edu/entries/phenomenology/; Embree et. al. 1997, 2–6）。

第三章　法現象学とは何でありうるか
――諸々の問いかけや方向性、方法、時代にそった体系化の試み

「法」は現象学にとって多くの点で主題となりうる。それは、法律家が「今日でもなお」（ラートブルフ）「法概念の定義を求めている」[47]（カント）ことにあるのではない。なぜなら、定義は現象学の問題ではないからである。むしろ、法というテーマによって、個々の現象から認識論的な諸問題にまでいたる現象学的な問いと探求にとって広範な領域が開かれるからである。

法現象学のさまざまな立場を歴史的、体系的に見直してみると、「法」も「現象学」も異なる思想家たちによって統一的に理解されていないことが分かる。したがって、用いられる法現象学の概念の統一を目指すのではなく、その概念領域と結びついた相異なる立場をそれに応じた仕方で考察することにする。

「法」というテーマに現象学的に接近する仕方は、何を「法」と考えるか、すなわち、どのような現象を分析するかにもちろん強く依存している。最も考えられるのは、（一）法秩序という現象であり、たい

（47）Maihofer 1973, XII 参照。ラートブルフは、カントから度々引用されてきたこの言葉を再び取り上げている（Maihofer 1973, 385 におけるラートブルフの項〔『法哲学綱要』三六頁〕）。

ていの法現象学者たちもこれについてさまざまな仕方で探究している。したがって法秩序の現象学があり、そこでは多くの側面が考えられる。そこには法秩序全体の構造についての問いや、法秩序の歴史性や時間性、発生についての問い、法秩序内で働く間主観的な相互関係についての問いから理念的な法秩序や「不法な秩序」（の認識可能性）に関する問いなどがある。「法秩序」の現象やそれが持つ生活世界的含意と並んで、（二）規範としての法の現出の仕方が法現象学的考察の基本的なテーマとなる。規範の本質をなすのは何か、いかに特殊な「法行為（Rechtsakt）」〔訳注二〕が与えられた法規範に対応し、法規範を構成するのか。法規範はいかなる「領域的存在論」に属するのか。法学は事実学なのか、それとも本質学なのか。その他「法へ」の接近方法は、（三）法の意味を構成する特定の社会的行為（sozialer Akt）に関するものである。それによって法の概念と本質が直接社会的相互行為から明らかにされ、さらには法を担い遂行する制度が解明される。

導入部の最後のこの章では、これらの他、さまざまな法現象学の接近方法をさまざまな視点から体系化することを試みる。そうすることで法理論と現象学との関係についてさまざまなパースペクティヴが明らかになるであろう。ただし、ある一つの特定の道を指示したり承認したりするつもりはない。むしろ、接近可能性が多様にあることを分かりやすくすることが重要である。それは三つの体系化によってなされる。その際、最初の二節では実際に行われた法現象学および可能な法現象学が考察され、第三節では現にある諸々の立場を分類することを提案している。第一に、法現象学の立場はそれと法や法学との関係において反省され、第二の区分では法現象学理論が目指す方向性と意図を考察する。第三の最後の体系化は、歴史的、方法的基準を拠り所とし、それに続く詳述の基礎を提示するものである。したがって、それは同時に「法現象学入門」という本書の構成を要約するものでもある。

第一節　体系化の試み（一）——法や法学との関係における（法）現象学

この最初の部分では「法」をテーマとする現象学が法学とどのような関係にありうるのかという一般的問いが立てられる。そして、現象学がどのようにして法をテーマとするのか、すなわち何を現象学の対象領域とみなすのかを問題とする。先行する著作群から出発しつつ、それらを超えて、ここで手短に体系的に素描すべき特定の可能性のいくつかが示される。

〔訳注一〕Aktの訳語についてある独和辞典には「現象」という訳語も見られるが、一般的にはここで用いているように「行為」と訳すのが普通であろう。だが、「行為」と言ってしまうと、客観的行動のように受け取られてしまう恐れがある。現象学の文脈では、その「意味」が問題とされるため、事象に意味を与える意味付与「作用」として理解する必要のある場合がある。本書にはこの後、sozialer AktやRechtsaktという言葉が頻出する箇所がある。これらは普通「社会的行為」、「法的行為」ないし「法律行為」でよいのだが、ライナッハの場合のように必ずしも外部に現れることなく他者を志向する意識作用の場合や、客観的にある行為を法的に意味づける「作用」として理解すべき場合もある。したがって、この後でも、同じAktという原語を、外部に現れた客観的な場合と主観的な意味付与作用の場合とで「行為」ないし「作用」と訳し分けることとした。だが、この区別も決して自明なものではないため、原語を補っておくことにする。原則としてケルゼンの文脈では「法的行為」、シュライアーの章では「法志向作用」と訳すことにした。端的に「法作用」という訳語も考えられるのだが、立法作用や司法作用といったものと区別する意味で、あまり馴染みのない訳語を用いている。

（一）法学を助けてそれを（法的および法理論的に）補完する現象学　この現象学は、法学や法理論を補完する学問として理解されるであろう。その領域は、それが扱う法学理論の持つ限界と定義によってあらかじめ素描される。このような枠組みの中での現象学的分析は、それ自身が補助手段となることによって理論的および（学問）論理的な前提を明らかにすることができる。さらには、社会存在論によって法学を補完することもできる。そうした社会存在論としては、例えば生活世界内で行為する主体の理論などが考えられる。個々の状況記述あるいは現象の記述（いわゆる「厚い記述」）も、諸現象を法学に即して評価するために有用でありうる。だがここでは、そうした記述を固有の哲学的接近方法として扱わない。

（二）法学を（法哲学的に）基礎づけようとする現象学　この現象学は古典的哲学の要求、すなわち法自体を基礎づけるとともに（哲学的な）法学を法の理論として理解することを要求する。あるいは、その要求は、実証主義的な、法－教義学的（dogmatische）な法学と並んで法哲学ないし法理論としての包括的法学を設定するかもしれない。そうしたことをこの現象学は、法と法秩序の構成がその中に位置づけられ、より大きな関係の内に設定されるような社会存在論ないし超越論的間主観性の理論によって追求することができるかもしれない。そこでは、法的秩序や法的共同生活の根源的次元が、例えば間主観性あるいは人間の実存的あり方の分析から解明されうるかもしれない。そこから出発すれば、法概念の定式化も可能となるはずである。こうした基礎づけ要求に含まれるさまざまな要素は、（エトムント・フッサールが予想したような）現象学的「理性法」の構想、あるいは、（レヴィナスのように）法を他者および他者たちに対する責任とみなす倫理的な試みの原点となりうる。

（三）法学や法の構造を（倫理的、政治的な意味で）批判的に評価する現象学　この現象学は、法学（あるいは法哲学）が従来それについて「盲目」であって、その現象形態を十分に捉えておらず、自ら（*per se*）見逃していたり主題化できていない構造を明らかにするために、詳しい権力や議論の分析を行うことになろう。そこで重要なことは、秩序としての法秩序の批判となる。そのためには「厚い記述」が有効である。なぜなら、それによってある現象の全体構成と系譜が明らかになるからである。だが逆に、「（実定）法」という現象の現象性に関する方法上の問題が提起されるかもしれない。すなわち、それは法システムの原理的明証性に関する問いであって、おそらくこれまで問われていないもので、古典的な明証性概念を裏切るものでありうる（ゲーリング）。法秩序が発生する際の本質的な亀裂が示されることによって、法の起源に関する調和的な理論（ルソー、ロールズ、カントなど）と対立する場合が生じうる[48]。主権、暴力、権力およびこれらの法との関連は、この現象学の大きなテーマとなろう。ともかく、このような問題の核心に触れるためには、古典的な現象学の立場が基本的な変容を余儀なくされることは確かとなった。このような現象学内部の変容をもたらし、あるいはむしろ現象学の境界を動く諸々の立場は、この点で最も豊かな成果をもたらしてきた。それは例えば、ゲーリングのようにアーレント、レヴィナス、デリダ、アガンベン、あるいはフーコーに触発されたさまざまなアプローチに見られる。

（48）そうした試みとしては、例えばヴァルデンフェルスによる秩序と異他性の分析を引き継ぐ後継者たちによる現象学、すなわち『否定的社会哲学』（Liebsch/Hetzel/Sepp 2011）あるいは『暴力の現象学』（Staudigil 2005, 2006）があげられるかもしれない。

（四）法学を超えて、法的なものに対して（認識論的あるいは倫理的な）独自の理解をする現象学　この現象学は、「法的なもの」について法律学的、司法的な枠組みをはるかに超えるような現象学的な理解を目指す。その意図は、なぜわれわれはそもそも法的存在なのか、すなわちわれわれが法的な構造の中で考えて判断するのはなぜか、しかも特殊な法的、法律上の訴えにおいてだけでなく、あらゆる訴えにおいて法的に考え判断するのはなぜか、という根本問題を明らかにすることである。あらゆる判断や事態は、たとえそれが道徳的な判断であっても、科学的な判断であっても、あるいは論理的判断、生活世界の中での判断などであっても、「正当（recht）」とか「正しい（richtig）」と判断され、正当性が問題になる。その場合、「法」をできるかぎり特殊な範囲にあるものとして前もって理解しなければならないであろう。そうすることによって、われわれが「法的思考」や「法的存在」に囚われる包括的構造の手がかりをつかもうとする。もちろんここでも、法学だけでなくそもそも現象学が出会うことになるある根源的な次元が関わってくる。現象学そのものの方法に立ち戻って問うことで、理性と「法的思考」との間の（認識論的、存在論的、倫理的な）関連が明らかにされなければならない（Loidolt 2009a 参照）。

ここであげた四つの法の現象学の試みは、互いに全く別のものではないが、これらの理論が法学との関係で展開され、（法学を補助しているとか、基礎づけている、批判的に見ている、超越しつつ超越論的に見ているなどと）自らを知覚しうる方法に関してはそれぞれ異なったパースペクティヴがある。これらは、既存の立場を分類することだけに役立つというだけではなく、新たな展開をするという発見的な方向にあるものとして（そして体系的には完全でないものとして）理解されなければならない。われわれが扱っているさまざまな法現象学の立場を歴史的、体系的に概観することによって、ほとんどの作品が第二の法哲学的な方向を目指していることが分かるが、いくつかのものは第一の法的－法理論的な方向にある。本書最後から二番目の部分（第二部第二章第三節）で扱われる批判的－分析的法現象学は始まったばかりであり、法現象学の新たな展開をもたらすことが期待できる。その際、ベンヤミン（『暴力批判論』）、フーコー（『監獄の誕生――監視と処罰』）、リオタール（『文の抗争』）、アガンベン（『ホモ・サケル』）あるいはルーマンのシステム理論（『社会の法』）などの作品にも触れているが、これらのテクストについては本書では取り上げない。その理由の一つはそれらについてはすでに詳しく論じられているからであるが、他方では（法－）現象学のプロジェクトをより正確に規定するためである。法的なものに対する現象学的接近の第四の形態は、ゴヤール＝ファーブルやアムスレク、マイホーファーらのアプローチにその端緒とともに、実定法との結びつきが見られる。だが、一般的な法概念をテーマとしていても、（純粋に道徳的・倫理的な法や認識論的な法の説明とは対照的に）法学的な意味での法には全くといっていいほど注意をはらっていない著作については、（レヴィナスを除いて）本書では取り上げていない。それは今回、法学的な意味での「法的なもの」の限界を見極めるためである。(49)

(49) ヘルベルト・シュピーゲルベルグは『法律と慣習道徳法則』（H. Schpiegelberg 1935）、「当為と許容――倫理的な法と義務の哲学的基礎」（Karl Schumann Hg. 1989）という両作品で、「理念的」あるいは倫理的な法概念に注目しているので、本書導入部の最後に手短に言及する（第二部第二章第四節第一項）。私も博士論文「要求と法的正当化――エトムント・フッサールの現象学と結びついた法思想の理論」（Loidolt 2009a）で、倫理的および認識論的判断を含む法的要求を経験の基本的な基準として取り出し、思想における法的性格を根源的に語られた存在に遡って発生的に捉えることを試みている。前述定的に語られた存在に対する述定的応答としての法的カテゴリーは、もっぱら認識論的、倫理的性

第二節　体系化の試み（二）——法現象学における法律家的、内世界的、形相的、超越論的な接近法

法現象学体系化の第一の試みでは、最初に法や法学との関係において現象学が持ちうる諸々の可能性を明示しなければならなかった。その際の区分は、（法的現象や法の構造への接近方法として）「法」という対象領域および法学との関係から始められた。次の第二のパースペクティヴにおいては、法現象学的思考自身による分類が示される。しかもそれは、そのつどの方向づけとそれに伴う問題の重なりによって特徴づけられる思考の方向性と方法的定位を考慮してのことである。いずれの場合でも異なる側面が取り出されるため、それぞれの立場の分類は交差し重なり合う。

（一）法律家的方向性——法律家という現象としての法　法律家の路線には、法を概念的に捉え、体系化し、分析しようとする法律家の理論的対象として「法」を理解する特徴がある。そのため、法学と法理論の中心テーマとなるのは、他の学問に対抗して自らを規定し確定することである。こうした法理論の方向性は、状況によっては法律家的短絡の危険をもたらすが、他方では道徳と法、あるいは法学と政治学の明確な区別が求められる。この方向性において、「法」はたいてい法実証主義的に捉えられる。ケルゼンの弟子に当たるフェリックス・カウフマンやフリッツ・シュライアーはこうした方向性にある。また、超越論的意図で「法の認識論」を展開しようとしたポール・アムスレクも同様である。驚くべきことに、アムスレクは、「法」という現象をもっぱら法律家という現象とみなしている。つまり法律家が法を適用する

だけでなく、認識し、概念的に規定しなければならない点に法現象を見出しているのである。だが、アムスレクの認識論においては、歴史的生活世界も重要な役割を果たしているため、彼を次のグループに属すると見ることもできよう。

(二) 内世界的 (mundan) 方向性——生活世界における現象としての法

「内世界的」とは、世界ないし生活世界に向かう現象学的方向性を表している。法現象学者の多くはここに定位していて、内世界的現象学一般におけると同様、そこで重要なのは一つの大きな研究領域である。シュッツの『社会的世界の意味構成』(Schütz 1960) は、特に法という現象に関して、こうした分析の中心にある。行為論や社会存在論、間主観性論、政治的なものの理論、要約すれば一つの世界におけるあらゆる人間関係が法への接近方法の基礎にある。同様にして、歴史性や制度〔史〕、法文化など「前もって与えられたもの」に相当するものが内世界的方向に向かう者にとって重要な点となる。間主観的な共同生活、歴史的な蓄積、共通の、あるいは優位性を持って構造化された意味創設の構造としての「世界」は、そこから法が生じてくる原-素材(Ur-Textur) として分析されるべきものとされる。エトムント・フッサールおよびゲルハルト・フッサールは、こうしたことを背景として法という現象を捉えていた。特にゲルハルト・フッサールは、法の時間性と生活世界性を徹底して主題化しており、人が単一の法主体として、あるいは裁判官や立法者といった異なる役割をこの世界で演じる場合にとるべき異なる態度や姿勢を提示している。フランスの法現象学者で

格を持ち、法哲学的なテーゼ、すなわち法学的法に関わるテーゼを含むものではない。それゆえここでは示唆するに留める。

あるシモーヌ・ゴヤール＝ファーブルも、エトムント・フッサール、メルロ＝ポンティにならって、法現象が生活世界に繋がっていることに注目している。アルフレート・シュッツは、たとえ独自の法現象学を記述していないとしても、この方向性における範例的な代表者として扱われるべきであろう（これは別の章で取り上げる。第二部第一章第三節第一項A参照）。尾高朝雄は彼の社会存在論的方向性において、ヴェルナー・マイホーファーは「本来的な〈として存在〉」という実存的投企によって、この「内世界的」法現象学者に属する（ただし、マイホーファーの場合、ハイデガーの「世界性」や「世界－内－存在」という概念の方が適切であろう。なぜなら、「内世界的」という構想は「超越論的」と対をなすものとして理解されているからである）。内世界的・生活世界に基づく接近方法はさらに広い研究領域に開かれている。すなわち、その領域とは、「法制度」「法システム」「法文化」といった諸現象と対峙して、間主観的－歴史的な意味創設過程を解明する領域である。ここでは特に、メルロ＝ポンティと彼の法現象学的解釈者であるハムリックの名前をあげることができる。その他には、政治的、他者倫理、対話分析的－対話批判的パースペクティヴを持つアーレント、ヴァルデンフェルス、ゲーリングをあげることができる。

（三）形相的方向性――本質連関としての法　形相的－現実的な方向性は、本質連関に関する法を概念的に捉え、それを「実質的アプリオリ」という意味で究明する。これの範例的な代表者であるライナッハは、そうした方向性を示すための道を示している。それは彼が社会的作用の本質を探究し、契約という社会的作用から請求権と債務（それゆえ法的領域）の起源を示そうとしたことである。彼と並んで、エディット・シュタイン、ウィルヘルム・シャップ、尾高朝雄らも形相的法現象学者と見ることができる。彼らは国家、契約、共同体の本質的特質に向けた問いを立てている。最初に本質連関を探究したシェーラーの人格概念に従ったエアハルト・デニンガーもこの中に入れることができる。ただ彼は、その著作においてもつねに生活世界的関係に言及し、生活世界に主題領域を見出そうとしていた。最後に、ジャン＝ルイ・ガルディーをあげておこう。彼は形相学の形式的変種である義務論的論理を打ち出して、法をその当為という本質的形式に関して分析しようとしている。

(四) 超越論的方向――法の理解ないし構成の可能性の条件　超越論的現象学と同様に、ここでは、生活世界的（「内世界的」）構成と相関するノエシス的意識の構造に遡ることが重要となる。そうした構造には、そもそもあらゆる意識において妥当する本質的な構造を確認することができ、世界についての可能な経験の法則を明らかにすることができる。妥当しているもの全ての根拠としての「超越論的自我（Ego）」への遡行は、それがアプリオリに自我に繫がっているかぎり、超越論的間主観性を含んでいる。エトムント・フッサールとゲルハルト・フッサールは、いわゆる「全モナド」について語っているが、それは妥当する形象としての法を構成するものである（ゲルハルト・フッサールの場合、超越論的テーゼはかなり弱い形で登場する）。アムスレクは、超越論的な思索（Besinnung）についてある形式的な道を提案している。彼は、超越論的な「計測手段」としての規範について、つまり規範的判断の可能性の条件について語っている。シモーヌ・ゴヤール＝ファーブルは、法的なものに対するわれわれの超越論的志向を秩序への欲求に見出している。超越論的なアプローチは、エトムント・フッサール自身によって要求されながら展開されていないプロジェクトである。それは、「法意識の純粋な本質に現象学的に深く入り込むこと」に立ち戻ることである（Husserl 1919, 148f.）。

第三節　体系化の試み（三）——歴史的、方法的区分、テクストの選択

法現象学のさまざまな立場を体系的に提示したものは今日まで存在しないため、もちろん完全性を標榜するものではないが、できるだけ代表的なものを概観する試みをここで行いたい。歴史的な期間は二十世紀全体と二十一世紀の初めまでを含んでいる。法現象学のテクストのほとんどはドイツ語とフランス語および（数は少ないが）英語圏のものであるが、イタリア語やスペイン語のものも増えている。(50)(51)〔本書における〕テクストおよび著作者の選択は、その代表者たちが「法現象学」という名称を用いていた「古典的法現象学(52)」を中核として、その論考を法現象学的に解釈することができ、そのように展開された現象学の「主要な思想家たち(53)」、そしてその法哲学的思想が豊かな進展を見せていると解釈できる現象学的議論の周辺に位置するもの(54)までに及んでいる。こうした選択はテーマに応じたものである。理念的、時代的制約の下、第二次大戦前の「古典的」法現象学が特に注目しているのは、典型的には形相的、妥当理論的、方法的諸問題であり、その枠内では、倫理や政治、正義、権力や責任についてはほとんど扱われていない。この傾向が明確に変化したのは第二次大戦後であり、他の一般的「傾向」に対応して、問いの設定が倫理的なものや政治的なものにより開かれていく。私が現象学の「周辺的」思想家と呼ぶアーレントやデリダなどを扱っているのはそのためであるが、彼らを「法現象学者」として扱うべきではないであろう（フーコーやリオタール、アガンベンらをこの枠に含めることはさらに不適切である。私が多少言及しているとしても、彼らを強引に「法現象学入門」に取り込むことを避けた理由もそこにある）。

フッサールやシュタイン、シェーラーやハイデガー、レヴィナスやヴァルデンフェルスといった現象学

の「一般的」代表者たちにあらかじめ「法現象学者」というレッテルを貼ることはもちろんできない。むしろ興味深いのは、現象学的な法思想が提供しうるさまざまな可能性を示すために、それぞれの法構想を作り上げるのに役立つ多かれ少なかれ明確な結論が彼らの理論的考察全体の中にあることである。したが

(50) そこでは、法哲学についての事典における論集や辞書的論文の形で法現象学の流れが注目されている（Pallard/Hudson 1999, Natanson 1973参照）。

(51) イタリア語圏やスペイン語圏については包括的な記述が必要であるが、私の語学力の不足（翻訳が少ない）のため十分な記述をすることができない。だが、法現象学はその出発点がドイツ語圏にあり、フランス語圏で拡大したという経緯があるため、基本的な紹介としては本質的な諸立場に限っても不足はないと思われる。この点についてのさらなる文献リストは第二部第二章第四節第五項3を参照。

(52) これに属するのは、ライナッハ、シュタイン、シャップ、F・カウフマン、シュライアー、尾高、ゲルハルト・フッサールらである。彼らは全て第二部の「古典的法現象学」の章に集約されている。さらに、アムスレクとゴヤール＝ファーブル、ガルディーらもここに含まれうるが、彼らは「古典的な人々」や「主要な思想家」の「継承者」でもある。

(53) そこでの主題領域は、第二部の「発展形態と新たな展開」に対応している。そこには、ハイデガーに繋がるテクスト（マイホーファー）、シェーラーと関係するテクスト（デニンガー）、メルロ＝ポンティと関係するテクスト（ハムリック）が取り上げられ、第二部第二章第三節第一項ではアーレントの法思想に関する二つの解釈（バーミンガムとパレク）が扱われる。同様に、この章は「フッサール現象学における法」に対して、現象学の「主要な思想家」を法現象学的に更新したものとみなされる。

(54) ここで扱われるのはアーレントとデリダであるが、同様にレヴィナス、ヴァルデンフェルスおよびゲーリングといった、全く「現象学者」とみなしうる人たちも含まれる。アーレントをここに含ませるのには少々説明が必要だが、その章で説明する（第二部第二章第三節第一項参照）。これらの著作者たちは全て、第二部「発展形態と新たな展開」の部分で扱う。

って、この場合に重要なことは、より広い意味での「法現象学」「法現象学者」である。より狭い意味での明確な「法現象学者たち」とは、一団の理論家たちで、彼らの多くは哲学的素養を持った法律家たちである。彼らは、法という事象、特に法秩序という事象に対するより深い洞察を調達するという正統な目的のために、現象学的試みを利用する。その際、現象学的試みとして取り上げられるのは、すでに述べたように、フッサールのカテゴリー的直観、形相学（Eidetik）、すでに問題とした超越論的間主観性や生活世界などであるが、ハイデガーの基礎的存在論やシェーラーの価値論も含まれる。アドルフ・ライナッハは例外で、彼は法律家的素養を持った哲学者であり、「社会的作用」から法概念を直接、すなわち法秩序とはある程度独立に展開することを試みた。アドルフ・ライナッハ、ヴィルヘルム・シャップ、フェリックス・カウフマン、フリッツ・シュライアー、尾高朝雄、ゲルハルト・フッサール、ヴェルナー・マイホーファー、エアハルト・デニンガー、ウィリアム・ハムリック、ポール・アムスレク、シモーヌ・ゴヤール＝ファーブル、ジャン＝ルイ・ガルディーらは、本書で詳しく扱う典型的な法現象学的思想の代表者である。法哲学に対する現象学の影響はさらに大きく、われわれは短い概観の章で彼らを考慮に入れたい。

明示的な「法現象学」という狭義の概念に対して、本書では右に述べた法現象学的思想というより広い概念を対比したい。それは、現象学的な多様性の中にあるさまざまな可能性を示すためである。広い意味での法現象学的思想には、次のような問題設定の全てが包括されるはずである。すなわち、（一）法哲学的、法理論的アプローチを現象学的なアプローチと結びつけ、かつ、あるいは（二）〔法学的〕法を現象学に基づいて考えることを試みるような問題設定である。そうすることで、ある包括的な〔法現象学の〕像が浮かび上がるはずである。それは、一方で〔内容的には非常に異なるが〕〔法の〕一つの内的核心を見えるようにし、他方では、教義学的にではなく〔法の〕境界と周縁を示すような像である。内容に即したこのような扱い方にはもちろんつねにプラグマティックな限界があるはずである。そのため、本書は、法現象学の領域を新たに開拓し拡大するための提案として理解されたい。

本書の構成について

「法現象学の諸々の立場」（第二部）の「予備的考察」では、法に関するエトムント・フッサールの考察を取り上げる。彼の考察は法現象学にまで展開されていないが、その基本的特徴は素描することができる。それゆえ、この章が先頭に置かれるのだが、その理由は現象学的方法を編み出し、それによって、法現象学の展開に本質的な刺激を与えたのはフッサールに他ならないからである。実際の法現象学的な立場と対比して、現象学の創始者がどのような法哲学的方針をとった（あるいはとりえた）のかを見ることは興味あることである。

「諸々の立場」（第二部）のうち最初に中心となるのは、「古典的法現象学」（第二部第一章以下）であり、その上位概念の下でまさにさまざまな試みが扱われる。私はそれを三つの流れに要約している。[55] 第二部第一

(55) この主題に関する第二次文献は、第一次文献同様十分なものではない。大部分が私自身の体系化する考察に依拠しているため、一つの体系的な記述とはなっていない。諸々の法現象学の立場をテーマ別に区分するものとして、ウラジミ

章第一節第一項から第三項が形相的‐現実的法現象学（ライナッハ、シュタイン、シャップ）、第二節が論理‐実証主義的法現象学（F・カウフマン、シュライアーを扱い、第二節第一項のフッサールとケルゼンの理論的関係への案内がついている）。第三節では生活世界的社会存在論的法現象学（シュッツ、尾高、G・フッサール）を扱っている。最初の「古典的」法現象学の著作は全体として第二次世界大戦前のものであり、フッサールの『論理学研究』と『イデーンI』に強い影響を受けている。そのうちいくつかはすでに「生活世界」の問題圏と対決しており、またハイデガー（『存在と時間』）の影響も受けている。

「諸々の立場」（第二部第二章）で扱うのは、戦後に展開された「継承と新展開」である。そこで最初に言及されるべきは、法現象学のうち具体的な「手本」や「思考領域」に定位するさまざまな立場である（シェーラーとデニンガー、ハイデガーとマイホーファー、メルロ＝ポンティとハムリック）。その際、私は、法に関するシェーラーやハイデガー、メルロ＝ポンティの「本人の言明」および現象学的前提条件と変容についても論じるであろう。第二部第二章第二節以下は、地理的、時期的な区切りを確定するもので（フランスについては六〇年代と七〇年代）、法現象学的思考が古典的立場とフッサールの超越論的現象学を捉え直すことで一種のルネッサンスを経験した（アムスレク、ゴヤール＝ファーブル、ガルディー）。第二部第二章第三節以下では、とりわけ人権およびその他の原理的に倫理的で政治的な問いに法との関連で対決している現代の現象学的議論を扱っている（アーレント、レヴィナス、デリダ、ヴァルデンフェルス、ゲーリング）。第二部第二章第四節で試みたのは、これまで扱われてこなかった著者や潮流について少なくとも簡単な概要を示すことである（シュピーゲルベルグ、コッシオ、ルイペン、トローラーなど、実存主義的、構造現象学的、存在論的法理論）。さらに、スペイン語およびイタリア語の文献を概観するためのリストを提供している（もちろんそこには、ドイツ語、フランス語、英語による著作も含まれている）。

本書は、それぞれの項目が独立して読めるように構成されている（そのため重複があることは避けられないが、このような総括的な書物では許容されよう）。全体を通して読む場合、文脈や一貫性、議論の領域が確保できるように前に取り上げた著者を繰り返して相互参照することもある。そこで中心にあるのは、それぞれの著者の基本的テーゼをできるだけ先入観に囚われず手を加えないように記述するという意図である。それぞれの章では特定の批判的観点や異議は保留しているか、それが分かるようにしている。法哲学的、法理論的文献における記述はしばしば（特定のパースペクティヴからの）評価を含んでいることを私は確信している（この点でアルトゥール・カウフマンの『現代の法哲学および法理論（*Einführung in die Rechtsphilosophie und Rechtstheorie der Gegenwart*）』（2004）が一つの例になっている）。そのため、非常に異なる立場を比較検討し、評価することは不可欠であるとしても、私にとって「原典の口調」と著者自身を追体験するという意味で、原典に寄り添うことが重要であった。

全体としてこの入門書で重要なことは、法を「現象学的に」捉える際の理論的前提の分析と考察である。つまり、法現象学を包括的に議論するというより、その基本的な枠組みを示すことである。そのかぎりで、本書が焦点を当てているのは、法に対するさまざまなアプローチの仕方であり、法概念の展開と規定、現象学的方法についてのそれぞれ特殊な扱い方である。

ール・クベシュ（Kubeš 1982, 433）がある。彼は、ライナッハを「客観主義的で実在論的」とし、F・カウフマンとシュライアーを「超越論的‐現象学的」、ゲルハルト・フッサールを「実存主義的」と規定している。ヴェルデンフェルス（Weldenfels 1992）にも、法現象学的な諸立場を手短に提示したところがあり、Gray（1999）やPallard/Hudson（1999）にも同様の概観がある。

第二部　法現象学の諸々の立場

予備的考察——エトムント・フッサールの現象学における法

政治哲学と同様に、法哲学もエトムント・フッサールの研究分野ではなかった。この現象学の創始者は、国家と法に関する哲学的問題について立ち入って語ることはなかった。このことはカール・シューマンがその詳細な研究書『フッサールの国家哲学』(Schuhmann 1988)で述べている通りである。にもかかわらず、国家を「現象学的宇宙」の中に位置づけ、国家が現象学とどのような関係に立つのかを現象学の立場から解明することが可能でなければならないと、シューマンはさまざまな資料と一貫した論証によって主張し、正当化している。というのも、国家哲学と法哲学の問題の欠如は、フッサールの次のような確信と矛盾するからである。「従来の哲学のおよそ考えうるかぎりの有意味な問題や、およそ考えうるかぎりの存在問題で、超越論的現象学がその途上でいつか逢着しない問題などは存在しない」(Hua VI, 192 邦訳三四四頁、Schuhmann 1988, 19を参照)。創始者以来、現象学は原理的には無制限の適用範囲を持つ「普遍的方法」として自らを理解してきたのである。

それゆえ法は、実定法秩序の現象という意味でも、理性法という意味でも、現象学のプロジェクトの内部に位置づけられ、主題化されうるはずである。以下では、フッサール現象学における法の位置づけを考察し、この主題に関するフッサールの数少ない発言[1]を繫ぎ合わせて有意味な全体像を提示することを試みる[2]。

第一節　法と還元

まずもって法を現象学的還元をこうむる一つの現象とみなすには、いくつかの問題があるように思われる。というのも、現象学的還元においては、自然的世界の内部で「評価的および実践的な意識機能によって構成されるあらゆる個別の対象性も遮断される」（Hua III/1, 122 邦訳I―1、二四三頁）からである。あらゆる文化形成体、あらゆる美的および実践的価値、あらゆる工芸品や美術品、そして学問でさえ、それらが文化的事実とみなされるかぎりで、遮断されるものに含まれる。「国家、慣習道徳、法、宗教といった種類の現実も同様である」（Hua III/1, 122 邦訳同上）。「自然の生き物としての人間と、「社会」という人々の結びつきにおける個々の人としての人間は、遮断された」（Hua III/1, 123 邦訳同上）。それゆえ、世界とそこに含まれる経験的主観性を遮断しても還元されずに残るものとしての純粋意識は、ゾーオン・ポリティコンではありえず、相関的な所与性とともにある機能し構成する〈私〉の極として現れる。この純粋意識は「内在における超越」（Hua III/1, 124. 邦訳I―1、二四五頁）として自らを提示し、そこに絶対的な現象学的領域が開かれる。（疑いうる）実在としての存在と（疑いえない）意識としての存在という還元以前の区別は破棄される。「実在する存在は究極的には意識である」（Fasching 2003, 35）――これがフッサールの超越論的観念論の成熟した帰結である。こうして、世界的に〔意識から〕超越しているもの全てを内包し構成する絶対的存在の全体が獲得される。

このことは法現象に関して何を意味するのだろうか。法秩序は還元の最初の一歩で括弧に入れられなければならない。私は「国家」や「法」という「現実」に関する一切の判断を差し控えなければならない。私は法学の命題も遮断する。「私はそれらの命題の妥当性を絶対に使用しない」[(3)][〔訳注一〕]（Hua III/1, 65 邦訳I—2、一

（1）これらの発言は主に『間主観性の現象学』第一巻（Hua XIII）と未公刊草稿 Ms. A II 1, A V 19, A V 21, E III 7, F I 40, F I 24 に見られる。

（2）「法秩序」という意味のほかに、フッサールは「法（Recht）」という概念を全く別の意味で、つまり「正当性の源泉（Rechtsquelle）」や「正当性を与える明証（rechtgebende Evidenz）」等々のように認識論的な意味で用いている。この操作的な基本概念は現象学の方法的な所作を特徴づけるものであり、最終的には、明証、認識規範、判断、明証の規範を与える力、いわゆる「原本的直観」ないし「自体能与的（selbstgebend）直観」にまつわる諸問題に触れるものである。これについては、正しい述定をする（Rechtsprädikation）というフッサールの主題系とその発生に関する私の詳細な研究（Loidolt 2009a）および Loidolt 2005a および 2005b を参照されたい。

（3）用語上の明確さのために、ここで法的妥当性と論理的妥当性を区別しておく必要がある。法的妥当性（G・フッサールの言う法の「存在形式」）とは、「ある実定的規範の「存在」」（Kelsen 2000a, 9 邦訳一二頁）を意味し、実効性を含意する。これに対して、論理的妥当ないし妥当性とは、ある判断や言明や命題や理論が真である時、あるいは正しいものとして承認されるべきである時に有する性質である。エトムント・フッサールは「妥当性」という語を主に論理的な意味で用いている。

〔訳注一〕ここで「妥当性」と訳しているのは“Geltung”であるが、文脈によって意味は異なる。法律条文では、“Das gleiche gilt, wenn...”（……の場合も同様）、“Er gilt als fortlebend.”（彼は生存したものの見なす）といった使い方がな

四一頁)。

また私たちは還元において、法秩序や法規範が端的に存在すること(*Existenz*)も、それらが法的に妥当していることについても判断を差し控える。法学の命題とその論理的妥当性についても判断を差し控える。私たちはたえず非主題的な存在判断を行い、そのことによって私たちにとって何ものかを「そこに」かつ「現に」あるものとしているのだが、そのような自然的世界の「一般定立」(Hua III/1, 56ff. 参照、邦訳I―1、一二五―九頁)を私たちは遮断する。このことが意味するのは、法と法秩序が私たちにとって現実に「そこに」あるという経験が、私たち自身の現実定立を使用しなくなることによって、変様を被るということである。「現実」は、現実についての経験が意識させるものになる。私はいま座っているこの椅子や、いま触れているこの机を、現実のものとして経験する。還元において、私はこの経験の内で与えられる確信を変更するわけではないが、それを括弧に入れ、前提も帰結も持たない体験としてそれを受け取る。こうして私は自然的態度を離れるのだが、そうするのはひとえに自然的態度を哲学的に正しい仕方で再び獲得するためである。

自然的世界は仮象ではなく真の存在である。自然的世界把握は全く訂正を必要としない。訂正が必要なのは、主観に相対的な世界についての不明晰な反省としての哲学の方である。意識にとっての真の存在としての世界は、意識の志向的な枠組みの内にある。だが、まさにそれゆえに、世界は私の領域なのであり、私にとって把握可能なものとして、それ自体でありありとそこにある(Hua XIV, 278)。

私の視線はもはや真っ直ぐ「現実の」世界に向けられてはおらず、世界の現実についてのこうした経験が生じる場である存在領域へと向けられている。このように一歩退くことで、意識が「現実」と「世界」の全体を包摂しており、それらを構成していることを私は認識する。意識は世界の中の特定の場所には還元できない。むしろ、世界は根本的には意識の内で経験される世界でしかない。だが、このことは世界の消去を意味するわけではない。私は空虚な幻覚に陥っているのではない。還元は内への引きこもり、世界から意識への引きこもりではない。そうではなく、世界についての意識に立ち戻ることであって、その意識はもはや自らの外部というものを持たない。したがって、現象学的還元を遂行することで、私は何も失わない。むしろ私は充実した世界を伴った意識という領域を得るのである。「こうして、存在が語られる場合の普通の意味が転換される」(Hua III/1, 106 邦訳I―1、二一四頁)。世界の存在が世界の存在であるのは、意識の存在との関係においてのみである。「存在は意識がその経験の内で定立する存在であり、原理的にはただ動機づけられた多様な現出における同一者としてのみ直観され規定されうるような存在である」(Hua III/1, 106 邦訳同上)。

こうして現象学的態度においては、世界は――「法」や「国家」等々の「現実」とともに――私にとって現象となる。法という現象は「そこに」あり、そのようなものとして、構成プロセスの内で解明されう

される。"geltendes Recht"と言えば、一般には「現行法」を意味することから、"Geltung"は「効力」と訳すこともできる(例えば、長尾龍一訳、ケルゼン『純粋法学』)。ただし、ナチス時代の法律に関しても「法律は法律だ」とする法実証主義批判の文脈では、「法的妥当性(Gültigkeit)を全く欠いた立法」とか「法律の妥当性(Geltung)を力によって基礎づけることはできない」(ラートブルフ『実定法と自然法』)などと言われる。そのため、ここでは"Geltung"や"Gelten""Gültigkeit"の訳語は基本的に「妥当性」で統一することにする。

る。法秩序という現象についても同様である。

しかし、ここですぐさま問題が生じる。私がまだ間主観性を備えたものとして登場しておらず、人格主義的態度をとっていないうちは、国家も法秩序も私の構成的働きの志向的相関者としての意味を持たない。法現象がさしあたり現象学的還元によって括弧に入れられるのであれば、その現象を現象学的な特徴づけを通して徐々に再獲得しないかぎり、その完全な存在意味とそれが構成される条件を解明することはできないのである。

第二節　人格主義的態度における法の再獲得

法現象を現象学的に位置づけ、解明するための最初のステップは、（一）超越論的間主観性を示すことである。これは世界一般の構成的な構築における一大テーマであり、ここでは大まかに示唆することしかできない。第二のステップは、（二）（自然主義的態度に対置される）人格主義的態度を現象学的に反省し、それが人格的作用によって構成される特殊な現象学的存在領域であることを示すことである。

（一）について　フッサールは、超越論的自我（Ego）における間主観性を他我（*alter ego*）の身体物体知覚を通じて示そうとしている。他我の身体物体知覚は、私の身体との類似性に基づいて、自己移入（*Einfühlung*）を、そしてある他我の共現前化（*Appräsentation*）を引き起こす。(4)[訳注二] こうした考えが多くの困難を伴うことはよく知られているが、ここではそれらについて立ち入って論じることはしない。なぜなら、私たちは「法」という現象をそこに位置づけるために、フッサールの思想を大まかに跡づけようとしているだけだからである。(5) 重要なのは、「自然客観の超越は、他の主観の超越、すなわち他のモナド的主観性の超越とはその本質からして根本的に別のものである」(Hua XIV, 244 邦訳III、二三二頁)ということである。事物の実在性は、事物がさまざまな射映を通して私に現出する際の諸々の現出の統一であるが、他我の身体物体にはそれ以上のものが、すなわち他の絶対的領域が共現前化されている。

---

(4)『デカルト的省察』第五省察「モナド的間主観性としての超越論的存在領域の解明」(Hua I, §§42–59 邦訳一六一—二四八頁)を参照。『間主観性の現象学』(Hua XIII–XV)には間主観性の現象に関するさらに立ち入った論考が収められている。

〔訳注二〕共現前化(共現前、付帯現前化などとも訳される)はフッサールが『デカルト的省察』第五省察で用いる用語。他者が目の前にありありと現前していないながら、その他者とその体験が決して私自身のものとしては与えられないという他者経験の固有のあり方を表す概念として導入されている。「実際に他の人間を経験する場合、他人自身が私たちの前に「ありありと」そこに立っている、と私たちはふつう言う。他方、ここで「ありありと」と言っても、その時本来的には他我そのものも、彼の体験も、〔…〕根源的には与えられてはいないということを直ちに認めないわけにはいかない。〔…〕つまり、ここには志向性のある種の間接性がなければならない。〔…〕したがって、ここで問題なのは、一種のともに現前させることであり、一種の「共現前」である」(Hua I, 139 邦訳一九六頁)。

(5) より立ち入った論述としては、例えばHeld (1966 および 1972), Theunissen (1977), Yamaguchi (1982), Römpp (1922), Lee (1993), Zahavi (1996) を参照。

ともにそこに存在するものとして定立されたものは、単に私の個別の統覚の統覚的統一、単にそこで射影する何ものかであるのではない。それは、そのように現出するものによって類比物として指示されており、ともにそこに存在するものとして理性的に定立されているような一人の〈私〉である（Hua XIV, 277）。

共現前化によって異他的な〈私〉として定立されるものは、他の内面的周囲世界を伴う完全に他の主観性であるが、この他の内面的周囲世界も自然として、私に経験される自然と同一である（Hua XIV, 249 邦訳Ⅲ、二四〇頁）。

ここで明らかにされているのは、現象学的還元による私のモナド（すなわち私の構成する超越論的自我と、そこに含まれる全ての現出）への立ち戻りにおいて、私は「「括弧」に入れられた」（Hua XIV, 262 邦訳Ⅲ、二六一頁）他のモナドたちに出会うのだが、それらのモナドと私は共通の世界に関わっているということである。私も、私自身が持っている現出を自由に変化させることによって、つまり私の身体を同じ場所に移動させることによって、例えば他のモナドたちがある風景について持っている現出を持つことができる。確かに私は「〈端的な〈私〉モナドである〉原様態的な（urmodale）モナド」（Hua XV, 636 邦訳Ⅲ、四八三頁）として、この体験流の最終的な極であることに変わりはないのだが、自己疎隔化（*Selbstentfremdung*）を通じて他者も同様の体験流として私の内に示される。

流れる恒常性の内で世界を構成し、また構成してきた自我としての絶対的な自我において、この普遍的な構成の能作の基底として、モナド化の自己疎隔化がある。それに伴って、同じ立場に立ち、本質的に同じであるモナドたちのモナド的宇宙の構成がある。そのモナド的宇宙は、絶対的な〈私〉の内で、固有な際立ちを見せる時間領域としてそれ自身を提示する。あるいは、流れる時間の様相における普遍的共存としてそれ自身を提示する。しかも、〈私〉モナドと他のモナドは主観的様相的な形態において自らを提示するのだが、その各々はそれ自体において自我モナドであり、その〈私〉モナドに対して、全ての他のモナドは異他的なものとして自らを提示する（Hua XV, 636 邦訳Ⅲ、四八二頁）。

このようにして、私の内で超越論的間主観性が現象学的に提示され、私は「一つの「私たち」」という単一のモナドとして構成されている。その一つの「私たち」は、相互の妥当性に即して、存在意味全体に応じて互いを含みつつ存在するモナドたちが同等に妥当性を持つ宇宙である」（Hua XV, 637 邦訳Ⅲ、四八三―四頁）。

絶対的存在におけるモナドたちは、互いに条件づけあいながら、一つの客観的世界をともに構成している。複数のモナドは「そこで立ち現れる体験に対して外から規則が課されているような孤立した統一体の単なる集積ではない」（Hua XIV, 267 邦訳Ⅲ、二七〇頁）。ここで否定されている見方は、世界を単に「そこにある」ものとして定立し、「その中に」「先立って」モナドたちを思い浮かべるような自然的態度の見方である。世界は、モナド共同体の構成にいわば「志向的相互内在」の内でともに構成される。「私たちはある絶対的関係に立つのであって、外的にあるのではなく、外的な関係に立つのではない。我から汝、汝から我に向かい、働きかける〈私〉の作用の内で、私たちは一つになるのである」（Hua XIV, 276）。それゆえフッサールは、〔モナド的な自我の〕「支配の場」（Hua XV, 637. 邦訳Ⅲ、四八五頁）としての身体物体を通じて共通の世界に働きかけるような超越論的モナド共同体を語ることができるのである。

(二)について

現象学的分析は自然主義的態度や人格主義的態度[6]の内で遂行することができる。

人格主義的態度とは、

私たちが一緒に生活し、互いに言葉を交わし、握手して挨拶し合い、愛情と反感、心情と行動、語りと応答の中で互いに関わりあっている時や、私たちを取り巻く事物をまさに私たちを取り巻く事物とみなし、自然科学の場合のように「客観的な」自然としては見ていない時に、私たちがいつもとっている態度である。したがってそれは全く自然な態度であって、特別な補助手段によって初めて獲得されれ維持されなければならないような人工的な態度ではない(Hua IV, 183 邦訳II—2、一三頁)。

自然主義的態度は、私たちが自分自身と自然を自然科学の主題として、つまり自然客観として理解する際の態度だが、それと対置される人格主義的態度は、生活世界の基盤をなす態度である。そこからの抽象化の働きによって初めて自然主義的態度が成立する。私たちにあらゆる妥当性を遮断させ、超越論的自我へと導く還元においては、さまざまな態度が構成の能作として意識的に追遂行される。

現象学的還元の教育的効果は、この還元が今後いろいろな態度の変更を感知して把握しやすいようにさせてくれることにもある。それら態度の変更は、自然的態度と[…]対等であり、したがってこの態度と同様、ただ単に相対的で制限された存在と意味の双方の相関者だけを構成するのである(Hua

IV, 179 邦訳II―2、一〇頁）。

ここでフッサールが注意を促しているのは、異なる態度においては異なる意味と存在の領域が露呈されるということ、そしてそれらの領域は、態度とその相関者がそれ自体で主題化され、構成的および形相的な分析の対象となることによって、再び現象学的に主題化される、ということである（Hua IV, 174 邦訳II―2、三―四頁参照）。こうして物質的世界、有心的世界（生きた自然あるいは自然客観としての心）、精神的世界が、異なる存在領域として、あるいは異なる「世界」として現れる。これらは相互に多様な本質的結びつきを有している。[7] したがって、異なる見方（自然主義的見方と人格主義的見方）は恣意的で単に主観的なものではなく、「根本的に異なる現象学的類型」（Hua IV, 210 邦訳II―2、四四頁）を、「経験による可能な証明とそれ

（6）「フッサールは主観一般と人格的主観を区別しており、人格性の起源は社会的作用にあると述べている。つまり、主観が自らの作用の極として自覚するだけでは人格性にとって十分でないのであって、主観が他の主観との社会的関係に立つことによって初めて人格性が構成されるのである〔…〕。言い換えれば、抽象的な層の水準が問題の場合、つまり極であり触発と作用の機能中心であるような〈私〉について語る場合には、他者なしに〈私〉を語ることができる。しかし、完全に具体的な〈私〉について語ろうとするなら、他者なしに私を語ることは決してできない」（Zahavi 1996, 67）。

（7）とりわけ『イデーンII』において、フッサールは自然的世界、有心的世界、精神的世界の構成を詳細に分析しており、その際、自然主義的態度と人格主義的態度の間の相互介入や、異なる存在領域の間の相互関係を解明している。『イデーンII』の特に第三篇第三章「自然主義的世界に対する精神的世界の存在論的優位」（邦訳II―2、一二八―一五三頁）参照。

に基づく経験的な認識との諸連関に関して」(Hua IV, 210 邦訳同上) 異なる「諸領域」を露わにするのである。

人格主義的態度が開く「精神的世界」では、人格 (Person) が「周囲世界」の中で動き、他の人と結びつき (人々の結合体)、動機づけの根本法則に従って行為する (Hua IV, 211ff. 邦訳II—2、四六—八九頁参照)。動機づけの法則は志向的な連関であり、因果性の自然法則と明確に対比される。前者においては外的な原因は求められず、内的な、つまり意識の内に与えられた動機づけの連関が跡づけられる。世界の側での人の相関者である周囲世界は、物理学的・自然科学的な世界とは違って「即自的な」世界ではなく、「私にとっての」世界である。私はまさに表象し、評価し、努力し、行為する人として、そのような「人格的作用」の内で、周囲世界に関わる (Hua IV, 185f. 邦訳II—2、一六—七頁参照)。また私は、「特殊な意味で社会的、コミュニケーション的な作用」によって構成される「社会的相互関係」の内で、私が周囲世界の対象とは異なる仕方で関わる人々と「知り合っている」(Hua IV, 194 邦訳II—2、二六頁)。

あらゆる場面で自然科学が理解している意味での自然だけを、しかもいわゆる自然科学の眼でその自然を見ている者は、精神の領域 [...] に対してはまさに盲目である。そのような者は、人も人格的な働きから意味を受け取る対象も——つまり「文化」の対象も——見てはいない。彼は自然主義的な心理学者の見方で人と関わりあっていながら、本当は人を見てはいないのである (Hua IV, 191 邦訳II—2、二三頁)。

それゆえ、法的なもの全体 (さまざまな実定的法秩序、規範、判決、法概念、そして自然法的・理性法的な観念など）の現出形式は、現象学的分析にとって、間主観的空間の中で人格主義的態度において解明されるべきものである。このことは、一方では、困難な現象学的省察のまさしく自明な帰結であると考えられる。他方で、このことによって「法世界」の構成的成り立ちがその根本まで、その最も根底的な条件まで引き戻される。構成的な人格的働きなしには、法世界は成り立たず、維持されることもない。そのような人格的働きこそ、ゲルハルト・フッサールとアドルフ・ライナッハが（後者は「社会的作用」として）主題化した領域であった。彼らはこの領域を主題とすることで、エトムント・フッサールが定めた方向性に追従したのである。

現象学の課題と、法のような現象に対するアプローチの方法を、フッサールは『イデーンⅠ』の末尾で示唆している。現象学は「単純さのために」物質的なものの構成から出発するが、そこから「問題と方法の双方の面で、あらゆる対象領域」へと進まなければならない（Hua III/1, 354 邦訳Ⅰ—2、三三四頁）と。あらゆる「固有の類型」は、それ自身の構成的現象学と具体的理性論を要求する。そして、異なる領域どうしの絡み合いが、構成的な意識の成り立ちのレベルで注目されなければならない。その際、間主観的共同体は「高次の対象性」（Hua III/1, 354. 邦訳同上）であることが示される。というのも、間主観的共同体は、物的および心的な実在性のみによって記述できるものではないからであり、価値や文化的・実践的形成体によって特徴づけられる。そうしたものを分析し現象学的に理解する道を、フッサールは次のように粗描する。

一般に明らかなことだが、あらゆる心理学主義的および自然主義的な解釈に抵抗するような、多くの種類の対象性が存在するのである。そうしたものとしてあげられるのは、あらゆる種類の価値客観および実践的客観であり、厳しい現実としてわれわれの実生活を規定しているようなあらゆる具体的な文化形成体、例えば国家、法、慣習道徳、教会等々である。これらの対象は、それらが与えられるがままに、基本的な種類とそれらの段階的秩序に応じて記述されなければならず、またそれらの対象について構成の問題が立てられ解決されねばならない。［…］あらゆる場面で、課題は原理的には同じである。すなわち、そのようなあらゆる対象の原本的な与えられ方を構成する諸々の意識形態の完全な体系を、そのあらゆる段階と層に関して認識し、それによって当該の種類の「現実」に意識の側で対応するもの（Bewußtseinsäquivalent）を理解可能にするということが課題なのである（Hua III/1, 354f. 邦訳I―2、三三四―三三五頁）。

要約すると次のように言えよう。問題になっているのは、これらの「厳しい現実」がどのような仕方で私たちにとって現実的であるのか、それらはどのような系譜を有しているのかを明らかにすることである。このことは一方で、歴史的・間主観的な作用と構造に遡ることによる流動化の契機を提供する。他方で、〔厳しい現実の〕事実性は保持されるのであり、その事実性から超越論的に距離をとることが完全にはできないことが明らかになる可能性も残る。

第三節　法現象の現象学的特徴

こうした分析に踏み込む前に、法が属する最も一般的な対象領域について最初の現象学的規定を行っておく必要がある（これはフッサールの言う「領域的存在論」に対応する）。あらゆる法的なものの基本的な意味は、さしあたりそれらが机や灰皿のような時空的対象ではないこと、あるいはそうした対象に尽きるものではないことにある。むしろ法的なものは理念的な、もしくは「非実在的な」対象であり、精神的世界における構成の能作を指し示している。

私たちにとって現実的であったり思考可能であったりする対象一般の宇宙、現実に存在する対象は実在的であるか理念的である（実在的でない）かのいずれかである。実在的な対象の全体は一つの宇宙を、つまり時空的世界をなす。実在的なものは一回性によって特徴づけられ、その中で時空位置によって特定されている。この意味でそれらは個体的である。実在的でない対象は、異なる時空位置に――それゆえ時空位置はそれらを個体化しないのだが――実在的に出現するという意味での実在的な実現の可能性を、場合によってはその事実的現実性を有する。現に実在的に実現されている場合には、実在的な対象はそれを実在的にする主観と、それを記録し表現する実在的な事物に実在的に関係づけられている。実在的な対象が世界の内で現実として現れている場合、それらは実在的な主観の側から見れば、同一あるいは別の主観によって何度でも反復され、異なる時空位置で生起しても同一のものとして認識されうるような精神的活動の産物である。芸術、科学、技術、経済、法〔ロイドルトによる強調〕

その他は、そのようにして歴史的世界に現れる。それらは芸術作品によって、あるいは道具や機械のような技術の産物によって、あるいは科学的機器や法典等々によって記録される（Husserl, Ms. A V 21, 35a）。

つまり、法が時空的に現れるのは法典や判決や連邦法令公報（Bundesgesetzblatt）としてだが、法そのものは本質的に理念的な対象として把握される。まさにそれゆえに、ちょうど私が理念的な対象としての三角形や数学の公式を繰り返し描いたり適用したりできるように、法は「それ自体として」は「消費」されることなく反復され適用されうるのである。一般にあらゆる規範は理念的な対象の領域に属する。理念的な対象は離れた時空位置において実現され記録され具現化されうるが、本質的に非実在的であり、自らを実在的にする作用を必要としている。

第四節　社会存在論とモナド的目的論——愛の共同体

人格主義的態度をとって人格的存在を考慮に入れることで初めて、超越論的考察はモナド（たち）の現象学として具体化されることになる。モナドたちのさまざまな（能動的および受動的な）結びつきのあり方を詳細に明らかにする作業は、フッサールによれば、形相的方法による「社会存在論」[8]に含まれる。「この全体的なモナド的過程は、発生の普遍的法則の下にあり、その中でもとりわけ、それを解明し尽くすことが現象学の最大の課題であるような本質法則がある」（Hua XIV, 271 邦訳III、二七六頁）。

モナドが集まって形成しうる共同体のいくつかの形式について、ここではごく簡単に触れるに留める。最も単純で基礎的な形式は、性的共同体や家族共同体あるいは血縁共同体を形成する衝動的共同体化である。これらはつねに伝達共同体として、つまりこの場合は単純な発話や身体的関係や身振りなど、主観どうしの我・汝関係もしくは相互関係（Miteinander）が実現されるかぎりにおいて構成される。伝達共同体はさらに言語共同体という形式でも出現しうる。言語共同体を限界づけるのは一つの交流の単位――それが同時に開かれた不特定多数として標示されていたとしても――である（Hua XIV, 229 参照）。例えば言語共同体のような種類の共同体をフッサールは「自然的」共同体と呼ぶが、これは歴史的に生じたものだという意味である。これに対して「高次の人格性」は、関係するメンバーの意志作用によって初めて成立する。伝達共同体においては意図と努力が表現され統一されることが可能であるため、そこでは目的共同体が生起しうる。フッサールは目的共同体を（自然に生じる共同体と対比して）意志共同体とも呼んでいる。そこでは特定の目的に関する共通の意志形成（これをフッサールは試行的に「連盟（Verein）」と呼ぶ）がなされるからである。この意志共同体は、単なる自然的・受動的な共同体化に対置される能動的共同体化を証拠立てるものであり、「要求と反対要求の統一」、「権利と義務」の統一（Hua XIII, 105）等々を形成する。[9]ありうる社会存在論について以上のように簡単に述べただけですでに明らかなのは、特定の共同体化の

（8）社会存在論については Walther (1923), Schütz (1960), Schuhmann (1988), Hart (1992), Melle (2004) を参照。

（9）社会存在論についてのより詳しい考察は Hua XIII, 107f. を見よ。そこでは共生的共同体（symbiotische Gemeinschaft）や目的共同体などについて述べられている。

可能性が本質に即したものであり、そこでは衝動的共同体化から人類全体の意志的・能動的な引き受けに至る理性的発展が描かれるということである。そうした過程をフッサールは、共同的発展の全体としての全モナドが目指す目的論として理解する。理性的発展にあるこの過程を描くことを、彼は「現象学最大の課題」とみなす。

目的論は「存在論的形式」として、超越論的主観性の普遍的存在をなすもの——言い換えればその理性的発展の法則性をなすものである。個々のモナドたちが内在的発展の法則性を持っているのと同様に、フッサールによれば、社会的共同体としてのモナドたちの交流（*commercium*）もまた、歴史の本質法則の下での発展の法則性を持っている。この無限に続くモナド共同体こそ、愛の共同体である。それはすなわち「人々と「関わり」、この人々に対して自分を開き、この人々を自分にとって開かれたものにしようとする努力は、全て実践的な可能性に向けられた努力であり、こうした可能性の限界は、倫理的に、したがって倫理的な愛[10]によって境界づけられている」（Hua XIV, 175 邦訳Ⅱ、二九九頁）。最も原初的な（elementarst）社会的関係の内ですでに「本能的な基礎」（Hua XIV, 180 邦訳Ⅱ、三〇七頁）の上に打ち立てられている倫理が、愛の共同体においては理性的に引き受けられ、「そうでなければ分離したままの人格が共同体的な人格性へと愛しながら浸透していく」（Hua XIV, 175 邦訳Ⅱ、二九九頁）中で、「人類全体」にまで広げられることになる。こうした発展の過程は、フッサールによれば、理性の目的論によってそのあらゆる段階が描かれている。すなわち、客観的な生物学的発展から、実践的理念、目的理念、理想、「規範的な真正の理念」（Hua XIV, 272 邦訳Ⅲ、二七七頁）に至るまで。

しかしフッサールは同時に、無限の完全性の理念が決して到達しえないものであることも分かっている。それどころか、彼はそれが「完遂された形式としては、つまり思考可能な（直観的に表象可能な）超越論的現実存在という現実の形式としては、考えることができない」（Hua XV, 379 邦訳Ⅲ、五二三頁）と言う。[11] フッサールによれば、目的論的発展はむしろそうした完全性に向かう努力であり、たえざる革新に向かう意志的決断である（Hua XXVII 参照）。彼はこの目的論の線を、意識に生じる最も単純な衝動、次に、意識に生じる志向的な体験、そして最終的には「超越論的な普遍的意志（存在への形而上学的意志）」（Hua XV, 379 邦訳Ⅲ、五二三頁）まで引き延ばしていく。この最後の「意志」は、まず個々の主観の内に「暗い「生への意志」あるいは「真の存在への意志」」（Hua XV, 378 邦訳Ⅲ、五二二頁）として生じ、その運動において最終的には「真の人間性」の地平を開くものである。

無限の前進の中で「最も完成された」現実存在という理念、すなわち、現実存在の必然的な「矛盾」を克服し、それによって自らを自己自身との調和へと、真なる存在へと高めていき、自らを真理へ向かって革新していく現実存在という理念（「革新」、すなわち（一）真正性へ向かう目覚めた意志を持ち、（二）前進という理念に従って生きようとし、たえず繰り返される永遠の革新の内にあろうとする意志を持った新たな人間で

(10) フッサールの愛の倫理については、Melle (2002, 2004), Loidolt (2009b), 181–190 を参照。

(11) 「絶対的な極限、あらゆる真正な人間的努力が向かう先の、あらゆる有限性を超えたところにある極、それが神の理念である。それこそが、……あらゆる倫理的な人間が抱えており、無限に愛し憧れながら、そこから無限に遠く隔たっていることをつねに自覚している「真の〈私〉」に他ならない。この絶対的な完全性の理念と対置されるのは、相対的なもの、すなわち完全な人間的人間の理想、「最善の」人間の理想、つねにその人にとって「可能なかぎり最善の」良心に従って生きる生の理想——いまだ有限性の刻印を抱えた理想——である」（Hua XXVII, 133f.）。

あろうとするような、新たな人間）。歴史の意味、まだ目覚めていないか、個々人の内でのみ目覚めている間主観性の内部にある個々の〈私〉の歴史性の意味、そして超越論的間主観性一般の歴史性の意味（Hua XV, 379 邦訳Ⅲ、五二三頁）。

ここで姿を現しているのは、後期において展開されたフッサール現象学の全体像である。それは、学問的研究の無限のプロジェクトとしての、そしてそれと平行する「真の人間性」の成立過程としての現象学というものである。例えば『改造』論文（1923/24）（Hua XVII, 3–124）のフッサールは、現象学の学問的努力の究極の目的が意味するものが倫理的関心事であり、逆に倫理的革新は現象学的省察を前提とするということを一切疑わない（Hua XVII, 12参照）。明証的な学問的道筋でこの「無限の革新」へと導くものは超越論的現象学に他ならないのだから、フッサールが「人類の公僕」（Hua VI, 15 邦訳四一頁）としての現象学にこの発展を指導する役割を認めるのは当然のことである。

ここでプラトンの哲人王の構想が思い起こされるかもしれないが、フッサールが問題にしているのはそれとは違い、各個人の主観的意志を必要とする普遍的な超越論的意志共同体である[12]――それゆえ現象学者はせいぜい「説得の仕事」を担いうるにすぎない。確かに、このヴィジョンは政治理論としては適切ではないだろう[13]。しかし、それはフッサールの思考の運動内部では必然的なものであるから、簡単に否定し去ることはできない。究極的な超越論的構造の認識から生じ、理性の課題となるこうした実践的要求は、超越論的現象学の論理的帰結なのである。

そしてこの目的が達成されると、それを目指し、その達成を自覚する主観の「浄福」を呼び起こす。

〔モナドの〕発展は必然的に、浄福に向かって、活動的な生と目的をはっきりと自覚した生に向かって努力する人格の共同体における人格性の発展に向かう。この活動的で自覚的な生は、自らの活動によって作り上げた、絶対的価値を持つものとして見てとられた理想を実現する生である（Hua XIV, 272 邦訳Ⅲ、二七七―八頁）。

(12) カール・シューマンはフッサール哲学のこうした啓蒙的特徴の核心を以下のように表現している。「偶然の出来事によってではなく、運命的な自然の成り行きによってでもなく、自らのアイデンティティを計画的に作り出す作業によって――モナドたち自身の法則と本質がそれを求めるのだが――モナドたちは自己自身を成就しなければならない」(Schuhmann 1988, 135)。

(13) シューマンの指摘によれば、フッサールは確かに自らの仕事を「それ自体としては全く非政治的なもの」（ゲルハルト・フッサール宛書簡、一九三五年七月五日付。Schuhmann 1988, 19による引用）と言っていたが、それは「自らの仕事をあらゆる政治と社会的プロセスから引き離しておくためではなく、単に「政治的誤解の可能性」（ゲルハルト・フッサール宛書簡、一九三五年七月五日付）を遮断し、間接的な回り道を避けて直接に政治化するような解釈の可能性を遮断するためであった」(Schuhmann 1988, 46)。この文脈で興味深い書簡の一節（やはりシューマンが引用しているものだが）を紹介したい。これはフッサールが一九三五年よりもずっと前の一九一九年にすでに、第一次世界大戦に関連して、同様の見解を表明していたことを示している。「「浄福なる生」を目指して格闘する人類の指導者となることは私の使命ではありません――戦時中の苦痛に満ちた困窮の中で、私はこのことを認めなければなりませんでした。私のダイモーンが私に警告したのです。完全に自覚的に、決意を持って、私は純粋に学問的な哲学者として生きています（だから私は戦時向けの著作は書きませんでしたし、そういうものを哲学者たちのから騒ぎとみなしていました）」（アーノルト・メッツガー宛書簡、一九一九年九月四日付。Schuhmann 1988, 19による引用）。

第五節　事実と形相の弁証法における法と国家

この間主観的目的論としての現象学的宇宙が完全に展開されたとして、法はそのどこに見出されるのだろうか。法はこの展開のどこに居場所を持つのだろうか。

フッサールにとって、法の理念は国家の理念と密接に結びついたものである。「人間どうしの関係の法的規律が国家である」(Hua XIII, 106)。カール・シューマンは、公刊著作と未公刊草稿の分析に基づいて、まさに彼の著作 (Schuhmann 1988) のタイトルになっている「フッサールの国家哲学」に形を与えようとした。そこで明らかにされた興味深い知見は以下のようなものである。これまでに述べてきたモナドの目的論から推測できそうなのは、「国家、慣習道徳、法、宗教」の還元による遮断は暫定的にのみ必要なものであって、それらは現象学的目的論の予告の下で再び取り込まれ、発展の内部に位置づけられることになるということである。しかし、国家についてはこの推測はあたらない。衝動的共同体化(母と子、性的共同体)に始まるフッサールの社会存在論は、主観のさまざまな本質的社会性と集合形式(連盟、目的共同体、使用人と主人、等々)へと続き、最終的には愛の共同体で頂点に達するのだが、そこには共同体化の本質形式としての国家はいかなる場所も持たないからである。

国家現象の場所を理念の世界の内に求め、全モナドの発展過程の内で国家現象に確かな位置を割り当てようとしても、さしあたり挫折することになる。[…] 明らかに国家はフッサールにとって、ヘーゲルにおけるような家族と市民社会の「内在的目的」としての位置づけを持ってはいない (Schuhmann

1988, 88)。

国家はフッサールの社会存在論の本質論にとって「収容すべき」(Schuhmann 1988, 44) ものでも「解明すべき」(Schuhmann 1988, 89) ものでもなく、そのかぎりで非本質的なものである。このことは、「国家はそもそも理念的に基礎づけられていないものであって、いわば石器時代以降の人類史における事故のようなものにすぎないのではないか」(Schuhmann 1988, 89) という疑問を呼び起こす。だが同時に――フッサールにとっても――国家が事実であることは否定できない。それゆえ、国家現象は歴史的に成立した事実であり、愛の共同体に向かう形相的・目的論的発展の彼岸あるいは脇道にあるのだとシューマンは考える。

ここで、シューマンが「弁証法的」(Schuhmann 1988, 197) と形容する事実と形相の関係 (Hua XV, 385, 邦訳Ⅲ、五三二頁参照) が重要になる。形相の存在は形相的可能性における存在であり、どんな現実とも無関係である。「しかし、超越論的〈私〉の形相は事実的なものとしての超越論的〈私〉なしには考えられない。全き存在論は目的論であるが、それは事実を前提としている」(Hua XV, 385. 邦訳同上)。この世界性の事実性、「原ヒュレー、原キネステーゼ、原感情、原本能」と機能する〈私〉の極 (「原事実」) の原事実性の上に、現象学は自らを初めて打ち立てる。「事実としての世界と経験は、フッサールにとって、全モナドの流動とそれを支配する目的論の相関者である」(Schuhmann 1988, 161)。

こうした事実性とその歴史的構造の考察にフッサールが与えている位置づけは、もはや純粋現象学の内部ではなく、彼が「形而上学」と呼ぶ特殊な現象学的哲学である。このことは、「フッサールは国家を超越論的事実性に、つまり避けられない一般的な「歴史の必然」に数え入れており、それゆえ形相的ではなく「形而上学的」な起源を持つものとみなしている」というシューマンの主張 (Schuhmann 1988, 44f. 参照)

をいくらか裏づける。国家は愛の共同体の発展の形相的・理念的条件を与えるものでは全くないが、少なくとも最悪の「目的の衝突」を回避させてくれる。そのかぎりで国家は、「個々のモナドの異なる方向に向かう努力に対して――フィヒテの言い方を借りれば――「一致可能性」を保証すべき外的な超権力である」[14](Schuhmann 1988, 45)。それゆえ、たとえ絶対的失敗の回避という消極的な役割しか割り当てられないとしても、国家は愛の共同体に向かう目的論的運動に発源するものではある。だが、この絶対的失敗の回避とは「全モナドが本来の存在意義を失い、その結果自己自身を破棄してしまう」というようなことが現実に起きないようにすることを意味するのだから、それを回避するという課題は最終的に国家を必要なものとする。「しかし、そのような〔全モナドの自己〕破棄の試みは、〔…〕意識とモナドそれ自体の概念に必然的に属する存在定立に失敗するに決まっている」[訳注三](Schuhmann 1988, 45)。

したがって、歴史的に生成した事実性として国家は、目的論的に努力し続ける全モナドの弁証法に含まれる。そのかぎりで、国家の位置づけは確固としたものではあるのだが、例えばヘーゲルが考えたのに比べるとかなり弱い。「フッサールにとって国家は自己目的ではないし、それ以外のいかなる意味でも絶対者ではない。国家はモナドの世界の究極目的を達成するための積極的手段では決してない。国家は、モナドの目的が挫折するのを避けるという消極的な課題を持つにすぎない」(Schuhmann 1988, 116)。

こうした考えに従うなら、国家は現象学が克服することができ、また克服しなければならないものだが、歴史的には基本的な存在(Grundfigur)であるとも言える。「現象学は、自然に生成し限定された洞察に基づいて構想された国家の意図と制度を、学問的に責任ある仕方でさらに推し進め、そのかぎりでそれらを自らの「真理」にもたらす」(Schuhmann 1988, 160)。これは事実性と理念性の総合を意味しており、それによって国家からは外面性が、愛の共同体からは制限が取り払われることになる(Schuhmann 1988, 170参照)。

もちろん、ここで語られているのは引用符付きの「国家」にすぎず、フッサールも実際そのようにしている。「「国家」は全体の全成員を包括する単位を表わす名称である」(Husserl, Ms. F I 40, 178a〔Hua Mat. IX, 180 Anm.〕)。引用符付きの「国家」は現存する制度とは異なり、複数の主観の自由な意識活動としての自己組織化を表わす。したがって国家は意識に対して、歴史的事実性と理念性とが循環するような与えられ方で現れる(Schuhmann 1988, 96参照)。その際、現象学は「有限性の内に置かれた国家を止揚するものとして――あるいは望むなら、別の手段、すなわち理性的手段による国家の超克として――構想される」(Schuhmann 1988, 46)。

---

(14) 対抗し合う努力という着想から見てとれるように、フッサールの考察の背後にはフィヒテだけでなくホッブズもいる。シューマンは、複数の論者を参照するとともにホッブズの影響を指摘し(例えばフッサールはホッブズの『市民論』を一八八〇年に、つまりほぼ二十歳の時に入手している。また、彼は一九二〇年の倫理学講義でもホッブズの倫理学と国家論に対する「ある種の愛着」を示している)、とりわけ国家の非根源性に立脚する十七、十八世紀の国家契約論がフッサールに与えた印象に触れている(Schuhmann 1988, 29f. 参照)。

〔訳注三〕引用箇所でシューマンは本論に先立って自身の問題意識を述べているのだが、分かりにくい。前後の文脈を踏まえると、おおよそ以下のようなことを考えているのだと思われる。フッサールが考えるモナドの目的論における国家の役割は、モナド間の目的の衝突を回避させ、全モナドが調和する愛の共同体にまでいたる目的論の実現可能性を担保するというものである。しかし、全モナドが存在意義を失うような絶対的失敗は起こりえない。したがって、国家が絶対に必要だとは言えないのではないか。つまり、シューマンは、フッサールの目的論においては国家は最終的に不必要になるのではないかという問題意識を述べているように思われる。しかしロイドルトはこの箇所を、国家の必要性の説明として理解している。

法は国家の課題と結びついており、その課題を実現するための唯一の手段でさえあるのだから、今や暗黙の内に国家と関連している。したがって、フッサールにとって法治国家以外の国家は、アウグスティヌスの言うように、大がかりな盗賊団のようなものでしかない。フッサールは国家をはっきりと「法規範によってくまなく支配され、法規範によって結びつけられた統一体」（Husserl, Ms. F I 40, 178a〔Hua Mat. IX, 180 Anm.〕）と規定し、国家は「法によって」（Hua XV, 48）構成されるとさえ述べている（Schuhmann 1988, 118参照）。法そのものは、意志の共同体を前提とするその規範的性格のゆえに、権利と義務を結合する統一として規定されうる。フッサールが——例えばケルゼンと同じく——法を他の規範秩序から分ける差異として設定するのは、まず何よりも法の強制的性格である。そして、この強制する権威は国家という単位に属するものであることに議論の余地はない。シューマンによれば、この点でフッサールの法概念にも国家の持つ消極的性格が浸透している。法は権限付与（何かに対する権利）としてよりも、むしろ紛争回避および外的な秩序と調和の建設のための手段として理解されている——法は外部からなされる目的合理的な要求である、(15) そのかぎりで、その強制力は確かに事実としてあらかじめ与えられる非理性的な力ではあるが、同時に、ある目的に向けて組織された、個人に対する理性的な権力でもある（Schuhmann 1988, 132f. 参照）。

他方でシューマンは、法には国家現象にも見られた「二面性」があると述べている。それは、「法規範の遵守は事柄の上ではその義務的性格の承認と変わらない」がゆえに、法は「外部からあらかじめ与えられたものであると同時に内的自発性をそなえたものでもある」（Schuhmann 1988, 121）ように見えるという二面性である。そのため、法もまた事実性と理念性の間の弁証法的な中間領域を動いていると言える。というのも、一方で、規範の統一体である法は国家によって強制規則として執行されるが、他方では、間モナド的目的という高次の理想にたえず方向づけられており、それに向けて繰り返し「革新」されなければならないからである。以下では、こうした制約——すなわち法を共同体化の特定の形態として事実的・記述的に位置づけること——と、理想的な法共同体への最終的な移行が示されなければならない。後者への移行は現象学とその「公僕（Funktionäre）」（Hua VI, 15 邦訳四一頁）の課題でもある。

第六節　承認された法としての実定法（意志の共同体）
——慣習道徳（Sitte）と区別される法、強制的規制（国家）としての法

一九一〇年に書かれた「共同体と規範」と「人間の社会と共同体」と題するメモ（Hua XIII, 105–110）の中で、フッサールはまず歴史的に成立した共同体の——非規範的な活動から区別される——規範的な活動について、それから慣習道徳と対比される法規としての法について、彼自身の理解をはっきりと定義している。（人間がつくる「団体」としての）ある社会の文化的な共同活動、例えば言語や芸術や文学は、多くの社会的意志作用を通じてこれらの対象を形成していく個人間の相互的な関係を指し示している。慣習道徳と法もまたそうした共同活動と「社会文化の形成」（Hua XIII, 105）に含まれるが、それらは現

(15)「法的な事柄もまた「外から」義務づけられており、外から、すなわち共同体からの要求と承認によって法的性格を持つのだが、内容の上では目的合理的である」（Husserl, Ms. F I 24, 54b. Schuhmann 1988, 121 による引用）。つまり、カントと同じくフッサールも外からの「適法的」当為と内からの「道徳的」当為を区別している。

象学的には、どのように形成されどのように意識に現れるかという点で、非規範的な共同活動とは異なる。道徳と法は規範という性質において、例えば言語と区別される。なぜなら、慣習道徳と法は個人を超えた当為として共同体の成員に課されるものであり、「要求と対抗要求の統一」(Hua XIII, 105) として現れるからである。人がさまざまな言葉を話し、さまざまな文化を持つのは、言語や文化がある特定の仕方で形成されたからだが、「そこでは誰も義務感に従っているわけではなく、話しかける者に対する正当な要求(Rechtsanspruch) を感じているわけでもない」(Hua XIII, 105)。そうしたものはむしろ全く自明なのである。これに対して、慣習道徳に関しては人はそうすべきだからそうするのであって、「ここでは人は義務感に従い、正当な要求を感じている」(Hua XIII, 105)。このように、フッサールは、一方の自ずと生成した「規則的行動」(「みんなそうするものだ」(Hua XIII, 105))、つまり(例えば話し言葉の文法のように)後から規範に取り入れられることもある何らかの文化形成体の存在と、他方で「社会の全ての個人にとってそれとして眼前に現れている」(Hua XIII, 105) 規範、つまり規範として捉えられている規範とを、はっきりと区別している。後者の意味での権利と義務のシステムは、社会共同体の全体を貫いて働き、「「交流」し合う諸個人が単に一緒にいること (Zusammen) とは異なる統一を作り出す」(Hua XIII, 105)。したがって、「共同体を初めて形づくるもの」(Hua XIII, 105) は規範だというのが、共同体の能動的・意志的な形成に関するフッサールの見解である。

言語は交流の統一体を、すなわち言語共同体 (Sprachgenossenschaft) を境界づける。慣習道徳は法的統一体の第一段階を、あるいはこうも言えるが、倫理的統一体、さまざまな義務によって結びつける統一体の第一段階を作り出す。この統一体は、個々人の意志と彼らの行為を規範の下に置きつつそれらの境界づけ、してもよいこととといけないことを区別する。したがって慣習道徳は、個々人によって意志の規範として承認されており個人を超える意志規制の統一体である。それを担うのは民衆である。だが、慣習道徳はいまだ本来の意味での法規範ではない。なぜなら、強制規範ではないからである(Hua XIII, 106)。

ここから帰結するのは、法律学的な意味での法 (*juristisches Recht*)(こういう言い方をしなければならないのは、慣習道徳においても「権利 (Rechten)」と義務という言い方がなされるからである)への移行と、二種類の規範の間の区別である。法は、はっきりと「強制規範」として規定され、もっぱら強制に関する規定である。法的なものは、「強制力を備え命令する意志——王、立法者——の要求として」(Husserl, Ms. F I 24, 54b〔Hua XLII, 340〕)要求される。法は国家と不可避的に結びついており、国家は「まさに法的統一体」である。慣習道徳は確かに「法的統一体の第一段階」ではあるが、例えば丁寧に挨拶することを要求する「法」というような言い方は「非本来的な語り方」(Hua XIII, 106)である。そうした慣習道徳に従わない人はせいぜい「無作法者」(Hua XIII, 106)と呼ばれるにすぎない。従わなかった場合は従うことを強制されるという点で、法規範は慣習道徳的規範とは異なる。この点ではフッサールの見解は、例えばハンス・ケルゼンも支持していた当時の一般的な学問的見解と一致する(Kelsen 2000a, 34ff. 邦訳三三頁以下参照)。ここに現象学の立場から付け加えられ、明らかに射程を広げるのは、法的共同体の超越論的創設——これは間主観的な意志の共同体をまさに右に見た意味で強制の系列として形づくることを意味する——、および法規範に拘束されることの個々の主観による(超越論的)承認という要素である。

法のルールは強制ルールである。すなわち、法的共同体に属する全ての人々が拘束力を持つものとして承認し、刑罰によって遵守を強いるような規範である。一般的な意志規範と並行して、ここにはしてもよいこととしてはいけないことの規範の侵犯を罰する規範が存在する。そして、法的共同体とは、こうした互いを含みあう二種類のルールによって構成される統一体である。法的権利と法的義務ないし法的刑罰は、国家統一体に属する。そして、国家統一体はまさに法的統一体である（Hua XIII, 106）。

フッサールは法哲学的には「承認説」の支持者に数え入れることもできる。というのも、フッサールによれば、法は単に害悪という意味での単なる強制を行うかぎりでのみ法であるのではなく、同じ法に服する共同体が能動的に承認しなければ妥当しないからである。ここでシューマンとともに、事実的な強制としての側面と理想的な意志形成と承認の側面を区別することができよう。だが法的統一体はそれ以上に、万人にとって妥当し、そのことを通じて「確固とした共同体の紐帯」を創設する点で、実在世界の特殊な要素なのである。

> 法は、言語や文学や芸術などのように、交流し合う人々が相互作用することによる単なる結果として、「共同作業の成果（Gemeinschaftsleistung）」として生じるような文化形成体ではない。そうではなく、法は、義務と権利の統一といった意志意識（Willemsbewutsein）の統一を確立することによって統一を生み出す、確固とした共同体の紐帯である。プラトンの言うように、国家は大きな人間（Mensch im Großen）である（Hua XIII, 106）。

では、「人間どうしの関係の法的規制」としての国家は、目的論的機能を持つのだろうか。フッサールは確かに意志意識の統一の確立が社会的共同体化の特殊な一段階であることを明らかにしている（また、フッサールはそのような統一が形成される仕方を、「自然的」国家、すなわち「同じ祖先を持つ自然な共同体から生じる」国家と、「人工的」国家、すなわち「国家連合や国家を形成する連合から生じる」（Hua XIII, 110）国家として主題化している）。しかし、この「高次の人格性」ないし「大きな人間」は単なる事実的な統一体ではなく、それ自体で「理性的な」統一体でもない。どこまでも自由意志に基づき意識的であるような、愛の共同体という形での意志の統一こそが、フッサールにとっての目的論的理想である。これと並行して、法についても、権利と義務の妥当性に関する自由意志による承認は、法にとって目的論的理想であると同時に不可欠の条件である、と主張することができる。しかし、法を貫徹させる強制は、もはや愛の共同体の理想には含まれておらず（また愛の共同体から形相的に引き出すこともできず）、法は慣習道徳とは本質的に区別される。

それゆえ、フッサールはハーバーマスの『事実性と妥当性』の考え方に近いことになる。すなわち、法は事実的な強制の要素と制度としての事実性を抜きにしては考えられないが、同時に法は妥当性の要求を、すなわち間主観的に正当化可能で洞察可能な規範の妥当性への要求を含んでいるのである（Habermas 1994, 15–60参照、邦訳（上）一五―六〇頁）。

第七節　国家と法、および理性法によるそれらの革新
――目的論的で意志形成的な過程としての事実性と妥当性

国家は超越論的モナド共同体の最終目的でも自己目的でもない。法も同様である。法と国家を扱う際のフッサールのアプローチは形相的・記述的であって、形相的・目的論的ではない。だが同時に、現象学は国家という「事実」を評価し始める。その際、現象学は、理性を、しかも「法的理性」(Husserl, Ms. E III 7, 4a) を自らに要求する。この法的理性は、最終的に「真の人間性」へと導き、国家を「純粋に倫理的な源泉」から秩序づけるものである。

国家的共同体としての人間共同体は、規範に従って、しかも意識的に妥当する規範に従って構成される統一体である。そうした規範は、人間の行為を拘束し、自由な意志の及ぶ範囲に関して個々人の意志を限界づける。規範は妥当し、感覚される（感じられ、承認される）妥当性を有する。それぞれの妥当性を持った国家という事実は、絶対的な（純粋に理念的でアプリオリな）倫理的規範に基づく「倫理的」評価を受ける〔ロイドルトによる強調〕。実践における理性の、すなわち意志と行為における理性、社会的実践における理性の理念。純粋に倫理的な源泉から秩序づけられた民衆と国家（慣習道徳と法）という理念 (Hua XIII, 107)。

ここから分かることは、「事実」としての国家と法が問題になっているということだが、とりわけ法は

純粋に倫理的な源泉から理念的に秩序づけられるべき妥当性の要素を含んでいることである。そのかぎりで、現象学には「社会的実践の理性」を発展させることが求められている。この傾向は、第一次世界大戦の最初の年に書かれた草稿「文化哲学、精神科学、法哲学」でさらに強まる。この草稿ではまず法的共同体の記述が改めてなされている。「共通の法的基盤」が前提されなければならず、そこではまず、歴史性の中で変化し、場合によっては「革新」されるために「共通の法的基盤」が与えられている。そのような法的基盤はどのようにして成立するのだろうか。それは、主観の共同体が特定の個人的ないし間主観的な（団体の）目的を保護すべきものとみなす意志の決断を下すことによってである。「つまり、全ての人が他人に妨げられることなくそうした可能性を目的として追求することが望ましいということを彼［個別の法主体］が承認する」(Husserl, Ms. A II 1, 6a) ことによってである。フッサールはここで遠回しに「自然状態」について述べている。ただ、それはホッブズ型の――暴力的な死への不安を刻印された――陰鬱な自然状態（Hobbes 2003, 第八章参照）よりもいくらか平和なものに見える。主観による法的共同体への決断は契約説に依拠しているが、一見したところ、積極的な共通の意志定立と、この一般に承認された目的を妨げられることなく追求しようとする意志決定によって動機づけられている。ここでのフッサールは――ホッブズとは（カントとも）異なり――社会的衝突を重視する哲学者というよりも、調和的で理性的に構成された社会構造を重視する哲学者の典型であるように見える。

> 法的共同体は「法に適ったもの（was 'rechtens' ist）」を保護する。［…］このことは、一つの人間共同体を前提とする。それは、全ての人にとっての普遍的善に関する確信を持った共同体、すなわち全ての人が全ての人の立場に身を置き移しながら承認し保護すべきものに関して確信を抱く一つの共同体で

ある。個々人におけるこの共通の法的基盤は、時間の経過と共同体の発展の中で変移しうる。そして、自己発展するものとしての、自然に生成し成長するものとしての法そのものと、成文化された法は、この法的基盤に自らを適合させる（Husserl, Ms. A II 1, 6b）。

第八節　現象学的理性法

法が「自然に生成したもの」であることは、法の「革新」――フッサール倫理学の基本原理――を可能にする。ここで事実性と理念性が交差する。右の引用でフッサールが言う「善」は、まだ間主観的な「確信」から得られるものでしかない。だが現象学は、「真の、真正な」価値の認識可能性と「完全に仕上げられた規範形態」（Husserl, Ms. A V 19, 40）を要求する。[16] なぜそのような要求ができるのだろうか。フッサールは、学問だけが実践理性を備えた人類と世界の基礎になりうると確信している（Hua XXVII, 3ff.; Husserl, Ms. A V 19, 40参照）。彼にとって、実践は「主観的確信を伴い、確信の内に留まる世界の中で」しか可能ではないのだから、理性的実践は理性的確信からしか生じない――そして理性的確信はフッサールにとって、結局のところ現象学の無限の進歩においてのみ到達されうるのである。この意味で、完成された法についての現象学のヴィジョンは以下のようなものになる。

法と慣習道徳（Sittlichkeit）：法共同体の最高の形式は、慣習道徳的な法共同体である。あるいは、法の最高の形式は哲学的考察と究極の哲学的根拠づけに基づく（もしくはさしあたり理念としてそのような根拠づけを目指す）法という形式である。そうした法は、すでにして哲学的共同体であり哲学的理念に導かれているような法共同体を前提とする。個々の哲学者による哲学的法の構築はまだ法ではない。哲学者たちがまずなすべきことは、一般の人々に対して、彼らが哲学的法を意志の内で引き受けなければならないことを説得することである。〔以下は欄外への注記〕場合によっては、正しい法を理念として構築する使命を担う者として承認された哲学者の地位と、そうした地位に従う意志が〔法共同体の内で〕場所を占めなければならない（Husserl, Ms. A II 1, 6b）。

ここでは法が道徳に、つまり法自身の究極的な哲学的根拠づけと洞察可能性に繋ぎとめられることになる。そうなると、国家は慣習道徳的・法的に完全に発展した共同体の単なる執行機関となる。現象学的に獲得される「正しい法」とは、古典的な意味での理性法に違いない。ここで注意すべきなのは、フッサールがカントなどと違ってそうした法を発見するための法則については語っていないという点である（ただ

---

(16) フッサール現象学における価値論の問題については、Hua XXVIII, Melle (1988, 2005), Schuhmann (1991a), Drummond (2005), Crowell (2005), Hart/Embree (1997), Loidolt (2009a) を参照。価値に関する明証はフッサールにおいて一つの問題領域をなしており、例えばシェーラーの場合とは違って、価値は方法的に「一義的」には捉えられないという点、またフッサールは価値論を——少なくとも初期の倫理学の構想においては——倫理学を構成する本質的な部分とみなしていたにもかかわらず、彼には完成された価値論がないという点については、ここでは脚注で触れるに留めておきたい。

しフッサールの考察は、彼が最低条件としてのカントの定式には同意していることを示唆している）。この事実は一方では、フッサールが形式的法則に満足せず、実質的アプリオリを、つまり「慣習道徳的法」の中に沈殿しているはずの価値倫理を求めていることによって説明できる。他方でフッサールはそのような価値のカタログを作ってはおらず、これはシェーラーが実質的価値倫理学において詳細にそうした作業を行っているのとは対照的である。

第一に、フッサールはそうしたカタログを作る作業を個人の仕事とは考えておらず、また自分が最初にやるべき仕事とも考えていなかったと推測できる。倫理的で（自己）責任ある義務の内で人類の公僕を自認する現象学者の作業共同体[17]についてフッサールが抱いていたイメージは、空虚な言葉にすぎないのではなく、現象学の創始者が実際に抱いていた希望と期待なのである。

第二に、フッサールにとって、「無限の進歩」における前進を可能にする上でとりわけ重要なのは、真理と真正さを備えた生に向かう意志的決断である。したがって、完全に仕上げられた理性法というものは目的でしかありえず、また何人かの指導的な現象学者によって仕上げられるようなものであってはならず、万人に承認されうるものでなければならない。つまり、あらゆる場所と時代のあらゆる人に洞察され、理性的に確証されうるものでなければならないのである。この「自己確証」は現象学の明証概念における決定的な点であり、それは絶対的な最終的妥当性を排除する。それゆえ、フッサールにおいては、未来に開かれ、無限に発展し続ける理性法というものを語ることができるのであって、それは「統制的理念」という概念に近いものである。

しかし、そのような理想状態は「哲学的共同体」を前提とし、誇張して言うなら、可能なかぎり全ての人が現象学者になることを前提とする。したがって、フッサールの理想国家はプラトンのそれとは違って、単に哲学者が指導するのではなく、哲学者（＝現象学者）あるいは哲学的精神を持った完全に自覚的な人々だけからなる国家である。そもそもそれはなおも（単に）「国家」と呼べるものなのかどうかも明らかではない。というのも、そこでは成長し進歩する理性が当然に立法をも規定するはずで、そのような理性は「初めから超主観的で超国家的」（Husserl, Ms. E III 7, 5a）であるはずだからである。ここでフッサールの念頭に浮かんでいるのは、カント的な世界市民の法の理念——ただし、極めて緩い国家機構あるいは国家紐帯だけを備えたそれ——なのだろうか。この方向でフッサールを解釈することは、ヘーゲルのような完全な国家——ただし、ここでもやはり形相的・目的論的な必然性を欠いたそれ——における人倫に近づけて解釈するよりも、おそらく妥当性の高い解釈ではある。最も好意的に解釈したとしても、現実主義者のカントに比べるとかなり「理想主義的」に見えるフッサールの国家に対する要請は、フィヒテのそれに最も近いと思われる。実際、フィヒテはフッサールの倫理・政治思想にかなり本質的な影響を及ぼしている。[18] 結局のところフッサールにとっては、「真の世界」の相関者として、そのような世界を目指して努力する——そして国家と法を無限に克服していくことができる——のは、「哲学的人類」全体なのである。

(17)「こうして、無限性という性格をもって開かれている経験の地盤が、そのまま方法的な作業哲学の耕地となる。しかもそれは、考えられるかぎり全ての過去の哲学と科学の問題がこの地盤から立てられ、解決されるべきだという明証の下でそうなるのである」（Hua VI, 104 邦訳一八三頁）。

(18) フィヒテからの影響が最も現れているのは、フッサールが一九一七年に戦地に赴く学生を前にして行った「フィヒテの人間性の理想についての三講義」（Hua XXV, 267–293）である。この講義についてはHart 1995も参照。

第九節　結語——要約、展望、批判

以上のように、法は超越論的モナド共同体の内で理念的な対象として構成され、実在的な主観（あるいはその心理物理的な身体物体）を通じて——一方では実在的な主観の規範づけられた振る舞いを通じて、他方では生きた洞察の内で法をそのつど理解しつつ顕在化させることを通じて——遂行される現象である。法は歴史的世界の事実性の内に（私が経験するこの法共同体において今ここに息づいているこの意志的共同体として）存在しており、同時にまた、そうした世界の理性についての現象学的省察を通じて「革新」されうるものである。このことが意味しているのは、法は超越論的間主観性によって定立されているが、理念的には理性的に定立されたものであるということである。法は、確かに一方では、法秩序として現に存在し記述される現象なのだが、他方では、哲学的に究極的な仕方で根拠づけられた理性法がある。この理性法は、理性の進歩の内で無限に発展し、普遍的な承認と妥当性をもたらすべきものである。ここには存在から当為への、それどころか「絶対的当為」への移行が見られる。この点はケルゼンとの根本的な相違をなしている。新カント派に属するケルゼンは、存在と当為の間に架橋しえない断絶を見てとる。そして、ここで明確になるのは、フッサール現象学に依拠する法現象学者が、フッサールの論理的考察を支持し、しばしば彼の超越論哲学をも支持していたとしても、結局のところフッサール自身の法理解からは遠く隔たっているということである。[19]

フッサールを法哲学上の既存の立場に接続しようとするなら、おそらく考慮に入ってくるのは——極めて大雑把に言えば——ラートブルフ[20]と（すでに述べた理由から）ハーバーマスであろう。ただし本質的な留保が必要である。フッサールの構想をさらに展開させようとする際に留意すべき彼の国家論と法論の批判されるべき点と欠陥については、シューマン（Schuhmann, 1988, 181ff.）がすでに重要な点をあげている。それらは（一）「妥当性」と（二）「事実性」という表題によってまとめることができる。

（一）妥当性について　現象学的学問が実際のところどの程度まで「真の価値」を捉えることができるのかという点についてはさまざまに議論され、しばしば疑われてもきた。この文脈で重要だと思われるのは、間主観的承認の要素である。それはハーバーマスが言う意味での「討議的理性」とおそらく同じではないが、たえず進歩する間主観的な熟議と相互了解と正当化のプロセスを含むものである。しかし、シューマ

---

(19) そうした法現象学者に含まれるのは、第一世代としては、ウィーンのケルゼン学派のフェリックス・カウフマン（F. Kaufmann 1922, 1924）とフリッツ・シュライアー（Schreier 1924）である。戦後には、現象学的な考え方と法実証主義的な考え方を（批判的に）結びつけることが試みられているが、そのフランスにおける代表者の一人はポール・アムスレク（Amselek 1964）である。

(20) グスタフ・ラートブルフは、文化的形成体としての法を、正義という価値形成体と本質的に関係づけている。「法は、それが現実に正しい法であるかどうかにかかわらず、正しい法であるべきものである。法は法の目的を持つが、決してそれを達成する必要がないものである。法は、正しい法であろうとして成功した試み、または失敗した試みである。法は、法価値や法理念に対して基盤や舞台となるような存在者である。――これら全ての言い回しによって、法の概念は正しい法の概念とは厳密に区別されるものの、正しい法の概念からしか得られないということを、先に暫定的に示したように、概念に関する問題は法の目的についての問題と一致することなく、目的が概念に先行して決定されるというように書き替えることができる」（Radbruch 1999, 54 邦訳四四頁）。

ンが正当に指摘しているように、愛の共同体についてフッサールが予言的・目的論的に述べる際の概念枠組みは、「しばしば奇妙なほど未規定で反省を欠いたもの［に留まっている］。愛の共同体において実現される「真の自己」や「倫理的真正性」についての彼の語りなどは、批判的に解明された概念というよりは示唆的な概念の嘆かわしい典型である」（Schuhmann 1988, 186）。同様に、実定法が具体的にはどのように「正しい法」（ラートブルフ）の理念に定位すべきなのか、法が単に消極的に危害を予防するだけでなく積極的に正義を実現するのはどのようにしてなのか、あるいは、現象学者の共同体が歴史の表舞台に現れない場合にこうした要求をどのように制度的に実現すべきかといったことも、不明確なままである。シューマンによれば、「彼の社会的理想をテストケースに、つまり彼の時代の現実に実装することを可能にする道具立てをフッサールが開発しなかったことは残念である。彼は純粋な人間性を目指してはいたが——O・ヘッフェの言葉を借りるなら——その人間性に至るための戦略を編み出すことはなかった」（Schuhmann 1988, 177）。

（二）事実性について　フッサールが例えば周知の『危機』書で力強く表明しているような、普遍的な現象学的省察による人類解放の約束に焦点を当てた場合、最も困難に思われる点は、構造的暴力と国家権力に対する「盲目」ぶりである（この批判点は後でゲルハルト・フッサールに対しても繰り返されることになる）。例えば、法の事実的強制が法順守の本質的要素であり、それが承認のみに基づいているわけではないという事実は、フッサールの分析においてほとんど一顧だにされていない（この点もフッサールをハーバーマスから隔てている）。「法はその全ての要素——目的合理性、被意志性、強制可能性——に関して、その起源を主観的・精神的領域の内に有しているとされる。しかし、ここでもまた、フッサールにおいてはこの主張の具体化が欠けている。なかでも強制の由来と正統性については特にそうである」(Schuhmann 1988, 122)。それゆえ、現象学はその道具立てで具体的事実性を批判的に問いただすことができるのか、あるいは、フッサールが例えば所有、労働、分業といった現象を主題化していないことは、単に触れられていないだけに留まらない重大な欠陥なのではないかといった疑問が生まれる。

このように、フッサールが現象学の枠内で印象的に粗描している人類の成熟への道筋には、具体性と状況への定位が欠けており、また具体的な批判的ポテンシャルが欠けている。「そのため、歴史的・社会的経験世界の多様な現実への通路は、彼には閉ざされているか、少なくとも阻まれている」(Schuhmann 1988, 186)。

しかし、だからといってフッサールの思想の方向性を継続し、構想し直し、あるいは再活性化することが困難だということにはならない――フッサールはむしろそれを求めていたのであり、法の領域における現象学的な思考の道筋は彼によって歩み尽くされてはいないのである。私たちは以下の各章で、法現象学者たちが繰り返しフッサールに立ち戻り、場合によっては法に関する彼の理念を取り上げ直し、また場合によってはそれらを等閑に付して現象学的方法だけを用いたりするのを見ることになるだろう。エトムント・フッサールの法思想の最も直接の後継者とみなせるのはゲルハルト・フッサールである(彼らの間の相互の影響関係も見逃せない)。だが、ゲルハルト・フッサールにおいても現象学的・全体目的論的な理念は完結しえない。フッサール現象学を法的なものに対して新たに応用する試みは、フランスにおける現象学受容の内に見ることができる。そこでは、とりわけフッサールの超越論的アプローチが新たに論じられ、変容を被ることになる。

第一章　古典的法現象学

第一節　形相的－実在論的法現象学——アドルフ・ライナッハ、エディット・シュタイン、ヴィルヘルム・シャップ、法のアプリオリな基礎づけと法存在論

法現象学の第一の重要な潮流は、本質論というプロジェクトによって明確に規定されている。この「形相的」側面は、「実在論的」存在論と結びついている。フッサールは、『論理学研究』では実在論的存在論を支持していたが、後に、超越論哲学的あるいは観念論的な構想を抱いたことによりこれを放棄した。これに対して、いわゆる「ミュンヘン現象学派」——アレクサンダー・プフェンダーとヨハネス・ダウベルトを筆頭とし、アドルフ・ライナッハがゲッティンゲンで継承した——は、フッサールの元来のアプローチに忠実であり続けた。このアプローチの下では、意識と志向性の構造が探究されはするが、世界の現れが世界についての意識へと差し戻されることは決してない。むしろ、意識は自らにとっての「外界」として現れる実在世界の中にあり、その一部であるという事実が出発点となる。そのかぎりで、実在論的現象

学にとっては、意識の（明証的に示される）相関者は実在的な存在者である。しかも、実在論的現象学者の関心の的となるのは、まず何よりも形相的本質直観の相関者、つまりイデア的な対象である。彼らが思考から独立した実在を強調する時には、思考から独立したイデア的な対象のことを同時に意味しており、まず何よりもそれらが念頭に置かれている。アプリオリな本質連関の把握を目指すこうした態度のゆえに、実在論的現象学の代表者たちは、フッサールの後継者であると同時にプラトンの直接の後継者でもある。プフェンダー、ダウベルト、ライナッハの他には、マックス・シェーラー、エディット・シュタイン、モーリッツ・ガイガー、ロマン・インガルデンらがこの現象学の系統に属する。彼らはそれぞれ、法（ライナッハ）、数学（ガイガー）、倫理学、価値論、宗教、人類学（シェーラー）、美学、音楽、文学（ガイガーとインガルデン）、心理学と感情移入理論（シュタイン、ダウベルト、ガイガー）といったさまざまな分野に関わる仕事をした(1)。

第一項　アドルフ・ライナッハ「民法のアプリオリな基礎」（一九一三）

ライナッハは法現象学の創始者であり、おそらく最も有名で影響力のある代表者である。ミュンヘンでテオドア・リップスの下で哲学を学んでいた時から、すでにライナッハは『論理学研究』を知っており、アレクサンダー・プフェンダーの周辺のミュンヘン現象学派とともに同書を研究していた。テュービンゲンで法学を学んだ後、彼はゲッティンゲンのフッサールの下で一九〇九年、判断論の研究によって教授資格を取得し、同地で私講師となる。「ゲッティンゲンで現象学を学んだヴィルヘルム・シャップ、ディートリヒ・フォン・ヒルデブラント、アレクサンドル・コイレ、エディット・シュタインといった人々は、回顧録の中でそれぞれ独立に、彼らの本当の現象学の師として、フッサールではなくライナッハの名をあげている」（Spiegelberg 1982, 191f. および Reinach 1989b, 618）。このことから、本書の章立てでもエディット・シュタインとヴィルヘルム・シャップをライナッハの後継者として扱っている。実際、この二人にとって法を現象学的に考察する道を準備したのは誰よりもライナッハだったのである（Theunissen 1977, 401 参照）。明晰さと精確さのゆえに大きな成功を収めたライナッハの教育活動は、第一次世界大戦の勃発まで続いた。彼は軍隊に志願し、一九一七年に戦死した。(2)

哲学の後に法学を大学で学んだこともあり、ライナッハは法というテーマに現象学的に取り組むことにたえず関心を寄せていた。彼が一九〇四／〇五年に書いた哲学の博士論文「現行刑法における原因概念について」は、法と（リップス的な）心理学の関係を主題としている。本章で焦点を当てる彼の主著「民法のアプリオリな基礎」（1913）は、ゲッティンゲンでの私講師時代に書かれた。ライナッハはまた、認識論、判断論、行為論、数や運動の本質、その他論理学、倫理学、現象学に関する根本的な問題にも取り組んでいる。また、彼の「社会的作用」の概念は、サールとオースティンの言語行為論の基本的発想を先取りしていたため、英語圏でもライナッハの著作は研究されている。(3)

（1）より詳細な概観として、Embree et al. (1997), 2–3; Schuhmann/Smith (1987); Kuhn/Avé-Lallemant/Gladiator (1976) を参照。実在論的現象学の現代の支持者にはバリー・スミスやヨゼフ・ザイフェルトがいる。後者は『実在論的現象学アンソロジー』(Seifert 2009) の編者でもある。以下も参照。Seifert, J. (1994), pp. 116–162.

（2）ライナッハの極めて情報量豊かで詳細な伝記として、Schuhmann/Smith (1987b) を参照。

（3）DuBois (1995); Mulligan (1987); Crosby (1983); Smith (1982); Smith (1984) を参照。

続く節ではライナッハの実在論的現象学の概念枠組みの要点を簡単にまとめる。以降の節は全て「民法のアプリオリな基礎」を扱う。

1　ライナッハの実在論的現象学とその基本概念

（a）実質的アプリオリとカテゴリー的形式

ライナッハの思想を本質的に特徴づけるのは、「実質的アプリオリ」と「カテゴリー的形式」という二つの概念である。彼はこれらの概念を『論理学研究』から受け継ぎ、独自に発展させた。この点で、彼はフッサールの教え子の中でも、超越論的現象学への転回に追随せず、（シュタイン、プフェンダー、フォン・ヒルデブラントらとともに）多様な領域に関する本質分析あるいは存在論的規定に取り組んだグループに属する。フッサールは、アプリオリを実質的なものと形式的なものに分けたことにより、アプリオリの領域に本質的な拡大をもたらした。このことは、彼が「全体と部分の理論」の中で事象内容を持った概念と純粋に形式的な概念の区別を指摘したことによって可能になった。(4) これによって、ライナッハには、もはやカントのアプリオリな形式には限定されず、事実上全ての対象領域に拡張された純粋な本質研究の可能性が開かれたのである。

アプリオリを何らかの意味での形式的なものに限定することには何ら正当性がないのであって、実質的なものにも、それどころか音や色のような感性的なものにさえ、アプリオリな法則が妥当する。これによって、今日では見過ごすことが不可能なほどに広大で豊かな研究領域が開かれたのである(Reinach 1989a, 546f.〔これは“Über phänomenologie”(1914); in: *Sämtliche Werke* 1, 531–550 からの引用〕)。

この引用は包括的な存在論の企てを示唆している。しかし、ライナッハにおいては、フッサールの場合とは違って、形相的研究は構成的現象学に流れ込むのではなく、純粋な見ることと純粋な本質必然性の洞察の内で、主観的なものから手を切ることになる。「アプリオリそれ自体は、思考や認識とは少しも関係がない。このことをあらゆる鋭さをもって洞察することが肝要である」(Reinach 1989a, 545)。そして、「アプリオリな連関そのものの固有のあり方を確認したなら、そのとき初めて、二次的な問題として、そうした事態が本来的に与えられるのはどのようにしてか、そうした事態はどのように思考され、よりよく認識されるのかといった問いを立てることができるようになる」(Reinach 1989a, 545)。つまり、ライナッハにと

---

(4)「何らかのクラスの非独立性を定義する必然性ないし法則は、内容の本質的な特殊性に、内容の独特のあり方に基づくのであり、あるいはいっそう精確に言えば、それらは、当該の非独立的内容と補足的内容とが偶然的個別者として包摂されるような純粋な類、種、種差に基づくのである。そのようなイデア的な諸対象の総体を思い浮かべる場合、われわれは、それとともに、純粋な〈本質〉の総体、すなわち、全てのイデア的に可能な個体的対象性(実在Existenzen)の本質(Essenzen)の総体を持っている。さらにこれらの本質には「事象内容を持った概念」ないし事象内容を持った命題が対応するが、これらをわれわれは、「事象内容をそなえた実質」が全くない「単なる形式的概念」および単なる形式的命題から明確に区別する。〔…〕あるものまたは一、対象、性質、関係、結合、多数、基数、順序、序数、全体、部分、大きさなどの概念は、家、木、色、音、空間、感覚、感情などの概念、すなわち事象内容を表わす概念とは根本的に異なる性格を持っている」(Hua XIX/1, B 252/A 246 邦訳3、三八―九頁)。

っては、「事象」に固有の本質に深く入り込み、それを解明することを仕事とする分野が優位を占める。アプリオリな連関の特殊な認識は、彼にとって二次的な事柄にすぎない。ライナッハはアプリオリと明証を厳しく区別する。アプリオリなのは事態の認識ではなく、その内で認識される事態そのものだからである。それゆえ、フッサールなら「カテゴリー的直観」という術語を使う場面でも、ライナッハは「カテゴリー的形式」という言い方を好んでする。認識作用の主観的側面を排除するためである。フッサールの言うカテゴリー的直観は、その土台となる端的な感性的直観と対比され、基づけられた高次の直観であるとされる。それは、単純な対象知覚を超えて、「超感性的」あるいはカテゴリー的なものに該当する新たな対象性を直観的に認識する作用である。連言、選言、特定ないし不特定の単一のものの把握（それ／何らかの）、一般化、関係づける認識や結合する認識、等々がカテゴリー的直観に含まれる。[5] 重要な点は、フッサールがそうした認識を直観として位置づけ、感性に基づけられたものとしたことである。これは知覚概念の重要な拡張であり、カントの純粋に形式的な悟性のカテゴリーからの逸脱であった。

前述のように、ライナッハはたいていカテゴリー的直観と言うかわりに「カテゴリー的形式」と言うのだが、そうすることで彼は議論を認識の領域から対象の領域へと移す。これによって彼は、事物の領域の内にさまざまな存在論的区別を見出し、フッサールの純粋論理的なカテゴリー概念を、アリストテレス的な「事物」（実体）と「性質」のカテゴリーの分だけ拡張するのである。[6] 結局のところ、普遍的存在論に向かう「実在論的現象学」の強い傾向も、フッサールが一九〇五／〇六年ごろから追求し始める構成的・超越論的現象学と前者との距離も、ここから生じる。

（b）事態

ライナッハにおける別の重要概念は事態である。(7) 彼は事態を判断の相関者として定義し、それに特有の性質を与えている。

（一）あらゆる基礎づけの連関は、事態間の連関である。事態は「AがBであること」という形式を持つ。例えばバラが赤いことなどである。「バラは赤い」という判断の相関者であるバラが赤いという事態

（5）『論理学研究』第六研究第四六節「感性的知覚とカテゴリー的知覚の区別の現象学的分析」（Hua XIX/2, B 144 ff. /A 616ff. 邦訳4、一六九頁）を参照。フッサールは「カテゴリー的直観」の概念を『論理学研究』で展開した。本質を見ることは直観に概念がつけ加わることで初めて可能になるのではなく、直観そのものが本質認識のための具体的機能を持つとした点で、カテゴリー的直観の概念はカントの直観概念を越え出るものだった。「カテゴリー的直観の高次の綜合に関する問いは、原理的には二つの問題領域において立てられる。第一に、分析的アプリオリの自体所与性と論理的明証を形式的・カテゴリー的に直観することは、論理的真理の意味の解明に役立つのでなければならない。第二に、フッサールにとって、多分に議論の余地のある本質認識の綜合的アプリオリの解明は、実質的・カテゴリー的直観を必要としたのである」（Ströker 1989, 53f.）。フッサールにとってカテゴリー的直観は本質的な哲学上の前進であり、それによって彼が新たな本質研究を開始したことは、ここでは示唆するに留めたい。

（6）Konrad 1991, 37参照。コンラートは『法の存在論』（1991）で、ライナッハのこうした存在論的立場を跡づけている。

（7）「事態」（Sachverhalt）という術語が哲学史に最初に登場するのはJ・ベルクマンの『一般論理学』であり、その後一八八〇年代にC・シュトゥンプが用いている。ブレンターノとフッサールにおいて、事態は判断の相関者として重要な役割を果たすことになる。Smith（1978）とSmith（1989）を参照。ライナッハの事態概念のより詳細な検討はSmith（1987）でなされている。

は、当然ながら、外界の事物である赤いバラそのものとは異なる。「赤いバラは庭にあり、しおれることがある。しかし、バラが赤いことは、庭にあるのではなく、それがしおれると言うことはナンセンスである」(Reinach 1989a, 113〔これは "Zur Theorie des negativen Urteils" (1911); in: *Sämtliche Werke* 1, 95–140 からの引用〕)。

(二) 事態だけが理由と帰結の関係に立つ。「ものや体験や数が何かの理由になることは不可能であり、それらからは何も帰結しえない。〔…〕事態はいつも何かの理由や帰結であり、事態だけが理由や帰結でありうる。何かがしかじか「である」こと (Daß etwas so oder so 'verhält') は、そこから帰結する別の事態の理由である。例えば、全ての人間が死ぬことからは、カイウスという人間が死ぬことが帰結する」(Reinach 1989a, 115)。

(三) 事態だけが様相を持つ。必然的であったり偶然的であったりするのはバラが赤いことだけであって、赤いバラそのものはそうした様相を持たない。

(四) 事態について言われるのは存在 (*Existenz*) ではなく成立 (*Bestand*) である。ものは存在するかしないかのいずれかであり、命題は妥当するかしないかのいずれかであり、事態は成立するかしないかのいずれかである。

(五) 事態は時間的である (「木が燃えている」) か非時間的 (außerzeitlich) である (「2×2＝4」) かのいずれかである。

(六) 事態だけが肯定的であったり否定的であったりする。したがって、「バラが赤くないこと (das Nicht-Rot-Sein der Rose)」はあるが、事物の中に非バラ (Nicht-Rose) はない。

(七) 最後に、命題が「真理の担い手 (Wahrheitsträger)」であるのに対し、事態は「真にするもの (Wahrmacher)」である。バラが赤いという事態が成立している時、「バラは赤い」という命題は真である、つまり妥当している。

2 ライナッハのアプリオリな法理論——その一般的特徴

ライナッハが「今日では一般的になっている」（Reinach 1989a, 141 邦訳四六六頁）と言う法実証主義者の見解では、「あたかも数学の法則のように、無時間的に妥当する法的規則がそれ自体で成立しているというようなことは決してない」（Reinach 1989a, 141 邦訳四六六頁）。ライナッハはこの見解に対して、自らのアプリオリな法理論を「根本的に異なる」見解として対置する。彼のアプリオリな法理論は次のことを示そうとする。「固有の意味での法的形成体と一般に呼ばれるものは、数や木や家と同様に、存在（Sein）を有する。この存在は、人がそれを把握しているかいないかということから独立であり、とりわけ、あらゆる実定法から独立である」（Reinach 1989a, 143 邦訳四七〇頁）。そのような「社会的交流のアプリオリ」（Reinach 1989a, 146 邦訳四七三頁）を確立するために、ライナッハは「社会的作用」の理論を展開する。

「民法のアプリオリな基礎」は、「アプリオリな法理論の理念」を定式化する序論に続く三部からなる。第一部は「請求権、債務、約束」（請求権と債務の源泉としての約束を説明し、社会的作用の理論を確立する）、第二部は「アプリオリな法理論の概要」（いくつかの法的根本法則を提示し、所有、譲渡、代理の概念を提示する）、第三部は「アプリオリな法理論と実定法」（実定法を「命令」ではなく「規定（Bestimmung）」という社会的作用として特徴づける）。「結語」ではアプリオリな法理論と自然法の違いが述べられる。

注意すべきなのは、ライナッハがアプリオリな法理論を立ち上げるこの著作（続く著作も計画されていたと思われるが、早すぎる戦死により妨げられた）で、とりわけ民法を、そのアプリオリな基礎に立ち返って研究したという点である。「公法」と「刑法」から「私法」が区別され、私法はさらに「一般私法」(民法)と「特別私法」(商法、労働法など)に分かれるが、法学を専門的に学んだライナッハはこうした区別を当然知っていた。「民法のアプリオリな基礎」が主題とするトピックは一般私法としての民法からとられている。客観的法と主観的法、法的行為の理論、人格権、物権、債権、猶予、時効、等々である。ライナッハはドイツ民法典が与えている体系化と概念枠組みを考察の出発点とし、それらの意味が社会的交流にどう根ざしているのかを示していく。同時に彼は、「代理」や「所有」や「使用許可」の分析の中で、実定法がアプリオリな事情と食い違うケースを指摘してもいる。

「民法のアプリオリな基礎」の最も核心となる部分は、「社会的作用」としての約束を論じている箇所である。約束は請求権と債務の本質的な源泉とされるが、これは次のことを意味する。AがBに約束し、Bがそれを理解して受け入れると、この約束という社会的作用だけから、約束を果たすことに対する本質的請求権がBに生じ、約束を果たすことに対する本質的債務がAに生じる。これこそが、ライナッハに固有の領域を拓くことを可能にした基本的な道具立てである。この領域では、実定的な規範としての法ではなく、特定の本質を持つ「法的形成体」について語ることができる。こうして彼は、法的形成体に関する端的な存在法則を実定法から独立した法則として述べる命題からなる、アプリオリな法理論を基礎づけるのである。同時代のあらゆる法学者や法哲学者の考察と異なり、彼は法の形式を、すなわち法の要求としての性格を、当為ではなく存在に根拠づけられたものとみなす。法の根拠ないし正統化に立ち戻るかわりに、今やこの存在(約束という出来事)に立ち戻り、その存在論的規定を行うことができる。「実質的形相学」は特殊な対象の本質法則性を探究するものである。ライナッハはこの方法を用いて、アプリオリな法理論の諸命題(それらを彼は「カントの意味でのアプリオリな総合判断」[8](Reinach 1989a, 270 邦訳六四九頁)とみなした)に辿りつき、また請求権、約束、債務等々の「それ自体で明らかに洞察される根本概念」に辿りつき、そうした概念からさらにアプリオリな法命題（例えば「約束が提示する行為の充足によって請求権は必然的に消滅する」）を導出していくのである。

3　自然法および実定法に対抗するアプリオリな法理論

前述の方法を用いて、ライナッハは「法的形成体」の連関としての法を考察する。法的形成体は実定法から独立した存在を有しており、それらについて妥当するアプリオリな諸命題が存在する。固有の意味での法的形成体は実定法を超越した存在（Sein）を有するが、これに対して、ライナッハによれば実定法は恣意的で人工的なものである。ライナッハは何らかの規範の定立や、超越的な根拠を持つ法について語っているのではなく、約束によって請求権が生じるという端的な事実について語っている。この種の事実に

（8）総合判断「SはPである」において、述語PはSについて、Sに含まれていない何ごとかを言明し、新たな結合と新たな認識を表現する。こうした総合判断はアプリオリである時、その判断が確証されるために経験は必要ない。アプリオリな法理論から一例をあげるなら、「「特定の行為に対する請求権は、その行為が行われた瞬間に消滅する」というものがある。これは、多くの、あるいは全ての、これまでに観察された経験的事例から得られる命題ではなく、請求権そのものの本質に普遍的かつ必然的に根ざした法則である。こうした法則はカントにおける意味でのアプリオリな命題であり、しかも総合命題である。なぜなら、請求権の「概念の内には」、請求権が特定の状況において消滅するということは、いかなる可能な意味でも、「含まれて」いないからである。この命題の否定は偽に違いないが、かといって論理的矛盾を含むわけではない」（Reinach 1989a, 148 邦訳四七五頁）。

ついては本質法則的な言明が可能なのである。（ライナッハが「規定」として特徴づける）[9] 実定法は結局のところ、その基礎的な意味構造において、そうした本質法則に根ざしている。実定法が恣意的な定立によってそうした本質法則と矛盾することがあったとしても、そうなのである。こうした矛盾のケースでは、当為の規定が存在の法則から逸脱したにすぎないということになる。「アプリオリな存在法則の妥当性に反して、逸脱の方が妥当になるということはありえない。なぜなら、すでに示したように、逸脱を初めて可能にし、理解できるようにするのは、他でもない存在法則だからである」（Reinach 1989a, 252 邦訳六三三頁）。それゆえ実定法は、例えば契約法において、「約束からは請求権と債務が生じる」という存在法則に立ち戻っている。もし実定法が、署名された契約に対して履行への法的請求権を認めないとしたら、奇妙なことである。だが、そうしたことは矛盾なしに考えうる。この種の例を取り上げることで、ライナッハはアプリオリな法理論を、法的関係のそもそもの本来的な可能性を包括する自立的な存在法則の領域として確立しようとする。というのも、「実定法は自らが用いる法的概念を発見するのであって、生み出すわけでは決してない」（Reinach 1989a, 143 邦訳四七〇頁）からである。

アプリオリな法理論は、実定法と異なるだけでなく、自然法からも区別されなければならない。なぜなら、自然法は「正しい法」を定めるものであり、したがって規範的なレベルで機能するものだが、ライナッハが解明しようとしているのは、法的関係一般がそれに従って生じ、請求権と債務の本質的な相互関係が必然的にそれに従って生じるような「端的な存在法則」だからである。「われわれが語っているのはより高みにある法ではなく、端的な存在法則である」（Reinach 1989a, 273 邦訳六五二頁）。問題になっているのは請求権と債務の内容ではなく、それらの論理そのものである。[10] そのため、ライナッハの分析は慣習道徳や人類学の領域（Späre）からはっきりと区別されなければならない。[11] 彼が開いたのは、「いかなる意味での〈自然〉からも独立した純粋な法的法則性」の領域（Feld）であり、「それは人間の認識から独立しており、人間の組織から独立しており、とりわけ世界の事実的な出来事から独立している」（Reinach 1989a, 278 邦訳六五六頁）。

ライナッハの思考の基本的な特徴の一つは、こうした厳格なアプリオリ主義にある。しかし他方で、彼の著作を生産的に読解するためには、こうした理論的態度に付き合うことが必ずしも必要なわけではない。というのも、「民法のアプリオリな基礎」の最も注目に値する成果は、「社会的作用」の発見と[12]、実証主義的な捉え方と自然法的な捉え方の双方からの法概念の根本的な解放という、互いに関連し合う二つの点にあるからである。これら二つの思想は、プラトン主義的な本質論とは独立にその力を発揮し、相互行為の領域としての社会的空間の言語分析あるいは意味形成分析として生産的な解釈が可能である。したがって、

（9）規定も約束と同様に、自らの内容をあるべきこととして定立する社会的作用である。より詳しくは本節第一項8を参照。

（10）この点で、ライナッハを義務論理学の理論家とみなすことができるかもしれない。義務論理学とは、規範的概念を扱い、それらの論理的関係を探る論理学である。本書のジャン゠ルイ・ガルディーに関する章（第二部第二章第二節第三項）も参照。

（11）慣習道徳ないし道徳が「私は何をすべきか」という問いを立て、個人の行為に注目するのに対して、人類学は「人間の本質」についての問いに関わる。スケッチの段階に留まったライナッハの倫理学構想については、本節第一項9を参照。

（12）この「発見」は一般にライナッハに帰されている。ライナッハの「社会的作用」とオースティンの「言語行為」を比較する研究として、Mulligan (1987), Hoffmann (1987), Gardies (1987) を参照。

ライナッハが純粋なアプリオリを繰り返し強調していることに対して、直ちに冷ややかな態度をとるのは性急なことである。われわれが「約束」と呼ぶものやそこに含意されているものの意味内実の根本に迫る構造分析をそこに見てとることもできるのである。実定法が自らの概念を「発見する」のであって「決して生み出すのではない」という事実は、あらかじめそこにある生活世界的な経験の領域を指し示す。その領域の内で基礎的な意味構造が立ち上がる。われわれは規則に従う社会的な交渉の内でそこに立ち戻る。そうした領域こそが「社会的世界」の「内実（Stoff）」をなしているのである。

また、間主観的交渉によって「何かが世界の内にもたらされる」（Reinach 1989a, 148 および 163 邦訳四七五、四九〇頁参照）という発想は、行為遂行的な作用について述べていると理解できる。ライナッハは、まさに人々が今日「行為遂行型発話（das Performative）」と呼ぶものの理論を極めて早く展開していたのである。こう述べることによって私は、ライナッハのもともとの意図を隠蔽することなく現代現象学に接続しようとする解釈上のアプローチを提案したい。ライナッハの法哲学の行為遂行的な側面を分析的・言語哲学的に洗練させる作業は、実質的には、ジョン・L・オースティンとジョン・サールによって、「言語行為」[13]という標題の下ですでに包括的な仕方でなされている。「いかにして言葉でものごとを行うか[14]」は、アプリオリな法理論の基礎にあるモットーでもあるのだ——ただしライナッハの場合は言葉以上のものも、つまり意識と作用遂行と心的過程も、重要な役割を演じているのだが。約束の行為遂行的次元の現象学的（かつポスト形而上学）変奏は、例えばハンナ・アーレントにも見出せる。彼女はそこに「人間関係の網の目」の立ち上げと強化を、そして新たな共同行為の可能性の開拓を見ている。アーレントによれば、「約束する能力は［…］行為と発話にそもそも乗り出したかぎりでの人々の相互共存から直接に生じてくるのである」（Arendt 1981, 315 邦訳三二四頁）。

このように、ライナッハのアプローチの方法的な意図を隠蔽することなく、アプリオリな法理論の本質的な実質的関心を捉えるような解釈と展開の可能性はさまざまにありうる。それでは、ライナッハにとって「法的形成体」とは何なのか。法の基礎的内実、つまり「意味」は何であり、法の基盤を形づくるものは何なのか。ライナッハの法理解の基礎は請求権と債務という概念にある。彼にとって請求権とは権利と等しく、債務は法的義務に等しい。ここで問題になるのは、請求権が本質的に成立するのはどのようにしてか、また「法的形成体」としての債務はどこから生じるのか、ということである。ライナッハの答えは「約束によって」というものであり、約束はまずもって社会的作用として特徴づけられる。

4　社会的作用

ライナッハが作用の特殊なクラスとして確立し、それに新たな概念を与えた社会的作用（Reinach 1989a, 158–169; Mulligan 1987, 33 邦訳四八五—四九五頁参照）は、いくつかの性質を持つとされるが、その中で最も重

（13）言語行為論は、「言語的発話は事態を記述し主張を提示するだけでなく、行為を遂行する」と主張する。言語的行為の例として、洗礼、法的命令、危険の指摘としての警告、尊厳の毀損（ヘイトスピーチ）、約束等々があげられる。こうした言語行為はつねに現実を変化させる。言語的行為の分類を行った最も重要な理論家に、ジョン・L・オースティン（Austin 1962）とジョン・サール（Searle 1969）がいる。

（14）これはジョン・L・オースティンが言語学と言語哲学を背景として初めて言語行為論を展開した著作の題名である〔邦訳の題名は『言語と行為』〕。

要で決定的な性質は受取の必要性（*Vernehmungsbedürftigkeit*）である。以下にあげるその他の特徴は、他の作用や作用群にも見られる特徴（志向性、自発性、他者関係性（Fremdpersonalität））と／あるいは、社会的作用が多くの場合には持つがつねに持つわけではない特徴（他者関係性）である。

（一）志向性――まず社会的作用は、他の多くの意識が「何かについての意識」であるのと同じく志向的である。だが、この特徴は、意識生の大部分に当てはまる非常に一般的な特徴であるため、「社会的行為（soziales Handeln）」を意味するわけではない。

（二）自発性――第二の、いくらか具体的な特徴は自発性である。この特徴を備えた作用は主体の「内的働き」として記述される。つまり、自発的な作用の特徴は意識的で意志的な能動性であり、受容的な受動性や非意志的な反応と区別される。「私から発する怒りは能動的と言えるが、私を突然襲う悲嘆はそうではない」（Reinach 1989a, 158 邦訳四八五頁）。この違いを特徴づけるのに志向性では不十分である。なぜなら、例えば「私にこみ上げてくる悲しみ」と「私に入り込んでくる憎しみ」（Reinach 1989a, 158 邦訳四八五頁）は、どちらも何らかの対象性（事態など）に向かっているが、にもかかわらずここで言う意味で「自発的」であるとは言えないからである。作用が自発的であると言えるためには、主体が作用の「現象的作者（phänomenaler Urheber）」であることが示される必要がある。ライナッハはこの能動的に行うという特徴を、別の区別のためにも用いている。われわれは何らかの意志を持つことがあるが、この意志を「保持する」時には、そのかぎりでわれわれは「能動的」だと言える。しかし、自発的作用の能動性ということで意味されている特徴は、より狭い意味で理解すべきである。意志を持つこと（*Haben*）と意志を決めること（*Fassen*）は区別できる。「この意志を決めることこそ、われわれがここで言わんとしている特徴である。それは〈私〉の働きであり、自発的作用である」（Reinach 1989a, 158 邦訳四八五頁）。こうした自発的作用の例になるのは、決意すること、選好すること、賞賛すること、非難すること、主張すること、問うこと、命じること等々である。

(三) 他者関係性 (Fremdpersonalität) ——社会的作用の第三の重要の特徴、ただし全ての社会的作用が備えているわけではない特徴は、他者関係性である。「遂行者と関係先の主体が同一でありうるような体験がある。例えば自己尊重、自己憎悪、自己愛などである。だが、そうでない体験にとっては、遂行者と異なる相手に関係することが本質的である。そうした体験を、われわれは他者関係的な体験と呼ぶ。私は私自身をうらやむことや、私自身を赦すことなどはできない。[15] その他多くの体験についても同様のことが言える」(Reinach 1989a, 159 邦訳四八六頁)。社会的作用の多くは、それ自体の内に他者との関わりを含んでいるため、他者関係的な作用である。だが、必ずそうだというわけではない。社会的作用は宛て名なしで、つまり直接かつ具体的にある人に向けられることなく「発せられる」ことがあるからである。例えば「規定」がそうである (ライナッハは実定法をそのような規定として特徴づけているので、この例は重要である)。ライナッハは「他者関係性」を他者への直接的な関わりとして考えているため、この特徴を社会的作用の必然的規定とはみなさない (ただし、あらゆる発話が必然的に伴う暗黙の——他者関係的とまでは言えないが——「間主観的」な関係を社会的作用の本質的特徴とみなすことは十分できよう)。

(四) 受取の必要性——最後にして決定的な基準は受取の必要性である。「われわれは自発的であってし

(15) ここにもハンナ・アーレントとの興味深い類似が見られる。彼女は「赦し約束する二重の能力」が「自分自身との関わりにおいては決して現れず、自分自身の中では決して生じない」経験に由来すると述べているからである (Arendt 1981, 303 邦訳三〇四頁)。

かも受け取られることを必要とする作用を社会的作用と呼ぶ。［…］われわれの社会的作用の概念はただ受け取られる必要性だけに定位するものである」（Reinach 1989a, 159 邦訳四八六頁）。受け取られることが必要な作用が全て他者関係的なわけではなく、他者関係的な作用の全てが受け取られることを必要とするわけでもない。例えば、他人に対する赦しは黙って行われうる。また、決意も全く内面的になされうる。これに対して、依頼[16]や命令は発せられなければならず、それゆえ社会的作用に数え入れられる。ライナッハは命令を例にとって社会的作用に特有の性格を説明している。

> 意志を決めることと同様に、ある他人（andere Person）に向けられた赦しの作用は、全く内面的に、外に向けて告知されることなく、起こりうる。これに対して命令は、他者（den anderen）に宛てて告知され、他者の中に入り込む。他者によって受け取られようとする傾向が、命令にとって本質的である。命令を宛てた相手がその命令に気づくことが不可能であるとわれわれが確実に知っている場合には、われわれは決して命令したりしないであろう。命令は本質的に受け取られることを必要とする。もちろん、命令が伝えられたが受け取られなかったということはある。その場合、命令は自らの課題を果たせなかったのである。投げられたが的に当たることなく落ちた槍のようなものである（Reinach 1989a, 159 邦訳四八六頁）。

つまり、（アーレントの好む言い方をするなら）複数性を前提とする――それがなければ本当の意味で遂行されえないような――作用群が存在するのである。他者あるいは他者たちへの生きた関わりの中で、社会的なものはそのつど対象となることなく生起する。それは生きた「関係の網の目」である。ライナッハはこうした意識と意識の独特の関わりを適切に言い表している。「ここで命令について述べたことは、依頼すること、忠告すること、問うこと、伝達すること、答えること、その他多くの作用にもあてはまる。それらはみな、それを遂行する者がそれを遂行することそれ自体において相手の心に錨を下ろすためにある他者に向けて投げ入れるものである」(Reinach 1989a, 159 邦訳四八六頁)。

社会的作用の理論は、「意識 - 対象」あるいは「意識 - 世界」という関係構造と類比的には語れない独自の領域を開拓するものだと言える。この領域は、それ自体の特殊性とそれがもたらす新たな関係の特殊性のゆえに、固有の現象学を要求する(「コミュニケーション」という概念だけでは、まだ十分にそれを記述することはできない)。こうした間主観的な行為遂行の領域に際立った関心を示したアーレントをもう一度引き合いに出そう。彼女の用語では、こうした間主観的な関わりの原本的な場所は「世界」あるいは「間(Zwischen)」である。この「世界」を彼女は「人間的事象の関係の網の目」と呼び(Arendt 1981, 225 邦訳二三〇頁)、(右に述べた「意識 - 世界」の関係構造と等しい意味での)「対象の世界」と対置する。(反)形而上学的前提や存在論的前提の違いにもかかわらず、ライナッハとアーレントは現象学的には同じことを言わんとし、実際に記述している。アーレントの『活動的生』からの以下の長い引用によって、そのことを明確にできるだろう。アーレントによれば、

(16) 神に祈る時のように、われわれの内的体験によって直接に知覚される存在に宛てて何かをする場合には、われわれは発話を放棄する——ライナッハはこれを「純粋に心的な社会的作用」と呼ぶ(Reinach 1989, 161 邦訳四八七頁)。しかし、人間に向けられた依頼が受け取られることが可能であるためには、何らかの仕方で発せられなければならない。そうでなければ単なる願望に留まる。

あたかも、全ての相互共存におけるこの客観的な間の空間は、〔…〕それとは全く異なる間を、いわば生い茂らせ、それに一面覆われているかのごとくなのである。というのも、その間とは、行いと言葉それ自体から、つまり生き生きした行為と言論から、生ずる関係システムのことであり、その関係システムにおいて人間は、そのつどの対象をなす物件を超え出て、自分をじかにお互いぶつけ合い、相互に論じ合うからである。世界という間の空間に形づくられるこの第二の間は、摑みどころがない。なにしろそれは、物的なものから成り立っておらず、いかなる仕方であれ物化も客観化もされないからである。行為と言論の過程が、摑みどころのある結果や最終生産物を自ずからあとに残すということはない。だが、この間はその摑みどころのなさにおいて、われわれの目に見える周囲環境の事物世界に劣らず、現実的なのである（Arendt 1981, 225 邦訳二三〇頁）。

おそらくライナッハなら、この否定しがたい「現実」の「結果」と「最終産物」は、まさに「本質」と「アプリオリな連関」について語ることによって「把捉可能」であると主張するであろう。アーレントは、そうした考えは問題の関係を形相的にモノ化することになるのではないか、と問うことで応じるかもしれない。もっとも彼女の方も、関係の網の目を強めたり立ち上げたり阻害したりするさまざまな行為（赦し、約束、等々）を（何が行われているのかについての洞察に基づいて）区別する際に、本質的な区別の基準を必要としている。いずれにせよ、彼女もライナッハの次の主張には同意するであろう。「命令や依頼が遂行されたなら、それによって世界の中で何かが変化したのである」（Reinach 1989a, 163 邦訳四九〇頁）。そうした作用生（Aktleben）が遂行される本来の空間は、間主観的な間である。すなわち、（少なくとも）相互作用する二つの意識によって世界の内に立ち上がる間である。(17)

ライナッハは社会的作用の「内面」と「外面」を区別するが、両者を切り離しはしない。それらは一つの行為遂行の相互に密接に関わりあう二つの側面であり、いわばコインの表裏のようなものである。ライナッハは社会的作用の「身体」と「心」という比喩を使ってもいる（Reinach 1989a, 160 邦訳四八七頁参照）。他者によって受け取られるためには何らかの仕方で見えるようになっていなければならないため、[18] 作用は身振り、表情、言葉といったさまざまな表現形式において外界に現れることができる。それと同時に内的体験も遂行される。作用の告知機能を果たすためには、表出が不可欠である。しかし、このことから、表出が社会的作用に単に外から付け加わるものだと誤解してはならない。私が怖がったり怒ったりしている時に誰かが私を見ると、私の意志とは関係なく感情がそこに表現されてしまうが、社会的作用の表出はそのような表現とは異なる。また、それは私の内でまさに生じている体験を単に表現することではない。つまり、それなしでも生じうる体験に対して、表出するという仕方で関与することではない。社会的作用は純粋に外面的な行為でもなく、純粋に内面的な体験でもなく、また内面的体験の告知的表出でもない（例

---

(17) アーレントにおいてこの「間」はつねに歴史的次元を持つ。この観点はライナッハ的な本質の世界にいくらか力動性を付け加えることに繋がるかもしれない。

(18) 人間は心だけではコミュニケーションができない生き物なので、表出には物的側面がなければならない。「互いの体験を直接に知覚できる生き物の共同体を想像したとするなら、そこでは、心だけを持ち身体を持たない社会的作用というものが十分に生じうることを認めないわけにはいかないだろう」（Reinach 1989a, 161 邦訳四八八頁）。したがって、われわれの体験を直接に把握できる存在者に宛てて（神への祈りのように）何かをしようと思うなら、表出を放棄することになるだろう。社会的作用が（物的もしくは心的に条件づけられた）受け取られる必要性を持つことは絶対的な条件だが、社会的作用が外界に現れることは人間的現存在の特殊性に由来する。

えば命令の場合、表出される内的体験はそもそも存在しない）――むしろ社会的作用は、それら全てが互いを条件づけ合って不可分に統一されたものである。「人から人に向けて遂行される社会的作用は、自立的な行為遂行と偶然的な言表に分けられるものではない。社会的作用は、意志的な遂行と意志的な表出の緊密な統一体をなしている。社会的作用においては、体験は表出なしにはありえない」（Reinach 1989a, 160 邦訳四八七頁）。

不確かさという内的体験に対応するのが問いかけであり、伝達内容について確信する内的体験に対応するのが伝達である。その他の社会的作用についても同様の対応関係がある。もちろん、偽装した問いかけのような見せかけの遂行もありうるが、それらは社会的作用の変様態とみなせる。実際、偽装（Heucheln）においては、問いも依頼も約束も十全な体験としては生じていない。社会的作用に関する別の区別として、端的な社会的作用と後続的な社会的作用の区別がある。問いと答えの対を例にとると、答え（後続的な社会的作用）は問いを前提とし、問い（端的な社会的作用）の方は答えを狙いとしている。[19] さらに、自分の社会的作用と「他人の名において」行われる代理の社会的作用がある。後者は「代理」という法的概念にとって重要である。

以上で社会的作用は包括的に特徴づけられた。ここでは個々の社会的作用（依頼、忠告、問い、伝達、答え、等々）の詳細な規定をこれ以上詳しく論じることはできないが、ライナッハがそれらについて極めて精細で示唆に富む分析を行っていることははっきり述べておきたい（Reinach 1989a, 158ff. 邦訳四八五頁以下）。われわれにとって重要なのは、ライナッハが特定の社会的作用をいくつかの法的関係の本質的な源泉とみなしていることである――ただし、それはあくまで一部の法的関係、一部の法についてのことであって、その点は法の基礎づけの統一性ということを考えると問題含みである。とはいえ、ライナッハにとって本質的な論点を際立たせるため、まずは彼の議論を追っていくことにしたい。

5 請求権と債務の源泉としての約束という社会的作用

ライナッハが請求権と債務の源泉とみなしているのは約束という社会的作用である（Reinach 1989a, 169ff. 邦訳四九五頁以下参照）。（彼は引用部分ではさしあたって、その他の源泉についても、民法以外の法についても語っていないが、それは社会的作用の「新発見」が法学にとって持つ意義を強調するためである。）

人は一人の他者に約束をする。この出来事から生じる奇妙な効果は、例えばある人が他者に何かを伝達したり、依頼をしたりする場合とは全く異なっている。約束は二人の間に独特の結びつきを作り出す。この結びつきによって、ひとまず大雑把に言うなら、一方は何かを要求できるようになり、他方はその要求を果たしたり保証したりする義務を負うようになる。この結びつきは約束の帰結であり、いわばその産物である（Reinach 1989a, 147 邦訳四七四頁）。

ライナッハによれば、誰かが誰かに約束すると、その結果、約束を受け取った側には約束内容に対する

(19) ここでベルンハルト・ヴァルデンフェルスの応答の現象学との接点を指摘できるかもしれない。ヴァルデンフェルスはとりわけ「問い」と「答え」という作用や、（先行する）要求と答えの関係について論じている（Waldenfels 1994 参照）。

請求権が生じ、約束を告げた側には約束内容を履行する債務が生じる。それが本質的なことである。ライナッハはひとまず法的な領域に踏み込むのを控えて、ある人がある他者と散歩に行くことを約束する例をあげて説明する。約束された相手は散歩に対する権利すなわち請求権を得るのだが、この請求権は、約束が履行される時まで、つまり約束された散歩が実行される時まで存続する（Reinach 1989a, 149 邦訳四七五頁）。ライナッハが繰り返し強調するのは、約束から請求権が本質的に発生するということは、そこに関わる人間とは関係がないという点、つまり心理的な事柄ではないという点である。それは純粋かつ排他的に、社会的作用としての約束という事象そのものから生じるということである。自分に権利がある、あるいは債務があると感じることは、事実としてそうであることとは全く別の事柄である。

この点に関連して、約束についてのヒュームの主張をライナッハが論じている箇所を拾っておくのは有益だろう。[20] ヒュームは、約束とはそれ自体では意味を持たない人間どうしの合意であると考えた。「約束は社会の必要と利益に基づく人間の考案物である」（Hume 2007 第三部五節、邦訳一一三頁。Reinach 1989a, 176 邦訳五〇二頁からの引用）。ヒュームによれば、約束をする人は、約束内容を実行する意志を表明すると同時に、約束という言語型式を用いることで、（もし実行しなかった場合には）罰を受けることを表明する。その罰とはすなわち、彼がもう信頼されなくなるというものである。こうして、ヒュームは約束を、人間どうしの利己的な行為のやりとりを制約する制裁として説明する。出来事の因果的結合の必然性に対する彼の懐疑的議論と似た仕方で、[21] ヒュームはここでも、行為の次元における「ミッシング・リンク」の実証を要求する。約束が拘束力を持つことを示そうとして、人は、「私は約束する」という言葉に伴って生起し、義務づける力を持つような特定の心的作用があるとヒュームに対して主張するかもしれない。「だが、それは一体どのような心的作用だろうか」（Reinach 1989a, 175 邦訳五〇二頁）。それは「決意」でも「願望」でもありえない。それらは義務づける力を持たないからである。また、「義務への意志」も義務を生み出すことはできない。

ライナッハはヒュームに反論する際に、いわば現象学的・行為論的なヒュームの考察を直接の出発点とする。

ヒュームは確信を持って本質的な点に向かっており、われわれもこの確信を共有する。その点とは、約束に伴う「心的作用」の探求である。だが、そうした作用を探求する際のヒュームの態度は完全に間違っている。彼が探している体験は、「約束によって表現される」体験であり、したがってそのように表現されなかったとしても存在しうるような体験である。そのような内的体験を見つけようとし

(20) ここではライナッハ自身が与えているヒュームの議論の定式化に話題を限定する。ライナッハは同じ文脈で、約束による自然的拘束の問題を法哲学的に解明しようとして立てられた他の学説も検討している。ヒュームの「唯名論的学説」の他には、テオドア・リップスの心理主義的学説とヴィルヘルム・シュッペの結果説が取り上げられている(Reinach 1989a, 175–189 邦訳五〇五—五一〇頁参照)。

(21) ヒュームは、出来事Aと出来事Bの間の因果的結合の必然性がどのような作用によって成立するのかを示すように求めている。「「私は、こうした対象がつねにあのような結果に伴われていたのを見出してきた」という命題と「私は、外見において前者に似ている他の対象が後者に似ている結果に伴われるであろうと予測する」という命題とは、同一であるはずがない。私はもし貴君が望むなら、一方の命題が他方の命題から正しく推理されるかもしれないことを認めるであろう。……しかし、もし貴君が主張して、この推理が一連の推論によって行われていると言うならば、私は貴君にその推論なるものを提出してくれることを望みたい」(Hume 1998, 52 邦訳三一頁)。

てもうまくいくはずがない。彼が決意や願望や意志を却下するのは正しい。だが彼は、それらの内的体験の他にも「心的活動」が存在することを見過ごしている。それは、言葉やその他のものによってたまたま後から表現されるのではなく、発話そのものの内で遂行される活動であり、発話その他の現れ方を通じて他者に告知されることを本質とするような活動である（Reinach 1989a, 177 邦訳五〇三—五〇四頁）。

つまり、人を拘束するのは約束という作用そのものである。その作用によって、私の債務の元となる何かが世界に生じるのである。したがって、ライナッハによれば、約束の拘束力を人間の自己利益から導出することなど決してできない。利益が（約束する側にも約束を受け取る側にも）存在しない場合でも債務は生じるし、当然ながら、自分の利益になる約束だけでなく利益にならない約束も債務を生むからである。利益はせいぜいのところ、約束を守り果たすように人を動かすにすぎない——債務そのものは約束以外のどこからも生じえない。

「約束とは本来何なのかを説明する」（Reinach 1989a, 158 邦訳四八五頁）ためにライナッハは社会的作用の概念を作り上げた。なぜなら、従来の説明——約束は意志の表示である、つまり何かをしようという意図を表出ないし告知することである——は、実際に起こっていることを明確化せず、不明確にするだけだからである。「表出［あるいは告知、意志表示、意志表出］がどのようにして人に債務を負わせたり権限を付与したりするのかは、当然ながら、そのような説明では明らかにならない」（Reinach 1989a, 157 邦訳四八四頁）。なぜなら、意志表出は「私は……する」と言う。誰かに宛てられる場合、それは伝達であり、社会的作用ではあるものの、約束ではない。意図された行為に関心を持っている相手に宛てられたとしても、そのことによって意志表出が約束になるなどということはありえない。約束は意志ではなく、意志の表出でもない。約束は外部に向けられ、外部に現れる自立的で自発的な作用である（Reinach 1989a, 166 邦訳四九三頁）。

この約束という作用が「成功する」ためには、つまり実際に約束から請求権と債務が生じるためには、約束する人の側で何が起こる必要があるのだろうか。というのも、意図した効果が生じるためには、一方が単に約束するだけでは不十分だからである。真正な約束という社会的作用が確かに遂行されえ、外に現れたとしても、それが向けられた相手に的中しなかったということがありうる――そして「的中しないかぎり、請求権と債務は問題にならない」（Reinach 1989a, 169 邦訳四九五頁）とライナッハは言う。「われわれは、作用の遂行と、それが名宛人に受け取られることを区別する。後者によって初めて作用の効果が成立する」（Reinach 1989a, 231 邦訳五五八頁）。つまり、特定の「法的」効果が成立するためには、二人が関与していなければならず、両者の相互作用が特定の条件を満たす必要がある。まず、名宛人が約束の表明を知覚したが理解しなかったとしたら、十分ではない。「名宛人は［言葉を］通じて、その言葉が表しているものを把握しなければならない。彼は約束そのものを認知しなければならない。もう少し正確に言うと、彼は約束に気づかなければならない」（Reinach 1989a, 169 邦訳四九五頁）。気づきに続いて名宛人が気づいたことに対してとる態度はさまざまでありうる。彼はそれを内的に受け入れることもできるし、内的に抵抗することもできる。さらに、内的な拒否は却下という作用によって表出されうるし、内的な受容は受諾という作用によって表出されうる。重要なのは次のことである。「約束が端的に受け取られるだけで、受け取った側には請求権が生じ、約束した側には債務が生じる。受諾の作用は再認の役割を果たすのみである。[22]それが約束の有効性に寄与するのは、約束が「受諾された時にのみ」有効な約束としてなされた場合だけである。これに対して、却下という作用は請求権も債務も成立させないようにすることができる」(Reinach 1989a, 169 邦訳四九六頁)。

ここまでは、社会的作用に関与する二人の双方の側に光を当ててきた。次は、約束が成功した（＝受け取られた）場合に両者の間に生じるものに目を向ける必要がある。ライナッハはそれを、「世界に」出現し、「法的形成体」といういわば固有の存在を獲得するものとみなしている。

> 約束が遂行されると、それとともに新たなものが世界に出現する。一方には請求権、他方には債務が生じる。これらの奇妙な形成体は何なのだろうか。それらはもちろん何でもないものではない。放棄したり撤回したり履行したりすることで、何でもないものを破棄することなどできるだろうか(Reinach 1989a, 148 邦訳四七五頁)。

請求権が何年も変わることなく存続できたり、請求権の保持者が死んだり眠ったりしても存続するという事実を引き合いに出して、ライナッハは、請求権は——同じく債務も——体験ではありえず、体験を超えたものでなければならないことを明らかにする。[23]これらの「形成体」は従来のどのカテゴリーにも含めることができない。それらは当然物的なものではないし、また心的なものでもない——ライナッハによれば、それらはどちらかと言えば、数、概念、命題のような「イデア的な対象」に似ている。しかし、イデア的な対象の主な特徴は非時間性だが、請求権と債務は非時間的なものではない。[24]というのも、請求権と債務は時間の中で（ある作用によって）生じ、時間の中で——履行されることによってか、あるいは第二の可能性として、放棄という社会的作用によって——消滅するものだからである。したがって、「法的形成体」は全く特殊な種類の対象である。それらは確かに綜合的アプリオリな法則に従って成立するが、一方でピタゴラスの定理のように時間から独立にいつでも妥当するものではない。それらは実的（reell）でもイデア的なもの（ideell）でもないのである。

請求権と債務の時間的終点については、すでに示唆したように複数の可能性がある。請求権が「自然な終点」（Reinach 1989a, 147 邦訳四七五頁）に至るのは、約束内容が実行された時である。また、約束を受け取

(22) ライナッハは、請求権と債務の成立にとって、名宛人の受諾という特殊な社会的作用が必要かどうかを詳しく論じている。彼の結論は「必要ない」というものである。なぜなら、依頼の場合と違って、約束の場合は約束する側だけが義務を引き受けるからである。受諾が必要なのは、自らを義務づける場合だけである。したがって、約束が効果を発揮するには受け取られるだけで十分である（Reinach 1989a, 170–172 邦訳四九六—四九七頁参照）。

(23)「請求権と債務は何年も変わらず存続しうるではないか。そのような体験があるだろうか。さらに、請求権と債務は、主体が眠っていたり全く無力であったりして、体験を持たない場合や持つことができない間も存続するではないか」（Reinach 1989a, 148 邦訳四七五頁）。

(24) アーレントは「イデア的な対象」ではなく「関わり」について語っている。それは一方では独立した本質的存在者について語るのを避けるためであり、他方では関わりにとってつねに必要な間主観的行為遂行の次元を強調するためである。また、アーレントは関わりを「物的」なものとして捉えてはいない。彼女が問題にしているのは社会的次元に固有の現実性と世界性だからである。

った側が請求権を放棄すること（これも社会的作用である）によって消滅させることもある。最後に、より「自然でない」（Reinach 1989a, 147 邦訳四七五頁）ように見える可能性もある。それは、約束した側が約束を撤回することによる消滅である――ただし、撤回によって請求権が消滅するのは、最初の約束が「撤回するまで」有効なものとしてなされ、受け取られた場合だけである。（ライナッハはここでアプリオリな関係性を説明しており、いわば「義務論理」を展開していることを想起されたい。それは実定法の規定に沿わないこともある。）約束が履行されなければ、請求権は存続する。約束に決まった期限が設定されたにもかかわらず、そのときまでに約束が履行されなかった場合は、請求権は「侵害」される（Reinach 1989a, 173 邦訳四九九頁）。請求権に応えることが何らかの理由で不可能になった場合は、責務関係がある種無意味になる。請求権と債務は確かに存続しているのだが、いわばそれらが「不治の病にかかった」のである（Reinach 1989a, 173 邦訳四九九頁）。

最後に、偽装された約束も請求権と債務を生じさせるのかという問いが立てられる。ライナッハの答えは両義的である。

この問いに確信を持って答えるのは難しい。本気の約束であるかのように偽装された約束がなされ、それが本気でないことに名宛人が気づかなかった場合、実定法はそれを本気の約束と同等に扱う。しかし、われわれの非実定法的な領域にとって、このことからはいかなる議論も引き出せない（Reinach 1989a, 168 fn. 邦訳五一七頁）。

まずは偽装された約束とは何なのかを明らかにする必要があるだろう。それは対応する真正な内的体験を持たない社会的作用として遂行される。しかし、「偽装された約束をする人は、自らを本気で約束をしているように見せかけ、そのような人物として現れる」[25]（Reinach 1989a, 168 邦訳四九五頁）。つまりライナッハは、「法的形成体」の成立が社会的作用の「外面」だけに依存すると考えるか、それとも対応する「内面」にも依存すると考えるか、という二つの選択肢の間で迷っているのである。第一の選択肢は純粋に世界の内に現れる出来事（「存在は現出である」）に定位しようとするが、第二の選択肢はむしろ一つの社会的作用の外面と内面との調和を重視しようとする――後者をとると、実際に請求権と債務が生じたかどうかを確かめるためには、つねに二つの心の中を「見通す」視点をとることができなければならないことになる。

真正な約束が受けとられると必ず「何か」が「世界の内にもたらされる」という主張は、ライナッハの「社会的作用実在論」を示している。この立場は、この「間の世界」とそこに含まれる対象に固有の現実性を割り当てる。この意味で、社会的・法的な基礎的実在が作用によって生み出されるのである。だが、この基礎的実在はまだ法秩序でも実定法の体系でもない。ライナッハが問題にしているのは、社会的相互作用の中でわれわれに開示される基礎的な意味要素であり、それはわれわれが仮説的な組み合わせや発明によっていわば無から作り出すものでは「決してない」。「約束は「人間どうしの合意によって意味を与えられる前から」すでに意味を持っている」（Reinach 1989a, 178 邦訳五〇四頁）。単に主観的ではない間主観的

(25) ライナッハによれば、これによって偽装された約束は、冗談の約束や社交辞令や宣伝のような本気で受け取られることを期待していない約束から区別される。もう一つの「全く特殊な」ケースは芝居上の約束である――これはジョン・L・オースティンが取り組んでいる問題でもある。

な「間」の実在が、まさにそうした意味形態を準備する。約束という社会作用を通じて、われわれは請求権と債務が何であるかを初めて、そして根源的に知るのである。それゆえ、ライナッハは約束から請求権と債務が生じる事態について次のように言う。「事柄がそのようであることを人はそもそも「説明する」ことはできない。ただ約束という独特の作用とそこに根差す本質的関係を明確化することによって、事柄を理解し洞察することができるだけである」(Reinach 1989a, 179 邦訳五〇五頁)。そうした自己展開する意味構造にすでに巻き込まれながら、それを顕在的に、意味を伴った仕方で遂行することこそ、その意味構造がわれわれに開示され、われわれがそれを理解できるようになるための可能性の条件である。「解明的な分析によってこうした命題を洞察しようとすることは可能であり、われわれはまさにそれを試みた。そうした命題を説明しようとすることは、1×1=1という命題を説明しようとするのと同等のことを意味する」(Reinach 1989a, 188 邦訳五一四頁)。請求権と債務を、つまり約束を通じて社会的交流の中で根源的に啓示される法の「意味」を、「外側から」何か別のものによって説明することはできない――その「意味」が何であるかは、それ自身によって示されるだけである。

6　異なる法類型と基づけのレベル[26]

「民法のアプリオリな基礎」の中で、ライナッハは他のアプリオリな構造についても詳細に論じており、それによって、初めは社会的作用のみによって構成されているかに見えた彼の法概念を、拡張もしくは具体化している。社会的作用によって得られる諸権利はアプリオリな法体系全体の一部でしかないことが徐々に明らかになるだろう(分かりやすさのために、ここでは請求権/権利だけを取り上げ、債務/義務づけは扱わないことにする)。

そのために、まずは以下の区別を取り上げる。

(一) 慣習道徳的権利と関係権(*Verkehrsrechte*)が、それぞれの「性格」と「合法則性」によってはっきりと区別される。関係権は人々の意志的で自由な作用によって成立し、また放棄したり譲渡したりできる。関係権は約束や譲渡といった社会的作用から生じるものであり、したがってわれわれがここまでもっぱら論じてきた法的形成体に相当する。

これに対して、慣習道徳的権利は自由な作用から生じることは決してない。それは「あらゆる場合に、別の基盤を必要とする」(Reinach 1989a, 190 邦訳五一八頁)。慣習道徳的権利の基盤は人格(Person)の内に、あるいは他の人格(例えば近親者)との特定の(慣習道徳的)関係の内にあると、ライナッハは考える。慣習道徳的権利を譲渡することはできず、またそれを本質的に放棄することもできない――せいぜいその行使を差し控えることができるだけである。「自由な作用から生じたものは、自由な作用によって破棄することもできる」(Reinach 1989a, 153 邦訳四八〇頁)。その他のことには鋭い現象学的・形相的基礎づけを行っているライナッハも、作用とは別の権利基盤については多くを語ってはいない。人格の概念は確かに哲学で

(26) この項目を(続く箇所でも)特に取り上げたいと思うのは、二次文献がライナッハによる社会的作用の発見にばかり注意を向けて――それ自体は理解可能なことであるが――法の基礎づけに関する彼の理論に見られる偏りを見過ごしているように思われるからである。ほとんどの研究者は、ライナッハのアプリオリな法理論を特徴づけるために、相対的関係権についてのみ論じ、あるいは批判している。

も法学でも伝統を有しているが、ライナッハの要請に従うなら、「人格の現象学」によって解明されなければならないはずである。ここでシェーラーの人格概念を引き合いに出すのは有意義かもしれない。シェーラーは人格を、単に自己意識を持ち、自己について知っている〈私〉として規定するのではなく、心の豊かさ、成熟、選択する力といったものを含む倫理的な人格概念を追求した。[27] だが、そうすると、そのような人格の概念からどのようにして「アプリオリな権利」が出てくるのかを示さなければならなくなる。ライナッハはアプリオリな慣習道徳的権利の理論を詳述することを放棄しているため（とはいえ彼は、法体系が完全なものとなるためには、慣習道徳的権利の理論の詳述が必要だと示唆しているのだが[28]）、彼の体系では慣習道徳的権利の由来については曖昧になっている。その説明はおそらく（詳述されることのなかった）倫理学に差し戻されているのだが、その倫理学と法理論との関係も明らかではない。

(二) 相対的権利と絶対的権利の区別。相対的権利は他者の行為に関わるものであり、要するに他者の行為（例えば約束の履行）に対する私の請求権のことである。他方、絶対的権利は、他者による約束の履行ではなく、権利を保持する当人による行使に関わる。それはただ一人の担い手だけを前提とする権利であり、その人自身の行為に関わる（例えば何かを放棄する権利）。ライナッハはたいてい相対的請求権と絶対的権利という言い方をする。

道徳的権利と関係権はそれぞれ絶対的なものと相対的なものに分かれる。これによって以下の組み合わせが生じる。

(a) 慣習道徳的権利

(一) 相対的な慣習道徳的権利には、「例えば友人の助けを求める権利がある。そうした権利は、権利を保持する人と他の人との関係から生じうる」(Reinach 1989a, 153 邦訳四八〇頁)。

(二) 絶対的な慣習道徳的権利には、例えば人格性を自由に発達させる権利などがあるだろう。だが、ライナッハ自身、この種の権利の根拠については確信を持っていない。「この種の権利が実際のところどのような仕方で、どのような定式化において立てられるのかについては、ここでは論じない。だが、人格そのものに根ざしたそのような絶対的な慣習道徳的権利(Berechtigungen)というタイプの実例はある」(Reinach 1989a, 221 邦訳五四八―五四九頁)。

(b) 関係権

(一) ライナッハがつねに請求権と呼ぶ相対的関係権は、ここまでの二節で主要な法的形象として取り上げてきた権利あるいは法的構造体である。ライナッハは「民法のアプリオリな基礎」を、請求権と債務

---

(27) シェーラーを使って法現象学を展開したエアハルト・デニンガーについて論じる第二部第二章第一節第二項を参照。

(28) 「この論文でのわれわれの優先的な関心は、社会的交流から生じる権利と責務にある。だが、包括的に論じようとするなら、それらに対応する道徳的形成体も考慮しなければならない。なぜなら、それらの慣習道徳的形成体も実定法によって広範に承認されているからである」(Reinach 1989a, 190 邦訳五一九頁)。

は約束によって本質的に成立する、というテーゼから始めているからである。しかし、われわれは今や、これは請求権と債務を――したがって、広い意味での権利を――根拠づける可能性の一つでしかないことを認めなければならない。他の可能性は、人倫と人格の内にもあるし、すぐ後で見るように、財産と法的基本権能の内にもある。にわかに浮上したこれらの異質な「法源」によって、ライナッハの法概念の統一性はあやしくなる。というのも、「法」という意味統一体が複数の異なる次元の源泉を持つことは十分考えられるとしても、異なる発生構造が互いにどのように関係しているのかは（まだ）明らかではないからである。さらに、もし権利が約束からも生じ、約束だけから生じるのではないとしたら、約束はなおも法の本質にとっての必要条件でありうるだろうか。その場合、「法」とは何であり、一体どのようにして法は正当性を得るのだろうか。

この問いに答えるにあたって、ライナッハはデカルトを引き合いに出す。デカルトは、ただ見てとることしかできないものを定義しようとすることは学問の最大の誤りの一つだと考えている（Reinach 1989a, 204 邦訳五三二頁参照）。「それゆえわれわれは、権利と責務の概念を定義する試みを放棄する」（Reinach 1989a, 204 邦訳五三二頁）。「主観的権利」を「意志してもよいこと（Wollendürfen）」とするよくある定義もここでは役に立たない。なぜなら、「〈してもよい〉という概念は、言うまでもなく、権利を持っているという概念に比べて少しも明晰ではないからである」（Reinach 1989a, 205 邦訳五三二頁）。したがって、これまで意志や力、規範や強制などとして記述されてきた法概念そのものも、ライナッハにおいては、自ずから明らかで有意味なものでなければならないとされるのだが、これは挑発として受け取ることもできるだろうし、梨によって林檎を説明しようとしてはならないという単純な忠告として受け取ることもできるだろう。

いずれにせよ、ライナッハのアプローチは、権利に関する彼の見方がある一つの根拠づけられた請求権という構想であるという点、つまり権利の由来を見てとるためにその根拠へと繰り返し遡ることが可能であるという点によって特徴づけられる。

他の事態に根拠づけられた事態は、その根拠となる事態に基づいて成立する。同様に、約束から生じる請求権は、約束のゆえに存在する。しかし、根拠づけられた事態を新たに把握しようとする時には、自由にそれ自体を把握する作用を遂行することはできない。できるのは、それを根拠づけている事態に遡り、改めてそれから導出することだけである。全く同様に、請求権の存在を改めて確認するためには、その元となっている約束に遡らなければならない（Reinach 1989a, 156 邦訳四八三頁）。

請求権（すなわち相対的関係権）は約束から生じる、というフレーズを心に留めておこう。約束という根拠に遡ることで、請求権は本質に即したものであることが分かる。つまり、実際の約束を突き止めることが可能なかぎりで、請求権は正当化される。関係権としての請求権は約束からしか生じえないからである。

余談――慣習道徳に反する約束

ライナッハによれば、約束は守るべきだという慣習道徳的義務がある。他人に対する債務は（そして請求権も）この義務とは別のものであり、それの前提である。しかし、約束の内容が慣習道徳に反するものだったら、例えば誰かを殺すことを約束するといったものだったら、どうなるのだろうか。その場合でも、約束を果たして人を殺すことが慣習道徳的義務になるのだろうか。ここで二つの点を心に留めておく必要がある。「債務は作用としての約束の本質に根差すのであって、約束の内容に根差すのではない。したがって、内容が慣習道徳に反することは〔約束と債務の〕本質的連関には関係がない」(Reinach 1989a, 186 邦訳五一三頁)。また、慣習道徳的義務は、内容はともかく、単に約束の履行に関わるものである。とはいえ、道徳的な問題を片付けるために、ライナッハは第二の議論を提示する。慣習道徳的に不正な内容の約束についてはそれを実行しないことが命じられているが、約束そのものについては実行が命じられている、というのが問題である。「この種の葛藤においては、より高次の義務が命じることを行うのが慣習道徳的義務となる」(Reinach 1989a, 187 邦訳五一四頁)。「民法のアプリオリな基礎」ではライナッハの価値論は提示されていないし、彼の慣習道徳の概念も提示されていないが、この規則は自明である。殺人の約束の例に関して決定的なのは、約束が慣習道徳に反する内容にもかかわらず債務は(対応する請求権とともに)単なる作用から生じるものの、高次の義務がそれよりも優先されうるという点である。したがって、約束と債務および請求権の間の本質的関係は、慣習道徳の領域によっては侵害されないものでありうる。

(二) 絶対的関係権、あるいは「請求権」と区別される意味で単に「権利」と呼ばれるもの。この権利は相対的請求権や債務を行使する可能性の基盤をなすものであり、それらとは別の根拠を指し示す。絶対的関係権は形成権と物権に分かれる。形成権が法的に直接有効な行動に対する権利を意味するのに対して、物権は物に関する無制限の取り扱いに対する権利を意味する。[29]

形成権はある特殊な法的権能に関わる。例えば放棄や撤回を行う権利がこれにあたるが、そうした権利は自分の行動だけに関係し、直接に法的効力を生むため、権利自体とは明確に区別しなければならない。権利そのものにとってはこうした直接的な法的効力は本質的なものではない。「あらゆる絶対的物権を」、したがって例えば物の用益権を「考えてみればよい」(Reinach 1989a, 205 邦訳五三三頁)。

物権も所有[30]（Eigentum）という問題領域に関わる。この問題領域についてはここでは少ししか論じられないが、「民法のアプリオリな基礎」においてはより大きな役割を果たしている（Reinach 1989a, 189ff. 邦訳五一八頁以下）。所有は、「人と物との間の、要素に還元できない関係」である所属（Gehören）のあり方に根差している。ライナッハは、人が物に対して有する「占有（Besitz）」という「力関係」（人が物に対して及ぼしうる「物理的権能」）と、それに関係する全ての絶対的権利の源である「所属」の形式を、厳格に区別する。というのも、

物は、私に所属することなしに、私の力の下に置かれることがある。また物は、私の力の下に置かれることなしに、私に所属することができる。このことは、何らかの実定法を念頭に置かなくとも、また実定法について少しも知らない人にとっても、直ちに自明のことである（Reinach 1989a, 192 邦訳五二一頁）。

占有は権利ではなく事実である。つまり事実的な関係である。これに対して所属は、アプリオリな法的

（29）ライナッハは物の概念を以下のように定義している。「〈取り扱う〉ことのできる全てのもの、最も広い意味で〈使用可能〉な全てのものは、物である。林檎、家、酸素は物であり、電子や暖かさも物である。しかし、表象、感情、その他の体験や、数、概念などは物ではない」（Reinach 1989a, 191 邦訳五二〇頁）。

（30）所有の概念は法哲学史の中で大きな役割を演じ、論争の的となってきた概念である。とりわけ所有物の獲得について多くの議論がある。Eckl (2005), Elbe & Ellmers (2009), Garnsey (2007), Brocker (1992) を参照。

関係を打ち立てる。

> 所属は、所有において人と物の間に成立する密接で力強い特殊な結合である。担い手が彼に所属する物をあらゆる任意のやり方で取り扱う絶対的権利を持つことは、所属の本質において根拠づけられる(Reinach 1989a, 194 邦訳五二二頁)。

所有そのものは権利ではなく(所属という)関係であり、人が持つことのできる全ての物権はこの関係を基盤とする。物権に含まれるのは、物を任意に使用する権利や、所有物を譲渡する権利などである。この物を取り扱う権能をライナッハは「法的権能」と呼び、「物理的権能」から区別しなければならないと主張するのである。

「絶対的物権の源泉」あるいは所有そのものの源泉についての厄介な問いを、ライナッハは未決のままにしているが、他方で、この問いが発展史的な問いでも心理学的な問いでも、また倫理的な問いでもありえないということは明確に述べている(Reinach 1989a, 211f. 邦訳五三九頁以下)。所有一般が慣習道徳的に正当化できるかとか、慣習道徳的な所有というもの[31]がどのように正当化されるのかといったことが問題なのではなく、「請求権が約束によって構成されるように、所属が本質法則にそって構成される」ためには、どのような条件が満たされなければならないのか、ということだけが問題なのである(Reinach 1989a, 212 邦訳五三九頁)。この問題に関して、ライナッハは「制作(Schaffen)」という明白なケースだけを取り上げている。「ある物件の所持や使用の本質には、そこから所属関係が生まれるということは含まれていない。これと同じように、制作の本質には、作られた物が制作者に所属するということは含まれていない」

(Reinach 1989a, 213 邦訳五四〇頁)。制作行為あるいは創造行為は、社会的作用ではない。また、それらを、すでに存在している物を加工したり変化させたりする行為と混同してはならない。それらは物権という法的に重要な新たな領域を世界に据える創造行為であり、完全に単独でも行われる。(32)

7 絶対的権利の源泉——法的権能と基本権能 ―「人格」

形成権の内で初めて(まだいくらか謎めいた形ではあるが)登場する法的権能の概念を用いることによって、ライナッハはようやく絶対的権利および責務の源泉を説明できるようになった。絶対的権利がある人格の内にすでにそなわっていると仮定するなら、その権利は部分的には、(どちらも法的権能の行使である)譲渡や許可の作用によって、他の人格に付与されうる——しかし、絶対的権利が約束によって成立することは決してありえない。つまるところ、法的権能とその譲渡可能性は、人格それ自体にそなわっている法的基本権能を土台として成り立っているのである。

(31) ライナッハによれば、どのような形式の所有関係が慣習道徳的に要請されるべきか、例えば「生産手段において、あるいは生産の理由と基盤において、つねに個人ではなく全体を所属関係の担い手にする」ことが要請されるべきか、といった問いを立てることができる(Reinach 1989a, 212 邦訳五四〇頁)。しかし、こうした問いは所有関係の源泉についての本質法則的な問いとは関係がない。

(32) ライナッハのこの定義に従うなら、土地の所有権というものは当然存在しないことになる。例えばジョン・ロックの自然権についての学説では、土地は人が自分で耕し植えることによって所有物になるとされる。

この究極の土台は現に人格そのものの内にある。人格は約束をして、債務を課したり請け負ったりすることができる。人格がそうした作用を遂行できることは、本質的なことでは決してない。というのも、ここで問題なのはそうした作用を遂行できるという自然的権能ではなく、作用の遂行によって法的効果、つまり請求権や債務などが、直接に成立するということこそが問題だからである。後者の事態こそ、他のものからは導出できず、人格そのものの内に究極の源泉を持つ法的権能が存在する証である。これを人格の法的基本権能〔ロイドルトによる強調〕と呼ぶことができよう。この基本権能を譲渡することはできない。それは人格そのものの本質に根ざしているため、人格から分離することができない。この基本権能は、法的・社会的関係一般の構成を初めて可能にする究極の基底をなしている（Reinach 1989a, 221 邦訳五四八頁）。

つまり、あらゆる「法的根本法則」が究極的に行き着

ライナッハのアプリオリな法体系	**関係権** 人の自由な作用によって生じる 放棄・譲渡可能	**慣習道徳的権利** 人格から生じる
絶対的権利	物権および形成権	
担い手としての人を前提する 自己の行為に関係する	法的基本権能に基づく社会的作用（譲渡）によって生じる	人格に基づく
相対的権利	請求権	
間主観的関係に関わる 他人の行為に関係する	約束に基づく 約束から生じる	人格の間の関係に基づく

※……に基づく＝……によって根拠づけられている
※生じる＝存在し始める

くところの、アプリオリな法理論の「究極の基底」がここにある。それは、譲渡不可能な法的基本権能をそなえた人格である。人格はあらゆる社会的作用の可能性の条件であり、したがって本質的に、あらゆる法的権能の源である。全法体系の土台をなしている「約束」「放棄」「譲渡」「許可」[33]等々の社会的作用の複雑な体系は、結局のところ人格の上に成り立っている。慣習道徳的権利もまた「人格そのものの内にその源泉を持つだろう」(Reinach 1989a, 221)。

下の表は、それぞれの権利概念が互いにどのような関係にあり、それぞれどのような基盤を持っているのかを表したものである。

8　規定という社会的作用としての実定法

アプリオリな法理論の諸命題は、ライナッハによれば、当然ながら判断である。しかし、実定法の諸命題もそうなのだろうか。理論と同じく法命題も仮言判断であるという(例えばケルゼン、F・カウフマン、シュライアーが支持する)考えを、ライナッハは否定する。

民法典の最初の数章を見るだけで、このような考えは維持できないことが分かる。「人の法的能力は

(33) ライナッハはアプリオリな法理論のかなりの部分を民法の個別のテーマと概念——抵当権(Reinach 1989a, 199 邦訳五二七頁参照)、譲渡(Reinach 1989a, 217 邦訳五三九頁参照)、代理(Reinach 1989a, 222 邦訳五四九頁参照)など——の説明に割いているが、ここではそうした論述を取り上げることはできない。

出産の終了時からはじまる」という命題は、「人は死ぬ」という命題と同じく、仮言的性格を持たない。また、この命題は判断として用いることができるものでもない。それは、存立するかしないかによって真もしくは偽と評価されるような存在定立ではなく、真と偽の二項対立を超えたところにある規定（Bestimmung）なのである（Reinach 1989a, 240 邦訳六二一頁）。

広く支持されている別の学説は法を規範として特徴づけるものだが、ライナッハは、規範という概念が極めて多義的なためにこの学説も説明力を持たないと考える。例えば慣習道徳的規範というものもあるが、これは法的規範とは全く別の（定立されるのではなく自ずから妥当するという）性格を示す。こうして、ライナッハのテーゼによれば、実定法は本質的に「規定」として特徴づけられる。規定は社会的作用のカテゴリーに属する。なぜなら、それは自発性と受取可能性という基準を満たしているからである。規定とは何だろうか。まず、それを命令から区別しなければならない（ライナッハが法学説として誤っているとみなす命令説がここでも念頭に置かれている）。

規定と命令は確かに、どちらも発話されなければならないという共通点を持っている。

しかし、命令は他者関係的な作用でもあるが、規定はそうではない。あらゆる約束は本質からして、命令される人あるいは人の集団を前提する。この点は例えば約束や許可と同様である。だが、規定は、放棄や撤回と同じく、こうした他の人への必然的関係を持たない。これらの作用もその遂行において他の人に宛てられてはいるのだが、その内容には人に関わる要素は含まれない。私はつねにある人に何かを約束したり命令したりする。他方で、請求権を放棄する時や、しかじかであるべしと規定する時は、端的にそうするのである（Reinach 1989a, 242 邦訳六二三頁）。

さらに、規定はその内容の内に人格的行為を必然的に含むわけでもない——ここでも、法的能力の基底に関するドイツ民法典の記述が例になる。むしろ、規定の告知は匿名性を特徴としており、匿名の誰かがしかじかであるべしと規定する——「そして世界の内で何かが変わる。規定によって定立された事柄は、ただ待ち望まれるだけのあるべきこと（Seinsollendes）が現実化されたものではなく、定立された瞬間に、定立によって現実になるのである」（Reinach 1989a, 247 邦訳六二七頁）。それは規定されることで存在する。

実定法を（規定作用、規定内容、規定命題、規定効果に分節化されうる）規定として特徴づけることは、次のことを意味する。「法的規定はそれ自体で、自らの内容をそうあるべきこととして（als seinsollend）定立する」（Reinach 1989a, 252 邦訳六三三頁）。規定はその意味からして、大小の人の集団にとって「妥当」しようとするものである。どのような規定も、自らがそうあるべきこととして定立する事柄の実現を狙っている。

9 ライナッハのアプリオリな法理論に内在する諸問題

法を一方では約束という作用によって、他方では所有、法的権能、（約束できるのも、所有物を生み出したり、獲得したりするのも人格であるため）最終的には間接的ながら人格によって説明する不均一なモデルを採用しているがゆえに、アプリオリな法理論は一群の問題を含んでいる。というのも、最も徹底的でよく練り上げられた部分は、社会的作用の問題と、約束から請求権と債務が生じるメカニズムを論じているが、法の究極的かつ原本的な源泉が人格にあるとしたら、そうした源泉との関係においては、ライナッハの理論の主要部分は従属的な位置を占めることになるからである。そのため、もし「人格の本質」や「法の観点からの人格の現象学」がより詳細に論じられていたとしたら、「民法のアプリオリな基礎」の体系的連関と論証構造にとって最重要な部分になっていたであろう。

また、慣習道徳法則と価値論についても、（早すぎた戦死のために）詳しく論じてはいないため、ライナッハがどのように考えていたのかは推測するしかない。アルミン・ブルクハルトの提案によれば、[34]「ライナッハの倫理的直観の基礎にあったのは結局のところ定言命法のカント的定式化だったと想定できる」(Burkhardt 1987, 166)。だが、少なくともライナッハが明言しているのは、[35]彼が実質的アプリオリの探究を優先的課題とみなしていたということである。つまり、カント倫理学の純粋に形式的な構造は、ライナッハの倫理学構想にとって十分なものではありえなかった。ライナッハの基本的発想を探り当てるには、例えばマックス・シェーラーの『倫理学における形式主義と実質的価値倫理学』の議論に目を向けるのが有益かもしれない。ライナッハ自身のものとしては、「倫理学の基本概念」(Reinach 1989a, 335–338) というごく短いテクスト——そこでは彼は「慣習道徳的に善い」と「慣習道徳的に正しい」の違いを指摘している[36]——と、「哲学入門」(Reinach 1989a, 485–513) の中の倫理学に関する短い記述（義務論、快楽主義、功利主義に関する論評）——そこでは「倫理的価値の現象学」や「正と不正の哲学、最も広い意味での法哲学」が言及されている——しか現存していない。しかも、これらのスケッチはいずれも粗削りなものである。

すでに一部言及したもう一つの問題は、「法」の意味とその基礎をなす構造を、規範的次元とは無関係な単なる存在法則によって説明しようとする点にある。この点に関してブルクハルト (Burkhardt 1987) は、アプリオリな法理論が実定法とも倫理法則とも異なる自立した領域であることを示そうとするライナッハの確固とした意図を改めて問題にしている。「だが、三つの領域はどれも共通して権利と義務に関わっている。そのため、ライナッハにおいて、権利と義務の成立と破棄に関するアプリオリな法理論の領域をどのようにして固有の研究領域および存在領域として境界画定できるのか、という点が問題になる」(Burkhardt 1987, 155)。社会的作用は社会関係を前提としており、債務の度合いには道徳ないし倫理が影響を及ぼすと考えられるので、境界画定は原理的に不可能だとブルクハルトは考える。しかも、アプリオリな法理論は慣習道徳的権利を扱うことによって倫理学を招き入れることになるので、境界画定はなおさら難しくなる——関係権だけに守備範囲を限定するのでないとしたら。

最後の問題点は——これもすでにいくらか論じたが——ライナッハの厳格なアプリオリ主義にある。彼

---

(34) ブルクハルトは、ライナッハについての研究書『社会的行為、言語行為、テクスト発語内行為』(Burkhardt 1986)、およびK・マリガンが編集した『言語行為と事態』(Burkhardt 1987) に収められた論文「義務と債務——アドルフ・ライナッハ法哲学の倫理学的側面」の著者である。

(35) ライナッハは例えば「哲学入門」の中の一節で、カントを明確に批判している (その論点はシェーラーやフッサールのカント批判と近い)。「カント倫理学の亀裂。彼は形式的命題から実質的倫理学を導出しようとする ([例えば] 嘘)が、これは成功しない。嘘が慣習道徳的によくないとしたら、そのことは嘘の本質に根ざしており、それゆえ嘘の悪さは普遍妥当性を持つのであって、その逆ではない。普遍妥当性から悪さを導出することはできない」(Reinach 1989a, 503)。

(36) アプリオリな法理論の中でもこの点は示唆されている。「事態の慣習道徳的正しさに基づけられた規範というものがある。あることが慣習道徳的に正しいから、そうあるべきである。そして、さらにしかじかの条件が満たされた場合、私はそうすべきである。存在と行為に関するこの種の当為は、その意味からしてそれ自体で成立するのであって、何らかの意識による認識や定立には依存しない」(Reinach 1989a, 241 邦訳六二二頁)。

の本質論は、法的形成体の理論が（フッサールの概念を借りれば）あらゆる経験的「原事実」から自由であり、また「あらゆる把握する意識から独立である」（Reinach 1989a, 144 邦訳四七一頁）ことを要求する。言語を使用でき間主観的関係を取り結ぶことができるどんな存在者からも独立に約束というものを思い浮かべることは容易ではないと思われる――それに、ライナッハは結局「人格」の概念を導入するが、「人格」はアプリオリな綜合命題ではなく、アプリオリな本質の領域に起源を持つ概念でもない。ライナッハの議論が社会的作用の遂行者としての人格に行き着き、また社会的作用のためには遂行者が複数存在することが暗黙の内に要請されるというまさにその事実が、彼を単なる抽象的な形相的理論ではなく、より強く生活世界に定位した理論へと導かざるをえない（ブルクハルトが言うには、「アプリオリとは、人間の存在を前提とした上でのアプリオリでしかありえない」（Burkhardt 1987, 173））。とはいえ、このことはライナッハの論証と現象学的解明の成果を必ずしも傷つけるわけではない。その成果は、社会的作用の分析と、請求権と債務は約束から生じるというテーゼにある。この成果が傷つかないのはなぜかと言えば、ある作用もしくは作用のクラスの本質的特徴と含意を記述することと、ある事態がその事態を可能にしている基盤から形相的に独立して存立することを主張することとは、別々のことだからである。

10　受容と批判

請求権、債務、所有関係、社会的作用（約束、譲渡、代理、義務づけ、放棄など）を基本概念とするライナッハの現象学的法理論は、ドイツ民法典に概念上合致しており、「規定条文」（Reinach 1989a, 238ff. 邦訳六二〇頁以下）としての実定法を考慮しているにもかかわらず、たいていは「当惑した」法学者たち[37]によって控えめにしか受容されなかった。一九二〇年代にはライナッハの理論がより精力的に受容され、批判的に検討されたが（Stammler 1922, Riezler 1923/24, Binder 1925, Dobretsberger 1927, Isay 1929など）、この流れもやがて沈静化した。今日では、いくつかの法哲学の入門書[38]（例えばKaufmann/Hassemer, 第六版, 1994, 103）でしばしばライナッハの法理論が簡単に言及されてはいる。しかし、それらを読むと、ライナッハが試みたアプローチは実定法理論との接続が不十分だったために失敗したかのような印象を受ける。そこには、実定法から独立した法概念[39]を拒否する公式見解と、ライナッハが法哲学の主流の議論に参加できていないことに対する苛立ちを含んだ驚きが入り混じっている。[40] 強硬な法実証主義者なら、法に関するアプリオリな法則など法の妥

(37) 例えばユリウス・ビンダーは『法哲学』でライナッハについて次のように書いている。この思想を初めて読んだ法学者は「思わず頭を抱えてしまうだろう」(Binder 1925, 152)。

(38) 英語圏の文献はドイツ語圏のものに比べて好意的ないし中立的である。例えば事典『法哲学』のライナッハの項目 (Pallard/Hudson, in: Gray 1999) を参照。

(39) 例えばヘルマン・イーザイは『法規範と決定』で次のように書いている。「ビンダーがこの［ライナッハの］議論について、「初めて読んだ法学者は思わず頭を抱えてしまうだろう」と述べているのは理解できる。彼の議論はこれまでどこでも、現象学者の間でさえ、拒否しかされてこなかった。それは正当である。ライナッハの結論は全く受け入れられない。人が法的形成体に関する「法則」を、すなわち法規範を「直観」できるなどということは話にならない。ライナッハ自身、彼が「直観した」命題がなぜ法規範であると言えるのかを全く説明しようともしていない」(Isay 1929, 45)。興味深いことに、イーザイはこれに続いて、（おそらくフッサールかシェーラーの意味での）現象学を支持するような異議を述べている。「それにもかかわらず、ライナッハの根本にある発想は正しい。それは、共同生活の法秩序が生じるもととなっている意識体験についての現象学的方法を実り豊かなものにしなければならない、という発想である」(Isay 1929, 45)。

当性とは全く無関係であり、全く不必要な空想だと反論するであろうことは明白である。

一九二三／二四年の『法哲学・経済哲学雑誌』に一本まるごとライナッハを検討した論文を書いたエルヴィン・リーツラーは、冒頭で次の問いを立てている。法学者たちがライナッハを顧みないのは、「認識論の領域に流れ込む法学の究極的な問いに沈潜することに対する彼らの不快感」のせいなのか、それとも「〔ライナッハの〕学説自体の内在的な弱点」（Riezler 1923/24, 267）のせいなのか。詳細な（特に「法命題は分析判断なのか綜合判断なのか」という問いに焦点を当てた）コメントの最後に、彼はライナッハが彼の方法に対する中心的な反論から逃げていると結論づける。

どんな問題であれ、倫理的問題とみなされるなら（そうみなすことは可能ではある）、法とは関係ないのだから、法哲学プロパーの考察によっては接近できないものになるが、法的問題とみなされるなら、実定法によって解決されるか、特定の法理念の立場から法政策的に解決されるかのどちらかであって、アプリオリな解決など決してありえない（Riezler 1923/24, 283）。

また、ドブレッツベルガー（Dobretsberger 1927）は、ライナッハの言う実定法外の法則性は「確かに実定法の内容に影響を及ぼしうるが、法の本質規定にとっては重要性を持たない社会学的カテゴリー」（Dobretsberger 1927, 250f.）だと述べている。最後に、『法哲学』（1925）で現象学の詳細な検討を（この新たな潮流が「すでに百年前のヘーゲル哲学に匹敵するほど強い影響を及ぼしつつあり」、「すでに法哲学の分野にも干渉してきている」（Binder 1925, 136）という理由で）試みたユリウス・ビンダー[41]は、とりわけライナッハを次のように批判している。

法理論を現象学的方法で基礎づけようとするこの企ては、全く論理の次元に留まっており、法には少しも接近していない。彼の諸命題において「明証的かつ必然的に妥当する」内容は、論理の領域にあるのであって、法の領域にはない。言い換えれば、それらは法そのものとは無関係な「意味自体」の領域にある〔法自体はそれを形成しようとする特殊な意志において、この意味と矛盾しうる〕(Binder 1925, 153)。

さらにビンダーは、現象学は経験的現象を出発点とするものであるにもかかわらず、ライナッハはそれを怠って「当てずっぽうの本質直観」(Binder 1925, 154) に終始しているとして、彼の現象学的・形相的方法の失敗を主張している。

これらの印象だけでも、ライナッハの法理論がおおよそどのような論調で批判されていたのかは見てとれるだろう。そうした批判には現象学的方法についての誤解が伴っている。例えばビンダーは暗黙の内に、現象学を経験的現象の概念的把握のみに携わる「事実学」に仕立て上げている。ライナッハが「倫理学」や「社会学」、あるいは「(義務)論理学」へと追いやられていたという事実は、二十世紀から強まってき

(40) ドイツにおける新カント主義法哲学の創始者であるルドルフ・シュタムラーは、『法哲学』のある脚注で次のように書いている。「ライナッハが、法の概念について何も洞察することなしに法的形成体に関するアプリオリな命題を述べることができると考えているのは、奇妙である」(Stammler 1922, 48)。しかし、ライナッハはむしろ、法概念の規定だけではなぜ不十分なのかを示そうと努めているのである。

(41) ビンダーは、ルドルフ・シュタムラーのような新カント主義法哲学を特に批判し、自身は新ヘーゲル主義の潮流（教え子のカール・ラーレンツが受け継いだ）に属したドイツの法哲学者である。

た学問的言論の分業体制の兆候である。この分業体制に対しては、哲学的考察が総合的な視角を持って対処することはもはや困難である（し、哲学自身が別の目的に向かっているため、おそらく対処しようとしないかもしれない）。また、二つの分野に精通していたライナッハの学際的才能も――一九二〇年代から三〇年代のヨーロッパにおける法実証主義の隆盛の中では――むしろマイナスに働いたと思われる。当時は法学および法哲学における現象学的アプローチはほとんど見向きもされなかったし、その状況は以後も続いた。[42] 部分的には実りがなく、また不運でもあった当時の議論に対して、より最近になって、スタンリー・L・ポールソンは論文「ライナッハ法理論の脱神秘化」（1987）で新たなアプローチを試みている。彼は当時の法学者たちの悪意のあるコメントがいくつかの基本的な誤解[43]を含んでいることを明らかにし、それらに（特にビンダーの教え子であるカール・ラーレンツの反論に）再反論している。さらに、ヤン・シャップ（Schapp 1968）や、より最近ではカイ・プルンハーゲン[44]（Purnhagen 2009）も、ライナッハの学説を法学の立場から、肯定的で生産的な仕方で取り上げ直している。[45]

哲学的な受け取られ方における批判[46]は、誰よりもエルンスト・ブロッホによって厳密に行われた。彼はライナッハが実定法と自然法のどちらに関しても「高いところで威張っている」（Bloch 1985, 167）と非難する。『自然法と人間の尊厳』（1961）でブロッホはマルクス主義の立場から、ライナッハにあっては所有が「〈本質内実〉の経済・史的な生産と発生に対する現象学的盲目性」（Bloch 1985, 166）の内で主題化されていると、明瞭な仕方で批判している。本質直観は（無意識的な）全体社会的諸関係を再生産するのであって、その関係自体は批判可能なものにはならない。「法に対するこうしたヴィジョンの本質的欠陥は、批判を欠いて高みから眺め、追認する態度にある」（Bloch 1985, 166）と、ブロッホは痛烈に批判する。アルヴィン・ディーマーもまた、形相的実在論的現象学の欠陥を、法の本質的側面を絶対化するところに見て

(42) ただし、一九二〇年代の法哲学者による現象学批判は比較的高水準であったことと、それらは新カント主義にせよ新ヘーゲル主義にせよ、特定の哲学上の対抗勢力から影響を受けたものであったことは指摘しておかなければならない。

(43) すでに言及したもの以外の誤解には、例えば以下のものがある。カール・エンギッシュはライナッハを誤って概念法学の一派とみなしている。グスタフ・ラートブルフは彼自身の法哲学説である「事物の本性」理論をライナッハが支持しているとみなしている。法制史家のウォルター・ジョーンズは、ライナッハのアプリオリ主義の理論が完全に経験の彼岸にあるとして批判している。カール・ラーレンツは、ライナッハを規範還元主義者とみなしている（ポールソンの論文はこの見解を周到な論証によって批判している）。

(44) プルンハーゲンの論文「法現象学の基礎」は、「ヨーロッパの成文私法」との関連で、ライナッハとシャップのアプローチを論評している。「対象としての「法」とその可能なアプリオリな基礎に関するこれらの試みは、一見すると過ぎ去った世紀の象牙の塔でのガラス玉遊びに思われるかもしれないが、そうではない。むしろ今日において高い実践的意義を持つものである。例えば、欧州司法裁判所にとっては、すでに存在しているが成文化されていないヨーロッパの基本法を見出すには、欧州共同体設立条約第二二〇条に依拠して「法の遵守」を求めるだけで十分であり、その際には「共通の憲法の伝統」が引き合いに出される。さらに言えば、欧州の私法が「民法の共通原則」のみから成文化されることになった場合、共同体レベルではそのための能力がない、あるいは少なくとも不十分であるから、民法のアプリオリな基礎の研究は、実際精力的に追求されるべきなのである」（Purnhagen 2009, 661）。

(45) 現代の法現象学・法学的文脈に関して、より詳しくは（対話論と法学について）Groschner（1982）、（法と国家の基礎に関する問題について）Henke（1988）、（民法における義務について）Schur（2003）を参照。Funke（2004）はライナッハによる民法の根本概念の現象学を、法の構造理論への貢献とみなしている（cf. Funke 2004, 37–38）。

(46)『言語行為と事態』（Mulligan 1987）の付録としてライナッハ関連文献の包括的な目録を作成したのはバリー・スミスの功績である。そこには、ライナッハとその著作を論じているものからごく簡潔に言及しているものまで、一九八七年までに出版された二四〇もの論文と書籍があげられている。ライナッハについて詳細に論じた文献はもっと少なく、主に「社会的作用」を扱っている。例えばエーバーハルト・アヴェ゠ラルマンの教授資格論文「現象学と実在」（Avé-Lallemant 1971）、アレクサンダー・フォン・バイヤーの博士論文「アドルフ・ライナッハの現象学」（Bayer 1969）、フ

いる。「こうして作り上げられた現象分析は、ときには輝いて見えるかもしれないが、本質直観に固執し、異なる考えを持つ人や批判者の「本質盲目性」や「価値盲目性」を咎めるようになると、状況は致命的になる。そうなってしまうと、精緻な批判と乱暴な中傷の境目がなくなってしまう」(Diemer 1969, 44)。この批判は、ライナッハの実際の主張に対してではなく、争いえない「本質洞察」を議論なしに強引に持ち出す彼のやり方に向けられている[47]——これは、実在論的本質現象学そのものが抱える方法的な困難であり、とりわけ規範的法則性の領域と「存在法則」の間を境界づけようとする際に浮き彫りになる。しかし、こうした読み方には、つまりライナッハの洞察を可能なかぎり生産的に扱おうとする別の読み方を対置することができる。それは私がこれまでに提示しようとしてきたものでもある。

フッサールとプフェンダーとライナッハの教え子であるシュタイン、シャップ、シュピーゲルベルグによるライナッハの明示的で肯定的な受容と、これとは異なる論調でのガルディーによるライナッハのさらなる受容は、続く各章の主題となる。フッサール自身もライナッハの法現象学の試みに肯定的なコメントをしているが、彼による受容は両義的な態度の痕跡を示している。おそらく主に超越論的(間)主観性の分析を含まないライナッハの実在論的・形相的なアプローチのために、フッサールもまた、ライナッハの仕事に対して、評価しつつも距離を置いた態度をとっていた。法の概念の究極的な解明を試みたライナッハの試みは、実質的存在論とみなされているため、本来の超越論的現象学の前段階に置かれる。そのため、フッサールは法の問題について——前章で詳しく述べたように——これとは別の超越論的現象学的な出発点があるべきだと考えた。ライナッハとの関連で言えば、このことはフッサールによるライナッハに対する追悼文の以下の箇所でも示されており、彼は括弧内で自分自身の企図に言及している。それによれば、ライナッハが企てたのは、長い間眉をひそめられていたアプリオリな法理論の理念を純粋現象学に基づいて実現する試みであり、現在だけでなく過去の法哲学のあらゆる企てと比較しても全く新しいものです。［…］厳密な学としての法哲学に関心を持つ人は、つまり実定法の理念一般にとって構成的な根本概念の究極的な解明（明らかに、法意識の純粋な本質に現象学的に沈潜することによってのみ達成することができる解明）［ロイドルトによる強調］に関心を持つ人は、誰もライナッハによるこの画期的な著作を見過ごすことはできないでしょう（Husserl 1919, 148f.）。

ライナッハに対する隠れた批判を含み、あるいは少なくともライナッハに対抗する企ての構想を含んでいるこの一節を注意深く見つけ出したのはカール・シューマンである。(48) 彼はそこから以下のような結論を

リードリヒ・バッサンジュの『約束、道徳と法の哲学のための試み』（Bassenge 1930）、アーミン・ブルクハルトの『社会的作用とテクスト発語内行為』（Burkhardt 1986）、ジョン・F・クロスビーの『ライナッハによる社会的作用の発見』（Crosby 1983）、ジャン＝ルイ・ガルディーの『アドルフ・ライナッハの法哲学』（Gardies 1965）など。

(47) 例えば以下の箇所は、ライナッハの手筋を理解するのに役立つ。「アプリオリな法理論の命題は、われわれによって絶対的な明証とともに見てとられる。ある学問が、ある文化的事実が、可能になることによって、そうした命題の妥当性が初めて示されるのだとしたら、そのような学問は一体どこにあるのだろうか」（Reinach 1989a, 27）。

(48) 「しかし、ライナッハの法の書［「民法のアプリオリな基礎」］がフッサールにとって、フッサール自身が思い描いていた法的現象学の道の里程標だったという主張は、半分しか正しくない。ライナッハへの追悼文の微妙な言い回しに注意してみよう。フッサールは、「法概念の究極的な解明は法意識への現象学的沈潜を前提とする」という自らの主張を括弧に入れ、本文から切り離している。このように彼が究極的な解明の正しい道と考えるものをライナッハの仕事の称

導いてもいる。「〔フッサールにおける〕法概念の究極的な解明は、領域的本質の分析にではなく、それと相関する法意識の分析に位置づけられる。法概念は意識への遡行によってのみ究極的に解明されうる」(Schuhmann 1987a, 249)。シューマンの同じ著作には、フッサールの法現象学の構想がライナッハのものとは全く異なっていたという仮定を立証するもう一つのヒントがある。ヘルベルト・シュピーゲルベルグは、一九二四/二五年冬学期のフッサールとの会話について次のように報告している。「彼は法学生だった私にアドルフ・ライナッハのことを教えてくれた。しかし、彼はこう付け加えた。ライナッハの存在論とは全く別のものが、つまり法意識の現象学が必要だ、と。それについて彼は即興でスケッチを描き、当時の私はそれに魅了された[49]」(シュピーゲルベルグによる回想、Schuhmann 1987a, 249からの引用)。この「魅力的なスケッチ」がどのようなものだったのは断片的な仕方でしか再構成できないが、私は前章でそれを試みた。そこで私がとりわけ示そうとしたのは、フッサールにとっては超越論的な意志共同体が前景にあり、フッサールは——知られているかぎりでは——ライナッハのアプリオリな法理論を彼の考察に取り入れなかったということである。

11 結論

ライナッハによる法現象学の企ての利点と強みはどこにあると考えられるだろうか。

第一に、ライナッハの先駆的な仕事は、その際立った独創性を持って、法に関する現象学的な考察を初めて解き放ち、現象学が法哲学の分野で何を達成しうるかという議論の火付け役となったことを認めなければならない。彼の法現象学的アプローチが実在論的現象学の考察に基づいて特殊な仕方で形成されたことは、法哲学的考察のための個々の出発点が、考察する者の哲学的確信から独立には決して生じないことを示している――そうした出発点の選択がライナッハにおいては特に一貫した仕方で行われたのである。ライナッハは、法的形成体の意味を現象学的・形相的に明らかにしようとしており、そうした意味が法的構造一般の理解の基礎をなすものであることを明らかにしている。「われわれは、かの権力が「創造」することができなかった法の究極の要素にまで降りていくことに関心を持っている」(Reinach 1989a, 205 邦訳五三三頁)。これは、彼が法的なものそれ自体の意味と本質の先行性に関心を持っていることを意味する。そのような意味、そのような関係が、例えば約束によって生み出されうるものであるかぎりにおいて、われわれは、ライナッハに従って、法的カテゴリーを用いて考えることができる――たとえわれわれが、自ら生み出した実定法を、根源的な法的洞察の出所となったカテゴリーに従って形成したのではなかったとしても。ここでこうした考察が自然法とどのように異なるのかを改めて指摘しておくことが重要であろう。ライナッハは、「正しい法」のあるべき内容ではなく、形式的な根本的条件や根本的関係（例えば、法的請求権が生じる仕方）に関心を向けている。したがって、おそらく人格が法の原点でなければならないという基本的なパラダイムを除いては、ライナッハの法理論から包括的な自然法の理論を導き出すことはできないであろう。ライナッハの試みは、自然法というよりもむしろ理性法として特徴づけることができるが、ここでももっぱら形式的な性格が強調されるべきである。つまり、ライナッハの理論は法的形成体の産出

賛という本来の文脈から切り離したという事実は、彼がライナッハが論じたのとは異なる仕方で法現象学を構想していたことを示していることは間違いない」(Schumann 1987a, 249)。

(49) 第二部第二章第四節第一項で取り上げるシュピーゲルベルグ自身の法現象学の試みも参照。

に焦点を当て、ある種の義務論的論理を追求しているのである。

ライナッハの功績は、実定法と自然法の根強い二項対立の中で、法哲学における「第三の道[50]」を指摘したことにもある。彼の言う法的形成体の性格は、まさに「形式的」であり[51]――したがって自然法のように実質的なものではなく――「意味的」である。したがって、法実証主義が考える法形式よりも事象的に先行している。約束の形相学によってはまだ「約束を守るべし」という規範は打ち立てられず、約束の不遵守を制裁することもできないという理由で、法的実証主義者がライナッハを非難することができるのと同じように、ライナッハは、法的概念を生み出す力を持つある種の意味の構造があると主張することができる。法原理として、「約束を守るべし」は「緑なら進み、赤なら止まるべし」よりも手前にあるのである。

このように、ライナッハは実定法を含む「法的形成体」が把握され、意味のある仕方で理解されるためにはすでに前提とされていなければならない構造を解明しているのだから、ライナッハの考察は、(彼自身はそのように意図していたわけではないが)アプリオリで発生的で、しかも超越論的な性格を持っている。約束に内在する意味構造は、静態的アプリオリではなく、むしろ人間どうしの関係を確立する間主観的な相互作用である。この点でも、社会的作用の発見と解明は、「民法のアプリオリな基礎」の大きな成果であることに変わりはない。こうして、「法的形成体」の本質学としての法現象学の誕生は、確かに著者の意図によれば「約束の理論ではない」(Reinach 1989a, 188 邦訳五一四頁)のだが[52]、主にそのようなものとして注目を浴びたのである。

第二項　エディット・シュタイン『国家についての考察』（一九二五）

エディット・シュタインは「民法のアプリオリな基礎」を国家論と公法の分野に翻訳したと言えるかもしれない。イローナ・リーデル＝シュパンゲンベルガーによって二〇〇六年に新たに編集された初期の著作『国家研究』（1925）で、[53] エディット・シュタインは、彼女の主要な参照元の一つとして、ライナッハの「民法のアプリオリな基礎」に明示的に依拠している（Stein 2006, xvi）。注意深く読めば、そこには例えば「純粋」法と「実定」法をともに包括する法概念を展開している点など、ライナッハの企図との小さな

（50）「第三の道」はハンス・ライナーによっても指摘されており、彼は道徳と法を学問的に扱う上での二つの正反対の立場をそれぞれ「形而上学的」と「反形而上学的」と呼んだ上で、次のように述べている。「これら二つの立場に対して、エトムント・フッサールによって発展させられ実践された現象学的方法は、新たな第三の可能性を切り開いた」（Reiner 1969, 30）。

（51）このことは少なくとも、約束に由来し関係権として行使される請求権にあてはまる。人格に由来する権利についても同じことがあてはまるかどうかは明らかではない。

（52）「厳密に言えば、われわれは約束の理論を提示しているわけではない。われわれは約束そのものが請求権と債務を生み出すという単純な命題を述べているにすぎない。解明的分析によってこの命題を洞察できるようにすることは可能であるし、われわれはそう努めてきた。この命題を説明しようとすることは、1×1＝1という命題を説明しようとするのと全く同様のことを意味すると言えよう」（Reinach 1989a, 188 邦訳五一四頁）。

（53）シュタインは、フッサールの助手として働いた後、そして教授資格請求が却下された後の一九二四年に同書を完成させ、一九二五年にハレで出版した。同書は彼女の純粋に哲学的で、まだキリスト教の信仰から影響を受けていない著作としては最後のものである（Stein 2006, ix 参照）。

相違が見られるものの、それらは解釈のヴァリエーションとしても読める程度のものであり、シュタインが基本的にライナッハに依拠していることが明確であるという事実を変えるものではない。

シュタインの国家論は基本的に国家のアプリオリな構造を示そうとする試みである。ここで目を引くのは、国家のアプリオリな構造が非常に形式的なものであり、実証主義的な近代国家論の基本概念を形式化したものであることとである。シュタインによれば、国家としての国家を形づくるものは、たとえ国家がさまざまな価値の観点から判断できるものだとしても、それ自体はいかなる道徳的基準にも服さない(54)。彼女はこのことを同書の結論部まで一貫して主張している。だがさしあたり、実在論的現象学者でありライナッハの学生でもあったシュタインがコミットしている本質直観は、国家を国家たらしめる必要条件を示してくれるにすぎない。

シュタインのテクストの背景には、古代の政治理論(プラトン、アリストテレス)、ルソーの社会契約論、ゲオルク・イェリネクとオットー・ギールケによる法学的国家論、さらにゲオルク・ジンメルによる社会と共同体の社会学的理論、マックス・ヴェーバーによる政治的統治論がある(Stein 2006, xvii 以下参照)。著作全体は「第一部　国家の存在者的構造」と「第二部　価値の観点から見た国家」に分かれており、より大きな紙幅を占める第一部はさらに三つの章、「第一章　国家共同体」、「第二章　国家と法」、「第三章　国家の構造以外の要因に条件づけられた具体的な国家形態」に分けられている。以下ではまず法を扱う第一部第二章の内容を検討し、後半では国家と正義の関係の問題に焦点を当てる。

自身が論じてきた国家の構造に関するシュタインのまとめを見ると、主権、法治国家性、国家の代表機関と執行機関による統治の行使、被統治者による承認という基本的な特徴を区別できる。

1 国家の存在的構造

国家は社会的形成体であり、そこには自由な人々（Personen）が、その内の一人または複数（極端な例においては全員）が形成体全体の名の下に他の人を統治するような形で統合されている［…］。［…］国家の統治活動は、その領域内の人々に行動をさせる命令と、その領域内で何が法として妥当するかを決定する規定を通じて行われる。それが統治活動であるのは、そして国家が国家であるのは、そうした活動が当の国家を出所とする場合だけである。その国家がそれ以外のものによる統治に服することはありえず、国家は主権を有していなければならない。

(54) シュタインのこの理論的見解は、特に編者のリーデル＝シュパンゲンベルガーにとって大きな問題となっている。というのも、リーデル＝シュパンゲンベルガーはそこに「絶対的な主権者として誤解された全体的国家が壊滅的な結果をもたらす可能性」を見出しているからである（Stein 2006, xxiv）。同様の批判は、（例えばケルゼン流の）法実証主義にもあてはまる。なぜなら、法実証主義にとって、ナチスの法を法と認めることには何の問題もないからである。この意味で、シュタインの国家論は、どちらかというと実証主義的な方向性を持っており、リーデル＝シュパンゲンベルガーが支持していると思われる自然法に依拠した国家論とは対立する。この対立の結果として、現行のシュタイン全集では、編者が脚注の中でシュタインの主張に繰り返し訂正的に介入するという奇妙な状況になっている。

国家の生命は統治の活動に尽きる。国家の現実態と具体的な国家体（Staatswesen）の存在は、その代表を引き受ける人々が存在し、その統治権の要求がそれを向けられる人々によって承認されることと結びついている。

統治活動の内容、つまり国家が命令し規定する内容は、この時点ではまだ決定されていない。そして問題は、それが国家自身の意味によってどのように、またどの程度まであらかじめ決定されうるのかということである。統治関係が国家の存立を構成するのであれば、この統治関係の維持こそが、国家自身の意味によって国家に与えられる唯一の指針である（Stein 2006, 75f. 邦訳一一〇―一一頁）。

したがって、国家の基本的な特徴は国家の主権的な統治権の要求によって形式的に決定されるのであり、この統治権の要求は、シュタインによれば、必ず実定法の規定の内で定められなければならない。国家と法は「その理念からして、不可分である」（Stein 2006, 64f. 邦訳九七頁）。つまり、国家の統一性はアプリオリにつねに法の統一性として構成される。[55] シュタインは、この「アプリオリな法治国家性」が実際の国家形態とは矛盾しうることを、中世の国家とその法実践を引き合いに出しながら説明している。「実定法の理念が存在しないところでは［…］、国家の理念もいまだ把握されていないことがありうる」（Stein 2006, 64 邦訳九六頁）。

2　純粋法と実定法

シュタインの考えでは、彼女にとって国家論の中心的問題である主権の問題は、国家と法の関係という文脈の中でのみ適切に表現される（Stein 2006, 32 邦訳五一頁参照）。彼女はこの主題に取り組むに先立って予備的考察を行っているが、そこでの考察は、特に「純粋な」（＝「アプリオリな」）法と「実定」法の区別において、ライナッハの法現象学に強く影響を受けている。

法については二つの意味で語ることができる。一方では、あらゆる恣意と無関係に、またそれが何らかの「現に妥当している法」によって承認されるかどうかとは無関係に存立する法的事態、すなわち「純粋な」法的関係がある。例えば、「約束によって生じた請求権は約束が果たされることによって消滅する」とか「負債を返済しないのは不当である」といった法的関係がこれにあたる。これと並んで他方では、妥当している法、いわゆる実定法がある。純粋法は、いつの時代も、どの民族においても同じである。というのも、それは永遠であって、いつかどこかで存在し始めるものではないからである。実定法は、恣意的な行為によって創造されたり、発効されたりするものであり、したがって、いかようにも多様でありうる。つまり実定法は純粋法から逸脱することもありうるのである（Stein 2006, 32 邦訳五二頁）。

(55) このシュタインの見解はフッサールと一致する。第二部予備的考察第五節参照。

シュタインはこのように、純粋でアプリオリな法[56]はあらゆる実定法の定立と無関係に存立するというライナッハの見解を完全に受け入れている――とはいえ、ライナッハは他方で「法的形成体」の時間性を強調するのだが、シュタインはこの点についてはそれほど厳密に論じてはいない(請求権はある時点で生じ、履行されると消滅するのだから、「永遠」ではない。永遠であるのは、「約束が受け取られるとそこから請求権と債務が生じる」という「純粋法/的関係」としての本質法則だけである。後者の点に関してはシュタインの規定はやはり正しい)。彼女もまた、この純粋法が完全な形ではどのようなものになるのかについては特定も詳述もしていない。とはいえ、ライナッハの「民法のアプリオリな基礎」がシュタインの出発点でもあることは間違いない。実定法は、純粋な法的関係とは違って、立法されなければならない。そうした立法は、意識的にそれを志向する作用を必要とする。そうした作用は自発的なものであり、受け取られることを必要とする作用であるため、社会的作用のクラスに属する。ライナッハは――そしてシュタインも――この特別な社会的作用を規定と呼ぶ。「法規定は、それ自体として、自らの内容をそうあるべきこととして定立する」(Reinach 1989a, 252 邦訳六三三頁)。「アプリオリな存在が、それ自体としては、そのような「そうあるべきこと」によって影響を受けることがありえないのは自明である。したがって、存在を破棄したり創造したりする固有の要因が加えられなければならない。規定はまさにここで機能する」(Reinach 1989a, 248 邦訳六二九―六三〇頁)。

ライナッハとシュタインの間には多くの類似点があるが、それにもかかわらずここで一つの違いが際立ってくる。シュタインは――ライナッハとは違って――法の概念を、しかも純粋法と実定法の双方を包摂する法の概念を追求している。彼女は、純粋法と実定法の間に生じうる乖離が、個々の法的事態の内容にのみ含まれると見ている。「しかし、それ以上の何かがある。つまり、この内容と対比して法の形式、法のアプリオリな構造そのものと呼ぶべきものがある」(Stein 2006, 33 邦訳五二頁)。シュタインはこの構造を次のように規定している。「あらゆる法は、人の行動を規整する（normieren）ことを要求する。法の「妥当性」とは、この要求が承認されていることを意味する。この妥当性は、純粋法の存立とは全く異なるものである」（Stein 2006, 33 邦訳五二―三頁）。

ここで問題になるのは、シュタインが法概念を「人の行動を規整する」ものとして一般的に定義することによって、ライナッハのアプリオリな法的形成体の理念を包括的に特徴づけているのか、それともすでにそれを超え出ているのかということである。ライナッハが問題にしていたのは「単なる存在法則」であり、それ自体はいまだ行動の規範として働く志向を何ら持たないものであった。[57]「純粋法」はたとえ誰も

(56) 編者のリーデル＝シュパンゲンベルガーは、脚注でライナッハのアプリオリな法理論を「自然法に近いもの」と表現している点で、誤解している。しかし、このような誤解は大いにありうるものである。というのも、ライナッハによるアプリオリな法理論の特徴づけは、しばしば自然法との同盟関係を示唆するようなところがあるからである。「自然法の理論家たちは、正当な理由によって、契約が債務を負わせる力を持つために、規定的な定立その他の要因は必要ないと想定している。彼らはまた一般に、正当な理由によって、国家とその実定法規定の存在やそれについての研究とは無関係に存在し研究することができるような法的連関について語っている」（Reinach 1989a, 275 邦訳六五四頁）。とはいえこれは、自然法が、「誤った意識」の下であれ、アプリオリな法理論の要素を取り込んでいたということに他ならない。だからこそ、ライナッハは少し後で、彼のアプリオリな法理論にとって、自然法という名称ほど不適切なものはないとも書いているのである（Reinach 1989a, 275 邦訳六五四頁参照）。

(57) この点に関して、ライナッハの立場にはどっちつかずなところがあるように思われる。彼は一方では、誰にも意識される必要のない存在法則を語り（規範化の要求は、名宛人がなければ何にもならないのではないか）、他方では、アプリオリに妥当されるものをあるべきものとしても規定している。「それ〔＝アプリオリな法理論〕が実定法および法の実定的適用から明確に自らを区別し、この点でいかなる存在論主義をも避けようと警告するのと同様に、〔…〕正しい法

それを守らなくても成り立っており、しかも何も要求することさえなく成立し、また成り立ち続けるものである。他方、約束によって発生した請求権は、それ自体の意味の内に、まさに要求（*An-spruch*）として、債務を負う者に対して、その行動の規範として働くような形で宛てられていることを含意している。ライナッハの場合、こうした側面は背景に退いている。なぜなら、彼は法的形成体の自立性を示すことに関心を向けているのであり、したがって包括的な法概念を展開しているわけではないからである。他方シュタインは、本質に従って生じた請求権と、この請求権を実定的妥当性として承認することの間の差異を強調している。彼女の目指している方向性は完全に正しい。なぜなら、そこに参与する人々に全く向けられていないような法的形成体は、あまりに抽象的で、全ての人にとってどうでもよい存在となるからである。しかしそれと同時に、純粋法と実定法を包括する彼女の法概念は、あまりにも普遍的であり、少なくとも形式的には、道徳的・慣習道徳的な規範と区別することができない。どちらも人間の行動を規整するものだからである。(58)

しかし、この違いを除けば、シュタインの国家論は、その基本的な発想において、ライナッハの法理論を踏襲している。その発想とは、国家は実定法を制定するが、その実定法は内容的に純粋法から逸脱していることもあれば、それに合致していることもある、というものである。「法が「現実化」されるには、つまり妥当する法になるには、まずもってあの［人々の行動を規整するという――ロイドルトによる補足］要求がいいい立てられなければならない」（Stein 2006, 33 邦訳五三頁）。

3　国家と法——立法、主権、法治国家

「要求を妥当なものにするということは、法を定立すること、諸々の法規定を通用させるということである。他の法が妥当性を得るために、まずもって制定され承認されなければならない最初の法は、法を制定する法である」（Stein 2006, 34 邦訳五三頁）。ここで、法を定める主体としての国家が誕生する。この少し後で、シュタインは、国家権力の明確な立法的側面に加えて、行政的側面を定式化している。「国家であることとは、自らが統治する領域に権力を及ぼし、自由に命令する法を有することを意味する。[59]先ほど「最初に定められる法は、法を制定する法である」と述べたが、今やそこに「……および統治する法」と付け加えなければならない」（Stein 2006, 48 邦訳七四頁）。

として求められることも拒否しなければならない。確かに、アプリオリに妥当するものは、それ自体で同時に、あるべきものでもある。しかし、「正しい法」の哲学は、本質法則を、それがそこにおいて実現され、その当為性格がさまざまな変様をこうむる場である生活共同体との関連の中で考えるのである」（Reinach 1989a, 274 邦訳六五三頁）。この点については、第二部第二章第一節第二項A—2のシェーラーによる「規範的当為」と「理念的当為」の区別についての脚注を参照。

(58) シュタインは法と道徳の領域を、形式的基準ではなく内容的基準（実質的アプリオリ）によって区別しようとする。この区別については本章の最後に簡潔に論じる（本項4参照）。

(59) シュタインはここで、ライナッハによる「規定」と「命令」の区別を援用している。規定は特定の人を名宛人とすることなく実定法を創造するものであり、他方の命令は、人との直接の接触を特徴とする（Stein 2006, 41 ff. 邦訳六五頁以下参照）。

このように憲法制定権力（*pouvoir constituant*）に訴えることに続いて、シュタインは法制定行為の本質を分析し、それを自由で意志的で自発的な作用として特徴づける。主権者である国家が自身の法の作者であるならば、国家はそのような作用を定立することができなければならない。そのためシュタインは、そのような社会的作用が国家の固有の領分（Domäne）であるとさえ主張している（Stein 2006, 49 邦訳七六頁参照）。しかし、社会的作用は人格によってのみ遂行されるものである。したがって、どのような仕方で国家は「人格」であるのかという疑問が生じる。ここでシュタインは代表説を主張している。国家は国民や共同体と同一ではなく、固有の存在形態を有する。国家は一つの個別人格でもなく、人々の集合体でもなく、国家を代表する機関や代表者に依存しており、代表者が国家の名の下に関連する社会的作用を遂行するのである。

ある国家に住む個人の共同体は、まだ国家ではない。市民が共同体を形成することは、国家の存在の基礎でもあるかもしれないし、その国家の法の下で生活することの結果でもありうるかもしれない。そして、共同体は国家の実態に属してはいる。しかし、国家自体が共同体であるわけではない。国家が存在するところには、全く新しい領域が存在し、それは国家に属する個人やその共同体の生活に影響を与える。しかし、その生活が自ずからこの新しい領域に到達するということはない。国家は、自らの声を聞き取られるようにし、存在し始めるために、一人の人格あるいは人々からなる協同体を必要とする。国家は、国家を「代表する」人々が国家に代わって行為を遂行することによってのみ、行為を遂行することができるのである（Stein 2006, 38 邦訳六〇頁）。

つまり重要なのは、国家は全く固有の領域であり、共同体の基盤の上に成り立っているものの、共同体には解消されないということである。国家はそれを構成する人々であるわけではない。だが、国家自身は作用を遂行することができないため、国家は必然的に人々を必要とする。国家は、その代表者や代理人を通じて初めて作用の次元を持ち、法「人格」となる。

ここでさらに、この法を制定する国家権力の確立、すなわち「国家権力の自己確立」（Stein 2006, 39 邦訳六二頁）も問題になる。国家権力は、それが向けられる当の人々によって承認されることを必要とする。そしてこの承認は、一方では、国家権力の自己確立に先行し、それを義務づける場合がある。その場合、シュタインによれば、自己確立は最初から承認を当てにできるため、「最初から法的に有効」（Stein 2006, 39 邦訳六三頁）である。しかし他方で、この承認は権力の行使の結果として暗黙の内に生じることもあれば、事後的になされることさえある。

こうした考察の過程で、シュタインは、古典的な社会契約論の考え方（ホッブズ、ルソー、カント）を、「発生的に理解されるかぎりでの国家が、その起源を契約に負っていると主張する点で」（Stein 2006, 40 邦訳六四頁）、また、（例えばホッブズのように）個々人は自然権を有するが、国家を承認することによってそれを放棄する、と説く点で、否定する。むしろ、シュタインは次のような立場をとっている。「「自然権」というものは存在しない。純粋な法は、全ての個人と組織から独立に存在する。妥当する法あるいは実定法は、立法に基づいてのみ存在する」（Stein 2006, 40 邦訳六四頁）。それゆえ、そもそも放棄しうる自然権はないのであって、法を制定するためには、制定においても法の承認においても、自由を行使する自由な人々が必要である。「国家は、自らを設立しその法を制定することができるためには、自らに属する自由な人々のための国家でなければならず、その人々の自由を奪うことはできない」（Stein 2006, 40 邦訳六四頁）。したがって、国家は自らの存在を、契約ではなく、国家を代表する機関による法の制定として承認された自己確立に負っているのである。この自己確立はそれ自体、共同体の意志作用である。それは、個々人の意志作用の協働によってのみ可能になるという点で、個人の意志作用とは異なる。

こうして、国家は法を制定する立法権力に加えて、具体的な人々と具体的な行動に直接に向けられる命令を出す行政権力を有する。最後に、司法の領域は、諸規定を告示し、継続的な解釈を通じて規定を理解可能にし、最終的には「理論的作用」(Stein 2006, 44 邦訳六九頁) の内でその適用範囲内にある個々の事例に対して判決を下すという任務を担っている。シュタインは、この判決を下す作用を、立法という社会的で自発的な作用とは異なる理論的作用として捉えている。「何を法として制定するかは、法を制定する主体の裁量に委ねられている。われわれが法として見出すものは、われわれの意志に依存しない」(Stein 2006, 44 邦訳七〇頁)。この意味で、彼女は、司法の任務は「課題解決のための確かな方法を指示するような、理性による規範設定に他ならない」(Stein 2006, 44 邦訳七〇頁) と考えている。

法人とは何か、国家はどのような意味で法人なのかという問いを、シュタインは主観的法との関連において論じている。主観的法とは、権利の担い手であることを意味し（例えば、所有者は自分の所有物を好きなように使える権利を持っている）、単なる事態としての純粋法や妥当な規定としての実定法と並んで、「第三の意味での「法」である」(Stein 2006, 56 邦訳八五頁)。「主観的法」を主観的なものにしているのは、それが主体に所有されるものであるという点であり、他方、それを法にしているのは、それが原則として客観的な法、すなわち実定法または純粋法にその起源を持つという点である。

「法人」という概念は何を意味するのだろうか。通常は、「自然人（あるいは物理人）」ではない権利（および義務）の担い手を意味すると理解されている。組織、協同体、株式会社などがその例である。しかし、シュタインは自然人と法人を区別することは「不条理」と考え、否定する (Stein 2006, 59 邦訳九〇頁)。人の概念を組織などに拡張することは、「本物の人ではない権利保有者も、何らかの形で本物の人に基づけられている」という事実によってのみ正当化されるからである（Stein 2006, 59 邦訳九〇頁）。このように、「自然人／物理人」が「法人」の条件であるにもかかわらず、「自然人／物理人」を「法人」から完全に概念的に分離してしまうことを、シュタインは誤った考えだとみなしている。彼女はむしろ、人ではない形成体も人も含めて、あらゆる権利の担い手を包括する「法人」という包括的な概念を提唱する。それらが法人になるのは、主観的な権利を付与されたり、純粋な法的事態を通して権利を獲得することによってである。

国家は今や一つの「法人」であり、そこにおいて憲法制定権力と憲法によって授与される権力が一致する。国家は、自己を確立することで諸権利の主観的担い手となる権利を自らに与え、さらにその権利を、法を規定する客観的な力によって保証する。すなわち、国家においては究極的には主観的法と客観的法が一致するのである。

シュタインによれば、国家がつねに人々によって代表されていること、それだけのゆえに、公民権を要求することは合理的な意味を持つ。というのも、妥当する法を保持することへの要求、すなわち法的保護の要求は、それ自体、「国家の理念の内であらかじめ定められており、国家そのものの維持と同義である」（Stein 2006, 67 邦訳一〇〇頁）からである。そして、国家権力の個々の保有者と、彼らが国家の「アプリオリな」意図から逸脱する可能性に対しては、[60] 公民権（または人権）が法的保護を提供すべきである。そのよう

(60) しかしこれは、シュタインが後で説明しているように、国家の代表者が遂行した作用が国家の意向と一致しないからといって、その作用を国家自身のものとみなさない権利がわれわれにあるということを意味するわけではない。シュタ

な規定が法的に確定されていない場合には、（国家のアプリオリな理念をそなえた機関の）法違反に対しては、（例えば服従拒否などの）法違反によってしか対応できない。これはもちろん、国家の存立を両側から揺さぶるものである。したがって、「「権利」を厳密な意味で捉えるならば、「革命権」というものはありえない」（Stein 2006, 67 邦訳一〇〇頁）。しかし、シュタインは、既存の国家秩序に対する反乱が国家の利益になりうることを想定している。それは、反乱が国家の革新に向けて、あるいは法違反に対して国家がよりよく保護されるような状態に向けて行われるかぎりにおいてのことである〔訳注二〕（Stein 2006, 67f. 邦訳一〇一頁参照）。

最後にシュタインは国際法の理念に目を向けているが、その際に改めて純粋法と実定法の区別に依拠している。純粋法に関しては、シュタインの記述からはまたしても実質的なものはほとんど得られない。というのも、ここでも彼女は――ライナッハと同様に――約束のアプリオリな図式に訴えているだけで、「純粋国際法」の原則として「合意は守られなければならない（*pacta sunt servanda*）」以外の何ものも示唆することができずにいるからである。ともあれ、ここで彼女にとってより重要と思われるのは、実定法によって規制された多国間交渉の構造である。これは主権の問題とも関連している。それぞれの国家が国家として存在することと両立する形で、異なる政体の間の多国間交渉が規制される唯一の可能性を、シュタインは、それぞれの国家が自らに対する規定において決定したことが、共同で審議され決定されるという過程の内に見出している。「超国家的に妥当する国際法に相当するのは、個々の国家の実定法における同様の規定の存在である」（Stein 2006, 70f. 邦訳一〇四頁）。このことは結局のところ、国際法には法違反というものは存在しないということを意味している。なぜなら、各国家はつねに自らの規定を修正したり破棄したりする自由を自らに対して保持しているからである。「〔国際法の〕決定には法的な拘束力はない。そこから脱却することは賢明ではなく、場合によっては不道徳なことかもしれないが、それはいかなる意味でも法違反ではない」(Stein 2006, 71 邦訳一〇四頁)。つまり、国家は自国の法にのみ拘束され、他国の法には拘束されない。他国の法に拘束されることは自らの主権を放棄することに等しいからである。したがって、「国際法」は、国家間の交渉の規整を担う多国間共同体の審議と決定の結果としての国家固有の規定という形でのみ存在しうる(Stein 2006, 70 邦訳一〇三頁参照)。

4 価値の観点から見た国家

「われわれは、国家が実のところ何であるのかを、価値の観点から中立的な考察において確立する前に、国家の価値と「正当化」を問題にすることを拒否してきた」(Stein 2006, 107 邦訳一五九頁)。エディット・シュタインはこの一文から『国家論研究』の第二部を始めている。「存在」は事実と本質に分けられ、アプリオリな本質は精密に見てとることができる。また「当為」は、特定の観点から、つまり規範的な観点から存在を観察し考察することによって生じるものであり、形相的な構造に繋がる。

インはここでも、ライナッハによる「誰かの意向に沿って」行為することと「誰かの代表として」行為することの区別を参照している(Stein 2006, 73f. 邦訳一〇八頁以下参照)。

〔訳注一〕この段落での議論は、引用箇所がとびとびになっているため分かりにくいと思われる。引用されている箇所前後におけるシュタインの議論の趣旨は、「正当な公民権の要求は現行法保護の要求と一致する、すなわち公民権は国家理念の一部であるため、国家に対する公民権要求は意味がない。しかし、代表者を通してしか行為しえない国家においては、その代表者が適性に欠けるような場合、その代表者に対する公民権要求には正当性がある」ということである。

それゆえ、この章でシュタインが取り組む中心的な問いは、次のようになる。「国家それ自体は、すなわち第一部で分析しようとした存在的構造としての国家は、価値を持つのだろうか。この問いに肯定的に答えられるとすれば、世界に国家が存在することはアプリオリに正しいことになる（あるいは、国家それ自体に付随する価値が否定的なものであれば、アプリオリに不正であることになる）」（Stein 2006, 107 邦訳一六〇頁）。シュタインはこの問いに明確な答えを与えてはいないが、彼女の論述から見てとれるのは、彼女の立場がフッサールのそれとは似ていないということである。国家は価値の実現を可能にするが、それは「その存在者的構造のおかげでそうすることができるというだけであって、そうしなければならないという必然性がこの構造に含まれているわけではない」（Stein 2006, 126 邦訳一八六頁）というのが、シュタインの立場である。シュタインによれば、国家に属する個人にとっての国家の意義は、生活に必要なものの確保に関しても、精神的な発展に関しても、アプリオリに決められるわけではない。具体的で事実的な国家は、ポジティヴな可能性にもネガティヴな可能性にも開かれている――つまり、唯一の選択肢が本質上決められているわけではない。「したがって、このような仕方で［国家を］原理的に正当化することは不可能である」（Stein 2006, 108 邦訳一六三頁）。

だが、もしかするとより自然な見方は、国家の「使命」（Stein 2006, 109 邦訳一六四頁）は法の実現に、ひいては正義の実現にあるというものだろう。しかし、シュタインはこの考えも否定する。「正義という理念は、純粋な法と関係している。純粋法が効力を持つところでは「正義が勝つ」」（Stein 2006, 109 邦訳一六五頁）。したがって、正義とは、一方では、事実上の法秩序が純粋法と一致している場合に、その法秩序に帰属させることができる価値述語である。他方で、正義はそのような法秩序の実現に従事する主体に帰属させることができる価値述語でもある。それゆえシュタインは、たとえどこにおいても純粋法が実定法として妥当させられなかったとしても、純粋法に対する違反が起こっていないということが可能だと考えている――これはつまり、国家は正義の必要条件ではないということである。同時に、国家のアプリオリな構造の中で、それが正義に適っていることがあらかじめ決められているわけでもない。同様に、国家が定めた実定法が不正義であることもありうるし、「それどころか、具体的なケースにおいて、〔実定法が不正義であることが〕国家の意味によって要求されていることさえありうる」(Stein 2006, 110 邦訳一六五頁)。したがって、正義の実現は国家に使命として課されるものではないし、国家が正義の実現によって原理的に正当化されることもないのである。

また、国家の形態をとることは、共同体それ自体にとって本質的なことではない(第二部予備的考察第四節および第五節で取り上げたフッサールの議論と比較せよ)。国家は共同体の価値を創造するのではなく、共同体が価値を実現するのを助けるだけである(Stein 2006, 111 邦訳一六七頁参照)。最後に、シュタインによれば、国家はヘーゲルの歴史哲学の意味での歴史的意義も持たない(Stein 2006, 126 邦訳一八五頁参照)。国家の理念には歴史は含まれず、歴史的要因であることも含まれない。

シュタインによれば、国家は存在の正当性を、主に国家の個性(Staatspersönlichkeit)によって獲得する。この国家の個性は、個人の個性が持つ価値と類比的に理解できる。「全ての個人が、その人にしかない再現不可能な価値の担い手であるように、全ての「国家個性」もそうである。〔…〕全ての価値あるものは、

(61) シュタインは残念ながら、国家の「意味」がどのような場合に「不正義」な法を要求するのかを説明する具体例を示していない。しかし、公民権およびそれに伴う特権は国内にいる外国人には与えられないものであり、これはそのような例になりうる。

その固有の価値を感じられるようにすることで、自らの存在の正当性を証明するのである」(Stein 2006, 111 邦訳一六八頁)。この規定はもちろん多くの疑問を呼ぶものである。例えば、国家が「ユニーク」である(例えば、その国の市民に対する残酷な扱いに紛れもない「個性」がある)からといって、その理由だけでその国家が存在することが正当になるのかどうか、といった疑問である。もちろん、そのような性質は「感じられる固有の価値」には該当しないとシュタインは答えることができるだろう。だが問題はむしろ、このような「個性」を持った国家になおも固有の価値があるのかどうかということである。原理的には、人間の人格性と国家の「個性」との間の類比そのものが疑問視されてしかるべきだろう。

最後にシュタインは、国家が倫理的規範に服するのかどうか、またどの程度まで服するのか、という問題に、道徳と法を区別することで答えようとしている。その区別とは、原理的には、倫理的事実と純粋法の事実は同じような仕方で成り立つが(実定法や支配的な道徳によって妥当させられる必要はない)、その内容の点で、つまりそれらを基づける対象性によって異なるということである。道徳的に重要なのは、人の心的な特性や態度、心情など(例えば謙虚さ、誇り、愛、憎しみ、賞賛、軽蔑など)である。法的に重要なのは、何よりも人の自由であり、とりわけ「法的に有効」な自由な行為である。

> 法的効力とは、人から切り離された存在を持つ何ものかが人の行為によって生み出されたり、抹消されたりすることを意味する。これには、立法行為によって妥当になる全ての実定法、約束という作用から生じる請求権、例えば譲渡によって生じる所有関係[…]、違法行為から生じ、あたかも請求権が履行を要求するように処罰を要求する犯罪(Schuld)などが属する(Stein 2006, 113 邦訳一七二頁)。

ここではライナッハが扱っていた法的対象性があげられているが、それらに類似するものは――これもライナッハの見解に対応しているが――倫理的領域には見られない。というのも、倫理において行為が演じる役割は、人による行為としての役割であって、特定の対象性を生み出すものとしてのそれではないからである。このように、倫理は人に直接関わるものであるのに対し、法は自らが生み出す法的形成体に関わるものなのである。[62]

したがって、次のようになる。

国家は自由な行為の主体とみなされうるのだから、倫理的な義務もまた国家に課すことができると思われる。しかし、国家が法的主体であるのと同じ意味で倫理的な主体であるわけではないことは、初めから明らかである。国家であるということは、法的主体であるということを意味する。妥当する法秩序に対する責任を放棄した国家はすでに国家ではない。たとえ倫理的規範が適用されることが国家にとって本質的だとしても、倫理的な規範を無視した国家が国家としての存在を放棄したなどという

(62) シュタインは、犯罪(Schuld)と罪(Sünde)の区別に長い脚注をあてて説明しており、それによって法と道徳の違いを示そうとしている。犯罪は、不正な行為の後に世界に準客観的に存立し、刑罰によって再び「抹消される」ものである。犯罪が存立している間は不安定さの契機が存続し、さらなる出来事へと駆り立てるのだが、刑罰による犯罪の抹消はこの不安定さの契機を消し去ることである。他方、罪は、罪を犯す行為自体とそれを犯した人自身に関わるものであり、いかなる刑罰も人のこの領域に影響を与えることはできない――シュタインはここで、罪の救済の可能性は、罪そのものと同様に魂の内側の出来事である悔悛の内にしかないと考えている。

ことにはならない（Stein 2006, 119 邦訳一七六頁）。

もちろん、国家に倫理的規範が適用されるということは、国家の機関である人を通して間接的にしか考えられない。なぜなら、価値は感じるという作用によってしか認知されず、「国家」はそのような作用を遂行できない――あるいは人を通してしか遂行できない――からである。他方で、国家は倫理的な課題を引き受け実現する可能性を持っているのだから、そのかぎりにおいて、国家は本質的に倫理的規範の「適用を受ける」。では、倫理の領域において国家に何を要求することができるのだろうか。「国家は、可能なことの範囲内で、価値を実現したり、価値の実現に協力したりしなければならない」（Stein 2006, 120 邦訳一七六頁）。シュタインによると、実現すべき価値にはまず、正義、共同体、人格性の発展、そして道徳的な個人の諸価値が含まれる。

5　結論

シュタインの考え方によれば、「国家」と「実定法」の理念は相互に要求し合うものである。実定法、つまり立法される法は、その背後にある権力を必要とする。その権力は立法権を含んでおり（Stein 2006, 70 邦訳一〇三頁参照）、また実定法の法形式を維持することができる。このように、シュタインの『国家研究』は、ライナッハから受け継いだ「純粋法」に加えて、国家の形式、国家性、あるいは国家であること一般の条件としての（立法権、行政権、司法権という）法形式の関係に主眼を置いている。その際、（シュタインの見解では、「純粋法の誤った解釈にすぎない」Stein 2006, 69 邦訳一〇二頁）自然法は決定的な役割を果たさない。自然法は、国家が自らに定立することができるが、そうしなければならないというわけではないような、実定法の可能な一形式にすぎない。

この点では、シュタインの理論は、本質的な見方の内に実証主義的な要素を取り入れた、アプリオリな国家論だと言うことができる。このような実証主義との結びつきは、特にこの時期の多くの法現象学者に特徴的である。確かに、そうした理論は実証主義の基本的な思想を受け入れていると言えるが、同時に特定の領域に限定され、閉じ込められているとも言える。法は実定法に尽きるものではなく、いわば、何にも影響されないアプリオリな法と、立法に依存する実定法という二つの形式で存在するというのがシュタインらの主張である。ここで注目すべきは、フッサールの動態的で目的論的な明証の概念に比べて、実在論的現象学者はアプリオリに関して非常に固定的で静態的な概念を持っており、その結果、法や道徳もより静態的な仕方で概念化されていることである。また同様に問題になるのは、「純粋法」がどの程度、またどのような仕方で動機づけの力を発揮して、自らを実定法に変えさせるのか、あるいは、人間の関心事に関わりはするが、どこか抽象的に思われる理念の世界で、ただ黙って存在しているだけなのか、という点である。

『国家研究』の編者リーデル＝シュパンゲンベルガーによる批判（Stein 2006, xxiv 参照）、つまりシュタインは完全に誤った全体主義国家の見方に扉を開き、最終的にその壊滅的な結果（つまり第三帝国とショアー）が彼女自身のライフヒストリーの中で生じることになったという批判は、シュタインの意図を見逃している。というのも、彼女の関心は結局のところ、国家性のアプリオリな構造を明らかにすることにあったからである。もしここで道徳的な基準から始めるとすると、結果として、第三帝国やソビエト連邦、そして（道徳的な基準をどの程度絞るかによるが）その他のいくつかの国家は「国家」とは呼べないことになるだろう。

だが、これは不条理なことであるように思われるし、政治的にも道徳的にも法的にも何の解明にも寄与しないだろう。もちろん実証主義的な理論にもこの点で問題はあるが、「良い国家だけが国家である」という反対の主張は、この問題を解決するものではなく、同じくらい危険な誤解や学説の土台を準備することになりかねない。リーデル＝シュパンゲンベルガーはさらに、シュタインが近代のマキャベリ的な国家理解を論理化しているという法学者エルンスト・フォン・ヒッペルによる批判を引用しているが（Stein 2006, xxv 参照）、この批判があてはまるのはむしろ、法と道徳の問いに対する実在論的現象学的アプローチそのものが抱える問題である。ライナッハについてすでに見たように、自らの歴史性を絶対化することなく、不変の実質的アプリオリを規範的な観点から見定めることは、方法的に極めて困難である。

第三項　ヴィルヘルム・シャップ『法の新科学』第一巻『現象学的一研究』（一九三〇）

この研究において最もわれわれに近いのはライナッハである。われわれは他の誰よりもライナッハに多くを負っている（Schapp 1930, 182）。

この引用文は、ヴィルヘルム・シャップが『法の新科学』（W. Schapp 1930）でいかにライナッハの法現象学に依拠しているかを示している。シャップは、シュタインとは対照的に、ライナッハがすでに取り組んでいた民法に専念し、契約、請求権、所有権といった法的概念を、より広い法以前の意味と価値の文脈に位置づけることを、自らのプロジェクトによって試みようとしている。したがって、そこで問題になるのは「あらゆる民法にとっての法的先所与性」(Schapp 1932, iii) である。

『法の新科学』は、第一巻『現象学的研究』(1930) と第二巻『価値・制作物・所有権』(1932) の二巻からなる。シャップは大まかにはライナッハの社会的作用の理論と約束の理論を引き継いでいる。「彼〔シャップ〕の著作の第一巻は、ライナッハが考察から除外した法現象、すなわち契約について考察しているが、そこには「民法のアプリオリな基礎」において重要であった全ての要素を再び見出すことができる」(Theunissen 1977, 401)。シャップの理論の特徴は、価値の世界に注目し、それを契約の「下部構造」とみなしている点である。ちなみに彼は契約の締結そのものは「上部構造」と呼んでいる。彼のアプローチは、言ってみれば、実在論的現象学の中でも発生的な性格を持っている。この方向でもシャップはライナッハに自らの立場を接続しているが、同時に彼に対するささやかな批判を展開してもいる。

ライナッハの強みは、諸作用について考察し、それらの作用の間に精緻な区別を設けたこと、そして作用と法的関係の間の関係を明らかにしたことにある。人々がライナッハに対して覚えた抵抗感はおそらく、彼が抽象的な作用から研究を始めたこと、その作用が価値づけという基盤に基づいていることを見過ごしているか、少なくとも扱っていないことによる (Schapp 1930, 182)。

シャップが考察しようとしているこの「下部構造」は、契約を結ぶ前に「契約締結者の心の中に一連の確固とした考慮が先行していなければならない」(Schapp 1930, 2) という事実の内に存している——そしてシャップによれば、そうした考慮は価値づけの領域でなされている。

価値づけという基盤の上で決断がなされる。決断は、意志表示の伝達（Abgabe）が重要になる段階へと至る。しかし、ここで言う意志表示は、してもしなくてもいいような意志表示ではなく、社会的作用である。それは、心理的かつ間心理的なプロセス、つまり心の中で起こると同時に複数の心の間で起こるプロセスである。例えば、約束、許可、命令などがこれにあたる（Schapp 1930, 56）。

このように、契約の締結自体（「上部構造」）は、ライナッハの言う社会的作用としての約束に正確に対応している。契約を結ぶ約束（Vertragsversprechen）は、契約に加わる当事者のそれぞれに、実定法とは無関係に、請求権と債務を生じさせる。「実定法はこうした公式があらかじめ成り立っているのを見出し、そこから好都合と思われるものを選択し、それらに高い意義を与える」（Schapp 1930, 36）。ライナッハと同様に、シャップは実定法を、本質的な関係の「先所与性」を迂回することはできても、その本質を変えることはできないような「規定」として理解している。[63]『法の新科学』というタイトルも、このことを念頭に置いて理解されるべきである。それは（実定法の学としての）「法学」とは一致せず、法構造の先所与性と法構造そのものについて独自の新しい学であろうとするものなのである（Schapp 1930, III参照）。

シャップはその著作の第一巻で契約という「法的形象」の本質（Schapp 1930, 62ff.）を価値づけの領域におけるその先所与性とともに概説し、第二巻では、「価値ある制作物」において獲得される特権という意味での所有権という主題について、同様の仕方で議論を進めていく（Schapp 1932, 1）。一般的に言えることは、シャップは、まずもって論じ方と文体と言葉遣いにおいて、ライナッハよりも理論的志向が希薄だということである。シャップは、（特に文学や精神史から）多くの例を持ち込み、実務的な法律家の理解により具体的に耳を傾けようとしている——だが、そこには明確な背景と目標がある。「私の研究によって多くの人がライナッハを再び手に取る機会を得てくれることを願っている」(Schapp 1930, 182)。

以下の節立ては、シャップの『法の新科学』第一巻の目次に大まかに依拠している。第二巻については最後に若干の概観を与える。(64)

(63) 本質の領域と実定法のもう一つの違いは、前者は強制力を持ちえないという点である。請求権の内容が実行されなかった場合、それは破られた請求権として本質的に存立し続ける。

(64) ヴィルヘルム・シャップの息子で民法学者・法哲学者のヤン・シャップは、父の法現象学的なアプローチを、特に博士論文の中で(しかし後の著作の中でも繰り返し)明示的に取り入れ、それを同じく父の「物語の哲学(Philosophie der Geschichten)」と結びつけた。これについてヤン・シャップは自著紹介の中で以下のように述べている。「ヴィルヘルム・シャップの物語の哲学では、[…]価値のある制作物が目的物(Wozuding)に変わる。私の博士論文では、所有物や契約だけでなく、法も、つねにすでに目的物の地平にあることを、より詳細に考察した。中心となるテーゼは、所有物と契約という目的物の統一とともに、法と世界がつねにすでに一緒に与えられているということであった。このことは、一方では、目的物の物語の中で、われわれは所有物を通してしか契約にアクセスできないことを意味しており、他方では、所有物もまた契約の物語を通してしかわれわれに開示されないことを意味している」(Schapp 2009, 248ff.)。Schapp (1968) を参照(同書二五頁以下には、古典的な法現象学、特にライナッハとシャップについての解説もある)。後の著作でもヤン・シャップは自らのアプローチを「現象学的」と表現しているが、この語によって彼は主に実在論的現象学におけるプラトンめいた本質直観を念頭に置いている(Schapp 2009, 245f.)。彼は法現象学の研究領域を「私法の現象学」「公法の現象学」「法哲学の現象学」に分けている。彼は論文「現象学と法」(Schapp 2009)の中で、自らの業績をこの三つの領域に分けて概観している。

1　先所与性としての合理的契約

シャップは契約を研究の中心に据えている。それは彼が契約を「法律家にとっての主要領域」とみなしているからである（Schapp 1930, 6）。しかし、契約とは何かを述べるのはそれほど簡単ではない。合理的契約とは何かを述べる方がまだ易しい。合理的契約の場合、契約を結ぶ当事者の心の中でなされたことが交換される前に一連の確固とした考慮がなされる（Schapp 1930, 2参照）。シャップは、この一連の確固とした考慮に関するアプリオリを、そしてひいては合理的契約に関するアプリオリを明らかにしようとしている。「あらゆる契約において、下部構造は交換されるべき価値の評価によって成り立っており、上部構造はその交換を生じさせる告知によって成り立っている」（Schapp 1930, 34）。契約に先立ってなされる考慮は価値の世界に繋がる。「価値とは、いわば価値のある対象を強調することである。だがそれは、理論的に観察される対象そのものではなく、享受（Genuß）において経験される価値のあるものに独特の仕方で付帯する対象のような何かである」[65]（Schapp 1930, 7）。シャップは――シェーラーと同様に――価値に特有の現れ方を色に喩えている。そこで彼は、対象に付帯する価値を知覚できないことを、色盲と類比的に、「価値盲」と表現している（ここで問題になっているのは厳密な意味での「知覚」ではなく、感得作用によって、すなわち「価値覚」によって価値あるものが開示されることである）。シャップによれば、この価値あるものの領域は人間存在において何よりも本質的な位置を占めている。「価値と非価値の世界は、私たちが生きている本来の世界である」（Schapp 1930, 11）。このことは法学に対しても意義を持つ。価値をもたらすこと、〈私〉に帰属する価値世界を守ること、私の行為によって他者の価値世界を豊かにすることは、法学の主要分野である――同時にそれらは法学にとっての先所与性でもある。「価値を含まない宇宙では、法学はその意義を、全てではないにせよ、大部分は失うことになるだろう」（Schapp 1930, 22）。

このように、シャップの関心は、実定法さえも下部構造に関係しており、自らの先所与性としての下部構造に何らかの仕方で「応答する」ものであることを示すことにある。そのため、法学は単に自由に作り出された法的構築物についての学問ではない。法学はむしろ、抽象的な領域ではあるが、具体的な現実を参照するものだということになる。そして、その具体的現実は、社会的で価値的な現実のアプリオリな構造（フッサールの言う領域的存在論）において把握されることになる。「ここで注目すべきことは、法学者が「売買（Kauf）」と呼ぶ人工的な形成体が人工的な部分を含んでいるということではなく、立法によって効力を獲得した自然な形成体が自然な部分を含んでいるということである」（Schapp 1930, 5）。

合理的な双務契約と価値の世界との関係は、意識的に契約を結ぶ人は誰でも、その交換がどのようにして自分の「価値の世界」を豊かにすることでありうるのかを事前に価値づけするという事実の内にある（シャップは非常に多くの例をあげているが、ここでは、時計コレクターが重複品を時計販売者の別の時計と交換するという最初の例をあげておけば十分だろう）。「この関係が長い間気づかれなかったのは、合理的な双務契約では固有価値（Eigenwerte）どうしだけが交換されるのではなく、たいていは媒介価値（Mittelwerte）〔つまり貨幣〕どうしが、あるいは媒介価値が固有価値と交換されるという事実に主に起因していると思われる」（Schapp 1930, 26）。「価値世界」はさしあたり「特定の心」それぞれに帰属する（Schapp 1930, 21 参照）。価値世界は、私が好んで見る日の出から、シャップが最高の価値としてあげている他の人間の固有価値まで、非常に多

（65）ここでシャップは、シェーラーとフッサールによって開拓された現象学的価値論への同調を示している。本書第二部第二章第一節第二項（シェーラー）およびLoidolt（2009a）の第四章を参照。

様なものを含んでいる。契約を締結する際には、価値の世界に関する考慮がつねに役割を果たす。しかも、シャップによれば決定的な役割を果たす。シャップは価値世界について語ることで、契約の締結を売買契約だけに限定するのではなく、婚姻契約の領域や神との契約のイメージなど、はるかに広い領域を開拓しようとしている。

さて、合理的な双務契約は、何かが一方の人の価値世界から他方の人の価値世界に移植され、またその逆が起こるという事態から成り立っている。価値世界との関係なしには、双務契約は意味をなさない。その関係は第三者に完全に隠されていることがありうる。しかし、契約を結ぶ当事者にとっては、そうした関係が存在していなければならない（Schapp 1930, 27）。

ところで合理的契約の上部構造は、すでに述べたように、完全にライナッハの約束概念をモデルにしている。請求権と債務は、約束という社会的作用から本質的に生じるものであり、実定法の領域を必要としない（Schapp 1930, 40f. 参照）。上部構造と下部構造が一体となって、最終的に法的形象（Rechtsfigur）の概念が生じる。この概念をシャップは購入の例を用いて極めて直観的に展開している（Schapp 1930, 62ff. 参照）。価値づけはどのように進められ、契約当事者の中でどのような決断がなされなければならないのか、そしてどのようにして最終的に契約締結の行為と法的帰結に至るのか、こうしたことの全体が法的形象である。「最初の価値づけから履行に至るまで、およそ双務契約の中で行われること、しかも非常に多様なレベルで行われることの全体を、われわれは法的形象と呼ぶ」（Schapp 1930, 63）。

双務契約という範例に加えて、シャップはさらに二つの特殊な契約形式とその価値的基礎についても考察している。そこからシャップは、契約の本質的な諸形式あるいは異なるタイプの法的形象に最初の構造化を与えるに至る。(66) (一) 双務契約、(二) 贈与契約、(三) 組合契約（例えば橋の建設などの目的のための複数の参加者の合意としての契約）という三つの形式がそれである。この分類に基づいて、今や「合理的契約」に大まかな形相的特徴づけを与えることができる。つまり、それは第一に双務契約であることが明らかになる。シャップはこれを、一方的契約としての「非合理的」契約と対比させている。後者の契約は実定法において大きな役割を果たしているが（つまり相互性を伴わず一方的に義務を負うこととして）、「現実には無である」(Schapp 1930, 73)。なぜなら、一方的に義務を負うというこの形式（「私はあなたに一〇〇与えると約束する、私はあなたにこの資産、この物件を与える、私はあなたに用益権を付与する、私は私の請求権を放棄する」(Schapp 1930, 70)）は、少なくとも価値づけという基盤、作用の遂行、請求権の発生という三つの構成要素を欠いているため、「規定」として義務を定立する実定法という「接合剤」をつねに必要とするが、そのような規定が「自ずから」生じることはないからである。

(66) シャップは、こうした法的形象の形相学を、例えば円、三角形、四角形を区別し、そこから定理を導き出す数学者の手順と比較している。数学者はそうした作業をする際、この種の図形が無限に存在し、中間段階も無限にあることをつねに意識している。こうした比較によってシャップは、実践的な法生活の形相的形式としての法的形象を成り立たせている固定した完結性と流動性という二つの特徴をともに考慮に入れようとしている。

2　先所与性としての規定

実定法を「規定」という社会的作用として理解するためには、先所与性としての規定一般を論じておかなければならない。どのような規定も、いまだ実定法である必要はない。「規定は「我かく欲し、かく命ず（sic volo sic iubeo）」の態度に対応する」（Schapp 1930, 97）。規定は自分自身のことに関するものであることもあれば、他人についての規定であることもある（その場合、それは受け取られることを必要とするなどの特徴を持つ社会的作用である）。実定法は他人についての規定であり、その背後には規定する権力がなければならない。「規定は、規定権力（Bestimmungsmacht）がある場合にのみ、先所与性という意味での法的効力を発揮する」（Schapp 1930, 104）。法的に有効な拘束力を持つためには、規定権力に服従するという作用が必要である。

そのような服従がなされたならば、服従先である国家の規定権力は、それによって現象学的に明確に洞察される仕方で確立される。これによって、服従、規定権力、規定、規定の法的効果の間には、法的形象の意味での存在論的な連関が成立する（Schapp 1930, 105）。

この意味で、われわれは規定の先所与性について語ることができる。それは服従作用と密接に関連している。このようにシャップは実定法の本質的規定に社会的現実を組み込んでいるのである。

正しい法、より正確には実定法の正しさの問題については、シャップは一応触れてはいるが、もっぱら価値世界に引き続き言及することによってそれに答えている。というのも、価値世界に対する態度決定によってのみ、法の正しさを語ることができると彼は考えているからである。例えば共産主義国家は、私有財産の価値をより高く価値づける国家とは異なる法を持つはずである。したがって、法律と国家が有する価値世界は、どちらも一方に基づいて他方が認識される関係にある。この立場は、価値世界そのものに対して何らかの態度を取らないかぎり、さしあたり中立的である。他方、正しい法の問題は、立法者が「価値世界において誤りを犯して」(Schapp 1930, 122) いなかったかどうかという点に帰結せざるをえない。これと同様のことが慣習法や慣習道徳についても言えるだろうか(シャップは士官の間での決闘の慣習道徳や女性の地位などを例にあげている)。これはここでは解決できない難しい問題だとシャップは示唆している。というのも、正しさの基準を慣習道徳や慣習法に適用しようとすると――否定的に判断する場合には――立法者だけでなく、全ての人が価値世界において誤りを犯していたと言わなければならなくなるはずだからである(Schapp 1930, 121f. 参照)。

3　実定法と先所与性との関係――契約、不法行為、所有権(制作物と価値)

シャップによれば、実定法は先所与性との間に否定しがたい関係を持っている。しかし、先所与性に関わるコードや規則を定式化するという点は宗教や道徳、慣習道徳も同様である――したがって、それらは部分的には実定法と競合する場合がある(Schapp 1930, 124 参照)。契約以外の先所与性として、シャップは不法行為(これについては、価値世界との関連で簡潔な考察を展開している(Schapp 1930, 168–174 参照))と所有権をあげている。後者は、制作物と価値に関連づけられて、第二巻(Schapp 1932)の中心部分をなしている。その巻の中でシャップは、価値の概念、〈私〉と制作物の関係(創作、制作など)、そして最後に実定法における所有権と所有の概念を論じている。

法概念に関するシャップの実在論的現象学的な考え方については、第一巻末尾に「人はいかにして法学を学ぶか」という見出しの下で、若干の洞察的なコメントが述べられている。

4 結論

若い法学者は、数学者があらゆるものを自分の学問に持ち込むのと同じ意味で、法学の研究に全てを持ち込む。ソクラテスが奴隷にピタゴラスの定理について問うのと同じように、法学の教師は法学生にあらゆる法制度について問うことができる。唯一の前提となるのは、諸価値、享受と価値、約束、規定、命令、請求権、制作とはそれぞれ何か、といったことを学生が知っているか少なくとも感じ取っているということである。実際、これらのことに関する先行理解がなければ、学生は決してそれらを学ぶことができない。教師にできるのは、諸々の区別を深め、所与の現実をきれいに区切ることだけである。諸々の所与の現実とそれらの関係こそが、法学の全てを形づくっている。規定としての実定法は、あらかじめ与えられた他のものと並ぶ一つの先所与性である。先所与性のさまざまなレベルへの実定法の介入も、規定の本質に根ざした規則に基づいてのみ行われる。価値づけの基盤も含めた法の構造は、数学の構造物のように透明である（Schapp 1930, 179）。

このやや長い引用は、実在論的現象学の枠組みの中で、法がプラトン的性格を持つ関係規定からなる構造化された全体として考えられていることを明確に表している。このような形相的関係は、社会的作用において表出される先所与性を基礎として成立する。そうした先所与性が諸価値あるいは価値があるとみなす態度や価値世界によって本質的に規定されているというシャップの洞察は重要な意義を持っているが、彼はこの価値論とそれが持ちうる客観性については明確な立場をとっていない（共産主義国家と私有財産を保護する国家の対比を思い起こされたい）。しかし、彼が提示する理論に一貫して従うなら、そのような客観的な価値世界は、それに対応する法的関係と同様に、直観的に認識できなければならないことになるであろう。最後に、ヴィルヘルム・シャップは社会的現実——そこにはライナッハの言う「社会的作用」がつねにすでに組み込まれている——の理論的解明によって、生活世界の現象学への最初の転換を確かなものにした。(67) この点で、そしてとりわけ後に展開した「物語に巻き込まれていること」の哲学（Schapp 1953 および 1959 参照）によって、シャップは、形相的領域と生活世界の領域を結びつける法現象学の代表者と見ることができる。

(67) この点についてはプルンハーゲンの以下の記述も参照。「ヴィルヘルム・シャップは物語の哲学において、ライナッハからはっきりと距離をとり、全く新しい視点を採用している。それによれば、契約は所与の条件には基づかない。出発点となるのはむしろ、契約の物語そのものとそれに巻き込まれた人である」（Purnhagen 2009, 668）。基本文献として、ヴィルヘルム・シャップの方向性を法現象学において継続しようと試みているヤン・シャップの『法的形成体の存在と地位』（Schapp 1968）も参照。

第二節　論理‐実証主義的法現象学――ウィーン学派のフェリックス・カウフマン、フリッツ・シュライアー――ハンス・ケルゼンの影響下にあるアプリオリな法命題論と「現象学的実証主義」

古典的な法現象学の内で際立つ潮流の二つ目は、ハンス・ケルゼンの仕事に強く依拠するものである。だが、この「世紀の法学者」(68) が法現象学的な思想に与えた影響は、ここでスケッチされる立場よりも広い範囲に及ぶ。実際、次章で「生活世界」というテーマと関連づけて扱われる著者たちの一部も、ケルゼンの学派に属するか（尾高朝雄）、あるいはケルゼン学派に直接関係する（アルフレート・シュッツ(69)）。フランスの法現象学にとっても、ケルゼンはインスピレーション源となる対話の相手であり続けている（とりわけアムスレクにとって）。このことは、たとえ明確に批判的な留保を伴っているとしても変わりない（ゴヤール＝ファーブルを参照）。

そのため、本章で提示される法現象学の方向性にとっては、ケルゼンの影響だけでなく、純粋法学が現象学との関連でどのように受け止められたのかも決定的になる。その際にはっきりする学問論的および論理的な重点は、普遍数学（mathesis universalis）という手本に従って理論をアプリオリ化することを関心の的とするものである――そのかぎりで、「純粋法現象学」という言い方をすることもできるだろう。ところで、「論理的・実証主義的（logish-positivisch）な法哲学」という呼称は、ウィーン学団に代表される「論理実証主義」という思想の流れを全くもって間接的にほのめかすにすぎないものとされる。論理実証主義から距離を置くことを、例えばF・カウフマンはシュッツに宛てたある書簡で述べている(70)。ここで問題になる「論理的」および「法実証主義的」な要素はむしろ、F・カウフマンやシュライアーの著作においては、何よりもまずフッサールとケルゼンの名によって代表されるものである。法実証主義という分野にとって純粋法学が何を意味するかは、論理学的な事柄に関連しており、『論理学研究』を前提しているのである。ともにケルゼンの学生でありウィーンで活動していたフェリックス・カウフマンとフリッツ・シュライアーは、『論理学と法学』（F. Kaufmann 1922）や『法の基本概念と基本形式』（F. Schreier 1924）というそれぞれの著作の書き出しで、以下のようにそのことを明確に述べている。

F・カウフマンの『論理学と法学』では、

> 本書が立てる課題は、ここ数十年間における論理学の分野での画期的な発見――この発見の圧倒的な部分はエトムント・フッサールの名と結びつけられる――を、法学的な方法にとって利用可能にすることにある。本著の中心にあるのは、ある論理的な根本学についての強力な計画である（F. Kaufmann 1922, III）。

---

(68) Dreier, Horst: „Hans Kelsen (1881–1973): ‚Jurist des Jahrhunderts'?" 参照。ホルストはこの言い回しを「よく使われた」ものとしてたしなめている。「あまりにもよく使われる言い回し。以下を参照。*O. Weinberger*,「哲学者としてのハンス・ケルゼン（Hans Kelsen als Philosoph）」, in: *ders.*,『法学および倫理学の基盤としての規範理論――ハンス・ケルゼンの規範理論との対決』(*Normentheorie als Grundlage der Jurisprudenz und Ethik. Eine Auseinandersetzung mit Hans Kelsens Theorie der Normen*), 1981, S. 179 ff. (179); *N. Leser*, Hans Kelsen (1881–1973), in: *Neue Österr. Biographie*, Bd. 20, 1979, S. 29, *P. Römer*, in: Der Staat 26 (1987), S. 592.」, http://www.hans-kelsen.de/beitraege2.pdf

(69) したがって、「法現象学におけるウィーン学派」は、フッサールとケルゼンを法という領域の上で生産的に結びつけようと力を尽くしたウィーンの著者の全てにまで広がる。

(70) Nasu/Embree/Psathas/Srubar (2009), 93（脚注9）参照。

シュライアーの『法の基本概念と基本形式』では、

本書は二つの流れによって規定されている。本書が試みることになるのは、ケルゼンとその学派によって追求されている純粋法学をフッサールの現象学において基礎づけ、こうした仕方で法の諸問題を新しい観点から眺め、場合によってはそれを解決することである（Schreier 1924, III）。

そこで、F・カウフマンやシュライアー、そして「現象学的実証主義」のさらなる継承者（例えばアムスレク）の著作のために前もって理解しておくために、私たちはフッサールの『論理学研究』の構成を簡単に思い出しておこう（法現象学にとって本質的な理論の要素が、この著作の序文ですでに扱われているのである）。そのうえで私たちは、ケルゼンの『純粋法学』[71]からいくつかの決定的なアイディアについて論じよう。二つの著作の基本的な路線のおおまかなスケッチによって明らかにしたいのは、フッサールとケルゼンの理論的な結びつきがどのようにして成り立つのか、つまり、異なる目論見の内のどこに接点があり、どのような違いが発覚するのかということである。

第一項　エトムント・フッサールとハンス・ケルゼン――現象学的論理学と純粋法学

1　フッサールの『論理学研究』――心理主義論駁と論理学的基本概念の現象学的解明

一九〇〇年および一九〇一年に出版された『論理学研究』は、フッサールが哲学的な突破口に辿りつく助けとなり、哲学の状況に持続的な影響を与えた。同書における思考の歩みは、二つの巻に別々につけられたタイトルによって示されている。フッサールは『純粋論理学への序説（プロレゴメナ）』（第一巻）から『認識の現象学および認識論についての諸研究』（第二巻）へと至るのである。[72]

とりわけ、『プロレゴメナ』における心理主義への論駁は、フッサールの大きな成果と認められた。ジクヴァルトやシュトゥンプフやヴントやリップスといった哲学者たちによって代表される同時代に支配的な哲学の潮流が、一挙に力を奪われたのである。心理主義は論理学を、知ってか知らずか「思考の技術」としていた。それに伴って、経験的な思考の規則が指示するものは、実際の（real）思考が正しいあるいは真なる思考として妥当すべきものでありうるためにはどう進まなければならないのかを指示することになる。その結果、心理主義的な観点から見た論理学は、規範的な学問であることになる。フッサールはこうした理解と対立し、純粋な思考の理論的法則から出発した。フッサールの説によれば、論理学の法則は、イデア的な対象として、時空的に個別化可能な心的作用によって志向される。これが意味するのは、第一に、論理学の法則を心的作用と混同してはならないということであり、第二に、論理学の法則は心的作用

(71) 実際のところ、ここで簡単に扱うことだけでは、「現象学的実証主義」の枠組みの輪郭をなぞることしかできないだろう。『論理学研究』についてのより詳しい説明と議論については、以下を参照のこと。Bernet/Kern/Marbach (1996), 24-55, Mayer (2008), Zahavi (1992)。ケルゼンの『純粋法学』については、Dreier (1986), Paulson (2005), Klug (1974), Vinx (2007), Walter (1992), Winkler (1990) および〔ウィーン大学〕ハンス・ケルゼン研究所からの著作シリーズ（すでにあげた著作のいくつかはこのシリーズのものである）を参照。

(72) Hua XVIII und XIX を参照。『論理学研究』への入門としては、Zahavi (1992) を参照。

の志向的相関者として単に経験的で心理的なものを超越するということである。フッサールが示したように、論理学の法則は直観的な本質直観においてのみ見てとられるものであり、経験的な心理学によって根拠づけられたり、ましてやそこから導き出されたりするようなものではない。というのも、その場合には、論理法則それ自体が経験的な法則となり、偶然的にしか妥当しないものになってしまうからである。そうすると、学問における相対主義と懐疑主義の扉が開かれてしまうことになる。

F・カウフマンはフッサールの心理主義論駁を『論理学と法学』で次のように再構成する。

心理学の全ての法則は経験に基づく法則である。そのため、これらの法則の妥当性は断定的（assertorisch）なものにすぎず、それを基礎として必当然的に妥当する論理法則に辿りつくことは不可能である。したがって、論理学を心理学から導き出そうとする試みは、論理法則を経験的な法則として再解釈することへと至る。しかしこうした再解釈は論理学的な認識の固有性を捨て去るものであり、それによって同時にあらゆる理論の可能性も捨て去られてしまう（F. Kaufmann 1922, 6）。

『論理学研究』第二巻が取り組むのは、意味を哲学的に分析するための一般的な方法論である。第二巻への序論で強調されるように、フッサールの関心は論理演算を洗練することでも形式的論理学の体系を発展させることでもなく、むしろ論理学の根本概念の意味を哲学的に解明することや、究極的には、純粋論理学それ自身の理念（Idee）にある。こうした目的のためには、ある新しい手続き、つまり、「「与えられたもの」の注意深い分析と記述に、それが与えられる仕方の精確な提示と解明に、そしてまた、使用される分析の手段と過程の透明性とコントロール可能性に」（Ströker 1989, 20）基づく手続きが必要になる。これによって現象学は、「事象そのものへ！」という標語とともに、作用と対象（「事象」）の相関関係の探究として、道を歩み始めるのである。志向性の概念もまた、ブレンターノから継承され心理学的な名残を除去されたものとして、ここですでに現象学的分析を方法論的に導く概念となっている。

フェリックス・カウフマンとフリッツ・シュライアーは、現象学的分析において主に『論理学研究』に依拠する。確かに彼らは『イデーンI』にも言及するのだが、フッサールが事実学と形相的な学の区別を推進する第一章「事実と本質」との関連でそうするにすぎない。つまり、事実的なものの個別的な知覚としかじかの性質を持つもの（So-Seiendes）の本質知覚（理念視Ideation）という二つのものによる認識様式の違いは、ウィーン学派の法現象学者にとって、フッサールの決定的な遺産であり続ける。F・カウフマンはこの遺産を、ウィーン学団のメンバーであるにもかかわらず引き受けるのである。[73] それに反して、同書の少しあとのページにある「現象学的基礎考察」（Hua III/1, 56ff. 邦訳I―1、一二五頁以下）でなされるフッサールの超越論的転回を、彼らは――ライナッハと同様に――拒絶する。

(73) F・カウフマンは、カルナップに宛てた書簡で表明したように、自分とウィーン学団との本質的な違いがアプリオリの捉え方にあると考えている。F・カウフマンにとって、アプリオリが意味するのは、形而上学に至る入口では決してなく、むしろ、［カルナップが支持する論理的］経験主義によって疑われている認識様式の二重性なのである（vgl. Kohlberg 1997, 24）。

2　ケルゼンの「純粋法学」——新カント派的な基盤に基づく法実証主義

フッサールの『論理学研究』が心理主義を論駁したことによって当時の哲学界に激震を与えたのと同様に、ケルゼンの「純粋法学」の理論は古来の法実証主義に革命をもたらすものとして発表された。『純粋法学』第一版が出版されたのは確かにようやく一九三四年になってからであった。しかしこの理論の最初のスケッチは、すでに一九一一年の『国家論の主要問題』で提示されていた。『純粋法学』改訂第二版が出版されたのは第二次世界大戦後の一九六〇年である。

マールブルクの新カント派の影響下で、[74] ケルゼンは、十九世紀の法実証主義を理論的に強固な基礎に置き、「法学を［…］真正の学問、精神科学という高みへと持ち上げること」を目的とした（Kelsen 2000a, III 邦訳V頁）。ケルゼンは「厳密な学としての哲学」を追い求めたフッサールと似ていなくもない。[75] ケルゼンにとっても、重要なことは法学「およびその成果を全ての学問にとっての理想、つまり客観性と精密性に可能なかぎり近づけること」であった（Kelsen 2000a, III 邦訳V頁）。

この新しい法学の対象は思い描かれた理念的な法秩序ではなく、目の前にある法秩序である（vgl., Horster 2002, 70）。そのため法の概念も、正当性に関するどのような理念との関連からも引き離されたものに変様させられる。「純粋法学は法を形而上学的な靄——自然法論はこの法をその起源ないし理念からして神聖なものとして、この靄の中に包み込んでしまう——から際立たせることによって、法を完全に現実主義的に、特有の社会的な技術として把握する」（Kelsen 1988, 243 邦訳二四九頁）。ケルゼンは法を第一義的には規範として、当為として、命令として理解する。法の秩序は規範の集合体からなり、それらの規範は、より正確には、強制秩序からなる体系を作り上げる。こうした体系は、最上位の規範——憲法——に従って打ち立てられる。法はある社会の内部における人間の行動を規制するのだが、このことは、法がこうした行動を規範の内容にした上で、規範[76]への違反には強制行為を法の効果として結びつけることによって成り立つのである（このことが、道徳的規範との違いを作り出す）[77]。法を貫徹する力が国家であり、国家は、逆も

(74) 新カント派における「マールブルク学派」がより論理主義的なやり方でカントを解釈したのに対して、「西南ドイツ学派」は価値批判ないし妥当批判的な観点を追求した（vgl. Kersting 2000, 296）。マールブルクの新カント派については、Ollig（1982）, Holzhey（1986）, Sieg（1994）を参照。この潮流とケルゼンとの間のより正確な関係については、Sander & Kelsen（1988）参照。

(75) フッサールの『厳密な学としての哲学』（1911）を参照（Husserl 1965）。

(76) 実際のところ、ケルゼンは法と道徳の間に強制秩序の違いだけを認めている。というのも、（慣習によってであれ意識的な制定であれ）その生成の仕方に関しても、またその適用に関しても、道徳的規範は法的規範と極めて似通っているからである。道徳に属する「内的」行動と法に関わる「外的」行動というカント的な区別についても、ケルゼンは妥当ではないとしている。というのも、二つの規範秩序はいずれの行動をも規定するからである。「法と道徳の区別が認識されるのは、両者の社会秩序が命じたり禁じたりするものにおいてではなく、それらの社会的秩序が人間の特定の行動を命じたり禁じたりする仕方においてなのである。法が道徳から本質的に区別されるのは、……法を強制秩序として……概念的に把握する時にかぎられる」（Kelsen 2000a, 64 邦訳六二頁）。

(77) そのかぎりで、ある法秩序が実効性（Wirksamkeit）を持つことは、その法秩序の妥当性（Geltung）の前提であり、別の言い方をすれば、法学がこれらの規範が妥当すると想定できるための前提なのである（Kelsen 1988, 236 邦訳二四三頁参照）。もしこうした実効性がなければ、その時に手にしている法秩序が何かということを全く確認できなくなるだろう。「法秩序の存在は、ある社会における実効的な強制秩序として理解されるかぎりで、価値判断からは独立的に認識されうるだろう。さもないと、学問的で非イデオロギー的な基準に従って法秩序を認識することが全く不可能になってしまう」（Horster 2002, 74）。同時に、ひとたび制定された法体系の中では、法は特定の規則によって生み出され

また真なりという形で、「規範の体系」としても把握される(Kelsen 1922, 75)。「いかなる法秩序もないところにはいかなる国家も存在しえない。なぜなら、どんな国家も[…]法秩序だからである」(Kelsen 1934, 127 邦訳一九五頁)。したがって、ケルゼンにおいては、存在に関する事実としての国家は、初めから当為の複合ないし当為の体系として理解されている。というのも、ケルゼンによれば、法と国家を本質的に作り上げているものは、当為の論理の中に入り込むことによってのみ理解されるのである――このようにしてのみ、秩序が人間の行動に向けられる際に意図されている文脈や意味が明らかにされるのである。(法を、何か他のもの(例えば物的な結果)といわば因果的に結びつけられた事実からなる経過として理解したとしても、実定的な法規範の意味が何であり法体系の内的な構成がいかにして機能しているかは決して明らかにできないだろう。)

ケルゼンの理解によれば、古くからの法実証主義の問題は今や、法――「当為/べし」――を社会的権威への従属――「存在/である」――から導きうると仮定したことにあった。こうした導出は、ヒュームによれば論理的な誤謬推論である。そのためケルゼンは、一貫した方法二元論の下で、存在と当為、現実と価値、理念と現象を、相互に独立して本質的に対極にあるものとして厳格に区別することを追求した。法秩序は当為の体系として存在するのである――では、法秩序はいかにして可能なのか。それは、存在の世界において、当為の世界を創設する何らかの根本前提がとられることによってである。「歴史的に最初に憲法を制定した機関が自身の意志として表出した何らかの事柄が規範として妥当しなければならないということは、根本前提であり、この憲法に根ざした法秩序についてのあらゆる認識はこの前提から出発する」(Kelsen 1934, 65 邦訳一〇六頁)。さて、ケルゼンにとって重要なのは、この根本前提を正確に理解し、それによって(法 - 学としての)法認識の学問的な基礎づけを打ち立てることである。

これを成し遂げるために、ケルゼンは新カント派にならって、方法に関してカントの理論哲学を受け継ぎ、これを学問論的な批判という意味で理解する。カントの超越論的な方法が法学に適用されるのである。これは次のように理解されるべきである。つまり、実定法が思考可能となるための可能性の条件は法学の根本カテゴリーとして仕上げられるのであり、このカテゴリーは、カント的な経験のカテゴリー、すなわち（目の前にある存在者という意味での）自然の対象の可能性の条件を明らかにするカテゴリーと類比的である、と。(78)

われわれの感覚に与えられた事実をあらゆる形而上学から自由な形で自然科学によって定式化された自然法則に従って解釈することは、いかにして可能か。カントがこのように問うたのと同様に、純粋

る。つまり、この観点では、妥当性は法制定の予見された手続きに依存する（これはむしろ規範理論の内部における観点だろう）。「［したがってケルゼンにおいては］法の妥当性は二つの事実によって条件づけられている。つまり、第一に、人間が文書化された立法手続において法秩序を打ち立てることによって、第二に、法秩序が実効性を持つことによってである」（Horster 2002, 75）。

(78) しかし、この類比は弱いものに留まらざるをえない。というのも、「根本規範（Grundnorm）」（下記参照）は経験の対象の可能性の条件ではなく、つまり私たちの整合的な世界経験にとって欠かせないものではなく、単に法学の前提であるにすぎないからである。したがってここでは、「超越論的」はかなり弱められた意味を手に入れたことになる。ホルスト・ドライアーが述べるように「超越論的論理学はケルゼンにおいて縮減され、［…］一つの仮定になってしまったのである」（Dreier 1986, 295）。カントの体系のケルゼンによる応用については、デートレフ・ホルスターが、カントの図式論やカテゴリーよりもむしろ理性の理念との類比をそこに見出す興味深い解釈を提出している（Horster 2002, 77参照）。

法学は次のように問うのである。ある事態の主観的な意味を、神や自然といった超法規的な権威に依存せずに、法命題という形で記述可能な客観的に妥当する法規範の体系として解釈することはいかにして可能か、と（Kelsen 2000a, 205 邦訳一九五頁）。

こうして、（自然の）「存在」（についての経験）の可能性の知的な条件が、（実定法の）「当為」（についての経験）の可能性の知的な条件によって補足される。その際にケルゼンにとって明らかなのは、仮言的な当為だけが認識にとって接近可能であり、定言的な当為は決してそうではないということである。「認識されうるのは実定法だけであり、これが純粋法学の対象である」（Horster 2002, 79）。

こうしたアプローチは、カント自身の法理論とするどく対比される。カントの法理論は、「正しい法」を突き止めるために形式的な法則を意のままに用いる実践理性の上に築かれているのである[79]。それどころかケルゼンのこのアプローチは、新カント派と関連づけてみた時にも、批判的方法の応用として、全くもって風変わりである。というのも、ケルゼンが適用する方法では、現にある法とそうあるべき法との関係が完全に切り詰められてしまうからである[80]。ここで新カント派的な考え方がどのように変換されているのかについては、解釈が分かれる。

ケルゼンの法理論を「新カント派的な試み」とすることは、そもそもどういう理解なのだろうか。ある読み方によれば、ケルゼンは法学の事実から出発して超越論的論証を行っている。また別の読み方によれば、問題になっているのは意味内容としての法規範であり、こうした意味内実は第二の「妥当する」世界の中に――第一の、外的ないし自然的世界と対置されて――確認されるものである

(Paulson/Stolleis 2005,iv)。

(79) カントは実践哲学の枠組みにおいて「超越論的方法を見捨てた」というケルゼンの非難は、マールブルクの新カント派が総じて保持していたものであり、マールブルクの新カント派はおそらくそれをカントの体系全体についてのケルゼンの誤解であるとして退けた(Kersting 2000, 273参照)。だが、新カント派の出発点には、カントは純粋理性の批判によって形而上学を破壊したのと同様に自然法そのものを破壊したのだという理解があった。そのため新カント派にとって、カント自身の法哲学は「学問的に維持不可能なもの」(シュタムラー)に見えた。カントは自分の批判的方法に対して不忠実になり、理性法という自分の理念によって、なお完全に前批判的な合理主義の呪縛の中にいる——こうした診断が下されたのである。

(80)「一般法学は実定法を、それを全く評価せずに、それがいかにあるかに従って記述しなければならず、それがどうあるべきかを記述してはならない。……法はどうあるべきか、正しい正当な法とは何かという問いに対する答えは、法哲学のためにとっておかれている。そのため法哲学は、法政治の機能を果たし、正当性の理想にはさまざまなものがあるために、非常に多様な結果へと至ることがありうる」(Kelsen 1965b, 468f.)。こうした見解を、新カント派は法哲学の領域でもっぱら限定的にしか共有しておらず、とりわけコーエンとシュタムラーと西南ドイツ学派(例えばラートブルフ)では、立場が大きく異なる。マールブルク学派を概略するために、そこで問題になっているのは、法と法哲学を『純粋理性批判』におけるカントの数学的・自然科学的認識に立ち戻ることで学問的に基礎づけることなのだという具合に述べるのだとしても、例えばコーエンは倫理学を法の根源として考察したのである。より詳しい説明については、ヴォルフガング・ケアスティングによる舌鋒鋭い論考を参照のこと。ケアスティングは、とりわけ、論争を次のように描写している。「シュタムラーが正しい法に関する倫理学から自由な概念を求め、カントロヴィッツやその他の法律の専門に同意しつつ、その哲学者〔コーエン〕に対して「法学における身の毛もよだつようなディレッタンティズム」だという見解を示しながらやり返した時に、コーエンは彼を嗜めたのは正当であった。新カント派ニーダーエスターライヒ支部におけるケルゼンとザンダーの対立も激しいものであった」(Kersting 2000, 273)。

このことは、以下のように理解しなければならない。ある規範が規定されることによって初めてある事態が法的な事柄になる。例えば、「不法」なものとは感性的知覚だけによって認識可能な何か（「私はリンゴを取っている若者を見る」）ではなく、特定の行動に制裁を与える規範の産物なのである（「汝盗むなかれ、さもなくば……」ないし「窃盗はしかじかの制裁に服する」）。これに関して、ケルゼンは『純粋法学』の第一章〔第二節〕で次のように述べている。

法として解釈された〔…〕ある事態、例えば議会の議決や行政行為や裁判所の判断や法律行為や不法行為を分析すると、二つの要素が区別できる。一つは、時間と空間の中で展開され感性的に知覚可能な行為、〔…〕つまり人間の行動の外的な過程である。もう一つは、そうした行動の法的な意義（Bedeutung）、つまり当該の行為が法律上持つような意義である。人々がホールに集まり、演説を行い、ある人たちは手をあげ、他の人たちはあげない。これは外的過程である。この外的過程の意義は、ある法律が議決された、法が生み出されたということである。別の例をあげよう。ある人がローブをまとって高いところから前にいる人たちに特定の言葉を語っている。この外的な過程の法的意義は、裁判所の判断が下されたということである。ある商人が別の商人に特定の内容の手紙を書き、その別の商人が返事の手紙を書く。その意義は、二人の商人が法律上契約を締結したということである。誰かが何らかの行為によって別の人を死に至らしめる。その法的意義が殺人である（Kelsen 2000a, 3 邦訳三—四頁）。

こうしてケルゼンは、ある出来事の法的ないし規範的解釈をこの出来事それ自体から完全に切り離す。

ある出来事の法的な「意義」〔訳注二〕は「思考過程」（Kelsen 2000a, 4 邦訳六頁）を通して初めて明らかになるのであり、そこでは、いわば規範というメガネ（「解釈図式」）を通して新たな意味（Sinn）を帯びた、新たな世界が成立するのである。ケルゼンは「自然」を「法的領域」から区別する。自然は、因果性という超越論的図式によって、したがって「因果的解釈」（Kelsen 2000a, 3 邦訳五頁）によってアプリオリに成立する。それに対して法的領域は、疑似的に自然の上に築かれるが、偶然的なあたかもという様相（Als-ob-modus）でアポステリオリに理解することしかできない。このように非常に念入りな区別を用いて、ケルゼンは「客観的な規範的解釈」の領域を自分の真正の研究領域として際立たせる。これによって、事実性がその固有の本質においてその法的な意義にいかなる「影響」も及ぼさないようになることが見込まれている。存在と当為の関係は完全に絶たれるのである。ある出来事がどう解釈されるかは、この出来事それ自体には何の関係もなく、むしろ解釈図式の内容つまり規範に関係するのである。

〔訳注二〕ここでは、Bedeutungを「意義」と訳しているが、ここで引用されている文献の和訳では“Sinn”とともに「意味」と訳されている。だが、引用箇所でのケルゼンの用語法は、「事態が法律学的な意味、その本来的な法的意義を持つのは、ある規範によってである」“Den juristische Sinn, seine eigentümliche rechtliche Bedeutung, erhält der Tatbestand durch eine Norm, ...”となっていて、Bedeutungは規範によって意味を与えられるという点に重点が置かれ、それによって法律家はその言葉を特定の意味（Sinn）で用いるという構造を指しているように思われる。したがって、ここでもSinnとBedeutungは微妙に異なるニュアンスを持つと言えよう。ちなみに〈宵の明星〉ち〈明けの明星〉とは「意義」は同じ手も「意味」は異なると両者を明確に区別したのはフレーゲである。フッサールの場合も、『イデーン』以後には両者を区別して、「意義」を成り立たせるのが「意味」だとしている。そうした「意味」に注目して独自の社会理論を構築したのがシュッツやルーマンである。

出来事そのものは、自然という体系の要素であり、特殊法学的な認識の対象ではなく、それゆえそもそも法的存在ではない。この事実を何らかの法的行為（ないし不法行為）にするものは、この事実の事実性、すなわち、この事実が自然的なあり方、要するに因果法則的に規定されて自然の体系の中で完結したあり方をした存在ではなく、この行為と結びつけられた客観的な意味、その行為が持つ意義なのである。問題となっている事実が、特別に法学的な意味、それに固有の法的な意義を持つようになるのは、規範によってである。この規範が、その内容と事実を結びつけ、それに法的な意義を与えることで、その行為をこの規範に則して解釈できるようになる。規範が解釈図式として機能するのである。別の言い方をすれば、空間と時間の中に定立されたある人間の行動が法的行為（ないし不法行為）であると判断することは、特別な解釈つまり規範的な解釈の成果なのである（Kelsen 2000a, 3 邦訳五頁）。

この意味が「客観的」なものであるためには、つまり、規範的な世界が誰に対しても同じものとして示されるためには、解釈図式は統一されたものでなければならない。ケルゼンによれば、まさにこの客観性と統一性こそが、つねにすでに存在する特定の思考形式によって確立されなければならない。この思考形式を、ケルゼンは「根本規範」[81]と呼ぶ。「この根本規範の機能は、実定的な法秩序、すなわち人間の意志行為によって定立された諸規範、広範かつ全体的に実効的な強制秩序という諸規範の客観的妥当性を基礎づけることである。つまり、これらの行為の主観的意味をその客観的意味として解釈することである」（Kelsen 2000a, 205 邦訳一九五頁）。このような思考の形式に「超越論的」に備わる能力は、第一に、諸々の事実を「規範的なメガネ」を通して見ること、つまり当為の連関を見ることにある。そしてこの能力は、第二に、われわれみんながそれぞれ世界に対して行いうる主観的な規範的解釈を、特定の（社会的に有効な）

秩序から区別し、その秩序に仮説的な客観性を与えることである。このようにして、法秩序を構成するものが知的に把握され、それによって初めて法秩序が法秩序として分析可能になる。

「根本規範の理論によって、純粋法学は、法認識の新しい方法を発足させたわけでは決してない。純粋法学は、全ての法律家が、[…]事態を因果律によって決定される事実として考えず、その主観的な意味を客観的に有効な規範として、規範的な法秩序として解釈する[…]時に、たいていは無意識の内に行っていることを意識化しただけである。根本規範の学説は、実証主義的法認識が従来から採用してきた手順を分析した結果にすぎない」(Kelsen 2000a, 209 邦訳一九七―八頁)。

したがって根本規範とは、社会的権威の命令を客観的な当為の命令として一律に解釈することが可能にするところまで学問的に明確化された条件の構造である。しかし根本規範は、法規範を記述するための前提である以上、超越論的な機能だけでなく、仮説的形式的な機能と、学問論的ないし方法上必要な機能も備えている。そのため、根本規範に至るさまざまな道をとり、異なる側面を強調することができる。

(一)すでに確認された超越論的な機能。この機能は、根本規範を実定法的なものの「思考の形式」ないし「準カテゴリー」として打ち立てる。

(二)「法秩序の段階的構造」(Kelsen 2000a, 228f. 邦訳二一四頁参照)という考え方から生じる無限後退を回

---

(81)「根本規範とは、法体系の全ての規範の妥当性をその法体系自身の外側から根拠づける規範である。根本規範へ到達するには、数回、「なぜ」と問いさえすればよい」(Alexy 2002, 155)。さまざまな種類の根本規範(ケルゼンの分析的な根本規範、カントの規範的な根本規範、ハートの経験的な根本規範)についての詳細な議論については、Alexy (2002), 154–198を参照。

避するための、最終的かつ最高の形式の形式的必然性。この考えはつねに何らかの上位の規範をそのつどの下位の規範の妥当根拠として前提する。そのため、国家の法秩序の最上位の規範（国家の憲法）でさえも何らかのより上位の規範に至るのでなければならない。こうした規範の法はもはやいかなる実定的な規範でもなく、「仮定される」ものでなければならない。したがって根本規範は仮構された「空虚な」もの――単に純粋で空虚でカテゴリー的な当為であり、それによって他の全てのものが規範的妥当性という地位に置かれる。初めに述べたように、これは、体系的な種類の規範的認識がそもそも始まることができるための根本的な前提である。ケルゼンは厳格な方法論的二元論に従うため、「存在」と「当為」の間の体系的な断絶を避けるためには、根本規範を前提することが不可欠なのである。というのも、いかなる場合でも、憲法の妥当性は、何らかの「存在」、例えば主権者ないしそれに類するものの権力から導き出されうるものでは決してないからである。

（三）学問論的機能と妥当性を仮定する機能。根本規範は、社会的権威の命令を規範的な妥当性の〈あたかも（*als ob*）〉の中に置くことで、精密で規範的な法学を可能にしている。それと同時に、根本規範はある法秩序における全ての規範のための形式的に統一された焦点を示す。すなわち、根本規範は可能性の条件として（カントの超越論的統覚と類比的に）そのつどの法秩序の統一を打ち立てるのであり、それと関連して、根本規範は、個別の法秩序を同定しそれを何らかの体系の内部で記述することを可能にするかぎりで、記述的な機能も有するのである。[82]

ケルゼンの最大の関心事は、根本規範を仮定することによって、（法規範として）法を記述するための学問的な体系を発展させられるようにすることにある。したがって、「超越論的仮定」という言い方は次第に、法についての学問にとっての可能性の条件となる「虚構」という言い方に席を譲るようになる。超越論的なテーゼが和らげられることによって、ケルゼンの学問論的な関心はよりいっそう明らかになる。つまり、打ち立てられるべきは実定法そのものについての理論であり、それはつまり、「法命題」や「法人」、「制裁」や「帰責能力」といった一般的な概念を発展させ相互に関連づけることで、最終的には全ての実定的な立法の全体を解釈する理論を提供できるようにすることである。[83] この法的概念装置は一般的な方法で適用可能であり、他の科学（社会学、心理学、倫理学など）のあらゆる要素から自由でなければならない。したがってケルゼンのプロジェクトは、法学に独自の概念装置を与えることによって学問としての尊厳を与えることである。だが、これは他の科学との繋がりを否定するためではなく、方法的な混淆主義を避けるためのものである。そうした混淆主義は「法学の本質を不明瞭にし、その対象の本性によって導かれる境界を消し去ることになる」（Kelsen 2000a, 1 邦訳三頁）。[84]
こうした理由があるため、ケルゼンにとっても法学は道徳的考察の場ではない。というのも、ケルゼン

（82）Bucher（1982）参照。
（83）そのかぎりで、ケルゼンの純粋法学は十九世紀の「概念法学」をさらに発展させたものとみなせる。概念法学の出発点となるのは概念の閉じた体系であり、この体系を論理的演繹の助けを借りつつ用いることで全ての法的問題に答えることができるとされている。これに対立する立場として、一方には、裁判官が個別の事件を判断する際に一定の自由を有するとする「自由法学」が、他方には、個別の事例を立法者の法命題の基礎にある利益（Interesse）を考慮することで決定する「利益法学」がある。
（84）とはいえケルゼンは、他の著作では社会学的問題（「マルクスかラッサールか」*Marx oder Lassalle*, 1924）、政治的問題（『民主制の本質と価値』*Vom Wesen und Wert der Demokratie*, 1920）、倫理的問題（「正義とは何か」Kelsen 1953/2000b）、さらには民族学的な問題（『報復と因果性』*Vergeltung und Kausalität*, 1941/1946）に取り組んでいた。

にとって道徳的考察は、法秩序が実定的な事実としてあることやそれが記述できるということとは何の関係もないからである。法学の手続きにおいては、根本規範は当為の最上位の規定として、「真の」図式でも何らかの「存在」でもない「客観的な解釈図式」として仮定されるにすぎない。このことによって、〔法規範の〕記述を行う者は実定的に定立された法についていかなる道徳的判断も差し控える。記述する者は法を法命題という形式でのみ記述するのである。[85]

純粋法学は、法を正当なものとして正統化したり、不正なものとして資格を奪ったりすることなく、あるがままの法を提示しようとする〔…〕。純粋法学は実定法を評価することを拒絶する。純粋法学が学問として義務を負うのは、実定法をその本質に従って概念的に把握し、分析によってその構造を理解することだけである（Kelsen 1934, 17 邦訳三四―五頁）。

こうした方法上のあり方は、さしあたっては何よりもまず法学と法学者の中立性に関わるのだが、最終的には自然法的な（あるいは、道徳的に明白な）価値の定立[86]に対する根本的な非認知主義的懐疑に基づくものである。確かに、価値は学問的かつ客観的に見ることができないというケルゼンの理論的見解は、彼が自由民主主義を支持することを妨げなかったし、彼の科学的態度そのものから何らかのエートスを導き出すことも妨げなかった。[87]しかし、これらの立場表明は認識ではなく告白として理解されなければならない。そのため法学にとっては、依然として中立的ないし価値から自由な考察様式が妥当する。「任意のどんな内容も法になりうるのである」（Kelsen 1934, 74 邦訳一〇三頁）。法と法学に対するこのような過激な態度により、ケルゼンは、特にナチズムとの関連で、[88]内容の欠如や道徳的な無関心という非難を受けた。[89]それにもかかわらずケルゼンは、政治と学問の曇りのない分離と純粋法学の自己限定はいかなる状況下でも維持されなければならないという立場を保持した。法学は、「法についての学問という名の下で、すなわち客観的な審級に訴えることによって政治的主張を展開するという、染み付いた習慣を自ら禁じなければならない」（Kelsen 2000a, IV 邦訳 vi）、「すなわち、正しい法を決定し、それによって実定法の価値の尺度を規定すると信じることを〔禁じなければならない〕」（Kelsen 2000a, VIII 邦訳 viii）。

---

(85)「法命題」についてのより正確な説明は、このあとすぐのフェリックス・カウフマンについての章（第二部第一章第二節第二項1）を参照のこと。

(86) 自然法的な価値定立や正義に関するあらゆる定式への批判を、ケルゼンは「正義とは何か」（Kelsen 1953）や『正義という幻想』*Die Illusion der Gerechtigkeit*（1985）で提示した。

(87)『正義とは何か』の最後には次のような文章がある。「そして実際、私は正義とは何か、絶対的な正義とは何か、人類の美しい夢とは何かを知らないし、それについて何かを述べることもできない。私は相対的な正義で満足しなければならず、自分にとっての正義とは何かしか述べることができない。学問が私の天職であり、したがって私の人生で最も重要なものであるため、自分にとっての正義とは、それが守られることで学問、そして学問とともに真理と誠実が繁栄できるようなものである。それは、自由という正義、平和という正義、民主主義という正義、寛容という正義である」（Kelsen 2000b, 52 邦訳四九頁）。

(88) ケルゼンの悪名高い発言は以下の通り。「法学の観点からは、ナチス支配下の法も法である。残念なことではあるが、法があったことは否定できない」（Kelsen 1963, 148）。

(89) よく知られた批判者としては、例えば、ジョルジ・ルカーチや、とりわけ、グスタフ・ラートブルフがあげられる。「実際のところ、実証主義は「法律は法律だ」という確信によってドイツの法曹界を恣意的で犯罪的な内容の法律に対して無防備にしてしまった」（Radbruch 2003, 215『実定法と自然法』二五九頁）。

ケルゼンの法の理論は、このように何よりも純粋であること、すなわち「あらゆる政治的イデオロギーや自然科学のあらゆる要素から［…］」（Kelsen 2000a, III 邦訳 v）自由であることを望む。一方で、この純粋性のために払われる犠牲は、法の概念にとって致命的だと考えられる。他方で、法と道徳を切り離すことは、異なるシステムの論理（Systemlogiken）――これらの論理はそれに固有の「分業的な」言説をもたらすため、そうした言説を十全に理解するためにはそれらを別々に扱わなければならない――を分離するという典型的に近代的な見解に対応する。そのためシステム理論家のニクラス・ルーマンが述べるように、「このことは善良で正しい感覚の究極の保証をどこか――理論理性と実践理性のアプリオリ、中央銀行の金、自由意志によって承認された議論の結果――に求める人を満足させない」（Luhmann 1988, 377; Horster, 79も参照）。また、基礎づけ可能な合理的学問とそれが不可能な非合理的な世界観を厳格に分けること自体が基礎づけ不可能な決定であり、恣意的な区別であると考える人にとっても不満が残るだろう。

3　フッサールとケルゼンを結ぶ線[90]

ケルゼンにとってフッサールは尊敬すべき哲学者だったが[91]、ケルゼンが現象学の研究結果に直接言及することはほとんどなかった。ケルゼンの学生だったフェリックス・カウフマンとフリッツ・シュライアーが初めて、純粋法学の理論的見解を現象学の方法上の手続きと接近させようと試みたのである[92]。

このような計画を示唆するケルゼンとフッサールの関係とは、どのようなものなのか。第一に、ケルゼンは、論理学をイデア的対象の領域として考えるフッサールのプロジェクトに、「あらゆる心理学主義からその純粋さを守る理論的な領域」（Vernengo 1988, 205）を見出していた。それゆえこの領域は、純粋法学を社会学的または心理学的な理論から境界づけるための適切な手段を提供できるとされる。心理学主義との闘いは、現象学と新カント派の共通の関心事であった。そのためこの闘いは、両者の考えの方向性の（歴史的にいって）第一の接点としての役割を果たしていた。この点については、カール・シューマンも次のような考えを示している。『論理学研究』が「ケルゼンに何らかの影響を与えたことは確かである。特

(90) このトピックについては、ギウリアナ・ステラ「ハンス・ケルゼンとエトムント・フッサール」(Stella, 1990) 参照。

(91) ケルゼンは一九三一年五月十八日にフッサールに宛てた書簡で次のように述べている。「尊敬する先生！ [...] 今日のドイツにおける最も重要な哲学者として長年尊敬してきたあなたとお話しできた時間を、私は大変喜ばしく思い返します」(Hudo III/6, 211)。

(92) この点について、歴史的に興味深い注記がシューマンの研究にある (Schuhmann, 36ff.)。「フッサールは、何よりもまずウィーンのケルゼンの弟子たちを通じて彼の法理論に初めて接したようである [...]。これらの弟子たちに対してケルゼンは、フッサールを「長年にわたってドイツで最も重要な哲学者」とみなしていたことを全く隠さなかったに違いない。そのような示唆を得て、ウィーンの人々は率先してフッサールと直接コンタクトを取ったように見える。この繋がりは、一九二二年にまで遡ることができる。ちなみに、この年は、フッサール自身にとっても現象学の「体系の主要なアイデア」を結晶化させ始めた時期でもある。一九二二年の夏学期に、フリッツ・シュライアーはフライブルクで初めてフッサールに学び、同時期にフェリックス・カウフマンはフッサールに著書『論理学と法学』を送った。二人は尾高朝雄とともに、ケルゼン学派における現象学に精通した集団の中核をなし、ケルゼンが法の存在と法命題の当為を厳格に分離したことを、フッサールによる経験的事実とイデア的本質の分離に結びつけようとした。マックス・シェーラーは一九二七年の草稿で次のように記すことができた。「今日、特にウィーンには現象学的な法哲学の学派がある」(Schuhmann 1988, 37f.)。またシューマンの考えによれば、法の現象学を素描するフッサールの試みのいくつかはケルゼンと類似している (vgl. Schuhmann 1988, 36)。

に、ケルゼンが自分の法理論研究の「決定的な指針」の中に「主観主義の領域から論理的客観的妥当性の領域への上昇」[93]を数え入れる場合にはなおさらである」(Schuhmann, 1988, 36)。しかし、ケルゼンが現象学からそれ以上の影響を受けることはなかった。というのも、実証主義の法哲学者であるロベルト・ヴェルネンゴが述べるように、「現象学のプラトン主義的な用語法(本質概念の偏愛)は、新カント派によって刻みつけられた彼の厳格な方法論的態度ゆえに、ケルゼンにとっては異質なものであり続けなければならなかった」からである(Vernengo 1988, 205)。以下のように述べることもできるだろう。認識論的には、ケルゼンは形式的なアプリオリを「経験的な混沌」と対置するカントのモデルに留まった。このモデルは、二つの要素がどう組み合わされるのか説明できないことから、フッサールによって「理解できない」と批判されたものである[94](本質についての理論は(とりわけ)この問題を解決するものとされたのである)。法哲学に関して言えば、ケルゼンはフッサールだけでなくカントからも遠く隔たっていた。ケルゼンの法学理解は徹底的に分析的なものに留まったのである。

ケルゼンとフッサールの接点になりうるものは他にもあるだろうか。すぐに気がつくのは、純粋で厳密な学問への関心である(これはすでに右に示した通りである)。同様に、どちらの理論も〔判断〕停止という方法形式で議論を進めている——異なる領域に対して異なる特徴を示しながらではあるが。最も広い意味での根本規範の妥当性に関する普遍的な「かのように」(als ob)を、世界の妥当性に関するフッサール的な括弧入れ(エポケー)と比較できるかどうかは、問題になりうるのである。時間的空間的に現にあるものに関する判断を停止することで、フッサールに対して意識と現象の世界が開かれる。それと同様に、自然法の問題、すなわち究極の正統性の問題を留保することで、ケルゼンに対して統一的で整合的な規範のシステムが開かれる。しかし、両者の方法の類似性は表面上のものに留まるに違いない。というのも、フッサールの場合の「〔判断〕停止」は懐疑(95)を伴うわけではなく、〔存在－〕妥当の定立の禁止はむしろ、そうした定立を意識の能作として取り戻し、後から理解するためのものにすぎない。それに対してケルゼンが評価的な判断、つまり彼にとってはイデオロギー的な判断を避けるのは、それによって初めて達成される「学問性」のためである。「〔仮説的な〕当為の領域」と「〔因果的－自然科学的〕存在の領域」とを厳密に分けることもこの点と関連しているが、それだけではなく、こうした分離は閉鎖的な自然科学的世界を前提とする実証主義的・自然主義的態度に基づくものである。この自然科学的世界にその後主観的解釈が掛けられるのだが、そうした解釈を「客観的」なものとするのは根本規範だけである。世界についてのこのような考え方は、現象学の観点からは、根本的に問いに付されなければならない。というのも、自然的な世界

(93) シューマンが参照するケルゼンの以下の著作を参照。『一般国家学』(Kelsen 1925, VII 邦訳 xii)。

(94) 「カントによれば、認識の純粋な合理性の能力としての純粋理性は、「なぜ」や「いかにして」を分からずに、人間精神に属する普遍的で完全に理解不可能な事実性に従って非感性的な概念、いわゆるカテゴリーをその内に宿しているとされる。神秘的でしかも合理的な解明の光が届かない仕方で、これらのカテゴリーは純粋に事実的に感性に形式を与えるとされ、しかもそうした形式化は不変の法則に結びつけられているというのである〔…〕」(Hua XXVII, 221)。

(95) フッサールの場合、時々投げかけられる一般的懐疑という非難は世界の実在に関しては当てはまらない。「私がこのように括弧入れを、それが私の全くの自由であるようにして行う場合、あたかも私がソフィストのようにこの「世界」を否定するのではないし、あたかも私が懐疑論者のようにこの世界の現存在を疑うものではない。しかし、私は現象学的エポケーを行うのであって、それによって時空的現存在に関するあらゆる判断を完全に停止する」(Hue III/I, 56 邦訳一四〇頁)。フッサールの場合、還元において重要なのは社会の抹消や否定ではなく、間主観的能作としての超越論的構成を遂行し明らかにすることである。

もまた、意識において経験されたものと経験するものの相関として示されるものだからである。生活世界における経験を新しい現象学的な（本質）学の基礎とする代わりに、ケルゼンは、最終的にはすでに非常に抽象化された二つの経験の次元を仮定するのである。それらの次元は、日常的な経験とそれに対置される「科学的」（自然科学的、規範科学的）なものとして理解される。

したがって、「〔判断〕停止」よりも実りある両者の繋がりがどこに見出されるのかと言えば、それは、法は「規範的解釈」という「作用（Akt）」によって生まれるというケルゼンのテーゼの中であろう。こうした態度は、主観性の作用生を反省し、それを法の概念を規定するための中心に据えるという点で、現象学的な見解に近似していると言うことができる[96]。まさにこの接点に、F・カウフマンは、そしてとりわけシュライアーも、現象学的分析を結びつけるのである（同様のことを、後にアムスレクも超越論的な観点から行う）。

F・カウフマンとシュライアーが取り上げるもう一つの要素は――ケルゼンが「本質の現象学」を拒否したにもかかわらず――純粋法学が追求する関心を一義的に形相的なものとしたことである。ケルゼンにとって重要なのは、あらゆる可能な実定法のための理論を考案することであり、したがって、実定法の本質を捉えることである。ここでは、フッサールによる事実と本質の区別[97]を用いて、非常に生産的な議論ができる。「学問は、哲学的実証主義が考えるように、事実や実定的に現にあるものを扱うのではなく、事実的ないし可能なものの本質や、実現されていたり可能なものに留まっていたりする本質の連関を扱えなければならない」（Weinberger 1988, 117）。事象の本質を知るためには、経験的な抽象化ではなく、純粋な直観が可能でなければならない。フッサールはこうしたことの基礎をカテゴリー的直観に置く。カテゴリー的直観によって多種多様な対象領域の構造ないし本質を完全に一般的に、かつアプリオリに知ることができるというのである。こうしてケルゼン門下の現象学派は実質的なアプリオリを導入する。実質的アプリオリはケルゼン自身にとっては「異質」ではあるが、それにもかかわらず、彼らの考えは、本質的には純粋法学の基本的な考え――存在と当為の二分法、法実証主義と非認知主義という考え、つまり、法体系の内容を認知的に根拠づけることの不可能性テーゼ（vgl. Weinberger 1988, 117）――によって規定されたままである。彼らの現象学的・法実証主義的な信条は、法学（Rechtswissenschaft）のような事実学はその基礎を形相的な学に求めなければならないというものである。このような意味で、シュライアーは次のように記すのである。「法の認識論なしの法学（Jurisprudenz）は不可能であり、法に関する大問題は認識論の問題と一致しており、認識論的な問題を解決する試みの後にのみ、法律学の（juristisch）基本問題を解決に導くことができる」（Schreier 1924, XI）と。

（96）この点については、この作用理論を「法意味」の構成として捉えようとする私の試みを参照されたい（Loidolt 2009a）。

（97）特にフッサールの『イデーンI』第一章「事実と本質」（10–39 邦訳五九―九八頁）参照。F・カウフマンとシュライアーは『イデーンI』の最初の論理的な部分を彼らの考察に取り入れているが、この著作が超越論哲学の方向に展開する点については拒否している。

第二項　フェリックス・カウフマン『論理学と法学――純粋法学体系綱要』（一九二二）と『法の諸規準――法学的方法論の諸原理に関する一考察』（一九二四）

われわれはしかし、まずはフェリックス・カウフマンに目を向けることにしよう。カウフマンは（ライナッハと同様）信じがたいほどに多面的な思想家であり、（法）哲学、数学、国民経済学、社会科学といった極めて多様な領域に及ぶ研究を行っている。カウフマンについて書かれたある論文のタイトルは「ウィーン学団の現象学者フェリックス・カウフマン」（Kohlberg 1997）となっており、この事実からしてすでに、法実証主義から現象学、論理実証主義、さらには、ジョン・デューイのアメリカン・プラグマティズムに至るまで、カウフマンが影響力のある数多くの方法的立場を取り上げていたことが分かる。これらの潮流の全てを通して、カウフマンは、ライプニッツにおける普遍学を模範として、つねに、論理学の諸条件に基づくあらゆる学問の統一的な方法論を見出そうと努力していた。こうした主張は、ここで限定的ながら取り扱うことになる法理論の諸著作のみに留まらず、『社会科学方法論』（ウィーン一九三六、オックスフォード一九四四）に至るまで一貫している[98]。

カウフマンは、ケルゼンの学説に見られる新カント派的な根拠づけだけでは不十分であると考え、すでにその初期の諸著作において、フッサールによる論理学の基本構想を手がかりに、ケルゼン理論の現象学的な基礎づけを試みている[99]。それに応じて、彼は法学を、学問全体およびそれらの論理文法の一領域として捉えた上で、法に関する考察に対して基礎学問論〔科学基礎論〕的諸章を先行させている――このような考察の順序は、一般認識論と特殊認識論の二つに分類されているカウフマンの方法論全体の特徴にもなっている（Kohlberg 1997, 13）。「論理学」ということでカウフマンが理解しているのは、（フッサールが言う意味での）形式論理学や特定の論理演算に留まらず、理性批判や学問論、認識論をも包括する、認識の個別分野に留まらない全領域である。しかも、カウフマンが概念を精緻化するための模範と考えていたのはつねに数学であり、数学こそが彼の思考を導いていた。

1　純粋法学の諸前提と基本概念（ライナッハの構想との対比）

『論理学と法学』（1922）および『法の諸規準』（1924）は、それぞれウィーン大学における法学の教授資格論文、哲学の博士論文として著されたものである。どちらの著作も、厳密に観念論的な（批評家グスタフ・A・ヴァルツに言わせるなら「理論と合理主義に偏った」（Walz 1928, 77））諸原理から出発するという同様の構造を持っている。(100) そのような諸原理によって、カウフマンは、フッサールの論理学的認識を法学に対して

(98)『社会科学方法論』は、もともとは、法哲学を体系的に取り扱う大著として計画されたものであり、「純粋法学」との標題が掲げられる計画さえあった。カウフマンはしかし、次第に法律学の領域から離れていったため、『方法論』で法理論に割り当てられたのは最終的に「各論」の一章のみになったのだという（Kohlberg 1997, 24参照）。このような理由から、入門書である本書では、カウフマンの初期の諸著作のみを扱うことにする。というのも、初期の諸著作の方がより法そのものに焦点を当てており、しかもフッサールの影響をより明確に読み取ることができるからである。

(99) ケルゼン流の方法批判は、その（新カント的な）哲学的諸前提からは切り離すことができ、より確実な（つまり現象学的な）基盤の上に立て直すことができるというのが、カウフマンの見解である。

(100) ブルーノ・コールバーグは、カウフマンに関する非常に情報量の多い論文の中で、次のように詳論している。『論理学と法学』は法概念の純化を目指すものであったため、カウフマンはそこでの思考を『法の諸規準』においてさらに推

も実りあるものにすると同時に、法の基本概念を現象学の立場から体系的に展開しようとした。そこで目標として掲げられたのが、純粋法学の（現象）論理的な（(phänomeno-) logisch）基礎づけであった。

ライナッハと同じく、カウフマンがそこで現象学にとって第一義的であると見ているのが、本質直観という厳密学の方法である。反対に、ライナッハと全く異なるのは、法分野に関するカウフマンの現象学的な業績が本質法則に関わる形式的な考察にかぎられているという点であるが、これはケルゼンの批判的法実証主義に対する彼の近さのゆえである。すなわち、カウフマンの見解では、約束という作用（すなわちある「存在」）から本質的に生じるような「法的形成体」があるわけではなく、法は、規範的権威によって定立された当為命題、すなわち規範によって初めて成立するということである。ケルゼン自身は、これについて次のように述べている。「「時間・空間の中で遂行されたある人間行動による作用を法行為（あるいは不法行為）とみなす」という判断は、ある特殊な解釈、すなわち規範的な解釈の産物である」（Kelsen 2000a, 3 邦訳五頁）。つまり、あるものは、私がそれをある規範を手がかりに理解する時に初めて、法として把握可能になる。法的ないし不法なものが事実それ自体の内にあるわけではない。「汝、約束を守るべし」という規範がなければ、ただ約束のみに基づいて拘束力が生じることはないのである。それゆえ、法学は既存の法規範の記述に取り組むことができるのみであり、またそうすべきなのである。法は事実ないし存在とは何ら関わりがなく、それゆえ法学は、（自然法論がそうするように）何が「事実上の」実質として（material）、つまり内容として法であるのかを見出すことを課題とすることはできない。法はただ規範を通じてのみ「産出」しうるのであり、それ自体を実質として認識することはできないのである。ケルゼンはそれゆえに、法学と法そのものとを区別した。法は法規範を組織化したものであり、法規範は規範的な権威（立法者、つまり例えば議会）によって産出され、全体として「当為」の形式をとる。(101) 法学はこれに対して法規範を法命題として記述する。法命題とは、「仮言的な判断」であり、「法認識にとっての所与である法秩序に照らし合わせて、この法秩序が定める一定の諸要件に該当する場合、法秩序が定める一定の効果が生ずべきであること」を述べるものである（Kelsen 2000a, 73 邦訳七三頁）。法命題においてはつまり、法規範が一つの命題へと変形されており、命題は規範が指令する（*vorschreiben*）内容を記述しているのである（*beschreiben*）。それゆえ、ケルゼンにおいて、法学の領域は、法命題を定式化し、さらにその基本的概念性格と構造連関を認識することによって規定され、画定される。

2　法命題についての論理的かつアプリオリな学としての法理論

カウフマンはケルゼンからさらに一歩踏みこんで、法命題それ自体に関する論理的基礎学として法理論を理解しようとした。形式論理学と現象学的な本質直観は、彼には、法命題の本質および本質的な構造を形式として認識するための基盤として妥当するように思われたのである。さらに法学は、現象学の方法によって推し進め、論理的基礎学が法学にとって重要であることを明らかにしようとした。法学の諸問題は、一般論理学ならびに経験に関わる理論的な諸問題の個別事例として認識され、それによって学問全体の領域の内に位置づけられる（Kohlberg 1997, 33）。

（101）ケルゼンは、立法者が例えば、「窃盗は、禁固刑に処すべし」との規範を、同時にしばしば、「窃盗は、禁固刑に処せられる」という形で定式化すること、ただしその際重要なのはそのような言語の形式ではなく、法を定立する作用がもつ意味であって、これは規範的であり、すなわち「当為」を意味することを指摘している。

よって、厳密な学としての概念装置の確立を保証されることになる。カウフマンはそれゆえに、ライナッハと同じく、法の実質的な意味条件についてはそれ以上問題にせず、むしろ法命題の中に現れる、その形式文法的な諸条件を問題にする。（われわれが法を、実定的に定立された社会的な強制秩序として理解していることはつねに前提されている）。カウフマンはそこからさらに、それ自体として妥当し、本質直観によってのみ根拠づけられる諸命題からなる一般的な形式的な学をアプリオリに公準化しようとする。法理論は、法律家の認識がアプリオリに前提しているもの（すなわち実定法的なもの一般の「文法」）を明らかにするものでなければならず、そのかぎりにおいて、法学、すなわち所与の出来事を法命題に関係づけることによってそれを法律上の事実として把握しようとする法律家の実務（「語られる言葉」）とは異なるのである。

法律家の関心は、法命題の内容にあり、これは経験的にさまざまなものでありうるが、法理論家の関心は、法命題のアプリオリに確定された形式に置かれる。あらゆる法理論はそれゆえ、その本質からして、法命題についての、しかもアプリオリな学である（F. Kaufmann 1922, 54）。

つまりカウフマンにとって、法概念の本質は、法が実定的に定立されているかどうかに全く左右されないものであり、それゆえに、彼は純粋法学の立場に立つことを明言しつつも、より広い意味での法実証主義からは距離をとらざるをえなかったのである（Kohlberg 1997, 32を参照）。

法学における実証主義とは、法律学上の概念形成に対する自然法の干渉に対して抵抗しようとする立場であり、この立場が、悪性の致命的な方法的混淆主義《シンクレティズム》に対する予防線となりうるかぎり、十分に正当化できる。しかし他方でそれが、法律学上の概念の本質を事実から演繹的に得ようとする時、自らが同時により危険で誤った道に陥ってしまうのである（F. Kaufmann 1922, 126）。

カウフマンの法現象学の立場はつまり、実証主義的に捉えられた諸事実を、事象に即した形式論と本質論に遡及的に関係づけようとしている点で、法実証主義的な純粋法学を理論的に基礎づける一つの形として特徴づけることができる。

3　学問論的ならびに認識論的準備作業

ケルゼンが法命題を、法規範を仮言判断の形で記述したものとして受け止めていたのに対し、カウフマンは、法命題を本質的かつアプリオリな形式において規定し、そのうえでそこから法律学の基本概念を導出しようとした。フッサールの論理学を手がかりに、彼が二つの著書の第一部で試みたのはいずれも、理論的な学問の本質そのものを考察することであり、「あらゆる理論が理論であるかぎり従わざるをえない」諸法則（F. Kaufmann 1922, 43）を手に入れることであった。このような文脈で、彼の『論理学と法学』では、まず歴史的な問題（アリストテレスから、ライプニッツおよびカントを経て、ボルツァーノ、コーエン、フッサールまで）が扱われ、次いで論理学および認識論的な諸概念の論理的な諸層、分析的－綜合的、アプリオリ－アポステリオリ、形式的－実質的、絶対的－相対的、客観的－主観的といった理論的な二項対立、意味の諸原理、命題の理論を扱った上で、最後に体系としての理論的な学問、つまりアプリオリな綜合判断の総体としての理論的な学問について論じている。『法の諸規準』では、「総論」が一般的な学問論の諸原理と、経験諸科学の理論の諸原理にあてられている。

本書の基本構想は本来、次のことを証明することにある。すなわち、理論的な学問全体の根本には、一つの統一的な方法があること、理論的な学問はいずれも、論理学という、一般的学問論とも呼ぶべき偉大な源泉に由来すること、またこうした根本的な共通性を確認することによって初めて、個別の学問それぞれに特有の性格がよりはっきりと際立たせられるということである」(F. Kaufmann, 1922, 106)。

4　法律学的形式論としての法理論

このような基本認識から出発して、それぞれの第二部では、思考の一般的前提を、アプリオリで綜合的な、また超越論的で論理的なアプローチをとる法理論に適用するという「各」論が展開されている。「カウフマンは、法学的形式論は経験から自由でなければならないという公準を立て、それによって明らかにされるべきなのは、事実的な文脈ではなく、基本概念どうしの本質的な関係であると考えた」(Dobretsberger 1927, 253)。法は、彼にとって諸命題、つまりイデア的な対象の総体として妥当するものであり、それゆえ、理論的な問いが向けられるのは、個々に現れ出るものからなる経験的データではありえず、つねにそれらを分類する規準の方なのである。カウフマンはそれゆえ、『法の諸規準』においても、形式論理学の要求に応じて、基本問題を次のように定式化している。

法とは、人間の行動に関する制裁を伴った規範の総体である。法とはそれゆえ、特殊な意味内容を持つ諸命題の全体として提示されるのであり、法理論はしたがって、第一に、法の諸命題の意味内容を記述分析において把握するものでなければならず、第二に、そうした多様な諸命題を「法」として統一的に結びつけるような連関の様式を発見しなければならない（F. Kaufmann 1924, 69f.）。

カウフマンは、法律学上の「純粋」な諸概念の上に構築されたケルゼンの準アプリオリな純粋法学の体系を支持しつつ、それをさらにフッサールの直観に基づく本質論理学の中に位置づけることによって、さらに高めようとした。現象学はその際、彼に、新たな普遍学という基礎を提供してくれるのであり、そのおかげで、学問的思考に対して一般的な認識論的な諸前提が得られるのだという。その際の実践的な理念は、最小限の数の法律学上の概念を統一して、最小限の諸命題を手にすることであり、そこから、論理的な演算によって当該分野の学問がもつべきあらゆる諸概念が獲得できるのである（F. Kaufmann 1922, 102）。

5　法律学的形式論の核心――法命題と法律学の基本概念

法命題の形式的な構造は、二重規範の記述として示され、最終的には次のようになる。「主体Aがある行動V_1を為すべきであるのに、そうしない場合には、その者に行動V_2を適用すべし」[102]（F. Kaufmann 1922, 91）。

（102）法命題には、より拡張的で複雑な形式があり、カウフマンは例えば、それを主観的権利（subjektives Recht）という「重要問題」に取り組む中で定式化している。彼は主観的権利を、「神秘的な独自の権利」としてではなく、次のようにそしてここから帰結するのが、当為、人格、[103]事実という法学の「主要概念」（F. Kaufmann 1922, 57）である。法に関する複合的な諸概念は全て、これらから論理的な演算を通じて導き出されるのであり、これらをひとまとめにすることで成立するのが、行動（*Verhalten*）の概念である。翻ってこの行動概念は、カウフマンによれば、単なる心理学的な実体ではなく、「事象に即した学問の基本概念にとって論理的に有用な」概念であることが明らかであるという（F. Kaufmann 1922, 67）。ここには、これまで不明瞭であった法学の基本概念を、事象に即した学問という意味において、論理的に精緻化しようというカウフマンのより大きな意図が示されている。彼はその研究の成果を次のように要約している。やや長くなるが、引用しよう。

法理論が問題にする命題とは、法命題、つまり法理論が取り組む諸概念であり、これが真性かつ本来的な意味における法概念である。これら法の諸概念は総じて、純粋で端的な法命題を構成する事象に即した諸概念、すなわち法の基本概念から獲得されるのでなければならない。そのような概念として認めうるのは、人間――われわれはこれを法的にアプリオリ化することによって、人格と呼ぶことにしよう――、行動、そして「当為」の概念である。

行動という概念は、すでに見たように次のように要約できる。それは、ある人格との具体的な関係における状態ないし過程――以下ではこれらを、事実と呼びたい――を意味する。純粋で端的な法命題の実質的な内容全体、それゆえ法理論の内容全体はつまり、行動と当為の概念によって汲みつくすことができ、前者をさらに論理的に分解すれば、人格と事実という基本概念が導き出される（F. Kaufmann1922, 102）。

特徴づける。「AがBに対して権利を持つのは、Aによる行動V_1に基づいてBが行動V_2を行うべきである時であり、もしそうでない時には、Bに対して、行動V_3が適用されるべきである」(F. Kaufmann1924, 91)。つまり、主観的権利は、「意志の力」や「利益」としては捉えられず、そのような見方はそもそも、主観的権利を客観的法へと還元しようとする純粋法学とは相いれない。むしろ、「ある人格が別の人格に対して主観的権利を有するのは、一方の人格による行動いかんによって、他方の人格に法的義務が生じるような時である」(F. Kaufmann 1924, 91)。

(103) カウフマンは『法の諸規準』(1924) において、自らの法律学の基本概念である人格を、シュライアーのように単なる「論理的主体」として理解しているのではないこと、また自らが〔『論理学と法学』で〕用いた「心的物的な統一体(Einheit)」という概念は、[…] そのような統一性の問題を示唆してさえいない」ことを強調している (F. Kaufmann 1924, 80)。むしろそこで問題になるのは、シェーラーの概念規定(「人格とは直接的に共体験された体験の統一である」)によって表現されているような「現象学の基本問題」なのであって、それはこの〔人格〕概念が明証的な事象性 (Sachhaltigkeit) を持つことを示している (F. Kaufmann 1924, 80参照)[訳注三]。これに対して、「法人」については、「人格」の多義性からくる誤解を回避した上で、「帰責の単位 (Einheit)」として把握しなければならない。法人という帰責の単位は、自然人という「帰責の単位」と特有の関係に立つものの、決してそれと同一視されてはならない。「今や、法人の権利義務が、「自然」人の権利義務といかなる点で区別されるかもまた明らかだろう。自明なことであるが、法人が示す帰責の単位とは、特定の規則(定款)によって特徴づけられたさまざまな人々による行動を、この規則に従って結合したものである。この規則にあてはまるものであるかぎり、一人または複数の人格によってなされた行動はいずれも、その責任を、その行動を行った人格以外の一人または複数の人格に対しても問うことができる。もちろんこのような帰責は、最終的には「自然」人に対して向けざるをえないが、忘れるべきでないのは、複数の自然人からなる一つの全体があって、それが法人を規定するのではなく、人格が行った特定の行動の内に帰責単位を特定するような帰責の諸規則が、総じて一つの法人を現出させるのだということである」(F. Kaufmann 1924, 94)。

〔訳注三〕引用前後の文脈からすると、ここでカウフマンが言っているのは、次のようなことである。『論理学と法学』では「人格」を「心身統一体」として扱ったが、この統一をどう考えるかは現象学の基本問題であり、法学の領域では解決できない。純粋法学は人格を「論理学的主体」として扱っているが、人格概念にはより強い、明証的に洞察できる事

法の概念をめぐっては、法を目的と捉えるもの（例えばイェーリンク）や意志表示（Willenserklärung）とするもの、命法とするもの、あるいはシュタムラーの捉え方に見られるように、法を「自己を支配する拘束的な不可侵の意志」とみなす理論などがある。そこで、法概念を論理的かつ内在的に明らかにするための準備作業となるのが、これら他の理論に対する批判を構築し、それらとの懸隔を明らかにすることである。というのも、ほぼ全ての学説は、「あらゆる法命題が人間の行動に関係づけられた規範である」という点については一致しながら、規範や人間の行動として厳密に何を理解するかという点についてより詳しく論究するやいなや、「その見解が大きく分かれる」（F. Kaufmann 1922, 63）からである。

カウフマンによる現象・論理的（phenomeno/logisch）分析に従えば、例えば、法命題の「最近類（genus proximum）〔直接上位にある類〕」（F. Kaufmann 1922, 63を参照）としての規範は、「態度決定作用の客観化」によって生じる当為概念から借用されたものである（F. Kaufmann 1922, 73）が、このとき客観化されるのは、意志作用の全体ではなく、態度決定作用の一部に留まる（F. Kaufmann 1922, 74）。それゆえ、当為の内に、意志する者との関係が見出されるとは言えず、当為を意志の告知とみなし、当為命題を命法として捉える学説は退けられることになる。カウフマンはまた、意志作用が向けられる相手の側を主題化することによって、法的拘束力をこの相手の承認から導き出そうとする承認理論をも同様に拒否する。当為命題はむしろ、一般的な妥当性要求の表現であり、それゆえ平叙文として捉えられねばならない。それゆえ、法概念を規定する際にカウフマンが最も重視する規準とは、規範の「背後」にある権力装置の強制力（F. Kaufmann 1922, 89参照）のような、規範の意味内容の外部にある規準ではない。そうすることによって彼は、法学の仮象問題が生じることを避けているのである。法命題の背後にある構築物を想定するのではなく、カウフマンはむしろ法命題自体の内に与えられている、形式的であるにもかかわらず、事象に即した概念に焦点を当てる。

このような手続きの結果、彼は、「純粋に法律学上の（純粋に法規範から得られる）概念」と「混淆的な（gemischt）法律学上の概念」とを区別することになる。後者には、例えば、あらゆる物権があてはまる。「というのも、物の概念は、法規範の中には見出せないような直観的内容を含むからである」[104]（F. Kaufmann 1922, 105）。このような手続きの狙いは、非法律学的なものを最小限にすること、つまりメタ法学的な残余を伴わない法概念に還元することである（例えば、所有物を物権に即して定義すると、それ「メタ法学的な残余」が不可避的に介在してしまうので、この定義は、「混淆的な意味で法律的」であるに留まる）。このようにして、あらゆる概念が、フッサールがいう意味で、形相的な法学のカテゴリーの下に首尾よく包摂されることになる（F. Kaufmann 1922, 127参照）。

6 当為の学における因果性のアナロジーとしての帰責

法命題の論理形式は、経験可能な対象から取り出されるのではなく、アプリオリに前提されている。それは、「カウフマンの法理論の体系を貫く思考の形式である。論理化された法命題は、法学における法則として法の法則（Rechtsgesetz）を表現するものである。その法則とは、自然科学における因果に対置され

象性がある。

（104）これについてカウフマンは、幾何学や物理学とのアナロジーで説明している。混淆的な幾何学概念とは、例えば赤い三角形の平面であり、混淆的な物理概念の一例は、地球の引力である。

る帰責である」（Winkler 1999, XXV）。

帰責という術語は、すでにケルゼンにおいて、因果に代わる秩序原理として登場しており、双方向になされる行動の規範的な秩序を記述する際に用いられている（Kelsen 2000a, 79 邦訳七八頁）。ケルゼンはこのように、規範学としての法学と自然科学との間に、はっきりとした境界線を引いている。というのも、帰責とは、法秩序が定める特定の条件の下、やはり法秩序が定める特定の強制的措置が遂行されるべきことを意味しており、因果性とのアナロジーに置かれているとはいえ、結びつきとしては全く異なる意義を持つからである。「〈AならばBである〉という自然法則とは異なり、法命題においては、〈Aならば、たとえ実際にはBでないとしても、Bであるべし〉ということになる」（Kelsen 2000a, 80 邦訳七九頁）。

カウフマンは法学と自然科学の間の形式的なアナロジーをさらに、「当為の法則」と「事実の法則」として捉えなおし、その際、彼はこれらを、自らの形相的な立場によって拡張する。つまり、カントが自然科学について、因果の法則を主体の主観性から引き出し、それによってそのつどの事実を思考の法則に従って把握しようとしたように、これと全く同じく、法学によっては、帰責の法則が法の理論的な解釈図式となるのである。「自然法則が事態の説明に資するように、法規範は、事態の評価に資するのである」（Kohlberg 1997, 33）。このように形相的な作業に基づいて設けられた法学と自然科学との間のアナロジーは、法学全体を論理学とアプリオリな本質形式の上に基礎づけようとするカウフマンの傾向を鮮明にしている。

こうして、われわれの一般的な学問論上の確認に従って、直ちに法理論の理念が明らかになる。その理念とはすなわち、純粋な自然科学が自然の本質論であるのと同様に、法の本質論なのである。そうであるかぎり、法理論の理念は、実定法に関するいかなる学問にとっても必要な理論的基礎となる。

これは、純粋な自然科学が自然に関するいかなる経験科学に対しても理論的基礎をなすのと同様である（F. Kaufmann 1922, 43）。

7　当為の学にとってのアプリオリな構造――批判と評価

経験科学は、カウフマンにとって、「経験対象をアプリオリ化することによって成り立つ」（F. Kaufmann 1922, 41）。つまり、経験されている事物をそのまま経験される事物として扱いうるような理論的学問はありえないということである。同じことは法についても言える。カウフマンにとって、法とはつねに実定法を指している。カウフマンは結局、（存在についての学である自然科学に対して）当為に関する学にとってのアプリオリな構造を見出そうとする。そしてそれゆえにこそ、現象学を手がかりとして、法学に対して、より確実で、論理的－アプリオリな基盤を与えようとするのである。

多くの批判者、例えば、『フェリックス・カウフマンによる現象学的純粋法学への批判』（1928）を著したグスタフ・A・ヴァルツによれば、そのようなことは、「学問的に不可能」であるという（Walz 1928, III）。ただし、ヴァルツは「その試みがいかに抽象的で、法や現実から遠ざかって見えようとも、いずれの理論家も見過ごすことのできないような決定的な第一歩が、フェリックス・カウフマンによって成し遂げられたこと」を認めている（Walz 1928, 76）。

8 補遺——規範と価値、存在と当為

カウフマンは当初確かに、存在と当為とを架橋不可能なものと捉えるケルゼンの二元論のテーゼを、「全く異論の余地のないもの」としていたが、彼は、このテーゼを次第に、とりわけ現象学の影響の下で修正するようになった。というのも、カウフマンによれば（ここでは彼は、フッサールの『論理学研究』に依拠している）[105]、規範概念は、「その全体が」価値概念に属するからである。「規範とは、ある行動に価値を認めるということである。ある行動を価値あるものとして説明することと、それを規範化するということは、同一のことである」（F. Kaufmann 1924, 82）。二元論のテーゼはそれゆえ、前提となっている価値づけや価値基準を考慮しないまま、規範を不完全に定式化することによって生じる。このように割り当てられる価値そのものはしかし、決して特別な存在論的領域に属するわけではない。「価値問題についてのカウフマンによる考察は、現象学に触発された、認識に関する彼自身の分析に起源を持っており、それによれば「存在認識」と肩を並べるような独立の「価値認識」というものは存在しないのである」（Kohlberg 1997, 37）。そして、このような見方は、価値覚作用がつねに客観化作用の上に成り立つものであるかぎり、価値はつねにある対象において把握されるものであるとするフッサールの洞察にも対応している。ただし、フッサールとカウフマンは、価値覚作用がどのような明証性を持つかに関しては見解を異にしている。フッサールが、価値が明証性を持つことは可能であると捉えるのに対し[106]、カウフマンは次のように述べている。「価値言明は検証不可能であり、価値態（Wertverhalte）〔訳注四〕は明証性を欠く。このことは、すなわち［…］自然法が不可能であること、つまり、ある法命題の妥当性が、理性的に洞察可能な類のものではないということを意味している」（F. Kaufmann 1924, 125）。カウフマンによれば、規範が検証可能であるのは、それとと

もに目標が提示されている場合にかぎられる――つまり、ある行為が「正しい」ものであったかどうかを言い当てるには、規範によって前もって与えられた目的との関係で、それを評価する他ない。正しさという概念は、このように関係的で目的合理的なものであり、それは、つねに目標の準拠体系によって補われなければならない。すなわちカウフマンにとって、準拠体系を伴わない「正しさそのもの」は、規範的な観点の内には存在しないのである（このことは、正義の概念にも同様に当てはまる）。むしろ、問題となるのは、「実践的な正しさ」であって、それは、与えられた諸目的との関わりで、目標に即した正当性を持つものなのである（F. Kaufmann 1936/1999, 125 を参照）。

規範に適っていることと実践的な正しさ、そして事実検証可能であることとがこのような結びつきにおいて捉えられていることからすでに明らかであるように、存在と当為の厳密な分離は、カウフマンにとってはもはや支持しえないものとなっていた。存在と当為とを緊張関係において捉える見方は、当初、法の承認理論や権力理論との対決に際して方法批判的に実りの多い帰結をもたらしたが、規範的方法という理

(105) フッサールによれば、規範化にはつねに必ず、価値づけ作用が先行する（Hua XVIII 56ff. を参照）。「最後に、規範的判断という概念については、われわれの分析に基づいてそれを次のように記述することができる。すなわち、その基礎にある一般的価値評価と、この評価に帰属する一対の価値述語の、この評価によって規定された内容とに関しては、「そのような術語を有するための何らかの必要条件または十分条件ないしは必要かつ十分条件を表現する命題」は全て規範的命題と言われる」（Hua XVIII, 56 邦訳六三頁）。

(106) フッサールにおける価値の明証性問題については、Loidolt (2009a), 168–180 および、Melle (2005), Hart/Embree (1997) を参照。

〔訳注四〕事実判断の対象となる事態（Sachverhalt）との対照で、価値判断の対象を表すフッサールの術語。

念を彼が批判的に解消したことによって、これらの間の緊張関係もまた解消されることになった（Kohlberg 1997, 40を参照）。最後に、当為をその独自の起源である根本規範に還元するというケルゼン流の方法もまた、カウフマンがケルゼンからはっきりと離れる点である。というのも、ある命題の法的妥当性を主張するということは、カウフマンにとって、その命題が解釈すべき実質の一部であるからである。カウフマンにとって、法律とはつまるところ、合理的な構築物に他ならず、法律の理念型的な解釈図式もまた、行為を有意味に理解可能な形で合理的に構築したものである。法解釈学の課題が、ある法秩序を構成する諸命題を解釈することであるように、この解釈過程を合理的に再構築することによって解釈手続きを明瞭化することが法理論の課題なのである（Kohlberg 1997, 42を参照）。

第三項　フリッツ・シュライアー『法の基本概念と基本形式——現象学に基づく形式的法理論と形式的国家論の構想』（一九二四）

「幾何学が空間をほとんど定義しえないのと同じく、法学は法を定義できない」（Schreier 1924, 4）。シュライアーによれば、そのような試みは、言葉の十全な意味においてメタ法学的であり、法学の体系の内部においては不可能である。というのも、ある学問が成立するのは、その対象が確定されることによってではなく、形式論理的な演算によって当該分野における認識全体が導き出されるような公理が設定されることに基づくからである（Schreier 1924, 3を参照）。最上位の命題である公理が、もし別の公理に還元可能であるとしたら、その体系は独自の法則性を失い、最上位の命題を持つ別の体系の一部であるということになってしまうであろう。

シュライアーはこうしたことから、法について新たな定義を試みる代わりに、最上位の法命題（ないし法の公理）を見出すことを課題とする。「法を規定するには、命題から出発すべきなのであり、このような方途を提示したことがケルゼンの功績である」（Schreier 1924, 4）。法の本質は、それゆえ法の最上位の命題によって規定される。

カウフマンの場合と同様、ここでも次のような学問論的な先行規定を見出すことができる。つまり問題となるのはたえず、法学、つまり可能な、また可能なかぎり保証された法についての学なのであって、その学は確固たる基本原理、この場合「最上位の命題」の上に打ち立てられるはずである。しかしながら、法秩序の多様性を考慮に入れるかぎり、法学においては（自然科学とは異なり）、個々の法命題どうしが矛盾することがある。そうである以上、そのような学を見出すことはいかにして可能なのだろうか。これは、少数の基本命題から演繹され、法一般がそこから規定可能な一つの体系を見出すことができるかどうかにかかっている。しかもこれらの基本命題は、一貫して形式的でなければならない。すなわち個々の法秩序の実質は抽象化され、法の一般原理に高められなければならないのである。(107)

1　純粋な法把握作用――『論理学研究』を基盤として

カウフマンが、ありうる全ての理論に見出されるような学問論の概念論理へと直接に踏み込んでいった

(107) 形式化を進めることは同時に、実質的な諸原理に依拠する自然法から離れることを意味する。

のとは異なり、シュライアーは、やや込み入った仕方で現象学的な迂回路をとっている。彼は、アプリオリな法命題論を企図するのではなく、作用と対象を現象学的に区別した上で、純粋な法把握作用（*rechterfassender Akt*）についての議論に立ち入り、そうすることによって、法学とあらゆる可能的な法にとっての本質法則を特定しようと試みる。

現象学的な手続きを採用することによって期待されているのは、「条件づける」側の形式的な諸要素を、「条件づけられる」実質的な要素から首尾よく選り分けることである（Schreier 1924, 6を参照）。ここでは簡潔に、フッサールが『論理学研究』で示した帰結を、シュライアーとともに要約してみよう。[108]

出発点となるのは、意識の内に世界が与えられているということである。個々の意識体験は作用（*Akt*）と呼ばれ、あらゆる作用は、作用がそこへと志向的に方向づけられる対象を持つ。対象はいずれも一定の与えられ方の様式を持っているため、志向的相関を通じて、作用もまたその対象の特殊性に応じた特殊性を帯びることになる。対象がそれに対応する作用の中で自らを呈示する、その特殊なあり方を、対象の構成と呼ぶ。この構成について記述する際、所与性の本質法則を認識するための手段となるのが、カテゴリー的直観であり、これは必当然的な確実性を持つ。現象学的な態度を特徴づけるのは、（例えば、数を数えるといった）意識作用が思考の対象とされることである。その際、分析の対象となるのは、心理学のように自己や他者による作用ではなく、形相的な抽象を通じて獲得される純粋な作用そのものである。

作用分析の一例として、表現作用について記述してみよう。この例は、後で法志向作用（*Rechtsakt*）〔訳注五〕との関連でも有用になるであろう。表現作用には、表現という物的な側面がある。というのも、表現は意義（Bedeutung）を持ち、意義は翻ってまた対象を指し示すからである。この対象は、直観に対して与えられることもあれば、そうでないこともある。ある表現、例えば、「ペガサス」は、「翼の生えた馬」という意義を持ち、それに該当する対象を指示しているが、この場合の対象は、非現実的なものであるので、ただ空想的直観に対してのみ与えられうる。意義と対象の違いは、表現が多様な意義を持ちうるのに対して、持ちうる対象は同一であることから明らかであろう（例えば、イエナの戦いの勝者は、ワーテルローの戦いの敗者でもある）。同一の表現が多様な意義を持ちうることを多義性という（例えば、〔ドイツ語の〕Bankには、ベンチという意義と銀行という意義とがある）。

2　法志向作用の現象学的分析

シュライアーは、こうして、法の基本命題の最上位のものを、法が構成される作用、すなわち法志向作用の分析によって獲得しようとする(109)。「われわれは法を、法志向作用において把握するのであり、われわれに対して法が与えられるのは、法志向作用においてである。われわれは法へと志向的に方向づけられている」(Schreier 1924, 13)。法志向作用ということで考えられているのは、法について理解しつつ把握することであって、法を生み出すことではない(110)。シュライアーにとってはその際、自らが「法」と名指している

(108) Schreier (1924)「II　現象学的分析」(6–12) 参照。
〔訳注五〕第一部第三章第一節の訳注一参照（本書七三頁）。
(109) ここで、「法定立作用」、実定法を生み出す立法者の作用と混同してはならない。
(110)「われわれはしかし、法把握作用のみを問題にする。というのも、法が構成されるのは法把握作用においてだからである」(Schreier 1924, 24)。法把握作用は、シュライアーによれば、法定立／法産出作用がなされるための基盤である。

ものが法規範の形式をとるということは明らかなことであった。「法は法規範からなる。あらゆる法的なものは、法規範に還元されるのでなければならない」(Schreier 1924, 41)。このことから、法志向作用が、彼にとっては次のような構造を持っていることが分かる。すなわち、ある法規範があり、それが意識作用(法志向作用)の内に与えられる(構成される)。そして、探究されるべきは、この法志向作用がいかにして、この所与を志向的に法として把握するのか、つまり、法を把握するためには、法志向作用がどのような性質のものでなければならないか(ノエマの側面から述べるなら、法はいかにして法規範の所与性の内に現出するのか)ということになる。ここから、法学が要求する最上位の基本命題に、どのような本質的法則性が見られるかが結論づけられ、そのような法則性が一つの閉鎖系に属するのか否かという問題についても明らかにされる。問いは以下のようになる。

法志向作用の本質によって特徴づけられる法則性とはどのようなものだろうか。法志向作用は、独自の作用集合であって、それゆえ、法の本質法則は、他の諸法則にそれ以上還元できないような法則であるのか、あるいは、法志向作用は、何か別の作用集合に数え入れられるものであるのか、またそうだとすれば、それはいかなる集合なのか(Schreier 1924, 12)。

シュライアーは、現象学的な相関の法則を踏まえ、あらゆるものを対象を通して見出そうという目論見から、作用を探究する。法を把握する作用を、その本質的な法則性において特定することができれば、法やその体系をそれらの本質的法則性において特定することもまた可能であろう——そしてもしその法体系が閉鎖系であるなら——独自の公理を導き出すことができる。問題となるのはしかし、法を構成する(ここでは、把握するという意味での）作用を記述するには、法がいかにして（すなわち法規範として）与えられるのかを、シュライアーがすでに初めから知っていなければならないということである。シュライアーは、法志向作用は認知する作用であると結論づけている。[111]というのも、法を把握する作用は、命令や態度決定に見られる作用とは異なるからである。法志向作用はつまり、認知という意味における一つの判断である。「そこで念頭におかれているのは、立法者がそれに基づいて規範を立てる理論的基盤である」（Schreier 1924, 24）。この「理論的基盤」が意味するのは――これまで見てきたあらゆる前提に照らし合わせれば、あまり驚くべきことではないが――法命題である。認識的な法志向作用において、法規範は法命題の形式で、法として認識される。このように込み入った現象学的操作を通じて、シュライアーは法志向作用から、望みどおり法命題を抽出したのである。

ここで興味深いのは、シュライアーのアプローチである。彼は、法はいかにして現出するのか、法的な現出に特有なものは何か、あるいは、法的現象とは一体何かという仕方では問題を設定しない。このように問う場合、問いに付されるのは、相関のアプリオリのうちノエマの側面になるであろう。シュライアーの考察は、そうではなく、ノエシスの側へと向けられる。法は認識作用を通じて私に与えられるが、この

なぜなら、あらゆる法定立作用において、まず何がしかの認知がなければ、それに対する意志は生じえないからである。

（111）フッサールの場合、態度における体験ないし作用と、認知におけるそれらは区別されている。例えば、私が何かについて喜んでいる時、問題になっているのが、私の態度であるのに対し、ある色を知覚している場合の体験とは、対象の側に成り立っている事柄の純粋な「所持」であって、私の自己はそこでは「ほとんど空虚」である――このような類〔の体験や作用〕を特徴づけるのが、認知である。

作用を、その本質的法則性において記述することができるとすれば、そこから、私は、法学の最上位の命題を導き出すことができるだろう。というのも、法把握のノエシスにおいては、われわれがいかにして法を理解するのかが明らかにされなければならないからである。この理解においてこそ、法に至る鍵が提示されることになるであろうし、シュライアーによれば、それは法命題の中に形式的に含まれているのである。

ここで、先に確認した、表現、意義と対象の間の区別を想起しよう。法命題は、シュライアーによれば、法規範の独立かつ十全な表現である。法規範とはすなわち、法志向作用の対象であり、法規範が意義として把捉されたものが法命題なのである（Schreier 1924, 42を参照）。

法志向作用は、法規範を対象とする。法志向作用は、その対象を法命題という意義を介して把握する。法規範は、この把握作用において法命題という意義を持つ。つまり、「窃盗は、禁固刑をもって罰される」という法規範は、法把握作用によって、「ある人が窃盗を働いた場合、禁固刑で罰される」という意義になる。「法志向作用がつまり、ある認知を表現する作用であるのに対し、法命題は言明であり、かつ認知を表現しているという二重の意味で、判断なのである」（Schreier 1924, 27）。判断とは言明、すなわち表現する作用のことをいう。「法志向作用とは判断作用であり、法とは判断されたもの、すなわち判断の内容であり、しかもより厳密かつ精密な法則性を持った判断である。法の対象は、これによって、非実在的な対象として、自然の領域には属さないものとして認識されたことになる」（Schreier 1924, 44）。法的対象とはそれゆえ必然的に、経験的には存在せず、むしろ判断──法志向作用──において初めて構成されるような精神形成体である。すでにケルゼンは、「存在」（実在的な存在、自然の存在）と「当為」との間の厳密な分離に基づいて、法の非実在的な性質をはっきりと指摘していた。

3　法命題の形式的規定と法学の論理的な位置づけ

法命題の定式化と分析は、カウフマンの場合と同様に進められる。すなわち、シュライアーにおいて法命題とは、「構成要件事実が成り立つならば、その人は制裁を受けるという形で給付（Leistung）をしなければならない」（Schreier 1924, 70）という形をとり、形式的な当為と法律上の帰責によっても根拠づけられている。同様に彼は、そこから四つの法的な基本概念、構成要件、人格、給付、制裁を引き出し、さらに著書第二部で、「法律学的形式論」を展開し、法一般に妥当する諸命題をこれらに対応する形で列挙している（第一部には「法律学の基本概念の導出」との表題が掲げられており、著書の構成は、カウフマンの二つの著作とも類似している）。シュライアーの場合にもここで再び、ライプニッツの「普遍学」の概念（Schreier 1924, 85）が登場し、純粋法学が論理学の一部として規定されている。

われわれが設定した課題は、このように解決された。すなわち、法の本質から発する基本概念がまず明らかにされ、第二部ではこれらに対応する、法一般に妥当する諸命題が展開されることになる。これによって、われわれが続いて定式化した問い、つまり法の最上位の基本命題が他の諸命題に還元で

（112）法規範は、シュライアーの見解では、精密な法則、アプリオリな総合法則である。なぜなら、それには例外が認められず、別の新たな観察によって退けられるということがないからである。

（113）フッサール現象学においても、法は非実在的な対象に数えられている（第二部、予備的考察、第三節〔本書一〇四―一〇六頁〕を参照）。

きるかどうかという問いにもまた、決着がつけられた。われわれが提示してきた法的関係(114)は、純粋に形式的なものであり、形式的領域すなわち、論理学に属するのである（Schreier 1924, 80）。

シュライアーが当初設定した問いとは、「法学は閉鎖系か否か、またその公理は何に由来するのか」というものであったが、これに対しては、「法学は閉鎖系ではなく、その公理は論理学から引き出される」と回答することができる。しかし、法の概念そのものは、なお不明確なままに留まっている。というより純粋法学によっては反省されないまま前提されている。というのも、法志向作用を分析することによってもたらされた結論は、法は法命題の形式と意義とにおいて認識されるということであり、それゆえ、論理法則に従わざるをえないということだからである。シュライアーの現象学的な研究に見られる問題は、法がいかにして認識されるかについては論じられているが、そもそも法がいかにして——全く現象学的な意味において——構成されるかについては問題とされていないことである。別の言い方をすれば、シュライアーの理論的な前提に従えば、法命題を概念的に把握するには、私はつねにすでに何が法であるかを理解していなければならないことになる。というのも、法は、いつもすでに法規範として与えられているからである。しかし「法」は単に認知的な作用分析を通じて把捉されるだろうか。決定的な作用論的な問題はむしろ、法ないし（法）規範についての意識がそもそもどのように成立するかということでないだろうか。

4　シュライアーとF・カウフマンの法現象学アプローチ——ライナッハとの比較

このように、シュライアーの理論的帰結は（「法律学的形式論」については、ここではこれ以上詳しく立ち入ることはできない[115]）、カウフマンのそれと似通ったものになる。つまり、その主要課題は、法学を精密に規定することであり、それは、ただ純粋に形式的にのみ解決されうる。それゆえ、「法」の本質に関わる実質的な内容に取り組もうとするライナッハの法現象学を、シュライアーもまた退けざるをえない。確かにライナッハにおいても作用分析は問題にされているが、特有の「法志向作用」については全く議論されていない。むしろ彼は、約束の研究に出発点を見出し、要求というものが本質的にはそこから生起することを論じ、約束を社会的作用として特徴づけている。約束と要求は、彼にとっては特有の法的形成体であり、アプリオリな法論の領域に属するアプリオリな諸命題が、これらに妥当する。社会的作用は、その実質性によって、一定の本質的法則性をその内にはらんでいる。法ないし要求の本質は、直観的に明らかでなければならず、ライナッハにとって、それ以上遡って問うことができないものなのである。

シュライアーが批判するところによれば、ライナッハは、社会的作用には取り組んだものの、特有の法志向作用については扱わなかった。

(114)「法的関係」の下に理解されるべきなのは、例えば、帰責に見られる純粋に形式的な関係のように、法命題のさまざまな構成要素の間に見出される関係である。

(115) 法律学的形式論は、「構成要件」「人格と主観的権利」「給付と制裁」「国家」の諸節からなる。シュライアーは、これら法律学的基本概念を、体系的に矛盾なく、また端的に可能な形式において明らかにしようとし、そうすることによって、法の「基本形式」を彫琢しようとしている。そこで、例えば、権利主体（Rechtssubjekt）が基本的構成要件として捉えられると、主観的権利は、「私の権利」という謎めいた形ではなく、「表示上の構成要件（Bezeichnungstatbestand）」として捉え直される（Schreier 1924, 149f. を参照）。このように、全てが法理論の基本形式に還元され、「目的」や「行為」といった心理学の諸概念は一掃され、ある種の「法律学的文法」が展開される。

というのも、社会的作用においては法は構成されえないからである。社会的作用は、ライナッハ自身が考えるようには、法に対して志向的に方向づけられていない。それらは、社会的作用において人が向き合っている別の主体や、その主体による行動など、法とは異なるものに対して方向づけられている。したがって、ライナッハはすでに出発点において誤っていると思われる。というのも、要求と約束は、法の領域においてのみ現われるわけではなく、慣習道徳や慣習、心理学や社会学にも見出されるものだからである（Schreier 1924, 13）。

とはいえ、これに対しては次のように反論することが可能だろう。ライナッハが問題にしたのは、独立した学問としての法学を、独自の最上位命題と公理をもって確立することではなかった。彼はむしろ、法の有意味な基本形式の一つである請求権を跡づけようとしたのであり、彼にとって、当為はまさしく、ある存在、すなわち、約束という行為を通じて生起するものであったのだと。しかしこのような考察はまさしく、ケルゼンの弟子であるカウフマンとシュライアーにとっては不可能なものであった。彼らが議論するところによれば、約束の背後にはつねに「汝、約束を守るべし」という規範が成立していなければならないからである。これに対して、ライナッハであれば、再び、次のように反論するだろう。そのような（道徳的な）規範は付加的なものにすぎず、外的に約束に関係づけることはできるとしても、まさしく請求権と拘束性は、約束の遂行とともに成立するのだという点に何ら変更を加える――補強したり、妨げたりする――ものではない。そうでなければ、第一に約束はそもそも約束ではなく、別物であることになり、第二に、無限後退が不可避になる。ライナッハには、何がしかの根本規範を仮定的に設定すればこの無限後退をたやすく解決できるとは思えなかったのである。請求権の次元が、もし約束の中に備わっていないのだとすれば、それをいわば仮定的に作り出すことによって後から「付け加える」ことなどもはや不可能であろう。

ただし、どちらの法現象学的アプローチにも共通している点がある。それは自然法からの懸隔である。ライナッハの考えによれば、「われわれが論じているのは、より上位の法ではなく、端的な存在の法則である」(Reinach 1989, 273 邦訳六五二頁)。彼にとって問題なのは、約束、許可、放棄などの本質であって、現になされた請求の内容や拘束力ではなかった。この意味で、ライナッハは、人間本性から具体的な法内容を導き出そうとする自然法〔論〕よりも、より形式的な立場をとっている。法の全体を法規範と法命題に限定したケルゼン、カウフマンおよびシュライアーと比較すれば、ライナッハの議論には確かに、実質的な側面が組み込まれている。それは彼が特定の法内容を公準化したからではなく、社会的作用には、請求権を事実上成立させる実定的かつ実質的な本質的内容や意味内容が存在すると、彼には思われたからである。これに対して、純粋法学においては、ただ定立された諸規範を法命題の形で探究することができるのみである。「当為」は「存在」からは演繹できず、形式化された法命題は、それが空虚な形式であるかぎり内容的なものを含んでおらず、直観内容を含まないというまさしくそのゆえに、この種の法現象学は、自然法と最も鋭く対立する。というのも、自然法とは必ず実質的、つまり内容を持つものであり、正しい法とは何かを言い当てるものだからである。「自然法が形式的であるとすれば、それは、形容矛盾であろう」(Schreier 1924, 87)。純粋法学では、これとは反対に、当為とは空虚なものであり、当為一般の最も抽象的な形式を提示する根本規範によって保持されているとみなされる。ライナッハが、当為の成立根拠を問うのに対して、ケルゼン学派の論者たちは、二元論に基づいて、当為の成立根拠は、ただ根本規範においてのみ見出すことができると考えるのである。

5　結論と受容――F・カウフマンとシュライアー

カウフマンとシュライアーは、形式化を厳密に推し進めることによって、高い抽象度を達成した。彼らの狙いとするところは、シュライアーが述べる次の命題によって要約することができるだろう。「われわれは、法命題の内にある本質必然的なものを明らかにしたいのである」（Schreier 1924, 88）。その際、カウフマンがより一般的な学問論的方向に進むのに対し、シュライアーは、現象学をより「具体的に」（すなわち法志向作用の分析において）活用し、法学に独自の法則性や概念的性格をより強調している。

シュライアーは法命題の一般性について考察した結果、純粋法学とはその意味に即して考えれば、可能的な法についての理論であると特徴づけている。なぜなら、それは、「諸命題が、法であるかぎり必然的に従わざるをえないような[116]」（Schreier 1924, 84）空虚な形式としての形式的諸条件を提示するものだからである。シュライアーは、考えうるあらゆる法体系の、それゆえ、全く可能的なものを含めた法体系の一般的な構造枠組みを示そうとすることによって、「可能的な法の理論」をすでに暗黙裡に本来的な方法的基盤としている（Kohlberg 1997, 27を参照）。ある命題は、すでに指摘した法命題の形をとっている場合にかぎり、また法であり、さもなければ法であるとは言えない。このような可能的な法の理論の根本にあるのが、フッサールが復権させたライプニッツの哲学的な可能性概念である。すなわち可能性の認識は、現実に先立つ――なぜなら、ある対象の本質的な諸規定が十全に知られている場合、その対象はまさしくこれらの諸条件の下に現出する以外にないからである。つまり、ある実定的な法秩序は、一般的な法命題の一つの可能的な実現の仕方を提示しているだけなのである。シュライアーの受容者であるクベシュが指摘するように、このことを通じて、法学者（Juristen）にとっては非常に重要な、現にある法（*lex lata*）[117]とあるべき法

(*lex ferenda*)(118)の対比に、全く新しい光が当てられることになる。「ライプニッツ、フッサール、シュライアーが考察した可能性の観点に立てば、どちらの法も現出するのは同じ水準においてであることになる。現にある法は、その偶然的な実定的性格を脱して、その本質的な内容があるべき法と並び立つ」(Kubeš 1988, 295)。このことはつまり、可能的な法の理論は、現にある法とあるべき法をともに視野に入れた上で、それらの原理的な可能性と限界を明らかにするということを意味する。こうした考察のゆえに、シュライアーは今日、法学者や法哲学者の間で、大きな注目を集めている。オタ・ヴァインバーガーによれば、「フリッツ・シュライアーは——哲学的に見れば——純粋法学の最も独創的な継承者である」(Weinberger 1988, 117)

F・カウフマンとシュライアーは、論理学的‐現象学に出発点を見出すことによって、純粋法学の形式化を進めた。現象学の方法が用いられたのはただし、『論理学研究』を手がかりとしてなされた純粋文法および論理学の「アプリオリ化」とその彫琢のためにかぎられており、フッサールによるそれ以後の認識論的考察には踏み込んでいない。それゆえ、シュライアーの場合には、例えば、構成の概念はなお比較的抽象的で、認識作用についてのその議論は、フッサールが行った超越論的分析のような包括性は持ち合わせていない。作用と対象の間の相関のアプリオリは確かに受容されているものの、超越論的(間)主観性

---

(116) シュライアーがいつもすでに法とは何であるかを先立って理解していなければならないということ、それゆえ彼の法命題の理論から法を「演繹」したり、説明することができないということは、こうした見解において明らかである。
(117) 「現にある法によって」とは、妥当する法に従って、すなわち、存立している法に基づいて、という意味。
(118) 「あるべき法によって」とは、将来の法、すなわち、これから初めて公布されるべき法律に従って、という意味。

と世界の相関については継承されていない――この点は、より後の後継者で「現象学的実証主義」を主唱したポール・アムスレクが試みている（本書第二部第二章第二節第一項を参照）。フッサール現象学においては、それ以上に、たえず本質法則性が問題とされているが、その自己理解に沿うかぎり、それはただ「厳密な学」のための概念装置を作り出すことだけに限定されていたわけではなかった。現象学の方法は、それゆえにこそ、カウフマンとシュライアーによって、純粋法学の形式化を完成するための方途として用いられたのである。

第三節　生活世界的‐社会存在論的法現象学

アルフレート・シュッツおよび尾高朝雄は、「ウィーン学派」について前節で述べられたことに接続していると同時にそこからの移行を示している。というのも、両者は純粋法学を超えて再び、社会的世界に関する基本的考察を行うさらなる余地を現象学に与えているからである。それによって、生活世界的‐社会存在論的な観点を持った「古典的法現象学」の第三の潮流が――特にゲルハルト・フッサールにおいて――見取り図に現われてくる。このような視点は、それに続く流れの中でつねに繰り返し取り入れられる、ある種法現象学の「王道」とも言える。というのも、ここに開かれた視界において示されているのは（社会的および法的な）役割に応じてさまざまな日常的な「法の経験」があるということだからであり、そうした経験は、この後、一方ではゴヤール＝ファーブル、アムスレク、メルロ＝ポンティにおいて、また他方でハムリック、アーレント、ヴァルデンフェルス、ゲーリングにおいて相異なるヴァリエーションをもってつねに異なる仕方で彫琢されることになるからである。さらには、（法の）意味の構成、法のさまざまな現象形式とその時間性や世界性が問われることになる。

こうした動向の端緒に位置するシュッツと尾高は、ケルゼンの中に法に関する教師を、フッサールに哲学の師を見出した。尾高がなお形相的で内世界的な現象学の立場に立っていたのに対して、シュッツは「社会的世界」およびその「意味構成」にとっての超越論的‐構成的現象学の潜在的可能性を十分に引き出している。エトムント・フッサールの息子であり、法学教授であったゲルハルト・フッサールも、法が生活世界的に作られることに関心を持ち、この点に関して豊かな局面を持つ「生活世界的法現象学」を初めて展開した。ゲルハルト・フッサールの著作は一九二五年から一九六九年にかけて継続的に展開され、注目されてきたが、「シュッツの場合」には、どのような法現象学がありうるかまず再構成することが必要であり、その上でそれがどのように継承されうるかを明らかにする。

第一項　現象学的社会学、社会存在論、フッサールとケルゼンに繋がる法思考
――アルフレート・シュッツと尾高朝雄

A　アルフレート・シュッツ

1　法現象学の欠落

この法現象学入門においてアルフレート・シュッツを取り上げるにあたって、シュッツ自身は法現象学を論じていないというパラドクスを踏まえる必要がある。「アルフレート・シュッツの『〔社会的〕世界の意味構成』において、間主観性を媒介する構造としての法は全く影を潜めている。また『生活世界の構造』では、空間的、社会的、意味的な形式が論じられながら、法はその中で概念的にも事象の上でも全く扱われていない。銀行で法実務家としての生活世界および職業世界を過ごした論者にあって、なぜ世界のそのような類型化がなされたのだろうか〔…〕」。ヴェルナー・ゲープハート（『法の「文化社会学」』の著者）によれば、その理由は「二重の排除〔訳注六〕」に求められるという（Gephart 2006, 23）。こうした判断に追随する必要はないにせよ、確かにシュッツの社会学的な考察を通じてある種の「法の忘却」が見られることは、彼の理論の形成過程や論点からみても、驚くべきことである。このことは、現象学的社会学の創始者であるシュッツとともに法現象学を考えることが可能であるのかどうか、その可否と方法について説明が必要であるということを示しており、少なくともこの問いに対して一つの見通しを提示する必要があるであろう。ここではただ、仮説の一端を提示し、それを擁護しうるのみであるが、シュッツが彼の『意味構成』では、

法に対して特有の位置づけをせざるをえなかった、その根拠と目されるものが、逆に、彼がこの問題に着手しなかった、あるいはともすると、この問題が基本的には解決済みであるとさえ見ていた根拠でもあったということではないだろうか。シュッツは、二十世紀初頭に、ウィーンで法学、国民経済学および哲学を修めた。彼はケルゼンのゼミナールに参加しており、[119] 著名な法学者たちを中心とするこのサークルの人々と密接な関わりを持っていた。フェリックス・カウフマンは友人であると同時に教師、また議論を交わす相手でもあり、シュッツに初めてフッサール現象学のことを教えたのも彼であった。尾高朝雄も同様に、ケルゼンの下で（また後には、フッサールの下でも）研究しており、同時に、シュッツと交友があった仲間たちの一人であった。シュッツはさらに、ルートヴィヒ・フォン・ミーゼスの下に集った国民経済学者たちのサークルの代表的な参加者でもあり、以後長らく「国民経済学のオーストリア学派」から影響を受けた。当時の厳しい経済状況は、アカデミックな職に就く機会がかなりかぎられていたユダヤ出自の学者たちにとってはなお苛烈で、ウィーン在住の多くの知識人が、生活を維持するための職に就くことを余儀なくされた（例えば、シュッツは〔銀行の〕法律顧問であり、フェリックス・カウフマンは私講師であり、まだ無給であ

〔訳注六〕『意味構成』において法が概念的にも事象そのものにおいても主題化されていないことを指す。

(119) シュッツが参加していたゼミナールのリストが、以下のサイトで閲覧できる。〔訳注七〕 http://www.f.waseda.jp/wienmoto/English/Study/Schutz/SchutzinVienna/SchutzinVienna(pdf)/Table1+6.pdf

〔訳注七〕この資料は、森元孝『アルフレート・シュッツのウィーン——社会科学の自由主義的転換の構想とその時代』新評論（一九九五）三一頁掲載の表一を、同書の著者自身が英訳したものである。その典拠となっている一次資料は、同書中に記載がある通り、"Studienbuch von Alfred Schütz, WS 1918/19, 1922/23," *Nachlaß Schütz Materialsammlung*（コンスタンツ大学社会科学資料館保管）である。

ったため、石油会社に勤務していた）。それゆえ、彼らの精神生活は特にこれらの「サークル」の内でなされていた。

シュッツは、こうした経緯からケルゼンの学説によく通じていた。このことからすれば、彼が現象学に基づいた理解社会学を構築するにあたって、法をめぐる問題系に集中的な議論を費やしたのではないかと推測してもおかしくはない。ところが、事実は明らかにそうではなかった。同様に、彼の著作に対するケルゼンの影響についても、はっきりとした位置づけは困難である。[120] レスター・エンブリーは、「アルフレート・シュッツによる哲学以外の諸学科、例えば法学（Jurisprudence）への訴求」と題した論稿（Embree 2005）の中で、――そう多くはない――法に関するシュッツの見解を要約し、少なくともそれが示唆するところによってシュッツの思考の内部に法を位置づけようと苦心している。[121] また最後に要約的に言及するが、イオン・コポエルは、シュッツと法哲学とを結びつけることを、不平等問題との関わりで試みている。

2　シュッツの現象学的社会学の基本的特徴

シュッツにとって、われわれは意味的な存在である。われわれの社会的世界を織りなす構造を特異なものにしているのは、それが「主観的意味」によるものであるという点であり、社会学はこの主観的意味からなる構造をその「意味構成」に従って、追体験しつつ理解し、再構成するのでなければならない。シュッツはそれゆえ、「行為（Handeln）」と「行動（Verhalten）」を区別する基準を、マックス・ヴェーバーの理解社会学に依拠して、まさしく行為者（Akteurin）自身が行為するに際して、自らの行い（Aktionen）と結びつけている主観的意味に求める（例えば、まばたきが純粋に反射的な反応であるのか、意識的になされた目配せであるのか）。そしてこの行為が他者へと方向づけられている時、それは「社会的」なものとみなされる（雨が降ってきたという理由から傘を広げることは、社会的行為ではない。これに対し、自転車で通行人をよけて通ることはすでに社会的行為である）。社会的行為は、ヴェーバーによれば、理解社会学によって、合理的な追体験的理解を通じて再構成され、「理念型」において把握されるものである。シュッツは、ヴェーバー理論と緊密に結びつきつつも、しかし彼の「主観的意味」の基礎づけの仕方には欠陥があると指摘している。(122) 理解社会学はそうした基礎づけのための、いわば理論的方法的な基礎を欠いているというのである。この基礎を展開するために、シュッツはフッサールの現象学、とりわけ、超越論的な構成現象学と生活世界の現象学に手がかりを見出そうとする。シュッツはそこで、単に学問以前の生活世界的な経験を回復するに留まらず、社会的世界に生きる者がそれらの人々に利用可能な知識をもとに、その行為の枠組みの中で産出している意味の構造を分析することによって、日常的理解と学問的理解によって明らかにされる社会的現実をも新

(120) シュッツを特徴づけたさまざまな影響や彼の対話者たちを、その他の点において、極めて興味深く包括的に描き出した論集『アルフレート・シュッツとその知的対話者たち』（*Alfred Schutz and his Intellectual Partners*）(Nasu, Embree, Psathas, Srubar (eds.) 2009) でも、残念ながらこのような取り組みはなされていない。この「遺漏」は、そのような作業が内容的に実りのないものになるであろうことと関わりがあるのかもしれない。

(121) 「法に関する彼［シュッツ］の見解はさまざまな個所で示されているとはいえ、数が少ないためにそのほとんどを引用して注釈を加えることができる」(Embree 2005, 86)。

(122) ヴェーバーは、主観的意味が、意図しているもの自身と同様に観察者によってもたやすく接近可能であることを前提にしている。哲学的には素朴なこうしたアプローチは、シュッツによって、とりわけ自我－他我の問題系、また意味そのものが可能となる条件の問題系へと踏み込む現象学的反省の水準へと高められている。

たに記述する(Endreß 2006, 42参照)。

シュッツがこれについて生前公刊した主著[123]『社会的世界の意味構成――理解社会学入門』は、一九三二年に出版され、フッサールによっても高く評価された。フッサールは、ハイデガーの『存在と時間』とは異なり、そこに自らの意図が認められ、実現され、発展させられているのを見てとったからである。その序言の冒頭でシュッツが行っている説明によれば、フッサールの超越論的現象学によって初めて「意味問題の現実的な根拠づけをなしうる哲学的思考の次元が開かれた」(Schütz 1960, IV 邦訳八頁)。意味付与とは、現象学的に言い表せば、志向性の能作に他ならない。「つまり一瞥して意味あるものとして示されるものも、われわれの意識の先行する志向的能作によって初めて意味あるものへと構成されたものである」(Schütz 1960, 33 邦訳四九頁)。このような見方を導きの糸として、シュッツは、社会的世界の意味構成を精確に浮き彫りにするため、「有意味な体験がそのつど自らの持続において構成される」最深の層(第二部)、「他者理解の理論の基本的特徴」(第三部)、「社会的周囲世界、同時世界、先行世界」という「社会的世界の構造分析」(第四部)を現象学的に、志向的に再構成し、記述している。ここでは、シュッツの現象学的な論述に詳しく立ち入ることはできないが、シュッツがそこで、行為Handeln(作用Akt)と所為(Handlung)(対象)のような典型的に現象学的な区別を用いることによって、単に「主観的な」意味の理論のみならず、「客観的」意味の理論へと到達していること、この点においてヴェーバーを超え出ていることは指摘しておこう[124]。これらの諸概念は、シュッツによる法の位置づけ、とりわけ、純粋法学の位置づけを可能なかぎり理解するために重要でありうるので、以下で簡潔に明らかにすることにしよう。

3　主観的意味と客観的意味[125]

「客観的意味」の概念にシュッツがより詳しく立ち入って論じるのは、『社会的世界の意味構成』第五節においてであるが、その際この術語が「なお徹底した主題的解明を要する」ことが述べられている(Schütz 1960, 29 邦訳五九頁)。主観的意味の概念、すなわち、行為者(Handelnde)が自らの行為に結びつけている意味は、さしあたりヴェーバーによって明示されているように思われる。[126] ここで、(身体運動、身振り

(123) 彼の死後、『生活世界の構造』(1973)が英語で公刊された。これはシュッツの弟子トーマス・ルックマンがとりまとめたものであり、一部は彼の手によって補完され編集されたものである。一九五九年のシュッツの早逝によって、生前自らの手によっては公刊されえなかったものの、同書は、彼の代表作とみなされるべきものである。

(124) ヴェーバーは、主観的(主観的に思念された)意味を客観的(客観的妥当性を持つ)意味から区別した。後者は、それが規範的な考察方法によって「正しい」ないし「妥当性を持つもの」として明らかにされうるかぎりにおいて、客観的であるとみなされる(Weber 1972, 1f.)。客観的意味とはしかし、決して証明可能な妥当性を持った意味であるとか、形而上学的に正しい意味ということではなく、ただ「客観的に設定された」尺度を参照しているということなのである。ヴェーバーは、この「規範的な考察方法」について、さらに行為の経験科学(社会学および歴史学)と行為の教義学(法学、論理学、倫理学、美学)を区別している。後者はその対象について、「正しい」意味を探究しようとするものである。

(125) これについての詳細な説明は、『意味構成』のとりわけ第五節、二七節、二八節でなされている。

(126) シュッツによる主観的意味概念の現象学的基礎づけと「主観的意味概念の徹底化」(Schneider 2008, 234)にここではこれ以上に立ち入ることはできないが、それは彼の著作の中心的な功績である。これについては以下も参照のこと。Berger/Luckmann (1967), Grathoff/Waldenfels (1983), Srubar (1988), Grathoff (1989), Endress/Psathas/Nasu (2004),

その他によって自己表出している）行為者Aの行為をH、日常生活における観察者をB、社会学者をCとし、Bは、意味解釈S′を（自らの日常実践を手がかりとして）、Cは意味解釈S″を（理念型的な解釈図式を手がかりとして）行うとしよう。S′とS″はつまりこの行為Hの客観的意味ということになろう。しかしこれらは、行為Hの二つの別の主観的解釈であって、それゆえ主観的意味なのではないだろうか。シュッツはこのような想定をきっぱりと退ける。なぜなら、そうでなければ、「主観的意味」という術語をもって意図されている事象、すなわち、行為者が行為を産出する主観的意味を思念しうるのは、そのつどの自らの行為に対してのみであるということが、全く意味をなさなくなるであろうからである。[127] しかしそうであるなら今度は、S′とS″の「客観性」とは何を指すのであろうか。

「BとCには、行為Hの経過は外界における一つの経過として現れる」（Schütz 1960, 30 邦訳六〇頁）。この説明に続けて、シュッツは「客観的意味」という術語のさらなる分類に資するような次のような現象学的な考察を行う。

（一）客観的意味とは――上記の問題設定に従えば――構成する作用と対置させられた意味での構成された対象を指す（ただし、この構成関係が示されるのは、還元を通じて自然的態度から距離をとる現象学的態度において、意識の領域、すなわちあらゆる（意味）対象と相関し、それらを構成する作用生の解明が行われる時にかぎられる）。つまり、客観的意味とは、――それが身体運動であれ、身振りであれ、または発話等であっても――〔構成〕作用が世界の中に現れ出るよう表出されたものである。

（二）このように世界内に現出するものは、外的世界における経過として、それについて他者もまた反省し、解明し、解釈しうるのであるかぎり、同時に他者によっても知覚され、構成される。

外的世界の現象は、私や君、BやCにとって意味があるのみならず、この世界の中でともに生活しているわれわれ全てにとっても意味がある。われわれ全てにあらかじめ与えられているのは、ただ一つの外的世界であり、誰に対してもあらかじめ与えられている世界である。それゆえ、私によってなされるこの世界へのあらゆる意味付与は、君が君自身の体験の中で世界を経験する意味付与を遡って指示しているのであり、そのようにして意味は間主観的な現象として構成されるのである（Schütz 1960, 30 邦訳六〇頁）。

シュッツはここで、究極の超越論的地盤を示唆している。その地盤は、フッサールにとっては超越論的間主観性の「諸志向性の相互内在」において与えられるものであり、それによって世界は、その全体的な充実と歴史性において、客観的なものとして構成される。そのかぎりで、これが「客観的意味」の第二の意義である。

Endreß (2006).

(127) とはいえ、後に彼は「客観的意味」という概念を用いることを「不首尾の」用語法であるとさえみなしている。「いわゆる「客観的」解釈は、翻って考えれば、解釈者の特定の態度と相関的であり、それゆえある意味でそれは「主観的」であるというかぎりにおいて、客観的意味という用語が明らかに誤った名称だからである」（Schütz 1964, 275 邦訳三六六頁）。

（三）君と私、BとCがこの世界内に現出する諸対象・行為について解釈するその仕方は、「言語、芸術、学問、神話等の大きな体系」（Schütz 1960, 32 邦訳六二頁）を尺度とし、それらを手がかりとする。これらは、他者による行為の意味を解釈する際の解釈図式として特有の機能を果たす。解釈図式は、われわれにとって、ある意味ではあらかじめ与えられている。「Hの経過中にBとCに与えられる客観的な意味という言い方も、本来的にはまさにこの意味である。すなわち、この経過の解釈は、BとCによって行われるものであり、またそのかぎりで、彼らに対して相対的なものであるにせよ、客観的にあらかじめ与えられた図式に従って、規則的に遂行されるのである」（Schütz 1960, 32 邦訳六三頁）。この点については強調して述べておきたい。というのも、ここには、術語上の観点に留まらない、ケルゼンに対する明示的な言及が隠されているからである。このことは法の解釈について扱った後段でより詳しく、シュッツ自身によって述べられている。つまりこの問題は、ケルゼンの根本規範論において本質的な役割を果たす「解釈図式」の問題なのである（これについては後ほど立ち返ることにしよう）。

（四）「客観的意味」として最後に理解されるべきなのは、『論理学研究』でフッサールが彫琢した意義、すなわちイデア的論理的な対象性としてイデア的同一性を持つ意義の統一体である。〔訳注八〕そこで念頭に置かれているのは、例えば、2＋2＝4のようなイデア的対象（ないしイデア的意義）であり、それは、どれだけの数の主観的偶有的（ないし主観的機会因的）作用がそれを（正しいあるいは誤った仕方で）志向しているかにかかわらず、つねに独立に同一のままであり、それ自体として有意味なのである（そして上でさらに述べたように、フッサールはまさしくこのような論証を通じて、心理主義を退けたのである）。このようなイデア的対象でありうるのは、論理学のみならず、言語、芸術、学問もまたそうでありうる。これらは誰が遂行するか、あるいはしないかにかかわらず、その意味内容をそれら自体の内に保持している。これらの客観的意味内容が、解釈図式の中に再登場するのは、こうした事情による。

（五）ただし、そのうえでシュッツは、十全な超越論的現象学の含意を持つ「客観的意味」を、彼が主たる関心を寄せた理解社会学のプロジェクトにおいて捉えることはできないとはっきりと述べている。これは、イデア的同一性を持つ意味の統一体という（四）の意味であれ、（一）の主観的な構成作用に対する客観的相関項としての意味であれ、同様である。社会学的な意味では、客観的意味とは主に外的な世界における経過のことであり、それはある時は、自分自身にとって外的な現象として、またある時には、意味付与する意識の現象（主観的意味）として解釈されうる。ただし、事実、他者によってなされた意味付与の過程が、私に対して原本的に開示されることは決してなく（そうでなければ、私自身がつまるところその他者であるということになるだろう）、つねに、対象や外的な行為を手がかりとした一つの解釈が可能であるに留まる。主観的な意味とはつまり厳密な意味では、「他者によって「思念された意味」」とは言えず、他我がつねに原本的には到達不可能なままであるかぎり、「それはつねに、たとえ最適な解釈によってさえ限界

〔訳注八〕訳注二で述べたように、意味（Sinn）と意義（Bedeutung）とは区別される場合もあるが、フッサールは、『論理学研究』第二巻第一五節において、「意義という術語の意味を究明しなければならない」として、両者を同義のものとしている。しかし、『イデーンI』では、「意義の内に表現作用がある」（§124）として「意義」は表現と結びつけている。一方、「意味という語はより包括的な広さを持たせて用いる」（同）と述べ、「何かを意味において持つことがあらゆる意義の基本的性格である」（§90）としている。

概念に留まるのである」（Schütz 1960, 35f. 邦訳六七頁）。主観的意味とは正確には、むしろ「すでに構成された対象性を他者の意識そのものへと遡って関係づけること」を指す（Schütz 1960, 35f. 邦訳六七頁以下）。

4　客観的意味のより厳密な社会学的にレリヴァントな意味
――産出物と証拠、この理論の精神科学および社会科学への応用

他者理解とはつまり解釈する作用をつねに含意している。解釈者は、他者の身体もしくは、他者が残していった産出物や人工物に関する自らの体験を引き合いに出すことによって解釈を行う。他者理解はそれゆえつねに、客観化されたもの、つまり構成された行為の対象性（身振り、身体運動、行為の結果）や外的世界において産出された諸対象を手がかりに完遂されるのである。

このような客観化されたもの全てに共通しているのは、それらは私自身であれ、君であれ、もっぱらある理性的存在者によって定立されて初めて存在するのだということである。それらは行為の産出物であり、また産出物であるかぎり、その行為者の意識の証拠でもある（Schütz 1960, 149 邦訳二〇七頁以下）。

そうなると今度は、主観的意味と客観的意味の問題系はあらゆる種類の証拠についても同じく及ぶことになる。なぜなら、これらは、その産出者から独立に観察されることもあるが、そうでなければ、「意識の構成的定立によってこの対象を産出した意識経過の証拠として」観察されることになるからである

(Schütz 1960, 150 邦訳二〇八頁)。こうした二重の解釈可能性は、シュッツがそうであるように、とりわけ精神科学者たちにとって重要であるが、その重要性は精神科学者だけに留まるものではない。というのも、あらゆる文化的客体(シュッツはその例としてこの箇所では、再び国家や芸術、言語といった理念的な対象をあげているが、エトムント・フッサールは同様の文脈で、加えて法をも例にあげている)は産出物(Erzeugnis)であり、それゆえ、いずれかの人間による産出行為(Erzeugung)を遡って示している。それゆえ文化的に客観化されたものはみな(それ自体が部分的には解釈図式として機能しうることを等閑視するなら)二重の仕方で解釈されうることになる。一つには構成済みの対象として解釈することによって、「端的な描写によって記述したり、理論的に加工することによって本質認識の対象とすることができる」(Schütz 1960, 153 邦訳二一二頁)。つまり国家そのもの、文化そのもの、芸術そのものの本質認識といったようにである。それらはまた、もう一つには、それらを定立した意識経過を表す証拠として解釈することもでき、「極めて複雑な文化的客体が、通常多種多様な問題提起を可能にする」(Schütz 1960, 153 邦訳二一二頁)。それゆえに、ある国家は、その国民たちの行為の総和として記述することができるだけではなく、例えば支配者たちの一定の国家観を具体化したものとして、あるいはまた歴史上のさまざまな行為経過の帰結等々として記述しうるのである。

シュッツは、本質法則「そのもの」について語るということが何を意味するのかについて、経済を例にとって続けて詳述している。経済は、「純粋人の理念化」を手がかりに、所与の行為経過の抽象化を行うが、そこでは極めて一般的な形式の行為動機が想定されるため、特殊な意識経過の理解については、これを断念することがある。理論的な国民経済学を例とするなら、それはカタラクティーク(128)、あるいは合理的選択理論の形をとるだろう(129)。これらの理論によって問題にされるのは、行為の純粋に客観的な意味であり、そこでは行為者自身は絶対的に匿名的である(つまり、そこではそれゆえ主観的な意味はそれ以上考慮される余地がないということである)。もちろん、経済活動を営んでいる人々やその人々を動機づけている意識経過を把握することは可能である。——その場合にはしかし、理論的な国民経済学ではなく、経済史なり経済社会学なりが行われているのである(Schütz 1960, 154 邦訳二一三頁)。そこでは、特定の歴史的な諸個人に見られる特定の経済観が問題になっているか、あるいは、経済行為の諸類型が問題になっているのであって、一般的で完全に脱個人化された人間が問題になっているわけではない以上、これらによる認識の「普遍妥当性」はそれに応じてより制約されたものになる。

シュッツはこの箇所でさらに、経済学に加えて、主観的意味と客観的意味との区別が大きな重要性を持つ二つの学問に言及している。

本来的に解釈的な学問、すなわち文献学と法学(Jurisprudenz)。[…]あらゆる法律家は、文献学的もしくは法律学的解釈規則に基づいて法体系内の条文としての法令の地位を考察する仕方と、「立法者の意志」について問うこととの間には違いがあることをよく知っている。これらの区別は全て、[…]産出物の客観的意味と主観的意味の相違に帰せられるのである(Schütz 1960, 155 邦訳二一四頁)。

5 社会科学としての法学

先での考察を手がかりにわれわれは、法学、とりわけ純粋法学の下にシュッツが何を理解していたかに迫ることができる。第四九節「社会科学における客観的意味と主観的意味」において、法学(Rechtswissenschaft)は範型的な「社会科学」の一つとされている。これは、「本来的に解釈的な学問」としての法学（Jurisprudenz）が文献学と類比されていたことにもまして、なお一層奇妙なことではないか。法学を社会科学の内に組み入れるということは、それが、社会学的、心理学的その他の観点による法の観察から純粋法学を厳密に区別したことで知られるケルゼンの弟子の一人によってなされたことを考えるなら、なおさら驚くべきことである。とはいえ、この術語上の困難は、シュッツが用いた社会科学の概念が広義のものであることを考慮すれば（Embree 2005, 86参照）解消することができ、ケルゼンの理論とも両立可能である。

シュッツによれば、社会的世界についてのあらゆる学問は「主観的意味連関についての客観的意味連関」である（Schütz 1960, 275 邦訳三五九頁）。それはつまり、社会科学は人間を「生き生きとした真の持続性を備えた君として捉えるのではなく、むしろ真の持続性や自発性を欠いた想像上の［…］時間を割り当てられた人格類型として捉えるということを意味している」（Schütz 1960, 275 邦訳三五九頁）。この理念型に認められる意識体験とは、あらかじめ類型的にレリヴァントな動機によってあらかじめすでに特徴づけされているような体験にすぎない。シュッツは、このプロセスを「不変項定立」と呼ぶ。これは、意味適合的（つまり社会的世界についてのあらかじめ与えられた経験にたえず立ち返るものであり）かつ因果適合的に（行為する私が自らの同時世界、先行世界において把握している、すでに形成済みの理念型と十分に両立する形で）行われる。社会科

(128) カタラクティークの理論は、市場の交換関係が相互に及ぼす影響と、市場において生じている、もしくは生じうる相互作用の影響の双方を探究するものである。
(129) マーティン・ホリスは、合理的選択理論の所説を（とりわけ社会科学の哲学の意味において）卓越した仕方で要約し、その問題点を指摘している（Hollis 1995参照）。

学はつまり、基本的には「それぞれによってつど用いられる理念型がどの程度匿名的に構成されたものであるか」によって区分でき、それによって「当該の社会科学の主観的な意味連関に対する基本的態度」(Schütz 1960, 283 邦訳三六八頁)が特徴づけられる。そのような基本的態度の抽象性と匿名性を特によく表す例として再び引き合いに出されているのが、国民経済学と法学である。シュッツは同時にまたこれらを「社会的世界に関する最も進んだ二つの「理論」科学」(Schütz 1960, 283 邦訳三六七頁)とも呼んでいる。

これらの理論を抽象的で進んだものにしているのは、何であろうか。

理論的国民経済学の領域において、限界効用の法則は「経済活動(Wirtschaften)」と呼ばれるあらゆる行為に相当する不変項領域を規定する定義上の原理であり、個々の経済行為(Wirtschaftsakte)の主観的意味連関についての科学的整序を初めて可能にする最上位の解釈図式である。それと同じように純粋法学の領域においては(ケルゼン自身はっきりと認識しているように)、ある「根本規範」の仮説的定立こそが、法学にとってレリヴァントな——法律学の専門用語を用いるならば、実定性という特徴を帯びた——法行為(Rechtakt)のいかなる主観的意味連関にも当てはまるような不変項領域を規定するのである(Schütz 1960, 282 邦訳三六六頁)。

6 純粋法学とは、主観的意味連関を客観的に把握するために、「根本規範」という解釈図式を理念型的に構成したものである

したがって、シュッツはケルゼンの根本規範論に追随してはいるのだが、それは非常に限定された観点

においてである。すでに詳述したように、ケルゼンにとって、自然に生じる感覚的に知覚可能な作用は、その法的な解釈、つまり規範という「解釈図式」(Kelsen 2000a, 3 邦訳五頁)に基づく解釈からは厳密に区別される。法体系はそれぞれ、ある法行為をその法体系に特有の法的意義において解釈する整合的な枠組み(法の制定という意味では、それが整合的に行われるための枠組み)のことである。あるもの(ある「存在」、出来事)を法的に、つまり強制的な効果を持つ当為に即して統一的に(「客観的に」)解釈しうるということは、根本規範という統一を生み出す一つの空虚な図式を仮説的に想定しうるということを意味する。この図式が法を制定する権威を生み出す。シュッツによれば、この図式は「理念型による構築」(Schütz 1960, 281 邦訳三六六頁)であり、「最も進んだ理論的な社会科学」である解釈的法学において用いられ、法学はそれによって個々の行為を客観的意味連関の内に位置づけることが可能になる。この文脈においてさらに言及すべき重要なことは、ケルゼン自身が『純粋法学』の冒頭二ページ目の同じ箇所で、「主観的意味」と「客観的意味」について語り、統一的な規範的解釈図式におけるこれらの意味の違いを次のように述べていることである。

理性に従って行動し、行為を遂行する人間は、これらの行為に何らかの仕方で表現され、相手に理解される何らかの意味を結びつける。もっともこの主観的意味は、その行為が法的にもつ客観的意味と必ずしも合致しない。ある者が、「私が死んだらこの財産をこのように処分してくれ」という文書を書くと、その主観的意味は遺言であるが、客観的には、何らかの形式的瑕疵によって法的に無効と判断されるかもしれない(Kelsen 2000a, 2 邦訳四頁)。

つまり「客観的意味」は、法学においては、法規範によって明らかにされる（この法規範は、「段階的構造」の理念に従って、立法の手続き――例えば、議会における決議――と「憲法」に基づいて再び正当に産出されるのでなければならない）。

シュッツは、「社会科学とその対象との特異な関係」、すなわち主観的意味連関についての客観的意味連関を打ち立てるというその関係をはっきりさせようと、ケルゼンの『一般国家学』からの一節を引いている。ここには、国民経済学において抽象的操作として示された問題がまた別の形で浮き彫りにされている。

ある憲法が共和制であると自称すれば、それでその憲法はすでに共和制であるのだろうか。憲法において連邦だと主張されていれば、それである国は連邦国家であるのだろうか。法行為は通常言葉で定立されるから、それはそれ自身の意義について何かを述べることができる。このことは法学的、否、社会科学的［傍点はシュッツによる］認識一般の材料と自然科学的認識の材料との重要な違いである。石は「私は動物である」とは言わない（Kelsen 1925, 129 邦訳二一五頁; Schütz 1960, 281 邦訳三六五頁）。

つまり（人間による社会的な）行為は、自分自身に関して法的な解釈を行うことができるのであり、自らを自然科学的に説明することのない植物とは対照的である。ただし、このことはただ、事実上法的レリヴァンスを持つ「客観的意味」とは無関係な「主観的な意味」でありうるだけである。したがって、このような問題を解決することができるのは、一つの解釈図式によってだけであり、その図式は、法の制定にあたって最上位の権威を持つ根本規範を最終的に仮定するためのものである。

人間によるある特定の行為が主観的に持つとされる法的意味を、初めから客観的意味であると考えるのは不当前提である。なぜなら、一体それらが法行為であるかどうか、法体系におけるその地位、他の法行為に対するその意義が何であるかは、それらを解釈する図式を作り出す媒介となる根本仮説〔シュッツによる強調〕によるからである（Kelsen 1925, 129 邦訳二一五頁；Schütz 1960, 281 邦訳三六五頁）。

国民経済学において法則定立的手続き、すなわち、経済活動の可能なかぎり抽象的な法則性を展望することを目指す手続きがあるように、「それとは方法的に全く異なる」（Schütz 1960, 281 邦訳三六五頁）法学において、それに相当するのは規範的解釈であり、これは事物の中にではなく、事物についての根本仮説を手がかりに行われる。国民経済学において、図式は抽象的に取り出されるが、法学においては、解釈のために図式が適用される。シュッツははっきりと、これらの下に社会科学の申し分のない理論的諸形式を理解している。つまり、ケルゼンの純粋法学は、シュッツにとって——少なくとも『意味構成』のここでの論述に従うかぎり——自身の理論の躓きの石や批判の対象になるものでは全くなく、全く反対に、社会科学についての一般的な描写を行う際の範型的な事例であったのである。

ここで主張している理論の見地から見るかぎり、〔ケルゼンによる〕こうした論述に付け加えることは何もない。根本規範が解釈図式を理念型的に構成するための原理であり、法行為の主観的意味連関はこの図式に基づいて初めて法の客観的意味連関として理解されうるのだということを、ケルゼンは実にはっきりと特徴づけている（Schütz 1960, 282 邦訳三六七頁）。

7　法実証主義か、実証主義批判か？　生活世界分析としての法社会学

先に確認してきたことが興味深いのは、主観的な意味付与と意味解釈がまさしくその核心に置かれているために、シュッツの受容者たちが、とりわけ彼の方法的な基本装置を用いることで実証主義に対抗することができるとして、彼を評価しているからである。

この立場は、これらの中心的な主題を含むがゆえに実証主義と対立する。シュッツを評価する論者はたいてい、実証主義にも反対しており、これがおそらく、哲学の枠組みを超えたシュッツの訴求力の一つとなっている。シュッツの業績は意識的に、実証主義に対する明らかな代案を提示している (Embree 2005, 84)。

ただしここで問題になっているのが論理実証主義なのか、自然主義的・経験的な実証主義なのか、法実証主義なのか、きちんと特定しておかなければならない。最初の二つの変種は、まさしくシュッツが敵対したものに他ならない(『社会的世界の意味構成』というタイトルは、カルナップの『世界の論理構成』に意識的に対抗してつけられたものである)。しかし法実証主義、とりわけケルゼンの純粋法学という形の法実証主義は、シュッツにとってむしろ法という現象に社会科学的にいかにして取り組むかを示す一つの可能性として映っていたようである。その際、再度強調しておくべきことは、シュッツが、社会科学という概念をいかに広義に捉えていたかである。すなわち社会科学とは、最も広い意味での社会的世界を扱うものであり、この世界についての主観的意味連関を客観的意味連関として把握しようとする学問である。その際、抽象化、

理論化、匿名化[130]にはさまざまな度合いがあり、そうした諸段階の最上層には最終的には――例えば、国民経済学に見られるように――主観的な意味を除去して「理念化された人」を設定し、特定の行為がもつ客観的意味を扱う本質学が置かれる。これに対して、社会学はより低位の、あるいはそれとは異なる層で営まれるものであり、主観的意味を除去するのではなく、むしろ主観的意味を理念型へと再構成することを目指す。

つまりシュッツにとって、法学の特別な部分を占める純粋法学は、まさにケルゼンやなかんずくカウフマンが述べた通り、対象を仮説的な根本想定に即して捉え、客観的な解釈図式に基づいて主観的意味を除去する一つの理論的な学科として妥当するものだったのである。純粋法学はそれによって、社会科学としての法学の内部に全く特定のある領域を見出しており、そこで法学者たちは一つの統一的な方法的理論的体系を手にすることができる。

ケルゼンは魅力的な人格を備えた教師であっただけでなく、弟子たちに社会科学への独特のアプローチを授けてくれた。純粋法学は、具体的な人間行動を法律家にとってレリヴァントであるかぎりにおいて説明するために設計された、真に理論的な体系である。〔…〕ケルゼンの理論は、法の社会学的側面と法学的な側面とを区別する。後者は、特有の性格を持った命題の集合体からなり、これは規範

(130)「第二の匿名性の概念は、理念型図式が妥当する範囲に関係している。この範囲は、不変項定立が生じた際の先行経験において、素材がどのような「まとまり」において経験されたかに左右される」(Schütz 1960, 221 邦訳二九三頁)。あわせて第三八―四一節も参照のこと。

と呼ばれるが、その規範的妥当性は事実からは派生しえない（Schütz 1996, 137）。

とはいえ、純粋法学および法――法律家にとってレリヴァントであるかぎりの法――以外にも、さらに法社会学、法制史、法心理学などがあり、これらは、法的関係において生じる主観的意味連関を理念型へと再構成するものである。国民経済学との関わりですでに引用した箇所と並行して、シュッツとともに次のように述べることができるだろう。すなわち、法という事物に関わる人間とその人を動機づけている意識経過を把握することももちろんできるが、その際に行われているのは、理論的な法学（純粋法学）ではなく、法制史や法社会学であろう（Schütz 1960, 154 邦訳二一三頁参照）。『意味構成』[131]においても、後の論文「責任という概念の多義性について」（1957）においても、これに関する言及がある。「いかなる法も、立法者、その法に服する人（法を守る市民と法律違反者）、法を解釈する裁判所、および法を執行する機関にとって、それぞれ異なったものを意味している」（Schütz 1964, 276 邦訳三六七頁）。この点について、シュッツはこれ以上詳しく掘り下げてはいないが、法社会学のこうしたアプローチが、法的諸関係を、その関与者たちによって結びつけられる主観的意味を介して把握しようとしていることは明らかである。

こうした点からすれば、例えばコポエルが試みているように、シュッツのアプローチをそもそも法実証主義に対する批判として理解し受容することも納得のいくものである。コポエルは、ポスト全体主義的な社会において、法慣行と法制度の中に露呈している不平等の現象を探究している。「形式主義と道具主義が相互に分かちがたく結びつくことによって、われわれの職業上の実務や日常生活における意味が制度的に失われてしまっている。慣行はそのようにして、ある種の疑いえない伝統と化しており、それを正当化するさまざまなやり方が、誤って全く自然なものであるかのように見えてしまう」（Copoeru 2008, 270）。

「主観的意味」と「客観的意味」という方法的な道具立てを、コポエルはむしろ社会的水準に対して適用して、ある集団をそれ自身の視点から観察するのか（主観的意味）、外から観察するのか（客観的意味）、あるいはまた、その集団の中の個人をその人自ら観察するのか（主観的意味）、集団の側から観察するのか（客観的意味）という意味で用いている——これらの視点はみな法慣行と関連づけられ、その法慣行の影響を被る人々にとっては、それを執行する人々や立法者等々にとってとは全く異なる主観的意味を持つのである。「主観的意味と客観的意味をめぐって生じるあらゆる込み入った弁証法に限らず、主客の不一致は、規範性の根本に関わる問題を枠組みから捉え直すのに役立つばかりでなく、法実証主義および政治的実証主義を克服しようとする際の有効な手立てになる」（Copoeru 2008, 275）。別の言い方をすれば、法秩序およびその慣行は、中立的に構成されたものであるとばかり思いこまれているが、その「背後」にいる諸主体こそを、こうしたアプローチは問題にしているのだと言える。アレクシーが鋭く指摘したように、これら法秩序および慣行については、例えば裁判官が判決を下す際に、一切の解釈をする余地なく完全に決定しておくなどということは不可能なのである（Alexy 2002, 45f.）。コポエルは、とりわけこの点にシュッツの現象学と手を携えて作業する可能性を見出している。

（131）第四〇節「同時世界における社会関係と観察」の末尾で、シュッツは、理念型を構成する際の極めて特殊な問題との関連で法社会学に言及しているが、これについてはここではこれ以上詳しく立ち入ることができない。そこで議論されているのは、「いかなる類型的法行為（Rechtshandlung）（法の定立と法適用、立法者、裁判官、弁護人、契約の相手等）を考察全体の出発点とするかによって類型形成［が異なるということ］」（Schütz 1960, 236 邦訳三一〇頁）である。

現象学は、法、規範、条例等をより「親近的」（この語の現象学的な意味で）にすることができる。視界の相互性や類型的な社会的役割の合致、社会的相互行為における規範性の役割、またある制度を理解しようとすれば、「その制度の存在に照らして自らの行動を方向づけている個々人にとってその制度が何を意味しているのかを、理解しなければならない」（Schütz 1962, 10–11 邦訳一九八三、五八頁）というら事実に関するシュッツの理念を発展させるなら、われわれは規範や法が単に客観的意味であるのみならず、むしろ主として主観的なパースペクティヴであることを発見する。シュッツにとって自由とは、社会的世界に生きるわれわれの欺瞞を払い落し、役割から離れ、われわれの志向を見直す可能性の内にある。彼はわれわれを、主体であり、自生的な活動の中心であり、すなわち行為者であり続けるよう（Schütz 1996, 20–21）、そしてわれわれの自由を深刻に受け止めるようにと誘うのである（Copoeru 2008, 277）。

8 結論

シュッツに法現象学が欠落している理由は、彼にとって社会科学の課題が客観的意味連関と主観的意味連関とを主題化し、これらを理念型や理念型的に構成された解釈図式の抽象度に応じて統合的に扱うことに限定されていたことによって説明がつく。そうであれば、独自の法現象学は必要とされない。あるいはまた別の観点からすれば、純粋法学が形相的に成し遂げる成果の内に、すでに現象学的な要素を認めることができるなら、こうした理念型的な構成にこそ現象学的な展開があるのだとも考えられる。(132) さらに言えば、さまざまな理念型の内に主観的意味連関を把握するという課題を請け負うのは、法社会学である。

『意味構成』の中で示されているように、このような課題は（やはり同様に）現象学的な基礎の上に展開される。シュッツは基本的には、法律家ないし法理論家にとっての独立した実証主義的で純粋な学が一方にあり、それとは切り離され隔絶した法についての学、例えば社会学的な観察方法が他方にあるという見方を堅持しており、これはしかもケルゼンの見方に忠実である。というのも、ケルゼンはまさしく、純粋法学としての法学と法社会学、法制史、法心理学――そして、あるいは最も重要な点であった正義をめぐる諸問題とを区別しているからである。まさにこれらの諸問題は、ケルゼンにとって、法学とは無関係のものであり、実定法の埒外にある道徳的、政治的、社会的な関心事を扱うものである。これについてシュッツ自身がどのような立場をとっていたかという問いは未決のままであると言わなければならない。とはいえ、彼がこれらの諸問題を法学ではなく、法社会学の内に認めるであろうことは明らかである。いずれにせよ、彼が展開した現象学的な道具立てによって可能になるのは、法の生活世界的分析である――カウフマンやシュライアーを法現象学的な実証主義というより狭義のサークルに位置づけたのに対し、シュッツを本節「生活世界的、社会存在論的法現象学」で初めて論じることにしたのはそれゆえである。しかしながら、こうした生活世界的なアプローチから、例えば、法概念、法と道徳の関係、実定法と正義の理念の関係等に関して、何らかの法哲学的な帰結が引き出される（可能性がある）かどうかは、シュッツ現象学の専門家たちそれぞれによる精査に委ねる他ない(133)。

(132) こうした見方は、フェリックス・カウフマンによる理解にむしろ近いかもしれない。とはいえ、エンブリーが強調しているように、カウフマン流の法理論にシュッツが賛意を示していたかどうか、彼自身による言明から判断することもまた困難である。

B　尾高朝雄『社会団体論の基礎づけ』（一九三二）

一九三二年にウィーンで刊行された『社会団体論の基礎づけ』の序文で、尾高朝雄は「ヨーロッパにおける三人の師」への謝辞を述べている。その三人とは、ハンス・ケルゼン、エトムント・フッサール（同書は彼に捧げられている）、アルフレート・フェアドロスである。[134] これら三人の哲学者ないし法哲学者と関連して、尾高はまさに三つの主要な主張を掲げている。それらの主張は、社会団体が現に存在する領域に基礎を与えようとする尾高の目論みをうまく要約してくれる。

（一）ケルゼンの純粋法学への批判的取り組みによって、尾高は二つの根本的なテーゼへと至る。「第一に——そしてこの点に関して私は純粋法学によって示された道を行くのだが——、社会団体は、統一的でそれ自身で同一的な独自の認識対象として、理念的な精神形成体の領域に属することしかできない。しかし第二に——これを保持すると純粋法学の学説を拒否することになるのだが——一般的にいって社会団体を規範の複合体と同一視してはならず、とりわけ国家を法の秩序と同一視してはならない」（Otaka 1932, V）。

（二）単なる「規範の複合体」とは対照的な社会団体の理念的存在を哲学的に基礎づけるために、尾高はフッサールの現象学を引き合いに出す。尾高は一九三〇年にフライブルクでオイゲン・フィンクの助けを借りながらフッサール現象学を集中的に研究していたのである。ここで尾高を導くのは、イデア性（*Idealität*）と実在性（*Realität*）の関係に関する問いである。「理念的な精神形成体としての社会団体が、その理念性にもかかわらず、歴史的・社会的な世界に現実に存在する対象として考察されるということが、どのようにしてありうるのだろうか」(Otaka 1932, V)。

(三) 最後に、アルフレート・フェアドロスは、尾高の国際法(Völkerrecht)および「世界連合(Weltverband)」への取り組みを象徴する人物である。またここでは、「世界連合」の理念とその(ありうる)現実性に関する考察、および世界連合に対して国際法(internationales Recht)をどのように位置づけるかも関心の中心にある。

尾高はウィーンにおけるケルゼン学派の一員だった。また、友人であり研究仲間であるフェリックス・カウフマン、フリッツ・シュライアー、そしてとりわけアルフレート・シュッツと同様に、尾高はフッサールの現象学に強い哲学的影響を受けていた。尾高が彼らと共有したのは、ケルゼンの方法を転換するこ

(133) これについてはBarber (1991)、Embree (1999) を参照のこと。バーバーはこの論文でシュッツ自身の諸著作において、理論的にそれ自体としては取り扱われていない彼の「倫理」を再構成しようとしている。エンブリーは、倫理と政治に関わる諸問題についてなされたシュッツのかぎられた言明と、正義という主題について彼がどう論じたかを概観している。

(134) アルフレート・フェアドロス(またはフェアドロス＝ドロースベルク)は、二十世紀オーストリアの最も重要な国際法学者の一人だった。ケルゼンの学生として純粋法学を熟知していたフェアドロスは、後に、国際法分野においてキリスト教的な自然法論を刷新することに取り組んだ。一九五八年から一九七七年まで、フェアドロスは欧州人権裁判所の判事を務めた。

とによって生じる理論的な問いを掘り下げる必要性であった。現象学的に彫琢された社会団体の本質論によってケルゼン的な法理論に社会存在論的な基礎を与えることを、尾高は望んでいた。しかし同時に、尾高は、(『論理学研究』における)フッサールの見解に従うことで、ケルゼンによる存在と当為の厳格な二分法を批判する。その見解とは、規範的な学科はつねに理論的な学科にその基礎を持たなければならず、また、規範的に把握される対象はみな「対象一般」として必然的に先行する理論的構成に差し戻されるということである。このように「社会団体一般」を作り上げるものは何か、それが現に存在する仕方はどのようなものかということが、尾高の仕事の主題である。ここに法がどのように関わるのかは、これらの考察の帰結の一部である。[135]

シュッツは、尾高の著作『社会的団体論の基礎づけ』について一九三七年、二〇ページほどの書評を『公法学年報』上で発表し、同著をこう要約する。「尾高は社会団体論に対して、社会的に現にあるものについての現象学的に正当化された存在論的現実の学であることを要求する。こうした現実学の認識目的は、歴史的で社会的な現実の中に見出される具体的な結合体を記述し解明することにある」(Schütz 1937, 83, cf. Schütz 1996, 219)。多くの賛辞——例えば、社会科学が「その根本概念の十分な哲学的な基礎づけを[…]追い求めること」(Schütz 1937, 64, cf. Schütz 1996, 203)がいかに必要かということに対するもの——に加え、いくつかの批判的な論点がシュッツの書評には見出される。その中でも最も訴えるものがあるのは、おそらく、フッサールに関するものである。尾高はフッサールの超越論的現象学的な考察を考慮していないと言うのである。確かに尾高はこの試みを「称賛に値する」「壮大なもの」とみなす(Otaka 1932, 57)。しかし尾高の考えでは、あらゆる世界構成としての基盤としての超越論的間主観性は「社会団体論の基礎づけという私たちの課題を超えている。というのも、この課題はまずもって、[超越論的なものとは対照的な]「内

(135)「ミュンヘン現象学」を代表するまた別の人物、ゲルダ・ヴァルターも、方法に関する志向からすると、確かに法現象学の最初の潮流の周辺に数え入れることができ、尾高と同様に社会団体についても扱っている。しかしながら、彼女は法についてほとんど論じていないため、私は彼女を主要な著者のリストの中に加えなかった。ヴァルターは一九二二年にアレクサンダー・プフェンダーの下で『社会的共同体の存在論への寄与（社会的共同体の現象学に関する附論付き）』と題された博士論文を書き上げた。この論文は、実在論的現象学に依拠して共同体一般と共同体の個別の類型が持つ本質的な特徴を浮き彫りにするものであり、その最終部が「社会倫理学の課題の概観」に捧げられている。共同体の存在構造が素描されれば、「私たちはこの本質の洞察から特定の規範を導出することもできる。そうした規範は、共同体が理論的・事象的にどのようなものであるか（Sosein）に関わる規範であるだけでなく、共同体が価値的・実践的にどうあるべきか（So-sein-sollen）に関わる規範でもある。この〈どうあるべきか〉は、共同体の外的な権力手段によって強制されることを許すかぎりで法の領域に属し、習慣や風習や（明示的あるいは暗黙の）合意によって規則として働くかぎりで「慣習道徳（Sitte）」の領域に属すのだが、社会的人格や個人的な人格（Person）としての個々人の心情や各自の端的に自由意志による行動に直接向けられているかぎりで倫理学の領域に属する」（Walther 1922, 141）。ここでは［法とそれ以外のものの］境界が流動的である（上に、主題の扱い方がかなり一般的である）。例外は、形相的に確定した事柄として述べられる次のような主張である。［共同体の基盤となる］内的合一の領域は、決して法の強制に服さず、法的な義務は「ゲゼルシャフト的ないしゲマインシャフト的な社会的結合の内部でのみ成り立ちうる。というのも、外的な権力手段を貫き通すことはここでしかできないからである。その一方で、倫理的な命法は［…］部分的には、あらゆる社会的結合を超えたところにいる孤立した人間のそれぞれにとっても成り立つ」（Walther 1922, 142f.）。倫理的な規範も法的な規範も、共同体の生のさまざまな側面に関わりうる。それらの規範が内在的・外在的な仕方で関係することができるものは、共同化された人間（［共同体の］成員）の相互行為、相互作用によって成員たちが共同体に対して行うこと、共同体がそれ自身に対して、およびその成員に対して行うことである。ヴァルターによれば、社会的共同体は「独立的で実在的で心的・精神的な高次の統一体」（Walther 1922, 144）であり、共同体はその成員たちの身体的生の内に自らの身体を持つのである。それと同時に、成員たちの生から、共同体固有の心的かつ精神的な生が引き起こされるのだが、そうした生は「盲目的に」流れ出るわけではなく、「単なる存在の領域に成り立つだけでなく、世界的」に現にあるものに向けられたものだからである」(Otaka 1932, 66)。この点に関して、シュッツは方法的に根本的に異なる見解を持っている。なぜなら、「まさにこうした構成分析こそが尾高によって立てられた問題にとってとりわけ重要な解明を提供するのであり、まさに、彼がラディカルな論述を行うために欠かせない」(Schütz 1937, 70, cf. Schütz 1996, 209) からである。これによってシュッツが呼びかけているのは、法現象学にとって全般的に典型的なある論争、つまり、フッサールの超越論的現象学を理論形成の中にどのように、どの程度取り込むべきなのかという論争である。この点に関して、尾高はシュッツとは対照的にウィーン学派の一員である。というのも、尾高は(シュライアーやカウフマン——彼らはカテゴリー的直観の理論さえも拒否する——と同様に)もっぱら『論理学研究』と『イデーンⅠ』第一部に依拠しているからである。

1　理念的対象としての社会団体の理論、その認識様態と現実存在

尾高の基本的な関心は、社会団体を理念的ではあるが同時に具体的に存在する対象として記述することにある。こうした問題関心は次のような問題系から生じる。社会団体はいかなる自然の対象でもない。しかしそれにもかかわらず社会団体は現実性を有しており、この現実性は社会的な事実性として姿を現わす。ギールケやシュパンのような社会学者の説明では、社会団体は「部分からなる全体の生の統一」として、そして「精神的な行為する全体」として把握される。だが、こうした特徴づけでは、いかにして、どのような仕方でこうした精神的対象が歴史的社会的な現実となるのかを示すことができない。ケルゼンは言えば、(法秩序と国家としての)社会団体をもっぱら「規範的当為」として把握し、それを厳密に「存在」か

ら区別することで問題を解消している。これによって、国家と法が同一視され、それらは「当為の存在」として実在することになる。さて、尾高は一方で精神的存在と規範的当為の同一視（これはケルゼンに当てはまる）に反対するとともに、他方で国家と法の同一視に反対する。シュッツは、理念的な存在は規範的当為に論理的に先行するという、フッサール〔『論理学研究』〕に裏づけられた尾高の見解（Otaka 1932, 50）に同意する。「規範的経験の領域が自立しているという主張は、認識論的な根拠からして維持することがほとんどできない」（Schütz 1937, 69, cf. Schütz 1996, 208）と。国家を規範の複合体として記述するだけではまだ足りないのだから、このことは、ケルゼン的な規範科学が国家という存在者を研究するには十分ではないことも意味している。「国家は、たとえその存在様式の本質的な特性がまずもって法との構造的連関によって初めて明確になりうるのだとしても、法秩序から概念的に厳密に区別されなければならないのである」（Otaka 1932, 51）。

しかしそうすると、理念的な社会団体はいかにして現実的でありえるのだろうか。理念的な社会団体がどうやって実在性を持つことができるのだろうか。困難となっているのは、理念的対象は知覚できないという事情だ。そうした理念的対象を証示する可能性は、ここでも、フッサールの「カテゴリー的直観」に立ち戻ることによって得られる。だが尾高はこのカテゴリー的直観を、「意味的直観」――シュッツによれば、これを「理解と言うこともできるだろう」（Schütz 1937, 74, cf. Schütz 1996, 212）――へと拡張する。というのも、フッサールが『論理学研究』の関連する議論で念頭に置いていたのはもっぱら「事態」や「集

それと同時に社会的共同体を規範と価値、態度決定と当為の領域に入り込んでいる」（Walther 1922, 144f.）。

合体」のような抽象的なカテゴリー的形式だったのに対して、尾高が論じようとしているのは社会的な形式であるからである。まさにここでシュッツは、正当にも、超越論的で間主観的な構成の現象学に立ち戻っていた方がはるかに有意義だったろうという苦言を呈する。というのも、社会団体を志向しそれをそのようなものとして構成するのは、なんといっても意識でしかありえないからだ。にもかかわらず尾高は対象に関する抽象的な理論に留まっている。

現実性についての問いを、尾高は、対照的な方向を持つ二重の基づけ連関によって解明する。理念性が意味を基づけ、事実性が現実的であることを基づけるというのである。「理念的なものは事実的な対象を「意味的」に基づけるが、それが「現実的であること」についてはまさにそれとは逆向きに、事実的な対象によって基づけられているのである」(Otaka 1932, 97)と。こうした二重の基づけ関係の例の一つは、法の領域からあげられている。「ドイツ民法典の最初の草案は、「社会的な」精神形成体として単に理念的なものの領域において作られたものである。なぜなら、それはもっぱら草案に留まり、発効しなかったからである」(Otaka 1932, 98)。したがって理念的な精神形成体は、意味形成という特殊な作用を通じて成立することができるのだが、その際にそれは必ずしも「現実的」になるわけではない。それが現実的なものになるためには、「発効すること」が必要なのである。すると発効することとは何かと言えば、それは、精神形成体が「身体化」し、事実的な対象領域で現実化することなのである。

2　実定法の現実性

では、何が実定法の現実性を作り出しているのだろうか。実定法の現実性の究極の基準はどこにあるのか。精神的な意味形成体としての法が歴史的現実性をどうやって獲得できるのか。印刷された法典が一冊残り続けていることや、理念的な意味が成り立ち続けていることだけでは、法体系の「実証性」は決して基づけられない。すると実定法は、永久に妥当なものと考えられる自然法や（現実のものではない）可能な法律一般と比べた時に、どの点で区別されるのだろうか。この問いに対するケルゼンの答えは、ある法体系が存立するのは、その実証性を構成する一つの前提、すなわち根本規範を仮定的に想定する場合だけであるというものだ。それに対して自然法は、本質的にそうした前提なしに絶対的な妥当性を要求するものと考えられている。尾高が批判するケルゼンの見解は、実定的な法体系が——その理念性にもかかわらず——実定的かつ現実的であるのは、その体系が根本規範という前提に服するからだ、というものである。尾高はこの答えでは十分でないと考えた。ある法体系が実定的で現実的なりうるのは、その「意味」（したがって、その理念的存在）が社会的に行為する人間によって「主観的に思念され」、それによって人間が自分たちの行為を特定の仕方で調整すること（つまり、この意味を現実化し身体化すること）によってのみなのである。「人間の事実的な社会的行為は、当該の法体系の意味によって規定されており、それに定位するものであるため、社会的形成体としての実定法が現実性を持つ最終的な基盤なのである」（Otaka 1932, 110）。このテーゼによって、尾高は完全に社会存在論への移行を果たす（それが現象学的な観点からは純粋に内世界的であり、いかなる超越論的な構成要素を示さないのだとしても）。これが意味するのは、理念的な規範的形成体としての法と国家を、完全にもっぱら、しかも自律的な仕方で規範学と法的命題の学問に帰属させるケルゼンの苦心が不十分だとして拒否されるということである。こうした拒否の理由は、全ての規範的なものは究極的には意味的・理念的な構造と事実的で社会的な構造に根ざすからというものだ。

そのため尾高は、社会団体の存在と本質に関する学問をあらゆる社会科学の基礎として仕上げようとする。尾高はその際、基本的に（一）調和的（肯定的）な関係と不調和的（否定的）関係、（二）合理的な（目的に向けられた）関係と不合理的な（情動に定位した）関係、（三）支配関係と平等関係を区別する。社会的関係のこれらの「類型」は根本形式を描くものでなければならないのだが、もちろん完全であることを自負するものではない。シュッツは尾高の著作の書評で、こうした区分に対する「重大な疑念」をあげ、この態度の中に「マックス・ヴェーバーからの大きな後退」を見てとった（Schütz 1937, 78, cf. Schütz 1996, 215）。シュッツがさらに批判的な評価を下すのは、「合理的・歪曲的に調和した関係」としての「ゲゼルシャフト化」と「非合理的（価値合理的）で直接的に調和した関係」としての「ゲマインシャフト化」の対置である〔訳注九〕（Otaka 1932, 142）。シュッツによると「危険に満ちた伝統となってしまったゲマインシャフト化とゲゼルシャフト化の対置」（これには、リベラリズムの構想とそれに対抗するコミュニタリアニズムの構想が今日でもなお対応する）は、尾高においてはさらに第三のモデルによって補完される。それは協同体（ケルパーシャフト）である。こうしてゲマインシャフトとゲゼルシャフト、協同体は三つ組をなし〔訳注十〕、これらは――明らかにヘーゲルに着想を得る形で――個と普遍の関係を代表する。

ゲマインシャフトでは現実性の中心はもっぱら普遍的なものの中にあり、ゲゼルシャフトではもっぱら個別的なものの中にある。これら二つの極にある結合類型を総合した形式として、第三の類型つまり「協同体」がある。〔…〕協同体においては、普遍的なものが個別的なものを通じて現実的となりつつも、個別的なものが普遍的なものを通じて現実的になる（Otaka 1932, 190–191）。

尾高によれば、法はゲマインシャフト化とゲゼルシャフト化のどちらの場合にもさまざまな類型的な形式で現れる。このことは尾高を、一方における「社会規範」としての法と他方における「強制規範」としての法という「法の二重構造」テーゼへと導く（Otaka 1932, 181参照）。社会規範とは、社会的に行為する人間に対してある特定の行為ないし不作為を指令する規範であり、これは個別の人に向けられその行動を規制する。尾高はこうした規範の内に、法の「単純で根本的な機能」（Otaka 1932, 224）を見てとる。というのも、社会規範によって社会関係が規則づけられ、社会秩序が生まれるからである。だが、こうした社会的な規則づけにもかかわらず不調和や規則破りが起こる時、法は、社会が現に調和的であることを維持可能にするために、損なわれた秩序を再び回復させるというその第二の機能を引き受けなければならない。この第二の機能が「強制執行」の機能である。

ある面では二つに分けられるこれらの機能は、確かに法の同じ一つの形式である。しかしそれらは、異

〔訳注九〕『法律の社会的構造』（勁草書房、一九五七、一六八頁以下）において、尾高は「社会的体験の性質に基づく社会関係の類別」について、「親和的関係」と「闘争的関係」、「理知的合理的色彩の濃厚なる場合」と「感情的非合理的要素の優越が見られる場合」、甲の体験内容がそのまま表現されてそのまま乙に理解される「率直的関係」と表現理解の連鎖の各節に故意や過失に基づく食い違い生じている「歪曲的関係」を区別しているが、ここで「ゲゼルシャフト化」と「ゲマインシャフト化」と訳したドイツ語は、そこではそのまま原語が用いられている。

〔訳注十〕尾高の『国家構造論』（岩波書店、一九三六、三九八頁）では、それぞれ「共同社会団体（Gemeinschaft）」、「利益社会団体（Gesellschaft）」、「協成社会団体（Körperschaft）」と呼ばれている。

なる観点から、社会と共同体それぞれと関連した二つの異なる法の類型としても考察できる。第一の類型は「最初からあった、人間どうしの結合による調和的な共存の法」(Otaka 1932, 224)、共同体の「平和秩序」である。これは組織化された強制による保証を全く必要としない。それに対して第二の類型は、個人の間の紛争を取り除くことに集中するものであり、高度に発達した法体系と多かれ少なかれ体系的に秩序立てられた強制手段を必要とする。これは、リベラルな社会の法の構造に典型的なものである。

ゲマインシャフト化ないしゲゼルシャフト化するという法の機能が強制秩序としての法に必然的に先行するということもまた、ケルゼンによる法の定義を拒否する意味を含んでいる。というのも、ケルゼンの定義は法を、第一義的には法命題つまり強制という効果から出発して理解するからである。しかし尾高にとっては、社会的形成体としての法はより本質的には、社会規範という別の根本的機能において把握されるものであり、こうした規範はいわば法感情の内に表現されるのである。

> 社会規範がその妥当性を直接保証するのは、強制力の行使ではなく、国民が持つ多かれ少なかれ明確に意識された「法感情」である。これと鋭く対照をなすように、法はその一方で法命題を意味するのであり、そうした法命題は本質的に仮言判断によって表現されるものである。[…]しかしながら、法命題は必然的にそして例外なく、何らかの社会的規範が第一義的に妥当していることを前提とするのである(Otaka 1932, 232)。

こうして、法を貫徹するための裁判装置と執行装置を備えているのは国家であるかぎり、法との構造連関の内にあるものとして国家が理解されなければならない。「基本的に受け止めるならば、強制規範の体系なき国家は、国家なき法律と同様に考えることができない」(Otaka 1932, 236)。とはいえ、両者は同一ではない。国家の概念が必然的に法の概念を前提するのか、それともその逆かという伝統的な問題を、尾高は「疑似問題」とみなす。というのも、ここには相互的な条件づけがあるからだ。

4　国際法と世界団体

最後に尾高は、世界団体およびそれと関連する国際法についても、その理念的な現実性と事実的な現実化という観点から考察する。ここで問われるのは、世界団体はすでに「現実的で顕在的にあるのか、国際法はこうした社会的統一体の法秩序として把握できるのか」(Otaka 1932, 240) ということである。世界団体の概念は、アルフレート・フェアドロスに遡るものである。フェアドロスは、法秩序はつねにそれに関連する法共同体を創設するという見解を代表していた。法の統一は法共同体の統一をもたらすというのである (Verdross 1926, 4参照)。尾高が支持する主張は、世界団体は「理念」としてすでに「現に」あるというものだ。「世界団体の「理念」が存在するということは、今日［一九三二年］では、──「人類性」という考えが、社会的に思考し行為する者の究極の社会的全体として一般的に承認され正当なものとして保持されているかぎりで──無条件に肯定されるべきである」(Otaka 1932, 246)。しかしながら、世界団体という社会的な事実性はまだない。つまり世界団体はまだ現実的になっていない。先に説明した通り、法の実定性こそが、法が今現実的に存在していることを意味するのであるかぎり、人類の社会的な関わり合いに関するこうした現状は国際法にも反映されている。国際法は、その形式からして、根本的には「自己中心的で自己利益的な態度をとった個別の国家」(Otaka 1932, 249) の間の契約法であろう。国際法のただ一つの根本規範として妥当しうるのは、「合意は拘束する（pacta sunt servanda）」であると考えられる。国家間のこうした法は、原理的に（ゲマインシャフト化ではなく）ゲゼルシャフト化の類型の一つであり、それと平行して強制秩序が発展することが必要になるはずだが、国際法に特徴的なことは、そのような強制秩序が存在しない点にある。尾高は国際法的な強制秩序を「極めて不十分な段階にある」ものとみなし、国際連盟およびデン・ハーグの国際法廷の助けによって国家間の法が体系的に構築されることを望んでいた。国際連盟と国際法廷は手を取り合って世界団体の現実化へと向かわなければならないからだ（尾高、は協同体から なる協同体という構造の中に一つの「世界国家」を考えている）。これは、「人間たちの社会的なあり方にとって最も重要な未来の課題の一つ」（Otaka 1932, 250）として承認されてきたプロジェクトである。しかしながら、一九三二年以降、こうした理想が社会の事実に対して力を持たないことが、これまでになく恐ろしい仕方で示されることになる。

5　結論

尾高は社会存在論的な法現象学を発展させ、それによって法を「社会規範」と「強制規範」という二重の機能において把握する。同時に、法は単に法理論的に法命題の構造として記述されるのではなく、その社会構造の内で、社会的行為に対する規範的な力として、つまり、理念的な意味が身体化されることによって現実のものとなることとして把握される。「社会性と法の間にこうした必然的な連関が生じるのは、現に社会的に存在するものはつねに法的な規制の形式を必要とするという端的な事情による」（Otaka 1932, 212）。反対に、法は「社会的なものの論理的な条件」（Otaka 1932, 215）の下にある。

社会的なものを社会的なものとして究極的に規定するものは、一方では、その「精神的事実性」つまり、「表現と理解によって構造的に結合された、相互に向けられた多数の人間の経験の関わり合い」、要するに「純粋な社会関係」(Otaka 1932, 215) の内にある。他方で、社会的なものを社会的なものとして究極的に規定するものは、高次の理念的な精神形成体としての理念的な意味領域、つまり「純粋な社会的形成体」としての社会団体 (soziale Verband) の内にある。

これに対して、法はもはや本質として、つまり社会的生を条件づける形式として見られてはならない。法はむしろ、社会的生の事象的な部分領域としてのみ理解しなければならないのである。こうした部分領域は、経済と同様に、純粋な社会性との関わりあいにおいて初めて社会的なものとして描写できるのである。社会的なものの観点から考察するならば、法が意味するのは、「条件づける」形式ではなく、むしろ単に社会的な生の「条件づけられた」さまざまな素材 (Stoffe) の内の一つなのである (Otaka 1932, 215)。

第二項　ゲルハルト・フッサール『法の力と法の妥当性』(一九二五)、『法と世界』(一九二九／六四)、『法と時間』(一九五五)

ゲルハルト・フッサールの関心の中心にあったのは、生活世界を基盤とする法の基本的な構造である。彼が用いる諸概念や記述の仕方は、彼の父であるエトムント・フッサールの現象学に強い影響を受け、その道具を使って彼は、法という事物の形成と本質および日常的な法経験と「専門的」法経験を捉えることを試みている。彼がテーマとする領域は広く、一般的な妥当性問題、所有権の問題から法という対象の時間構造にまで及んでいる。彼の問題設定の多くは民法〔の領域〕からとられているが、刑法や国際法の問題をも扱っている。基底的すなわち本質的な法構造が生み出される方法的な試金石となるのは、彼にとっては（英米系の法伝統と大陸系の法伝統、近代法とそれ以前の法制定との）比較法である。[136] 彼は、アプリオリな法の構造に近づくため、また法という対象の領域的存在論を展開するために、古典的な現象学の形相的変項という方法を法の比較方法と結びつけた。彼が重点的に論じている法理論上の基本的諸形式と諸構想は、法対象、法主体、法人、時間と法、世界と法、正義、所有、契約に関するものである。

法学者としての彼の仕事に現象学の影響があることはほとんど不可避であるにもかかわらず、あるいはそのためにか、G・フッサールが初期作品で強調しているのは、意識的に自分自身の領域を限定し、現象学を行使するという要求を掲げない法学者と見られたいということである。[137] 彼はその法理論的研究を一九二五年の著作では「法解釈学」に属するものと位置づけている。何人かの法学者の困惑[138]に対して、彼が「法解釈学」として理解しているのは、法の本質的前提に関する学のことであり（G. Husserl 1925, V）、その課題とは、アプリオリな法の可能性の領域を構成する純粋に超法的な基本概念の体系を作り上げることである。次のような言明に関してまず思い出されるのはシュライアーである。「さまざまな法が内容的に異なるのは、基本概念の諸構造がアプリオリに（法解釈学的に）前もって提示される変更可能性に基づいている」（G. Husserl 1925, V）。シュライアーと異なるのは、純粋な本質直観に頼るのではなく、包括的な比較法という方法を選ぶことによって法的本質構成が決して一枚岩の基盤を持つものではないことを保証しようとしたことにある。『法の力と法の妥当性』（1925）にはこうした初期フッサール的なテーゼが見られるが、純粋法学とは明白に異なるとはいえ、ある種の実証主義的な影響が見てとれる。G・フッサールがドイツから追放される前に作り上げていた法現象学的な立場として典型的なものである『法と世界（*Recht und Welt*）』（G. Husserl 1964）について論じる前に、『法の力と法の妥当性』における法の本質に関する基本テーゼを手短に見ておこう。彼自身は、一九二五年から一九三三年にかけて書かれた著作を、法理論研究における五つの連作と考えていた。（一）『法の力と法の妥当性』第一巻「法の妥当性の発生と限界」（1925）、（二）『法の力と法の妥当性』第二巻「法主体と法人[139]（Rechtssubjekt und Rechtsperson）」（1927）、（三）『法と世界』（G. Husserl 1964）、（四）『民法における否定的当為[140]（*Negatives Sollen im Bürgerlichen Recht*）』（1931）、（五）『法

（136）Henri Pallard & Richard Hudson: "Gerhart Husserl" in: Gray（1999）参照。

（137）「『法の力と法の妥当性』という作品が私の父に捧げられたものであったとしても、それは子としての感謝以上のものである。私が父に感謝するのは、学問として求められる最終的な要求に十分応えている法学を含めて、あらゆる真なる学問に原理的に求められる要請を理解させてくれたことである。そのような認識に基づいて課題と方法が生まれた。その際、現象学的研究方法という手本には後々まで影響を受けた。精神的な師弟関係にあることを告白することがその成果を正当化するものではない。ここで重要なことは現象学派の一作品であることである。この論文は哲学ではなく、その目的は法解釈学的なものであって、その著者は法学者であり、哲学者として書いたのではないがゆえに、そのような継承と見ることは誤りである」（G. Husserl 1925, VIII）。

（138）例えばKurz（1927）627. 普通、法解釈学とは妥当する法に関する基本的な意味と体系的な関連についての認識と理解されている。本書第一部第一章第八節をも参照。

（139）この作品で最も特徴的なことは、「法共同体を構成する人間の中核にある問題に取り組む」とともに、「法主体を孤立化する考察」を重視していることである（G. Husserl 1933, III）。

（140）「この第四研究は、人間が意志する未来に法がどのように作用するかに関わる。その作用はわれわれの精神的な眼には当為命題の宛名として現れる。そのように行為すべき（あるいはすべきでない）とする個人は、同時に、社会的世界

対象、所有権理論についての法論理的研究[141]（*Der Rechtsgegenstand. Rechtslogische Studien zu einer Theorie des Eigentums*）』（G. Husserl 1933）である。したがって、ここで扱う彼の法現象学的基本思想は、これらの中から選び出されたものとして理解されたい。[142]本項の最後には、彼の後の作品である『法と時間（*Recht und Zeit. Fünf rechtsphilosophische Essays*）』（1955）および『人格、事象、行為（*Person, Sache, Verhalten*）』（G. Husserl 1969）についても簡単に触れておく。これらは生活世界的観点から書かれたものであり、それほど「理論的」なものではないが、より明確に現象学に近づいている。

1　法の力と法の妥当性

『法の力と法の妥当性』においてG・フッサールが法的とみなしているのは、「問題事象に法的現実という性格を与える法の存在形式」（G. Husserl 1925, 1）である。法に規範的作用を与えるのは、法が妥当しているかぎりであり、[143]それが失われればもはや法とは言えず、その存在様式が破壊される（G. Husserl 1925, 8）。それゆえ、法のアプリオリな条件とは、法が妥当性という存在様式において用いられ、「妥当させられうる」ということである。そこで法の存在ないし存在様式として考えられているのは、事実性（Faktizität）とか歴史的に一回かぎりの事実事象性（Tatsächlichkeit）ではなく、「独自のあり方をする存在」（1925, 8）であり、法共同体の主体の個別的な意識作用によって形成されるものである。「ある事態を法規範として意志的に承認する法主体がその事態に、個別的意識流に対抗する間主観的で超越的な社会的現実という存在価値を与えるのである」（G. Husserl 1925, 8）。

このことから分かることは、G・フッサールは法を間主観的に生み出されるものとみなしていたことで

ある。（法規範は彼にとって認識命題ではなく意志命題として妥当するものであるため）「意志の担い手」(144)が規範に同

(141)の形成に影響を及ぼすことのできる人間でもある」（G. Husserl 1933, III）。この研究が注目に値するのは、それが意志的行動と行為（1964, 127ff. 参照）ならびに身体行動（137ff.）に対する（法）現象学的言明を含んでいるからである。

(141)（二）、（三）、（四）は、G・フッサールによる序文のついた編集版『法と世界』（G. Husserl 1964）のなかの論文である。この本にはまた、彼がドイツを離れていた一九三六年から一九五二年にかけて書かれた論文も収められていて、そこでは一九六四年の『法と世界』で扱われた法現象学のテーマに再び取り組んでいる（例えば、「日常生活と法」一九四〇などである）。

(142) G・フッサールの著作の手短な紹介と著作全体の索引は、彼の七五歳誕生日記念論文集である『現象学－法哲学－法学』（Thomas Würtenberger Hg. 1969）VII–XII, 274–276に見ることができる。

(143) ここで妥当性というのは、論理的な意味での妥当性ではなく、法的妥当性として理解されなければならない。「われわれは論理的命題の妥当性についても語る。この意味での妥当性は、法の妥当性とともに、個人の意識体験を超えていることを意味している。だが、論理的妥当性は、法の妥当性とは根本的に異なっている。論理学の命題は真理の妥当性に基づいている。そこで「妥当する」とは真であるということであり、法の妥当性とは全く異なる。いかなる法命題も、それが真であるがゆえに妥当するということはない。「真」「偽」という概念は法の妥当根拠については適用できない。法的事象の妥当性を論理的前提から導き出すことはできない。法が妥当する力の基は論理的妥当性とは全く別の所にある。法規範が妥当するのは認識命題としてではなく、意志命題としてである。法が承認を求めるのは行為する主体であって認識する主体ではない。規範に服従する者の意志が結びついている。法秩序によって規制されるのは思考の自由ではなく行為の自由である」（G. Husserl 1925, 8）。G・フッサールが法的妥当性として規定するのは、とりわけ（超越論的）間主観的な承認に基づくものである。この法実証主義的な立場は、妥当性に関する別の見方、すなわち根本規範にそった規範の具体的生成という見方を示している。第一部第一章第二節を参照。

(144)「意志の担い手」というのは単に心理的人格だけではなく、普通に考えられるように、組合や国家といった人的集団

意するという精神的な行為（Vollzug）なしには法が妥当することはできず、法は存在しえない。それゆえ、法は、各共同体の人格的統一性という個々の法主体による承認を必要とする。その承認によって、間主観的に拘束的な規範が意志の結合として構成される。こうして超越論的な間主観性の中で（社会的）妥当性が生まれる。G・フッサールにとって、法的妥当性は当初消極的に捉えられ、法規範の「主張能力」を意味し、刑罰や強制といったものが想定されていたが、それが積極的に捉えられると、それはある法共同体における法主体の意志を結びつける精神的作用の遂行となる。法は自然的事物ではなく、精神的なものである。この精神的な存在は具体的に宣言されるべきものであるというのがG・フッサールのテーゼの基本にある洞察であり、それによって、彼は妥当性を法固有の「存在形式」として説明しているが、それは実定的に妥当する法だけが現実の本来的法であるからである。

　そのかぎりで、G・フッサールは、法の妥当性を超越論的間主観性の意志共同体の内に基づけている点で、E・フッサールの法把握に近い。そのようにして初めて法は「世界に」登場する。G・フッサールが用いている妥当性概念を通して「生活世界性」が法の重要な性格として強調される。彼はつねにこのような接近方法を維持している。法の「生活世界性」あるいは「世界性」が超越論的現象学の性格を現わしている。すなわち、「世界」を間主観的に構成されているものと捉え、法を（あらゆる文化的形成物同様）多くの意識流／モナドによる精神的共同作用として捉えられているということである。G・フッサールにとって、法が「世界に登場する」とは、実定法の形式で意志共同体が具体的に表われていることを意味する。E・フッサールも、「超越論的な意志共同体」について語っているが、それはその精神的作用によって「価値共同体」と「法共同体」を形成するものである。(145)

　ある社会で外部からの強制によってではなく、主体の意志によって妥当性が生み出されるということは、法共同体の中の誰もが法秩序の有意義性を信じずに法秩序が「崩壊」している場合、その法秩序が実際にもはや維持できないものであるかぎりにおいて正しい。他方、フッサール親子のいずれについても注意すべきことは、彼らの構想が調和的な構成理論によっているため、社会的権力構造とそれによる規範の制度化が見逃されていることである。

それゆえ、G・フッサールを正しく評価するためには、例えば窃盗犯が自らの意志で刑務所に囚われるといったことについて述べている箇所（G. Husserl 1925, 73, Kunz 1927, 62等参照）に目を奪われるのではなく、法に固有のアプリオリな存在様式としての妥当性に取り組んでいる興味深い論文を考察しなければならない。そこでは、ある意味で法実証主義と現象学の間を再度架橋することが提案されている。なぜなら、そうすることで、法が間主観的な妥当性の生成によって「世界」に現れるまで、「世界的」でなく現実になっていない法（自然法など）が研究から排除されるからである。さらに、法の内容は完全にどうでもよいものとなり、自然法的思考とは真っ向から対立する。というのも、いかなる内容でも、それがともに遂行されているかぎり、いかなる内容の法が遂行されるかどうかは重要ではないからである。この法理論は、実証主義同様法の内容については無関心であり、正義の問いを排除し、承認された、即ち実定的な法体系のみを考察する点で実証主義と共通する。だが、実証主義との共通性はここまでである。なぜなら、G・フッサールは、実証主義に超越論的現象学の基礎を与えようとして、法の妥当性を単純に捉えるのではなく、法のアプリオリな本質的前提として規定しようとしているからである。[146] このようなことは、おそらくケル

も含んでいる。

(145) 例えば、Hua VIV, XV参照。法共同体については、Hua XIII, 105–111、Präliminarium, Pkt. 6をも参照。

ゼンにとっては法学を超えた大それた試みである。というのも、この領域は規範の記述とは関係なく、社会における規範の基盤に関わるものであって、ケルゼンならば、このような試みを「法心理学的」あるいは「法社会学的」なものとみなすであろう。

この点について、G・フッサールは、自ら述べているように、強く（超越論的）現象学に根ざしている。このような見方は、すでにF・カウフマンやシュライアーらが導き出した「時間を超えた基本構造」や「本質的前提」に基づくものではなく、それとは全く別の論理－形式的成果をもたらした。この見方は、むしろ個々の主体による法の理解、さらには超越論的間主観性に基づく彼の法理解に基づいている。つまり、精神的作用によって生活世界の中で法の現実が構成されるのは超越論的間主観性においてなのである。

2　法と世界——法の世界性と間主観性

ここまでG・フッサールの最初の法現象学論文について手短に見てきたが、そこから分かることは、彼の主要テーマが法の世界性、間主観性、そして法の経験だということである。『法と世界』（G. Husserl 1964）では、彼はある程度父を超えて、少なくとも使用する用語の点から見てハイデガーの現象学に接近している。このことは次のような最初の文章からも分かる。「人間の現存在は世界－内－存在である」。しかも、次のような独自の問いを提起している。「世界を持つということは明らかに法を持つことを含む。[…] 法は今どのように経験されているのか。法的なものが自分にとって「現に」あり、その生活空間の内で現実的なものになるようにするために、人間はどのように行為すべきなのか」（G. Husserl 1964, 67）。

彼のテーゼとは、法という事物を経験するためには自然的で素朴な態度を超えなければならないということである。そのためには、意識的に人格を「投入すること」によって、疑念や不確かさを持つ自然的世界を離れて、法の世界もそうであるような「超時間的対象」を理解することが必要である。彼のハイデガー解釈による現存在とは、自らの死への意識を基に「不確実な明日に身を晒す」ことである(G. Husserl 1964, 68)。確かなことは何もなく、疑念を免れるものはなく、体験の流れはつねに変化と矛盾に晒された経験に委ねられている。この世界から出て諸価値の世界に移行するということは、自然的な時間意識によって構成される体験空間を超越してラディカルな「脱時間化」を意図する行為によってのみ達成される(G. Husserl 1964, 69)。全ての「世界内人格存在」は、それゆえ絶対的な確実性という「大きな目標」を持っている。すなわちそれは、素朴に与えられた世界を蓋然的存在として最終的に妥当させるために、自然的-世界的なものの「蓋然的」なあり方を現実として受容し、世界が全く疑問ばかりであることを明らかにするということを意味する。そのためにはある程度世界から離れる必要があるが、それは世界を否定することではない。G・フッサールがここで本質的なものとして描いていることは、現象学的還元の基本的特徴である。彼はそれを「忘我的全体的人格投入」(147)と呼び、哲学の領域を精神世界の他の領域に拡張している。自然的世界から超越論的に飛翔することによって、宗教(や道徳)、芸術と学問の領域が獲得され、そ

(146) F. Kaufmann (1924, 125参照) 同様、Kelsen (1984, 346ff.参照) もそうした承認理論にはつねに批判的であった。というのも、「妥当性の問題は特定の承認があるという事実性の問題によって保障されるものではなく」、「価値連関は価値評価的連関によって導き出されるものではない」(Kohlberg 1997, 40) からである。

(147) 「忘我Exstasis」という言葉の使用が正当化されるのは、自分自身と自分の世界を完全に投入する人間が自分の自然的な生命の流れから脱出して、実際に「自らの外に」立つことによってである。

うした諸領域におけるさまざまな「人格投入」を類比的に記述している。

（一）倫理的 - 宗教的な人格投入　宗教的体験においては、信仰者の時間地平は永遠であり、そのため彼らの有限な世界 - 内 - 存在をラディカルに超越する。そのため、彼らには、「あらゆる蓋然性を終焉させる価値づけ意識の光の下で」(G. Husserl 1964, 71) 倫理的諸価値という超越的な領域が開かれるのである。

（二）美的な人格投入　これと同様に、芸術作品もまた、変化しえない形式的感覚を開き、それは自然的な時間の流れを忘れさせる。芸術作品の時間存在は超越的な「常在 (Immersein)」(G. Husserl 1964, 71) である。美的領域の超越に対しては、素朴な経験によっては近づくことができず、美的な人格的投入が必要である。

（三）理念化する人格投入　学問に関しては、「理念化する」人格投入が必要であり、それによって認識対象が純粋に与えられる。この点でG・フッサールは父と全く同様である。「世界の所与性を理念化するプロセスが保持しているものは疑いもなく世界の存在であり、本質である」(G. Husserl 1964, 75)。「自然的」で実証的な科学にとって世界はその全体が問題とされることはないが、無前提の立場に立つ「学問的哲学」は自然的経験に依存しない真理を求める。両者はこの点で異なっている。G・フッサールは、哲学においては人格の全体的投入と真なる忘我が要求され、自然的科学においてはつねに自然的態度における世界に依存しているために一定の「前提」があると考える。しかし、実証的科学者においても真理への志向は完全に保持されているのであって、それは理念化という取り組みの本質的要素をなしている。したがって、学問の対象は、本質的に新たな人間の態度を必要としている。なぜなら、その対象は、(諸々の真理および認識として) 自然的経験において解明される世界が与えられているということではないからである。

これは「法的諸対象」にとってどういう意味を持つのであろうか。彼の主張する法的なものの超越とはどのようなものなのか、原本的な自己所与性において明らかになる法への接近の道とはいかなるものであるのか、その際何らかの制約があるのか。エリック・ヴォルフの次の言葉は全く正しい。「われわれは、認識対象に関する問いは認識主体に関する問いへの回答によって解決されることに気づいている」(Wolf 1931, 331)。G・フッサールの現象学的出発点は、まさにここにある。

彼は「法」を法共同体の意志と規定し、それを実定法秩序と同一視している。法の存在とは、法の実証的妥当性のことである。その妥当性がまさに時間存在であることから、そこには一定の抽象性がある。世界的ならびに歴史的に見て永久に妥当する法など存在しないとしても、「終わることを念頭に置いた法はないのであって、法の妥当性は断固とした妥当性である。法はそれ自身が一つの目的であって、それに向かって発展的に入り込むような未来を持たない。法は世界の蓋然性については何も知らない。法規範は世界の蓋然性に対して専制的に対抗する」(G. Husserl 1964, 79)。このような意味で法の超越的世界が明らかになる。主体の側には、法仲間であるために、そこに入り込むことが求められる。このことは『法の力と法の妥当性』における記述と一致している。法は法共同体の間主観的な意志なのであるから、法はあらゆる主体に対して法という超越的世界に一致して入り込むことを求める。G・フッサールは、人間がこのようにして法に入り込むことをまずは倫理的・宗教的なものとして記述しているが、それは本質的に倫理的態度のことである。だが、法に入り込む人間はある種の「前庭 Vorhof」に留まっている。そこは全体的世界的現存在をラディカルに問題視するには至っていない場所である。法の領域と宗教の領域との関係は、いわば実定的(自然的)科学と学問的哲学(純粋な認識)との関係に似ている。というのも、法に入り込むことは全体的ならびに忘我的なものではなく、それによって自然的世界を超えるものではないからである。このことはまた、法という事物を経験するために必須のものでもない。「法に向かう意志は世界の転換をもたらしうるようなものではない」(G. Husserl 1964, 81)。なぜなら、法が妥当している間には決して終わりのないものと誤認されているとしても、法の存在、すなわち法の妥当性は革命による法共同体の崩壊によって終末を迎えることも起こりうるからである。法が意志という心的態度に依存するがゆえに、崩壊する可能性は法の存在自身の内にあらかじめ刻み込まれている。それゆえ、法の存在は、超越的なものではあっても、宗教や学問におけるような「永久の真理」とは異なり、終わりのある存在である。

このような議論が理解できるのは、G・フッサールとともに法の存在はその妥当性だけであって宗教や学問の存在ではないことを認める場合だけである。というのも、まさに革命が起こりうるからであり、法感情が瓦解するように、信仰心が崩れ、学問の成果が誤りであると判明することもあるからである。それは経験的な議論であって、G・フッサールの区別は本質に関わるものだとの反論が可能かもしれない。しかし、例えば(本質形式として)学問が意図するもの、現時点で学問であるものは、類比的に法にも当てはまりうる(法哲学者のラートブルフはそう考え、妥当している法の中に正義との関連を見ている)。G・フッサールは、もしも彼が興味深い仕方で永遠の慣習道徳的価値を認め[148]、永遠の自然法を受け入れるのであれば、彼のような議論はできないはずである。すでにわれわれは『法の力と法の妥当性』に関して、法の存在を法の実定的な妥当性と規定する実証主義的な要素が現象学的法概念にあることを示しておいた。

『法と世界』におけるG・フッサールの考察は、法という事物を経験できるためには自然的世界を超え出る超越的な人格投入が必要だという結論に至っている。だが、そのような投入は、例えば哲学や事実上の宗教的経験におけるような「全体的」で「忘我的」なものでないという限定がある(法における人格投入は倫理的‐宗教的な種類のものにすぎない)。すなわち、全体としての自然的世界が克服されるということではない。結局、法もまた「自然的世界」の内にあるあり方で存在するのであり、しかもそれは、全体社会の中で恣意性を排除する力という法固有の社会的役割を通して存在する。

実際に重要なことは、彼方にある脱時間化された法の世界から自然的な時間の流れの中にある意志的な現実というこちら側に入り込むことである。法命題は、規範的なものとしてそうした意志の現実と具体的に関わっている。そのような働きによって法的現存在は新たな段階に達することができる。抽象的な法規範は、そのつど妥当する具体的な法へと展開される。[…]〔訳注十二〕法規範は、それが適用されることによって適切に表現される。時空的に特定される生の事実に対して任意に繰り返し適用されることが法規範の意味である。こうして、断固として妥当するという法意志に基づいて、個別的法領域に

(148) G・フッサールの場合、法と慣習道徳が区別されるのは、特殊法的な「正義という秩序原理」とある種の「法理念」に関してであるように見える。例えば、法規範に特徴的なことは、それが法の作用によって生み出されることであり、慣習道徳的規範はそうではない。『法と時間』の一節を引用すると、「慣習道徳規範と法規範は根本的に異なるものであり、道徳という事項と正義という理念に本質的な関連性はない。法の領域においては正義の理念が中心的な秩序原理である。それにもかかわらず道徳と法とは互いに近い位置にある。両者はより大きな秩序システムの枠内にある近接した部分秩序である。それは両者の間に有効な相互作用があるからである」(G. Husserl 1955, 24)。
〔訳注十二〕中略されている箇所は次のようになっている。「二段階性を持つことが法の本質構造である。その規範が此岸への道を確保せず、言い換えると時間化する力を失ってしまった法秩序は、生きた法感覚を反映するものではなく、法的妥当性を欠いた死せる思考の産物である」。

おいていつか生じる意志事象に対して拘束的な帰結が引き出されるのである（G. Husserl 1964, 82）。

適用が求められる法規範の存在様式を彼は、具体的な法の妥当性ないし法の力と呼ぶ。だが、このような適用がなされるためには、宗教的－倫理的なものとは異なる人格的投入が必要である。それはすなわち理念化的投入であって、それによって、ある判決の中で具体的な事態を普遍的な規範に位置づけることができ、そうすることで抽象的な規範を「時間化する」。このような関係において最も重要な人格は裁判官である。なぜなら、裁判官に具体的に課されるのは、判決を遂行し発信することだからである。

主体が法を経験できるようになる人格投入には二つの様式があることが分かる。その一つが「倫理的－宗教的」なものであり、それによって全体としての法秩序が肯定され、時間的超越がなされる。「通常の」法仲間による規範肯定的な意志の持ち方がこの意味で統一されているのに対して、裁判官の意志の持ち方は、判決を見出すための「理念化する」要素が加わるために二重化する。そのことによって法理念から法の現実が生み出され、抽象的な法の妥当性から法の力が生み出される。この点についてG・フッサールは次のように書いている。「一般的な法規範を時間化することで開かれる世界と法との関係性を見てとる法観察は、その対象によって正当化されるのではない。妥当する法に関する知は全て実践知である」（G. Husserl 1964, 91）と。

裁判官や「通常の」法仲間と並んで、法感覚のさらなる個別化がなされる。例えば、「法を創造しようとする」意志は規範を破る革命家を鼓舞するのに対して、「通常の」法違反者は個別的な規範だけに違反するのであって、その他の法規範の妥当性は維持する、というように。

G・フッサールのアプローチの本質にあるのは、彼が（間主観的な共同体における）個々の主体と法との関係をテーマ化することである。彼が試みているのは、その関係を学門的態度や宗教的態度と比較することで位置づけ、現存在の世界性の内にある法に実存的拠り所を与えることである。その際、彼が実定法の立場に留まっていることは驚くべきことである。なぜなら、理念化する場合でも没我的に人格投入する場合でも、自然法の理念に近づくことは人間にとって当然のことだからである。彼は、法の存在を初めから実定的妥当性であるとすることで、そうした議論を避けている。法とはまず本来、現実的なものであり、ある法共同体によって肯定され適用されるものである。G・フッサールにおいては、法はつねに法秩序であり、ある法共同体で生活世界的に適用されるものである。この前提を共有すれば、その成果は全く興味深いものである。人間は（裁判官、法仲間等々）異なる仕方で(149)法に関わるのであり、そもそも法的事物に接近するためには特定の人格投入が必要となる。このことは、（E・フッサールの超越論的現象学が名づけた）「学問としての哲学」におけるほど全体的でもラディカルな問いかけでもないが、彼は「自然的態度」を超えようとしている。

問題はただ、彼が「自然的態度（Einstellung）」と呼ぶものが父親の言う意味で理解されているかどうかである。というのも、G・フッサールと違って、E・フッサールにとっては人が生活世界において自然的態度に「入り込んで生きる」場合、諸価値や神、さまざまな「永久的なもの」を設定することも「最も自

(149) エリック・ヴォルフはこれを法的現存在の「諸類型」として特徴づけ、「裁判官、法服従者、立法者、法思想家などは、ただ歴史的にのみ研究されてきたにすぎず、せいぜい社会学的ないし心理学的な意味しかない」としている（Wolf 1931, 337)。G・フッサールの研究は、法的空間にいる人々の態度、動機などを現象学的、実存的に主題化することで、これらの人々に「全く新しい光」を当てたものである。

然なもの」だからである。E・フッサールにとっては、世界の妥当性を括弧に入れ、それらが構成される基盤を問うことで人間をそうした自己理解や自然性から脱却させることがまさに現象学的還元である。これに対してG・フッサールが「自然的態度（Verhalten）」と呼ぶものは、死への意識であったり、永久的な疑いや絶え間なく流れる体験流であり、これらは「素朴なもの」や「自然的なもの」、日常的で主題化されることのない世界に対する不信とは対立するものである。

むしろここではハイデガーの『存在と時間』という書物が注目される。G・フッサールはそれを受容しているが、ハイデガーが現存在分析として記述したことはE・フッサールにおける「自然的態度」に該当する。G・フッサールはその父の現象学に信頼を置き、それにハイデガーの用語をときおり貼り付けているだけであるから、そうした誤った受容は彼の作品全体にとってそれほど重要なことではない。それゆえ、「自然的態度」という用語の難しさは脇において、E・フッサールの間主観性に関する考察に基づいて法現象学が展開されうることは理解できる。そこでは生活世界の問題が重要であり、その生活世界は人格および人格的結びつきとしての超越論的間主観性の意志表明によって意識的に構築される。

3　法と時間

G・フッサールの包括的で体系的な初期の作品を概観した後、ここでは論文集『法と時間——五つの法哲学的エッセー』を取り上げる。この論文集に集められているのは、「法と時間」、「法の経験」、「法における客観性」、「法と訴訟」、「犠牲、不法と刑罰」の五論文である。最初の三つについてはここで手短に取り上げるが、これらから分かることは、G・フッサールの法現象学的思考法は、基本的に一貫しているとしても、体系的な探求というよりエッセー的な論述となっていることである。

(a) 法と時間

「法と時間」という論文では、この二つの概念の関係に三つの側面から光を当てることが試みられている。それは三つの章のタイトルに示されている。すなわち、(一) 歴史的時間内の法、(二) 法という事物の内的時間構造、(三) 立法者、裁判官、「行政官」の時間パースペクティヴの三つである (G. Husserl 1955, 10参照)。

(一) について　最初の章では、法の歴史性 (法があたかも超時間的なものに見えようとも、あらゆる法体系はその歴史的ルーツを持ち、その妥当期間があり、終末を持つ) と、法秩序や法理念の「脱時間化」とが対比されている。その例として彼があげているのは、それが実際に妥当していた期間を超えて力を持ち続けたローマ法である。一つの生活圏から別の生活圏に理念が移植される際につねに起こる「脱時間化」によって全く新たな法経験の領域が構成される。当該法理念はそれによって歴史的な一回かぎりの性格を失い、ある種の普遍的妥当性を獲得する。例えばローマ法の万民法 (国際法) がそれに当たり、それが世界法であるという要求を持つことになる。ここには何が起こっているのだろうか。G・フッサールが望んでいるのは、彼が同時に説明している比較法的な形相的方法の枠内で、こうした一つの法理念体系からその意味の核に「還元」する思想的な働きを理解することである。それによって生じるのは「より高次の法」でも「より高い段階の行為規範の体系でもなく、そうしたいかなる規範的な力も持たない法的諸真理の体系」(G. Husserl 1955, 14) である。法的真理がもつのは法的アプリオリの本性である。こうした還元操作の目的は、ある社会秩序が法秩序という意味を持つ場合に実現されるはずの現象－論理学的諸前提を手に入れることである（G. Husserl 1955, 144）。

G・フッサールは、彼の方法に直観的な例を与えることで先に進む。それは目的規定を持って日常的に用いられる物として意識的に選ばれた靴を例に、E・フッサールが「形相的変項」として理解したもの、より広い関係性において「実質的アプリオリ」や「領域的存在論」と呼んだものを印象的に例示している（現象学的用語は避けているが、この議論は法哲学的志向を持つ法学者たちに対してさえ困惑や拒否をもたらした）[150]。靴の目的的意味は足を覆うことである。形相的核に向かうためにG・フッサールが吟味する変項をここで提示することができなくとも、彼の意図は次の引用からも分かるはずである。

> 靴の例で明確にできることは、われわれの実践的周囲世界にある事物について（したがって法という事物についても、単に論理的な構造だけでなく）普遍妥当的な言明をなしうるということであり、それがわれわれにとって重要なことである。われわれが説明したのは、物理的事物のアプリオリの領域である。われわれが語ったのは、（靴の目的意味を持った）事物が歴史的に特定の現実の中でわれわれにどのように出会われるかではなく、また何らかの想像的に表象される事物でもなく、その理念にまで還元された「靴」という事物についてである。それは、一足の靴である事物の目的意味である。「実験」という方法を用いた還元を徹底して行うことによって、それがなければある事物がその理念に適ったものであることができないような本質的メルクマールの残滓（*Residuum*）が明らかとなる（G. Husserl 1955, 18）。

法律家であり法理論家であるG・フッサールが哲学者E・フッサールの現象学的道具立て[151]を法律家仲間に伝え、アプリオリな法研究にそれを利用しようと努めたことはあまり知られていない。（A・カウフマンが言うように）このような試みがあまり成果を上げなかったのは、G・フッサールの説明能力や仲介力が足りなかったからではなく、一般に法律家の間でアプリオリな法理論に関する関心が薄いからである。というのも、アプリオリな法理論は法的な日常業務にも具体的な規範衝突に対する法律家たちの理論的関心にも関わりを持たないからである。

だが、ここでG・フッサールによる具体的な法秩序の形相的「脱時間化」の方法について手短に見てみよう。彼は法を「社会的現実」という事物、すなわち人間によって生み出され、あるいは人間相互の関係領域において生じる歴史的な時間構造を持つ事物の内に位置づけている。法秩序は社会的現実の部分秩序であり、その原則は、「法規範の本質的あり方と規範的な力を持つ」(G. Husserl 1955, 22) 行為の格率である。彼は、法の妥当性が法の存在形式であるという彼の基本テーゼを保持しつつも、法が適用される際の解釈に関してはそれを変容させ、生活世界における歴史的な実践を新たに強く強調することによって、抽象的

(150) アルトゥール・カウフマンによる批判については、第一部第一章第九節を参照。
(151) G・フッサールは、彼の研究において繰り返しハイデガーの『存在と時間』における実存的思考法に注目させているため、彼はフッサール現象学を伝えようとする意図を超え、現象学運動に沿っていると主張することも可能である。そうしたことの典型的一節が「靴の現象学」に見られる。そこでは次のように語っている。「私は、歴史の中で諸事物と出会い、それと関わる。諸事物は、人間の世界である世界の全体連関の中で人間に与えられる。［…］ある事物は、それが何らかの仕方で私に関わることによって、私にとってそこにある。［…］誰にも関わらず、誰にとってもそこにない事物について語ることは、たとえそれが現実の事物であっても意味がない」(G. Husserl 1955, 20)。

な法実証主義を以下のように退けている。

ある法秩序は、言語的に表現された法命題の体系以上のものであり、それとは異なる。ある法命題は、それが具体的に適用されることによってその命題の内にある力を発揮する。（法適用の時間的問題は、それ自身大きなテーマである）。法命題がその意味を持ちうるのは、法命題の中に抽象的にあらかじめ投企されている生活状況の中で行為の格率として役立つ場合だけである。生きた法の一部として構成されたものとしてのある法規範にとって、それがそのつど適用されるかどうか、どのように適用されるかはどうでもよい問題ではない（G. Husserl 1955, 23）。

こうした理由でいかなる法規範も「未完性さ」を伴い、明らかに本質的に歴史的構造を持っている。法規範は歴史の流れの中に「完全な産物」として入り込むものではなく、不変なものとして存在するものでもない。むしろ、法規範はそれ自身の前史を持つ。法規範は、それが施行される前に、具体的な現在の問題に対する応答として将来を見据えつつ特定の観点から立法者によって検討され、多くの協力者の下で展開される。そのような考慮と手続きの最終地点が立法である。法規範の意味解釈においてこうした「立法者意志」は決定的な役割を果たすが、基本的な法命題に対する生きた関連を明らかにするために、その解釈はその歴史的関連を今日の観点からなさざるをえない。法命題の中に実存する時間次元をともに遂行することが法律学的解釈（Hermeneutik）の意味である。法はいつも「時間とともにあり」、永遠の法体系は存在しない。「未来を先取りする立法者の力は有限なものである」（G. Husserl 1955, 27）。

G・フッサールは最終的に、なお形相的考察の枠内で慣習道徳と法の違いについても語っている。「慣習道徳という事物と正義の理念との間にはいかなる関係もない。法の領域では正義の理念が中心的な秩序原理となっている」(G. Husserl 1955, 24)。だが、「慣習道徳と法は、より大きな秩序体系の枠内では近接する部分秩序である」(G. Husserl 1955, 24) から、両者は近接し、相互に影響し合う。それに加えて、法規範に特徴的なことは法の定立という(手続きによって確定された)作用によって生み出されることであるが、慣習道徳的規範の場合はそうではない。

「正義」に関するさらなる考察は一九三七年に英語で発表された「正義」という論文に見ることができる。この論文は一九六四年に他の諸論文とともに『法と世界』としてドイツで再発行されている。そこで彼は、存在論的実体としての「正義」の具体化を拒否し、正義を正しい行為ならびに正しい作用に結びつけている。その後、共同体《コミュニティ》、正義、法といった諸概念は互いに緊密に関係づけられているが、そこでは正義の理念を実現するに際して共同体が決定的な役割を果たし、そこで考察されているのは(法的形式を得たものという意味で)実現された正義だけである。(152) 注目すべきことは、正義の場、および法理念や法概念と正義との関係についての言及がこの論文において初めて登場し、初期の作品には見られないということである。したがって、例えば、法が実定法についての間主観的に承認された妥当性によってのみ定義される『法と世界』においても、革命家がどこから「法創造の意志」を引き出すべきなのかについては不明確なままである。ホロコーストと第二次世界大戦という当時のドイツの政治状況だけでなく、それによっても

(152) アンリ・パラール(H. Pallard)とリチャード・ハドソン(R. Hudson)によるこの論文の英語要約とG・フッサールに関する記述がクリストファー・ベリー・グレイ(Christopher Berry Gray)編集の『法の哲学——一つのエンチクロペディア』(C. B. Gray 1999, 385–386)に見ることができる。

たらされた法律家の世界における意味変容と理論変容についても言及するべきであろう。一九三三年以前は法実証主義が優勢な理論であったが、一九四五年以後（特にドイツではG・ラートブルフによって）実定法と正義の理念が再び理論的に結びつけられた。

（二）について　『法と時間』の第二章は、法という事物の内的時間構造を規定する前所与性を扱っている。ある法共同体は、できるかぎり正しい法体系を創設するという意図の下で、たいていはその出発点を、「正」または「不正」として規定される事実関係に置いている。

法は基本的に、ある典型的な生活状態を思想的に前方投企し、特定の法的効果を備えたものとして生まれる。その際、法は法にあらかじめ与えられている社会的現実の事物と規則的に結びついている。契約や不法行為、婚姻といった法的事象は今日法的規制対象となっているが、それらは法が「発明」したものではない（G. Husserl 1955, 28）。

ここではまた新たな創造についても語られている。なぜなら、社会的現実という事物は法という事物に変形されるとすぐにある構造変化を経験するからである。法的事物は、結局それ固有の対象カテゴリーを構成し、別様に経験される（G. Husserl 1955, 28参照）。これらの節で彼は、多くの男性および女性法現象学者たちの一つの直観に従うと同時に、ライナッハと違って、一般的法概念に対する実定的な制定法の持つ独自の特徴を強調している。私（Man）はここで、女性現象学者として、E・フッサールの『経験と判断』（1985）の方法にならって理解の諸対象（述定的判断）が前述定的な判断を基盤として構成されるのはどこなのかを考えたくなる。前述定的判断によって示されるのは、決して一致しない異なる本質的特徴を持った二つの固有領域である。（E・フッサールにおける）論理学が前述定的な世界経験から切り離されることなく、そうした経験とともに抽象化する意識作用と関係しているのと同様に、（G・フッサールにおける）法は、それがそれに向けて実現される具体的な生活連関から切り離されていない。論理学も法も、特殊な意識作用によって新たな対象性を提示するのであり、その対象性はそれが通常化する形あるいは反復可能性によって特徴づけられる。

ここでは、これ以上論じることはしないが、このテクストでG・フッサールは、さらにさまざまな時間性の次元を明らかにしている。そこでは、法的要求が一つのテーマとなっている。彼にとって法的要求とは法がそのために役立つ一つの道具である。法的要求に始まりと終わりがあるのは、法的事象が一定の時間的幅を持って広がっているからである（契約の履行、それは時間に向き合う契約である）。法的要求にはその点で終わりがある。だが、法的要求の中には終わりを予定しないものもある。例えば、人格としての地位、所有や婚姻などである（もちろん、これらは別の仕方で法的に規制されうる）。

(三) について 最後の第三章は、特定の時間的方向性を持った生活実践としての法を扱っている。政治哲学、社会哲学の観点からすると特にこの部分が興味深い。というのも、G・フッサールは「理念型」として理解される三つの人間類型に基づいて権力分立に関する時間的アスペクトを展開しているからである (G. Husserl 1955, 52)。すなわち、行政官という現在の人間、未来の人間としての立法者、過去の人間としての裁判官である。G・フッサールが彼のテーゼの最終局面で引いている歴史哲学的、政治的事実は、いずれも評価されるべきものであり、その政治的な意味における三つの理念型に対応している (G. Husserl 1955,

63以下参照）。ある共同体の生が共通の価値という確たる枠内で遂行され、その価値への信仰が働いている間は権威と伝統が前提として存在し、（法の）伝統を守り、それを正統的に解釈する者として機能する裁判官の類型がある（G・フッサールは、コモンローの支配下にあるイギリスの裁判官を例としてあげている）。人間が進歩を信じる時間内では、未来における「黄金時代」が位置づけられ、それに応じて形成されるべき公的生活において果たすべき決定的な役割は立法者に委ねられる（十八世紀初めのヨーロッパにおける歴史的状況がその例である）。確実な価値体系への信頼が動揺し、新たな価値体系も見当たらない時代には、「時代の人」すなわち行政官が公的生活において最も重要となる。不確定な人間生活というこの世的な見方では、安定性が強く求められる。人間は先を見るが、それほど先のことを見ることはなく、人間の時間を見る目は多くの有望な未来を構成するものではなく、未来の脅威を「基準」によって避けようとする「後づけ（Nachsicht）」に依拠している。そこでは立法者にとってあまり多くの余地はなく、未来に定位して構成する立法は現実にはほとんど不可能であり、むしろ行政によりそった性格を持つ。裁判官の類型もまた有意義なものである。G・フッサールは、彼およびわれわれの属する現代という歴史的状況について語っている。彼の見方は、われわれの現代の公的生活では官庁が優越的な力を持つことを発見したハンナ・アーレントなど、多くの時代診断と一致している。

(b) 法の経験

このエッセイ『法と時間』でも、G・フッサールは、彼にとって古典的なテーマを再び新たに捉え直している。すなわち、専門家と素人など社会的立場によって異なる法の経験である。その際、彼は、ラジオや冷蔵庫のような日常生活で出会う事物同様、法も「われわれ全てに関わる」という前提から出発するが、われわれは決して法について専門的な経験をするのではない。それでもなお「直接的」法経験として考察されるべき一種の「共同経験」がある。この共同経験は正しく理解されなければならず、共同体内部での法の間主観的執行にとってどのような意味を持つかを規定しなければならない。なぜなら、ラジオや冷蔵庫と違って、法という事物の再考基準は正義であり、しかも「正義の問いは決して法学者が最終的な回答を持っているわけではない」(G. Husserl 1955, 85) からである。彼は、そのように言うことで、原本的な法の現出空間としての生活世界的、日常世界的領域ならびにある共同体における正義理念の間主観的遂行に定位しており、そこでは単なる専門家を排している。この小論で注目すべきことは、彼がその社会的世界の現象学をいかにして専門家と素人との対立として展開しているか、伝統的承認理論を生活世界的な経験の記述として置き換えているか、である。彼は、法経験のモデルについて三つの層をあげている。第一は非－法律家と素人であり、第二は「純粋な知」という段階にある専門の法学者、第三は、「二重の」法経験段階にある裁判官である。彼は、全ての人に対して語ることで専門的知識を正義の観念と結びつける。これはまた、一人の法律家から必要な専門知を教えられる素人裁判官にも要求されることである。その要求とは、「国民〔その中にはもちろん裁判官も含まれる〕の意識の中に生きている法と不法の基本的観念を〔専門の法律家に導かれた法経験の枠内で〕妥当させる」ことである (G. Husserl 1955, 86)。

(c) 法における客観性――超越論的法論理のために

この副題が示しているように、ここでの問題は、法の「超越論的論理」を展開することである。すなわち、法的事物の真理様相と客観性の様相および経験のされかたを規定することである。G・フッサールは、この点では主に刑法の事例に立ち返って論じている。同時に彼は、確固とした現象学的関連において、事実認定、法の解釈、正義理念の遂行といった事象規定のような法という事物についての異なりうる判断が正しく真である可能性をも問うている。こうした法的判断理論の背景にあるのは、見かけ上彼によって攻撃されている、「主観的」と「客観的」の対立（G. Husserl 1955, 107参照）、ならびに真理の「間主観的」妥当様式である。「真理の本質において基礎にあるのは、それが超個人的で間主観的な性格を持つということである」（G. Husserl 1955, 100）。さらに彼が固執しているのは、（コンフリクト状況における不偏性としての）客観性、中立性、事象への忠実性（Sachlichkeit）を保持すること、遠さと近さのあり方、（間主観的妥当性およびハイデガー的な「ヒト」としてのという意味での）「全ての人」の判断、特殊な状況と目撃者への真実要求である。

4　人格、事象、行為

一九六九年に出版された、G・フッサール最後の著作のタイトルは、『人格、事象、行為』である。そこには二つの現象学的研究が収められている。そのうち最初のものは「行為する人間と事物」であり、その副題が示すように、その主題は「所有権理論への序論」である（G. Husserl 1969, 2）。そこには、道具、事物の新たな創造とその関係ならびに横領に関する法現象学的考察が含まれている。さらには異他的なものの経験、真理および正しさや行為類型に関する章など、その後の現象学的テーマも含まれている。「期待と予期」と題された第二の章は、法的な文脈との関わりは薄い。むしろ本書は全体として、本書が捧げられたE・フッサールの現象学との内的対決が注目される。

5　結論

G・フッサールの作品全体は、法を生活世界的、実存的構造として解釈し、E・フッサールの現象学と社会存在論に強い影響を受けた独自の法現象学を展開するという意欲的な試みと理解すべきである。そこで目立つのは、現象学的な基本理念を簡単な言葉と直観的な例をあげることで、現象学を法的、法哲学的関心を持つ人々に近づけるという努力を続けたことである。数多くの著作で、彼は多様な現象学的テーマとともに法的な専門領域を扱っている。一九三五年以前の著作では体系的なものが優先されていたが、後の作品ではエッセー的な性格を示すようになっている。彼はつねに法の生活世界的把握に忠実であるが、そのような捉え方は、まず法の存在形式を法の現実的妥当性に結びつけ、第二に法経験や正義の理念といった諸概念に関して、法を社会的現実や間主観的遂行と緊密に結びつけるものである。

第二章　継承と新展開

第一節　ハイデガー、シェーラー、メルロ＝ポンティと法現象学

「継承と新展開」と題した本章第一節では、現象学の主要な擁護者の思想を法現象学の理論へと移し変えた著者たちを扱うことにしたい。その内の最初の二人は法学者であるとともにドイツ連邦共和国にとって非常に重要な人物で、第二次世界大戦後、現象学への新たな接合点を法の側から探究した人たちである。ヴェルナー・マイホーファーは、刑法学者・法哲学者であるが、自由民主党の政治家として連邦特命大臣（一九七二―一九七四）・連邦内務大臣（一九七四―一九七八）を務めている。エアハルト・デニンガーは、公法学の教授で、短期間フランクフルトのゲーテ大学学長（一九七〇／七一）を務めている。彼らは、それぞれ教授資格請求論文においてハイデガーもしくはシェーラーの著作と取り組み、両者ともに現象学思想の大家たちの試みを、政治的には自由‐社会的で基本権に定位した新たな立場として受容し、転換しようと試みた。

ウィリアム・ハムリックは、すでにマイホーファーやデニンガー以後の法現象学者の「次世代」に属し、メルロ＝ポンティ流の現象学の継承者と言ってよい。加えてハムリックは、英語圏で支配的な法哲学の伝統との新たな議論のフィールドを開いた最初の代表者である。

ハイデガーやシェーラー、メルロ＝ポンティは、法現象学に関する論考を一つも執筆したことはなかった。しかし、シェーラーとメルロ＝ポンティは、政治を主題とした論考を発表しているため、ありうる法の構想へのヒントをあちらこちらに見出すことができる。しかし「継承者」にとって、そのような文献学的な仕事よりもむしろはるかに大事なのは、主観性・間主観性・世界、より厳密に言えば「現存在」「人格」「社会的ゲシュタルト」といった基礎的な諸観念を法哲学的に実り豊かなものにするということである。そうした点で重要なのは、フッサールの基本構想を超え出ていく現象学的思考の多様性を非常に明快に示すような、より広大な哲学的背景を持った法現象学である。このさまざまに異なる現象学的な思考方法については、それぞれの章の冒頭で説明することにする。

第一項　ハイデガーと法現象学――ヴェルナー・マイホーファー『法と存在』（一九五四）

ヴェルナー・マイホーファーは、真剣に、ハイデガーの思想を法哲学的に生かそうとしている。それゆえ彼は、ゲルハルト・フッサールに対して「外見上はハイデガーを引き継いでいるにもかかわらず」(Maihofer 1954, 13)、法との関連において本来的な存在の問いにまで達していないと非難している。G・フッサールは、法の「経験可能性」を、すなわち主観を主題とすることで、超越論的現象学の「所与性の問い」に留まっている。つまり、彼が主題としているのは依然として「……についての意識」なのであって、何かの「存在」、具体的に言えば法の「存在」ではないというわけである。

1　法現象学・法存在論の出発点としてのハイデガーの『存在と時間』

『存在と時間』(1927)において提示されたハイデガー版の現象学は、その書き方からして、根本的にフッサールの超越論的現象学的な構成哲学とは異なっている。たとえその違いから、両者の対立をことさら強調してはならないとしても。ハイデガーは、超越論的(間)主観性と世界との相関関係における構成のあり方や与えられ方を分析するのではなく、存在への問いという古くからの存在論的な問いを彼の現象学の企ての中心に据える。ハイデガーの「存在論的差異」論によれば、この存在は、決して何らかの存在者(詳しく言えば、ある何ものか、ある対象的なもの、一つの概念など)に還元されえず、存在はその言語的な性格において「現前」として聴取され、遂行という意味で理解されなければならない。以上のことから『存在と時間』で主に焦点を当てられるのが、「存在の意味」への問いおよび「現存在」への問いである。「現存在」がこの存在の問いの中に位置づけられるのは、「現存在」が、世界－内－存在として、存在の「開示性(Erschlossenheit)」に他ならないからである。ハイデガーによれば、現存在は一つの際立った存在様式であり、それは「現(Da)」の存在、つまり「世界」に対して開かれた存在(Offen-Sein)として自らを遂行する。そしてそれは、諸対象(例えば、石)が単に目の前に存在すること(Vorhandensein)や使用される諸対象(例えば、鉛筆)が手許に存在すること(Zuhandensein)とは対照的である。そのかぎりで、ハイデガーの「現存在」はフッサールの「意識」に代わる新語である。この新語によってハイデガーが強調するのは、存在がその日常性、つまり「さしあたりたいてい」という仕方で与えられる先行的な開示性である。つまり、哲学や科学、人類学や社会学などが主題化する際には（「客観」に対する）「主観」、（社会に対する）「個人」、（一般に対する）具体的「人格」、（必要に対する）「自由」、（経験的な〈私〉に対する）超越論的な〈私〉、あるいは単に（以上に関する全ての含意を伴った）「人間」が語られる（Cardorff 1991, 40参照）のであるが、そうした主題化のいずれにも先立つ存在の開示性である。ハイデガーは、現存在が「いつもすでに」「世界内で」諸々の物そして他者たちの「もとに」あること（「共存在」）を強調することで、ある種の二項対立や内と外の二分法に陥りがちなこれら伝統的で古典的な語り方全てを、その根元から批判しようとするのである。それによって、「現‐存在」はその根源的で開放的な遂行において把握されうることとなる。『存在と時間』における現存在の解釈は、基本的に、時間性に定位する。なぜなら、すでに著作のタイトルが示しているように、ハイデガーのテーゼは、存在の意味は本質的に時間性の内にあり、そのことは現存在の様態においても聴取されるというものだからである。現存在はそれにとって本質的な構造的契機において記述され、その構造的契機をハイデガーは「実存疇（Existenzialien）」と呼ぶ。この実存疇は、準‐超越論的な概念として理解されうる。そのかぎりで「実存論的（existenzial）」あるいは「存在論的（ontologisch）」とは現存在または存在の構造に関連するということであり、それに対して「実存的（existenziell）」あるいは「存在的（ontisch）」とは具体的な現存在者または存在者に関連することを意味する。(1)

　ここで問題となっている法現象学との接合点に関して言及すべき重要なことは、ハイデガーが現存在の世界‐内‐存在を、「被投性」と「企投」とがせめぎ合う領域の内にあるものと理解していることである。このことは、一方で、自らを自身で創造したのではない、あるいは己れの出発点をなす諸条件を自身で選択したのではないという有限性の側面を強調することを意味する。他方で、この「投げ込まれている‐状況」に対して関わり合いを持たないでいることはできないのだから、いつもすでに自らをこの存在に向けて「理解」し、己れの存在との関連において（あるいは、己れの存在への「気遣い（Sorge）」において）自らを理解しつつ企投するという可能性の側面が前面に出てくる。この企投の構造において閃めく、現存在の本質的な未規定性は、（とりわけ不安という感情において）脅かすものとして体験される。しかし同時に、まさに現存在の開示性こそが、「直接的な知、可能な存在の聴取」（Figal 1996, 71）を成就させるのである。そのかぎりで、ハイデガーにとって肝要なのは、この未規定性を意識的に自ら引き受け、そしてあらかじめ定められた諸々の型へと逃避しないことである。これらの型は、現存在の開示性ならびに現存在を自ら引き受けるという課題を、かえって覆い隠してしまうことになるだろう。このような仕方でハイデガーは「本来性」と「非本来性」という区別に行き着くのだが、ここで彼はこの区別を粗野な価値評価として捉えることは避けようとする。むしろ問題は、現存在に構造として備わっている、非本来性へ「頽落する」可能性なのである。この文脈で〈ひと（Man）〉も登場し、それをハイデガーは即座に「公開性（Öffentlichkeit）」と関連づけている。〈ひと〉が楽しむように、〈ひと〉が見るように、〈ひと〉が判断するように、〈ひと〉が身を退くように、ひとが憤慨するように［われわれは楽しみ、見て、判断し、身を退き、憤慨する］（SZ §27, 邦訳Ⅱ、一一三―一一三五頁参照）。「違っていること（Abständigkeit）、平均的なあり方、均等化することがひとの存在様式であって、それが「公開性」として知られているものを構成する。［…］公開性は全てのものを曇らせ、そのように覆い隠されたものをよく知られたもの、誰にでも接近可能なものであると公開性は公言する」（SZ §27, 127, 邦訳Ⅱ、一二〇―一二一頁）。このような方向転換によって、公共的なもの、政治的なも

（1）その他のハイデガー入門書としては、Figal（1996）や Trawny（2003）を参照。

の、社会的なものに関するハイデガーの思考に大きな欠陥が生じることは、すでに何度も指摘されてきた(Schnell 1995, 224–242参照)。例えば、ハンナ・アーレントのような論者もこの点について立ち入った批判を展開している(Arendt 1990参照)。やがて明らかになるように、〔ハイデガーの存在論へと〕法現象学的に接近しようとする時にもこの厄介な問題に取り組まなければならない。もっとも、ハイデガー自身にとって、〈ひと〉への考察は、現存在が〈ひと〉の「外部に」あろうとしなければならないということを意味するわけではない。むしろ大事なのは、それに対して意識的に関わり合うということである。社会的なものの次元、つまり共存在(Mitsein)は、ハイデガーにとって、〔他の諸次元と〕同じく後から付け加えられるようなものではない。なぜならば現存在はいつもすでに共存在として構成されているからである。ただし、この共存在の次元が、『存在と時間』では、自己で在(りう)ることと比べて背景に退いていることは、この件に関連する章への重点の置き方からしてすでに見てとることができる。というわけで、ハイデガーがその著作で提供している法現象学的展開のための「提案」は、間違いなく立ち入った解釈を必要としている。

2 法存在論の問題設定——実存哲学および存在論的思考における自己関係性の困難と「本来的な〈ひと〉」としての〈として存在〉

さて、マイホーファーは、彼の簡潔にまとめられた教授資格論文で、法存在論の可能性を根拠づけ、その序論を提供しようと試みる。「ハイデガーの世界‐内‐存在の分析は、まさしく、法‐内‐存在の体系的な分析へと駆り立てるものではないか」(Maihofer 1954, 15)と。というのも、そのような分析をハイデガー自身は、現存在あるいは共存在の基礎構造の文脈のどちらにおいても行っていないからである。それゆえマイホーファーは、『存在と時間』の思考枠組みを使って、「法の存在」あるいは現存在の「法的存在性（Rechtlichsein）」を解明するという試みに着手するのである。

そのためには、まずもって、本書の第一部におけるいくつかの先行的な問い、つまり「法存在論の問題設定」が明らかにされなければならない。なぜならば、一般的には、ハイデガーの基礎存在論も彼と類縁関係にあるヤスパースやサルトルの実存主義も、法というテーマにとって特別ふさわしい地盤であるようには見えないからである。例えば、『存在と時間』において、公共的世界およびそれによって含意されている法の世界は、世界－内－存在の分析の中だけで触れられているにすぎない。そしてそこでは、本来的に実存することの頽落形態として、つまり〈ひと〉の中で非本来的に実存すること（Maihofer 1954, 17f. 参照）としてのみ触れられているにすぎない。マイホーファーによれば、このことが意味するのは、（公開性としての）法的なものの実存形態は、現存在が自らに最も固有な可能性を摑み取ることで備える「本来性」と相容れず、それゆえ非本質的で拘束力を欠いた審級だということである。それゆえ、このような哲学のやり方では、法的なものは絶対的なものとは捉えられず、せいぜい非常に劣悪な場所を割り当てられるにすぎない。(2)

実存哲学を代表するヤスパースやサルトルに関しても事情は変わらない。例えばヤスパースにとって

(2) もっとも、ウラジーミル・クベシュ（Vladimir Kubeš）が次のように述べる時、彼は度がすぎている。「私の考えによれば、実存哲学、特にマルティン・ハイデガーの『存在と時間』のそれは、法の本質を摑まえるに当たって適した基礎にはならない。実存主義の傾向全体が、その根本において非合理的・厭世的であり、その中核からして不健全なのである」（Kubeš 1982, 435）。

「法命題は［…］いわば機械的なものであり、死んだものである。それはつねに同じことを指示し、それが遵守される場合には、行為の計算可能性を意味する」(Jaspers 1948, 603)。例外的な賭けの場面でのみ、人間は「実存的な投企」へと至るのである。同様にサルトルも、自由の「刑に処せられている」人間（Sartre 2002, 155 邦訳五一頁）に対して、何がなされるべきかを決して具体的に示すことができないという理由で、規範を拒否している。それゆえ彼は、人間はつねに状況という制約の下で決断し責任を負わなければならないという「具体的道徳」を擁護する。マイホーファーによれば、以上によって法はもはや、カントや観念論においてそうであったような、自由の可能性の条件ではなくなり、その反対に実存的自由を妨げるものとなる。つまり法は「人格性の慣習道徳的自由に敵対する強制規範であって、本来的な現存在が「存在」するためには、「思い切って飛躍」して、その規範からまず自らを解放する必要がある」(Maihofer 1954, 22f.)。しかし興味深いことに、サルトルにおいてもヤスパースにおいても、定言命法へのいわば逆戻りが起きている（それを通じて法的な解釈も原理的には可能となるだろう）。ヤスパースの「自分自身になれ」という命令は「普遍的になれ」へと転換し、サルトルは、人類全体に共通するものを選び取る立法者のような個々の行為に訴えている（Sartre 2002, 150–152 邦訳四三―四五参照）からである。

もっとも、ハイデガーの場合はそうではない。現存在に関して言えば、その本来性はつねにその自己存在に鑑みて解釈されるからである（たとえそれが共存在の内での自己存在であるとしても）。さらに、ハイデガーが重点を置くのは、実存やその自己規定への問いではなく、「存在それ自体」やその時間的・世界的意味次元への問いである。マイホーファーによれば、ハイデガーの存在論的な視点からすると、法的なものは非本来性という烙印を押されている。というのも、「「存在論的」に実に容易に次のような事態になってしまうからである。つまり、現存在の存在にとって、このような他者たちとともにある公共的存在は本質を欠いたものであり、そしてそれは――存在論的には根拠や独自性を欠くため――本来的に実存することからの頽落形態つまり自己存在の「欠陥的な様態」として把握されなければならない」(Maihofer 1954, 29) からである。要するに、『存在と時間』の実存論的分析の中には、他の実存哲学者たちの場合にもまして、法的なものにとって相応しい場所が一つもないように見えるのである。

後期著作においてもハイデガーは、〔法に関する〕トポスが真っ先に自ずと浮かんでくる場合ですら、法の世界についての思索へと乗り出そうとはしない。このことが明白にあらわれているのは、ハイデガーが「ディケー」という語を古代ギリシャ語から翻訳するやり方である。通常、この語は、「正義」「法〔正しさ〕」と訳されるが、「やり方・方法」とも訳される（マイホーファーはそれを「法の言葉」と呼んでいる）。『杣径』(1950) (Heidegger 2003/GA 5, 321ff., とりわけ 352ff. 邦訳三五七頁以下、とりわけ三九三頁以下) の中の「アナクシマンドロスの箴言」でも、『形而上学入門』(Heidegger 1953/GA 40, 126ff. 邦訳一七四頁以下) の中のパルメニデスの教訓詩やヘラクレイトスの断片の再解釈でも、ハイデガーは、「ディケー」を「接合 (Fug)」と、「アディキア」を「不接合 (Unfug)」と翻訳している。[3] 以下では、このような翻訳方法[4]でハイデガーがこれら

(3)「アナクシマンドロスの箴言」から一つ例をあげておこう。ニーチェの翻訳だと箴言は次のように訳される。「諸々の事物がそこから自らの発生を得るところ、またそれら事物はそこへと必然に従って滅びなければならない。というのも、それらは時間の秩序に従って、償いを支払い、自分たちの不正のために裁かれなければならないからである」(Heidegger 2003/GA5, 321 邦訳三五七頁参照)。ディールスもまた、文章の最後の部分を次のように翻訳している。「必然に従って。というのも、それらは自らの不正のために互いに罰と償いを支払うからである」(Heidegger 2003/GA5, 353 邦訳三九五頁参照)。最後にハイデガーの翻訳は以下の通り。「それらの事物は、他方による不接合 (Un-Fug) の(克服において) に一方の接合 (Fug) を、それゆえまた斟酌をも互いに帰属させるから」(Heidegger 2003/GA5, 361 邦

のテクストをどのように解釈しているかを感じ取るために、ほんの少しの章句を該当箇所から引用しておきたい。彼はこれらのテクストを、存在の非隠蔽性（Unverborgenheit、これは真理を意味するギリシャ語アレティアのハイデガーによる翻訳である）および、存在が存在者を開蔵（Entbergen）すると同時に退去（Entzug）する（与える働きは、与えられたもののために自らを退去させる）という彼のテーゼの意味で解釈しているのである。

ディケーは「法〔正しさ〕」と翻訳されるのが常である。〔…〕われわれが自分たちの有する法学的・道徳的なイメージから距離をとり、言葉へともたらされたものに忠実であるならば、アディキアとは、〔そのイメージが働いている所で〕事態がふさわしく進行していないことを述べるものである。それが意味するのは、つまり、何かが接合から外れているということである。〔…〕現前するものは、そうある通りに現前するものとして接合から外れている。現前することそれ自体には、接合が、接合から外れるという可能性もろとも属しているのでなければならない。〔…〕現前することは、二つの方向性に従って、非現前の内にはめ合わせられている。現前することはそのような接合の内で本質的に現れる。〔…〕接合からの外れ（Un-Fuge）が生ずるのは、そのつど暫くの間のものが、その暫時性を単に恒常的に存立するにすぎぬものという意味で頑なに主張しようとする場合である。暫時の接合の方から考えるならば、暫時に固執することは、単に継続することへ向けて暴動を起こすことなのである（Heidegger 2003/ GA5, 354–356 邦訳三九六―三九九頁）。

大まかに言えば、ハイデガーにとって重要なことは、同じ一つの考え、すなわち、存在と存在者との間の存在論的差異を明確にするということである。その明確化を通じて、存在の根源的な開示性

(Eröffnetheit) が保持されなければならない。この開示性は、単に「存立している (Bestand)」というだけでは完全に隠され、偽装される。目の前に存在すること、あるいは存立という単純な存在様式は、存在者と

訳四〇六頁)。

(4) このことはハイデガー自身が「アナクシマンドロスの箴言」において次のように正当化している。「ディケーやアディキア、ティシス (*tisis*) [ティシスの翻訳：補償、償い、報い、罰——ロイドルトによる補足] といった語は、専門的に画定された意味を持つのではなく、広い意味を有している。ここで、広いというのは、だぶだぶに伸びきった・平板になった・希薄になったということではなく、広範におよび・豊かで・あらかじめ思索されているものを蔵している、という意味である。ひとえにそれゆえに、そしてまさにそれゆえにこそ、これらの語は、多くの襞を持つ全体を、それに固有な統一という本質において言葉へともたらすことに適しているのである。[…] 多様な仕方で存在するものを統一して本質視の前へともたらす、このようなやり方は、断じて、擬人化された原始的な表象の類いではない。一般に、そしてとりわけ翻訳の場合に、われわれが箴言の中で言葉にもたらされたものへと渡っていくには、不適切な先入見は全て意図的に捨て去られなければならない。不適切な先入見とは、まず、自然哲学が主題とされていること。それから、ここでは道徳的なものや法的なものが事象に即することなく混入されているということ。さらに、自然・人倫・法といった別々の諸分野に由来する総じて区画された表象が関与しているということ。最後に、世界を無批判的に擬人的に解釈し、それゆえ詩的な表現へと逃避するような原始的な体験がいまだに支配的であるということ。以上の先入見は全て捨て去られなければならないのである」(Heidegger 2003/GA 5, 332 邦訳三六九頁)。このような詳細な説明によって明らかにされているのは、ハイデガーがある新しい解釈学的な読解法を実践したいと考えているということである。ハイデガーのテーゼによると、哲学の原初の段階では存在の開示性 (Offenheit) としていっそう覆い隠されずに自らを示していたものが、この読解法によって言葉へともたらされる。このことが同時に意味しているのは、どの法-学科的な (rechtlich-fachlich) 解釈も、それに先行する存在了解に遡って結びつけられていなければ、はっきり拒否されるということである。

固有な現存在とを取り違えるという致命的な誤認に等しいが、そうした存在様式へと「頽落する」ことに対抗して存在の開示性が保持されなければならない。そのため、ハイデガーは、彼にとって全く特定の文脈において「法の言葉」を用いる。「存在者が開示されるのは、もっぱら、存在の接合〔ディケー！――ロイドルトによる補足〕が守られ保たれることによってである。存在は、ディケーとして、存在者の接合組成（Gefüge）の内で存在者を開くための鍵である」（Heidegger 1953/GA 40, 127 邦訳一八七頁）。このような強引な解釈を伴う翻訳は、少なくともディケーの諸々の理解の中の一つの形式を、すなわち、ピュシス（あるいはビアー〔力〕*bia*）に対立するものとしてのディケーという、ヘラクレイトス、アナクシマンドロス、パルメニデスのようなソクラテス以前の哲学者たちにとってとりわけ大きな意義を有していた形式を握り潰すものである。そのような解釈において重要な点は、自身の生を自然法則や必然性にただ委ねておくのではなく、自ら与えた法則や神の正義に従って方向づける人間の可能性である。それでもなお、マイホーファーの議論によれば、「存在の意味」を考慮してなされたハイデガーの解釈を伴った翻訳においてすら、あることが明らかになる。それは、ディケーは「法の言葉」として使用されてはいないけれども、ハイデガーの存在論的考察において本質的な位置を占めているということである。それは、ディケーが存在者全体およびその接合組成において存在者の存在を表しているかぎりにおいてである。「〔だが、〕われわれは、現存在の本来性・非本来性に関するハイデガーの存在論的な理解に従ってまさに反対のことを〔つまり、ディケーが存在論的考察において本質的な位置を占めつつ法の言葉として使用されることを〕予期しなければならなかった。いかにしてわれわれはこのことを説明すべきか」（Maihofer 1954, 30）。

こうして今度は、マイホーファー自ら、古代ギリシャ思想の解釈に着手する。そして、その解釈によって、存在論的な見方からそれが依拠している自己－関係性という地盤が取り去られ、法的なものおよび政治的なものという意味での、より根源的な存在の開示性が露わにされることとなる。

この根源的な法思想においてわれわれが出会うのは、プラトンによる主観への転回以来、われわれが段々と見失ってきた法-内-存在の意味了解である。というのも、この初期の起源において「法的なもの」とは、本来的な存在そのものを表現しているからである。さてしかし、この点が決定的に重要なのだが、〔その本来性とは〕自己存在がその個別的な固有性において有する本来性としてではない。「人間的」実存としての実存は、ここでは「単独の存在」として本質的に経験されているわけでは全くない（Maihofer 1954, 30)。

このように述べる時にマイホーファーが引き合いに出しているのは、実存主義における個別化された独立独歩の人とは対照的に、人間を「ゾーン・ポリティコン〔ポリス的動物〕」として以外には思考しえなかった、古代ギリシャ人たちの世界像・人間像である。「ここで人間的実存は本質的に社会的な実存である」(Maihofer 1954, 31)。社会的な共存在は現存在の本来性であり、このとき人間が「法の内」にあるならば、つまりこの場合、「市民（*polites*)」としてあるならば、その者は「本来的に」人間である（公的な事柄に一切関わり合うことのない私人というのは、ギリシャ人たちにとっては——価値評価を抜きにして言えば——「愚か者（*idiotes*)」だった)。しかし、この法-内-存在において大事なのは、自己存在の個別的な固有性ではなく、兄弟あるいは息子、客人、客を迎える人としての存在の社会的本来性である。「このような者として人間は要請に服し、人間に対して法の語りかけが生じるのである」(Maihofer 1954, 31)。マイホーファーは、この人間の「別様の本来的」存在を、自己存在と対置し、〈として存在〉と呼ぶ。彼の掲げるテーゼによれば、現存在そしておそらく存在一般は、自己存在であるのみならず、全く同じくらい等根源的に〈として存在〉でもある。つまり「自身になれ！」と「普遍的になれ！」という異なる標語に従って特徴づけられた二重の存在構造が存在している、というのが彼のテーゼなのである。マイホーファーが「本来的なひと」と呼ぶ〈として存在〉のこの次元を通じて、ただ一つの本来性の論理が自己存在の内で出現し、そしてハイデガーの存在論を法哲学的に開墾する可能性が開かれることとなる。以上のようにしてマイホーファーは、ハイデガーとともにそして彼に抗しつつ、回り道を介して、法存在論に関する自身独自の問題設定へと到達する。

3　法存在論の基礎——領域的存在論、法‐内‐存在の分析

マイホーファーが、この〈として存在〉のより詳細な規定をわれわれに示すのは「法存在論の基本方針」という節（第三部）においてである。だがそれに先立って、「法存在論の基礎」（第二部）に関して、さらにいくつかの方法論的な考察がなされている。この箇所でマイホーファーは法の存在への自らの問いを、ライプニッツあるいはハイデガーの表現(5)をパラフレーズしつつ、改めて明確に規定している。「そもそもなぜ、法的なものがあるのであって、むしろ、それが無いというのではないのか」(Maihofer 1954, 38)。この問いにおいて、法はそもそも疑われるものとなり、そこから法に関する学問の存在論的基礎や基本概念をめぐる思索へと至ることになる。要するにわれわれは、いつもすでにあらかじめ与えられている法の意味了解から、法の存在論的根拠への問いを発さなければならないのである。そのために必要なのが、以下の二つの問いを先立って明確にしておくことである。

（一）そもそも法存在論とは何か（「第一節　存在論としての法存在論」）
（二）いかにして法存在論は可能か（「第二節　領域的存在論としての法存在論」）

（一）について　法存在論における存在の問いの方向性は法の領域全体およびその根拠へと向かう——なぜ法の領域が有るのであって、むしろ、無いのではないのか。この問いは、なぜということを存在的に問う場合にはつねに問われぬままにされており、それゆえ法現象学においてまだ完全には検討されていない領域となっている。法が依拠している存在論的基礎は、人間の世界‐内‐存在とともにそれ自体としてあらかじめ与えられているということが示されなければならない。

マイホーファーによれば、法存在論は「領域的存在論」でなければならない。それは基礎的存在論（存在一般への問い）でもなければ、普遍的存在論（全体としての存在への問い）でもない。領域的存在論の要請はそもそもエトムント・フッサールに発したものだが、マイホーファーは彼を批判して、フッサールの視野は構成の主観的意味に甚だしく狭められているため、志向性によって初めて世界が創造されるという印象を生み出している、と述べている。「つまり、そもそも私が「この世界の内で」そのつど出会っている存[6]

（5）「そもそもなぜ、存在者が有るのであって、むしろ、無があるのでないのか」（Heidegger 1953/GA 40, 1ff. 邦訳四頁以下）。ハイデガーは『形而上学入門』を、もともとはライプニッツに由来するこの命題でもって始め、そしてそれを「形而上学の根本問題」として解説している。
（6）フッサールの著作を非常に表層的に読む場合にかぎってこのような批判が生じうるということは、本入門書の中のこの点に関連する章から明らかになったはずである。第一部第二章第一節、第二節を参照。

在者の存在に遭遇しているのだとすれば、ある領域の存在根拠は、いわば体験の根拠としてすでに足を踏み入れられ、親しまれているはずである」(Maihofer 1954, 65)。マイホーファーが主題化しようと試みる経験の地盤は「われわれが法の意味と存在、とりわけ「明示的な」諸問題をいつもすでにそこにおいて熟知している」(Maihofer 1954, 65) 地盤である。各個別学問に先行する位置に置かれている領域的存在論は、特定の対象領域の存在体制(Seinsverfassung)を問うことで、その対象領域の根拠へと分け入らなければならない。そうであれば、この「根拠」は存在論的なものとして考察されなければならない。すなわち、この根拠は各「学問の」問題設定に先行する位置にある(Maihofer 1954, 66)。こうして今や、法の存在領域に対しては、法存在論の根拠-問題(*Grund-Frage*)としての法的存在への問いが立てられる(これに類比的なものとして、歴史の領域では、存在論が歴史性もしくは歴史存在への問いを立てなければならない)。肝心なのは、「法を知ることとまたは理解すること」においてわれわれにいつもすでに与えられている、法に関する存在了解へと貫き進むことなのである。これは、法の正しい適用や諸関係をわれわれに説明する法学の問いではなく、(主観的な)存在了解を照らし出すことを通じて法の存在領域の(客観的な)存在体制の探究に専念する(領域的な)法存在論の問いである(Maihofer 1954, 67)。以上は「アプリオリな事象論理(Sachlogik)」の方法でもって遂行されなければならない。このことが意味するのは——全く現象学的な信念の表明という意味で——自らを示す事象に、思索しつつ従い、そうしながら事象の基本概念や基本構造に目を向けなければならないということである。

(二)について　それでは、そもそも領域的存在論としての法存在論はいかにして可能になるのか。フッサールに対しては超越論的探究の領域としての意識という形態において開かれたものを、ハイデガーは一般的な開示性を存在論的に問うことで、その根源へさらに進んでいく。この開示性を通じて、そもそも存在は経験可能となる。さらにまた、現存在はいつもすでに存在の前了解の内にあり、その前了解を通じて存在の意味は現存在に対して開示されうる。マイホーファーは存在経験の「発掘（Hebung）」というプロセスを、哲学においていつもすでに行使されている想起（アナムネーシス）になぞらえている。つまり、法存在論は、法－内－存在の分析を通じて可能になるとされるのである。そこでマイホーファーが強調するのは、法というこの特殊事例においては現存在もしくは実存の分析が重要になるということである。彼はハイデガーの「転回」（各々に固有の現存在の自己了解から直接に存在の意味了解を明るみに出すのではなく、存在それ自体の側からそうする）を、「同一の目標への横道、あるいは裏道とさえ」（Maihofer 1954, 73）みなしている。つまり、存在了解そのものという同一目標への横道・裏道とみなすのである。それゆえ、法存在論は、現存在分析を拠り所にする。より正確に言えば、法－内－存在の分析の端緒としての世界－内－存在の基礎分析を拠り所とすることになる。

さて、『存在と時間』における世界－内－存在の基礎分析に詳しく立ち入ることはできないが、ここではただ次の点だけ指摘されなければならない。すなわち、この基礎分析は、日常性（「さしあたりたいていは」）の内にある現存在の解釈を端緒としていることである。それは、現存在を世界概念（世界－内－存在の何）や現存在（世界－内－存在の誰）、内－存在それ自体（世界－内－存在のいかに）に向けて問うためである。実存論的存在論は現存在や世界の意味の解釈でなければならず、それは外側に横たわっている何らかの根拠からではなく、問い尋ねる現存在自身の意味理解からなされなければならない（Maihofer 1954, 76参照）。マイホーファーは、法－内－存在の分析を主題とする自らの法存在論を「ハイデガーによって下図が描かれ、彼にとっては単に「準備的」にすぎない世界－内－存在の基礎分析の内部での領域的分析」（Maihofer

1954, 79）として理解している。

4　法存在論綱要——自己存在と〈として存在〉の実存的弁証法

さて最後に、本著作の第三部では「法存在論綱要」が詳しく展開されているが、その議論は「〈ひと〉の内での存在」としての現存在の公開性から出発することになる。ここでのマイホーファーの目標は、全く新しい空間とその存在論的な構造を露わにすることである。基本的に彼は、世界内存在としての現存在が有する二つの次元を表すとされる個別性の展開と社会的世界を区別している。「というのも、人格の個別性の展開は全て、存在に規定される形で、世界の側からあらかじめ描かれた特定の社会形態において遂行されるからである。社会形態において人間は諸々の秩序領域に入り込む。したがってまた、法秩序へも入り込むのである」（Maihofer 1954, 83）。つまりわれわれは、自己存在、〈として存在〉という二重の存在構造を持っており、それぞれが「自分自身になれ！」あるいは「普遍的になれ！」という呼びかけに従っているのである。世界は、われわれにとって「現にそこに（da）」あり、個別的世界としても周囲世界・共世界としても存在する。現存在は自らの周囲世界において何らかのものを我が物とし（所有物！）、それを通じて固有世界において一つの「空間」を獲得するのだが、それは、人格の外的実在性によるだけではなく、同時に「その人格性が具体的に現れる（Verkörperung）」ことによっている。ここでのマイホーファーは、たとえハイデガーの語彙を用いているとしても、（展開の論理によって）ヘーゲル的な色合いを強めている。

人格が自らを外へ表す空間というそのような自由な圏域がなければ、人格はそもそも、まさにこの人格として世界の内で自らを「存立」させることができない。しかし、固有世界の内に－立つこと（In-sistenz）としてのみ遂行されうる、自ら－外に－立つこと（Eigen-ek-sistenz）なくしては、個別性としての人格は現にそこに存在しない。その場合、人格は、自己として世界の内にいかなる現－存在をも持ちえない（Maihofer 1954, 89）。

要するに、現存在は、自らを公共的なものとして何らかの仕方で外へと表すことでのみ「現にそこに」存在しえ、そのようにすることでそもそも〈ひと〉（というある種普遍的なもの）になりうるのである。このように現存在は一つの固有世界として理解され、それは「自らの最も固有な存在可能性を固有世界の内で追求し実現する個人がなす「諸々の規定」」（Maihofer 1954, 94）によって特徴づけられている。それに従えば、自己存在は人格の「自然状態」を表しており、マイホーファーはそれを「自己存在の法」という意味での「実存的な自然法」として理解しようとしている――たとえ、このことが正確にどのようなことであり、何を意味しているのかは不明瞭なままであるとしても。(7) こうして、自己存在であると同時に〈として

（7）『実存法としての自然法』（Maihofer 1956）を参照。そこでマイホーファーは、人間的な規定に向けた「企投」を法の基準にすることを構想している。「実証主義は、人間的現存在の意味やその現存在の意味に満ちた秩序への問いを、諸個人の私的な営みへの問いへと引き下げてしまう。それとは異なり、今日のわれわれにとって、自然法への問いというものは、根本的に不吉な世界、すなわち、不気味で非人間的な世界の内で人間的な現存在が有している前述のような意味やその意味に満ちた秩序へとまさに向けられた公共的な問いに他ならないのである。この問いは、各世代が新たに

存在〉でもある人間存在の二重構造には、ある二重の状態が対応する。つまり、一切の秩序から逃れ去る自己の自然状態および「他者たちの内の一人」(Maihofer 1954, 100)としての個人の社会状態(status civilis)という二重の状態が対応するのである。

この「社会状態」が生ずるのは、他者との共世界およびある種の「客観化」を伴う共世界を介してであって、この共世界において「規定不可能で比較不可能な個人の個別性の展開が、他者たちと比較可能で「規定された」現存在の形態へと変貌すること」(Maihofer 1954, 104)が生じる。この客観化を通じて初めて現存在は、自らの個別性という「敷居」をまたぎ越え、共同体の世界の内で「実存」するようになる——現存在は自らを「外化する」(Maihofer 1954, 103)のである。しかし、このことを現存在がなしうるのは、もっぱら、「世界の存在連関・意味連関」を通じてあらかじめ描かれている特定の形式においてのみである。社会形態は他者たちと比較可能な形態でなければならない。このとき唯一無比の自己存在は客観化され、比較可能な〈として存在〉、つまり「他者たちの内の一人」としての存在へと向かわなければならない。どの現存在も他者へと向かう多様なあり方をしており、その多様性によって「他者に対する存在」(Maihofer 1954, 119)は構成される。マイホーファーのテーゼとは、自己存在(それは自己責任をも含意する)を土台に〈として存在〉は築かれるということである。現存在は、他者たちとともに固有の〈として存在〉の内で自らを成就させる。というわけで、共世界が含意するのは、自己が社会的な実存形式を獲得するために、比較可能になること(客観化)および相対化されることである。

したがって、現存在は自己存在かつ〈として存在〉であり、そこで法は〈として存在〉の領域に属し、現存化の「本来性」を保証しなければならない。現存在が世界の内でおよそなりうる一切は、〈として存在〉という形態で準備されている。いわば、世界の側からあらかじめ描かれ、そこに何らかの「役割」が対応するような空っぽの形式として準備されているのである。「換言するならば、世界‐内で‐現にそこに‐存在する（Da-sein-in-der-Welt）ことは、〈として存在〉の内での自己存在としてのみ可能なのである」（Maihofer 1954, 114）。さてマイホーファーの考えでは、われわれは共世界の内で「さしあたりたいてい」このような「として」において出会う、つまり父や母、同僚、隣人、等々として出会う。彼は、以上のような〈として存在〉の「本来性」から出発し、そして、彼によれば〈として存在〉はある種の「秩序（Ordnung）」および「場所確定（Ortung）」において自ずと自らを示す（これはカール・シュミットが創出した概念の組み合わせである）〔訳注一〕。それゆえ法秩序には、ある種の先所与性（Vorgegebenheiten）が伴うのである。こうして、マイホーファーによれば、われわれは、ただ単に他者たちと相互的な関係性にあるというだけでなく、他者たちとともに、〔市民と市民との関係のような〕対等な秩序（Gleichordnung）および〔医者と患者、売り手と買い手のような役割への〕帰属に基づく秩序（Zuordnung）という社会形態の内にある。「それによってあらかじめ与えられた社会世界の秩序構成の二重構造からは、つまり垂直的および水平的構造からは、法の世界に対する二重の基本的構造が出てくる。つまり、どの法秩序もが有する「支配的」要素と「仲間的」要素である」（Maihofer 1954, 120）――およそ法秩序が「正当性」要求を掲げうるためには、この二重構造に「匡正

確認するよう請われている問いであり、そして、人間によって人間において人間に対して提起された問いである」（Maihofer 1956, 37）。

〔訳注一〕シュミットの『大地のノモス』の第一章のタイトルは「秩序と場所確定との統一としての法」である。そこでは、法および秩序の根底には、原行為としての大地の取得が存在すること、そして、その取得は、利用可能な土地の測定・分割・分配・境界確定といった一連の場所確定を通じてなされることが述べられている。

的」正義と「分配的」正義が対応しなければならない。要するにマイホーファーは、ある種の「実存的」「自然法」と「制度的」「自然法」を企図しており、それらが、自己存在と〈として存在〉との実存的弁証法に基づく法的存在の意味が解釈される中で、全ての法定立に対する手引きを形成するとされるのである。「〈として存在〉のこの社会形態の企投やそれが含むアンチノミーの解決、これらこそが法において重要である。そうした企投や解決は、社会形態をあらかじめ－描くこと（*Vor-zeichnung*）、そうしてそれを確実に－据えること（*Sicher-stellung*）、必要な場合には貫徹することを通じてなされ、諸個人による個別性の展開は、その社会形態において、他者との共現存在（Mitdasein）の内で遂行されなければならない」（Maihofer 1954, 125）。「そしてそれによって同時に法は、〈として存在〉の内での自己存在の「可能性の条件」にもなる」（Maihofer 1954, 121）。

基礎的な社会学的考察とみなされうるものが、ここでは、具体的な実定法が立脚する法存在論的な基本構造の解明のために用いられている（マイホーファーの考察は、「固有存在」が「内側」で「異他的存在」が「外側」という、いささか単純な形をとる傾向がある（Maihofer 1954, 111参照）が、これは間違いなくハイデガーの念頭にあったものではない）。つまり、ある場合には自らの自己生成の展開の中で私が選択をなしうるための出発点となり、ある場合には私が「産み落とされる」先となるような、さまざまな何らかの役割モデルが、つねにそしていつもすでにある。ただし、この文の最後の〔「産み落とされる」という〕部分ですでに、法現象学的思考において（繰り返し浮上する）「あらかじめ与えられていること〔先所与性〕」にまつわる問題がはっきりと姿を現している。何が「実際に」「存在論的に」「本質的に」「自然として」あらかじめ与えられているのか。諸々の社会形態および役割には、つねに、あらかじめ与えられた「自然的な所与性」の背後に、自らの文化的制約性をしばしば隠匿するような役割モデルもが含まれている。このことは、例えば、社会学とりわけジェンダー・スタディーズが明らかにしている。すると直ちに、「あらかじめ与えられていること」の正体が、強制であり、人為的記述によってそのようなものとして固定されたものであることが判明する。そしてこうした事態は、特に「自然」が不可侵のカテゴリーとして援用される場合に明らかとなる。

個別的人格としての私がつねに同時にある特定の性を有することは、一つの〈として存在〉として私に最初からあらかじめ与えられている〔…〕。〈として存在〉へと向かうよう指示されることで私は、自ら選択する機会なしに、あらかじめ与えられている世界の意味連関の中で、男や女といった規定された意味的‐地位（Sinn-stelle）に接ぎ合わせられ、それによって私には、自らが意志しようがしまいが引き受けなければならない何らかの「規定」が与えられる。それによって私は、性的に存在できるという諸々の可能性の内へとはめ込まれ、自らの「本質」を「非本質」に至るまで逆転させてしまうことなしには、そうした可能性を跳び越すことができない。〔…〕それとともに私に対しては、すでに生まれながらにして、私が成長し到達しなければならない諸々の特定の「役割」があらかじめ描かれている。そしてその役割を変更する自由が私に開かれているのは、役割を「規定する」存在が自然という必然性の領土（自然的存在 entia physica）ではなく、精神という自由の領土（精神的存在 entia moralia）に自らの「根拠」を有する場合だけなのである（Maihofer 1954, 116f.）。

この箇所ではピュシスとビアーとが、ディケーにその形式をあらかじめ与えておくために再び帰還してきたかのように見える。あるいは、フーコーやバトラーならばするると思われる脱構築主義的な立論をすれば、次のように言える。すなわち、「自然」（*physis*）にこっそりとある種の本来性が押し付けられ、その本来性が自然を「文化」から明確に区別し、そのことによって「自然なもの・生物学的なもの」が不可侵なものにされるのだ、と。法的秩序は、この二分法の「番人」として、そしてまた、その時代の道徳を固定する「自然」の「本来性」の「番人」として形作られる。むろん、マイホーファーのテクストが一九五四年に著されたということは、この文脈で言及されなければならない。しかし「あらかじめ与えられているること」という概念には、それが存在論的に形づくられるにせよ本質的に形づくられるにせよ、単に存続しているにすぎぬものを法現象学理論が助長させてしまうという危険性がつねにある。(8) それゆえ、われわれが逆方向の解釈をして、〈として存在〉をつねに開かれた構造であると理解し、そして法定立はその構造を企投するに際してつねに責任を負い、それと同時につねに新たにその構造を企投しなければならないものとして解釈しようとするならば、それほど硬直的でなく「あらかじめ与えられているものに拘束され」ない法の理論が可能となるかもしれない。そのような指摘はマイホーファーにも見られるが、より明確かつ詳しい説明がされなければならないだろう。最後に、以下のような原理的な問いも提起されうる。法というものは実際には〈として存在〉にのみ関わるのか、もしくは、公共的なものの領域における実存的な自己存在には、また別の「本来性」の諸形式が対応するのではないか。その別の形式とは、例えばハンナ・アーレントが「政治的なもの」という形（Arendt 1981と2003参照）で、あるいはジャン゠リュック・ナンシーが「複数にして単数の存在」という形（Nancy 2004参照）で詳しく展開したような諸形式である。

5　結論

本著作においてマイホーファーが最終的に到達したのは、「自己存在と〈として存在〉の実存的弁証法」

(Maihofer 1954, 125) であった。だがそれによって——こう言わざるをえないが——ハイデガーからはかなり遠く離れてしまった。あるいは、この著作はまさに次の理由ゆえに「失敗した」とみなされるべきなのか。というのも、本著作は総じてハイデガーを取り上げているが、ハイデガーの著作は、〔チェコの〕ブルノ法学派の代表者であるウラジーミル・クベシュに従えば、実存哲学同様、法理論の基礎としては「端的に不適切」(Kubeš 1982, 433) だからである。クベシュはマイホーファーの考察を以下のように分析する。

一方においてマイホーファーは実存主義者の地盤に留まることを欲するが、しかし他方で彼は、共同のもの・非個人的なものの側面に活動の余地を与えなければならない。そのことを彼は〈として‐存在〉と名づけられた第二の本来的な存在を通じて行う。この〈として‐存在〉を彼は、自己‐存在という実存論的なものに並ぶ第二の実存論的なものとして定める。もっとも、それによって彼は実存哲

(8) ハムリックもそのようなことを「事物の本性」という概念に関して述べている。「事物の本性」とは、その起源をラートブルフにもち、そこから法現象学や法存在論へと入ってきた概念である。「だが不幸にも、事物の本性論が一九五三年に西ドイツ最高裁判所によって用いられた時、その理論は、一九四九年のボン基本法下において、「事物の本性」とは、夫が家族を「外の世界」に向けて代表することであり、そして妻に固有の領域は家の「内の秩序」だということを主張するために用いられたのである（マイホーファー自身はこの判決を痛烈に批判した）」(Hamrick 1997, 407)。ここにおいて、そのような観念の（歴史的および文化的）限界がはっきりと認められる。というのも、たとえマイホーファーが裁判所の判決を批判するとしても、この批判は、本文の箇所で提示された彼の理論に一致するというよりは、むしろ矛盾するからである。少なくとも、諸々の社会的規律の領域の内で何が「自由の領域」に、何が「必然性の支配する」「自然の領域」に分類されるべきか、それに関して境界線を引くのは難しいと思われる。

学の限界を踏み越えてしまう。そして最終的に、個人の固有な実存に並ぶもう一つの固有の社会的実存が持ち出される時、彼の構想はハイデガーの実存哲学と矛盾してしまう（Kubeš 1982, 434）。

これに対しては、非常に短絡的なハイデガーの読み方をする場合にのみ、共存在の次元がそのポテンシャルに関して完全に見誤られるのだ、と反論できるだろう。したがってここでは、さらなる法現象学的な解釈の可能性に門戸を開いておくような結論が導かれなければならない。むろん、マイホーファーによる「本来的な〈として存在〉」の構築はハイデガーから大きく逸脱しているし、そのようなものを『存在と時間』において（そしてハイデガーの後期の著作においても）見つけ出すことはできない。しかしおそらく問題は、マイホーファーが——クベシュと同じように——ハイデガーを最初から「社会の敵対者（Gesellschaftsfeind）」であると解釈する点に、まさしく存しているのだ。「社会的なもの」（政治的なもの・法的なもの）の諸次元は共存在の内に徹頭徹尾その基礎が敷かれており（「現存在はいつもすでに共存在である」）、基本的には、〈として存在〉によってさらに補完される必要はない。というのも、このような〔補完的な〕仕方だと、原則的に自己存在は、法から自由な、つまり社会から疎遠な空間へと向かうよう指示され、それから次に、〈として存在〉を介して弁証法的に再び外から呼び戻され、そのようにして二重の現存在の構造が保証される、ということになるからである。個人と社会の間の弁証法や対立というのは、確かに、とりわけ（サルトル的な特徴をはっきりと示す）実存主義にとっては大きな重要性を持つテーマである。しかしそこでは、たいていの場合、政治的な「アンガジュマン」が前景化され、諸制度は不信感とともに出会われる。マイホーファーが指摘する〈として存在〉においても本来性と非本来性の次元があるという点や、法の課題が本来的なものとしての社会形態を企投し保持することにあるという点は、一般的な基本的な枠組みに対する法的責任を引き受けることへの要請（Aufruf）としても理解されうる。われわれは自らの実存を、まさしく、法によって支えられあるいは変更されうる社会的諸形式の内でも遂行するのである。

しかしそこでは結局、ハイデガーが存在の「接合」によって示唆したような「法の了解」――つまり、存在の開示性とすぐれて内在的な関連を持ち、そして現存在がいつもすでに「法的存在」であることを認めるような何か――は、触れられてさえいない。当初マイホーファーが辿っていた、現存在をいつもすでに「法－内－存在」として理解するというアプローチは、個人と社会の複雑な関係の内にある〈として存在〉を詳しく展開していく中で姿を消していった。率直に言って、ハイデガーの解釈から始めて、法秩序という意味での法へと再び「戻って」くることが難しいことは明らかである。(9)

（9）いっそう驚くべきは、一九六九年に、マルティン・クリーレの指導の下で湯浅慎一が『ハイデガーの基礎存在論に基づく法と存在――法の現象学への道』というタイトルの法学博士論文を著しており、そしてそれがマイホーファーよりもはるかに密接にハイデガーに定位していたことである。間違いなく湯浅は、ハイデガーの存在の思索に可能なかぎり接近した仕方で、法の了解を得ようとしているのだが、しかしそこで、まさに前述した問題が生じている。そこでは、法が制度的にあるいは実定的・具体的な観点から（もしくは自然法としてさえも）何を意味するとされているのかが、もはやはっきりとしていないのである。湯浅の解釈は真理と法の相関関係についての哲学的了解から始まり（例えば、トマス・アクィナスの「正しさ（rectitudo）」が考慮されている）、ハイデガー的な手法で（部分的には、パラフレーズをして）この了解を存在論的に把握しようと試みる。「法は、存在の真理である。法は、存在の脱自的な脱－存（ekstatische Ex-sistenz）である。［…］法は人間に対して相対的であるが、同じように、真理も人間に対して相対的である。なぜならば、両者は相互に隣り合っているからである。しかし、ここでそのことが意味するのは、法が人間との関係で主観的・任意的であるということではない。法を発見するという作用は、自らの最も固有の意味に従って、主観の任意

第二項　シェーラーと法現象学――エアハルト・デニンガー『法人格と連帯――特にマックス・シェーラーの社会理論に注目してなされる法治国家の現象学のための一考察』（一九六七）

国家というものは「どの観点からしても、人間による構築物」なのだから、国家に関するどの理論もまずもって人間像を明らかにしなければならない。このようにデニンガーは、自身の教授資格論文である『法人格と連帯――特にマックス・シェーラーの社会理論に注目してなされる法治国家の現象学のための一考察』の表紙カバーに書かれた内容紹介文で述べている。人間像の究明が本著作の目標であり、そのために示されなければならないのは、「いかにして、法人格・市民・主権・連帯・主観的権利のような国家理論上の根本概念が、社会人類学的な諸前提から展開されうるのか――そしてまた、自由な法治国家のために展開されなければならないのか」（Denninger 1967, 紹介文）ということである。

デニンガーの論述および彼の現象学的なアプローチの中心をなすのは、マックス・シェーラーにおける人格概念の現象学的基礎づけである。デニンガーは、「〔現象学の〕偉大な三巨星」つまりフッサール、ハルトマン、シェーラーの内でシェーラーだけが「人間集団の人格的構造という錯綜した問題それ自体に取り組んでいる」（Denninger 1967, 紹介文）とみなす。その際にデニンガーが繰り返し強調しているのは、彼にとって重要なのは「価値を客観化するその哲学者〔シェーラー〕の傾向ではなく、むしろ、彼が後期に展開した社会人間学的な諸々の洞察の方」（Denninger 1967, 紹介文）だということである。

また同様に、デニンガーがあらかじめ述べているのは、現象学的な方法を応用することによって「合理的に制御できない思弁的な「本質直観」〔を用いているという〕疑念」を〔読者に〕抱かせたくはないこと、そして、彼の探究の方法論的な部門においては、現象学というものを、「経験的に眼前に見出される現象の存立との立ち入った接触を前提とする」（Denninger 1967, 紹介文）哲学的な問題提起として理解したいということである。以上の議論の矛先がとりわけ向けられているのがライナッハである。第一に、デニンガーはライナッハの「本質直観」を除去されるべきものと考えており、第二に、デニンガーからすれば「永遠のアプリオリな法則」と実定的な法定立との繋がりを完全に切り離すのは不適切に思われる。というのも、このような方法では、（「人間を超えた本質の崇高性」と対比されるところの）「社会的現実の低地」がよりいっそう際限なく全能なる実定法の立法者のなすがままになってしまうからである。この「ライナッハ的なアプリオリズム至上主義」（Denninger 1967, 7）にデニンガーが対置するのがシェーラーの方法である。それによれば、本質直観には、少なくとも、それが遂行されうる例示的な事例が見出されねばならないからである。それだけでなくシェーラーは、彼の倫理的・人格主義的なアプローチおよび彼の文化社会学の存在論的な諸前提に基づいて、意味世界と実在の歴史の潜勢力とを規範的に結びつける。その際、実在の歴史と理念の歴史は、因果的に結びつけられるのではなく、それらがそのつど実在しているものの精神構造を形成す

性から逃れ去り、法それ自体の前で現れる。人間は法に耳を傾け、法に聴従しなければならない。なぜならば、人間は法の牧人だからである」（Yuasa 1969, 53f.）――あるいは、「自由は人間の有する一特性ではなく、人間は「この自由に所有されたものとしてのみ」脱‐存する。［…］法は自由や真理と共通の本質を持つ。なぜならば、法は［…］理性の自己正当化の内でも、存在者の存在への固執（Insistenz）を通じた意志の自己主張の内でもなく、存在者の存在の開示性の内に、すなわち存在者の存在の脱‐存の内に横たえられているからである。法と自由が、［…］存在から自らを隠し、理性あるいは意志のどちらかに結びつけられるのならば（主知主義および主意主義においては）、法と自由はせいぜいのところ論理の基礎あるいは権力装置にしかならない。だがそれは、〈ひと〉への頽落という現象を表しているのである」（Yuasa 1969, 63）。

るかぎりで、両者を統合する様式の同種性を通じてつねに結びつけられている（Denninger 1967, 7参照）。要するに、デニンガーにとって、現象学的探究の課題と可能性は、「経験的な社会の研究と価値的・意味的統一に関わる「アプリオリな」概念形成との相互依存関係をはっきりと示す」（Denninger 1967, 18）ところにある。

A　マックス・シェーラーの著作中に点在している法秩序および法価値へのコメント

マックス・シェーラーの法学や国家学というものは今日まで存在して［…］いない。彼自身、そのようなものを体系的に発展させなかったし、これまでに彼の著作全体がこのような側面から満足のいく形で探究されたこともなかった[10]（Denninger 1967, 6）。

事実、シェーラーは（フッサールと同じように）法現象学を詳しく論じて公表したことはなかった。そうではあるが、彼の著作全体の中には、繰り返し、法および・あるいは法価値への言及やコメントが散在・点在していることが分かる。〔訳注二〕デニンガーがシェーラーを受容するに際しては、意図的にシェーラー現象学の特定の一側面のみ、すなわち人格概念が法現象学的に詳しく論じられている。そのため、シェーラー自身の法の理解を、主に引用によって裏づけながら手短に見ておくことで、彼の基本的な位置づけを明らかにしておくことにしよう。以下では、この点に関連するいくつかの言及が年代順に引用される。もっとも、それが完全であることを主張するわけでもなければ、あるいは、それによってシェーラー法現象学のまとまった構想を提示しうると主張しているわけでも全くない。確かに、一方では、何が法秩序というものを構成し、そしていかにして法概念が価値倫理学の観点から規定されるのかということに関して非常にはっきりと叙述されているのだが、他方で、それらのコメントは極めて点在的かつ非体系的で、何と言ってもたいていの場合、より詳細な論述を欠いているため多くの疑問が未解決のままにならざるをえない。いずれにしても確認しておくべきは、シェーラーがつねに自らを法実証主義に対する仮借なき敵対者であると認めていたことである――法実証主義は、彼の存命中、法哲学の動向を支配していた。加えて、彼の実質的価値倫理学は、倫理的なものを、法的なものとより密接に関連づけている。にもかかわらず、シェーラーは自然法的な立場を取っているわけではない。彼のアプリオリな本質学（Wesenslehre）は、歴史的な構成要素も一緒に取り入れており、その構成要素によって法価値がそのつどある異なった仕方で現実化されることがあらかじめ見込まれているのである。

（10）この点に関する最近の著書、特にスペイン語圏におけるものとして（第二部第二章第四節第五項3のさらに詳細な文献リストも見よ）、Albert Marquez, Marta: *Derecho y valor: una filosofía jurídica fenomenologica*. Madrid: Ediciones Encuentro 2004 und Parent Jacquemin, Juan: "Descripción phenomenológica del derecho subjetivo": www. Bibliojuridica. org/libros/1/468/14. pdf〔現在は閲覧できない〕

〔訳注二〕シェーラーの文脈で"Recht""Unrecht"を「法」「不法」と訳すのが適切かどうかについては問題もある。正・不正とも訳せるため既存の翻訳では「義」「不義」とされている場合もある。ただ、ここでは「法現象学」との関連で取り上げられているものであるため、原則として「法」「不法」、小文字の"recht""unrecht"は形容詞であるため「正しい」「不正」という訳語に統一する。

1　初期の諸論考

早くも教授資格論文である『超越論的方法と心理学的方法』(1900) において、シェーラーの基本的な立場が明確に述べられている。その立場とは、法およびそれを生き生きと定立 (貫徹) することは精神的なものの領域に組み込まれるべきだ、というものである。シェーラーは法的連関をつねに個々の人格の方からも考察している。

自力で、諸個人の力添えなしにこれら諸個人を跨ぎ越えていくような民族精神がもしあったとしても、そのような民族精神のゆっくりと蓄積されていく所産が、例えば法であるのではない。むしろ法は、いつだって、権利要求を活動的に主張し貫徹する中で、その生を備えるのである。それゆえ法哲学が法およびその基本的な諸概念の「発展」について語る時、その言い分が全く正しいと言えるのは、それが眼前に示す諸形態の全系列が、あの根源的な行い (Tat) ――その行いにおいてわれわれは全ての精神的なものの生活形式を認識した――によってすでに制約され、それに支えられているということを法哲学が忘れずにいる場合である (Scheler 1971, 331 邦訳14、四四六頁)。

つまり、歴史的発展にはそのつどの個々人の所業 (Tat) もしくは行為 (Handlung) が必要なのである。歴史的発展はそれを後から考察する中でのみ生じ、(場合によっては) 連続した糸として紡ぎ出される。それに対して、現在においては、この歴史的発展は行いの内で現実化されるのであり、その行いによってまさにこの「糸」が再び新たに取り上げられ解釈され継続される。そして、シェーラーによれば、そうすることによって精神的なものの生活形式が示されるのである。

2　『倫理学における形式主義と実質的価値倫理学』（一九一三／一九一六）

シェーラーは、一つの普遍的法則のためにいかなる価値をもフェードアウトさせるカントの合理主義的倫理学に応答する中である独自の「価値倫理学」を発展させようと試みる。そこで重要なのが彼の主著である。この著作の内に、「正しくあること（Rechtsein）」の形式的関係ならびに「法（das Rechten）」という実質的価値に関するコメントも見出される。シェーラーは、諸々の価値性質（Wertqualitäten）を色の性質と類比的に理解している。色の性質が青・黄・赤、等々として知覚作用の内でわれわれに現出するのと同様、価値の性質は、感得（Fühlen）というある特殊な作用においてその本質に接近しうるものである。（フッサールにおいても「価値覚（Wertnehmen）」として記述された）この能力は、ある実質的アプリオリ（具体的かつ客観的な価値実質 Wertmaterien）と相関し、その能力には、ある特殊な価値認識の作用が備わっている。これが「先取（Vorziehen）」という作用で、どのような努力・選択・意志もなしに生ずる（Scheler 2000, 105 邦訳1、一七二頁参照）。シェーラーの見解によれば、諸々の価値は価値覚の内で直接的に経験され、そして本質に即して積極的価値と消極的価値とに分かれる。諸価値は、対象つまり価値の担い手にくっつくというだけでなく、現象的に固有な領域に属している。それゆえ諸価値には、それらに適したある固有の認識方法も与えられており、諸価値の感得や先取は、諸々の性質の階層秩序（Rangordnung）において記述される。[11] この先取の構造を通じて「明らかであるのは、諸価値の階層秩序は決して演繹あるいは導出されることができないということである。どの価値が「より高い」価値であるかということ、それは先取や後置の作用を通じてつねに新たに把握されるべきことなのである」(Scheler 2000, 107 邦訳1、一七六頁)。それに対応する形でシェーラーは、ある価値がより高いこととより低いこととの間には諸々のアプリオリな本質連関があり、それらは、持続性・広がり・他の価値による基づけ・充足の深さ、その他これに類する要素によって突き止められるとする。以上のような仕方でシェーラーは、自体価値という様態(これについては以下を参照)と「従属価値」とに分割されるさまざまな価値様態の間の階層秩序を獲得するのである。

要するに、まずもって彼の著作の主題をなすのは、実質的諸価値およびそれらの形式的な上下・相互関係の本質を現象学的に規定すること、すなわち価値論である。シェーラーによれば、現象学的アプリオリ[12]の中で、諸価値の実質的本質は所与性にもたらされねばならず、そしてそれを通じて諸価値の本質的な上下関係も認識されねばならない。さらに、あらゆる種類の価値や価値性質から独立し、諸価値それ自身の本質の内に根拠を持つ形式的な本質諸連関を注視することが重要である。こうしてシェーラーは、「法(das Rechten)」や「正しくあること(das Rechtsein)」に関する問いを、次の二つの異なるレベルで論究し、二つの概念を区別する。一方が(一)存在と為されるべきこととの間の形式的関係としての「正しくあること(もしくは不正であること)」であり、他方が(二)実質的価値それ自体に分類される「法」(もしくは不法)である。

(一)存在と当為の間の関係としての不正であることと正しくあることについて 第一の形式的な法概念が関わるのは、「存在と理念的当為の関係に対してアプリオリに妥当し、それらと正しくあることおよび不正であることとの繋がりを規律する諸連関である。(積極的に)為されるべきものの存在は全て正しい(recht)。あるべきでないものの存在は全て不正(unrecht)である。為されるべきものの不存在は全て不正である。だが、為されるべきでないものの不存在は全て正しい」(Scheler 2000, 100 邦訳1、一六三頁)。法もしくは正しくあることは、この一つ目の観点においては、一つの形式的な本質連関として規定され、この本質連関によって、存在（現実存在）と理念的に為されるべきこととの関係が表されるか、もしくはその関係に名前が与えられる。ここでは、当為の、諸価値に対する関係もが示唆されている。つまり、全ての当為は諸価値に基づけられていなければならない――そしてその反対ではない、という関係である。「積極的な価値を有するものは全て存在すべきであり、消極的な価値を有するものは全て存在してはならない。それらによって打ち立てられた連関は、双方的なものではなく、一方的なものである。つまり、全ての当為は諸価値の上に基づけられている――それに対して諸価値が理念的当為に基づけられているのでは決してない」（Scheler 2000, 214 邦訳2、八三頁）。

（二）精神的諸価値のグループに属する、価値としての法について　以上のような形式的な規定を行った数ページ後、正しくあることは「法（das Rechte）」として名詞化されて再び姿を現すのだが、今度は諸価値に連なるもの、つまり法および不法という価値として姿を現している。シェーラーが価値様態と呼び、価

---

(11) この点そしてまた以下の内容に関しては、Loidolt (2009a), 127–129での私の詳しい論述を参照。若干の文章はそこでの叙述から抜き出されている。

(12) シェーラーはアプリオリについて次のように述べている。「われわれは次のような理念的な意味統一や命題の一切を「アプリオリ」と呼ぶ。すなわち、それらを思考する主体およびその主体がもつ実在的な自然的性質に関するあらゆる類いの定立が度外視され、また、それらの意味統一や命題が適用されうる諸々の対象に関するあらゆる類いの定立が度外視された上で、直接的直観の内実を通じてそれ自体が与えられるような意味統一や命題である」（Scheler 2000, 67 邦訳1、一〇九頁）。また、Scheler (2000)「II・A　アプリオリと形式的との一般的関係」67–99 邦訳1、一〇八―一六一頁も参照。

値洞察や先取洞察のための本来的で実質的なアプリオリを形づくるとされる実質的価値の諸々の質的体系の間には（すでに示唆したような）階層秩序がある。シェーラーは四つの自体価値の様態を区別する。一、快適なものおよび不快なものという諸価値で、それらには感性的感得の機能が対応する。二、生命的諸価値で、それらには生命的感得が対応する。三、精神的諸価値で、それらは精神的感得を内含している。四、聖なるものそして聖でないもの（世俗的なもの）という諸価値。ここで興味深いのは第三のグループの価値様態、つまり精神的諸価値である。これらはさらにまた三つの主要な種類へと細分化され、第一の種類は「美しい」や「醜い」という諸価値を包含し、第三の種類は、哲学が到達しようとするような「純粋な真理認識」という諸価値を包含する。そして最後に、第二の種類に含まれているのが、われわれの目下の関心事である「法」と「不法」という諸価値である。

（2）「法（Rechten）」と「不法（Unrechten）」という諸価値——これらの諸対象は、依然として「価値」であって、「適法（Richtigen）」と「違法（Unrichtigen）」つまり諸々の法律に適っているかどうかということからは完全に区別され、客観的な法秩序という理念のための終極的な現象的基盤を形成するものである。そして、客観的法秩序の理念は「法律」の理念や国家の理念そして国家を根拠づける生活共同体の理念から（ましてや一切の実定的な立法から）独立している［…］（Scheler 2000, 124f. 邦訳1、二〇四—二〇五頁）。

残念ながら、この箇所でシェーラーは、法価値と「客観的な」法秩序、国家、生活共同体との間の正確な関係について、より詳しい解説を与えていない。しかし、以上のことが示唆しているのは、精神的価値としての法価値は、国家や生活共同体の理念に依存せずに現に存在しているということである。同時にそれらは、各々の実定法秩序の終極的で真正な基準である。法価値が――あるいは、それは正義の理念が価値を帯びて形態化したものとも言えるかもしれないが――真理に関する諸価値や美的な諸価値とともに一つのグループをなしているのは偶然ではない。そのようなグルーピングでもって、法価値が生命的な利害関心との関係において独自に自立していることが示されるはずだからである。しかし、そのことはシェーラーにとって、ある独立の自然法あるいは理性法が現実に存在することとは、いまだ同義ではない。なぜならば、法価値は、歴史や文化という変数に影響を受けつつ姿を現すことができ、それらの形がそのつど多様な仕方で整えられることで、そのつど共同体が為すべきことになるからである――ここでシェーラーが信じているのは、これらさまざまに異なった諸価値からなるスペクトルの総体が全体として善をもたらすということなのである。

3 『典型と指導者』(13)（一九一一―一九二一）（遺稿論集）

一九一一年から一九二一年の間に書かれたテクストである「典型と指導者」は、すでに『倫理学における形式主義と実質的価値倫理学』で、「つねに支配的なエートスの根源の法則。典型と模像」（Scheler 2000, 558–568 邦訳3、三〇九―三二六頁）という節の最後の二つの段落の続きとして予告されている。しかし、そ

（13）マックス・シェーラー『遺稿論集第一巻、倫理学と認識論』(Scheler 1957)（SN1）.

のテクストが初めて公表されたのは、一九五七年の『遺稿論集』であった。補遺として公表された「立法者」についての文書は、一九一一―一二年というかなり昔の原稿ノートに由来している。そこには、法価値と実定法との連関について、確かに概略的ではあるもののいくぶん詳細な論述が見出されるので、われわれはこの論考を『倫理学における形式主義』の基本的なアイデアへと繋げよう。

シェーラーは、その編成されたテクストの合本の中で、さまざまな「種類の天才[14]」について考察している。そして、それらは精神的な基本価値の種類に対応している。つまり、(価値)認識の領域における天才、芸術の領域における天才、そして法の領域における天才である。

> 諸々の法律が最初に抽き出されるのは、ある時期の実定法秩序を「発見する」天才の事績からであり、天才はそれを、客観的な正しくあることおよび不正であることの領域において行う。そして、諸法律は、裁判官による明証的な判決に方向づけられながら、継続的に形成される。類型としての裁判官は、法律に従属しているのではなく、実定法秩序に従って何が適法(rechtmäßig)で何が違法(rechtswidrig)であるかを見つけ出すために法律と一緒になって働くのである。裁判官が法律に従属しているというのは、その者が同時に官吏の職分を有するという点においてのことなのである(Scheler 1957, 337 邦訳15、二七七―二七八頁)。

つまり実定法は、精神的領域の仲介を必要としており、それを介して、定立作用および継続形成作用の助力の下、自らの形を得るのである。同様に人格は、法命題の一般性と具体性とを仲介する。

法秩序それ自体は一般的な諸命題から成り立っているのではない、一般的な諸命題には、各個別の事例に関して行為が適法か適法でない（unrechtmäßig）かの決定が含まれている。立法や裁判官の任務、伝統の持つ課題の全ては、このような決定を発見することであり、そして法秩序に即して諸々の事例を決定可能なものにすることである。法秩序の存立は、法律・裁判官・慣習法などの存立に全く依存しない。これらは、法秩序が現実化するための手段にすぎない（Scheler 1957, 338f. 邦訳15、二八〇頁）。

シェーラーはさらに、おそらく大勢の法学者や規範理論家たちにとっては驚くべきテーゼをもう一つ提出している。

> 全ての存在や出来事は、あるべきものとの関係で考慮されうるのであり、それがあるべきものに対立するのであれば不正であり、対立しないのであれば正しいのである。それゆえ、何か一つの存在・行為・出来事が「正しい」ということは、決して、その何かに関する積極的な規定であるというわけでも、他のものとの積極的な関係性であるというわけでもない。それがもっぱら意味するのは、その何かが不正ではないということだけなのである。何があるべきかということは、法の存在について述べる諸命題の内にはいかなる時も含まれていない。もっぱら含まれているのは――婚姻・売買・使用賃貸借・約束・損害賠償などといった状態を備えた本質が問題になっているかぎりで――何があるべき

（14）ウィリアム・ルイペンはこのテーマを彼の『自然法の現象学』（Luijpen 1973）で再び取り上げ、「倫理的な天才」について語っている。第二部第二章第四節第三項2を参照。

でないかということだけなのである。つまり、法の存在について述べる諸命題は、いかなる時もいかなるところでも、何が存在すべきか、起こるべきかということを規定せず、ただあるべきものの境界のみを、それもあるべきでないものの側から規定するにすぎない（Scheler 1957, 337f. 邦訳15、二七八頁）。

これに対しては、実定法の存立およびその意図は別の言葉づかいをしていると言い返すことができるだろう。実際、権利能力は出生とともに始まるというライナッハの引用した民法典の規定の内に、そしてまた行政法や、婚姻・売買・使用賃貸借・約束などといった「状態を備えた本質」の全てにおいて、十分に積極的な諸規定を、つまり、何があるべきかを指示する諸規定が見られる。そうした諸規定とは（主観的な）権利と義務の一方または双方を定めており、婚姻について言えば、ある特定の税制上の優遇措置や扶養義務といったものを規定している。以上のことから、シェーラーの実定法に関する見解は、「法秩序」の現象を実際に把握しようとしたものというより、彼独自の理論に従って仕立て上げられたものであるという印象を受ける。そしてまた、こうなった第一の原因は、シェーラーが「当為」を、例えばケルゼンのような規範理論家が理解するのとは何か全く別のものとして理解しているからなのである。

すでに『倫理学における形式主義』でシェーラーは、「当為」がそれ自身で積極的価値を創出しうる、あるいは定めうるという立場に激しく抵抗している。というのも、この積極的価値が何でありどのような性格のものであるかが、〔仮に当為が価値を創出したり定めたりするというならば、それより以前に〕いつもすでに理解されていなければならないからである。この議論は、例えばカント道徳哲学[15]における法則の優位性に対抗しており、それゆえ、つねにある一つの倫理的な思想と結びついている。その思想とは、当為とは客観的に為されるべきもの（何らかの価値）の当為であるというものである。つまり、全ての当為（シェーラーは理念的当為と規範的当為とを区別する）[16]は、〔自らで価値を創出したり定めたりするのではなく〕もっぱら諸価値の現実存在ないしは非現実存在の領域に関係づけられているのである（Scheler 2000, 214 邦訳2、八三頁を参照）。実定法はこの体系的秩序の内に場所を占めるのだが、そこで語られるのは、「もし実定法が存在するならば、あるいは生じるならば、何が不正であるか」（Scheler 1957, 338 邦訳15、二七九頁）ということだけなのである。ひとたび法秩序がそのようにして構成されたのであれば、われわれは確かに「適法」や「違法」ということについて語るが、しかしそうしたことは、法秩序との関連においてだけ、つまり法秩序に対して相関的にのみなされるのであり、あるべきもの一般との関連で語られているのではない。「それゆえ、法秩序そのものは積極的なものであって、純粋に積極的な諸命題（規定的諸命題）からなる。そして、その現象学的起源だけが消極的なのである」（Scheler 1957, 338 邦訳15、二七九頁）。すでに述べた通り、このような理論的アプローチを既存の状態へ反映させるために、さほど複雑でない思考方法・論証方法を遂行する必要があるのかどうか、この点は疑問である。確かに、法秩序の基本理念は、最小限の（法的）安定性を保障するために、あるべきでないものは不法として防止もしくは処罰されなければならないということであ

(15) カント道徳哲学とともに同じく攻撃を加えられているのは、慣習道徳的価値は価値判断作用（Beurteilung）を通じてのみ与えられているということを支持するヘルバルトとブレンターノの理論である。Loidolt (2009a) 127–138 での、法存在と当為との関係についてのより詳細な論述も参照。

(16) 規範的当為は努力への要求あるいは命令を表し、それゆえ「義務」あるいは「規範」が問題となる時はつねに、規範的当為のことが考えられている。それに対して理念的当為は、要求には（まだ）従属していない、あるべきものであり、それは根源的には積極的価値によってのみ根拠づけられる（Scheler 2000, 211 邦訳2、七八頁参照）。以上より、明らかに法秩序は規範的当為に含まれる。というのも、法秩序は何らかの努力の方へと向けられているからである。

る。しかし、シェーラーの議論はさらに、「法」は「不法ではない」と異なる意味を決して持たず、それゆえ法は、もはや原則上、あるべき実在（これは「法」というより「善（gut）」と言えるだろう）を創設できないという考えに至る。このような「法」の意味が実際の語法を的確に捉えているかどうかについては、ここでは問わぬままにしておこう。ただし、あるべきものを規定において確定する価値態度が実定法においては何らとられていないという考えは、疑問視されて然るべきではある。

シェーラーによれば法秩序は、最終的には「規範的当為」として、（「理念的当為」としての正しくあること（Rechtsein）や不正であること（Unrechtsein）とは違って）努力そして人格たちの集合体に相関する。だが法秩序はこのような努力の担い手たち全員にとって客観的である。というのも法秩序は、各人がなすある種の努力の客観的な参照点として適法性・違法性に関する答えを含んでいるからである。さらに、法秩序に関しては、努力作用の全てが問題とされるのではなく、行為（Handeln）の作用だけが、より正確には、社会的に方向づけられた行為の作用だけが問題となる。「全ての存在や出来事は正か不正であるのに対して、適法・違法であるのはひとえに行為（Handlung）のみである。〔法秩序は、行為の正しくあることと不正であることとにのみ関わるがゆえに、正しくあることと不正であることとの一つの選択である。〕このような正しくあること・不法であることが、質として諸々の行為に付着し、そして、法秩序はこれらの行為にのみ向けられているのである」（Scheler 1957, 338 邦訳15、二七九—二八〇頁）。

4 『戦争の守護神とドイツの戦争』（一九一五）

戦争に心酔した悪名高いこの論考は、『倫理学における形式主義と実質的倫理学』の二年後に書かれたものであるが、そこでシェーラーは、法実証主義に対して攻撃を加えつつ、自身の精神的・慣習道徳的な法概念を補強している。

［全ての］可能な「法秩序」がその固有の威厳および尊厳を受け取るのは、それが慣習道徳的な秩序に由来する時にかぎってのことである――そして、その逆ではないのである。この逆のことが、例えば今日、偉大なカント倫理学をある特定の仕方で「新カント派的」に誇張することで望まれている。［…］しかし、およそ愛が一切の法の基盤であり条件であるように、精神的に生き生きとした愛の共同体の理念があらゆる「社会（Gesellschaft）」の理念の前提をなすのである（Scheler 1982, 63）。

もっとも、ここで同様に明白となるのは、場合によってはこのような法概念がどれほど的外れな事態を招きうるかということである。すなわち、諸国民が相互に衝突する中で「より高次の法」が請われるのであれば、それは戦争を慣習道徳的な価値の法廷や神の法廷として解釈することに他ならない。

法の理念はまずもって国家によって定立された法に由来するのではなく、純粋で無限の理性的意志の論理的な本質秩序それ自体を表現する［…］、まさにそのことゆえに、もっぱら神のみが、戦争という判決、すなわち、事績（Tat）という判決において、そのような法をめぐる問いに裁定を下しうるのである（Scheler 1982, 86）。

この箇所でシェーラーにとって問題となっていると思われる「法をめぐる問い」とは、戦争を行う諸国家の精神的・慣習道徳的秩序の内のいずれが「正当（im Recht）」なのか、というものである。これはもはや戦争を通じて裁定を下す他ないとされる。というのも、どの文化も、その形は独自のものであり、同等の地位に立つからである。それゆえ、ある一方の「愛の共同体」が他方に対して（例えばドイツ人がロシア人に対して）慣習道徳的に優越することを求めて戦えば、その戦いは戦場で決着をつけねばならぬことが宿命づけられている。そうだとすれば勝者の側に「より高次の法」があることになる。

「純粋で無限の理性的意志の論理的な本質秩序」に言及することで、本質概念のみならず、シェーラーの哲学の全ての専門用語が濫用されていることは明らかである。同じく明白なのは、このテクストでシェーラーが、法価値を法概念に連結するのを断念し、前者を、運命という法廷に対する信仰や終極的に正統性を認定するものとしての「勝利」によって置き換えているということである。つまり、先ほどの箇所〔三八二頁以下〕では、独立し自立した精神的領域としてはっきりと導入された法価値が、いまでは完全に、生活共同体である「国民」の死活的に重要な（vital）利害関心に対して同一の位もしくは下位に置かれている。あるいは少なくとも、「精神的に生き生きとした（vital）愛の共同体」に言及されることで、神秘的な仕方で、国民と相関的な関係に置かれているのである。

しかし、ある民族（Volk）がより高次の法を信ずることの基礎というのは、つねに本質必然的に、自らの勝利を信ずることの基礎でもあるのだ！　なぜならば、まさに勝利こそが、ここでは同時に、より高次の法の実現であり証明でもあるからだ！（Scheler 1982, 134）

以上によって、初期の論考では非常に異なる形で展開されていたシェーラーの法概念は、最終的には、

「より高次の法」として飾り立てられた、より強き者の法へと後退する。後にシェーラーは、彼の当初の法概念、つまり戦争における会戦によってではなく精神的作用によって規定される法概念へと再び戻ってくる。そのため、このテクストは、〔それが第一次世界大戦期に執筆されたという〕その歴史的な文脈の中に位置づけて読まれるべきである。それでもなお、このような仕方で「本質秩序」に言及すれば、より高次の法を証明するいかなる基準をも喪失させ、最終的には、「勝者の歴史」を絶対化し、戦争に「神の法廷」という姿を与えるということになってしまう。

5 「政治・道徳・永遠平和の理念に関する草稿」（一九二六—一九二八）（遺稿論集）

最後に、『政治・道徳・永遠平和の理念に関する草稿』（一九二六—一九二八）を通じて、後期シェーラーの法理解を垣間見ることができる。そこでは、「客観的な価値秩序」との関係で、法が発展・現実化する際の歴史的な構成要素が特に強調されている。このテクストも（「典型と指導者」と同様）『遺稿論集』で初めて登場したものだが、この中で、政治と道徳の関係に関するシェーラー自身の説の基本的特徴が示されている。彼によれば、一方を他方に従属させるのはつねに誤りである。というのも、両者はそれぞれ自律的な法則性を有しており「そして、客観的な価値秩序とそれに応じた法益秩序（Rechtsgüterordnung）とを、時代のエートスの展開の段階に応じて、共同で承認することによってのみ、［…］倫理・法・政治は結びつけられ［う］るからである」（Scheler 1990, 25）。つまり、政治が道徳に従属させられてはならないし、道徳が政治に従属させられてもならない（あるいは、両者が法に従属させられても、その逆であってもならない）。そうではなくて、それらは、異なる領域として、異なる仕方で発展し形が整えられていく中で、ともに「客観的な価値秩序」に定位しなければならないのである。客観的な価値秩序は、それが歴史的および文化的に転換する中で、政治・道徳・法として現れるのだが、つねに静止的および同一的に現れるというのではなく、言うならば、色彩が持つようなニュアンスを有している。このニュアンスは、精神的で生き生きとした共同体の有する極めて多様な要素によって影響を受けており、さらに、価値秩序がそのつどありありと表現される中で自覚的に展開されなければならない。というわけで、この歴史的および文化的に自らの一部を変形させていく価値秩序に対応するのが――ここでも自らに固有の展開可能性の内でだが――法なのである。そのかぎりで、法は価値秩序と比べて可変的である。以上の構想にあたってシェーラーが重要視するのは、第一に、社会的なものの領域が分化することであり、第二に、価値普遍主義と価値個別主義との関係を適切に理解することである。そして彼は二つ目の点を「重要な洞察」として次のように明確にまとめている。「例えば慣習道徳的な生活の理想の民族的・国民的な類型が豊かであり多様であることは、慣習道徳的価値の客観性に対する異論には全くならない。それは、むしろ普遍的に妥当する慣習道徳的価値を個別的に妥当する慣習道徳的価値とともに概観し、前者を後者に浸透させることで初めて、善それ自体に対する完全な明証が与えられるということの本質上の帰結なのである」(Scheler 2000, 484 邦訳3、一九一頁)。

またシェーラーは、法秩序と国家の関係を専属的で解消できないとする古典的な考えをも疑問視する。というのも彼は、法を、特定の歴史性を有し、国家から独立に自ら獲得した価値態度の所産であると理解するからである。「疑いようがないのは、法秩序一般という理念は国家の存在から独立しているということである（法は国家より前に存在した。一切の法を国家に由来し国家により定立されたものとみなすのは、絶対的国家のイデオロギー的利害関心であった）」(Scheler 1990, 23)。国家の本質には、ある特定の時期において実定的な立法と執行とを通じて法秩序の理念を現実化するということが含まれる。しかし「まさにそれゆえにこそ、国家それ自体がこの実定法秩序に服することは決してないのである。それどころか国家は何よりもまず実定法の秩序をまさに引き続き発展させ、その法政治を通じて、法秩序をそれぞれの時代状況に適応させる必要がある（特に革命は、新たな法を創造する）」（Scheler 1990, 23）。こうすることによってシェーラーは、法秩序に備わる構成要素の発生を細かく分けて考える。このとき法秩序は、国家によって単に無から定立されるわけではなく、共同体の有するさまざまな構成要素を表現したものとなる。

三つの要素のグループが実定法の継続的発展を規定する。（一）支配的なエートスの形式、すなわち諸価値の先取・後置に関する生き生きとした規則、そしてどの実定法にも基礎を与える「法益」の階層秩序。（二）法や司法（裁判官の理性）によって定立される、慣習法における法学的思考に固有の論理。（三）文化や経済そして法的に秩序づけられる一切の生活領域それ自体における変転する利害関心の状況。これら三つの要素が協働して初めて、（実定的な）「法秩序」と呼ばれるものが生み出される（Scheler 1990, 23）。

以上の要素は全て歴史的発展に従っている、つまり歴史性を帯びている。エートスも人間の理想も「道徳」も人間の振る舞いも、また裁判官の「理性」も、法益の階層秩序も歴史性を帯びているのである。「それらは、客観的な価値秩序の新たな部分がたえず発見され、価値先取の際に働く法則となることによってつねに変化する［…］」（Scheler 1990, 23）。つまり法秩序は、そのつどの価値秩序の歴史的な発露であり、絶え間ない変化の中で形成されるのである。以上に伴って、この歴史的な法に加えて、永遠に妥当する自然法も存在するか否かという問いが生ずるが、シェーラーはこの問いに関しては、存在しないと明確に答えている。

しかし、古代および近代の「自然法」の理念に対応するような、国家を超越する実定的で恒常的で認識可能な永遠の実質的な法秩序が存在するわけではない。およそ次のような秩序など存在するのだろうか。すなわち、諸国家が互いに締結する諸々の条約からも独立して妥当し、また、ある文化集団全体（あるいは、普遍的な文化集団でもよいが）のメンバーたち、例えばいわゆる国際連盟に属するヨーロッパ地域の複数の諸国家が形成した合意からも独立して妥当するような秩序など存在するのだろうか[…]。そのようなものは存在しない。自然法の前提する世界観は総じて受け容れることができない。恒常的で実質的な自然法という理念は、われわれが人間精神の発展について知っている全ての事柄と相容れないのである（Scheler 1990, 24）。

それゆえ、「客観的な法」と「実定的なもの」との関係は、静態的関係としてではなく、動態的関係として、つまり「人間精神の発展」として捉えられなければならないのである。シェーラーによれば、以上の理由ゆえに、人間精神もしくは個々の人間には、ある「使命（Bestimmung）」も与えられているのである。その使命とは、すなわち、「諸価値の永遠で絶対的な階層秩序［それは自然法とは違い、人間精神や個々の人間に対してすでに存在するもので、それにはそのつど特定の法益秩序がそれぞれ対応する——ロイドルトによる補足］を把握し、第二にそれを現実化する」（Scheler 1990, 51）という使命である。

倫理・法秩序・政治は等根源的にこの秩序に由来するのである。一、倫理〔道徳〕の規則は、個別人格たち（Einzelpersonen）や個別人格たちの間の関係が善くなること〔人格価値・心情価値・作用価値 Aktwert〕に寄与する。二、法秩序の規則が寄与するのは、個別の存在そして集合体として互いに向かい合う人間たちの外的な振る舞いの内で、「善」〔よりいっそう高い価値〕を現実化させることである〔エートスと利害関心の状況に従った、諸目的の統一的で合理的な秩序〕。三、政治は、国家における生活、あるいは、よりいっそう高度に自立した共同存在において、〔人間の使命として〕善を現実化させることに寄与する（Scheler 1990, 51–52）。

要するに法はある最高の目的を有する。それは、集合体〔としての人間〕そして個別の人間の外的な振る舞いの内で、善を現実化させるという目的である。この「善」は一枚岩的に体制化されるものではないが、しかし、好きなように体制化されるのでもない。それは、客観的秩序と歴史的・文化的に変化する現実化との間を揺れ動くのである。このようにしてシェーラーは実定法を善と繋ぎ合わせるのだが、それにもかかわらず、実定法を道徳化したりあるいは道徳に取り替えたりはしない。

最後に、もう一つ、シェーラーの共同体の捉え方、そしてそれゆえに法の捉え方をも特徴づけていて、デニンガーも取り上げている決定的なメルクマールに言及しよう。それは、連帯と責任である。すでに『倫理学における形式主義』でシェーラーは、「全ての人間による連帯の原理」を「全ての精神的作用の客観的相互性一般」（Scheler 1990, 58）の原理として規定していた。

この原理が意味するのは、人格の人格に対する道徳的な振る舞いという形式であれ、政治や法秩序の現実化を通じてであれ、価値秩序が人間の行為（Handeln）を通じて実現されるその程度や、価値秩序が実現されずまたそれに対する抵抗が意志されるその程度に関して、各々の人間は個人として自らに対し共同責任を負っているということである。それも、この原理がとりうる最上の形態においては、代替不可能なものとして、すなわち、完全に個人として共同責任を負うのである（Scheler 1990, 58）。

この連帯および責任の最上の形態にシェーラーは、彼が共同体の最上形態であるとみなしたキリスト教の宗教共同体を関連づけている。われわれがまもなく見るように、デニンガーが試みるのは、以上のような人格共同体の有する社会倫理的な基本要素を自由な法治国家の基本原理として把握するということであり、それを通じて、シェーラーのキリスト教的・宗教的・有神論的な基本方針は、世俗的で民主主義的な解釈に引きつけて再解釈される。

B　デニンガーの法現象学的考察の基礎——シェーラーにおける個別人格と総体人格

1　人格概念

デニンガーがその法現象学の構想においてとりわけ拠り所とするのが、シェーラーの人格概念である。人格性の二つの基本要素である個別性と自由が、社会倫理に関するシェーラーの基本的な考えの助けを借りながら、国家理論〔を構築していく際〕の出発点へと移し替えられることとなる。デニンガーはシェーラーの社会人類学を基底として、現象学的に基礎づけられた団体論を概説しており、「それが国家学にとって有益であることは、個々の問いの中で示されるだろう」(Denninger 1967, 5)。

シェーラーによれば、人格が全てに先立つ。人格の統一の契機となるのは、超越論的理性でもなければ、意識でもなく、〈私〉でもなく、意志でもない。むしろシェーラーは、人格の統一性を価値関係的・意味関係的な作用の構造(Aktgefüge)として現象学的に記述する。つまり、志向的で意味充実的で精神的な諸作用の本質的統一として記述する。このように人格に優位を与えることでシェーラーは、フッサールの意識優位の立場に対抗するとともに、カントやドイツ観念論の同一性概念・人格概念をも批判する。そうして彼は、例えばカントに対しては、意志の論理的な主観はいまだ人格ではないし、またフッサールに対しては、具体的人格が作用概念の基礎をなすのでなければそれは抽象的なままになってしまう、と異論を唱える。

> 人格とは諸々の作用の空虚な「出発点」ではなく具体的存在であって、そうした具体的存在を欠けば、どのように作用について語るとしても、何らかの作用の本質が完全に十全な仕方で捉えられることは決してなく、捉えられるのは、いつでも、わずかに抽象的本質性だけである。この抽象的本質性があれやこれやの個別的人格の本質に属することで初めて、諸作用は、抽象的本質性から具体的本質性へと具体化される(Scheler 2000, 383 邦訳3、三四頁)。

それゆえシェーラーの場合、人格の本質定義は次のようになる。「人格とは、多様な種類の本質を有する諸作用の具体的でそれ自身本質的な存在統一であり、その統一はそれ自体として[…]本質的な作用の相違(Aktdifferenz)の全てに[…]先行するものである。人格の存在は本質的に多様な諸作用の全てを「基づける」（Scheler 2000, 382f. 邦訳3、三三頁）。人格に相関する事象は世界である。より厳密に言えば、個性的人格に相関する事象はその人格の個性的世界であり（Scheler 2000, 392 邦訳3、四七頁参照）、その際、身体的な次元も重要な役割を果たす。加えてシェーラーにとっては、理性あるいは意識よりも愛が人間的かつ人格を備えた実存の中核をなす。彼は人格を、その根本において愛する存在（*ens amans*）であると規定している。[17] ここでは、シェーラーの人格概念により立ち入って議論したり、ありうる批判を加えたりはしない。ここで主に関心が向けられるべきは、そのような人格概念が法に関してもたらす帰結だからである。[18]

この点に関しては、すでにシェーラー自身の側にヒントを見出しうる。人格概念は、「成年性（Mündigkeit）」を含意する「人間的実存の特定の段階」（Scheler 2000, 470 邦訳3、一六七頁）に適用される。[19] それゆえ成年性という法的な概念は、何らかの現象学的所与によって根拠づけられている。

> 成年性という根本現象は、各々の体験そのものの体験において、直接的に、自分自身の作用・意志・感情・思惟と他者の作用・意志・感情・思惟との間の差異の洞察が［…］すでに与えられたものとして体験可能であるというところに成立する。そして――これが大事なのだが――この差異の洞察は、体験作用が外へと告知される媒体が他者の身体であるかそれとも自分自身の身体であるか、あるいはあったのか、ということを必ずしも考慮せずともなしうる。［…］人口に膾炙した言い方をすれば、こうなる。人間というのは、自らの周囲世界の体験志向をまずもって理解することなしにただ単に共同で遂行しているかぎりで、つまり、伝染やわれわれとともにという形式――つまり、最も広い意味での伝統――が自らの他者に対する精神的な基本関係を基づける伝達形式となっているかぎりで、未成年なのである（Scheler 2000, 471f. 邦訳3、一七〇―一七一頁）。

ここでシェーラーが「成年性」と「未成年性」とを分けるために導入している厳密な区別（例えば、未成年者が自分自身の意志を他者の意志から区別するためには、前述した身体的な次元がさらに必要であること）は、成年性を法的に規定するに当たって実際に有用でありうる。デニンガーの目論見もこのような趣旨で理解されるべきである。

2　法人格と権利主体

デニンガーの中心的なテーゼの一つは、「権利主体」と「法人格（Rechtsperson）」とを区別することにあ

(17) こうした人間規定は間違いなくカトリックの教義にもその由来を持つと考えられる。一八九九年にシェーラーはカトリックの信仰告白をした（そして一九二一年に再び距離をとるようになった）。

(18) この点についてはSander (1996) を参照。

(19) このことでもってシェーラーが明確にしているのは、人格存在というものは全ての人間において見出されるものではなく、ある特定の種類の人間たちにおいて示されるものであり、そして概念を拡張することを通じて初めて他の人間たちにも転用されるということである。「たとえわれわれが、「人格」の現象学的本質をひとたび理解できるようになった後で、その概念を拡張しそして人格存在の（いわば）萌芽が人間存在の未発達な段階において（例えば子供たちや知的障害者たち等々において）すでにあることを想定するとしても、人格の本質がわれわれの目にいわば初めて閃く場所は、もっぱらある種類の人間たちの下に探し求められねばならず、人間一般の下でそうされるべきではない――もっとも、その種類というのは、それが歴史的・実証的に輪郭を与えられる中で著しく変化するのだが」（Scheler 2000, 470 邦訳3、一六七頁）。

る。その際にデニンガーが試みるのは、「諸々の人格」の前実定的な存立を現象学的に記述し、この人格概念が国家学（および基本権）に対して有する意義を示すことである。「それ［人格概念］が何よりもまず含んでいるのは、同一的な所与性である「人格」が哲学的な仕方でも法律学的な仕方でも問われる対象になりうるという洞察の承認である」（Denninger 1967, 9）。人格は、われわれの法秩序を組み立てる上で中心的な位置を占めており、このことは「主観的権利」や「法人（juristische Person）」の概念をめぐる学説史を通じて裏づけられる。だが、学説の装いをまとった議論の背後に隠れているものによって「人格概念の多次元性が［…］示される。まさにその多次元性の内に、人格概念が法学の個々の主題に対して鍵概念として働くことの根拠があるのだ」（Denninger 1967, 13）。法概念が関係づけられる「意味的現実性の諸現象」（Denninger 1967, 14）をこのように承認することが、デニンガーの法理論的・国家理論的な考察にとりわけ現象学的な特質を与えている。

「権利主体」と「法人格」という表記は法律学上の用語ではしばしば類義語として使用されている。というのも、両者は事象に即して同一のものを意味すると考えられることがしばしばあるからである。すなわち、それらは「主観的権限の「担い手」あるいは「所有者」になりうるという資格を法秩序により与えられた、ある何らかの存在」（Denninger 1967, 229）を意味すると考えられている。こうした考えの背後にあるのは法実証主義的なテーゼであり、そのテーゼによれば、権利の担い手となる能力は（一）実定的に与えられた法秩序によってのみ付与され、また（二）法律の外部にある事態との関係により［権利の担い手となりうるか否かが］決定されることなく、付与されうる。デニンガーはこうした法実証主義の理論的弱点が二つの点にあると見ている。第一に、法実証主義の理論によれば、もはや、形式の上で全能と考えられた立法者の意志を、規範の発生に関する唯一の構成要素として仮定することだけが容認されうる。しかしこれでは、立法者の意志が実際のところ（*in praxi*）一体どのような基準に従うのかということに関して、満足のいく答えを与えることができない（さらに悪いのは、全く与えようともしない）（Denninger 1967, 230参照）。第二に、われわれは、権利能力の付与が立法者の恣意に委ねられているわけではないという見方を無視できないであろう。

これらの理由ゆえにデニンガーは、「実証主義的な意味で」法人格と権利主体とを同一視することは「法治国家に定位した法理論にとって役に立たない」（Denninger 1967, 231）と考えるのである。なおデニンガーは、そのように考える理由を他にもいくつかあげている（例えば、実証主義を自称する法解釈学（Dogmatik）の中には実定的なものを超えるものが残っていること。立法における主観的な公的権利と主観的な私的権利とは、いかなる人格概念によっても一体化されないので、相違する可能性があること。公共の利益が優先するかそれとも私的利益が優先するかは、しばしば「一身専属的な事情」（Denninger 1967, 233）を考慮して初めて明らかにされうるので、抽象的な利益説が拒絶されること、等々）。というわけで導入されるのが次の区別である。「権利主体が、実定法の具体的な諸関係からもたらされた権利・義務の所有者であると理解されるべきなのに対して、「法人格」は、ある人格が何らかの仕方で法的な諸関係に参入する場合の、その人格の所与性の複合体を丸ごと現象学的な意味において表している」（Denninger 1967, 213）。

確かにこのような概念は、従来の法解釈学から見れば、「メタ法律学的」あるいは「先法律学的」と特徴づけられるだろう。しかし、デニンガーが目指そうとするのは、人格の概念を「学問の外にあるイデオロギー上の導きの星」（Denninger 1967, 232）として受け入れることではなく、むしろ、それを法治国家の法の一般理論の中心にもってくることである。というのも、まさに人格概念の上に、例えば人間の尊厳の不可侵性という憲法原理（ドイツ連邦共和国基本法第一条第一項）が置かれているからである。現象学的な人格概念は、「法秩序の人格関係性の持つ基本的な価値前提が人々によって受け容れられさえすれば、それと同時にその規範的決定力」(Denninger 1967, 232) を展開する。

それに対して、「権利主体」という法形式が喚起する法秩序の理解が最終的に行き着くのは、純粋に客観的な法秩序の優位の下で、法や主観的権利という概念一般が取り除かれるという事態である。しかし、デニンガーによれば、それとともに法的に為しうることの人格的な側面は完全に見落とされ (Denninger 1967, 234 参照)、個人の自由という権利概念も次第に掘り崩されてしまう。というのも、そうなると個人の自由という権利概念は、もはや自らの本質に即した起源から思考されえなくなるからである。すなわち、それは「社会的相互関係の中で自らを表出する (そして自らを外面化する) 人格の自己有効性——それが規範的に限定されることで、同じ類の人々とうまく協調していけるようになる——としてではなく、今やただ、(第二次的に) 客観化されている状態からしか個人的自由という権利概念を」(Denninger 1967, 234) 考えられなくなる。以上の議論は、ヴェルナー・マイホーファーの法現象学の構想に対する批判も含んでいる。というのも、マイホーファーによって支持された自由の制度的理解においては、個人は社会的にあらかじめ与えられた役割を用いることができるだけであり、諸個人の個性の実現は挫折してしまうからである。しかしこの二つの見解、つまり、法実証主義の客観主義的な見解も、マイホーファーの〈として存在〉という社会決定論的な選択肢も、デニンガーによれば、人格の本質——それは個別性と自由である——を規範的に正当な仕方で評価しておらず、それゆえに失敗せざるをえない。「自由が外的な・法的な自由として与えられるのは、個別人格 (Einzelperson) が、自ら企投し、自ら価値評価し、そして自ら責任を負うような意味連関から自身の社会的作用を築き上げるという可能性を有する場合にかぎってのことなのである」(Denninger 1967, 236)。

さらにもう一歩進んで、デニンガーは「法的自由の可能性の条件としての人格の自律」(Denninger 1967, 80) について詳しく述べている。シェーラーによれば、完全な人格の自律が与えられる条件とは「慣習道徳的に自由に行為する個人の志向の内で、ただ個別的に妥当するにすぎぬ価値が普遍的に妥当する価値に、何らかの仕方で、おそらくは緊張に満ちた仕方で浸透すること」(Denninger 1967, 91) である。デニンガーはシェーラーの自律概念を、行きすぎた個人主義と行きすぎた集団主義との間を行く道として、また、歴史を欠き歴史性と疎遠であることと、いわゆる歴史の要請に没人格的に自己を隷属させることとの間を行く道として擁護している (Denninger 1967, 90 参照)。歴史的・集団的な状況は、個人にとってつねに限界を意味すると同時に、〔個人の〕展開可能性が何らかの仕方でできあがっていることをも意味しており、それによって無数の形成可能性を備えた積極的な場が開かれるのである。それゆえ、歴史的状況の持つ意義は、先行する人格的自由の経験によって把握されるのであり、その逆ではない。

以上のような「価値経験および価値決定に開かれ、新たな経験にたえず開放されている人格の自律を、人格の有する外的・法的な自由の出発点に」(Denninger 1967, 93) 据えるとしよう。こうしたことが行き着くのは、価値志向的で間個人的な諸作用や諸関係の緊張に富んだ構造を、為してもよいこと・為してはならないことにおいて法的に写し取るという構想である。[(20)] これと対立するのがカントの構想であろう。カン

(20) デニンガーは、このことが一九五四年に連邦憲法裁判所が作りあげた定式の中でも実現されていると考えている。「基本法の人間像は、孤立した絶対的個人のそれではない。むしろ基本法は、人格が共同体と関連し共同体に拘束されていることを念頭に置きつつ、個人-共同体の緊張関係に決着をつけたが、その際、人格の有する固有性を侵害しないように決着をつけたのである」(連邦憲法裁判所判決集、BVerfGE 4ff. 1954, in Denninger 1967, 94)。

トの構想は人格の自律をもっぱら理性の側から理解することによって〔カント的な意味での〕「合法性（Legalität）」に至る。この合法性は単に法の一般的強制性を含意しているにすぎず、法の最終的に他律的な性質は、一般意志（volonté générale）という自律性のフィクションの背後にその姿を再び隠さざるをえないとされる。それに対してデニンガーの関心事は、法律学および国家理論上の諸概念の基底にいかなるフィクションをも持ち込まず、その代わりにそれらの諸概念を現象学的洞察の上に立脚させることなのである。

3　人格団体と総体人格——連帯、主権、基本権

デニンガーのさらにもう一つの重要なテーゼは、「総体人格（Gesamtperson）」を現象学的に明らかにすることである。それは、単なるフィクションとして法学や国家学に寄与するのではなく、シェーラーが考えたように、その具体的な本質の存在が提示されねばならない。デニンガーによれば、国家というものは、人間たちの下で始まる。しかしそれは、孤立して生きるホッブズ的な個人たちの下ででではなく、つねにすでに共同体の中で生きる人間たちの下で始まる。シェーラーによれば、社会的な本質統一体を築き上げるための第一の原理は、「本質的に多様な種類の相互的共同存在・相互的共同生活にあり、その中で当該種類の社会統一体が構成される。第二〔の原理〕は、社会的統一体のメンバーが諸価値に即しつつ諸規範に従いながら共同作業をするために、その方へと「互いにともに」目を向ける諸価値の種類と階層秩序の内にある」（Scheler 2000, 515 邦訳3、二三九—二四〇頁）。

こうした点を踏まえてデニンガーは、シェーラーの基本概念を利用しつつ、あらゆる国家理論の起点となる社会人類学的基盤を作り上げた。それは、集団の本質形式およびそれに相関的な価値経験のミクロ社

会学として理解されうる。『共感感情の現象学および理論に寄せて（*Zur Phänomenologie und Theorie der Sympathiegefühle*）』ならびに『倫理学における形式主義』（Scheler 2000, 515ff. 邦訳3、二四〇頁以下）でのシェーラーによる詳しい説明と同じように、共同体化の段階構造が構想され、以下のような〔共同体化の〕順序が提案されている（括弧の中は、それぞれの共同体化の様式と特有の価値経験である）。一、大衆（感情伝染や感情の一体感、そこにはいかなる特有の価値経験もない）、二、生活共同体（相互的共同生活、生活価値）、三、利益社会（自己中心的な他我の理解と利害関心、抽象的で同種的な人格価値）四、人格共同体（人格愛、具体的で唯一無二の人格価値）。したがって、人格共同体において、人格およびその価値所与性が完全に具体的な仕方で展開するに至る。「この段階では、どの有限的な人格も個別人格であると同時に総体人格のメンバーであり、このようなものであることならびに自らをそのように体験すること〔そうしたことは、例えば利益社会の形態においてはまだもたらされていない――ロイドルトによる補足〕は、（自らの完全な本質においても認識されている）有限な人格そのものの完全な本質の内に含まれている」（Scheler 2000, 522 邦訳3、二五一頁）。

それでは、総体人格とは何であるのか。シェーラーによれば、総体人格とは、ある固有な「……についての意識」を有するが、それは「総体的魂の実体」ではなく、相互的共同生活の中で構成され、「この相互的共同体験における体験の具体的な中心をなすものである」（Scheler 2000, 512 邦訳3、二三五頁）。「相互的共同的な体験作用のこの終結しえぬ全体性における多様な体‐験の中心〔…〕、それが総体人格と呼ばれるべきものである」（Scheler 2000, 510 邦訳3、二三二頁）。デニンガーは、総体人格の本質的なメルクマールを以下のような定義にまとめる。「総体人格とは、（一）存在に即して自立的で（二）個別的で（三）心理物理的には無差別で（四）価値普遍的に秩序づけられた（五）精神的な（六）実在的（七）意味的（八）諸作用の統一体であり、その諸作用に備わる固有法則的な自発性は、（九）他の人格的統一体に対して開かれた終結しえぬ体験の全体として（一〇）連帯的な相互作用の内で現れる」(Denninger 1967, 251)。

つまり、総体人格の概念には何らかの独立の実在性が認められて然るべきなのである。その理論上の前提や含意に関しては、ここで詳しく検討することができない。とはいえ、〔総体人格の理論上の前提や含意そのものよりも〕デニンガーの法現象学的考察にとって重要な関連性を持つのは、国家を、「総体人格となりうる」他の共同体（通常これは「法人」と呼ばれる）と同じように、総体人格として理解するということである。なぜならば、個別人格が自身の持つ権利の意味的基礎であるのと同様、総体人格もある何らかの権利・義務をその本質を通じて基づけ、それによって前実定的な法理論的考察を許容することになるからである(21)。

この箇所でデニンガーは、シェーラーの一連の議論から少しばかり離れてもいる。シェーラーは、総体人格の理念の内部で、さらにもう一度「完全な」総体人格と「不完全な」総体人格とを区別し、その際、すぐれて精神的な価値を現実化する総体人格にのみ「完全性」を帰属させるのがふさわしいとする(Scheler 2000, 533 邦訳3、二六九頁参照)。その結果、シェーラーにとっては、総体としての聖なるものの価値そして「精神的な文化価値」へと方向づけられている二つの種類の総体人格だけが完全なものである。つまり、教会および文化総体人格だけが完全な総体人格なのである（後者は「国民」あるいは「文化圏」として現れる）。デニンガーは、このような見解から距離をとり――総じて彼が、シェーラーを「世俗化」しようとたえず尽力しているように――、そして次のように問う。「どのような正当性でもって、国家の純粋に精神的ではなく不完全な人格の質は、例えば教会のような、純粋に精神的で完全な人格の質から区別されるのか」(Denninger 1967, 270)。デニンガーは、国家もまた、精神的価値――例えば、法価値のような――を、生命的・生活共同体的な価値に優先して現実化させるという使命を有していると論じ、次のようなシェーラーの見解を退ける。国家というものは「もっぱら、精神的な総体意志の最高の中心であり、しかも自然的な生活共同体（民族）［…］の上におよぶ支配意志の中心である」（Scheler 2000, 533 邦訳3、二六九頁）。さらに、宗教的価値（「全体的救済（Gesamtheil）」）を含む、全ての精神的価値を同じ強度と直接性でもって志向するシェーラーの完全な総体人格の理念は、「せいぜいのところ、神権政治的な世界連邦という形態でしか考えることができず、内的矛盾なくして考えることはできない」（Denninger 1967, 271）。

さて、デニンガーは以上のようにして獲得された総体人格によって、国家主権の問題ならびに国家市民・国家領土・国家権力の関係性といった問いを論究しようとする。これらの相互に絡み合った一連の問いの中から、連帯および基本権という主題に関わる論点だけをいくつか取り上げよう。

連帯は、シェーラーの場合には、人格共同体の基本原理として定式化され、人格である個人は誰でも「自分自身の作用のみならず、全ての他者たちの作用に対しても、根源的に「共同責任」を負っている」

（21）それゆえデニンガーは、「自然」人と「法」人（例えば、社団）を区別する法律学の通常の語法が、誤解を招く可能性を含んでいることを示そうとする。というのも、その語法は、感覚・身体を備えた人間と人格とを素朴に同一視するという、混乱を招く類比となっているからである。このことが混乱を招くというのは、法解釈学上の概念として、「自然人と法人という」両方の基本概念が、人為的に定められたものだからである（Denninger 1967, 98）。現象学的な人格概念の側から言えば、ここでもまた、個別人格と総体人格とはどちらも本質に即した出来事（Vorkommnis）なのであって、一方が「人為的」で他方が「自然的」であるとされることはない。〔人格の〕素朴なあるいは自然主義的な解釈に対しては「いわゆる自然人も、場合によって発生する不可視の社団人格と比べて、それ自体として、より可視的であるというわけでは少しもない」（Denninger 1967, 98）と反論しうるだろう――つまり、人格は、それ自体として（つまり、シェーラーの現象学にとっては、精神的なものとして）自然主義的には固定されえない。それゆえ、一つの物理的身体に結びつけられていなければならないわけでもない。

(Scheler 2000, 488 邦訳3、一九七頁)。この共同責任性は、契約あるいは約束によって初めてもたらされるのではなく、自己責任性とともに根源的に与えられている。つまり「人格共同体」を際立たせている特徴とは、各個人そして総体人格が自己に対する責任を負うと同時に、各個人は総体人格に対して、また総体人格はその各メンバーに対して、共同責任を相互に負うという事態なのである(Scheler 2000, 522 邦訳3、二五一頁参照)。またしてもシェーラーの場合には、キリスト教の愛の思想が背景をなしている。つまり、代替不可能な連帯の原理(Scheler 2000, 523 邦訳3、二五二頁参照)と、最終的には連帯が宗教的な愛の共同体という最高の共同体の形態において現実化されるという思想が背景にある。ここでもデニンガーは、近代的な民主主義国家を念頭に〔シェーラーの思想の〕世俗化に努め、法概念としてあるいはさらに法原理として連帯を基礎づけようと試みる。その際に、主に重要となるのが、われわれが民主主義的な社会において見出すような価値の多元的共存に法的な表現を与えることである。価値多元主義の問題を解決する二つの両極端の立場には(一)生じうる紛争に裁定を下す拘束力のある審級を投入するというもの(デニンガーによれば、そうすると最終的に全ては政治的な権力と多数者の割合、場合によってはテロリズムの問題となる)、そして(二)公共的空間では、みな総じて価値評価を禁欲的に控えるというリベラルな選択肢があるが、これは「人間は価値に向けて行為し価値の実現に関心を寄せる存在であるという人間学的な基礎的所見」(Denninger 1967, 238)に反している。以上の二つの選択肢を弱めた立場においても似たような困難は浮上してしまう。そこでデニンガーが提案するのは、行為調整を評価するための一般的な倫理的原理を法的なものとすることである。その原理は、シェーラーによれば「連帯的協働と共同責任の理念」(Denninger 1967, 243)の内にある。すなわち、それを民主主義的な法治国家に根本原理として応用することを提案するのである。

法原理としての連帯の思想が意味するのは、主観的な（公的・私的）権利の根拠づけや行使の際に、他の法仲間たち（Rechtsgenossen）の法的な展開可能性が、私自身の権利行使によって、要求しうる程度を超えて阻害されないよう考慮が払われるということなのである。それによって何よりもまず要請されるのは、主観的な権利の力をそのつど可能なかぎり最大化させるのを断念することである。その点で、法原理としての連帯の思想は、より弱い当事者の利害関心を共同責任に基づいて優遇しつつ、際限なき競争の原理を矯正するのである（Denninger 1967, 243–244）。

この法原理は立法者が少数者の利害関心を把握する中で現実化される。また、裁判官が規範や契約を解釈する中でも現実化される。そして最後に、公的行政の担い手によって個々の市民との関係の中でも現実化される。

この共同責任は、純粋で「無私の」隣人愛の表現ではなく、自分自身および他の法人格の価値充実を可能なかぎり最大化することが共通の課題であるという洞察に由来する。それゆえ、ここで特に強調されるべきは、連帯は、共同体の利益の優先という意味で誤って理解されてはならず、第一義的には個々の人格たちの相互の関係の内に根ざしているということである（Denninger 1967, 244）。

本著作の最後の部分では、自由な法治国家における市民と国家の関係が取り扱われ、シェーラーに従いつつ、法治国家の概念が連帯的に協働する法人格たちの共同体として解明される。重要なのは、いくつかの国家学に見られる誤った理解を克服することである。すなわち、個別人格と総体人格の関係を部分と全体のように把握し、それを生物学的な有機体と同一視する国家学や、あるいは、神を中心に保証された予定調和の体系を目指すような国家学の克服が重要なのである（Denninger 1967, 299参照）。以上の誤った理解に対しては、人格より先に与えられている国家秩序は存在せず、そもそも個々人の保護法益が相互に承認されそして保障されることで初めて、人格共同体としての「国家」が生み出される、と反論される。この反論からは二つの帰結が導かれる。（一）「およそ、人格であらんとする要求を掲げる市民が属し、法治国家の形をとる民主政体が関知するのは、市民がそのつど民主政体に対して定めた目標や目的のみであり」（Denninger 1967, 299）、そのような政体が有する秩序とは、協働的な自由の内で主観的権利の行使を生み出すと同時に制約するような秩序だけである。（二）身体的・精神的に体制化された有限な人間の現存在に結びついている、個別人格と総体人格との関連は、双方の側に壊滅的な帰結を及ぼすことなしには、解消されえない。「およそ、自らの市民たちの一部に対して権利喪失を宣言し、その者たちの基本的な実存条件を破壊するような国家は、それによって一定数の個別人格たちを壊滅させるだけではない。そのような国家は、それがかの市民たちによって共同で構成されているかぎり、総体人格としての自分自身をも同時に壊滅させるのである」（Denninger 1967, 303）。

ここでデニンガーが国家理論の考察と結びつけている（遺憾ながら憲法や国際法あるいは政治の現実には決して適っていない）基本権に関する関心[22]が、本書の結論部分を占めている。この部分は、「連帯的に結びついた法人格たちの自由を法的に表現する手段として」（Denninger 1967, 302）の主観的権利という説を擁護しようとしたものとも捉えられる。そこで大事なのは、〈主観的な自由権－一般的で客観的な法秩序〉という二つの極が一面的・絶対的に定められてはならず、この対極性の背後にある（全体－部分の関係とは異なる）人格の〔法秩序への〕参与関係を顧慮して、どちらの側にもバランスのとれた利害関心の調整がなされなければばならないということである。それゆえ、連帯的協働の原理が意味するのは、同質的な合意の内容を作り上げよという要請ではなく、「一定の社会的な経過や関係に対して、ある特定の手続きを制度的に保障せよという控えめな要請である」(Denninger 1967, 304)。その要請には、例えば、次のような国家の権限や義務が含まれている。すなわち国家は、「社会的事象の多元的構造が実際に現実に存在することを請け合い、そうすることで、合意形成において諸観点の多元性のチャンスが手続きに即して確保されるようにする権限を与えられうるし、それどころか義務づけられもする」(Denninger 1967, 305)――それを実務の文脈へと移せば、これはすでに国家にとって明白な社会政治的課題の一つとなる。さらに、社会倫理的な公準としての連帯的協働の原理の内には、法治国家原理と社会国家原理の接点が見出されるかもしれない。というのも、社会的諸力の間の自由な合意プロセスを可能にするために国家が行う給付や介入は、社会国家原理

(22) シェーラーの場合ならば、基本権を支持する議論は例えば以下のように進行するだろう。個性的人格の中核(この人格とならべてみれば、社会的人格や理性的人格はただ抽象的な内容を表すにすぎない)は、全ての国家および国家市民としての単なる人格性の全てに完全に優越し、その人格の救済(Heil)に関しては国家から完全に独立している(Scheler 2000, 502 邦訳3、二二〇頁参照)。それゆえに国家は、極端な場合には、確かに人格の生命を(戦争において)要求しうるが、しかし、その救済もしくは良心を完全に国家へ委ねることは決して要求できない。「経済的人格は国家以下的であり、個性的な精神的人格一般の中核は超国家的であるのだが、全体としての秘奥的人格〔訳注三〕の領域(intime Personsphäre)はさらに進んで国家外的である」(Scheler 2000, 503 邦訳3、二二〇頁)。

〔訳注三〕 ここで「秘奥的人格」とは何らかの構成員としての「社会的人格(soziale Person)」と対比されるものだが、その違いは、個別的と総体的、心理的と物理的といった区別とは何ら関わりのないものとされている(Scheler 2000, 514f. 邦訳3、二九二頁以下参照)。

の表現として把握されうるからである。そういうわけで、デニンガーがシェーラーに従って国家理論的・（憲）法的考察を展開する際に起点とした諸々の基本概念である法人格・総体人格・連帯には、自由な法治国家を人格たちの実現の場として可能にするという目的とともに、国家の社会政治的な諸活動がはっきりと含まれているのである。

4　結論

近代的で自由な法治国家を「総体人格」、すなわち「人格共同体」という種類の団体として概念的に把握できるようにする（Denninger 1967, 269参照）というデニンガーの作業仮説は、前実定的な基本関係と実定的な法定立との間の関連を現象学の方法を利用して再構成する試みであると理解されうる。その際、徹頭徹尾、人格と総体人格の本質規定が規範的な手引きをあらかじめ与えている。それによれば、国家と法は「本来的」に理解される必要があるというだけでなく、その基本課題に応じて、政治や憲法において具体的な形でも規定され現実化されなければならない。その点で、明々白々なのは、以上の法の捉え方の基礎には一種の倫理的契機があること、ならびに、民主主義的で自由な社会国家に対する政治的な支持が、第二次世界大戦後のヨーロッパで再び築かれた民主政体の自己理解に完全に添った形で表明されているということである。このような〔デニンガーの〕態度と、彼に方法論・理論の面でアイデアを提供しているシェーラーとの間には、両者が受けた歴史的な影響の違いによって形成された根本的相違があることにも気づかされる。シェーラーの社会倫理的・国家理論的考察は、確かに基本的には価値多元的に解釈されうるものの、しかし、たいてい最後には宗教的な人格共同体（教会）へと行き着くからである。

デニンガーのこの著作は、それが〔法に関する〕一つの哲学的立場という地位を要求している点で、法律学上の実証主義に対する根本的な批判であるとも理解されうる。それと同時に、法実証主義は、自らの限界をはっきりと自覚した法律学の方法として、その固有の正当性に関しては問題視されてはいない。とはいえデニンガーは、法実証主義の基本概念を哲学的・社会倫理的・政治的に真剣に考察することから生ずる理論上の不一致を繰り返し激しく指摘している。対抗案として彼が支持するのは、法律学の外部にある社会学的・人間学的・哲学的所見へと必ずや立ち戻らねばならないという考えである。そうすることで実定法のドグマーティクのみをもってしてはもはや解消しえない（例えば、法人格やそれに対応する権利の問題のような）法学の「限界問題」が解明されるのである。それに対応する形で、〔デニンガーによる法の〕現象学的根拠づけという構想も、法を社会的・共同体的な総体現象として考察するにあたっての、唯一ありうる試みとしてではなく、〔法律学外的な所見へと立ち戻るにあたっての〕例示的な試みとして理解される。

第三項　メルロ＝ポンティと法現象学
――ウィリアム・ハムリック『法の実存的現象学――メルロ＝ポンティ』（一九八七）

モーリス・メルロ＝ポンティは、現象学において、フッサールの構成分析とハイデガーの実存論的分析を越える「第三の道」を打ち出した。その出発点は、身体性についての思考である。メルロ＝ポンティは、どんな主体と客体の差異にも先立つ受肉した世界－への－存在（*être-au-monde*）の内に、自己生成する意味の領域を見出す。そのことは、もはや意味を付与する審級、すなわち意識の志向性（だけ）に立ち戻るよう指示するのではなく、むしろ「作動中の」出来事、自ずから差異化するゲシュタルトという領域の記述を可能にする。有名なものとしては、互いに触れ合う手の例がある（Merleau-Ponty 1966, 118–119 邦訳I、一六五頁）。この事例を初めに取り上げていたフッサールと対比すると、メルロ＝ポンティは、「強調点を移動すること」（Waldenfels, 1987a, 165 邦訳一七九頁）によって、この現象における触れるものと触れられるものの相互的な決定不可能性を指摘し、それによって、純粋な物でも意識でもない身体の「両義性」を明らかにしている。[23] そのかぎりにおいてメルロ＝ポンティは、現象学の主題——すなわち、進行中の出来事を可視化することによって主体と客体の分離を克服すること——を、徹底的に、身体性、知覚、そして「間」の領域に適用する。[24] そこを立脚点として、さらに彼は、他の諸学問や思想的立場とじっくり対話することになる。精神分析、文化人類学、社会学と並んで、ゲシュタルト理論、構造主義（とりわけソシュール）および心理学が、彼の理論形成を決定づけた対話の相手であった。

しかしメルロ＝ポンティは、ハイデガーやシェーラーと同じように、一度も法現象学について書いてはいない。確かに彼は、初めのうちはサルトルと協力して、後にはサルトルと別の道において、政治的なコミットメントを行っており、『ヒューマニズムとテロル』（Merleau-Ponty 1947/1976b）と『弁証法の冒険』（1955/1965）という二つの著作において集中的にマルクス主義と共産主義、（プロレタリア）革命とそれに内在する暴力、そして歴史の意味をめぐる問いに取り組んでいる。それらとの関連で法への言及がなされることはあるものの、そうした注記はごくわずかなものに留まっている。そこでウィリアム・ハムリックは、メルロ＝ポンティの後を受けて『実存的法現象学』を執筆した。この著作は、メルロ＝ポンティの社会的世界についての現象学的発想からいくつかの帰結を引き出し、それによって法を理解しようとする。そのかぎりにおいて同書は、メルロ＝ポンティ的な特徴を持つ法現象学がとるはずの姿を再構成しようとするのである。ハムリックによれば、その際のメルロ＝ポンティの理論上の重点は、（一）知覚の優位、（二）

「社会的ゲシュタルト」という形をとるゲシュタルトの理論、(三) ソシュールの構造主義的言語理論である。なお (三) は(間主観的、歴史的な) 意味の構成についての現象学的考察との関連において、最も広い意味での「制度」の分析のための手引きを与えてくれる。さらにまた、メルロ＝ポンティの政治的立場の変遷──それは共産主義的な「形勢観望主義 (Attentismus)」に始まり、より更新された形の社会的リベラリズムや議会主義へと発展してゆく──を取り扱う際には、社会的・倫理的・政治的関係が話題になる。ハムリックの著作において特に興味深いのは、彼がメルロ＝ポンティとともに作り上げた法現象学の諸テーゼを、英米圏の法哲学と対話させているという点である。このとき対話の相手となるのは、ジョン・オースティン、H・L・A・ハート、ジョン・フィニス、ジョセフ・ラズ、J・R・ルーカス、ロナルド・ドゥウォーキンである。(25) これらの対決の詳細は、ここでは示唆することしかできない。さしあたり以下の

(23) 「私が自分の左手で自分の右手に触れた場合、この対象としての右手は、これもまた〔左手と同じく〕感ずるというあの特殊な特性を持つ。すでに見たように、二つの手が、互いに他に対して、同時に触れられたものであれば触れるものでもあるということは断じてない。したがって、私が自分の二つの手を互いに重ね合わせた時感じられるものは、並置された二つの対象を知覚するように一緒に感じられるような二つの感覚ではなくて、二つの手がそれぞれ「触れるもの」と「触れられるもの」との機能の中で交互に交代できるような、曖昧な体制が問題なのである」(Merleau-Ponty 1966, 118 邦訳I、一六五頁)。

(24) 「このとき、知覚経験における「主体」と「客体」は分離可能で独立的な関係項ではないし、かといって虚構というわけでもない。むしろそれらは、「構造」と呼ばれる新たな全体に属する相互依存的な二側面なのである」(Hamrick 1987, 23)。

(25) ウォレン・レーマンは、ハムリックの著作への書評において、彼が英米圏の伝統の中からメルロ＝ポンティとの比較

二つの節においては、法現象学に関連するメルロ＝ポンティの基本思想を紹介し、それに続く節では、この思想をハムリックがいかに読み替えたのかを説明することにしよう。

1　世界‐への‐存在としての受肉した主観

メルロ＝ポンティが主観主義と客観主義の手前で現象学的に開こうとしている「第三の次元」(Waldenfels 1987a, 148 邦訳一五八頁) は、まずもって彼を、構造とゲシュタルトという概念へと導く。ゲシュタルト理論が説明している通り、ゲシュタルトは、感覚与件の寄せ集めではなく、周囲世界との能動的な関わりから生じる。そのような関わりの中では、知覚が諸々の範型において組織化される (メルロ＝ポンティが『知覚の現象学』の冒頭で分析している有名なミュラー＝リヤー錯視の例を、ここで思い出してほしい)[26]。そのかぎりで、現出する全体は、その部分の総和以上のものである。むしろ全体は、内的な構造の全体によって規定される。知覚は、そこにおいて知覚されたものが相互参照・相互指示の関係にあるような現象学的領域として説明される。そしてそのような領域は、身体とそのパースペクティヴ性と運動性から出発することによって初めて理解されうる。では、意識の構造は構造についての意識へと還元されるのだろうか？　この現象学的な問いに対して、メルロ＝ポンティは、彼独自の交叉配列《キアスム》〔訳注四〕の理論によって回答している。世界が思考可能であるかぎりで、世界の真理は精神的意味である。しかしわれわれが世界について考えている時に世界がいつもすでに構造化されているかぎりで、世界の構造は実在的な (自然主義的／実在論的な) 地盤である (Waldenfels 1987a, 157 邦訳一六九頁参照)。したがって、メルロ＝ポンティにとって「構造とは、理念と現実存在との見分けがたい結合であり、それを介して素材がわれわれの面前で意味を持ち始めるようなのために選んだのが、「功利主義者」やジョン・ロールズ、そして特にメルロ＝ポンティの理論に極めて近いはずの「リアリズム法学」ではなく、よりにもよって法実証主義者と自然法論者であったことを批判している。「それは、ヴァーグナーの音楽スケッチをテレマンの断片で補うようなものである。ハートは法がルールの体系であると信じているが、メルロ＝ポンティはそうではないだろう」（Lehmann 1988, 839）。しかしレーマンも認めているように、メルロ＝ポンティを法実証主義とリアリズム法学／功利主義のいずれかの陣営に一義的に所属させることはできないのであって、むしろ彼の強みは、硬直した対立を結び合せることができる新たな「第三の」道を歩んだという、まさにその点に存している。最終的にレーマンは、ハムリックの選択を、メルロ＝ポンティとともに「左派」リベラリズムを擁護できるようにすることで、メルロ＝ポンティをリベラリズムの理論家たちに接近させるという政治的な動機によって説明している。しかしレーマンは、このアプローチを結局のところ誤ったものとみなしている。すなわちレーマンによれば「概念主義のバイアスと、抜きがたい個人主義とを伴ったリベラリズムの哲学者たちを当てにすることは、どう見てもわれわれ皆が行こうとしているところに到達するための最良の道ではない。メルロ＝ポンティなら、自分でもっと良いやり方を提案するであろう」（Lehmann 1988, 843）。

（26）すでにそこでは、いかにしてメルロ＝ポンティが「客観的世界の先入見」（Merleau-Ponty 1966, 24 邦訳Ⅰ、三四頁）に対して、われわれの「固定的な概念」が初めて出てくる知覚の関係的・動的な見方を是認しているかということが、とてもはっきりと示されている。「ミュラー＝リヤーの錯視において示される二つの直線部分は本当は同等でも不等でもないのであって、こんな二者択一が課せられるのはただ客観的世界の中でにすぎない。［…］われわれは未決定なものをも一つの積極的な現象として認めなければならない。この［未決定なものという］領域の中でこそ諸々の性質が現れてくるのである」（Merleau-Ponty, 1966, 24f. 邦訳Ⅰ、三四頁）。

〔訳注四〕交叉配列とは原語では“chiasme”のこと。これは、「あらかじめ統一されているまとまりを差異化しながら裏と表のように結びつけていくこと」とされ、具体的には、見ることと見られること、触れるものが同時に触れられるものであること、私の世界と他人の世界が共立不可能性を通して統一されている世界を指す。端的には「同一性とは差異の差異である」と言われている。『見えるものと見えないもの』参照。

偶然的配置であり、生まれ出ようとしている理解可能性なのである」(Merleau-Ponty 1976a, 239 邦訳下一三九頁)。

これに相関して知覚が優位に立つということは、具体的な出来事である。メルロ＝ポンティは、現象学を行う際に、この出来事の只中に身を置き入れ、その内的連関を解きほぐそうとする。そして彼は、あらゆる認識論的な構築に先立つ経験を記述することによってそれを成し遂げる。このとき記述される経験においては、身体に根ざした仕方で、世界への基礎的な通路が見てとられるようになる。「そのように見られる時、知覚は単なる作用ではなく背景と地(*fond*)であり、全ての作用はそこから際立たせられる。知覚に対応している世界は、単なる対象ではなくわれわれの全ての思想と明示的知覚の領域である」(Waldenfels 1987a, 160 邦訳一七三頁)。だからといって、全てが知覚であるというわけではない。しかし、ヴァルデンフェルスがまとめ直しているように、メルロ＝ポンティがコレージュ・ド・フランスに提出した文書(コレージュ・ド・フランス教授立候補のための研究計画書)によれば「言語も、コミュニケーションも、道徳も、あるいは数学的理念性も、全ては知覚の光の下でその意味を変えるのである」(Waldenfels 1987a, 161 邦訳一七四頁)。知覚の「優位」という言葉も、この意味で理解されるべきである。[27]

このことに伴って、先述のような世界への身体的な根ざしも説明される。それによってメルロ＝ポンティは、古典的な心身二元論を克服し、観念論か実在論かの二者択一を超えたところで、意識と自然の関係を根本から規定しなおそうとしている。同様に彼の分析は、経験論と主知主義のどちらにも限界があることを示し、生き生きした知覚の記述との関連において、両者の還元主義を指摘しようとしている。

世界というものは、それについて私のなしうる一切の分析に先立ってすでにそこに在るものであって、それを一連の綜合作用から派生させようとするのは不自然であろう。なぜなら、綜合作用はまず諸感覚を結び合わせ、つづいて対象の展望的な諸断面を結び合わせようとするけれども、しかし、本当はその双方ともまさしく分析の所産でしかなく、分析に先立ってすでに実現されているはずもないからである（Merleau-Ponty, 1966, 6 邦訳I、六頁）。

世界を単に観念論的に「思考」しようとすること、あるいは「われわれの思考の全てを包括する」（Merleau-Ponty, 1966, 11 邦訳I、一三頁）思考があるのだと信じることによって、先行的な意味の領域としての主観性の生き生きした世界－への－存在は見失われてしまう。「客観的に存在する（vorhanden）」と称されている感覚与件の経験主義的なまとめ上げについても、事情は同様である。そんなことをしても、意味が（知覚の中で）いかにして成立するかを説明することは決してできない。これら二通りの考え方は、（内的あるいは外的な諸事実としてであれ、諸観念としてであれ）「世界がすでにでき上がっているという先入見」を抱いている（Waldenfels 1987a, 161 邦訳一七四頁参照）。ところがこの先入見の下では、「根源的な知覚」が忘却

(27) これについてメルロ＝ポンティは、当該箇所ではベルクソンに関係づけつつも、自分自身の立場を述べている。「哲学することが存在の根源的意味を発見することであるとすれば、人間的状況の外側で哲学がなされることはない。むしろわれわれは、まずもってそこに入り込まねばならない。哲学者にとっての絶対知とは、知覚である。……知覚は全てを基礎づける。なぜなら、知覚はわれわれに、いわば逃れがたい存在との関係を教えるからである。存在は現にわれわれの目の前に在り、それにもかかわらず内側からわれわれの下に到達する」（Merleau-Ponty 1973, 22 邦訳 1966、二〇九頁）。

されてしまう。「そのような根源的知覚においては、世界はいつも未完成であり、決して完全に規定されてはおらず、すでに獲得された意味の破片が混ざり込んだ開かれた地平をつねに伴っている」(Waldenfels 1987a, 162 邦訳一七五頁)。したがって、メルロ゠ポンティの哲学は一般に、媒介の運動として記述されうる。それはやがて、「肉 (chair)」あるいは「世界の肉」と名づけられる、示差的な統一の生起 (ein differenzielles Einheitsgeschehen) についての思考となってゆく。ここでは、死後出版された著作『見えるものと見えないもの』や『世界の散文』に見出される後期思想には立ち入ることができないので、以下のことを指摘するだけに留めておこう。それはすなわち、ついにこの後期思想によって、自然、歴史、時間、世界を、意識の手前にある根本的な差異化の出来事から出発して思考しようとする全く新しい存在論の計画が告げ知らされているということである。

むしろわれわれの関心からすれば、重要なのは、身体性および社会的な相互関係についてのメルロ゠ポンティの基礎的考察である。私の身体は世界あるいは空間的連関の中心として、私に端的に備えつけられている――それは、そもそも観点を持つことの可能性の条件なのである。身体は私と世界の間のガラス板 (Zahavi 2007, 60 邦訳六〇頁参照) でもなければ、膜でもなく、むしろ直接的・先反省的・一次的な世界内存在である。身体は、「作動的志向性」[28]として意味構造を描き出し、意識的な操作なしに運動を創始する。それは、フッサールの言葉を借りれば、受動的な「先-〈私〉(Vor-Ich)」であり、私が私に先立って与えられているのだと言ってよければ (Waldenfels 1987a, 166 邦訳一八一頁参照)、自然的〈私〉である。身体はいつもすでに、自身を超越する世界に巻き込まれているのである。

他者との出会いと共同存在も、自らの身体と同様に、実存にとって逃れることのできない次元である。メルロ゠ポンティは、ここでもやはり (いまだ〈私〉によって規定されていない) 匿名的な身体的実存から出発することによって、間主観性の問題を捉えている。そのような身体的実存は、当初からの共存（*anfängliche Koexistenz*）を含んでもいる。(29) このことをヴァルデンフェルスは以下のように記述している。

> 私が生まれ落ちた世界は、さしあたりは私の世界ではなく、開かれた、分離していない領域である。そこにおいては、自己と他者の観点は直接に絡み合っている。このことは自然的水準と文化的水準のいずれにも当てはまる。自然的水準においては、自己と他者の身体は構造の類似性に従って一つの全体を形づくり、文化的水準においては、対話の中で自己と他者の表出が結びついて一つの織物となる。私は「相互世界（intermonde）」に生きており、そこには私の場所もあれば他者の場所もある（Waldenfels 1987a, 169f. 邦訳一八五頁）。

それゆえ、メルロ＝ポンティの場合、社会的なもの（そして、例えば法のような、そこから生じる全ての領域）の分析は、一貫して、知覚の記述から始まる思考の筋道をとる。このことに関しては、『知覚の現象学』

---

(28) この概念は、すでにフッサールにおいて登場し、メルロ＝ポンティによってさらに練り上げられている。その際に話題となっているのは「対象化しておらず、言語に先立っている世界内存在のあり方」（Zahavi 2007, 41 邦訳三六頁）である。そしてそのようなあり方は、われわれが世界に関与する時にいつもすでに作動しており、時間・空間的あるいはキネステーゼ（身体が自ずから動かされていること）的で習慣化された遂行形式を創設している。

(29) ヴァルデンフェルスの見解によれば、このようにして間主観性の問題を定式化することは、最終的にはこの問題を当たり障りのないものにしてしまう。（Waldenfels 1987a, 169 邦訳一八五頁参照）

——同書の後半の章では、すでに「他者と人間的世界」や「自由」等のテーマが論じられている——の一節をあげておこう。

したがって、われわれは自然的世界の背後に社会的世界を発見し直す必要があるわけだが、それは対象ないしは対象の総体としての世界ではなく、実存の永続的領域ないし実存の次元としての世界なのである。この世界に対して、私はなるほど背を向けることはできても、いかなる立場をもとらないということはできない。世界に対するわれわれの関係が概してそうであったように、社会的なものに対するわれわれの関係は、あからさまな知覚や判断よりもずっと根深いものなのである。ある対象を他の多くの対象の内に置くようにわれわれを社会の内に置くのも間違いなら、社会を思考の対象としてわれわれの内に置くのも間違いである。いずれの場合においても、誤りは、社会的なものを一個の対象として扱うところにある。われわれはただ実存することによってすでに社会的なものと接触しており、どんな対象化にも先立ってそれに結びつけられている。まさにその通りの仕方で、社会的なものに立ち返らねばならない。〔…〕社会的なものは、われわれがそれを認識したりそれについて判断を下したりするのに先立って、すでに存在しているのである（Merleau-Ponty 1966, 414 邦訳Ⅱ、二三一―二頁）。

対立が生じるのは、各人がこの間世界的・間身体的な共存を自分なりの仕方で生きることによってである。とはいえそれは、決して当初からの共存を掘り崩すことはない。それゆえコミュニケーションの拒絶もまたコミュニケーションの一つのあり方なのである（Merleau-Ponty 1966, 413 邦訳Ⅱ、二三〇頁参照）。結局のところ世界は、他者とともに、そして他者によって歴史的に創造された文化的世界という形式において、馴染みのゲシュタルトを獲得する。そこにおいては自然的特徴と文化的特徴が絡み合い、浸透し合っている――われわれの身体的実存がそうであるように。

2　構成と制度化――表現、意味形成と意味創設

文化的世界あるいは社会的・歴史的に形作られた世界に関して、メルロ゠ポンティは一九五〇年代に「制度化（Institution）」〔訳注五〕の理論を展開した。まず念頭に置いておくとよいのは、「制度化」という語が、フッサールの「創設（Stiftung）」という語のフランス語訳でもあるということである。創設とは、根源的な定立すなわち意味の生起のことである。また、意味とその生起は、後から、習慣化された「作動的な」世界へと接近することで再構築されうる。(30) それゆえメルロ゠ポンティは、しばしば「制度化」を、より強固に能動的主観に関係づけられた「構成」と弁証法的な対立関係にあるものとして語ることもある。「制度化」は、「経験の生起」によって開始され、「その生起を通じて、経験に持続の次元が与えられる。他の諸経験の系列は、この次元との関連において意味を持ち、思考可能な筋道すなわち歴史を形づくるようになる。言い換えれば、制度化とは、私の中に意味を沈殿させる出来事である。このとき意味は、残りものや余りものとしてではなく、後続への呼びかけ、未来への希求として沈殿する」(Merleau-Ponty 1973, 75

〔訳注五〕文脈によって（複数形で用いられている場合などは）「制度」と訳している。

(30) フッサールの「創設」あるいは「原創設」概念は、まずもって発生的現象学の文脈において登場する。そこで話題になっているのはたいてい「習慣的な知」であり、その先歴史や原歴史が探究されている。

邦訳 1979、四四頁)。

こうして「制度化」によって、習慣性、スタイル、「蝶番」、母体のようなものが創設される。それによって、一方では過去が未来を特定の進路にもたらし(Merleau-Ponty 1973, 76 邦訳 1979、四五頁参照)、他方では新しいことを始める能力が具体的な地盤を得る。これらの構造は、表面ではなく、受動的に前もって存在する相互世界を本拠地としているというわけである。つまりこの地盤が創造的な仕方で超越され、更新されるのである。「〔古い出来事の〕保存と乗り越えは、〔人間においては、動物に比べて〕より深いところで起こっており、したがって行為の説明は、過去によっても、またそれに対応する未来によっても、できるものではない」(Merleau-Ponty 1973, 75 邦訳 1979、四五頁)。

したがって諸制度は、単なる対象や対象化ではなく、それを支え保つ意識へのどんな関係からも自由である。むしろ制度は、知覚の対象がそうであるように、間主観性と客観性とのゲシュタルト的な交差である。アルフレート・シュッツとともに、われわれは客観的に把握可能な主観的な意味連関について語ることができるであろう。しかし決定的なのは、逆に制度が歴史的な地盤を形成しているということである。意識は、意味の沈殿に依拠することによって、初めて持続的で確固としたものになる。全ての制度は「象徴体系であり、主体は、自分で気づく必要はないにせよ、それを自分の活動様式や全体的布置としながら、それにおのれを組み入れる」(Merleau-Ponty 1973, 44 邦訳 1966、二四四頁)。メルロ＝ポンティは、コレージュ・ド・フランスでの講義において、とても多様な諸制度の例をあげている。それらの例から分かるように、制度として念頭に置かれているのは、日常的な理解に沿って通例「制度」と名づけられているものではない——あるいは、少なくともそれだけにかぎられない(むしろ念頭に置かれているのは「創設」なのである)。それゆえ彼は、例えば思春期の制度性(ここで「通過儀礼」のことを話題にしてもよいかもしれない)や、美術史における画家のスタイルの「制度化」や、知の歴史的な展開と伝承の「制度化」(ここで、トーマス・クーンのように「パラダイム」や「パラダイム転換」のことを話題にしてもよいかもしれない) について語っている (Hamrick, 1987, 45参照)。これらの例のいずれにおいても、メルロ=ポンティが制度化に特有のものとみなしていた同一の目印が現れている。それはすなわち、過去の出来事の保存・再生・超越のリズムである (Merleau-Ponty 1973, 75 邦訳1979、四四頁)。全ての物事はまとめ上げられるが、それでもやはりわれわれは、どこに行くことになるかを知らない (Merleau-Ponty 1973, 76 邦訳四六頁)。

この運動からは、構成と制度の弁証法的関係も出てくる。意識の自由は、すでに歴史的に沈殿した意味につねに支えられている。逆に意識は、新たな意義や意味を構成するだけでなくそれらを創設する──つまり制度化する──可能性をも有している。「規範は事実そのものの内に書き込まれており、新たなゲシュタルト化とは、新たな弁証法の創設(制度化)のことである」(Waldenfels 1987a, 157 邦訳一六九頁)。意識はまさに諸制度を通じて歴史的・社会的世界へと開かれるのだから、制度は、私が他者たちと同じ世界に属するための多様で複合的な仕方が媒介される場としても利用されうる (Hamrick 1987, 44参照)。というのも、制度は、他者たちが行っていることの単なる丸写しではないからだ。制度は、「他者たちと私の間で、他方では私と私自身の間で、われわれが同一の世界に属していることの帰結や保証として」機能している (Merleau-Ponty 1973, 74 邦訳1979、四四頁)。

制度の特色を示す例は、言語である。メルロ=ポンティが、まさにフェルディナン・ド・ソシュールの構造主義的な言語論の内に、自身の思考にとって本質的な方法論上のヒントを見出したことは偶然ではない。(一) ソシュールは抽象的な規則の体系としての言語体系 (langue) と、人間の言語 (langage) と、具体的な発語行為 (parole) を区別している。ここでは、言語が、言語体系と発語行為という二要素に分けられるのだと言ってもよい。言語体系は皆にとって同じで、反復可能で、慣習的で、機能的な規則である。他方で発語行為は、選択に依存して結合関係（Kombinatorik）として実現する、言語体系との個人的な関わりである。（二）特に言語記号は示差的な（differenziell）特徴を持つ。それはつまり、ある記号が他の諸記号との差異によってのみ何かを意味するということである。言語的および象徴的な意味は、ある領域の相互的な差異化としてのみ存在しうるのであって、決して記号どうしの連関から切り離すことはできない（この主張には、明らかに、メルロ＝ポンティの知覚理論とゲシュタルト理論の諸テーゼが対応している）。よって、意味はもはや「上から」（理念的に）ではなく「側面から」到来するのだとされる。意味はもはや記号（とその指示の働き）そのものからではなく、もっぱら他の記号との対照・対立・区別において思考される。（三）制度化というメルロ＝ポンティの着想にとって重要なのは、ソシュールがさらに設けた、言語の共時的構造と通時的構造の区別である。共時的な面が特定の時点における言語の現在の状態（Ist-Zustand）を描き出しているのに対し、通時的な面の考察は、言語の時間的変化を視野に入れている。これにより、言語における連続性（共時的なもの synchron）と、時間の中での言語の変化（通時的なもの diachron）の両方を、二つの本質的特徴として理論的に捉えることができるようになる。またここでは、言語体系と発語行為の間に弁証法的な構造があることも明らかだ。歴史的・発生的に見れば言語体系は発語行為の結果である。しかし逆に、言語体系は、言語体系の具体化としての発語行為という言語行為（Sprechakt）の可能性の機能的な条件なのである（というのも、反復可能性・拘束力・再認可能性がなければコミュニケーションは不可能だからである）。

ところでメルロ＝ポンティが関心を持っているのは、言語学的な分析というよりはむしろ、語ること（Sprechen）そのものの内で現れる通りに言語を記述することである。「言語はわれわれの裁量を逸脱する。なぜなら、言語は沈殿した言語習得の成果に依拠しており、そのつど指示されたものは指示するものを越え出ているからだ」(Waldenfels 1987a, 192 邦訳二一五頁)。同時に言語行為は、決して既存の言語体系の規則の単なる適用例ではない。むしろそれは、語り(Rede)の創造的な力のおかげで新たな意味を獲得・創設できる生き生きした表現なのである。しかしそれは、あくまで表現であるかぎりにおいて、つねに象徴的な媒介[31]に頼らざるをえない。この象徴的な媒介は、習慣づけのカテゴリーの下で把握されうるのみならず、制度的な規則づけのカテゴリーをも必要としている(Waldenfels 1987a, 194 邦訳二一七頁参照)。

生き生きした言語は精神と事象の具体化であるが、それを把握することは容易ではない。抑揚やスタイルと同じように、語ることにおいて、主体はおのれの自律を告げ知らせる。なぜなら主体にとって、これほどまでに固有の本質に根ざしていることは他にないからだ。しかし、まさにその時に、主体は言語共同体に属し、言語そのものに服せしめられている。語ろうとする意志は、理解されたいという意志と同義である。個人は制度の内にあり、制度は個人の内にある——このことは言語学的変化の事例において、とてもはっきりしている(Merleau-Ponty 1973, 43 邦訳1966 二四三頁)。

この動的関係を把握するために、メルロ＝ポンティは、共時的な水準を発語行為、通時的な水準を言語

(31)「言語は諸記号の体系であるが、それらの記号は相互関係の中で初めて有意味でありうるものであって、それらの記号の各々は、言語全体の中でそれに帰せられる使用価値によって認識される。それと同じように、制度はみな象徴の体系であって、各自がそれに気づくこともなく、自らの活動様式や統一的布置として引き受けている」(Merleau-Ponty 1973, 44 邦訳二四四頁)。

体系と同一視することによって独自のソシュール解釈を試みている。というのも、通時的な水準において規則体系の変形として示されるのは、共時的な水準における、創設する発話という出来事の産物であるからだ（ハムリックによれば「通時態とは諸々の共時態の継起にすぎない」（Hamrick 1987, 135））。通時態と共時態を結びつけることによって、言語使用の偶然性と言語の規則体系が、「受肉した論理」の内で一体となるはずである。

最終的には、語ることとそれ自身における生き生きした表現が、メルロ＝ポンティの追求する主題の一つになる（Bermes 1998, 123-138参照）。「表現のパラドックス」として彼が示しているところによれば、創造的な語りは、いわば当の言葉によって初めて呼び覚まされるような経験を翻訳するのだという（Merleau-Ponty 1973, 65 邦訳一五頁参照）。言語は生き生きした語りそれ自身の内で自らを乗り越えるのであって、語りの内には、構造的に、余剰が内在しているのである。そしてまた、どんな表現も完全ではない。なぜなら、当の表現が翻訳したり再現したりするような「原文」など存在しないからだ。むしろ重要なのは「野生の意味(32)（sens sauvage）」の領域である。この領域をメルロ＝ポンティは、呼びかけと応答（appel et réponse）という対概念を用いて明らかにしようとしている。

こうした表現の理論は、間主観性と歴史の理論へと拡張される（Waldenfels 1987a, 196 邦訳二二〇頁参照）。言語学の記号の理論は歴史的意味の理論となり、言語学的探究は歴史的プロセスのためのモデルとして妥当する。メルロ＝ポンティは、コレージュ・ド・フランスの就任講演において、「きっとソシュールは新たな歴史哲学を構想することもできただろう」と述べている（Merleau-Ponty 1973, 44 邦訳1966、二四三頁）。つまり「言語学の記号の理論は、おそらく物か意識かという二者択一を超え出るような歴史的意味の理論を前提しているのである」（Merleau-Ponty 1973, 43 邦訳1966、二四三頁）。ここで言われているのは、メルロ＝ポンティが歴史を主体と対象の間の、および主体と主体の間の「第三の秩序」として把握しているということである。それは固有の形態をとっているのであって、もはやこれらの要素〔主体と対象、主体と主体〕の単なる混合体を表しているわけではない。「人と物の間には、「われわれが歴史、象徴表現、樹立されるべき真理と呼ぶような相互世界」が挿入されている」（Waldenfels 1987a, 185 邦訳二〇五頁）。また、歴史の意味は「多義的で、脆く、偶然的」であり続ける。「なぜなら、われわれが訴えることのできるような確固とした審級は存在しないからである」（Waldenfels 1987a, 180 邦訳一九八頁）。象徴的・制度的に幾重にも折り重ねられている歴史は、もはやいかなる統一的な目標にも向かうことがなく、[33] むしろ多元的な諸々の秩序を生み出す。「歴史に一つの意味があるというよりも、むしろあるのは無意味の排除なのである」（Merleau-Ponty 1968, 50 邦訳五四頁）。意味や意義は、自生的な組織化のプロセスの中で、理念的なモデルなしに（Waldenfels 1987a, 162 邦訳一七五頁）、意味と無意味の間の境界で成立する。そのかぎりで、真理は本質において直観さ

（32）「作動中の語りが表現しようとしている経験は、そのような経験によって呼び求められている言葉を介して初めて原文になる。この経験に自ずから到来する意味は、語りが「復元」せねばならないものなのだが、あらかじめそのような意味が、それを把握せんとする課題を負った言語的に確定された意義と同じ構造、同じ枠組み、同じ分節を示しているわけではないのである。まさにそれゆえに、この意味は野生的とみなされ、そう呼ばれねばならない」（Tengelyi 2007, 203）。

（33）このことをメルロ＝ポンティは、マルクスとの対比で確かめている。歴史の意味に関する彼の諸テーゼは、一般に、マルクス主義との批判的な対決によって特徴づけられているのである。その際にわれわれは、歴史的実存とその決断性格を中心にしている初期の相当に実存主義的な段階と、構造的で制度的な媒介の領域がさらにはっきりと前景に出てくるようになる後期の段階を区別することができる（Waldenfels 1987a, 179 邦訳一九八頁を参照）。

れることも弁証法的に回収されることもありえない。むしろ真理は、「創出する技術」(Merleau-Ponty 1968, 37 邦訳三九頁)に委ねられている。創出する技術は、相互間の交流や存在との交流がすでに制度化されている状況下で、経験を生き生きと表現しようとする。そのような表現は、真正であろうとするなら、意味の生起の根源的な両義性を裏切ってそれをただ一つの一義的な実定性へと変換してはならない。

ここまで概観してきた通り、メルロ＝ポンティは、現象学の強調点をずらすことを企てている。そしてこの企ては、最終的に、現象学全体の変形に繋がることになる。確かに身体と世界の分析についても、創設と構成のプロセスについても、すでに多くのことがフッサールによって思考されていた。とはいえメルロ＝ポンティは、やはりフッサールよりも、「主体と客体の対立に先立つ経験の生成に肉迫する」ことに成功している(Tengelyi 2007, 216)。これに関連して多くの人は、メルロ＝ポンティの定番のテクストとして、『知覚の現象学』の「序文」を思い出すだろう。そこにおいて彼は、まさしく現象学の変形を以下のように特徴づけている(34)(ただしメルロ＝ポンティの後期哲学は、はるかに徹底的な帰結を引き出すことになるのだが)。(一)現象学にできるのは世界の記述だけである。学問的説明や、可能性の条件についての超越論的分析は、人間の根源的な世界－への－存在を捉えるためには、いつも遅きに失する。(二)現象学的還元の最も重要な教訓は、完全な還元が不可能だということである(Merleau-Ponty 1966, 11 邦訳I、一三頁参照)。そのかぎりにおいて、実存主義的な立場は観念論的な立場よりも優先される。還元の目標は、もっぱら世界との根源的な親密性を断ち切ることであり、まさにそれによって、世界が何の動機もなく湧き起こる様子が再び見えるようになるのである。(三)本質論は、あくまで、われわれがあらかじめ世界に巻き込まれていることを把握するための手段にすぎない。現象学は本質論へと凝固してはならず、むしろ余すところなく発生的な現象学へと進展して、諸構造を露わにせねばならない。本質は、われわれの「上に」ではなく「下に」探し求められるべき「構造的な不変項」として理解されねばならない（Waldenfels 1987a, 203 邦訳二二九頁）。（四）志向性の基本形式は、「作動的志向性」である。作動的志向性は、世界と身体あるいは生との前述定的な統一の内に基礎を持っており、その上にさらに築かれる認識の全ての底本（Grundtext）をなしている。（五）現象学的記述は、新しい理性概念を明らかにする。なぜなら意味は現出し、合理性は経験そのものの内で成立するからである。「現象学的世界は、先行する存在の解明ではなく、存在の創設である。哲学は先行する真理を反映するのではなく、芸術のように、真理を実現する」（Merleau-Ponty 1966, 17 邦訳I、二三頁）。「すると、哲学するというのは、もういちど世界を見ることができるようになること——つまり、生まれつつある状態にあり、かつそうであり続けるような世界の意味を読み解けるようになることなのである」（Waldenfels 1987a, 165 邦訳一七八頁）。

メルロ＝ポンティによる現象学の変形に関しては、さらに、経験と表現という主題を付け加えておかねばならないだろう。彼は、生き生きした意味形成と〔後続するものを〕支える意味創設という言語現象に即して、この主題を探究している。「彼は、行われている最中の語りの意味を、すでに完成した状態で見出される、創設され、あらかじめ利用可能な——つまり、そのつどの言語体系を通じて提供されている——意義に対置している。彼は、創造的な表現を、硬直した慣用表現の重苦しい力への反発力とみなしている。これにより彼は、フッサールとハイデガーにおいてははっきり表されていなかった現象学的思考の根本主題を発見したのである」（Tengelyi 2007 230）。

(34) Merleau-Ponty (1966), 3–18 邦訳I、一—二五頁; Waldenfels (1987a), 164 邦訳一七七—一七八頁、およびZahavi (2007), 36–42 邦訳三〇—三七頁を参照。

3　メルロ＝ポンティにおける法の起源と「本質」、社会的ゲシュタルト

ところでハムリックは、メルロ＝ポンティの基本思想から、法現象学に関する帰結を引き出そうとしている。そのために彼は、いくつかの法現象学の基本問題に立ち向かう。法の本質／概念とは何か？　法の起源とは何か？　法はどのような点で他の社会的規範から区別されるのか？　法の機能／目的とは何か？　こうした問いとの関連で、彼は、メルロ＝ポンティにならって打ち出された諸テーゼを、他の――たいていは英米の――法思想と対決させている。

そもそも最初に問題となるのは、「明らかにメルロ＝ポンティにとって、法は権力関係の中で生まれ、そこに根ざしており、こうした権力関係は主として政治的である」ということである（Hamrick 1987, 116）。ハムリックによれば、メルロ＝ポンティは、第二次世界大戦におけるヴィシー政権についての自身の政治的経験から、法体系がそれと矛盾する政治的な意志によって骨抜きにされ掘り崩されてゆく様子をはっきりと目に焼きつけていた。この意味において政治は、メルロ＝ポンティがわずかながら法に言及する際の直接的な文脈であり続けている。法体系を支える経済的・政治的な基盤がなければ、法体系そのものはただの名目的な抽象物に留まる。それはちょうど、この世界に置き移されていない価値が「天上のイデア界」にしか存在しないのと同様である。したがって法体系が〔実生活に〕適用されていること、すなわち法体系の実効性（efficacy）は、その妥当性（validity）の必要条件である（Hamirick 1987, 116参照）。法は実践的なものとして、つまり施行され適用されるものとしてのみ存在しうるのである。

第二の問いは、法に特有の領域を、例えば政治、道徳、経済などの面から概念的に切り離すことができるかというものである。ハムリックによれば、この問いには、メルロ＝ポンティのゲシュタルト理論を用

いたアプローチによって答えられるとされる。というのも、このアプローチはつねに、自らの内に相互的な差異を作り出す全体の構造に目を向けているからである。

法律観、道徳、宗教、経済的状況――これらは統一的な社会的出来事の中で互いを指示し合っている。それはちょうど、統一的な身振りの中で身体の諸部分がお互いを含み合っていたり、統一的な行為の中で「生理的」「心理的」「道徳的」動機が絡み合っていたりするのと同様である。人間どうしの生活を、経済的関係だけに還元することはできないし、人間によって考えられた法的・道徳的な関係だけに還元することもできない。それはちょうど、個人的な生を、身体の諸機能あるいはこの生についてのわれわれの認知のどちらか一方だけに還元することができないのと同様である（Merleau-Ponty 1966, 206f. 邦訳I、二八五頁）。

そうであるなら、メルロ＝ポンティとともに、「社会的ゲシュタルト」について、そして間主観的関係のネットワークについて語ることができる。こうした構造においては、一つの要素を切り離して把握することはできないし、それを他の要素から独立した概念として規定することも許されない。なぜなら、差異や共通性、相互制約は、諸要素どうしの対比と対抗において初めて示され、それとともに社会的ゲシュタルトも初めて全体として視野に入ってくるからである。したがってメルロ＝ポンティは、純粋法学を認めることができなかったはずである。ただしその理由は、彼が法、道徳、政治の因果関係に気づいていたということだけではない――当然それはケルゼンもはっきりと意識していたのだから。むしろ決定的な理由は、法という対象をそれだけ切り離して理論的に取り扱うことがそもそも不可能だということである。

「つまり、法と社会的意味を有した他の諸秩序を解釈する際に、もし分析のために法が社会的ゲシュタルトの残りの部分から分け隔てられてしまうならば、法の同一性そのものが歪められ失われてしまうのである」(Hamrick 1987, 117)。

ところで、社会的ゲシュタルトにはさまざまな秩序が属しているが、それらはどれも、社会的なものの意味を構成し制度化しているという点では共通しており、表現という中心的な機能を有している。そこで表現されているのは、社会的目標や、いかに生きるべきかについての共通見解などである。「このとき法は、価値観を表現する特定の様式として現出する」(Hamrick 1987, 118)。しかし社会とは決して集合的な意識ではなく、そこにおいて各人が共同生活を自分なりの仕方で生き、さまざまな利害関心を代表するような間主観性である。それゆえ共同生活は、一致や重なり合いに至ることもあれば、解消できない抗争の状況に至ることもある。「法は、社会的な価値観の共通の素地、すなわち特定の社会の一体性を保つために必要なものとして提示されるとともに、抗争に対処する特定の方法として提示されてもいる」(Hamrick 1987, 118)。すると否応なく法と道徳の関係についての問いが生じてくるが、それについては以下でさらに立ち入って論じるつもりである。とにかくここでは、社会的ゲシュタルト全体の生を形づくっている、表現という中心的機能のことを再び強調しておこう。法はこの機能を固有の仕方で引き受け、間主観的な関心の多面性をはっきりと表している。

こうして法は、表現の一類型として現出する。それは社会的世界における他の意味の秩序を反映するとともに補強してもいる。それらの秩序もまた、他の観点から見られた価値のネットワークの表現である。そしてこのネットワークは、「集合的意識」を欠いているにもかかわらず、所与の社会グループが一つの社会を構成しているということを正当化してくれるほどに統一されているのである(Hamrick 1987, 119)。

ところで表現との関連を踏まえると、法は、やはり言語やその成分である言語体系と発語行為と構造的な類縁性を持っているのではないか。これについてハムリックは次のように明言している。「私は、メルロ＝ポンティが法とは言語であると考えていたのだと言い張るつもりはない」(Hamrick 1987, 120)。その理由は、メルロ＝ポンティが一度もそう主張したことがないだけでなく、おそらくそのテーゼが誤ってもいるからである。むしろやるべきことは、言語をモデルとして法を理解しなおすことなのである。

4 法において「言語体系」と「発語行為」に対応するもの、H・L・A・ハートの「一次的／二次的」ルールという考え方との関連——特定の視点の下での知覚対象としての法

このテーゼ〔法を言語と同一視するのではなく、言語をモデルとして法を理解すべきだというテーゼ〕のもっともらしさは、メルロ＝ポンティが、意味の表現を全ての社会的制度の第一目的として据えており、言語を——ソシュールの言語学において主題化されているように——全ての表現の範型的モデルとみなしているということによって裏づけられる。したがって、法が社会的制度の一つであり、特定の秩序として社会的なものというゲシュタルトの全体に属しているかぎりにおいて、法もまた意味を表現する特定の形式であり、表現の一般的な構造の諸条件に服しているのである。

ところで、言語／言語体系と発語行為に法の側で対応するものは、明らかに、一方では法体系、他方で

は法体系を現実化する法的行為あるいは言語行為の内にある。

言語が現出するのと同じように、法も、ある面では一つの体系として、つまり一つの客観的なものとして社会の中に現出する。それはルールの記述可能な組み合わせとして、つまり社会と社会的なものの「文法」として把握される。そのようなものとして、法はつねに社会の成員の個人的な意志の総和以上のものである。同時に、生きられた法がなければ――つまり、法を遂行し、たえずそれを解釈し続ける主体や意識がいなければ――生きた法は存在しない[35]。したがって法は、沈殿した意味の総体（ensemble）から成り、伝統が基づけられている場所であるという点で、典型的な「制度」である。そのようにして法は、われわれの経験に持続的な次元を与える。経験の他の系列の全体も、同じように持続的な次元によって意味を保持し、連続体として考えられるもの、すなわち歴史を形成する。そしてこの歴史は、私たちに、未来を形成するように要求してくるものでもある（Hamrick 1987, 120; Merleau-Ponty 1973, 61 邦訳 1979、四四頁参照）。

社会の内部で、法は、言語と同じように、さまざまな仕方で示され、さまざまな「態度」において与えられうる。そうすると、例えば公職に就いている人々の行為は原理的に一貫した法秩序の観点の下で思い描かれうる――ただし、当事者たちがこの一貫性をはっきりと意識している必要はないのだが。これに対して、われわれが日常的に法を経験する時には、むしろわれわれは使用の観点あるいは道具的観点[36]の下で法を扱っている。「法は、ある面では馴染みの道具としてわれわれに対して現出してくる。法的意識の反省的・定立的作用なしで済むようにしてくれるのは、まさにこの馴染み深さなのである」（Hamrick 1987, 121）。ハイデガーにならって、次のように言うこともできるかもしれない。すなわち、「さしあたってたいていは」われわれは「道具」のように法を扱っており、法はわれわれの「手元に存在しているのであって」、われわれに理論的態度をとるように要求してくるわけではないのだ、と。もういちど言語との類比において言うなら、われわれは、言語とともに育つのと同様に自分たちの法体系とともに育つのであって、しかもそこで大体においてうまくやっていくためには、全ての規則を知る必要はないし法体系についての理論的知識を持つ必要もないのである。(37) これに対して、言語や法の体系に外から入ってくる人は、理論的

(35) これに関しては、シモーヌ・ゴヤール＝ファーブル（本書第二部第二章第二節第二項の冒頭）の非常に明快な説明を参照。彼女もまた自らの法現象学をはっきりとメルロ＝ポンティの諸テーゼの下に位置づけている（そして彼女がハムリックの著作の成立にも決定的な影響を与えていることは、ハムリックが『実存的法現象学』の謝辞で伝えている通りである）。ゴヤール＝ファーブルは、法を、日常生活におけるその効果から理解している。こうした効果はわれわれの「第二の自然」にまでなっている。そうすると、例えばケルゼンが行ったように「自然な」事実を「法的な」規範づけから区別することはもはやできないとされる。

(36) これとの関連において、ハムリックはベルクソンの「職人の道具は、彼の腕の延長である」という言葉を引用しており（Hamrick 1987, 121）、この引用によって日用品の自明で非理論的な取り扱いや、それの馴染み深さを示唆しようとしている。

(37) しかし、人々はまさしく素人であるかぎりで、ときに法学上の「専門用語」の理解に困難を感じたり、あるいは全く理解できなかったりする。それゆえ彼らは、法廷で代理人となってくれる専門家（弁護士）に相談せねばならないこともある。こうしたことを考慮するならば、ここでのハムリックの主張に対しては重大な反論が提起される。したがって、われわれが無意識かつ「盲目的」に法に習熟しているという日常的で習慣的な側面を別にすれば、具体的な法律との出会いの場面では、固有の論理と言語を備えた固有の体系が作動しているということは直ちに明らかである。確かに法的な規範性はわれわれに浸透しているが、他方でそれは不可視的に、かつ機能的なものとして細分化されたシステムであって、われわれはそれを（言語のように）直接的に理解できるわけではない（Luhmann 1993; 1997、およびペトラ・ゲーリングに関する本書第二部第二章第三節第四項を参照）。

な努力によってどうにかそれを身につけねばならない。さらに言えば、言語と同じように法も、沈殿した意味やコード等の文化的「蓄積」として、諸々の表現の可能性を提供してくれる。

法は、言語と同じように、言葉を使いこなしたり価値を具体化したりするための表現可能性の体系としてわれわれに与えられる。〔…〕新しい法的発言においては、〔法と〕密接に関連している政治的領域においてもそうであるように、明らかに創造性と独創性の入る余地がある。とはいえ〔…〕どの程度まで創造的なことができるかは、文脈と、法体系の中でのその人の位置によって決まるのだが(Hamrick 1987, 122)。

当然ながら、行政に携わる人は実際に「創造的」かつ「独創的」に法体系を取り扱うことができるし、立法に携わる人に至ってはなおのことそうである(もちろん、法律あるいは憲法の範囲内においてではあるが)。また、法規範はつねに解説や解釈を必要としているが、そうした解説や解釈が法体系の生き生きした表現に他ならないとすれば、裁判官を初めとした司法従事者も、自らが下す判決において非常に特別な仕方で言語体系と発語行為の相互作用を発動させることができる(もちろん、このことは大陸ヨーロッパよりも英米の司法においてははるかに大きな意義を持っている)。さらに、メルロ＝ポンティが意味と表現の相克に特徴的なものとした呼びかけと応答の構造がここに当てはまるのだとすれば、法的な判決を、決して一義的には答えられない正義の呼びかけへの一つの応答の試みとして理解することができる——これについては、ジャック・デリダ[38]が後に定式化した通りである。

このようにして、法体系に抜きがたく備わっている実在性と客観性は、一連の主観的解釈と主観的表現の可能性と絡み合い、交差している。たとえ法の素人であったとしても、私は市民であり、どんな革命的な活動にも先立って、法形成や法実践に働きかける可能性をいくつか有している。確かにこうした手段は限定されており、法体系に優先的に関わる人々とは比べるべくもない。しかし、法の主体が受動的であるとはかぎらない。契約、遺言、婚姻――これらは全て、法体系の文法に沿って機能して、その際に生き生きと表現されることをも許すような行為である。[39] 言語が誰にも「属して」いないのと同じように、法もまた、制度であるかぎりは原理的に開かれており、ときには法改正や政治的変革にも繋がりうる。さらに、私的言語が存在しないのと同じように、一人だけに関与するような私的な法も存在しない。したがって、ここでは生活世界の主観的構造と客観的構造が相互に関連し合っており、それらの構造が、個人的なものと社会的なもの、個別的なものと一般的なもの、主観的・客観的・間主観的なものを一つの活動的で力動的な「社会的ゲシュタルト」において媒介しているのである。

諸制度は、われわれの生活世界の客観的な、沈殿によってできた輪郭から成っている。しかし他のところと同様に法においても、諸制度はわれわれをさらなる経験へと誘い、したがってメルロ＝ポンティによる「制度」の定義によれば、未来を可能にするものでもある (Hamrick 1987, 122)。

---

(38) デリダの法概念については第二部第二章第三節第三項参照。
(39) 興味深いことに、このときわれわれが再び主として探索するのは、ライナッハのアプリオリな分析においても出発点とされていた民法の領域である。

ところでハムリックは、メルロ＝ポンティの下で得られたこれらのテーゼを、英米圏の法実証主義の父であるジョン・オースティンの見解と対決させている。オースティンによれば、法規則は一般的な命令と、制裁の威嚇から成っている。これは、命令する者が制裁を課す力を持っていることを前提としている。この構造からは、命令を課せられる者への義務づけが生じる。そこでは、法そのものが社会の最高権威すなわち主権者から発せられる命令の総体であり、社会の大衆は慣例にならってそれに服するのだとされる。だが法現象学によって仕上げられたメルロ＝ポンティの見解に従うと、法の持つ間主観的な性格から（言語学的モデルに沿って）以下のことが明らかになる。第一に、重要なのは「二人の」「命令の発し手」ではありえない――命令の発し手が「国民」という形をとった主権者であるとしても、事情は同様である。第二に、確かに強制は法が現実に存在するための必要条件であるが、十分条件ではない。というのも、強制は外から観察される帰結を表しているにすぎず、妥当性の容認という主観的要素を表してはいないからである。第三に、上述の点は規則の外的／内的視点からの理解と密接に関わっており、単なる「一般的な命令」としての法概念への批判を含意している。

　このようにしてジョン・オースティンの立場を批判的に解説するために、今やハムリックは、二人目の高名なイギリスの法哲学者H・L・A・ハートを引き合いに出し、彼のテーゼをメルロ＝ポンティのそれと結びつけている。ハートは、ケルゼンと並んで、二十世紀の最も影響力のある法理論家の一人とみなされており、主著『法の概念』(1961) において純粋法学[40]と法的・分析的実証主義[41]を批判的な仕方で発展させている。そのためにハートは、とりわけ分析的な言語哲学の成果をも利用している。このことは、例えば一次的ルールと二次的ルールという、ハートが設けた本質的区別の内に現れている。一次的ルールとは、何らかの振る舞いを指定する全てのルールであり、他方で二次的ルールとは、それに従って一次的ルールが制定されたり、改正されたり、廃止されたりしうる権能付与ルールのことである（Hart 1973, 115–141 邦訳八八頁以下参照）。ここで、いかなる点にハムリックがメルロ＝ポンティの構造主義的な制度論に類するものを探し求めているのかは明らかである――とはいえメルロ＝ポンティの場合は、ルールの分類よりも間主観的・歴史的な意味の弁証法が前面に押し出されていることは確かなのだが。ハートの場合は、権能付与ルール（二次的ルール）の下で、一方では憲法による「ゲームのルール」および立法者の裁量の認められる範囲のことも考えられているのだが、他方ではまさに「私的自律」、すなわち個々の市民の行為の法的自由のことが考えられている。同様に市民たちは、自分たちに法的に認められている契約・結社・婚姻・所有・遺言の自由等を行使するという、ただそのことだけによって、法的義務（一次的ルール）を自分で創出・変更・廃棄することもできる（Hart 1973, 136ff. 邦訳一〇六頁以下参照）。

さらにハートは、オースティンの法命令説への批判的応答において、ルールへの「外的」視点と「内

(40) ハートによる純粋法学への批判は、制裁と法概念の必然的な結びつきと、ケルゼンの新カント派的な想定に向けられている。この想定によれば、規範は規範からしか導出されず、事実から導出されることはありえないとされる――これによってケルゼンは「根本規範」の理論へと至ったのである。ハートは、二次的ルールという自らの構想の内に、経験的に確定される事実であるがゆえに規範主義的な定式化を要しない「経験的な根本規範」を見てとっている。さらに経験的な根本規範は、妥当な法がいかにして妥当でない法から区別されるかを認識するための単純なルール（「承認のルール」）を提供する（Hart 1973; Alexy 2002, 194–198 を参照）。

(41) 他方でオースティンへの批判によれば、法は、命令と遵守の構造としてのみ把握可能なわけではないとされる。なぜなら、さもなければ法は、銀行強盗の「金をよこさないと殺すぞ」という要求が拡大された状況と変わりなくなってしまうからだ（「拡大されたガンマンの状況」）。

的」視点について説明している。これらの視点の区別は、マックス・ヴェーバーが法についての「社会学者の」見方と「法学者の」見方を区別したことに影響を受けている。外的観察においては、観察者は人々の振る舞いについての「予言」をしようとする。それによって初めて、観察者はルールを解明する。つまり観察者は、ルールの妥当性の概念を、もっぱらルールの実効性を通じて手に入れるのである。「ハートの言う外的観察者は、他のものごとと同様に、体系に参与している者たちの法的経験を提示するが、それは生きられたものというよりむしろ純粋に客観的なデータとみなされている」(Hamrick 1987, 134)。これに対して内的観察は、ルールに従った振る舞いを、それが実行されている時の性格をもとにして解明する。そこには、ルールの実効性には依存しない仕方で、妥当性が属している。だからといって妥当性は、単なる心理的な出来事というわけでもない(なぜなら問題になっているのは単なる「義務づけられているという感じ」だけではなく、客観的な、公開されているゲームのルール、権利、義務の樹立でもあるからだ)。

ハムリックは、「生きられたルール」の現出の仕方に関する自らの現象学的な問いをここに結びつけ、ここにはメルロ゠ポンティの言う意味での主観的なものと客観的なものの交差があるのだと主張している。

> このときルールは、知覚するものと知覚されるもの、語るものと語られるものの構造と同じような構造を獲得する。純粋な即自でも純粋な対自でもなく、主観的なものと客観的なものの具体的な統一体こそが、ルールに「われわれにとっての即自」という形を与える。その生き生きした統一体――それが共時的に生きられたルールであること――が、ルールを、法的意識に対して、利用可能な文化的装置として現れさせる。それはちょうど、言葉が語る者に対して言語共同体の中で、既定の意味というよりむしろ具体的な使用価値を伴って現れるのと同様である(Hamrick 1987, 129)。

したがって生きられたルールは、単なる命令とは異なり、使用価値(use value)という形式において現れる。そしてこの使用価値には、法が意識に現れる仕方が密接に関わっている(Hamrick 1987, 131を参照)。ハムリックは、前述の諸テーゼを支えるために、ここでもまたメルロ゠ポンティの知覚論に依拠して、法あるいは特定の法体系も知覚対象と同じように現れるという見解をとっている。つまりそれらは、特定の視点から見られているがゆえに不完全で、いつも射映において与えられるしかないような全体として現れるのである(それはちょうど、私が対象の前面に目を向けている時には、その背面と更に広がっている周囲をもはや見ることができないのと同様である)。しかし同時に、この不完全な与えられ方は可能的経験の体系を含意しており、私にさらなる視点をとり、対象をさらに露わにするよう促してくる(それはちょうど、私が知覚対象の背面についての自分の志向を本源的な直観によって充実させるために、その周囲をめぐることができるのと同様である)[42](Hamrick 1987, 121, 144参照)。

そうである理由は、遮られて未規定になっている「隠れた面」が、不在のものとして現前しており、この不在が無ではないからである。それは特殊な現れ方、すなわち〈見られうる〉という現れ方なのである。こうして、当該の体系における公務員の公的行為は、体系の残余である未規定性の背景に対する焦点として際立つ。そしてゲシュタルトの任意の「部分」がそうであるように、そのような行為は全体的なゲシュタルトの文脈を意味構造へと反映しており、結局のところ、この文脈から切り離さ

(42) フッサールはこれを「地平志向性」と名づけている。地平志向性は、そのつどさらに「できること」を私に知らせる。

れたら経験的同一性を失ってしまうのである（Hamrick 1987, 121）。

したがって二次的ルールとルールの体系は、一般的に、自らの立場に依拠して法体系の中で比較的「創造的」ではない仕方で法と付き合うことしかできない人々にとっても、ある特定の仕方で与えられる。つまり一部が覆われた与えられ方で、不在としての現前という仕方で与えられるのである（ハイデガーにならって「退去（Entzug）として」与えられると言うこともできるかもしれない）。このとき法体系の全体は、社会的な秩序と統制の、どちらかと言えば匿名的な、漠然とした背景として示される。社会的な秩序と統制においては、まさにそのつどの「使用価値」に応じて、それぞれの時期に特定の側面だけに焦点が当てられる。体系の一部とそのさらなる分岐形態を「照らし出す」のは、この使用価値なのである。[43] ハムリックは、これによってメルロ＝ポンティが一次的ルールと二次的ルールというハートの着想を現象学的に基礎づけて仕上げており（Hamrick 1987, 130f. 参照）、そのうえハートが直面するはずのさらなる問題をも解決できると主張するに至る。そこでハムリックは、例えば内的視点と外的視点を、さらに共時的か通時的かという点で整理している。そして彼は、ハートが共時的な面だけしか考慮しておらず、通時的・革命的・危機的な面はメルロ＝ポンティの現象学的な道具立てを用いてさらに解明されねばならないと述べている（Hamrick 1987, 134–141 参照）。

いずれにせよ、このような知覚の視点からの法の現象学的記述は、法現象学において好んで頻繁に用いられてきた別の方法論――すなわち本質論（Eidetik）――に関しても重要な帰結をもたらす。ハムリックによれば、この本質論は、メルロ＝ポンティ的な法現象学の視点からはもはや貫徹できないとされる。「社会的ゲシュタルトの範囲内に法を置き入れることは、さらなる帰結をもたらす。それはすなわち、フッサール的な種類の法の本質分析、つまり法の「本質」(*eidos*)を他の社会的意味の秩序から抽象(純化)しようとする分析はもはや不可能だということである」(Hamrick 1987, 144)。メルロ＝ポンティに従うなら、同様に、もはや単なる概念法学を支持することもできない(Hamrick 1987, 129を参照)。概念法学は、法を定義・ルール・原理・規範からなる閉じた体系として理解し、この体系において法学上の問題を演繹的に解くことができるとしている(ここでもまた、純粋法学がその例となる)。しかしわれわれが、すでにイェーリングがそうしていたように、法における目的を社会的要求に応えるという点に見てとり、そして社会的なも

(43)(はるかに徹底的に)退去する法の「明証」については、ペトラ・ゲーリングが、はっきりと、より批判的な分析を行っている。彼女は、この法の不可視性を、作動中の権力と秩序のシステムという意味で理解している。以下の引用は、システム(例えば法)を媒介的な作動形式とみなすというルーマン的な発想の分析に関わっているが、一貫して彼女自身の法現象学的アプローチを支える立場に立ってもいる。「形式とは、示されることのない形式なのかもしれない。法は法として、法の限界は法の限界として経験されることがありえないのかもしれない。法の形式の本来的な抽象性から帰結するのは、「われわれ」が法にとって外的な操作によって、場合によっては「一つの」法という神話に定位しつつも、実際には法から排除されているということではないか。法はいつも逐一われわれをとらえるが、その際にわれわれが境界を見たり、例えば経験という仕方で境界を越えたりすることはできない。このことは、政治的には議論を惹き起こすだろう。「われわれの」法と呼べるものは存在しないのである」(Gehring 2006, 32f. ゲーリングに関する本書第二部第二章第三節第四項参照)。「もしかすると法的機構は、カフカにおける、かの不気味なガラス製の機械[カフカの短編『流刑地』が念頭に置かれている――筆者注]と同じくらい抽象的なのかもしれない(そして、どこからでも認識可能な統一体ではないという点でも同様なのかもしれない)。かのガラス製の機械が現実に機械として指し示されることがありえないのは、ひとえに、それが機械として機能してはいないからである」(Gehring 2006b, 40)。そのようなシステムの中に自らの「表現」を探し求める主観性のパースペクティヴは、当然のことながら、もはやここには存在しない。

のを総体的なゲシュタルトとして考察するならば、こうした概念法学のやり方は還元主義的であると言わざるをえない。またオースティンが自らの法命令説においてとっていたような法への単なる外的視点も、結局のところゲシュタルト理論や法の構造主義的理解とは折り合わない。なぜなら、ゲシュタルト理論や構造主義は、外的視点に加えて法の内的視点を、ゲームのルール、使用価値、そして言語体系と発語行為という意味での創造的な移調可能性として説明するからである。

5　道徳、政治、法

以下では、法と社会の結びつきや、道徳と法の結びつきについてごく簡単に述べてみたい。これを本格的に論じるためにはメルロ＝ポンティの政治的著作を徹底的に読解しなければならないが、本書ではそこまでやり遂げることはできない[44]。基本的に、メルロ＝ポンティの政治思想は、マルクス主義の理論とその現実社会主義あるいは共産主義的な転換に対して、自ら政治的な立場をとりつつ、批判的な反省を行っている。彼は、そこでの制度化された暴力から何も引き出すことができないのと同様に、資本主義的な西側の民主主義の、偽善的で同じくらい暴力的な体制を肯定することもできない。したがって、いずれにせよ重要なのは、既存の諸関係を変えることである。ハムリックは、自身の法現象学的な研究において、『弁証法の冒険』(1955) における後期メルロ＝ポンティに依拠している。そこにおいてメルロ＝ポンティは、かつての共産主義的な段階に比して、「新しいリベラリズム」(Merleau-Ponty 1968, 272 邦訳三一〇頁) や「非共産主義的左翼」(Merleau-Ponty 1968, 273 邦訳三一一頁) という政治的立場をとっている。この新しいリベラリズムは、「鎖の両端、すなわち社会問題と自由を［…］手に握っていようとする」(Merleau-Ponty 1968, 274

邦訳三一一頁)。このことが意味するのは、政治が二つの課題を有しているということである。それらの課題とは、(一)できるかぎり人間的で正義に適った社会を目指して努力すること(過去の不正や不法の償いも含む)、そして(二)表現と思想の自由を最大化することである。表現と思想の自由が重視される理由は、それらが、意味と無意味の具体化として、真理の弁証法的な探究を促進するために必要だからである(Hamrick 1987, 187参照)。表現と思想の自由を実効的かつ持続的に保護することは、形式的な諸制度を越えたところで初めて成し遂げられる。なぜなら自由とは、貴重であると同時に脆い価値でもあるからだ。これに関してメルロ゠ポンティは、とりわけ議会制民主主義の重要性を強調している。すなわちここで重視されているのは、報道機関や教育システムとは異なり、「最小限の反対派と真理とを保証してくれる、これまで知られているかぎり唯一の装置」としての議会なのである(Merleau-Ponty, 1968, 304 邦訳三一一頁)。それゆえ、(議会の立法によって作られたものにかぎらず、立法部が持つ憲法上の権能としての)法に帰せられる比類なく重要な機能とは、人間の自由と真理探究を保証し促進することである——ハムリックはそのように結論づけている。

ところで、道徳と法の関係はどのように記述されうるのだろうか。明らかに、これまでの論述においては、全ての社会制度が言語のモデルを用いて、表現を可能にするゲシュタルトとして考察されていたかぎりにおいて、主として法とその他の社会制度の共通性や類似性が強調されていた。では区別はどこにあるのだろうか。ハムリックはいくつかの(古典的な)点をあげている(Hamrick 1987, 155–162; 176–181を参照)。

---

(44) これについてはFaust (2007) を参照。また概論としてはBermes (1998), 115–124を参照。

すなわち、法の否応なく義務づけるという契機（従わなければしばしば制裁が課される）、非恣意性、法規制の形式的な制定・改正・撤廃があげられるのである。さらに、法は社会経済的あるいは政治的な変化に対してゆっくりと事後的に反応し、それらの変化を容認することが多い。法が社会変化の最前線に立つことは、確かに裁判所の決定においては起こることかもしれない（特に英米法おいては現在でもそうである）が、どちらかと言えば稀である。このようにハムリックは「法的な発語行為」を他の言語行為から区別しようと努力しているが、彼の——そしてメルロ＝ポンティの[45]——考察の揺るぎない功績は、やはりさまざまな社会秩序の弁証法的・ゲシュタルト的な絡み合いを強調したことである。

それにもかかわらず、メルロ＝ポンティの注記からは、彼が法と道徳の関係について三つのテーゼを主張しているという帰結が引き出されうる。それらのテーゼの内の最初の二つは事実的であり、最後の一つは規範的である。（一）法は道徳と同一ではない。「法と道徳は、社会的価値観の包括的選択における相互依存的な側面から成っている——だからといって、一方が他方に還元できるというわけではない。これに関連することであるが、メルロ＝ポンティは、ありのままの法の観念を、あるべき法の観念と混合することには同意しないだろう」(Hamrick 1987, 118)。それゆえ、何が法であるべきかということは、決して法的な討議だけを通じて取り決められるわけではない。法的なものを（道徳的に）越え出るためには、他の社会的なものの領域からの介入が必要なのである。（二）法と道徳が同一ではないとはいえ、それらはやはり密接に絡み合っている——「社会的ゲシュタルト」のいかなる側面も、原子のように他の側面から離れて存在しているわけではないのである。（三）すると結局のところ、法と道徳に関する規範的な主張とは、経済的に正義に適った自由な社会を作り出すために、法が「社会的ツール」(Hamrick 1987, 186) として使われねばならないということなのかもしれない。

さらに最後の問いが残っている。メルロ＝ポンティは何らかの仕方で自然法を承認するだろうか。さしあたり答えは「否」である。なぜなら彼は、まさしく「自然の所与」あるいは「所与」一般の一義性に異を唱えているからだ。一義的な「前もって与えられたもの」は存在しないし、それに対する一義的に「正しい」答えや解決策や規範も存在しない。存在しているのは、ひたすら更新されていく創造的な表現のみであって、それがつねに「野生の意味」から何かを引き出そうとしているのである。このためメルロ＝ポンティは、現象学を「イデオロギー批判」として理解している。現象学は現出することの複合的構造を分析することによって、固定的な「事物の本性」やそれに対する一義的に正しい答えを解体することができるというわけである。現象学による解体は、固定的な本性や一義的な答えを流動化して、それらの成立過程や、それらの発生的な成り立ちを跡づけることによって行われるのである。

したがってメルロ＝ポンティにおいて、自然と文化の関係は決して二分法的ではなく、本質的にもっと複合的な仕方で考えられている。つまり、それらは、はっきりと分けることができないほどに絡まり合い、互いに刺激を与え合っているのである。この意味において、もしかするとメルロ＝ポンティを「自然法的な」主張と対話させるという第二のアプローチを試みることができるかもしれない。実際ハムリックは、基礎的な人間の欲求を手引きとしつつ、それを試みている（Hamrick 1987, 198参照）。

(45) ハムリックが示しているところによれば、メルロ＝ポンティは、決して法の特定の識別基準を問題にしていたわけではなかった。「この点に関してメルロ＝ポンティの現象学が与えてくれる指示はごくわずかである。なぜなら彼がもっぱら関心を持っていたのは、生活世界におけるさまざまな表現形式の統一性と類似性を強調することだったからである」（Hamrick 1987, 155）。

6　結論

メルロ＝ポンティは、法的な事柄への特定の見方を提示している。それは基本的に、主観的なものと客観的なもの、個別的なものと一般的なもの、自然と文化、意識と世界などの媒介運動によって特徴づけられている。それは、事物をその中心から、その成立過程から——つまりそれらが、遡ることができず、匿名的で、差異化によって初めて姿を現す根本的な出来事（世界の肉）から理解しようとする見方なのである。「人間は世界と対立しているのではなく、全ての事物が構造や意味を持つこと、そして全ての事物が見えるようになることの根拠となっている生の一部なのである」（Merleau-Ponty 1986, 180）。したがって社会的・文化的世界は「間の世界（Zwischenwelt）」である。諸々の主体は、自らの計画の意味や、先行する世代の意味の織物を、法・慣習道徳・伝統・道徳表象などの内で一緒に構成する。それによって、諸々の主体の共同的あるいは競争的な努力を通じて、相互世界が形成されるのである。それは、諸々の制度や象徴、樹立されるべき真理からなる相互世界であり、意味はつねにそこから引き出されねばならないのである。

ウィリアム・ハムリックは、『実存的法現象学』において、これらのテーゼを法現象学的なアプローチへと展開している。このアプローチは、ハイデガーの言う意味で「実存論的」であるわけではないし、サルトルの言う意味で「実存主義的」であるわけでもない。むしろハムリックの法現象学は、構造主義と現象学とゲシュタルト理論から着想を得たメルロ＝ポンティの制度論に依拠している。この制度論は、世界内存在を、一定のパースペクティヴの下で間主観的に引き起こされる意味の生起として捉える。そして、知覚・ゲシュタルト・意味・言語・表現・創造性という諸概念を中心に据えるのである。「共時的なパースペクティヴにおいては、社会の生き生きした制度の内に、閉じたものや純粋に客観的なものはない。言語と同じように、法やその制定を補助する法的ルールは、法的発話の解釈に開かれたままであって、その結果として、生きられたルールの中には生成中の意味も存在しているのである」(Hamrick 1987, 128f.)。したがってこの法現象学的アプローチにおいて、法は、「生きられた法」として注目されている。生きられた法は、法主体に対して表現可能性を提供し、それにより社会的ゲシュタルトの内部で自己理解ができるようにしてくれる。さらに言えば、生きられた法は、歴史的展開においてそうするように差し向けられているのである。法的な事柄に対するこうした楽観的な見方は、個々の成員を通じた法共同体の有意味な生の下図を描いている。つまりそれは、「制度化」でありうるものの理想像なのである(とはいえ、他ならぬ法規範の厳格さがどのように表現を不可能にして、掘り崩して、形式化して、妨害するかということも、やはり分析されうる)。

第二節　フランスにおける法現象学

法現象学は、六〇年代末から七〇年代初頭のフランスにおいて、とても実り豊かな時期を迎える。本章では、この時期を代表する、別々の著者によって書かれた三つの主要著作を簡潔に紹介してみたい。三人のアプローチはそれぞれ別の方針を採っているものの、確固とした法律学的かつ現象学的な学識に支えられているという点では共通している。そしてこうした学識があってこそ、分野横断的な仕事を真摯にやりぬくことが可能になっているのである。するとここで、社会科学一般における当時のフランスの現象学受容がどのような状況でなされていたのかが分かってくる――すなわち、ベルンハルト・ヴァルデンフェルスの解説が明らかにしているように、「現象学の明瞭かつ体系的な活用の試みは、もっぱら法学の領域においてのみ見出されるのである」（Waldenfels 1987a, 452 邦訳五一〇頁）。その際、まずもって最初の二人であるアムスレクとゴヤール＝ファーブルの著作の内には、ケルゼンの批判的法実証主義との一貫した対決に加えて、フッサールの超越論的現象学への明白な接近を認めることができる。他方でガルディーは、ライナッハに依拠しつつ、義務論理と連帯しようとする。そして彼らの法現象学は、これらの道筋の各々において本質的な進展を経ることになる。この進展は、一方では古典的な法現象学の諸構想（ライナッハ、カウフマン、シュライアー、G・フッサール）と結びついているが、他方では法を生活世界の現象として扱う法の認識論のような、新たな要素を強化することにも繫がっている。[46]

第一項　ポール・アムスレク『現象学的方法と法理論』（一九六四）

ポール・アムスレクは、ケルゼンの法実証主義とフッサールの現象学の結合を推し進めた法現象学者の第二世代に属する。彼の博士論文「現象学的方法と法理論」（1964）は、パリで『法哲学叢書』の第二巻として出版された。同書は、彼自身が「現象学的実証主義」と呼ぶアプローチを採っている。よってカウフマンとシュライアーと同様に、アムスレクも、自分がフッサールとケルゼンの影響下にあると認めているのである。さらに彼は、フッサールとケルゼンを、自らの現象学的な法理論の「先駆者」としてあげている――ただし、その際には留保がつけられている。というのも、アムスレクにとっての課題は、ケルゼンの体系を、その背後にあるものを問うことなく、現象学的な道具立てで置き換えていくことではないからである。彼は前提されている理論の論理的完成を目指しているのではない。むしろ彼は、法の本質規定が規範の特徴づけを通じて行われなければならないというケルゼンの洞察を引き受けているにすぎない。ケルゼンは一九六五年に「現象学的な法理論」という論文によってアムスレクの構想に反応しており、反論の中で、純粋法学についてのアムスレクの批判的な論評を退けようとしている。本節では、脚注において、そのつどのケルゼンからの反論に立ち入ることにしよう。

したがって、現象学へのアムスレクの関係は、F・カウフマンやシュライアーのそれとは異なっている。彼は現象学を、論理的な基礎学や、あらゆる学問論の基盤ではなく、むしろ「反イデオロギー的」で「反方法論的」な方法とみなしているのである。現象学は、アムスレクにとって、超越論的現象学的観念論である。それゆえ、フッサールの超越論的転回は、目下の法現象学の構想において重要な方法上の役割を演

(46) 死後出版されたコジェーヴの『法の現象学』(1982, 邦訳 1996) は、〔以下の〕論述に取り入れられなかった。現象学というタイトルは付いているものの、同書は明らかにフッサールから続く現象学の伝統よりもむしろヘーゲルの現象学に関係しているからである。概して、この〔法の現象学という〕構想は、はるかにヘーゲルの現象学の方に近い。コジェーヴが序文で述べているところによれば、法の「本質」を探求するという彼の方法は、確かにすでにプラトン、アリストテレス、ヴェーバー、そしてまたフッサールによっても実践されていたのだが、彼はこの現象を歴史的な展開の内で分析するために、さらに「ヘーゲル哲学の基礎的な諸原理」に取り組むことになる (Kojève 2000, 29ff. 邦訳四―六頁参照)。またコジェーヴの著作の英訳の編者も以下のように述べている。「この意味において、コジェーヴがここで記述している方法は、フッサールが「現象学」という名の下に展開した方法とは異なっている。フッサールの現象学は本質の直観や識別に関わっているが、それはコジェーヴがヘーゲルよりもむしろプラトンの内に見出しているものである」(Frost/ Howse, in: Kojève 2000, 4, Fußnote 10)。とはいえ、法現象の歴史的・発生的展開に基づいているコジェーヴの構想は、たいへん参考になる。これに関する手引きとしては、Roth (1983) と Frost (1999) も参照。

じているとされる。のみならず、そこにはメルロ＝ポンティの思想の痕跡も見出される（Waldenfels 1987a, 454参照）。アムスレクの見解によれば、現象学的還元は、法学におけるあらゆる先入見と理論を解体して、直に法現象（phénomène juridique）へと入り込むために役立つとされる。彼にしてみれば、法学を妨げ曖昧にしてきたのは、まずもって「古い思想」のモラリスト的あるいは形而上学的な残滓なのである。彼によって診断される法学の危機とは、「法」という現象が見誤られているという危機に他ならない。確かに、彼以前の法現象学者は、これまで事象に対して適切な貢献をなしてこなかったのかもしれない。アムスレクは、従来の現象学的な法理論の全てを失敗とみなして退ける。もっと身も蓋もない言い方をすれば、それらは、現象学の形をとった古い形而上学的・道徳的な諸理念への逆行（例えば、シェーラーとハルトマンの「価値論的実存主義」や、ハイデガー、ヤスパース、サルトルの「存在論的実存主義」による逆行）[47]、あるいは法現象の論理学への還元[48]であるとされる。このことをヴァルデンフェルスは、以下のようにまとめている。「法に形而上学的あるいは道徳的な基礎を認める古典的な自然法思想から決定的に離反することによって、そして同時に、全てを単なる事実へと帰着させる法実証主義から離反することによって、アムスレクは、他ならぬ法の経験と法の研究の内側だけに立脚した認識論という局面へと向かう」（Waldenfels 1987a, 453）。

したがってアムスレクは、自らの認識論において、現象学的方法の助けを借りつつ法現象そのものを摑み取ろうとしている。〔志向〕作用と〔志向〕対象の現象学的な相関関係のアプリオリ[49]に即して、彼は、以下の二つの研究上の問いを明示している。

（一）法律家にとって、彼の意識を「充実する」対象は、どのように構成され、どのように構造化されているのだろうか？（Amselek 1964, 42）

（二）法律家は、どのようにしてこの対象と出会い、どのようにしてそれに接触するのだろうか？

(Amselek 1964, 42)

このように、（シュライアーとは異なり）反省は現象のノエマ的内容にもノエシス的内容にも向かっている。このことは、アムスレクにとって、「法現象」の分析のための手がかりとなるだけでなく、それと類比的に、現象学的な法理論の構想のための手がかりにもなる。そこで彼は、同書を二部に分けることになる。すなわち、「法の現象学」と「法理論の現象学」である。

ここから分かるように、アムスレクは法の主体を「法律家」に限定しているのであって、一般的な意識——つまり、さまざまな形式や立場において法に関与する主体および／または法を産出する主体のような任意の団体——を検討しているわけではない。それゆえ彼が扱うのは、相関関係のアプリオリのノエシス的な側面においても、法理論、つまり法現象への学問的なアプローチである。このことは、法律家にとっての現象の「認識論」を展開するという先述のアムスレクの意図に由来していると考えられる。さらにこ

(47) Amselek (1964) 三二頁を参照。このとき彼が具体的にどの法現象学者のことを言っているのかは必ずしも明らかではない。もしかすると彼の注記は、マイホーファー、あるいは実存主義に影響を受けた他の法現象学の著述家たちに向けられていたのかもしれない。第二部第二章第四節第三項も参照。

(48) Amselek (1964) 三四頁を参照。ここでは明らかにカウフマンとシュライアーが、そしてまたライナッハが念頭に置かれている。

(49) 作用（ノエシス）と対象（ノエマ）の本質的な相関関係のこと。シュライアーに反して、アムスレクは相関関係のアプリオリの両側面を顧慮している。第二部第一章第二節第三項2を参照。

の点においては、カウフマンとシュライアーとの類似性を認めることもできる。彼らが取り組んでいたのはいつでも法についての学問（あるいは学問論）であったからだ。もちろん、特にアムスレクにとっては、このように限定的な視点をとらざるをえないのだが、それによって法現象を包括的に記述できるかという問いが最初に立てられる。なぜなら彼は、法概念を理論的に洗練させることだけでなく、法律家にとっての法の現実および日常的なあり方について正当に評価することも目標としているからである。

1　法の現象学（第一部）——形相的還元　測定器としての規範

第一部の冒頭において、アムスレクは、現象学的法理論の「先駆者」としてのケルゼンの意義を説明している。そのために彼は、フッサールとケルゼンの「反イデオロギー的な」姿勢の平行関係を引き合いに出し、ケルゼンが自らの法理論に与えようとした「純粋性」を、「還元」の一種とみなしている（Amselek 1964, 47）。より正確に見ていくと、ケルゼンの歩みは「二重の還元」であることが明らかになる。与えられた（実定的に現実存在している）法秩序だけを考察するという実証主義的な考え方から出発して、ケルゼンは、当該秩序の内部における普遍的な本質標識、すなわち、もっぱら「当為」のレベルだけに見出される「規範性」に到達する（第一の「形相的」還元）。これにより彼は、法現象そのものを、その本質的な意味において、規範的現象として記述するという方向に導かれる（第二の「現象学的」還元）。

アムスレクは、この「還元」を現象学的な意味において自覚的に遂行し、その上でさらに、既存の現象学を超えて規範の本質を現象学的に規定しようとする。このとき規範は、それを利用して主体が判断することができるような「道具」あるいは「測定手段」として規定される。[50] このことが意味しているのは、任意の事態へと適用されうる「測定器」が規範によって与えられるということである。そのような規範の適用、すなわち規範の下への事態の包摂は、事態について判断することの可能性の条件である。

実際、次のように主張することができる。すなわち、全ての判断・評価・尺度は、いかなる仕方で、いかなる経路でなされるにせよ、主体の側では、測定器すなわち語の最も一般的な意味での規範の適用を含意しているのである。したがって私は、目の前の対象を評価するために、その長さを測ったり（つまり、例えば物差しを利用したり）、その重さを測ったり（つまり分銅を利用したり）するのである（Amselek 1964, 51）。[51]

(50) この点に関して、ケルゼンははっきりと反対の意見を述べている。「これ〔アムスレクの説明〕は、規範による特定の行動の指令と行動の評価の間の関係を、行動とそれを指令する規範が肯定的あるいは否定的に結びつく場面で、まるっきり逆転させてしまうような書き方をしている。評価の機能は判断——いわゆる価値判断——において達成される。しかし法規範は論理的な判断ではなく、むしろ指令、授権、許可という性格を持っている。法規範は法の権威に由来するのであって……意志作用の意味なのである」（Kelsen 1965a, 376）。しかしアムスレクは、決して法規範が論理的な判断という性格を持っていると主張しているわけではない。むしろ彼は、法規範を、判断するための道具として規定している。この考察は——ケルゼン自身も述べているように——規範が現実のための解釈図式を表しているかぎりにおいて正しい。さらに現象学的には、主体がこの道具をいかにして入手するに至るのかを、そしてこの道具がすでに判断（つまり価値判断）を前提にしているか否かを問わねばならないだろう。

(51) ロイドルトによるドイツ語訳。

全ての判断、評価、測定は、最も広い意味における規範を根拠として行われねばならない。よって「規範的経験」は固有の本質的構造を持つ。評価はつねに、評価のための対象（規範）が評価されるべき対象へと適用され、それによって後者の対象についての判断が下されるという意味において、「ある対象を他の対象と突き合わせること」（Amselek 1964, 55）である。情感的な経験においては、人間そのものが測定器となる（Amselek 1964, 56）。なぜならその人は、規範とその人の生き生きした経験の間の区別がもはやなくなるほどに、当該の規範を内面化しているからである。したがって規範は、それを考慮に入れる仕方が顕在的であるにせよ潜在的であるにせよ、そのつどの規範的経験にとって超越論的な機能を果たしている。したがって、最初の方法論的な歩みの成果は以下の通りである。「形相的還元を施すことで明らかになったように、全ての規範的経験の特徴は、規範すなわち判断の「道具」の適用である」（Amselek 1964, 61）。

2　法現象の類的規定——モデル性としての規範性

アムスレクによれば、法現象とは基礎的な規範的現象の一種であって、それを他の種の規範的現象に還元することはできない。今やこの〔「法的」という〕規定が、さらに正確に特定されねばならない。というのも、法的なもの（*le juridique*）に特有の要素でありうるのは、「法的性質」（*la juridicité*）そのものだけだからだ。この意味においてアムスレクは、規範性を法現象の類的本質（*essence generique*）として規定し、「法的性質」を法現象に特有の種差（*essence spécifique*）として規定している。

法現象の類概念をより正確に規定するために、アムスレクは、まず規範性について論じている。そこでの彼の結論によれば、規範はモデルを提示しており、このモデルは「それ自体で現出する」（Amselek 1964,

216)。規範が現出する形式は「構文論的命題」の形式であり、つまるところ当為という形式である。したがってアムスレクにとって、存在と当為を対立させることは根拠薄弱あるいは「不合理」であることが明らかになる。なぜなら当為とは、モデル性を表現するための現出なのであって、あくまで現出の一種にすぎないからだ。存在と当為の二分法は、存在も当為も現出するということにおいて統合され、廃棄されてしまう。それゆえ、この二分法に固執しても意味はないのである。こうしてアムスレクにおいて、当為はその存在すなわち現出から理解される。よってそれは、特殊な存在の仕方として、あるいは特殊な性質を備えた一つの存在とみなされる。「あるべし（*le devoir-être*）というのはある（*un être*）の一種なのだ」というわけである（Amselek 1964, 80）。ここでは、ケルゼンの最も基本的な方法的前提が廃棄されてしまう以上、彼からの激しい反発(52)が生じることになる。ケルゼンの反論によれば、確かに実定的な法規範が事実的に、例えば法律の条文として現れることは全く明らかであるが、だからといって、存在を記述するのではなく当為を指令するという規範の本質が変わることは決してないとされる。

アムスレクの課題は、法を、当為という性格を備えた存在事実として分析することであった。このことがどのような理論的な文脈に属しているかについては、ヴァルデンフェルスが明らかにしている通りである。「存在と当為は、結合して「規範の事実性」となる。これにより、規範を社会的慣習と社会的関係に帰着させる社会学主義は、規範の生き生きした与えられ方を顧みずにそれを非物質化しようとする論理主

(52)「あるものを為されるべきものとして指令する（*vorschreiben*）規範と、あるものを存在するものとして記述する（*beschreiben*）言表の区別は明白であるし、指令する文が記述しているという主張の内にある自己矛盾も同じように明白である」（Kelsen 1965a, 359）。

義と同じように退けられる。まずもって第一の非難がデュルケーム学派に向けられているとすれば、今や第二の非難はケルゼンにも及んでいる。ケルゼンは、自らの「法についての純粋理論」を「純粋な法についての理論」へと歪曲しようとしていたからだ」(Waldenfels 1987a, 454)。それゆえアムスレクは、「法は事実である」(Amselek 1964, 80) ということを断固として強調し、古典的実証主義や批判的実証主義との対立において自らを現象学的実証主義者と称している。こうして彼の研究対象は実証的に現実存在している法秩序に限定される。ただし彼は、それを新たな現象学的観点の下で、生活世界における「モデル」として理解しようとするのである。アムスレクの診断によれば、実証主義、社会学、論理主義のいずれも、規範をその「所与」において捉えることに失敗しており、規範を論理的問題と取り違えている。彼はこうした状況を、規範の非物質化 (*dématérialisation*)[53] と呼び、それを現象学的態度と対置している。現象学的態度においては、規範は、他の諸々の存在者と並ぶ一存在者として現出する――このことが意味しているのは、アムスレクにとって、もっぱら規範のモデル的性格を通じてのみ当為の現出形式に帰せられる「事実的な所与性」である。

当為という不可思議な観念は、評価の規範、モデル、道具そのものの構造を表現するための方途に他ならない。あるものをモデルとみなす事実が、それに当為という現出の仕方を付与するのである (Amselek 1964, 81)。[54]

アムスレクの主張をまとめると、あるものをモデル[55]とみなすことで、そのあるものに当為という現出形式が与えられるのである。その形式は、単に事実性に付け加わるものでしかない。このことをはっきりさせるためには、規範を非物質化された命題としてではなく、いわば対象として理解しなければならない(Amselek 1964, 216参照)。この考え方に従うと、当為は、規範の構造の表現にすぎないということになる。しかし当為が表現に還元されるならば、当為に特有な意義は失われてしまうのではないだろうか？ そして、この原本的な意義は、明らかに、そもそもモデルとは何かということを理解するために必要なものではないだろうか？ というのも、問題は、モデルが事実的に現実存在するかどうかではなく、「模倣すべし」という特殊なモデル的性格がいかにして成立するのかということだからである。アムスレクは、規範が測定器と同じように(事実的に)存在しているということを断固として主張し、規範が当為という形で

---

(53) このことをケルゼンは以下のように表している。「アムスレクは法規則に関して「それが何かを指令している」と述べているのだが、存在と当為の区別をめぐる議論に関しては、それがたいていの場合は単なる言葉づかいの問題にすぎないと主張している。そして彼は、規範を存在の世界から区別された当為の世界へと移し入れるような見解を非物質化(dématérialisation)として撥ねつけている」(Kelsen 1965a, 358)。それゆえアムスレクは「立法機関によって設定された指令的な法規範と、法学によって定式化された記述的な法命題との間に私が設けた区別を拒否している。その上彼は、法命題が「存在命題」であるという意見を私が持っているという点で誤りに陥っている」(Kelsen 1965a, 369)。

(54) ロイドルトによるドイツ語訳。

(55) すでにケルゼンが、モデルに関する思考の内に、アムスレクの本質的な誤りを見てとっている。「法規範はいかなる「モデル」も立てていない。というのも、モデルとは存在する対象であるからだ。……規範において為されるべきものとして定立されるものは「モデル」すなわち存在するものごとではない。むしろそれは、様相と無関係な基体(modal undifferentes Substrat)なのである」(Kelsen 1965a, 357)。

われわれに向けられることは問題でないとする。これに対して、ケルゼンとともに、ここでは規範の本質(Wesen)がその現実存在(*Existenz*)と混同されてしまっているという批判を寄せることができるかもしれない。しかし、[アムスレクの思想の]背景にある(とりわけ歴史的行為というメルロ＝ポンティの着想によって呼び起こされた)現象学的意図とは、「実定法は[つねに]現象的な法であり、その中で規範が歴史的に現出する」(Waldenfels 1987a, 454)というものである。したがって現象学的なアプローチによって、アムスレクの歩みを理解できるようになる。なぜならそこでは、規範は、規範理論においてなされるよりも包括的な仕方で主題化されているからである。とはいえ、その場合にも当為の性格が完全に失われることはないとされている。結局のところアムスレクは、首尾一貫した仕方で、価値という概念を対象と規範との一致あるいは不一致として規定し、判断という概念を規範が対象に適用されることとして規定しているのである。

3　法的現象の種差——義務としての法的性質

今やアムスレクは、第二の考察において、一体何が法現象に特有の法的性質を与えているのかという問題を扱わねばならない。そのために彼は、さしあたって法に特有のものに関する以下のような従来の二つの規定を退ける。第一に、法的性質の特徴を、制裁や強制によって規定することはできないとされる。社会的強制の技術は、法に特有のものではない。なぜならそれは、規範的現象とは端的に矛盾するからである。規範的現象はもっぱらモデルとして、強制なしに機能するのである。このように、強制は[規範的現象という]類の規定に含まれていない以上、法的性質に特有のものではありえない。(56) 第二に、法に特有のものを、規範の内容あるいは規範的形式の一般化によって規定することもできない(ここで規範的形式として念頭に置かれているのは、ケルゼンが規範を学問的な法律命題の要件・効果という構造へと一般的に形式化したことである）。というのも、アムスレクがフッサールを引用しつつ述べているように、種と類の関係は、実質的なものと形式的なものとの関係とは本質的に異なっているからだ(57)。

そこでアムスレクは、法的性質についての独自の現象学的分析に着手する。そのために彼は、興味深いことに、法を規範としての意義へと還元するという方法を採っている。

法が規範、すなわち判断の道具からできているということについてよく考えてみれば明らかなように、法的性質への反省は、最終的にはこの規範という「道具」の現象的な意義への反省に還元される。つまり、この道具、つまり法規範であるような判断の道具に対して、それを創造し利用する者たちによって付与される意義（意味）への反省である。正当に言われているように、元来法の「本質」、法の本

(56) この点に関してケルゼンは、あくまで強制を法に本質的な徴標とみなし、アムスレクは規範という類概念によってあまりにも性急にこの徴標を「取り除いて」しまったと主張している。「そのようにして本質的なものが無視されてしまう。そしてそれは、法の本質学たる現象学が見過ごすべきではなかったものなのである。法は特定の行動を、まさにそれが法規範の内容において反対の行動に関係づけられており、この反対の行動が法規範によって規定されている、しかも制裁の条件として規定されているということによって喚起しようとする」（Kelsen 1965a, 381）。

(57) Husserl, Hua III/1, §13「一般化と形式化」31f. 参照。「一般化と特殊化の関係は、本質的にそれと別種の関係、すなわち事象内容を含んだものを純粋論理的に形式的なものへと普遍化するという関係、あるいは逆に、論理的に形式的なものを事象内容あるものへと転化させるという関係からはっきり区別されねばならない。要するに、一般化は形式化とは全く別物であり［…］特殊化は脱形式化とは全く別物なのである。」

質的意義、法の「本性」とは、それを創造し利用する人々がそれに付与する意義に他ならない(Amselek 1964, 268)[58]。

「法的性質」への反省は、このような「判断の道具」という現象的な意義についての反省へと還元される。そしてこの意義が、今度は、人間が法規範を制定した時の意図との関連で把握されうるのである。するとアムスレクによれば、法規範を創造して利用している人々がそこに認めるような、付与された意義へと立ち戻らねばならない(通常の「目的論」的な法的手続きは、法制定者が特定の法規範に認めた意味について問う。そのかぎりで、前述の考え方は、メタレベルでの目的論的反省と呼べるかもしれない)。したがって問われねばならないのは、「法的」とみなされる規範に対して人間はどのような特別な意義を与えたのかということである(Amselek 1964, 268参照)。

ここでもやはりアムスレクは、実証主義者であると同時に現象学者である。というのも、確かに彼は(超越論的な)間主観性から、あるいは法規範を特定の目的のために創造する意味創設による制度化から出発するが、同時にこの創造は、彼にとって、つねに実証的/実証主義的な地平の内にあり、したがってつねに、あくまで創造されるものに向けられた観点の下に留まっている。これは〔志向〕作用への遡行ではないし、それゆえ対象との相関関係や対象が構成される次元への遡行ではない――このことは、アムスレクの現象学的実証主義の特徴であるように思われる。現象学的実証主義は、むしろ、すでに創造された意味へと方向づけられているのである。それにもかかわらず、彼はこの分析において現象学的な関心事のすぐそばに踏み留まっている。彼にとっての課題は、前述の「判断の道具」が設定される時の意図を把握することである。もちろん、ケルゼンはここに直ちに社会学の影響を感じ取り、純粋に現象学的な問いを見落としてしまう。そのような問いとは、〔間〕主観性一般についての問いでもあり、意味形成・意味創設・意味付与からなる〔間〕主観性の構成の絡み合いについての問いでもある（Tengelyi 2007参照）。確かにアムスレクの論じる範囲はあまり広くなく、法規範の目的機能に制限されている。しかし彼の問題設定の方針は、こうした事情を踏まえているのである。

とはいえ彼の出した見解に、本当に説得力があるわけではない。ケルゼンが論難しているように、アムスレクは、「拘束力のあるもの」あるいは「義務的なもの」を法に特有のものと呼べると考えている。これにより「アムスレクは、道徳規範は拘束力を持たないという不合理な主張へと至ることを余儀なくされる」（Kelsen 1965a, 400f.）。ヴァルデンフェルスも、ケルゼンとは別の論拠によってであるにせよ、制裁の次元を顧慮しないことには問題があるという判定を下している。「あたかも規範が制定され施行されなくても妥当するかのように、強制と制裁が社会でたまたま生じるものとみなされるならば、その場合にはやはり、制度的な規範に特有の性格が正しく捉えられているかが問題となる」（Waldenfels 1987a, 454）。探し求められていた〔法現象の〕特有性とは拘束性であるという主張にアムスレクが至った経路としては、他には「漠然とした感情」についての「心理学的な」考察もある（Amselek 1964, 272）。この感情は、彼に法的なものを「必然性の観念（l'idée de nécessité）」として示す。そしてさらに「現象学的な本質直観」が、法的なものとその根源的な意味の「本質」へと導くのだとされる。

---

(58) ロイドルトによるドイツ語訳。

正確に言うと、その使命は、拘束力のあるモデルを構成することの内にある。法規範はモデルという意味を有しており、それこそが法規範の使命である。そしてこのモデルには、対象が、特に人間の行動が、拘束力のある仕方で対応していなければならない（Amselek 1964, 275）。[59]

すると法的なものの意味、すなわち法的性質の意味は、現実のための拘束力のあるモデルを用意することであると言えるのかもしれない。しかし、現実のためのモデルではありえないものとは一体何なのか？ここでアムスレクは、「拘束力を持って存在すべき現実」という不明確な概念に関して、法的性質の現象に固有の性格を保証するための最終的な――やはりそれほど説得力のない――試みを行っている。法規範は、それが任意のモデルではなく、まさに必然的に存在すべき（達成されるべき？　実現されるべき？）「実在」のためのモデルであるということによってのみ、拘束力を持つとされる。

法規範は「拘束的」であり、拘束的であるという使命を持つ。そのように言えるのは、法規範が何らかの対象のためのモデルであるという意味においてではなく、むしろ法規範がモデル――実在の、現実の、拘束的かつ必然的に実現され表明されねばならないもののモデル――を提示することを要求しているという意味においてである。われわれの信じるところによれば、ここには法的モデルの拘束性の真の次元がある。法規範は、現実すなわち実現されるべきものを代表するという形式的使命を持った道具である。この意味において、法規範は現実の形式的モデルなのである（Amselek 1964, 287f.）。[60]

結局のところアムスレクは、法規範を、直接に「現実」を目指し、現実を形成するはずの――あるいは形成しようとしている――そしてそれゆえに拘束力を持ったモデルとみなしている。しかしこれによって、（存在と区別される）当為の問題がまたもや蒸し返されてしまうのではないか？　すると、アムスレクもやはり見つけ出そうとしている〔法と〕道徳との区別は、この〔法の〕特徴づけの下ではどこに存しているのかということが当然問われうるのではないか？　少なくとも同じくらい疑わしいのは、彼が自然法則と法的なものの本質の間に設けた平行関係である。自然法則も現実のための拘束力のあるモデルであろうとしている以上、自然法則はその根源的な形式を法規範から受け取ることになってしまう。ケルゼンはここで、正当にも、「規範と自然法則の混同」（Kelsen 1965a, 391）を指摘している[61]。

アムスレクが導入するさらなる次元は、法規範の歴史性である。特定の機関による法的手段（*instruments juridiques*）の産出は歴史的事実であり、それゆえ歴史学は、法現象の歴史性を取り扱わねばならないとされる。

アムスレクが自らの著作の第一部「法の現象学」において達した帰結は、以下のようにまとめられる（Amselek 1964, 356）。彼の考えによれば、法現象を体系化しようとする試みのほとんどは、道徳によって曖昧にされ、服従（制裁）という社会的現象と混同されている。確かに実証主義は、道徳的なイメージを法についての思考から遠ざけるという点では有益であったが、方法論的には、依然として自然科学に倣いす

（59）ロイドルトによるドイツ語訳。
（60）ロイドルトによるドイツ語訳。
（61）この点に関しては、第二部第二章第四節第一項で紹介するシュピーゲルベルグの『法律と慣習道徳法則（*Gesetz und Sittengesetz*）も参照。

ぎている（例えば、歴史性の排除など）。それゆえ実証主義的な精神は、現象学の内に自らの基礎を見出さねばならないとされる。

アムスレクは法規範を、判断のための構文論的な手段として規定する。この手段は、（あるべき）「実在」のための義務的で形式的なモデルを樹立するという「技術的な」課題を有している。またアムスレクは実定法を、現出する法（*le droit phénomenal, le droit apparent*）として規定している。「現出する」という語によって理解されているのは、規範がまさにその歴史性において、法規範として客観的に与えられるということである（Amselek 1964, 357）。

4　法理論の現象学（第二部）

次に、アムスレクの著作の第二部の概要を示しておこう。そこにおいて彼は、法理論を、包括的な仕方で法現象を取り扱うべき法学として、新たに構想しようとしている。すでに触れた通り、「ノエシス・ノエマの」相関関係のアプリオリに従うならば、「法現象」の分析の他に、法の主体が法に接近する方法についての反省がなされねばならない。ただしアムスレクの場合には法の主体はもっぱら「法律家」である以上、〔法への〕接近においても、法との「専門的な関わり合い」のさまざまな形式だけが問題となりうる。したがってアムスレクは、法の主体の法現象への接近を説明するために、彼が「超越論的還元」と名づけるような考察の仕方を利用する——とはいえ彼自身が認めざるをえないように、これはもはやフッサールとは（そして超越論性とも）あまり関係がない[62]（Amselek 1964, 363参照）。というのも、ここでの「超越論的還元」とは、法律家にとって可能な方法での考察の仕方についての問いに他ならないからだ。アムスレクは、法現象に接近する際の二つの傾向を突き止めている。第一は、純粋に技術的なやり方（技術に関する超越論的な態度）である。これは、法をもっぱら道具として利用する「ホモ・ファーベル」というタイプの人間に備わった態度である。第二は認識論的な観点（学問に関する超越論的な態度）であって——そしてアムスレクの大きな目標は、法理論に人間科学としての認識論的性格を与えることなのであるが——そのような観点においては、法現象は、「ホモ・サピエンス」に対して学問的対象として与えられ、その歴史的で状況づけられた有様などが学問的に解明されうる。この態度は、「判断のための道具」として特徴づけられるような法現象の固有性を何も変えることがない。この態度によって記述されるのは、法現象との別の付き合い方にすぎない。つまりそこでは、法現象は道具としてではなく、学問的関心の対象として扱われるのである。

アムスレクは、彼以前のほぼ全ての法理論が「技術的関心」の下に置かれうるということを確かめている。彼は、純粋な技術的関心（「法律家のための道具」の作成）と、例えば純粋法学が行うような法律学的技術の技術‐論理的な体系化とを区別している。確かに後者は——実証主義一般がそうであるように——成功した法学的テクノロジーである。しかしそれは、法を道具として考察することを越えるところまでは至らない。これに対してアムスレクは、（シャップと同様に）法現象をその歴史的・社会学的・心理学的な文脈においても主題化するような「法についての新たな学問」を展開しようとしている。それとともに、補

(62) ヴァルデンフェルスも同様の見解を述べている。「認識論的な見方と超越論的な見方の等置は、法を法律家にとっての法へと還元するだろう。そしてそれは、著者の念頭にあったものではないだろうし、フッサールの念頭にあったものでもないだろう」（Waldenfels 1987a, 454 邦訳五一二頁）。

助的にこの「法についての学問」の側に立ち、やはりまたその方法論を利用するような諸学問があげられる。アムスレクが試みているのは、法現象が充実し、固有の生を獲得し、歴史的意識の中に定着する過程を手引きとして、法現象の現実存在を捉えることである。すると結局のところ、ここでもまた歴史的行為についてのメルロ＝ポンティの現象学との繫がりが見えてきて、（次節で扱うゴヤール＝ファーブルにおいてもそうであるように）メルロ＝ポンティがフランスの現象学に及ぼした影響が明らかになる。

第二項　シモーヌ・ゴヤール＝ファーブル『法の現象学的批判に関する試論』（一九七〇／一九七二）

シモーヌ・ゴヤール＝ファーブルの博士論文『法の現象学的批判に関する試論』（博士論文としては一九七〇年、著書としては一九七二年に出版）は、フッサールとメルロ＝ポンティの現象学的思考だけでなく明らかにカントからの影響も受けている、射程の広い法哲学の構想である。著者が諸々の哲学的立場の全体を通覧しながら一定の方法に沿って練り上げた「現象学的批判主義」は、法現象を、その根源的な生活世界における与えられ方から、その超越論的な可能性の条件に至るまで把握するという努力に導かれている。「法の現象学」を徐々に「現実存在から本質へ」（第一部）、そしてさらに「本質から意味へ」（第二部）へとさまざまな段階を経て展開していくという同書の様式は、解明を進めてゆくその歩みにおいて、ヘーゲルの現象学をも想い起こさせる。そしてそれは、何よりまず、厳密で体系的、そして理路整然とした章立てによって深い印象を与える。全体としては、この著作は、法理論において実在論と観念論の対立、あるいは素朴な経験主義と形式主義の対立を超えて進んでゆくという理論的意志によって特徴づけられる。そのための理論的な道具を提供するのが、現象学なのである。というのも、ゴヤール＝ファーブルが明らかにメルロ＝ポンティのことをほのめかしつつつねに強調しているように、法的なものの根本現象は、存在と当為を、相互に絡み合い、受肉し、制度化されたものとして生き生きと示すような還元不可能な両義性によって特徴づけられているからである。この基本的な両義性を理論的に正当に評価するためには、現象の記述から出発して法の最深部にある構造の反省を目指し、最終的に法的なものが精神の基礎構造として超越論的に根拠づけられていることを認めなければならない。

したがって最初は、法現象は生き生きした法として存在している。それは、たえず意識されているというわけではないものの、われわれの生活を隅々まで構造化しており、生活の不可欠な部分をなしている。「人間の行動は全て法によって支配されている」(Goyard-Fabre 1972, 11)[63]というのは同書の書き出しの一文であるが、その詳細はすぐ後でもいくつかの例によって明らかにされている。寝室の電灯のスイッチを入れることによって、われわれは公共サービスへの要求を行う。新聞や一箱のタバコを買うことによって、われわれは現行の税法に服する。車で仕事に行くことによって、われわれは交通ルールに従う、等々(Goyard-Fabre 1972, 12参照)。法はわれわれを、生活・身体・身振り・行動に関して「習慣づけている」。にもかかわらず見落としてはならないのは、人間的なもの、すなわち秩序と制度によって表現される社会的なものが、あくまで特殊なものであるということだ。そうした秩序や制度は、他の動物には馴染みのないものなのである。したがって、設定される根本課題は、この社会生活の特殊カテゴリーを明らかにするこ

(63) ロイドルトによるドイツ語訳。

とである。ゴヤール＝ファーブルはそれを「法的なもの(64)（le juridique）」と名づけている。彼女は、この「法的なもの」を、通例の（いわゆる「剣」としての）法が貫徹される状況の下ではなく、平和的な、つまりわれわれの「第二の自然」を形成している日常の実効的な法の分析において、理論的に調査しようとしている。伝統的な法哲学は、そうした現象に十分まっすぐに向き合ってこなかった。なぜなら伝統的には、もっぱら自然法思想と実証主義法思想という二者択一が話題となっていたからだ。自然法思想は形而上学的・思弁的な次元へと上昇してしまい、実証主義法思想は、素朴な現象主義に留まるがゆえに法現象の本質を取り逃してしまう。確かに、ヘーゲルの選んだ道も無視するわけにはいかない。しかし彼の分析は法的なものを越え出ていくため、法的なものは固有の研究対象ではなく絶対精神の運動の一契機になってしまう。ゴヤール＝ファーブルによれば、プラトン以来のこうした発展の道のりを通じて作り出されたのは法の解釈学であって、法の認識論ではない。アムスレクと同様、彼女にとっても、重要なのはそのような法の認識論を展開することである。ただしヴァルデンフェルスも注記しているように、彼女の試みは決して一面的なものではない。むしろ「法に対して生活世界的な地盤（Boden）と超越論的な基礎（Grundlage）を保証するために、フッサール現象学の考え方の全てが利用されている」（Waldenfels 1987a, 455）。〔というのも、彼女の著作においては〕ハイデガーの存在の問いにならって、法的なものについての問いが新たに立てられており、法認識のための新たなトポロジーの構想を示すという現象学的な「プログラム」が展開されているからである（Goyard-Fabre 1972, 26参照）。その第一部は、法規範をその現象的なあり方の下で記述することから始まる。そうした現象的なあり方は、法的「存在」の背後の単なる「仮象」ではなく、生き生きした法を形づくっているのである。それと同時に、法理論の前提の全てが括弧に入れられ、法的なものの形相的な核が取り出される。それからゴヤール＝ファーブルは、第二部において、「法の発生論」へと移行し（Goyard-Fabre 1972, 42）、さらにこの発生論が、超越論的な構成の理論へと繋がっていく。以上のような基本的な方法論的手続きには、エトムント・フッサールが大きな影響を与えている。また、少なくとも同じくらい重要な保証人がカントである。超越論的な問いは、認識論であるかぎりで、構成の働きだけでなく「権利問題[65]」の解明にも関わっているからである。したがって、ゴヤール＝ファーブルは、自らの課

（64）ゴヤール＝ファーブルは、アムスレクと同じように、一貫して、「法的なもの（la juridique）」という術語を用いている（例えば、「法的なものの本質から意味へ（De l'essence au sens du juridique）」という表題など）。この術語は、フランス語では、「法文に基づく（formaljuristisch）」「法律学的な（juristisch）」「司法の（gerichtlich）」「法技術的な（rechtstechnisch）」「法的な（rechtlich）」等の意味の外延を持つ。したがってそれは、狭い意味で「法律学的なもの」を指すこともあれば、広い意味で「法的なもの」、「司法的なもの」を指すこともある。なお私は、これの訳語として、「法的なもの（das Rechtliche）」を用いることにしている。なぜなら、著作そのものの中では、純粋に法律学的なものは跳び越えられ、意識の法的な構造が話題になっているからだ。ヴァルデンフェルスは、例えば前述の表題を「法の本質から意味へ」と訳しているが、これはあまり正確ではないように思われる。なぜなら、ゴヤール＝ファーブルは「法（le droit）」と「法的なもの（le juridique）」とを術語上区別しているからである。

（65）カントによれば、ここでの問題は、ある超越論的概念の正当化についての問いであり、超越論的分析（演繹）においてのみ解き明かされうる問いである。「法学者たちは、彼らが権限と越権について論ずる時には、一つの訴訟事件について、何が合法的であるかに関する問題（権利問題）を事実に関わる問題（事実問題）から区別して、両者について証明を要求しつつ、権限を、あるいはまた権利の要求を立証すべき前者の証明を、演繹と名づけている。われわれは、多くの経験的概念を誰の異論をも受けることなく使用しており、だからまた演繹なしで、それらの諸概念に意味と想像上の意義を与えることを当然のこととしている。というのは、われわれはいつでも経験を手もとに持っていて、その客観的実在性を証明できるからである。ところが、例えば幸福や運命といった不当に使用されている諸概念もあり、それら

題をカント的な意味での基礎的な批判のプロジェクトとして理解している。このとき手引きとなるのが、「法が社会的なものの現象的な所与性として構成されることは、いかにして可能なのか？」という問いである。そして最終的に、これら二人の大哲学者に加えて、ケルゼンの名前もあげられる。彼は「直近の、最も生産的な議論の相手」（Waldenfels 1987a, 455 邦訳五一三頁）であるとされ、同書の歩み行きの中で、つねに対話のパートナーであり続けている。以下の要約を、私はゴヤール＝ファーブルの章立てに沿って行う。そこでは前述の第一部と第二部がそれぞれ二つずつの章に（そして、さらに各章が三つの節に）分けられている。それらを、以下の四点によってまとめてみよう。

1　記述的論理学における法的なものの現実存在から本質へ
——作られた法（lege lata 現行法）としての法

このパートでの方法上の問題設定は、「法的世界」の記述を行うことである。この記述は、現行法に関して、それが観念論的にも純粋主義的にも理解されえないことを示す。法現象は、実在性の上に覆い被せられた当為の純粋で形式的な理念性ではなく、「法の内面性の外面化」であるとされる（Goyard-Fabre 1972, 47）。このことは、法の（一）質料（二）形式（三）動態という三つの側面において論じられる。

（一）法の質料／内容、あるいは「法的事実」について　ゴヤール＝ファーブルの示すところによれば、「法的事実」（その例として役立つのは、契約の締結などである）においては、法的なものの彼方に「自然的で事実的な生」の内の抽象化可能な部分など存在しない。同様に、あたかも法が空虚な形式で、生は不可解な内容、すなわち無意味であるかのように、目の前の存在に対して単純に規格化してアクセスするような「純粋に法的な行為」も存在しない[66]。法は「事実」によっていつもすでに「情報を与えられている」（法は事実から生じる *ius ex facto oritur*）。その一方で、法的なものに関する事実的なものは、評価的な意味の水準に向けられている。法的なものは経験の内容を変形し、それを経験的な文脈から引き離し、法的な記録簿の内へと移し入れる（Goyard-Fabre 1972, 60参照）。「法はつねに、実質的な土台の上に打ち立てられており、そこに意味と性質を吹き込む法的な述語を背負わされている」[67]（Goyard-Fabre 1972, 76）。それゆえ根源的な法的経験は、事実と法の不可分の結合を露わにする。この結合は、もともと両義性を含んでいるのであって、それを浮き彫りにする論理もまた、同様に両義的なのである。

（二）法の形式について　法は記述するのではなく指令する――そのかぎりにおいて、法の形式は指令的あるいは規範的である。ここでゴヤール＝ファーブルは、定言的な形態においても仮言的な形態においても十分に捉えることができない命令規定について論じている。〔法における〕指令的なものは、決して命令

の諸概念は、なるほどほとんど一般には大目に見られて使いまわされてはいるが、それにもかかわらずときには権利問題によって答弁を求められることがある」（KrV, B117f. /A84 邦訳上二三五―六頁）。

(66) ケルゼンは、他人に手紙を書く商人や、議場で挙手する人の例をあげている（それらは、契約締結や法案採決として規範的解釈図式によって初めて把握される）。それらの例は、ゴヤール＝ファーブルによれば「純粋な形」においては「決して存在しない」学問的抽象の産物であるとされる（Kelsen 2000a, 邦訳三―四頁参照）。

(67) ロイドルトによるドイツ語訳。

法で表されるわけではない。むしろ法規範に関しては、以下のような「三形態」を見出すことができる。すなわち法規範は、〈できる〉を定義している時には認可的（permissive）であり、義務あるいは〈べきである〉を定義している時には強制的（injonctive）であり、〈べきである〉でもあるような〈できる〉を定義している時には授権的（habilitatrice）なのである（Goyard-Fabre 1972, 97参照）。さらに言えば、法の等級や規範のヒエラルキーは形式的・名目的な構造ではなく、組織的・機能的な運動に由来する。したがって規範のヒエラルキーは法の原理ではなく、むしろ国家権力のヒエラルキーの結果なのである。

（三）法の動態、あるいは法的なものの「生」について　この章では、生活実践としての法実践の動的なプロセスを扱っている。その際にゴヤール＝ファーブルが——メルロ＝ポンティと同様に——強調しているのは、全ての人々が、「実践する者」であるかぎりにおいて、法形成のプロセスに参与しているということである。「法的活動は、法の実践者の所業とみなされる[68]」（Goyard-Fabre 1972, 108）。日常的な行為遂行は、物理的・心的・精神的な仕方でわれわれに浸透している法実践に嵌め込まれている。したがって、法は「機械的に」ではなく、有機的かつダイナミックに機能しているのである。さらに、法に関する二元論的な考え方は退けられる。法の動態が意味しているのは、普遍的な規則が、その範囲を次第に広げながら個別事例に適用されていくということではない。規則の本質的性格は、単数のものを普遍的なもののカテゴリーに包摂することではなく、つねに新たな法を具体的なものとの絡み合いの中で創造することである。ここではまた、客観的なものと主観的なものの弁証法が支配している。規則は、自らの客観的性格を変化させて実在的なものにしたり実効的なものにしたりすることによって、法主体が（行為を遂行しつつ）生きている具体的な状況に接するのである。

それゆえゴヤール＝ファーブルは、法現象の両義性を以下のようにまとめている。

とにかく、法はもともと両義的なのである。それは具体的な経験と価値の地平の両方へと方向づけられている。そういうわけであるから、われわれはいつも法的実在の中に、内在的な二元性を認めることになる。その中では、素材的なものと形式的なもの、存在論的なものと論理的なもの、実在と価値が交差し浸透し合っている。そして、これらの契機はとても密接に連関しているため、その内の一方を純粋な状態で把握することはできない[69] (Goyard-Fabre 1972, 131)。

2　分析的論理学における法的なものの現実存在から本質へ――形相的構造における法

こうした法現象についての最初の記述から、今や、論理的分析への移行がなされる。その際に手引きとなるのは、「現象において示される二義性は何に由来するのか?」という問いである。ここでの論述は、（一）批判的な方法論的考察を踏まえて、（二）法の基本的な形相的構造へと、そして最終的には（三）「生きた力」としての法の因果性へと進行していく。

（一）方法論的な立場、あるいは「合理性の追求 (*Questio quid rationis*)**」について**　実在論的な立場も観念論

(68)　ロイドルトによるドイツ語訳。
(69)　ロイドルトによるドイツ語訳。

的な立場も、法の基本的な両義性をうまく把握できていない。なぜならそれらの立場は、この両義性を、いつでも一義性へと――実在的なものの追認へと、あるいは精神の産物へと――切り詰めてしまうからだ。もしわれわれが法現象を十全に捉えようと思うなら、理念的なものと実在的なもの、合理的なものと経験的なもの、客観的なものと主観的なもの、外的なものと内的なもの、唯物論的なものと唯心論的なもの――哲学におけるこうした二分法を何らかの方法で乗り越えることが可能でなければならない。それゆえゴヤール＝ファーブルは、デカルト的な方法も分析的な方法も退けて、批判的な、カントを範とした分析の必要性を示して見せつつ、さらにそれを現象学的な方法に結びつけている。カントにならって言えば、「超越論的演繹」は、なぜ法の構造／本質と意味が、他でもなく今あるような仕方で可能となっているのかを説明するはずである。そして現象学は、超越論的なものを、構成の働きという意味で、そして、いつもすでに精神と世界が絡み合っていることという意味で説明するはずである。これにより法的なものは、単なる社会的生活の組織化の類型ではなく、社会的なものの特殊な機能様態でもあるということが明らかになるはずである（Goyard-Fabre 1972, 153参照）。重要なのは、法の永遠の本質を看取することではなく、法的なものの生き生きとした機能の仕方と構成のされ方を露わにすることなのである。

> われわれが取り戻そうとしているのは、法の秘められた生である。そのためには、事象そのものへと、つまり法現象そのものへと通じるような道のりを踏破しなければならない。そのような道だけが、われわれを法現象の存在に、すなわちその歴史と生成に到達させてくれる。なぜなら、法現象の本質が一定の形をとるのは、まさにこの、法的なものの「志向的」歴史においてであるからだ（Goyard-Fabre 1972, 154）[70]。

（二）基礎的な法構造、あるいは法の「生き生きした源泉」について　ゴヤール＝ファーブルが法律学上の個別例を用いて説明しているところによれば、法概念を定義するためには発生的な手続きが必要である。というのも、法概念の定義は数学的定義のように自らの対象を含んでいるわけではなく、むしろその対象を、凝縮され省略された（あるいは螺旋状の）積み重なりという形で蔵しているからである。規則の中に隠されている個別的な規定は、各々の個別事例によって敷衍され、それによって初めて本来的な仕方で展開されるのである（Goyard-Fabre 1972, 171を参照）。そのかぎりにおいて、法的なものの基礎構造は図式（Schema）ではなく図式論（Schematismus）である。したがって、法を構成する操作は、綜合判断という形式で見出されうる。規則づけが繰り広げられてゆく際に生産的な仕事がなされうるのは、この操作のおかげである。規則と事例、当為と存在を図式論の中ですでに絡み合わせていた綜合的な活動によって、実定法が継続的に構成されてゆくのである。

（三）法律学的因果性と法の実効性について　法が生活に浸透して日常的な振る舞いを調整・指定する仕方は、綜合的すなわち図式化する判断の他に、生き生きした実現の力を必要としている。その力とは、要するに因果性のことである。ゴヤール＝ファーブルによれば、この因果性という語はカント的な意味で理解されねばならない。つまりここで言う因果性は、物そのものの内に存しているわけではなく、思考の秩序なのである。こうした主張の後につづいて、ケルゼンの帰責の原理についての議論がなされる。ケルゼ

(70) ロイドルトによるドイツ語訳。

ンは帰責の原理を自然の因果性から区別して、それらの間の断絶が当為と存在の区別に由来するとしている。しかしゴヤール＝ファーブルは、ケルゼンよりもさらに先へ進むことを要求する。彼女によれば、帰責とは、当為と存在の区別に関わる論理的あるいは形式的原理であるだけでなく、必然的なあり方を思考する超越論的原理でもある（Goyard-Fabre 1972, 190参照）。法的な因果性と自然的な因果性はどちらもそのような超越論的原理なのであって、さらに遡れば、その起源は綜合的な思考の内にある。だとすれば、これら二種類の因果性は、それぞれが完全に断絶した世界に属しているというケルゼンに代表される理論を含意してなどいない。よって、法的因果性の生き生きした力を通じて、ここでもまた思考の綜合的な能力が示される。ゴヤール＝ファーブルの見るところによれば、こうした思考活動の中に、事実的なものと規範的なものの絡み合いが、したがってまた法的なものの本質的な二元性が受肉している。

3 法的なものの本質から意味へ——法的なものの志向的認識論、文言から法の精神へ

同書の第二部（さらにそれぞれが二つの章に分かれている）において、ゴヤール＝ファーブルは、いよいよ、対象あるいは現象についての分析から超越論的分析へと移行し、それによって法的なものの「最終根拠（*ultima ratio*）」を見出そうとしている（Goyard-Fabre 1972, 199参照）。そこで今や、ノエマ的な成素に注目する「記述的」手続きから、「反省的」手続きへの移行がなされる。反省的手続きはノエシス的な、あるいはより適切に言えば発生的な方向に導かれており、したがって、発生論に合わせて超越論的な主張を行うことになる。「法的なものの志向的認識論」を展開しようとする同書の第二部第一章は、再び、法的なものの源泉と、法的文言の「精神（esprit）」の形成から話を始める。ゴヤール＝ファーブルの目論見によれば、

思念されているものは法的文言そのものの内に読み取られ、法的なものの超越論的源泉へと至るはずだとされる。こうした思考の歩みは、（一）法的形式主義の拒否、（二）義務づけと制裁を手引きとした、法の権威と実効性についての考察、（三）法的なものの生活世界的・間主観的な志向を経て進んでゆく。

（一）法的形式主義の不可能性、あるいは法的なものの二元論の還元不可能性について　規則の中には、（税法のような）一般的な規則もあれば、（有罪判決の恩赦、改名許可、公務員の役職任命など）個々の人や決定に関わる規則もある。それらについて議論する際には、それらの規範が同じ本性を持つのか、それとも根本的に区別されるのかが問題となる。ケルゼンの言う意味での一元論は、それらの規則が同種であり、その種の範囲内で階層的秩序を持つ（個々の規制は一般的な規制によってのみ可能となる）と主張するだろう。ゴヤール＝ファーブルは、この一元論を不十分だとして退ける。なぜならケルゼンの論理主義は、彼自身が認める現象——すなわち、個々の規則は新しい法（ius novum）として登場させられることがあるという現象——を説明することができないからである。「言い換えれば、論理主義は、法的規則の特殊化が同時に法秩序の拡充でもあるということを自力で説明できないのである[71]」（Goyard-Fabre 1972, 216）。これに対して彼女の立場は、一般的な規制と個々の規制の両方が、諸々の主体が置かれている法的状況を作り上げるというものである。ただし、そのやり方は互いに本質的に異なっているとされる。すなわち、一般的な規制がものごとの秩序を定義するのに対し、個々の規制は、特定の主体それぞれの法的な属性を定義するのであ

(71)　ロイドルトによるドイツ語訳。

る（このことはまた、主観的法の客観的法への還元不可能性をめぐる議論を反映しているのだが、その議論の枠内には収まらない）。ゴヤール＝ファーブルの論述は、総じて、論理主義と形式主義に偏る法理論の傾向を全面的に拒否することを目指している。(72) 数学と法をできるかぎり近づけたとしても、法的秩序の完全な形式化は不可能で、しかも不十分である。なぜなら事実的なものが還元不可能性である以上、公理化には限界があるからだ。「われわれは、事実が置き換えることも消し去ることもできない役割を持っていることを認めねばならない」(73)（Goyard-Fabre 1972, 235）。

（二）法の権威と有効性、あるいは法的な意識と志向性について　前節で論じられていたように、形式主義は、生きている法をその「骨組み」と取り違えている（Goyard-Fabre 1972, 239）。これに対して、法の任務は実践的なものである。したがって、法的義務づけの概念を介して示される法の実効性に注意を向けなければならない。そこでゴヤール＝ファーブルは、法的な義務づけと制裁という概念対を中心的な認識論的問題とみなす。彼女によれば、法的命令と法的義務づけを等置するのはやめたほうがよい。なぜなら、義務づけが法的なものの唯一の目印だと言い張ることの内には、しばしば根本的な誤解が存しているからだ。(74) むしろ法的義務づけが担っているのは、指令的な規範と具体的なものごとの照合である。なぜなら、義務づけは執行を含意しているからだ。「こうして、法的世界での義務づけは、法の文言そのものの中に、具体的なものごととの照合を導入する。法の規則が義務的であるということは、それが執行的だということでもある」(75)（Goyard-Fabre 1972, 249）。またゴヤール＝ファーブルは、ここに道徳的義務づけとの区別を見出してもいる。道徳的義務づけは、主観に直接に、私の内奥から（intimo meo）なされるが、他方で法的義務づけは、それとは別種の性格を持ち、具体的なものへの転換に関わっている。つまり法的義務づけは、独特の（sui generis）義務づけなのである。しかし、だからといって法的義務づけを無視した結果として出てくる制裁を、法的なものの本質的な特徴と解することはできない。むしろ彼女は、制裁という概念を、振る舞い行為の「法的公認（rechtliche Konsekration）」として理解している。それはつまり、制裁が関わるのがつねに抑止や処罰であるとはかぎらないということである。むしろ制裁は、行為をその価値において承認することにも関わっている（ここでゴヤール＝ファーブルは、フランス語の« *sanctionner* »が「懲らしめる」「処罰する」だけでなく「是認する」「許可する」等の多くの意味を持っていることを引き合いに出している）。法秩序を是認すること（*sanctionner*）はその不可侵性を承認することであり、違反を処罰すること（*sanctionner*）はその有害性に否定的な評価を与えることである。制裁には、こうした価値と評価の理念が内在している。ただし制裁がこれらの特徴を獲得できるのは、もっぱら法体系そのものからである。そうであるとすれば、制裁を経由して法的なものを定義しようとするケルゼンを初めとした理論家たちは循環論証に陥る。なぜなら制裁は、逆に、法を通じて初めて自らの特徴を受け取るからである。「法秩序の特徴そのものに依拠している制裁が、法にその特徴を与えることはできない[76]」（Goyard-Fabre 1972, 255）。むしろ制裁は、法によって企図され

(72) 次項では、まさにこの方向を採っているジャン＝ルイ・ガルディーの構想が紹介される。それにより、フランスの法現象学においてもこの相違がいかに大きなものであるかが分かるだろう。
(73) ロイドルトによるドイツ語訳。
(74) この批判は、まさに直接にアムスレクの主張に向けられている。
(75) ロイドルトによるドイツ語訳。
(76) ロイドルトによるドイツ語訳。

組織化された、法秩序の目的（正義、社会的平等、法の安定性）を満たすための手段なのである。したがって制裁は、本来、義務づけの相関項として理解されねばならない。この意味においてゴヤール＝ファーブルは、形式主義に対置される法的実践の理論を信奉している。というのも、実践が理論的側面を持つのと同様に、理論は実践を反映せねばならないからだ。したがって、純粋に概念的なアプローチは、単に事実確認的なアプローチもろとも退けられ、包括的なアプローチに道を譲る。ここでもまた明らかにメルロ＝ポンティを念頭に置きつつゴヤール＝ファーブルが述べるところによれば、重要なのは抽象あるいは印象ではなく、表現の領域である。法は純粋な思想でも単純な技術でもなく、ロゴスでもなければ、感性的なものへの単なる働きかけでもない。法律の文言はそれ自身を反映しているのではなく、生へと差し向けられている（これを、対象の内に「没入している」意識の志向性と比較することもできる）。法律の文言は、いわば自分自身から解き放たれ、行為において外化される。――それこそが法的なものの執行の権力あるいは効力なのである（Goyard-Fabre 1972, 261参照）。それと同じように、法的実践も、表現に他ならない。それはつまり、法の表現、法の意味の表明、法の本質の外化なのである。このことが、さらにまた、義務を課すという法の性格、すなわち義務づけを成立させている。よって義務づけは、執行権力と対になっているのである。したがって、法の意味は、その「魂」として、いつもすでに法的実践の内で受肉している。「法の実践形態は、いつも法の意味の表現なのであり、法の意味が受肉したものなのである」[77]（Goyard-Fabre 1972, 261参照）。ここには、メルロ＝ポンティと、そして生活世界の現象学によって自らの方法を特徴づけていた後期フッサールへの接近が明らかに見てとれる。

法的なものは、意識でもなければ経験でもなく、メルロ＝ポンティが述べているように、「世界内に存在する精神」なのである。それは諸事実の間に広がっており、経験のすみずみに行き渡って現前している。振る舞い方は、［法的なものによって］変化する。法的な概念や指令は見失われるが、人間の生の意味として再び見出されるのである（Goyard-Fabre 1972, 262）[78]。

（三）法秩序の意図について　ここで初めてゴヤール＝ファーブルは、第二部の主題を明言する。それはすなわち、意識の統制的関心および秩序への欲求である。なお彼女によれば、この欲求は「文化」と同じものだとされる。ただし現象学的分析を行う際に、われわれは、このテーゼを純粋な合理主義へと帰着させることを回避できる。というのも、取り扱われているのは変化しつつある、あるいは生まれつつある秩序なのであって、決して全面的な秩序ではないからだ。「法秩序は、決して全面的な仕方で秩序であるわけではない。法は決して純粋な正しさではなく、矯正の絶え間ない努力なのである」[79]（Goyard-Fabre 1972, 274）。法意識は常に生活世界という地平を伴っており、そこに自らの内容と傾向を見出す。よって法的な綜合とは、調整された思想である。それは経験の所有ではなく、経験の再構築、あるいは秩序の構築である——そのようにして、全ての法に内在する目的論も明らかになる。法的世界が生活世界に関係する仕方は、秩序が自発性に関係する仕方と同様である（Goyard-Fabre 1972, 271 参照）。結局のところ、法的なものへの欲求それ自身が表しているのは、人間における理性なのである。「世界-への-存在を他者との共存と

(77) ロイドルトによるドイツ語訳。
(78) ロイドルトによるドイツ語訳。
(79) ロイドルトによるドイツ語訳。

して秩序づけることは、人間の理性の最深部にあるものによって求められている、人間の使命である」[80](Goyard-Fabre 1972, 274)。

4 法的なものの本質から意味へ
――法的なものの超越論的現象学、法的なものの精神と精神における法的なもの

前節では、法的なものの客観性から法意識への遡行が企てられた。ゴヤール゠ファーブルは、彼女の著作の最終章において、いよいよ法的なものの「最終根拠」と「起源」(Goyard-Fabre 1972, 282)へと迫る。これは、以下の二つの議論によって成し遂げられる。すなわち(一)法的なものの超越論的基礎を明らかにすることと、(二)最後の一歩として、目下の場面においても、ケルゼンの純粋法学の理論的な不徹底さを、超越論的なアプローチとの比較によって示すことである。

(一)法の原理から法の基礎へ　法の原理は、指導的(法律学的)か、基礎づけ的(哲学的)のいずれかでありうる。志向的認識論の示すところによれば、精神の秩序づけの意図は法によって表現されており、それゆえ各々の法的組織の根底には思考のアプリオリな方向づけが存している。したがって、われわれが法秩序を単純に構成されたものとみなすことはできないし、法秩序が単に(内世界的に)構成されることもありえない。むしろ法秩序はその形式的な原理を、精神そのものの構成活動の内に有しており、それゆえ秩序づけるものは、法秩序の起源であると同時に達成目標でもある。「したがって精神の超越論的立法は、全ての法的仕事の基礎である。そして超越論的意識が、その究極の源泉なのである」[81](Goyard-Fabre 1972, 291)。

このとき、意識の基礎的な規範性は、カントの言う意味での「理性の事実」であるとされる（Goyard-Fabre 1972, 294参照）。すると今や問題となるのは、この自我論的な、主観から発する超越論的立法がいかにして実証的な間主観的立法になるのか――すなわち、この秩序づけの原理の外化がいかにして間主観的に達成されるのかということである。ゴヤール＝ファーブルは、フランスの現象学者ミケル・デュフレンヌを援用しながら、そのような運動をコギトによって説明している。ただしここでのコギトは、もはや人称的なものではなく、非人称的で自己を欠いたものとして考えられている。そしてさらに、このコギトにおいては、「私は考える」から「私はできる」への移行がなされるのである（Goyard-Fabre 1972, 295参照）。このようにして法は、歴史と同じように文化的相貌を保持し、超越論的な単独態であるにもかかわらず基本的な共存を示すという人間意識のパラドックスを実現する。このような「人間の条件」も、やはりまた基礎的な二義性を含み持っている。組織し、構成する精神の力は、生活世界における具体的な実在の内に登場する時にのみ、共存の事実性として提示される。このことの内にも、まさしく前述の二義性が示されているのである。ここでは最終的に、人間の偉大さと有限性、文化の能力と無力、法的なものの権力と限界が、互いに入れ替わりつつ露わになっているのかもしれない。

（二）実証主義の幻想について　ゴヤール＝ファーブルによれば、法についての現象学的批判は、超越論的主観性がその実現の有様においては結局のところ間主観性であるということを示す（これは、フッサール

（80）ロイドルトによるドイツ語訳。
（81）ロイドルトによるドイツ語訳。

からの引用に依拠している)。ケルゼンの一元論的な実証主義は、超越論的なものに対して無知であるがゆえに、存在と当為という二領域を共通の能力へと遡行させる綜合的な側面を見失っている。確かに、根本規範を最も外面的な法形式として把握するというケルゼンの意図は、方向性に関しては正しい。しかし彼は純粋に形式的なカテゴリーに留まっている。そのような形式は、「妥当性の仮定」を提示しているだけであり、この形式の権利問題に迫ることは決してない。それゆえケルゼンは、一方では法的なものの両義性を捉え損ない、他方では、もともとの主張に矛盾すること——規範の形式的妥当性は法的なものを例外なく特徴づけているわけではなく、実効性(制裁)という実用的な概念によって補完されねばならないということ——を認めざるをえなくなる。そこでついにゴヤール゠ファーブルは、「法の精神は精神の法である」(Goyard-Fabre 1972, 310)という中心的テーゼに到達する。このテーゼには、人間学的な考察や倫理学的な考察もまた結びつけられる。規範的なものへの関心は人間の特権であり、文化の源泉である。ここで扱われているのは、反省以前に、どんな思考にも先立ってすでに登場し、全ての思想に打ち消しがたい刻印を残しているような原初的経験である。そこには、人間存在への倫理的な要求も存している。人間存在は、間主観的な、したがってまた法的な秩序を実現しなければならないというわけである。最後に彼女は、カント的な(そしてフッサール的な)抗弁によって同書を締めくくっている。そこにおいては、こうした連関から締め出されたままの実証主義の幻想が退けられ、人間の客観的共同性の純粋な源泉を提示しようとする「理性の要求」(Goyard-Fabre 1972, 313参照)が認められる。もしかすると、こうしたことは実証主義の明晰さに比すれば曖昧なものだと言う人がいるかもしれない。しかし超越論的なものの深みに由来する曖昧さは、それへの無知に由来する明晰さよりもはるかに選好されるべきである。

「結論」においては、秩序としての法的なものについての超越論的な思想が生き生きと現実化してゆく際の、非合理的なものから合理的なものへの目的論が再び強調される。超越論的主観性は、間主観的であり、かつ法的性質である。よって、「法の超越論的現象学は、人間の法的な間‐主観性を秩序への基本的欲求によって説明する。この欲求は完全に鎮まることはなく、直接に生に課されている」[83]（Goyard-Fabre 1972, 322）。そしてこの秩序づけへの基本的で超越論的な欲求は、ついには人間の人間性をも形づくっているとされる。

規範的なものは、「実定法」を制度化するために生活世界において具体化し、こうして実定法は、その本質的な両義性、還元不可能な二元性を露わにする。同時に人間は、文化的活動を通じて、人間性を断念しないかぎりは無秩序を是認することができないということを示す（Goyard-Fabre 1972, 323）[84]。

ここでヴァルデンフェルスは、正当にも次のような懸念を示している。彼が著作の中ですでに批判的に注記しているように、法の発生論は、全ての法的なものの意味創造の源泉として法的でないもの（das A-juridische）を参照するがゆえに、次第に強まってゆく秩序思想とは折り合わない。「この具体的アプリオリの理論は、明らかにハイデガー、メルロ＝ポンティ、デュフレンヌと結びついており、コギトの基礎的な「法的性質」がさまざまな種類の法領域で具体的な形をとっているという事態から出発する。そのよう

（82）ロイドルトによるドイツ語訳。
（83）ロイドルトによるドイツ語訳。
（84）ロイドルトによるドイツ語訳。

な理論を、研究の要石となっている普遍的アプリオリの超越論的理論と合一させることは困難であるはずだ」(Waldenfels 1987a, 456)。研究の最後を飾るのは秩序と無秩序という言葉であるが、「これらの言葉は、フッサールを、そしてまたライプニッツを思わせる」(Waldenfels 1987a, 456 邦訳五一四頁)。そうである以上、両義性は結局のところ統一性という超越論的な形象において均一化されてしまうことになる——こうしたヴァルデンフェルスの批判は、秩序づけの要素の本質的な未完了性を指摘してやまないゴヤール゠ファーブルの意図には決してそぐわないとしても、やはり的を射たものであるように思われる。このヴァルデンフェルスによる批判的な注記によって本節を締めくくることにするが、同時にそれは、後の節で論じられる秩序と無秩序についての新しい思想をほのめかすものでもある(第二部第二章第三節第四項参照)。「法の世界が二元性の法則のみならず「両義性の論理」にも従っているのだとすれば、「秩序が存在する」という命題を、唯一の秩序の要求にまで高めるわけにはいかない。そんなことをすれば、諸関係は実際のあり方よりも一義的になってしまうだろう。ということは、法の精神はつねに野生の精神のようなものを内に有しているのではないか? そして全ての規則は、それを飼いならすことによって公的規定へと転化するのではないか?」(Waldenfels 1987a, 456 邦訳五一四頁)

第三項　ジャン゠ルイ・ガルディー『道徳と法の合理性についてのアプリオリな基礎』(一九七二)

「アプリオリな基礎」という言葉によって示唆されているように、ジャン゠ルイ・ガルディーの著作は、すでにその題名からして、法現象学に関するライナッハの主論文「民法のアプリオリな基礎」を念頭に置いている。ガルディーがライナッハから受け継いでさらに展開した企てとは、義務と法の領域に固有の合理性を解明する理論についての構想である。とはいえガルディーの見るところによれば、ライナッハの現象学的な本質直観という方法の中には、誤った思考へと導きかねない傾向がある。それゆえガルディーによれば、そのような傾向は形式的・様相的な論理学の精度を高めることによって補完されねばならない。(85) そこでガルディーの著作は、義務の様相論理(86)と現象学的な本質分析を結合するという、新奇なものとして

(85) この思想傾向のさらなる代表者は、ガルディーの著作の序文を書いてもいるジョージ・カリノフスキーである。第二部第二章第四節第五項3の文献リスト、およびヴァルデンフェルスの以下の発言を参照。「ポーランド出身の学者ジョージ・カリノフスキーは、形式的な、あるいは特に義務論理と法論の架橋に主として携わっている。そして彼は、『規範の論理』(1972)において、フッサールを規範論理学の先駆者として評価しており、フッサールの初期の『論理学研究』を批判的に検討している」(Waldenfels 1987a, 453 邦訳五一〇頁)。

(86) 義務論理とは、当為の論理、あるいは義務づけや認可などの規範的な命題と概念についての論理である。規定された義務論理は、そこにおいてそれらの概念が形式的に表現されるような形式的体系である(通常は、OAがAすることの義務づけを表し、PAがAすることの認可を表す)。すでにインド、古代ギリシア、および中世において、義務に関する諸概念の形式論理的な関係が取り扱われていた。なお近代の義務論理は二つの伝統に遡り、その内の一方はライプニッツ、他方はベンサムによって基礎づけられた。例えばライプニッツは『自然法の諸要素(*Elementa juris naturalis*)』という著作において、*licitum*(認可されている)、*illicitum*(禁止されている)、*debitum*(命令されている)、*indifferens*(どちらでもよい、中立的である)の間の関係が、*possible*(可能的)と*impossible*(不可能的)、*necessarium*(必然的)と*contingens*(偶然的)の間の関係に等しいことを明らかにした。またアレクシウス・マイノングの弟子であるエルンスト・マリーは、『当為の諸原則(*Grundgesetze des Sollens*)』(1926)において初めて義務論理の形式的体系を提案した。しかし義務論理の最初の重要な体系は、G・H・フォン・ウリクトによってようやく展開された。フォン・ウリクトは、「義務的(deon-

提示される。こうした結合は、現象学的直観の内容と論理学的・推論的に構築されたものの間の相互調整という発想に支えられている（このことは同時に、彼が数学・論理学・意味論・法哲学・法社会学に精通していることを証し立てている）。法現象学入門という意味で、私がこの短い論評の中で立ち入ることができるのは、もちろん現象学的な要素だけである。しかしそれらの要素は、同書の全体的な構想にとって重要なのである。

1　義務の代数学（論理学の部）と具体的義務論（現象学の部）の構想

ガルディーの著作は、二つの部と序論から成っている。序論においては、法哲学上のいくつかの基本的な問いが投げかけられた上で、法理論的、論理学的、そして学問的発展の歴史が概観され、それらを自らのテーマとしている。それに続く第一部は、同書の論理学的部門であり、「義務の代数学」を構想している。ジョルジュ・カリノフスキーが序文で説明しているように、そうした構想にとって問題となるのは、あくまで「実践あるいは義務の幾何学」、より正確に言えば「法の幾何学」を完成させることであって、それ以上でも以下でもない。われわれの経験の根底に存している現実は二重になっている――すなわち物理的かつ実践的である。そして重要なのは、ちょうどユークリッド幾何学が（ヒルベルトにまでいたる進歩の中で）空間のアプリオリを展開したのと同じように、この実践的合理性を展開することである。こうした幾何学の方法による法哲学（同書においては、具体的には、六角形や八角形の図表によって、それが幾何学的方法によっている所以が明らかにされる）は、公理に従った法学の構築を目標にしている。そのための第一歩としては、義務づけるもの、禁止されたもの、許可されたもの、自由選択のものの間の論理的関係が説明される。そして次のステップにおいては、義務に関するこれらの概念と、様相に関する概念――必然的なもの、不可能なもの、可能なもの、偶然的なもの——との論理的に可能な関係の全てが提示される（Gardies, 1972, iii を

tic)」という英語を初めて導入した。それ以来、多くの哲学者および情報学者がさまざまな義務論理の体系を展開してきた。それにもかかわらず義務論理は、論理学にとって異論の余地のある部分領域の一つに留まっていた（Hilpinen 2001, Kutschera 1973 参照）。

(87) 概して、ライナッハの本質直観的な現象学についてのガルディーの関心は、ヒルベルトによるユークリッド幾何学の公理化によって大いに刺激されているように思われる。「それまで幾何学は、とても強固に直観性に結びつけられており、依然として本質的にはユークリッドに端を発するものであった。ヒルベルトの努力は、そうした幾何学を可能なかぎり完全な仕方で直観の世界から切り離し、純粋に公理的に基礎づけることであった。ヒルベルトおよび同時代の数学者にとって、そのような公理的な基礎づけはどうしても必要であるように思われていた。なぜなら以前に使われていた直観世界に由来する諸概念は、必然的な数学的精密性を持っておらず、その上に建てられた幾何学という数学的建造物は、「おぼつかない支え」に立脚しているように思われたからだ」(http://de.wikipedia.org/wiki/David_Hilbert)。それと非常に似た仕方で、ガルディーはライナッハの法現象学の公理化に努めているように見える。またライナッハに対するガルディーの批判は、主として、ライナッハを誤らせた不確実な直観主義に向けられていた。これについては、カントグレイユの論文（Cantegreil 2005）も参照されたい。「三角形はそれ自身とは別の何ものにも還元されないとはいえ、公理や公準を前提している。そして非ユークリッド幾何学とヒルベルトの分析によって、それらの公理や公準の恣意性が明らかになったのである。それと同じようにガルディーは、約束が、何らかの不確実性や不安定性に対するいくぶんかの不信を想定している以上、時間と人格を前提しているということを示している。したがってライナッハとは反対に、ガルディーは、諸制度（制度化）へのある種の依存という名の下で、約束の普遍性を制限する。それらの制度は、人間の条件に相関しているため、ほとんど経験的でないように思われる。法的なもののアプリオリな根幹についてのこうした探究に導かれて、ガルディーは、よく知られた実定法を公理化するに至る。それはちょうど、ヒルベルトがユークリッド幾何学に対して行ったのと同様である」（Cantegreil 2005, 107f. ロイドルトによるドイツ語訳）。

参照)。

現象学の体裁をとった同書の第二部は、フランス語圏において初めてライナッハの諸著作に取り組んだものであり、また、それらの著作を初めて義務論理の文脈に置き入れてもいる。義務論理は、ライナッハの現象学的な直観主義と実在論的な本質主義とを一定の方法によって実り豊かな仕方で結合するはずだというわけである。ガルディーはこれを——「民法のアプリオリな基礎」における論の運びに従って——約束、契約、債権(法的請求など)、責務についての、さらには主観的・客観的権利と財産を持つ「道徳的人格性」についての具体的分析に関して行おうとしている。「具体的義務論の概要」と題されたこの第二部において、ガルディーは、「可能世界」についての論拠を与えることによって、第一部の様相論理的な考察を、最小限の仕方で存在論的に具体化することに関心を持っている。ただしその際には、同書序文の二人目の著者のミシェル・ヴィレーが述べているように、ライナッハの直観主義を背後に退けてもっぱら推論的な分析を優先するという傾向が、再び際立ってくる。

2 学問の歴史において実践的領域の合理化は疎かにされてきた

「行為の社会的諸条件のアプリオリ」(Gardies 1972, 9参照)を展開するというガルディーの計画は、まず、そのような「当為のアプリオリ」がわれわれの経験の与えられ方といかに結びつけられることになるのかという問いに逢着する。われわれの経験の地盤である存在からではないとすれば、一体どこから当為を導くべきなのだろうか。さらには、ヒュームがすでに示した通り、そのような〔存在から当為を引き出す〕推論をなしえないのだとすれば、失敗はすでに目に見えているのではないか。こうした疑念に対するガルディーの反論は、疑念の最初の部分〔経験の地盤〕に関わるものであり、現象学的な経験概念に依拠している。すなわち、われわれの経験の秩序における当為の現前を否定することは、経験的態度の特徴なのである。ガルディーによれば、そのかぎりにおいて、あらゆる規範性を排除する事実的なものについての一次的経験などというものは「知性の神話（mythe intellectuel）」（Gardies 1972, 15）である。というのも、学問的反省の常套句として通用している通り、「事実」なるものは経験の一次的要素ではなく、分析あるいは理論的作業と抽象化の成果であるからだ。したがって「日常的」経験は、理論的・物理的経験であるのとちょうど同じように実践的・道徳的経験でもある。つまりそれは、存在の根本経験と同じように当為の根本経験でもあるのだ。この事態に対する自然法論者の無知と素朴さは、根本においては、実証主義者や経験論者のそれと同様であった。なぜなら自然法論者は、まさに同じように、人間的存在という意味での人間的本性についての純粋な記述を行う（そして、しかるのちにそこから当為を引き出す）ことができると申し立てていたからだ。しかし、例えば約束を自然主義的・心理学的・客観主義的に記述するならば、約束という概念の中にその義務の論理として含まれているさまざまな道徳的・法的な規則をそこから引き出すことは、そもそも不可能になってしまう。

ガルディーによれば、何よりもヨーロッパ的な自然概念や学問概念の展開によって義務の領域が無視されることになったのである。特に義務論理の発見を妨げてきたのは、「純粋な存在」あるいは「単なる経験的な事実性」として構築された自然概念である。義務論理に関しては、最も古いところではローマ法をあげることができる。なぜならローマ法は、「合意は守られねばならない（pacta sunt sercanda）」「寄託物は返還されねばならない（depositum est reddendum）」（Gardies 1972, 216参照）等の諸原理を用いて、古代ギリシア人による幾何学の仮定的・演繹的な設立に比せられうるような仕方で、義務の合理性の意味を創設しようとしていたからである(Gardies 1972, 168参照)。確かにマックス・ヴェーバーやマルセル・モース等の著述家たちは、そこに西洋社会の合理化の大きな進展を見てとっている。しかしガルディーによれば、彼らは社会学的な視点に立脚していたために、この企図の認識論的な重要性を見抜くことができなかったのである。

3 具体的な義務論——ライナッハとの結びつきと批判

同書の第二部、すなわち「具体的な義務論」を構想するはずの現象学の部への移行が、さしあたりは方法に関して正当化されねばならない。なぜなら一見すると、二つのアプローチ——一方では純粋に推論的な、他方では純粋に直観的なやり方——は、互いをきっぱりと拒絶しているように思われるからである。しかしガルディーは、まさにこれら二つの方法を結合することの重要性を強調する。なぜなら様相論理は可能性一般をあらかじめ描き出すが、これに対して現象学は、具体的な志向的対象を記述するからである。あるものが論理的に任意であるということは、それが現象学的にも任意であることを意味しない。このことは、具体的な義務の構造にとっていくつかの帰結をもたらす。そのかぎりで、論理的アプリオリと現象学的アプリオリの内のどちらか一方を他方に還元することはできないのである。

この点においてわれわれは、志向的対象の直観を論理的構造と対比するためにその直観に回帰し、それが論理構造と一致していることを確かめるために、その直観を選択された要請から導出することを強いられる。このような対比をしないかぎり、われわれはただ空想的な、つまりわれわれの経験の地盤と一致していないような論理学を展開してしまいかねない。整合的な代数学を展開するだけでは十分ではなく、それがわれわれの直観を取り入れることができることを示さねばならない（Gardies 1972, 160）。(88)

したがって現象学的直観への回帰は、少なくとも当面は、法が「諸制度」すなわち計画的配置（例えば約束、契約の制度等の設立）(89)として指示しているものを、還元できない本質性として受け入れることに繋がる。これらはイデア的対象として理解され、さらにその上で、それらがいかなる点で純粋な（論理的な）知性に対立するのかが吟味される。しかしこの「暫定的プラトン主義」は、決してあらゆる還元主義の拒絶ではない。そうではなく、暫定的プラトン主義のおかげで、どのような論理的還元／抽象が対象に当てはまるかについての正しい道筋が示されるはずなのである。(90) よって、ライナッハの言う「幾何学」の「公理

(88) ロイドルトによるドイツ語訳。

(89) ドイツ語圏の法学において、「法制度」は、特定の法関係あるいはある生活事象を規制する規定の総体として理解されている。そしてカール・シュミットによれば、そこでは、（裁判権、職業的官僚制、地方自治などの）公的な「制度保証」と（婚姻、所有権、相続、私立学校などの）「私法的な制度保証」とが区別される。しかし、ガルディーが「制度」という語を使う時に念頭に置いているのは、より広い概念であるように思われる。なぜなら彼は、例えば「約束制度」について語っており、それによって、社会におけるそのような義務論的構造を持った法的かつ／または道徳的な「仕組み」のことを考えているからである（これによって彼は、イデア的対象に関して、その歴史性を強調したフッサールの解釈に従っており、ライナッハの実在論的な解釈には従っていない。この点については本節第四項も参照されたい）。「約束が社会的な現実存在を有しておらず、われわれが約束と呼んでいる制度を誰も考えついたことすらないような社会をきちんと思い浮かべることは可能である」（Gardies 1972, 182）。

化」という計画が、再び前景に出てくる。この「幾何学」は、約束を、確かに他の何ものにも還元されないが、それでもやはり構成要素に分けることでうまく説明されうるような基礎的な統一体として把握するのである。このとき判明するのは、例えば、この「幾何学」の公準は、人格と特定の時間という概念と、失敗に終わった言語行為を含意しているかぎりにおいて、間接的には慣習的なものであるということだ。それにもかかわらず、公理化は慣習的な公準を用いる場合にも可能である。ただしその場合には、(慣習を本質とみなす)実在論的現象学のアプローチにおいて誤ってそう考えられているように、公準が異論の余地なく与えられているわけではない。したがってガルディーは、ライナッハの認識を「様相化」しており、それによって、実在論的現象学の諸問題を避けている。(91)

次にガルディーは、ライナッハのやり方を方法的手引きとして参照し、そこに約束、債権、主観的法、財産についての、より発展的な自分の分析を結びつけている(ただしこの分析は、前述のように、どちらかと言えば推論に沿って進行しており、部分的にはとても正確な、言語分析的な性格を有している。とはいえそれは、確かにライナッハの出発点が、すでに同じように示唆していた通りである)。ここでの主題は、何よりまず、ライナッハのアプリオリな法学と実定法との関係でもある。ライナッハは実定法を偶然的なものとして記述しているが、その理由は、彼によれば、本質関係が存在や当為を「命題」として記述するのに対して、実定法は当為を「規定」として定立するからである。ここでガルディーは、ライナッハの議論に口を挟み、さらにそれに続けて、ライナッハが自らの研究計画の含意を――彼を誤った方向に進ませる直観主義のせいで――正しく認識しなかったとして彼を批判する。ライナッハは、実定法が本質規定(彼はこれを「アプリオリな法論」の中で、約束の本質から導出する)に沿って動いているか、それに反して動いているか、その埒外で動いているかのいずれかであるという前提から出発する。これに対してガルディーは、アプリオリな法論の内部での区別をはっきりさせた上で、次のような結論に達する。すなわち、いくつかの要素は「法学的／法的な合理性」一般に属しており、したがって全ての法は必然的にそれを遵守せねばならない（ちょうど空間上で

---

(90)「おそらく、純粋に論理的な形式化を達成することは、本質の具体的な分析に満足するよりも良いとされるべきである。しかし歴史上の先駆者たちがはっきりと示しているところによれば、代数学への道のりにおいては、事象内容を含んだ論理的構造の記述は一つの段階をなしているのであって、それを省くのは無謀であるとされる」(Gardies 1972, 159)。

(91) これについても、やはりカントグレイユを参照。「約束は、さらにそれを何か他のものへと差し戻すことができないという意味で、「第一本質」である。しかし、だからといって、それが一定数の要素を前提していないわけではない。確かにそれらの要素は、間接的には慣習的なのかもしれない。しかしガルディーが示しているように、〔約束のために〕表明された文は、必ずいくつかの公準から導出されている。そして、それらの公準自身は、何らかの形式の慣習に由来するわけではない――これこそがガルディーの議論の要点なのである。これにより、われわれは法の公理系を展開することができる。より正確に言うと、それは、「想像的」なものとして妥当しうる法の集合からなる公理系である。つまりそれらの想像的な法は、何らかの具体的な実定法にも、その根底に存している、ライナッハの言うようなアプリオリな法にも矛盾していないのである。公準を単に入れ替えることによって、ガルディーは、こうした仕方で全く新しい法体系の基礎学科を展開することに成功する。この成功に促されて、彼は、最初にわれわれの法制度の「必需品」すなわち基本要素（嘘、誤解、意図的あるいは非意図的な見せかけの可能性を含んだ理性的なコミュニケーションの能力を備えた人格の複数性など）を画定することになる。こうしてガルディーによって提示された〔基本要素の〕全体は、単純な組み合わせによる計算を可能にしてくれる完全な枚挙のための素案となっている。そしてそのような計算によって、全てのアプリオリに可能な法体系のリストと定義が用意されるのである。こうした想像的なものへの移行は、〔実定法の形成のためのいくつかの要素が論理的に可変的であるかぎりにおいて、〕アプリオリな法に対する実定法の部分的な独立性をうまく説明している」(Cantegreil 2005, 109)。

の作図が幾何学を遵守せねばならないのと同様に）が、他の要素は任意であり、したがって他の要因によって規定されうるのである。

確かにライナッハは、義務の領域をそのようなものとして認めていた。しかし彼は、全ての還元主義を退ける過程で、以下の二通りの還元を混同してしまっている。第一は、何か別のもの――例えば心的作用（心理主義の場合）や、意志の表明など――へと義務に関する対象を還元することである。そして第二は、自律的なものとして承認された秩序の内部で、その秩序の要素の不可欠な最小部分へと〔他の要素を〕還元することである。これは、残りの部分がいかにしてそこから導出されるかを示すために行われる。第一の還元が（ライナッハもまたそうしたように）厳しく拒絶されるべきだとしても、第二の還元は、直観主義の餌食とならないために、（ライナッハはそうしなかったのだが）遂行されるべきかもしれない。これに関して、ガルディーは、主として以下のような論証を拠り所にしている。

ライナッハが、アプリオリな命題が必然的に約束等の本質から導出されるという点を強調しているとすれば、このとき彼は「必然的」という語を、自分では意識していなかったとしても二義的な観点で用いてしまっている。（一）「必然性」という語の最初の第一の用例は、絶対的必然性を表している（Gardies 1972, 222参照）。そのような絶対的に必然的な命題の例としては、「約束は義務づけをもたらす」や「約束は撤回されえない」等がある。これらの必然的命題は、全ての矛盾した命題が排除されているという仕方で、約束という概念から導出される。（二）これに対して「必然性」という語の第二の用例は、たしかに本質から必然的に出てくるが、だからといってその反対が排除されるわけではないものを記述したり、本質から必然的に出てくるわけではないが、だからといってまだ不可能ではないものを記述したりしている（Gardies 1972, 222参照）。その例としては、「約束された側はそれを断念することができる」や「約束は第三者に対してはいかなる義務ももたらさない」等である。これと類比的な例を幾何学の中からあげるとすれば、三角形の本質は、三角形が赤あるいは青であることを含意していないが、それを赤あるいは青として思い描くことを妨げるものは何もないということである。同じように、約束が第三者に対する義務づけを伴っているという状況を思い描くことを妨げるものは何もない。ただしそのような状況が、約束の本質の内に含意されているわけでは決してないのである。するとこれによって、実定法と法的なもののアプリオリな基礎との本来的な関係もまた記述されている。そのような関係を、ライナッハは、直観主義を徹底しすぎたために見落としてしまったのである。厳密な意味での必然性（一）は、全ての任意のものの境界をしるしづけており、全ての法もまたそれを遵守しなければならない。これに対し非 - 必然性あるいは可能性（二）は、実定法の形成に際して、そのつどさまざまな仕方で形づくられうる領域である。するとそこでは、「別の合理性」が効力を発揮することになるだろう。それは例えば、法においては、まずもって平等と合目的性という二つの基本理念である（Gardies 1972, 183参照）。それらの理念は法を望ましいものとして現出させることができるかもしれないし、約束においては、第三者にとっての義務をも有効にさせることができるかもしれない。

もちろん原理的には、約束[92]からいかなる義務づけをも導出せず、原理的な撤回可能性を認めるような法体系を思い浮かべることも可能である。しかしそのような法体系は、「約束という法制度」そのものを崩壊させてしまうだろう。そのかぎりにおいて、法制度（約束、債権など）一般を、そのようなものとして初

(92) あるものごとがいつ約束として妥当するのか、つまり約束が「法制度」として妥当するためにはいかなる条件を満たさねばならないのか——こうした問題は、実定法の創造的な可能性の領域に属している。

めて法的実践の中で可能にするのは、何らかの普遍的で必然的な諸条件なのである。それらの条件が与えられなければ、法制度というものもまた存立しえない。「法的・道徳的合理性のアプリオリな基礎」が示しているのは、創造的な可能性とは区別されるそれらの必然性である。このことはちょうど、ユークリッド幾何学が空間の法則を明示しつつ、他の可能性（色の可能性など）を未決定のままにしておくのと同様である。ライナッハはこれらの論理的区別を、彼の直観主義によって覆い隠してしまった。なぜなら、この直観主義によって、全ての本質的特徴（それが厳密な必然性と単なる可能性のいずれに結びついているかにかかわらず）は断定的なものとして提示され、あまりにも性急に、断定的なものから必当然的なものへと移行させられてしまうからだ。様相論理において知られているようなさまざまな必然性の度合い意識されていない以上、直観主義は混乱に陥らざるをえない。ガルディーは、こうした混乱を、様相論理と本質直観を組み合わせることによって取り除こうとしている。

4　具体的な義務論および生活世界の普遍学

ガルディーは、現実性に対する可能性の優位を強調するとともに、可能的な義務の世界を、アプリオリで実在論的な核を備えたものとしてというより、むしろ組み合わせによるものとして理解している(93)。これにより、彼が自らの具体的義務論において、ライプニッツとフッサールを結びつけようとしていることが明らかになる。こうして、生活世界の全ての可能性を生活世界の普遍学として把握するという発想が、彼の思想の前景に現れることになる。そのような普遍学は、自然科学的・物理学的領域においては、幾何学という意味において発展してきたのだが、まさしく義務の領域においては欠けたままであった。このことをガルディーは、『ヨーロッパ諸学の危機〔と超越論的現象学〕』におけるフッサールの診断と関連づけている。周知の通り、フッサールの診断の結論は、生活世界についての包括的な学問が展開されるべきだということである。「厳密な意味での事実学、すなわち真に合理的な自然科学は、自然の純粋数学を独立的に形成することによって初めて可能になる。したがって、どんな場合でも純粋な可能性についての学問が事実的な現実性についての学問に先行し、それにとっての具体的な論理学として働くのでなければならない」(Hua V, 143; zit. In Gardies 1972, 256)。ガルディーによれば、自然科学を成功に導いたものが何であったのかを知れば、同時に、道徳が全く成功せず、法が半ばしか成功しなかった理由が分かるようになる。なぜなら道徳と法においては、基礎づけの作業がなされていなかった——あるいは、例えばローマ法においてそうであったように、半分しかなされていなかったからだ。ちょうどフッサールが述べたのと同様の意味において、ガルディーもまた、そのようなアプリオリなものの発見の歴史性と創設(例えば幾何学の創設)を強調する。こうしたことは、アプリオリなものの発見の純粋な論理性と対立しているわけではないので

(93)「ガルディーは、このようにして、(あらゆる真理が普遍的な原理から導き出されるとする)古典的な合理主義および(アプリオリの中に隠れたアポステオリしか見ない)通俗的な規約主義を克服することで、「西洋的な法的普遍主義を構築するための歴史的研究」に貢献している。彼が示しているのは、ある種の議論の仕方によって理念的な対象の本質と結びついた規範を示すことができるということである。したがって、必当然性とは根拠のない信念であって、それが実定法とアプリオリな法との関係を曖昧なものにするかぎりで有害なものである」。「社会的作用に関する研究の持つ決定的な含意と言語行為の失敗を考えると、法律家がライナッハの実在論的な戦略から身を守る術はあるのだろうか。彼の戦略が別の道にも、つまり後期フッサールがたどった道にも十分通じていることを考慮するならば、この戦略から身を守ることはほとんど、いや全くできそうにない」(Cantegreil 2005, 109f.)。

ある。ただし、義務の構造と幾何学的な構造の平行関係には限界がある（Gardies 1972, 253参照）。本質的な区別は、後者が主観に全く依存していないのに対し、前者が行為に由来していなければならないという点にある。そのかぎりにおいて、われわれの実存状況は、直接われわれに法的なものについての非主題的な意識をもたらす。それは、後になって初めて顕在的にされ、可能的なアプリオリの地平において展開されねばならないのである。

したがってガルディーの目論見は――ゴヤール＝ファーブルの構想とは正反対に――「法制度」をその「骨組み」へと（Gardies 1972, 263参照）還元するという発想、さらに言えば、その義務的・論理的な骨組みを解明するという発想を擁護するものである。しかしガルディーが強調しているように、このことは、この基盤に立脚しつつも、根底にある義務の合理性をプラグマティックな要素によって補完しうるような別の形式の合理性が存在しないということを意味しているわけではない。

第三節　人権の現象学――他者性、応答性、正義

本節は、法現象学への導入をなす本書において、特定のテーマを扱う最後の部門である。そしてここでは、倫理的あるいは法批判的な視点をとるという点で一致している最新の諸論考が扱われる。この法現象学的な考え方は、哲学的なアプローチを起点にすることで自己理解を深め、純粋に法学的なアプローチに抗して、法的なものの発生論についての包括的な反省を行う。(94) このとき現象学は、〔法学とは〕全く別の観

点の下で求められる。つまり現象学が求められるのは、倫理的なものと政治的なものについての経験の構造を際立たせるためなのである。このとき現象学は、諸々の秩序とそれらの間での選択と排除のメカニズムを分析するための道具として、すなわち規範に先立つ領域においてそれらの秩序が形成され存在する様子を記述するための形式として求められるのである。また現象学は、さまざまに変形していくにつれて、ますます形而上学批判として理解されるようになっている。「本質論」というアプローチは後退し、代わ

(94) これについては、ペトラ・ゲーリングの「法哲学」講義も参照。同講義の音声記録は、インターネット上で手に入る。そこにおいてゲーリングは、改めて対象に向き合って、フーコーの言う意味での分析的・批判的な視線を呼び覚ますような、法に対する新しい哲学的アプローチを支持している。「法という対象の特徴の一つは、法が、それを扱う諸学科の網の目を通り抜けてしまうということである。今日では法理学（Jurisprudenz）、つまり法一般についての広範な学問領域がある。それは、法学および多くの経験的部門（法社会学、法心理学など）からなる。そして法哲学も、縮小しつつもそれなりの仕方で存続している。ヨーロッパ大陸において、法哲学は法という対象にずっと向き合ってこなかったが、法律家たちが法律学上の必需品として――つまり既存の、あるいは遵守されるべき法のための予備的考察という形で――一種の法哲学を作り上げている。英米圏においてリーガル・フィロソフィーと呼ばれているものは、法の哲学であるというよりむしろ、実際のところは倫理学、論証の理論、あるいは政治哲学である。［…］実定法が悪者に仕立て上げられてしまって以来――挑発的な言い方をしてよければ――法律学的な法理論と社会学的な法理論の間の無風地帯に押し込められた扱いづらい対象を前にして、哲学は手をこまねいてきた。今日ではさまざまな学科の理論家たちがいるが、現代の法に関する事柄や、その機能と正体について、あえて基礎理論を作ろうとする者はほとんどいない。本講義は、より包括的な仕方で、哲学的に法に取り組むつもりであるが、ほとんど孤立無援である。それでもやはり、われわれはそれを試みる――つまり、法的なものがいかに存在しているかを理解するつもりである」。http://www.e-learning.tu-darmstadt.de/openlearnware/philosophie/einfuehrungstext_rechtsphilosophie.de.jsp〔現在は閲覧できない〕

りに経験の記述が、退去（Entzug）、意味の生起（Sinnereignis）、降りかかってくるという性格（Widerfahrnis-charakter）を追跡し、新たな主観概念を追求している。それゆえ本章の中心となるのは、「世界への気遣い」と、他者性あるいは異他的なものの倫理学である——さらにそれらに加えて、権力の分析が、法秩序の性格を批判的に解明し、その可能性を「正義」の実践との関連で問う。そして最終的に本章では、現象学を超えて脱構築や政治理論や討議分析のような新たな思考運動が扱われる。それらの理論的布置は、法現象学の「周辺部」として理解されるだけでなく、法現象学に対して将来の道を指し示してもいるのである。

第一項　ハンナ・アーレント——人権の現象学？

ハンナ・アーレントを人権の理論家として理解するというのは、すでにして彼女の著作を一風変わった視点から捉えることになる。のみならず、彼女を現象学的な人権の理論家として解釈しようとするなら、それはいっそう驚くべきことかもしれない。にもかかわらず、近年、二〇〇六年と二〇〇八年に公刊された二つの研究書が、いずれもそのような方向で議論を進めている。このことを手がかりとして、目下の文脈において、法現象学の新たな展開という枠組みの中でのアーレントの位置づけを、より正確に見定めることができるだろう。このとき一方で注意すべきなのは、人権というテーマが、はっきりと区切られたものとして、法の特殊な一領域をなしているということである。この特殊領域は、他の領域よりも密接に哲学的な基礎づけと重なり合い、しかも法律学的な結びつきが強いために国際的・政治的な構造にも深く関わっている。というのも人権は、長らく人間の尊厳に訴え、一国内だけの立法を越え出ることを求めてきたからである。他方では、二人の著者の「現象学」理解をはっきりさせておかねばならない。この理解に沿って彼女たちはアーレントのテクストを解釈しているのだが、それについて特に行き届いた説明をしているわけではないからだ。この点について何よりまず参照すべきはマルティン・ハイデガーの実存論的現象学であるが、フッサールの間主観性の理論も関連してくる。とはいえ、もちろんアーレントは、間主観性の理論を超越論的にではなく、世界‐政治的観点で展開している。そうするとアーレントが『活動的生』(1981, 英語初版1958／独語初版1960, 邦訳2015) において描き出した人間存在の根本条件は、現象学的に理解されねばならない。なぜなら同書は、「人間本性」を捉えようとしているのではなく、むしろ、まさにハイデガーが『存在と時間』で述べた意味での人間の実存論的条件に目を向けつつ、活動的であること (Tätigsein) の遂行様態を探究しているからである (Braun 1994参照)。それはすなわち、「労働」において遂行される「生命プロセス」、「制作」において表現される「世界性」、言論と行為において実践される(95)「複数性」である。そして最終的にアーレントは、「可死性」、すなわち古典的な人間の条件としての人間のはかなさと有限性に加えて、「出生」を「始まりであること」、それゆえに出来事的な自由という意味で「始めることができること」という実存疇 (das Existenziale〔現存在の存在性格〕) としてあげている。前述の世界、複数性、出生という現象学的・実存論的な根本概念は、ペグ・バーミンガムとセリーナ・パレクの二人が

(95) 実践《プラクシス》(*prāxis*) という概念は、アーレントにおいては、つねにギリシア的とりわけアリストテレス的な意味で読まれるべきである。それによれば「プラクシス」とは、その目的《テロス》(*télos*) を自分自身の内に有している活動のことである。他方で制作《ポイエーシス》(*poíēsis*) とは、その目的を自分自身の外に有している (Aristoteles 2006,『ニコマコス倫理学』第一巻参照)。

自分たちの議論の中で援用しているものでもある。「われわれはアーレントを人権の現象学者として理解し、彼女の属している知的系統や彼女が置かれていた知的文脈という背景に照らして、彼女のアイディアを検討しなければならない」(Parekh 2008, 69)。長らくアーレントは、もっぱら「政治哲学者」として読まれてきた。しかしドイツから亡命する以前のアーレントの知的特徴を重視する前述の読み方は、近年ますます広まりつつある[96]。

人権というテーマとの関連では——古典的な議論に従うと——いかなる意味において現象学的・実存論的に解明された根本条件が諸権利のための規範的基礎を提示することになるのかという問いが直ちに立てられる。この問いに取り組みつつも、それを部分的には退けるということが、(アーレントにおいてもレヴィナスにおいても)この新たな現象学的な人権思想の特徴をなす。バーミンガムとパレクの著作の批評者であるパトヒェン・マーケルは、このことを以下のようにまとめている。

> 大まかに言うと、両者とも、アーレントが人権を人間の「本性」の説明(つまり、ある種に属する全ての者が共有している特性の集合を用いた人間の特徴づけ)ではなく、人間の「条件」の描写(つまり、人間が世界に実存していることの基本的特性による特徴づけ)の内に根づかせているということを示唆している。そのような現象学的な基礎づけは、論理的演繹による強制力を持つわけではない。しかし、それにもかかわらずこの基礎づけは、人権にコミットすることがより広範に説得力を持ちうる人間像と調和する(そしてそれを支えとしうる)ことを示すことによって、人権へのコミットメントを強めるのに役立つかもしれない(Markell 2008)。

ところで、より仔細に両者の著作に立ち入る前に、（特に全体主義体制における）人権あるいは権利一般に⑼ついてのアーレント自身の見解について、まずもって概観しておきたい。そこでは、一見してはっきりと分かる仕方で現象学が用いられているわけではない。しかしセリーナ・パレクが説得的に論じているように、そこでは「徹頭徹尾」現象学的な視点がとられている。なぜならそこでは、体験と経験の次元に立脚しつつ、権利あるいは人権が何であり、特にそれがどのように現れるかということが記述されているからである。「アーレントは、人権を分析されるべき概念として捉えているというよりは、むしろ人権を持つということや人権を剝奪されているということを生きられた経験として扱い、それが何を意味するかを解明しようとしているのである」（Parekh 2008, 165）。こうしたアプローチは、権利、権利の根拠づけ、そして権利の確立を、（歴史的）経験の次元として理解する。この経験を出発点にすることによって初めて、それらの意味を問うことができるのである。そのようなアプローチにおいて、政治的次元と法的次元が密接に

（96）これについてはBenhabib（1998）、およびダーモット・モラン（Dermot Moran）を参照。「アーレントのアプローチの特色をきちんと理解するためには、それがひたすら事象そのものに回帰しようとする試みであるという点で、現象学的であるということに気づかなければならない」（Moran 2000, 292）。

（97）権利の根拠づけと立法についてのアーレントの考察は、とりわけ彼女の『革命について』（英語初版一九六三／独語初版一九六三）（1994, 邦訳1995）に見出されるが、本書ではそこに立ち入ることはできない。これに関する文献としては、エバ・ゴイレン（Eva Geulen）らによる『ハンナ・アーレントとジョルジョ・アガンベン』（Hannah Arendt und Girgio Agamben. Parallelen, Perspektiven, Kontroversen, 2008）をあげておきたい。同書はこのテーマに関するいくつかの論考（例えばEva Geulen, Marcus Twellmann, Friedrich Balkeのもの）を含んでおり、それらは政治理論における現代の議論にも関与している。

絡み合っていることは明らかであろう。

1　全体主義体制下での権利と法律――そしてそれ以降

『全体主義の起源』（英語初版1951／独語初版1955）（1986〔邦訳1972〕）の最終章「イデオロギーとテロル――新しい国家形式」において、ハンナ・アーレントは〔全体主義に〕特有のメルクマールに改めて焦点を当て、それを論じている。彼女は、このメルクマールによって、全体主義的支配を（アリストテレスの君主政／僭主政、貴族政／寡頭政、民主政／衆愚政というカテゴリーを越える）全く新しい支配形式として特徴づけている。アーレントの広範に及ぶ分析を手短にまとめることは難しいので、ここでは特に、全体を代表する部分（pars pro toto）としての権利に着目するのがよいだろう。そこで私は、アーレントの考察として、以下の三つを際立たせてみたい。これらは、彼女自身の権利思想と、全体主義的支配の下での権利の分析を特徴づけるものである。（一）正統性と法制定の源泉、（二）「運動法則」としての「歴史あるいは自然の法則」、（三）全体主義的支配とテロル。

（一）について　アーレントの議論の出発点になっているのは、ナチの絶滅収容所において最もはっきりと姿を現す全体主義的支配が、われわれの政治的、道徳的、さらには法的なカテゴリーをも粉砕したということである。このことは、とりわけ専制的支配は「無法なもの」といった古典的なカテゴリーが継承されながらも適用不可能になってしまうことによって明らかになる。確かにアーレントが認めているように、全体主義的支配も「原則的に、前からあった法（奇妙なことにこれを決して廃止しない）であれ、自分で公布した法律であれ、制定されているあらゆる法を犯す以上」「無法」であるのだ「が、決して恣意的なわけではない」(Arendt 1986, 947 邦訳3、二八六頁)。つまり実定法の代わりに登場するのは全能で恣意的な権力者の意志ではなく、「「歴史の法則」あるいは「自然の法則」である。つまり、高次の権威の具体的な形象化に他ならぬと自ら主張する実定法すらもそれを必要とし、その正統性の源としてつねに何らかの形で引き合いに出している、ある種の審級なのである」(Arendt 1986, 947 邦訳3、二八六頁)。したがってアーレントの論述によれば、全体主義的支配は、無法的・恣意的に振る舞うのではなく、むしろ逆に「権威の源」(Arendt 1986, 948 邦訳3、二八六頁)そのものに立ち返ることによって、全ての実定法が自らの権威をそこから初めて得る(しかしそれを完全に把捉し提示することはできない)空所(Leerstelle)を完全に占拠するのである。それにより「より高い形での遵法」(Arendt 1986, 948 邦訳3、二八七頁)が生じてくる。この遵法は書かれた法の条文の瑣末な解釈にかかずらってはならず、むしろ自然と歴史「そのもの」が書いた法則の名の下に、それらの条文を越え出ることができる。

合法的行為は実定法によって可能にされ、そしてつねにその特徴はまさに正義の欠如ということにある――というのは、普遍的な法律は特定の事件の持つ特殊性を予測しえず、そのため特定の事件には実際向かないようにできているにもかかわらず、特定の事件に適用されるからだ――のだが、この何としても不正な合法性とは反対に全体主義的支配は、その中に住む人間たちの行為とは無関係にそれ自体として合法則的であり、世界を本当に支配している法則に順応して動く一世界を作り出すことができると主張するのである[…](Arendt 1986, 948 邦訳3、二八七頁)。

したがって驚くべきことに、ここでは法と法則がもはや権威の源から区別されるのではなく、むしろそれと同一化する。そのため、(正義などの)超越的カテゴリーに訴えて実定法に異議申し立てを行うことはできなくなる。しかもそうした超越が失われてしまうだけでなく、その〔喪失の〕動きが人間を、変転してやまない法則の化身(Verkörperung)にしようとする。

(二)について 「歴史の法則」と「自然の法則」は、どちらも間断なき過程の運動によって特徴づけられる。アーレントは、この法則理念が一方で(歴史に関しては)マルクス主義のスターリン的解釈に由来しており、他方で(自然に関しては)ダーウィン主義のナチ的解釈に由来していると考えている。力動的な過程のようなものを仕立て上げることによって、全体主義的法則は、ますます従来の実定法から異なったものになっていく。実定法はそれを正統化する源に比すれば確かに時間に縛られ、移ろいやすいものである。しかし、それよりも時間に縛られ、移ろいやすい人間の個別的な行為から見れば、実定法はある種の安定化を意味する。なぜなら実定法は、個別例に対する硬直性のためにいつも批判されてきたのだが、まさにその硬直性のおかげで、つねに万人に同じように、同一の基準に沿って妥当するからである。政治的・法的な団体において安定性の感情が支配的であるかぎりでは――いつも予測不可能な行為の可能性に対抗して――われわれはつねに実定法に頼ることができる。

法律が全ての通常に機能する社会の中で持っているこの安定化の機能とは反対に、全体主義の法律は最初から運動法則として、一つの運動に内在する掟たることを定められている。実定法は破られる。たえざる変化の中に引き込まれるからだ。昨日法であったものが今日は時代遅れとなり、不法となっているのだ（法律学的に言えば、全ての法律が命令となってしまったのである）（Arendt 1986, 950 邦訳3、二八八頁）。

したがって人間の行為を安定化機能（例えば諸原則）を通じて導く（はずの）実定法と正統性の超越的な源泉とは反対に、自然と歴史は運動法則、すなわち人間そのものを「貫く」（Arendt 1986, 951 邦訳3、二九〇頁）過程の法則なのである。

（三）について　「法治国家が不変の自然法を、もしくは永遠の神の命令を、もしくは［…］神聖化された慣習や伝統を実現するために実定法を必要とするように、全体主義の支配は歴史あるいは自然の過程を発進させその運動法則を人間社会の中で貫徹させるためにテロルを必要とする」（Arendt 1986, 953 邦訳Ⅲ、二九二頁）。したがって最終的に、自らの「本来的な本質」（Arendt 1986, 955 邦訳3、二九四頁）をテロルとして露わにする全体的支配の内で、法は意義を失うのである。

否定的な仕方でアーレントの法理解を照らし出しているこれらの考察によって示されるのは以下のことである。アーレントによれば、法の実定化は、方向性と実在性を作り出し、境界線を引き、相対的な安定性に配慮する実践であるかぎりで、この法の正統性の超越的な源泉――そのような源泉は決して完全に占有されることがなく、それゆえに生産的な空所に留まる――と少なくとも同じくらい重要である。全体主義的支配の場合には、相互連関するこれら二つの法的なものの根本形式〔実定化と正統性の源泉〕はどちらも無効であると宣言され、「過程」の包括的な内在の内に委ねられる。

その後の著作『エルサレムのアイヒマン』（英語初版1963／独語初版1964）（2006, 邦訳2017）の中の、後年加筆された最終章である「エピローグ」において、再びアーレントは法をめぐる問いに取り組んでいる。そこで彼女が扱っているのは、「エルサレムの裁判の先例のない事情」（Arendt 2006, 372 邦訳三五〇頁）が投げかけた、このうえなく困難で多層的な国際法上の諸問題を主題化することである。アーレントの基本主張は、アイヒマン裁判とエルサレム法廷の裁判管轄権の正当化についての法学的な論争に関して言えば、「訴訟の第一の関心事である」正義が、「［法学的な］種類の手続き問題よりもつねに優先されなければならない」ということである（Arendt 2006, 380 邦訳三五九頁）。それでも彼女は、顧慮されている三つの国際法上の原則――すなわち属地主義の原則、消極的属人主義の原則、普遍的裁判権の原則(98)――の全てに依拠すると、裁判権があると言えるという裁判所の立論を批判している。彼女によれば、それは「まるで全く異なる三つの法原則を足し算するだけで、きちんと根拠づけられた裁判管轄権要求が満たされるかのような」言い分にすぎない（Arendt 2006, 384 邦訳三六二頁）。さらに言えば、アーレントによれば、これ〔前述の裁判所の立論〕が誤っていたのは、まずもってそれが「この裁判の運び方とも、アイヒマンが裁かれた法律とも明らかに矛盾していた」からである（Arendt 2006, 382 邦訳三六一頁）。

アイヒマンは［…］ユダヤ民族に対する罪を問われていたのであり、また国際法違反であるが、普遍的裁判権という国際法の基本原則によって許されるものとされるはずだった彼の逮捕についても、その理由は確かに彼が人類に対する罪を犯したことではなく、もっぱら「ユダヤ人問題の最終的解決」において彼が演じた役割だったのである（Arendt 2006, 382 邦訳三六一頁）。

アーレントは、国際法廷を設定したほうが適切だっただろうということを示唆しているが、特別な事情があったことをはっきり認めてもいる。(99) こうした一連の論述の中でとりわけ重要なのは、ここで問題になっているのが新たな犯罪（そしてまた、新たなタイプの犯罪者）(100) であるという主張である。すなわちここで問

(98) これら三つの原則は、刑法上の裁判管轄権に関する問い、つまりいかなる法が、いかなる人物に、いつ、どこで適用されるべきなのかという問いに関わる。これに関して属地主義の原則によれば、一般にあらゆる人物は、彼らが今いる場所を領土としている国家の主権と法律に服しているとされる。これに対して属人主義の原則は、個人は自分が人格的に（市民として）属している支配体系と法体系に服しているということから出発する。したがって属人主義の原則は、（主権の範囲内での犯行〔だけを裁けるとする〕）属地主義の原則と比べると、主権の範囲外でなされた犯行に対する国家の刑罰主権を強めている。そして属人主義の原則は、積極的（犯人に及ぼされる）か消極的（被害者に及ぼされる）かのいずれかでありうる。最後に、普遍的裁判権の原則（あるいは世界法の原則）によれば、国家の刑法は、国内に対するいかなる特別な関連も有していないような事態にも適用可能であるとされる。つまりその場合には、犯行の場所が国内にあるというわけでもなければ、犯人あるいは犠牲者が当該国家の国籍を所持しているわけでもないのである。ただしその際に要求されるのは、犯行が国際的に保護されている法益に対してなされているということ、つまり直接に国際法によって処罰可能な不法行為に関わっているということである。（Neuhold/ Hummer/ Schreuer 2004, 147f., 533f. を参照）

(99)「犠牲者がユダヤ人だったというかぎりで、ユダヤ人の法廷が裁判を行うことは正しく適切であった。だが、その罪が人道に対する罪であった点で、それを裁くには国際法廷が必要であった」（Arendt 2006, 392 邦訳三七一頁）。

(100) アーレントが端的に「悪の陳腐さ」と表現したアイヒマンの特徴づけのほかに、彼女は、ニュルンベルク裁判における犯人の処罰におけるより射程の広い問題を指摘してもいる。ここでもそれが示しているのは、この新たな犯罪によって法のカテゴリーが破壊されてしまったということである。「ニュルンベルクにおいて判決が下されたナチ体制の犯行に特徴的であったことは、それらが罪や悪事についてのわれわれの概念によっては把握されず［…］、われわれの使用

題になっているのは、「人類への、あるいは人類に対する罪[101]」なのである。アーレントの見立てによれば、この新たな次元の犯罪は、法学的・政治的な議論においてどこでも見落とされ、曖昧にされてきた。なぜなら海賊行為を法学的に真面目に全人類の敵（hostis generis humani）の典型として扱うことはできず、ホロコーストを政治的にポグロムの極致とみなすこともできなかったからだ。それゆえアーレントは、国際的な刑法を作成するために、〔犯罪行為についての〕適切な理解が重要であると論じている。ここで論点になっているのは、一方では、殺人と民族虐殺は同じではないということである。なぜなら民族虐殺においては、〔殺人の場合とは〕全く別の秩序が破壊され、全く別の社会が毀損されているからである。他方で——これもまた法において典型的な——並行関係が見出される。それはすなわち、いずれの場合にも行為が行為として（そのあらゆる次元において）罰せられることはできず、あるいはそうすべきでもないのであって、明らかに秩序の毀損が罰せられるということである。

殺人犯が訴追されるのは、殺人犯と被害者と遺族がともに属している社会の法を破ったからであって、シュミットなり誰なりの家族から夫や父や稼ぎ手を奪ったからではないのと全く同様に、これらの現代的な、国家に雇われた大量殺人者が訴追されねばならないのも、人類の秩序を破ったからであって、数百万の人々を殺したからではない（Arendt 2006, 395 邦訳三七五頁）。

したがってアーレントにとって重要なのは、何が問題であり法が何に反応しているのかを明確にすることによって、法的なものの形式を守ることである。彼女が取り組んでいるのは、彼女が「人類の秩序」として呼び求めているものを——すなわち「人類に対する犯罪」によって直接に攻撃される複数性という根本条件を――十分に納得のゆく仕方で国際法的に実定化することである。

2 『全体主義の起源』（一九五一／一九五五）における人権のパラドックス

アーレントの一般的な法理解についての前述の予備的考察に続いて、彼女の人権理解の核心を見ていこう。彼女はそれを『全体主義の起源』〔第五章〕の「人権のアポリア」という節において説明している。クリストフ・メンケが注記しているように、このテクストの大部分は、アーレントが一九四八年の国連による世界人権宣言の直後に、『モダン・レビュー』紙に「人間の諸権利――それらは何か?」(Arendt 1949b) という題名で掲載した論説に由来する。それからまもなく、この論説のドイツ語版が、『ディー・ヴァンドルング』紙に「唯一の人権だけが存在する」(1949b) という題名で公表された。これら両版が相異なる題名をつけているということから、人権に関するアーレントにおける本質的な二つの基本テーゼをはっき

していい法学的手段によっても裁かれたり罰せられたりしないということであった。〔…〕問題になっているのは、殺人とは何かを知っている殺人者にではなく、数百万もの殺人を組織した人口政策の専門家 (Bevölkerungspolitikern) であり、そうした政策の結果として、関与した者たちは全て主観的には無罪になってしまっている。そうであるとすれば、死刑は馬鹿げている。殺された人々は、体制に反対したわけではないし、殺人者は、「殺人の」動機から行為したわけではないのだから」(Arendt 1986, 945 邦訳3、二八四頁)。

(101) そしてこれは、いつの間にか定着した「人間性に対する罪」というドイツ語訳とは異なっている。〔この訳では〕「数百万の人々をガス室へと送った時、あたかもナチには「人間性」が欠けていたかのように見なされる。確かにこれは、この世紀らしいまさに控えめな表現 (Understatement) であろう」(Arendt 2006, 399 邦訳三七九頁)。

りと見てとることができる。それは第一に、古典的な人権概念への批判である。メンケが述べているように、そこには「人権の理念を政治的な基礎として復活させようとする同時代の試みへの手厳しい批評」が付け加えられている(Menke 2008, 131)。そして第二は、それに対抗してアーレントが打ち出した唯一の人権という着想である。それは端的に「諸権利を持つ権利」(Arendt 1986, 614 邦訳2、三一六頁)として、すなわち何らかの政治共同体に所属する権利として定式化されている。この権利を正確にはどのように理解したらよいかについては、さまざまな相異なる解釈がなされてきた。ジョルジョ・アガンベン等の理論家たちは、アーレントの学説をさらに徹底して、政治的主体の古典的概念にまで疑義を呈している(Agamben 2001, 24参照)。他方で、ジャン・コーエンやペグ・バーミンガム等の理論家たちは、アーレントとともに「人権の新たな原理」を定式化する必要性を見てとっている。これらの解釈は、アーレントが後の版では削除ないし変更した——あるいは、ドイツ語版のテクストにはもはや影も形もない——語句や文章に依拠していることが多い。したがってこうした解釈は、「後の」アーレントに比して「前の」アーレントを重視しようとしているのである。だが私は、以下の概説においては、まずドイツ語版の『全体主義の起源』を参照し、基本的にはクリストフ・メンケの解釈に従うことにしたい。

「人権のパラドックス」は以下のように特徴づけられる。ある人物が無国籍になり、もはやいかなる政治的共同体にも所属しなくなる——つまり国家の庇護を受けなくなるや否や、その人物は、ただ自分の人権だけに頼らざるをえなくなる。しかしまさにその瞬間に、人権はもはや価値を失い、無力な幻想であったことが暴露されるのである。このようなジレンマの形式的な特徴づけは、アーレントが(先述のアポリアに関する節に先立つ)「国民国家の没落と人権の終焉」(Arendt 1986, 559-564 邦訳2、二六七—二七三頁)および「少数民族と無国籍の人々」(Arendt 1986, 564-601 邦訳2、二七三—三〇三頁)という節においてあげた具体的な歴史的脈絡を抽象化したものである。国民国家の没落とは、主としてもはや領土の居住者が同時に領土への主権を持つはずの国民（Bürger des Staates）ではなくなったということである。「第一次世界大戦以来、どの戦争もどの革命も一律に権利喪失者・故国喪失者の大群を生み出し、無国籍の問題を新しい国々や大陸に持ち込むようになった」（Arendt 1986, 578 邦訳2、二八五頁）。自分自身も一九三七年から一九五一年にかけて無国籍者であったアーレントは、驚くほど克明に、一方ではナチが絶滅政策に移行するのに先立ってユダヤ人住民の権利を計画的に剝奪していった様子を描き出し（Arendt 1986, 612 邦訳2、三一四頁を参照）、そして他方では、二十世紀初頭からたえず生み出されていた大量の難民の法的保護を管轄するとみなされた者が誰もいなかった様子を描き出している。「大規模な無国籍者の群の出現が事実上世界に突きつけた難問は、譲渡することのできぬ人権、つまりいかなる特殊な政治的身分とも関わりなく人間であるという単なる事実にのみ由来する権利などというものがそもそも存在するのか、という回避不可能な問いだった」（Arendt 1986, 607 邦訳2、三〇九頁）。多くのネイションの振る舞い方は、この問いに対して、ひたすら一様に否定的な応答をするというものであった。このときアーレントにしてみれば、そのような否定的応答は「人権への裏切りではなく、むしろ人権についての真理」（Menke 2008, 135）であった。[102]

ここで現れている問題あるいは「アポリア」――つまり出口のない状況――は、一方では人権の根拠づけに関わっている。他方でそれは、例えばフランス革命において公示されたような人権概念が、自ら意味

（102）これについてアーレントは、はっきりと以下のように述べている。「〈人権〉という単なる言葉は、全体主義国と民主主義国とを問わずあらゆる国で、犠牲者と迫害者と第三者とを問わず全ての人にとって、同じように偽善的あるいは精神薄弱的な理想主義の権化となったのである」（Arendt 1986, 564 邦訳2、二七三頁）。

し達成しているものを実際には意味することも達成することもできなかったということが露見していった歴史的展開に関わっている。というのも、初めからこの概念の内には、フランス革命によって築かれた国民国家の本来の伝統をなす「国民主権と人権の享受を等置すること」(Arendt 1986, 570 邦訳2、二七七頁)があったからである。ただ人間であるだけで尊厳が伴うと謳われてはいたものの、そのような「ただ人間であること」は、抽象的な事柄であった。「譲渡することのできない人権という概念には最初からパラドックスが潜んでいた。すなわち、この権利は「人間一般」を想定していたが[…]、そのような「人間一般」はどこにも存在しないのである」(Arendt 1986, 604 邦訳2、三〇六頁)。二十世紀にはそのような「単なる人間」が登場したのだが、あくまでそれらの人々は「合法性の枠組みからそもそも締め出されていた」(Arendt 1986, 609 邦訳2、三一一頁)。それゆえ明らかに、これらの主体に対して、事実上権利保護は決して想定されていなかったのである。

> ところが今、政府の保護を失い国民の権利(Staatsbürgerrecht)を享受しえず、したがって生まれながらに持つはずの最低限の権利に頼るしかなくなった人々が現れた瞬間に、彼らにこの権利を保障しうる者が全く存在せず、いかなる国家的もしくは国際的権威もそれを護る用意がないことが突如として明らかになった(Arendt 1986, 605 邦訳2、三〇七頁)。

> 人間であるという抽象的な赤裸な存在に対して世界は何ら畏敬の念を示さなかった。人間の尊厳は〈彼もまた人間だ〉という単なる事実によっては明らかに実現されえなかった(Arendt 1986, 620 邦訳2、三二二頁)。

メンケによれば、アーレントはこの意味において一九四八年の人権宣言に対しても、「現実的意味」の欠如を非難している。なぜならそれは、実現されえない当為を要請しているからだ（Menke 2008, 133を参照）。このことをアーレントは、以下の二つの基礎的な点において論じている。（一）エドマンド・バークとジェレミー・ベンサムがフランス人権宣言に対して行った「イギリスからの批判」に依拠した議論。（二）人権概念は人間の「本性」の内に根拠づけられるしかないが、そこから否定的な帰結が生じ、政治的に作られた事実上の「むきだしの生」がもたらされてしまうということに関する議論。

（一）について　フランス人権宣言に対するバークとベンサムの批判は、結局のところ第一に、法律に依存していない権利（主観的権利という意味での権利）などありえないということであり、第二に、立法はつねに地域的な政体にのみ関連しうるということである。「法律「一般」が存在しないのだから、権利「一般」も存在しないというわけである」（Menke 2008, 134）。アーレントは、この法実証主義に由来する見解に与している。それはまず権利の貫徹可能性に依拠しており、さらに、具体的な政治共同体がそれぞれ自らの世界構想を保証しなければならない――それらの構想は抽象的な主張や理論のままに留まるなら無効なままである――という洞察に依拠している。

（二）について　ところで抽象的であるという非難は、権利の根拠づけに関してのみならず、この権利の主体に関しても当てはまる。どこにもいない抽象的人間は、社会に依存していないだけでなくそこから締め出されており、いわば「世界を欠いている」。われわれにとって自然は――人間の自然本性であれ、自然一般であれ――疎遠なものになってしまい、いかなる根拠づけももはや行うことはできない。のみならず、高度に発達した社会ではどこでも、ありのままの自然なるものは疑問視される。なぜならそれは、政治的共同体に対する底知れない対立項を表しているからだ（Arendt 1986, 622 邦訳2、三二五頁参照）。ここでのアーレントの立場はとても明確である。すなわち、境界づけられた政治的空間の創造としての行為だけが、そもそも初めて平等を生み出し[103]、そのかぎりで「自然的な生」を変形させるのである。「平等とは所与の事実ではない。われわれが平等でありうるのは人間の行為の産物としてのみである。われわれの平等は、われわれ自身の決定によって互いに同じ権利を保証し合う集団の成員としての平等である」（Arendt 1986, 622 邦訳2、三二五頁）。人間は、政治的共同体から締め出されることで単なる生へと還元される（生はさしあたり徹底して政治的・文化的なものと絡み合い交錯しているのだから、単なる生は、いわば政治的共同体の外皮を取り除かれ、「その外側で作り出される」のである）。そして、そうした人間が「自然人」として大量に登場した時に明らかになったのは、彼らが「生き残った者にとって何らの影響も残さない」以上、カテゴリーを欠いた彼らの奇妙な現実存在は、いわば「殺人の挑発」であるということであった[104]（Arendt 1986, 624 邦訳2、三二七頁）。人間以外の何者でもないということは、人権保障を享受するためには全くと言っていいほど役に立たない出発点だったのである[105]。

このことを理由として、さらにアーレントは、「生まれながらに人間に具わる人権などというものがそもそも存在するのならば[106]」（Arendt 1986, 607 邦訳2、三〇九頁）、それはただ一つの人権しかないと論じる。つまり、もしそのような人権があるならば、「それはあらゆる国民の諸権利とは根本的に異なった権利でしかありえない」（Arendt 1986, 607 邦訳2、三〇九頁）。このことが意味しているのは、そのような一つの権利が、国家に対する「主観的権利」あるいは「抵抗権」として定式化されてきた諸々の古典的人権（信教

の自由、言論の自由など）とは構造的に異なっていなければならないということである。というのも、その

(103)ところでアーレントによれば、同じことは自由にも当てはまる。「〔自由を生得的な権利として定式化する時には——筆者注〕自由も非・自由もともに人間の行為の産物であって「自然」とは全く無関係であることは看過されてしまった」（Arendt 1986, 615 邦訳2、三一八頁）。

(104)周知の通り、ジョルジョ・アガンベンは、このアーレントの主張を『ホモ・サケル』（1995／独語版2002〔邦訳二〇〇三〕）において、ミシェル・フーコーの「生政治」に関する主張や、カール・シュミットの「例外状態」に関する系原理と結びつけながら考察している。アガンベンは、「包摂的排除（einschließender Ausschluß）」という形象を、法の系譜学の根本形象とみなしている。これを用いて政治権力は、単なる生を排除する（禁止する）ことによって、単なる生に関係する。同時にアガンベンは、以下の点でアーレントに同意している。それはすなわち、あらゆる法的な連関の外にあってそれゆえ罰せられることなく殺害されうるような「むきだしの生」の登場によって二十世紀以来のヨーロッパ政治の危機が反映されており、その範型的な状況が「強制収容所」になったという点である。

(105)「また現代政治のいかなるパラドックスも、善意の理想主義者の努力と、権利を奪われた人々自身の状態との間の懸隔以上に痛烈な皮肉に満たされたものはない。理想主義者たちが、最も繁栄する文明国の市民しか享受していない諸権利を相も変わらず奪うべからざる人権と主張している一方では、無権利者の状態は同じように相も変わらず悪化の一途を辿り、第二次世界大戦前には無国籍者にとってはまだ例外的にしか実現されない嚇しだった抑留収容所が、ついには「居場所なき人々（*displaced persons*）」の居場所問題のお決まりの解決策となってしまったのである」（Arendt 1986, 578 邦訳2、二八五頁）。

(106)ここではまさに、アーレントの論証における言葉の使い方に注意すべきである。それは、いわゆる生得的な人権についてはいかなる主張も行っておらず、むしろ、そもそも、いかにわれわれが有意味に権利について語ることができるかということについて、条件をあげているのである。レヴィナスにおいてそうであるように、主張や正当化や根拠づけの代わりに、むしろ私は行為遂行的な観点におけるそのような権利の「証言」について語っているのである。

一つの権利は、諸々の古典的人権の条件を表しているからである。「それは成員たちの権利ではなく、成員であることの権利なのである」(Menke 2008, 139)。

人権の喪失が起こるのは、通常人権として数えられる権利のどれかを失った時ではなく、人間が世界における足場を失った時のみである。この足場によってのみ人間はそもそも諸権利を持ちうるのであり、この足場こそ人間の意見が重みを持ち、その行為が意味を持つための条件をなしている(Arendt 1986, 613 邦訳2、三一五頁)。

したがって、あらゆる基本的権利の中で最も基本的なのは、政治的所属の権利でなければならない。それは、「この権利を失った数百万の人々が出現してから」初めてわれわれに明らかになったものである(Arendt 1986, 614 邦訳2、三一六頁)。というのも、それ以前のわれわれは「今日われわれが一つの「権利」として見るべきだと悟ったところのものは、むしろ人間であることの普遍的特徴[…]である」とみなしてきたからだ(Arendt 1986, 614 邦訳2、三一七頁)。ここではっきりと分かる通り、アーレントは決して新しい、あるいはもっと「基本的な」人権についての議論に着手しようとしているわけではない。彼女は、自分が用いている権利概念を決してそのようなものと解してはいないのである(〔直前の引用において〕彼女は、権利という語に引用符をつけていた)。彼女は、権利概念を、政治空間への——さらに言えば(現象学的に解明される)人間の条件を基盤として政治空間を確立することへの——自己責任の新たな理解によって置き換えられるべき継承物の符丁としてではなく、むしろそれが消失したことから考えていたようである。諸権利は法律の枠内で、さらに言えば政治的共同体の内部で、初めて何らかの意味を持つ。[107] 人間たちには、それらを創設し、維持し、その中で各々に場所を与えることが求められている。つまり「生まれながらに人間に具わる人権などというものがそもそも存在するのならば」、それはわれわれにとって、人間が条件づけられていることについての責任として生じてくる――その理由はまずもって、そのような条件づけの有様が歴史的に変化しうることが明らかになったからである（こうした変化は、近代一般の展開によって生じることもあれば、強制収容所における人間本性についての実験によって生じることもある。Arendt 1986, 938 邦訳3、二七八頁参照）。すると、この人間の「権利」はどのように思考され、貫徹されるべきなのだろうか？　一方でアーレントは、「ネイションどうしの共同体」にそれを義務づけることによって、人権を他の（主観的な）諸権利と同種の国際法上の立法行為に委ねようとしているように見える。しかし他方で、〔人権の〕保障と根拠づけは、実定法的なものを越え出る。

かつては自然なり歴史なりが負わされていた役割を「人類」が事実上引き継いだというこの新しい状況は、ここでの文脈で言えば、諸権利を持つ権利、あるいは人類に属するという各人の権利は、人類自体によって保障されねばならないということを意味するだろう（Arendt 1986, 617 邦訳2、三二〇頁）。

(107) アーレントの見解によれば、多数の人間がいることだけから自動的に政治的な共同体が与えられるわけではない。アーレントはこの見解を、政治的なものを政治的動物（*zóon politikón*）の本質特徴とみなすアリストテレス解釈と明白に対照させている。むしろこの〔政治的なものという〕特殊な「間《あいだ》（Zwischen）」は、いつでも、それに関与する行為がなされることで達成されうる（Arendt 2003, 11を参照）。

とはいえアーレントは、「グローバルな人類」への接近を肯定的な展開とみなしているわけではないし、カントのように「世界政府」を信用しているわけでもない。それゆえ、ここでは「人類」ということで何が考えられているのかを明確にせねばならない。私は、バーミンガムのようにそれを「原理」と解するつもりはない。またそれを、単なる「人間という類」とみなすこともできない。なぜならアーレントは、そのような「単なる生命プロセス」という見方を、近代の最も宿命的な基本的見解として特徴づけているからだ。ここで言う「人類」とは、政治的に理解された自己形成的な人類でしかありえない。それは、ネイションどうしの、すなわち（融合して一つになることがない）地域的・超国家的・国際的な組織どうしの連合体において、共同的に行為する（agieren）ものである。[108]

さらにアーレントの論述の内には、「人類」を「人間の尊厳」に引きつけて理解していた形跡が見出される。人間の尊厳もまた、アーレントにおいては、否定的な面から突き止められる。人間が尊厳を失うのは、「人間が人類から、具体的にはすなわち何らかの政治的共同体から切り離された場合」だけである（Arendt 1986, 616 邦訳2、三一八頁）。そのように理解された人間の尊厳とは自然的なものではなく、むしろ言語的・政治的に現実存在している。メンケは、これについて以下のように結論づけている。「そのように理解するならば、人間の尊厳という概念は人権の自然化を推し進めているのではなく、むしろそれと手を切っている。他方でこの概念は、国民国家を超える（post-nationalstaatlich）国際法の規定と人権とを実証的・歴史的に等置しているわけでもない」（Menke 2008, 144）。アーレントにとって重要なことは、「人間の擬似自然的な〈欲求〉や〈関心〉に関する人間学とは別の、言語的・政治的な生の形式についての［…］人間学」を打ち立てることである（Menke 2008, 146）。人権を「人権のアポリア」の彼方で思考するには、この方途しかないであろう。また、ここではもはや主観的な権利ではなく客観的な法のことが考えられているのかもしれない。なぜなら話題になっているのは共同体に対立する人間ではなく、共同体を創設する者それ自身であるからだ。「ある政治的共同体の成員であることと、そのような成員として諸権利を持つことは、人間にとって正しいことである」(Menke 2008, 145)。アーレントは、本当に「正しいこと」について論じていたのだろうか。むしろ彼女は、共同行為とそれに関連するかぎりでの自由についての体験が、万人のためにますます広範囲にわたって実現されることを求める経験であると指摘しているのではないか。私は、こうした問いをここでは未決定のままにしておく。いずれにせよ、人間が条件づけられていることについての彼女の考察の内には、これまで多くの著者たちが正当にも取り組んできた、規範的な事柄に向かう傾向があるように思われる。とはいえ彼女自身は、おそらくは規範理論よりも複数名での責任遂行に重点を置くために、この傾向を発展させることはなかった。

(108) 最終章においてバーミンガムが説明しているところによれば、特にパレスチナとヨーロッパについてのアーレントの著述から推定できることは、アーレントが「諸権利を持つ権利」の政治的制度についてどのように考えていたかである。この制度は、集合的に制限された国家主権、地域的連合(あるいは同盟)に依拠している。それらは、開かれた境界と国際的な制度を備えており、また経済的な種のものより合法的である(Birmingham 2006, 135)。興味深いことに、アーレントの考えは、公民権(citizenship)についての新たな概念とも結びついていたらしい。「公民権の合法的条件は、今や、特定の政治空間において生活し、そこに所属しているという経験である。つまり、それは、経済的・政治的領域への積極的参加の不可穢の権利によって保障されるような所属なのである」(Birmingham 2006, 142)。

3　ペグ・バーミンガム――「ハンナ・アーレントと人権――共同責任の宣言」(二〇〇六)

以下の二つの節では、人権に関するアーレントの思索を現実的な問題に置き換えている議論を扱い、彼女の思索の法現象学的な可能性を吟味することにしよう。

バーミンガムは、自らの著作を挑発的な考察から始めている。すなわち、アーレントが「諸権利を持つ権利」として何を考えていたのかを理解した者は今まで誰もいなかったというのである。セイラ・ベンハビブは、アーレントの政治哲学に規範的な基礎が欠けていることを嘆いている(Benhabib 1998, 140参照)。またダナ・ヴィラは、アーレントが「リベラルの伝統や、そこに生気を吹き込んでいる権利の理論にほとんど注意を向けていない」と考えている(Villa 1999, 199)。さらにマーガレット・カノヴァンが推定的に与しているる見解によれば、「アーレントは、これ[著者補足――平等な人間の尊厳と平等な人権]が人間の複数性から証明あるいは演繹されうるとは思っていなかった」(Canovan 1992, 198)。そして最後に、クロード・ルフォールも有名な批判者の一人であり、アーレントは人権のためのいかなる哲学的基礎をも与えなかったと指摘している。バーミンガムによれば、他方でロールズやイグナティエフ等の論者は、そのような哲学的基礎がもはや不可能であるか、あるいはあったとしても無益であるというテーゼを支持している。むしろこの概念を支えるためには、人間の残虐行為を(否定的に)、あるいはリベラルな伝統に関する歴史的な基礎を(肯定的に)あげるだけで十分だというわけである。

これら二つの傾向の両方に反抗して、バーミンガムは以下の主要テーゼを支持しようとしている。それはすなわち、アーレントが人権を「出生という出来事(*Ereignis der Natalität*)」の内に根拠づけようとしており、これこそが人権の「存在論的基礎」だというテーゼである。

アーレントは、ポスト形而上学的思想家という地位に属する者の一人であると自称した上で、自律的主体や自然、歴史、神に根ざしていない共通の人間性という概念を定式化した。彼女は、この原理を出生という始源的で予測不可能な出来事の内に見出している。アーレントにとって、出生という出来事は、その人間性の内在的原理とともに、人権の存在論的基礎を提供する。さらに言えば、出生というアルカイックな出来事は二つの原理——始源性（*initium*）の原理と所与性の原理——を含んでいる（Birmingham 2006, 3）。

バーミンガムは、この「出来事の存在論」という意味での存在論的基礎を展開することに努め、幅広く成功を収めている。それに比べて議論の余地がありそうなのは、彼女がアーレントを——『全体主義の起源』（1951）の英語版序文にのみ見出される箇所[109]に依拠して——新しい「ヒューマニティの原理」を探求するという趣旨に沿ってかなり一面的に解釈していることである（さらにその際には、〔ヒューマニティという〕英語において、バーミンガムが「人類（Menschheit）」と「人間性（Menschlichkeit）」のどちらの意味に重点を置いているかが不明確である）。さらにこの原理は「ヒューマニティの新しい法」に至るとされる。ここから「アーレントの言うヒューマニティの原理は［…］出生という出来事の内で生じる」（Birmingham 2006, 26）というテー

(109)「反ユダヤ主義……、帝国主義……、全体主義……が示したのは、人間の尊厳が、新しい政治原理、新しい地上の法においてのみ見出される新しい保障を必要とするということである。その有効性は今度こそは人類全体を包括する一方で、その力は厳密に限定され、新しく定義された領域的なものに根をおろし、それによって制御されなければならない」（Arendt 1951, xi 邦訳1、xii頁）。

ゼが立てられ、この原理に違反することは、「ヒューマニティに対する犯罪」であるということになる(Birmingham 2006, 58)。原理的にはこの解釈に反するものはなく、ひたすらこの解釈が著作を通じて、次第に規範的な基礎づけという性格を得るようになり、それゆえすっかりアーレントから――まさに「ポスト形而上学の」姿勢から――遠ざかってゆく。というのも、「原理」という概念は、アーレントにおいては、それによって始められ導かれる行為と関連づけて理解されるのが常なのだが、バーミンガムにおいては、いわば密かに独立化されて、基礎となっているからだ。それは、さらに当為のための（出来事の）存在における基盤という役割をも演じている。

いずれにせよ興味深いのは、バーミンガムの「出生」解釈にはさらに二つの「原理」、すなわち（一）始源性の原理と（二）所与性の原理が含まれているということである。

（一）について　「出生という出来事」は、人間の行為の「始源《アルケー》」あるいは「原理」を表している。――ただしそれは、（事実性の次元を内在させているとしても）単なる物理的あるいは自然的な出来事ではなく、起源が積極的に自らを提示することでもない。バーミンガムはこの第一の点（出生がただの物理的・自然的な出来事ではないということ）を、まずもってハイデガーにならっていつもすでに言語の内にあることとして論じている。それによると、「第一の」誕生と「第二の」（語りつつ行為する者の）誕生を分けることはできず、後に言語と行為の次元に歩み入るようなむきだしの「物理的出生」などはないとされる。(110) また彼女は第二の点（出生は起源の積極的な自己提示ではないということ）については、同様に説得的な仕方で、起源の底知れなさを強調するベンヤミンとデリダを引き合いに出している。そのような起源に対してはいかなる「回帰」も不可能であり、むしろそれは、いつもすでに歪められ、遅らされた仕方で――空所として現出する。

「何かを始めるユニークな者が、すでに存在する世界の内に異他的なものを挿入するのと同じように、この始まり（beginning）の起源も異他的なままに留まっている」（Birmingham 2006, 23）。

したがって出生という出来事は、われわれの可能性の開始（opening）という意味での限界をしるしづける。開始は、決してわれわれの意のままにならない。［…］要するに、出生という出来事を通して、われわれは、自ら創り出したわけでもなく、わがものにすることも決してできない開始の内に捉われているのである。［…］現実存在には喪失が、すなわちいかなる関係も結ぶことのできない徹底的な他性が浸透している。起源をなす出来事は、何もないところから生じる。それは絶対的な始まりであって、このことはわれわれの死があらゆる関係を欠いた絶対的な終わりであるのと同様である。こうした事柄の政治的な意義は、何か新しいことが始まる空間としての政治的空間が、つねに何かそれにとって他なるものに開かれているということである（Birmingham 2006, 31）。

この始まり（*Anfangen*）という底知れなさの原理は——アーレントの人権批判についてのバーミンガムの解釈によれば——個人の観点からもネイションの観点からも、誤って主権理論的に理解されてきた。現在

（110）ハンナ・アーレントは『活動的生』において、最初の誕生と第二の誕生——つまり、言論と行動における出生の意識的な引き受け——について語っている（Arendt 1981, 217 邦訳二一一頁を参照）。しかしこれは、バーミンガムの主張に反して、「最初の誕生」が単に物理的なものを意味するということを述べているわけではない。むしろハイデガーを用いたバーミンガムの「最初の誕生」解釈は、アーレントの「出生」の理解におそらくとても近い。

でも人権は、個人的な「行為者性（agency）」と自己決定という意味で理解されている。すなわち（ホッブズからルソーを経てイグナティエフに至るまで）人権は、自己に利害関心を持ち、自らの私的な利害関心が妨げられないことを自由と解している合理的な行為者に帰属するとされている。ハーバーマスですら、このカテゴリーに該当する。なぜなら彼は、法の正統性を討議による意志形成に、すなわち個人の自律的で合理的な意志に依存させているからだ。それによって彼は、人権を、主権を有した民族の同質性と同一視するという近代的な考え方に与している。「この同質性が合理的な討議を通じた合意によって獲得されるとしても、事情は変わらない。よそ者、異国の者、そして移民は、依然として権利を有した討議のメンバーではないのである」（Birmingham 2006, 54）。

これに対してアーレントが一貫して重視していたのは、私的な個人ではなく、関係の網の目の中での公開性の次元であった。[(11)] そしてこの、現れることとして進行中の公開性に伴って「現れる権利」も考慮される。この権利は、人間本性の形而上学的理解にではなく、「人間の現実存在の基礎的な出来事、すなわち出生」に依拠して認められる（Birmingham 2006, 57 参照）。

出生という出来事はそれ自身の内に公共性の原理を担っている。ヒューマニティ（ここで言うヒューマニティとは、自由の公共空間における、複数の行為者の中での行為者の現れのことである）の法として言い直すと、この出生という出来事は、行為者が現れる権利――あるいは、アーレントが端的に表している通り、諸権利を持つ権利――を持つことを要求しているのである（Birmingham 2006, 57）。

（二）について　バーミンガムは、出生によって与えられる第二の「原理」には大きな解釈上の問題があるとしている。問題になっているのは、自然的な事実性と差異という意味での「所与性」の原理である。私の見るかぎり、ここでパトヒェン・マーケルが指摘していることは極めて的確である。マーケルによれば、このときバーミンガムは、以前には保持できないと説明していたはずの「自然的な」出生と「言語的な」出生の区別を、そのまま容認してしまっている（Markell 2008を参照）。この最初の、デリダに影響を受けた「区別不可能性」のアプローチを推し進める代わりに、バーミンガムは、アガンベンによって詳しく論じられ、かつ批判された「ビオス」と「ゾーエー」[112]を区別するという戦略を引き継いで、アーレントの著作の中での「ゾーエー」の領域を再評価し、それを強化しようとしている。そのために、『全体主義の起源』（そして部分的には、博士論文「アウグスティヌスの愛の概念」）以来の「前期アーレント」が、「後期アーレント」に対抗する形で引き合いに出される。というのも、後期アーレントは――（自由の空間としての）「公的なもの」あるいは「政治的なもの」と（暴力と必然性の空間としての）「私的なもの」あるいは「社会的なもの」を区別することによって――「ゾーエー」の価値を貶める西洋の伝統を引き受ける傾向を強めて

（111）しかしこのことだけから、アーレントが共同体主義者になるわけではない。なぜなら彼女は唯一性と単独性をも強く肯定しているからである（Birmingham 2006, 69参照）。

（112）これに関してアガンベンは、『ホモ・サケル』の序文で以下のように述べている。「ギリシア人は、われわれが生という概念によって表しているものを一言で表すための言葉を知らなかった。彼らは、形態論的にも意味論的にも相異なる二つの概念を使用していた。［…］ゾーエーは、あらゆる生命体（動物、人間、神々）に共通する、生きているという単なる事実を表していた。これに対してビオスは、それぞれの個体や集団に特有の生き方を示していた」（Agamben 2002, 11 邦訳七頁）。したがって話題になっているのは、「単なる生（ゾーエー）」としての「自然的生」と、「よき生（ビオス）」としての「性格づけられた生、特定の生き方」との対立である。

いったからである。他方で前期アーレントは、まだ身体的・事実的な出生というもう一つの側面を強調していた。つまり、彼女が後に政治的な領域から締め出すことになるものを肯定していたのである。そうするとアーレント自身の〔公的／私的という〕区別が疑義に付されることになるかもしれない。バーミンガムはそのように結論づける。「前期」の議論から推測されるのは、アーレントが政治生活の基礎とみなしていた複数性もまた、この取り除くことのできない身体的・事実的な差異あるいは異他性（Birmingham 2006, 71）によって形づくられているということである。というのも、複数性の中心に存しているのは差異であって反復ではないからだ（Birmingham 2006, 83を参照）。したがって「根源的な所与性」とは、身体化されたものとしての差異と複数性なのである。そしてこの与えられたものは、単純な感謝の念において受け取られるべきだとされる。[113]「所与性は、無条件の肯定と感謝についての倫理的要求を伴っている」（Birmingham 2006, 73）。するとアーレントは、与えられたものを政治空間において受け取り、統合することを支持しているのかもしれない。「当初彼女がアウグスティヌスに言及した時には、ゾーエー（性質づけられていない生）が政治的ビオスに含まれていなければならず、それを排除することは公的空間の存在そのものと、諸権利をもつ権利に反する原本的な暴力行為への加担であるということを示唆している」（Birmingham 2006, 71）。したがってバーミンガムの主張によれば、もともとアーレントは、与えられたものを公的なものから排除していたわけではない。むしろ与えられたものが不可侵かつ名指しえない形で現前することは、公的な事柄の可能性の条件として認められているのである。

与えられたもの、最も具体的に言えばあらゆる種類の身体化された差異を、政治的に性質づけられた仕方で扱うべきではない。そうすることは、身体化を最も危険なやり方で政治化すること――つまり

(113) バーミンガムが自身の主張の支えとして用いている引用の内の一つは、ゲルショム・ショーレム宛の書簡に由来する。それは、与えられたものを理論的に主題化することがアーレントにおけるたいていはとても生活世界的に肯定的なアプローチによって取り出される時、その主題化によって直ちにどのような問題を投げかけられるかを示している。ここで話題になっているのはユダヤ人であることであり、アーレントはこれを女性であることと比較している。自分がユダヤ民族の一員であることを否定するのは、彼女にとっては決して思いもよらないことである――アーレントは、ショーレムにこのように書いている。「それは私にとっては、自分が男であって女ではないと言うようなものであり、要するにとんでもないことのように思われます［…］ユダヤ人であることは、私にとって、私の人生の疑いようのない所与性に属しており、私はその事実を変更しようとはいささかも思っていないのです。何であるか、いかにあるか、作られたのではなく与えられていること、「ノモス」ではなく「ピュシス」であること――こうしたことについての原則的な感謝の念は政治以前のものですが、それでもやはりユダヤ人の政治的状況のような異常な状況の下では、いわば否定的に政治的な帰結をも有しています。つまりこの感謝の念は、特定の政治的な振る舞い方を不可能にしてしまうのです……」(Arendt 1996, 31f. 邦訳三一七頁)。アーレントが与えられたものと作られたものの区別に（与えられたものは感謝を込めて受け取られうると付言しつつ）言及する時、彼女は、一体何が与えられ、何が作られるのかという問いに対して――そして、まさにそれこそが論争点であるということに対して――（意識的に？）素朴で非反省的なままに留まっている。リチャード・バーンスタインは、これに関連する形で、アーレントが政治的なものと社会的なものを区別するまさにその時に、「政治的な」ものと「単に社会的な」ものがそれぞれ何であるかがすぐれて政治的な問いであるということを見過ごしていると指摘している (Bernstein 2006)。しかし、アーレントの素朴な自然と文化の二分法から、例えば女性であることやユダヤ人であることに関することをこれ以上引き出すことはできそうにない。事実的なものは、いわば沈黙したままに留まるのであって、「自らに対する振る舞い」においてのみ現前するのである。いずれにせよ、われわれの実存において与えられたものと作られたもの――つまり、われわれが政治的に（例えば解放という意味において）主題化できるもの――との間に線引きを行うことは、困難なままに留まる。

身体であることの徹底化であり、彼女の分析の極めて顕著な乱用かもしれない(Birmingham 2006, 83)。

それゆえ、最終的にバーミンガムは、少なくとも政治的にはビオスをゾーエーから切り離すことはできないというテーゼに再び立ち戻っているように思われる(Birmingham 2006, 92)。とはいえ、今やこのテーゼは、理論的な不可能性というより規範的な要求について述べているように聞こえる。われわれはこれら二つの契機を決して切り離すことができないというわけではないが、そうすべきではないのである。

バーミンガムの解釈の重要な要素は、基本的に彼女が、アーレントをクリステヴァとともに、フェミニスト的かつ精神分析的な方向において理解しようとしているということである。この組み合わせは、いくつかの興味深い反発[114]を引き起こしている。特に反発を招いているのは同書の末尾であって、そこにおいてバーミンガムは、クリステヴァの「アブジェクト(Abjekt)」[115]の理論を、アーレントが「高度に発展した共同体」(Arendt 1986, 622 邦訳三二六頁)の一般的特徴として指摘している、政治的空間からの「自然的なもの」の抑圧、拒否、棄却と結びつけている。しかし、結局のところアーレントの思想が、「吐き気や嫌悪感」を呼び起こし「殺人への誘惑」を提示するような「単なる人間であること」の底知れなさを政治的に確認し強調しようとしているだけなのかについては、疑いの余地がある。むしろ私が思うに、彼女は、この底知れなさを、まさしくそれを変形させる政治的なビオスの保護の下に置こうとしているようである。また、アーレントは、もしかすると「与えられるものの不穏な奇跡」(Birmingham 2006, 113)を、「女性的なもの」[116]との連関の内に置こうとしてはいないのかもしれない。

しかも、バーミンガムが一貫してアーレントとともに成し遂げようとしている権利の基礎づけの内には、大きな問題が存している。というのも、一方では、この「ヒューマニティの新たな法」が法哲学的な観点において現実に一体どのような地位を占めるべきなのかは明らかではないし、出生という出来事が「基礎的な権利」を「請求する」ということがどのようになされうるかも明らかではないからである。他方では、

(114) これについては、『女性の天才I——ハンナ・アーレント』(Kristeva 2001) におけるクリステヴァ自身のアーレント解釈も参照。

(115)「アブジェクト」という概念（ラテン語のabicereは、捨て去ることや見放すこと、あるいはフランス語のabjectは、忌まわしい、不愉快な、かつ／あるいは卑劣なという意味）を、クリステヴァは『恐怖の権力——アブジェクシオン試論』において展開している。アブジェクトは、「客体」でも「主体」でもなく、しかも〈私〉に対立するものである。「アブジェクトは個体全体の外側にあって、境界や規則の下で維持されるのではなく、むしろそれらを不安定化する。アブジェクトは、主体を、意味が衰弱し崩壊する場所へと引き入れる。アブジェクトは純粋な自由へのポテンシャルを持つが、その配置は純粋に積極的でも純粋に消極的でもない。というのも、アブジェクトは越境と無限を請け合っているからだ。[…] アブジェクトは、何らかの仕方で主観の側面を表象している。この主観は、われわれの各々と社会に内在している「異他性」によって特徴づけられる。[…] 自分自身の無意識的な働きにおいて——まさにそれがわれわれの自己像を脅かすがゆえに——自己を異他的なものにする刺激と、この自分自身の異他性を容認したり否認したりすることの不可能性は、感情を外側に投影し、異他性を他者の内に探求し宣告する方向へと導くかもしれない。このような仕方でクリステヴァは、アブジェクトを、そこにおいてかの残忍さと卑劣さが——ほとんどの場合、それらはコントロールされており、人間と直面することがないのだが——人間から急に現れてくるような出来事と比較している」(http://komparatistik.blutjunge.net/ST.doc〔現在は閲覧できない〕)。

(116)「したがって、各々の人間を単独で異他的なものにして、世界性の条件をしるしづける複数性の只中で孤立した存在にするのは、発生の起源の女性的な側面なのである」(Birmingham 2006, 82)。

「われわれの共同責任の苦境[117]（Predicament）」という副題の下でなされている和らげられた要求も、十分に練り上げられないままに留まっている。バーミンガムは共同責任の命法のための「規範的源泉」を解明しようとしているが、規範的なものがいかにして、どこで生じるのか——それともやはり「いつもすでに」存在していたのかということを、彼女はわれわれに述べていない。それゆえ、突如として「道徳的な」権利と「法的な」権利の分離を企てることも——しばしば人権をめぐる議論においてなされており、批判者たちが提案してきたことでもあるのだが[118]——まさにアーレントの言う意味においては、的外れであるように思われる。というのも、もし「共同責任」が何かを参照すべきなのだとすれば、それはまさにこの権利をもつ基本的な権利を行動によって導入し実現することであり、「道徳的なもの」と「法的なもの」の間を流動的に移行することであるからだ。そしてそれこそが、アーレントの基礎カテゴリーである「政治的なもの」なのである。

4　セリーナ・パレク——「ハンナ・アーレントと近代の挑戦——人権の現象学」（二〇〇八）

セリーナ・パレクは、人権を「新しい始まり」の権利と解するというアーレントの理解に対して、〔バーミンガムとは〕違った方向から接近することを選んでいる。むしろ彼女は、人権に対するアーレントの批判を、まずもって近代についての彼女の批判というレンズをとおして考察している。そしてこの近代批判が、とても得るところの多いものとして紹介されているのである。アーレントによれば、「近代のドラマ」とは、とりわけ行為を正当化し意味を理解するための支配的な方法としての超越が終わってしまったことである。そしてこのことは同時に、「世界」と「行為の経験」の喪失を伴っていた。世界との関連の喪失があリふれた現象となる時に起こる「世界疎外」と「孤独」は、二十世紀に起きたように、大量の人間を「余計なものにする」前触れである。それゆえ人権は、第一に人々がそれを正当化することがもはやできなくなり、第二に人間の意味地平が「労働する動物」の地平へと縮小してしまった時に初めて注目に値するものになったのである。ここで言う「労働する動物」にとっては、〔世界ではなく〕生命が「最高善」(Arendt 1981, 399 邦訳四一五頁）であり、消費が、そもそも事物を——そしてまた人間を——現出させる唯一の観点である。したがって近代そのもののエートスが、人権を脱世界化することによって脱人間化し、そのようにして人権を掘り崩したのである。フーコーが初めて「生政治」という概念の下で描き出したように、単なる生を組織化することも、単なる生が（例えばナチのイデオロギーにおいてそうであったように）他の生の「存続」と対立する時には、単なる生の根絶を大幅に早めるだけである。近代のエートスは、枠組みとしての共通の世界を、もはや提供してはくれない。もしそれがあれば、絶滅を裏面とする生と消費の怪物

(117) この言葉（Predicament）は、おおよそ「ディレンマないし困難な状況」と訳されうる。この表題によって念頭に置かれているのは、「始まり」と「所与性」の相反する二重性である。「アーレントにとって——そしてこれは彼女の著作を通底しているペシミズムなのであるが——共同責任の苦境は、他者と付き合うなかでわれわれの人間性が直面する、われわれの恐怖と感謝の両方、暴力と快楽の両方の能力である。しかし人間の条件に内在しているこの苦境は、人間の権利を持つ権利のための基礎を求めるというアーレントの試みを挫くわけではない」(Birmingham 2006, 3)。

(118) ちなみに、モートン・ウィンストンが書評で行ったセリーナ・パレクへの非難も、この点に存している (Winston 2009)。それによると、パレクは（バーミンガムと同様に）、「法的権利」と「道徳的権利」のどちらについて語っているかを明らかにしていないとされる。この非難は確かに正しいが、バーミンガムとパレクの論証を本質的に進展させるものではないように思われる。

的な論理に対して何らかの抵抗ができたのかもしれないが。「人権は、共通感覚——われわれの外側の世界がわれわれの行為に依存しているという感覚——なしにわれわれがコミットすることによって支えられているのだから、われわれは人権を支える可能性を消去してしまっている」(Parekh 2008, 50)。

したがってパレクは、アーレントを近代の批判者として、とりわけ「現象学」という彼女の方法を手引きとして近代のアポリアから脱け出そうとしている者として特徴づけている。というのも、彼女の現象学的な人権思想は、超越の喪失を他のものによって克服あるいは代替するために依然として人権の根拠づけを論じる全ての理論に反対しているからである。そのような神、自然あるいは理性による根拠づけの保証も、絶対的な根拠そのもののも、われわれの歴史的可能性の内にはないのかもしれない。だからといってわれわれは、主観的あるいは恣意的な世界企図へと運命づけられているわけではない。むしろわれわれは、新たな洞察を得るよう余儀なくされているのである。「人間の尊厳を可能ならしめているのは、共通の世界と共通の経験のリアリティである」(Parekh 2008, 5)。よってアーレントの考察の目標は、規範的な根拠づけではなく、理解すること、見えるようにすることなのである。パレクもまた、このような、ハイデガーを範とする現象学理解から出発する。現象学的方法は、「言語を通じて世界を開示すること」であり、それのおかげで、「近代の枠内での人権概念における錯綜や矛盾に光を当てる」ことができるようになる(Parekh 2008, 6)。そのかぎりで、現象学の著作の課題とは、世界における現存在やわれわれに現れているままの世界を徹底して間主観的なものとして理解することによって、実存論的構造を解明することである。こうした「理解」は、実際のところ当然アーレントの基本的関心に当てはまる。そしてパレクによれば、それは、ここで重要なのが「よりよい論証の強制」という意味での論証ではなく、各人の思考を喚起するはずの示唆であるということを示している。「話題についての確固とした論証を与えることよりも、むしろ彼女は、共通領域の間主観性についての多数の描写や事例を展開している」（Parekh 2008, 68）。このように現象学を世界の哲学、「間」の哲学、間主観性の哲学として解釈して、それを規範理論と対立させることには有益な諸側面がある――というのも、規範理論は「コミュニケーション的理性」を用いたとしてもこの出来事の空間としての間《あいだ》の世界（Zwischenwelt）を見ることも評価することもできないからである。それにもかかわらず、そのような解釈は誤解であるということが指摘されねばならない。というのも、パレクの解釈は、英米圏では一般的であると言わざるをえない誤解――「現象学的」なものと解される分析においては、他の（客観的な？）現実性とは対立したままであるような、単に（間）主観的な現れだけが扱われているという誤解――の中から出てきているからだ。「現象学者としてのアーレントが関心を持っているのは、この現れの空間の中で人権がどのように働いているかであって、人権がそれ自体で何であるかではない」（Parekh 2008, 69）。というのも、パレクによれば、「現象学運動は、人間の存在から独立にある（かもしれない）事物ではなく、意識に現れるがままの事物を理解することに重きを置いている」からである（Parekh 2008, 69）。そのような「即自的なリアリティ」は、すでにフッサールがはっきりと退けようとしていたものであり、ハイデガーやアーレントもそれに立ち戻ろうとしていたわけではない。もし真の現象学を展開したいと思うなら、確かに、そのような即自的リアリティを「現れ」の「対極」として理解してはならない。[119] しかし「われわれに対して」と「それ自体で」の区別は、法という目下のテーマにとってはさしあたり関わりが薄い。そのためわれわれは、この点について深入りしなくてもよいだろう。

(119) この問題については、第一部第二章第一節を参照。

パレクの著作において中心的に論じられているのは、人間の尊厳と人権を現代世界において保護するためには、有意味な共通の領域と共通の世界（分かち合われたリアリティ）が必要だということである（Parekh 2008, 6参照）。「人権の哲学にとってのアーレントの最大の功績は、コミュニティに属することが人権の前提条件であるということを示した点にある」（Parekh 2008, 148）。それゆえ、この明快なテーゼによれば、アーレントは共通の世界の存在論的意義を復権することによって人権の新たな理解と再生を成し遂げようとしているのだとされる。共通の世界は、特定の利害関心だけに基づいているわけではないが、それと全く無縁というわけでもない。パレクによれば、この間主観性の次元において、アーレントによって範例的なものとされたのは三つの側面、すなわち（一）約束、（二）臆見的な思念、（三）（反省的な）判断である。このとき（一）約束は、たえざる遂行の過程にあらざるをえないような人間の「間《あいだ》」のリアリティを創設する。（二）（プラトン的な知と対立する）ソクラテス的な臆見は、間主観的な経験の範型である。なぜなら共通の世界は、それを表現する臆見なしには存在しないからである――したがって臆見というのは孤立した思念ではなく、他者との論議なのである。（三）最終的に、判断は「拡張された思考方法」の助けを借りて一定の立場をとる。この思考方法は、世界に対する複数の視点を併せて考慮するのであって、複数性に取って代わることはできない。

人権は間主観的であるという見方は、約束ができるというわれわれの能力を通じて創造され、出生に根ざしている力によって保証される。そしてこの見方は、共通の世界についての特定の見方によって根拠づけられる。共通の世界が行為と相互行為を通じて作られるからこそ、われわれは人権のような概念をそこに統合することができるのであって、人権はまさにこのプロセスを通じて実現されうるのである（Parekh 2008, 69）。

存在論的な議論と密接に結びついたアーレントの歴史的な議論によれば、二十世紀が示したのは、権利喪失者たちが人間の被制約性に内在的に属している権利を失ってしまったということである。というのは、彼らはそれとともに自分たちの世界性をも失くしてしまったからである。法的な自己同一性の喪失は、我が家も国家の庇護も失われてしまったという二つの点で、共通の世界の喪失である。ここではっきりと認識されるように、アーレントの世界概念は人間の位置づけにとって、つまり自然との対立にとって最初のものである。世界概念がそうしたものになるのは、境界が引かれ、人間に故郷および自己形成としての自由の可能性とを――生命プロセスの永遠の循環とこの生の逃れがたい必然性の彼方で――提供してくれるような空間が創造されることによってである(120)。現代がますます多くの故郷喪失者をもたらすことによって、現代は彼ら自身だけでなく、人間によって設置された世界全体を危険に晒す。世界の中で、故郷喪失者たちは「来たるべき野蛮化、ありうべき文明の退化の最初の使者であるように思われる」（Arendt 1986, 621 邦

(120) この意味においてアーレントは、『活動的生』において、制作（Herstellen）をも世界性（Weltlichkeit）の基本条件に関連づけている。「制作は、さまざまな物からなる人工的世界を産み出す。この場合、世界を形づくる物は、単に自然物に仲間として付け加わるのではなく、自然物と次の点で区別される。つまり、物は、ある程度までは自然に逆らって存続しており、生命プロセスによって単に磨耗してなくなるわけではないのである。そうした物の世界を住みかとして、人間はくつろいだ生活を送ることができる。それにひきかえ自然の内では、人間は、自ずから、つまり本性上、故郷を失った生活を送らざるをえない」（Arendt 1981, 16 邦訳一一―一二頁）。

訳2、三二四頁)。

バーミンガムに対するパレクの回答によれば、われわれは政治的共同体なしにわれわれの自然的な区別から始めることはできないのであって、それゆえアーレントがつねに重視しているのは、共通なものにおける差異を表現する可能性であり、したがってそれは共通なるものの内の差異を変形する可能性なのである。

私は、アーレントが所与性について総じて否定的であったわけではないということには同意する。けれども私は、彼女がその完全な肯定を求めているということには同意しない。[…]アーレントは、人々が自分を単なる所与性(ゾーエー)からユニークな自己同一性(ビオス)を伴った個人へと変形する可能性を持つことを欲している。変形は、公的空間での他者との行為や言論を通じて初めて可能なのである。所与性を、現代においてとられたような偽善的な形で無批判に受け入れること――生命を最高善として受け入れること――は、まさしくアーレントの批判の対象である。むきだしの生を認識可能な人間の生へと変形することによって初めて、われわれは人間の尊厳を守ることができるようになるのである(Parekh 2008, 39)。

私が思うに、これはアーレント自身の診断にもうまく重なる。

というのも、権利喪失者は人間に他ならないにもかかわらず、互いに保障された権利の同等性によって直ちに人間であるのではなく、自分の絶対に固有の、不変で沈黙した個性において人間であるからだ。この権利喪失者は、自分の個性を共通のものへと翻訳し、そこにおいて表現するためのあらゆる手段を奪われているので、共通でそれゆえに理解可能であるような世界に至る道から締め出されている（Arendt 1986, 623 邦訳2、三二七頁）。

ここで明らかになるように、アーレントが念頭に置いている「手段」、つまり世界形成的で間主観的な能力としての言論と行為は、「自然」の上に政治的に構築された上部構造のことではなく、むしろ基礎的なものであり、人間的実存にとって必然的なものであるということである。というのも、人間的実存が「人間的である」のは、いつもすでに個人的な「沈黙」や「唯一的なもの」が言論や行為の表現によって媒介されているかぎりにおいてのことだからである。それゆえアーレントにとっては、「底知れない生き生きした唯一性」の「称揚」ではなく、表現や変形の可能性を保護することが重要なのである。

むしろ彼女は、「公的なもの」と「私的なもの」の領域を守っている。それらの領域は、相互作用しつつ、現れることが可能であるための庇護と明るみを保証してくれるはずである。パレクによれば、アーレントは、公的なものと私的なものという二つの領域を相互依存的とみなしている（Parekh 2008, 93参照）。それゆえ人権も、両方をカバーしなければならない。私的なものの庇護がなければ公的な領域はありえず、公的な参与（「公的幸福」）の庇護と促進がなければ、私的なものあるいは生命プロセスへの還元を通じて、疎外、世界喪失、意味喪失が生じてしまう。[121] このこととの関連において、パレクは、アーレントのあまり

（121）しかしパレクによれば、この次元は、権利の展開においていまだに顧慮されていない。「住まいを失うとき、無国籍

知られていないかなり後期の論文「公的権利と私的関心」（一九七四年講演、公刊はArendt 1977）を参照している。そこにおいてアーレントは、おそらくは驚くべき要求を、すなわち、まずは私的な権利を保護せよという要求を行っている。しかしだからといって、これは、私的なものが「最高善」として機能しているということまで意味しているわけではない。むしろこれは、「公的な」要求が他の「私的な」要求なしには実現しえないということを明らかにしているのである。このアプローチは、「後期のアーレント」が「所与性」を政治的な領域からひたすら排除しているというバーミンガムの主張と対立するだろう。所与性は、「保護された」ものとして、私的な権利への要求の中に、したがってまさに人権概念の只中に間接的な仕方で登場してくるのである。

ところで、結局のところパレクの見解によると、これらの権利はいかにして「根拠づけ」られうるのだろうか？　われわれは平等な者として生まれるのではない。そうではなく、平等はわれわれの決断を通して作られるのである。「これこそがアーレントの言う人権の意味である――われわれは生まれながらに人権を有しているのではなく、むしろ人権はわれわれの決断の強さによって創造されるのである」（Parekh 2008, 35）。しかしこのことが、同時に、われわれが決断の単なる主観性へと送り返されるということを意味しているわけではない。というのも、われわれが制度と空間を作り出すことによって、今度はそれらがわれわれにとってのリアリティとなり、われわれに反作用してくるからである。ここでパレクは、『活動的生』におけるアーレントの主張、すなわちわれわれ自身が作り出すものがわれわれの被制約性に属しているという主張へと立ち戻っている。(122)

平等は何らかの客観的リアリティではないが、主観的な幻想というわけでもない――それはわれわれの間主観的な理解によってリアルなものにされ、共同の領域において確固としたものになり、それによってわれわれ人間を制約する。人権は〔…〕まさにそれと同一の資格においてである。つまり人権は、創造された主観的なものというわけでもないが、自然で客観的というわけでもない。むしろそれは、われわれによって、そしてわれわれの政治的コミットメントによってリアルなものとされるのである(Parekh 2008, 35)。

したがって、人間の行動に依存していないと考えられうるような人権は(そしてまたいかなる法概念も)存在しない——それにもかかわらず、主観的な妄想の産物が問題になっているわけではないのである。そのためパレクは、アーレントを「本質主義者」[123]と「反本質主義者」[124]の中間の立場に置いている。アーレント

者は、行為し、語り、意見を交換することのできる共通の世界を建設する能力を失うのである。無国籍者を法によって守ることには多くの注意が向けられてきたが、人間の経験のこの次元と、全き人間的な生のためにそれが必要であることは十分に注意されてこなかった」(Parekh 2008, 169)。

(122)「それゆえ、生きるうえで人間が背負っている条件は、人間がそもそもこの世に実存するための持参金のような天賦の諸条件に尽きるのではなく、それを超えて、人間が自分で作り出した諸々の条件も含まれる。後者の自前の条件のほうは、それが人間に由来するにもかかわらず、条件として働く自然物と同じだけの制約する力を備えている。人間の生に関わってくるもの、人間の生に入り込んでくるものは、いかなるものであれ、直ちに人間的実存の条件と化す」(Arendt 1981, 19 邦訳一四頁)。

(123)パレクが本質主義者として包括している中には、デイヴィッド・リトル、ジャック・ドネリー、アラン・ゲワース、アマルティア・セン、ジョエル・ファインバーグ、H・L・A・ハートらのさまざまな立場がある。

は、人権を「人間本性」の内に根拠づけようとしているわけではなく（そもそも彼女は人間本性を認識することができないと考えている）[125]、規範の無制約的な所与性の内に根拠づけようとしているわけでもない。それゆえアーレントは本質主義者に属してはいない。確かに彼女は、われわれに、反本質主義者の立場から人権を擁護するための強力な論拠を提供している。なぜなら彼女の見解によれば、「ある種の被造物や行為者であることや、ある種の道徳的地位を有していることによってではなく、われわれが人間の条件を共有しているゆえに」、人権が存在しているからである（Parekh 2008, 147）。このような人間の被制約性が脆いものとして露わになる以上は、われわれは、それに対して自分たちで責任を負っている。他方でこの被制約性は、ただの主観的な捏造物というわけではなく、むしろ、それを理解することがわれわれの課題である何ものかである。したがってアーレントは、「反基礎づけ主義者」として、むしろ諸規範による根拠づけから距離をとる。なぜなら彼女にとって、それらの規範はモナド論的、モノローグ的、そして強制的であるように思われるからである。反対に彼女は、「間《あいだ》」から生じてくる世界的な取り決めを強調する。それらの取り決めは、明らかに世界と人間に結びつけられている。「アーレントにとって、人権は人間の複数性ゆえに発生して、われわれの行為の能力ゆえに存在する。人権のために必要な根拠とは、共通の世界である。なぜならそれについての関心がなければ、われわれは、人権を人間的制度として維持するのに必要な力を生み出すことができないからである」（Parekh 2008, 146）。

第二項　エマニュエル・レヴィナス[126]――他者の人権

レヴィナスは、他者性について論じた倫理学者として知られている。彼は人権を主題とした短めの文章[127]

(124) 反本質主義者という分類の下で検討されているのは、マイケル・イグナティエフ、ベス・シンガー、リチャード・ローティ、ジョン・ロールズ、トマス・ポッゲらの主張である。

(125)「なるほど、われわれのまわりには、われわれとは異なる事物が存在しており、それらの事物の本質を、あれこれ認識し、規定し、定義することができる[…]。だが、自分自身に関しては、それと同じだけのことをわれわれが成し遂げるということは、どう見てもありそうにない。それはちょうど、自分自身の影を飛び越えることがわれわれに実際にはできないのと似ている。そのうえ、そもそも人間は他の一切の事物と同じ意味で何らかの本質または本性を有している、と想定しておかしくないような証拠など存在しない。人間の本質といったようなものが本当に存在する、と仮定したとしても、それを認識し、定義することができるのは、明らかに、神のごとき存在以外にはありえない。なぜなら「何であるか」について同じ意味で「誰であるか」について論定を下すことは、神のごとき存在にしかおそらくできないからである」(Arendt 1980, 20 邦訳一六頁)。

(126) 私の公刊された博士論文『要求と正当化(*Anspruch und Rechtfertigung*)』(Loidolt 2009a)は、レヴィナスについての章を設けている。本節で解説される諸テーゼは、大部分がそこに由来している。本書のテクストの大部分は完全に新しく書き下ろされたものだが、それでもやはり、すでに的確な仕方で表されているように思われたいくつかの文章は前著から引き継がれている。そのことについては、適宜脚注で記しておく。

(127) 以下では特に、「人間の権利と他者の権利(Les droits de l'homme et les droits d'autrui)」が参照される。これは『外の主体(*Hors sujet*)』(1987a)に収められて公刊され、ドイツ語訳は『傷つきやすさと平和(*Verletzlichkeit und Frieden*)』(2007)に収められて出版されている。人権というテーマに関するレヴィナスの他のテクストは以下の通りである。「人間の権利と善なる意志(Droits de l'homme et bonne volonté)」(『人間の権利の不可分性(*Indivisibilité des droits de l'homme*)』(1985)所収、ドイツ語版『われわれのあいだで(*Zwischen uns*)』(1995, 252–256)、新独訳『傷つきやすさと平和』(2007, 109–114 所収)、「表象の禁止と「人間の権利」(Interdit de la représentation et ‹Droits de l'homme›)」(『モンペリエールの討議(*Colloque de Montpellier*)』(1981)、独訳『傷つきやすさと平和』(2007, 115–126 所収)、「他なる人間の権利(Les droits de l'autre homme)」(『問題としての人権(*Les droits de l'homme en questions*)』(1989 所収)、「「犬の名前あるいは自然法」(『言葉を使いこなせる者(Celui qui peut se servir des mots)』(1975)、独訳『お先に(*Après*

をいくつか書いているが、そこにおいては、倫理に由来する、人権についての全く新しい彼の理解が大まかに示されている。さらに彼は、この理解を現象学と結びつけている。「〔何かが〕他の人間の諸権利として、そして私にとっての義務として〔…〕根源的に現出すること、それこそが人間の諸権利についての現象学である」(Levinas 2007, 108 邦訳『外の主体』、二〇五頁)。以下では、このテーゼについて探究してみたい。ここには、一方では現象学の変形を見てとることができるが、他方では、規範に先立つ観点から倫理的なものを政治的なものや法的なものと結びつけるという方針が示されている。というのも、『全体性と無限』(1961)と『存在するとは別の仕方で、あるいは存在することの彼方へ』(1974)という二つの主著の中で展開されたレヴィナスの倫理は、規範的な構想としては理解されえないのであって、むしろそれは、基礎的な経験を記述と証言によって再現したものだからである。アーレントとレヴィナスの間には多くの違いが認められるにもかかわらず、両者は、ものごとを経験そのものの下で証示するという現象学特有の方法を、理性的な基礎づけの手続きから区別するという点では共通している。理性的に基礎づけるというやり方は事象に適合していないという二人の見解は、人権の現象学に関わる法哲学的な思考にとっては異例の帰結をもたらすことになる。

以下では、他者性についての現象学的な取り組みに関する導入部の後に、レヴィナスにおける法と正義の概念に関する節が続く。その後、人権の問いに関する彼のテクストが具体的に論じられる。そして最後に、アルフレート・ヒルシュがレヴィナスの基本思想を取り上げながら展開した「間文化的な人権の倫理学」という構想を簡潔に紹介しよう。

1　他者性と現象学

エマニュエル・レヴィナスは、現象学的思考を、他者との出会いに曝すことによって変形させる。この出会いは、認識する視線の倫理的な転覆であるということが分かる。なぜなら、他者性であるかぎりでの他者性を私が理論的には決して正当に遇することができないということが明らかになるからである。他者は、それを説明し、そうすることで自己へと回帰しようとする知という様態から逃れ去る。レヴィナスは、このたえざる逃れ去りの痕跡を辿る。なぜなら、徹底的な他者性が告げ知らされるのは、この逃れ去りにおいてであるからである。徹底的な他者性は、決して知という様態には変換されえず、むしろそこにたえず揺さぶりをかけ、いつも開かれて覚醒したままの状態を保っておく。この他者性にふさわしい仕方で出会う唯一の可能性は、応答すること（*antworten*）である。というのも、他者性はいつもすでに私に呼びかけている（ansprechen）からである――このことは、私が他者性の跡を辿っていくにつれて次第に明白になっていく。それゆえ、責－任（*Ver-antwortung*）が、レヴィナスの倫理学の中心概念となる。（すでに先に述べ

---

vous）』（2006, 55–59）所収）。また、二次文献は以下の通りである。一方において神学的、他方においてアフリカの状況についての具体的に政治的な視点からの問題圏を考察している詳細な著作（*Réexamen éthique des droits de l'homme sous l'éclairage de la pensée d'Emmanuel Levinas*）が一九九七年にフランスで出版された（Ndayizigiye 1997）。同様に神学的な視点から、ロジェ・ビュルグヒュラーヴ（Roger Burggraeve）は「善とその影（The Good and its Shadow）」の中で、人権に関するレヴィナスの見方を政治的な合理性の乗り越えとして論じている。ドイツ語圏では、アルフレート・ヒルシュ（Alfred Hirsch）の諸著作を参照することができる（Hirsch 2005a, 2005b）。

たように）レヴィナスの倫理は規範的な理論であろうとしているわけではなく、主観の基本構造を倫理的な諸概念を用いて記述している（Levinas 1986, 72 邦訳一一九―一二〇頁参照）。「自己」「主体」「意識」が壊れようのない同一性ではなく、むしろ他者によっていつもすでに貫き通され呼び出されているということ――これこそがレヴィナスにとって、あらゆる規範的な根拠づけの彼方にある倫理的なものの「意味」である。彼の記述は、「証言」として、つまり知を伝えるのではなく、他者性のために責任をもって証言することを引き受け、遂行する身振りとして理解されるべきである。というのも、他者性の痕跡は、実証したり証明したりできるようなものではないからである。それはちょうど、倫理を事実として基礎づけたり、「なぜ倫理的であるべきなのか」という問いに抗するために必要なものとして証示したりできないのと同様である。レヴィナスによれば、倫理とは光学である（Levinas 1987a, 23 邦訳二七頁参照）。そして同時に、レヴィナスにとって、いかなる認識も他者によって呼びかけられていることに先行してはいないのであるから、倫理は「第一哲学」でもある。その上徹底的な他者性が、存在するとは別の仕方、すなわち存在の彼方でもあるかぎりにおいて、存在（存在論）すら倫理に先行するものではない。

　以上の予備考察を踏まえると、レヴィナスの思考がまさに現象学に根ざしているということは、驚くべきことかもしれない。やはり何といっても現象学は、現象、目に見えるもの、明証、ひいては知の様態にも関わっているはずだからだ。しかしレヴィナスの倫理に固有の特徴をなしているのは、主観性・一人称的観点・意識を出発点にするという、まさにこのことなのである。他者性についての経験は一人称的観点から記述されるのであって、他者性という回収不可能な契機も、出会いという種の出来事も、この観点からのみ適切に叙述されうる。というのも、いわば中立的に全ての主観を「見下ろす」ような三人称的観点を介してのみ現れうる自他の相互性は、まさしく抽象的・認識的な光景だからである。そのような光景はレヴィナスにとって——そしてまたフッサールとハイデガーにとっても——つねに、事後的なものでしかありえない。そういうわけで、他者性についての経験の出発点は、ある主観性〔＝私〕による経験なのである。レヴィナスは、私と他者の間のこの不可逆性を、非対称性と名づけている。倫理的な経験は、非対称性についての徹底的な経験である。それはつまり、呼びかけられている者、呼び求められている者、応答せねばならない者——責任を負った者——という地位にあるという経験なのである。

こうしたアプローチによって、レヴィナスは、他者の意識という「原本的（original）には到達不可能なもの」（Hua. I, 144 邦訳岩波文庫二〇六頁）についてのフッサール的な思考を引き受け、それを徹底している。というのも、レヴィナスによれば、原本的な到達不可能性は他者経験の現象学的様態であるだけでなく、この他者という無限なもの、すなわち逃れ去るものとの出会いにおける志向性がもはや自分自身に回帰してくることがないかぎりで、倫理的な呼び求めでもあるからだ。他者との関係は相関関係ではなく、それを凌駕している。他者性が全き「所与性」へともたらされることが決してありえない以上、私の志向的・身体的な能力、すなわち私の「できる」という力は、ここで限界に直面する。私は他者との出会いを、私の「できる」という力への妨げとして経験する。そして私は、さらにこの出会いの跡を辿り、それを、他者性に対する私の根本的な「できない」として経験する。この「できない」によって、志向的な方向づけは、いわば逆転する。「意識を疑問に付すことなのであって、疑問を抱く意識ではない」（Levinas 1983, 223 邦訳二八四頁）というわけである。

レヴィナスの現象学の歩み行きは、彼が現象そのものの下で、現象的なものを超えたところを指し示す痕跡を指摘しているということによって特徴づけられる。そのかぎりで、レヴィナスの哲学を、「直観しえないものについての哲学」（Gelhard 2005, 52）と呼ぶこともできるだろう。ただし、逃れ去り——それこそが私に当該の逃亡と退去の運動のあとを追うようにと私に呼び求めてくる——があったことが判明するのは、つねに、現象的なものそのものにおいてである。レヴィナスにおけるそのような分析の範例は、他者の「顔（Gesichts）」ないし「かんばせ(128)（Antlitz）」の記述である。

顔の「現象学」について語ることができるのかどうか、私には分かりません。現象学は現れるものを記述するのですから。同様に、顔に向けられた眼差しについて語りうるのかどうかも疑問に思います。なにしろ、眼差しは認識であり、知覚ですから。むしろ、顔への接近は直ちに倫理的なものであると思います。鼻や眼や額や顎を見て、それらを記述することができれば、あなたは何らかの物体に向かうのと同じように、他人に向かうことになるからです。他人と出会うときの最良の方法とは、まさに相手の眼の色にさえ注意を払わないようにすることなのです。［…］顔との関係はなるほど、知覚に支配されるかもしれませんが、顔に特有なものは知覚に還元されないものです（Levinas 1986, 64 邦訳一〇五—六頁）。

顔にとって本質的なものは非直観的なものの内に存しているのだから、人間の顔を特殊な存在者として同定した上で、そこに「他者性を備えたもの」の本質的な目印を認めることは筋違いである。むしろ取り組むべきなのは、潜在的にはいたるところでわれわれに起こりうる、ある経験を記述することだ。顔は、範例として、その経験を表している。レヴィナスによれば、顔は「語りかける」のである（Levinas 1987a, 283 邦訳三五〇頁）。

またここで重要なのは、そのような経験の両義性をたえず強調しておくことである。他者性は現象、事実あるいは存在者としてではなく、まさに「存在の彼方」における「痕跡」として閃き出る。それゆえ他者性を是認したり、それを倫理的に遇したり、それについて証言したりすることにはいかなる必然性もない。そのかぎりで、他者は崇高であると同時に困窮したものとして、命令すると同時に傷つきやすいものとして、自らを「示す」。「顔は、暴力的な行為へとわれわれを誘うかのように露呈され、脅威に曝されています。しかし同時に、顔はわれわれに殺すことを禁じるものでもあります」(Levinas 1986, 65 邦訳一〇六―七頁)。確かに殺人が「月並みな事実」であることは、レヴィナスの目にも明らかである。「人は他者を殺すことができます。ですから、倫理的な要求は存在論的な必然ではありません」(Levinas 1986, 66 邦訳一〇八頁)。しかし「顔とは殺すことができないものであって、少なくとも、顔の意味は「汝、殺すなかれ」と言うことにあるのです」(Levinas 1986, 66 邦訳一〇八頁)。レヴィナスがここで再び言及しているのは、他者性に対する、私の「できない」という経験である。私が他者を殺すときでさえも、私は他者の他者性を回収することも消去することもできない。「殺人に対する無防備さの内で、いかなる殺人の試みにも抵抗するものが告げ知らされている。物理的な傷つきやすさ(Verletztlichkeit)の内で、「倫理的な不可侵性(Unverletztlichkeit)」が告げ知らされているのである」(Gelhard 2005, 71)。他のところで、レヴィナスはこれを「倫理的抵抗」と呼んでいる。

(128)［「顔」に当たる言葉として］レヴィナスは、フランス語では日常語としての性格が比較的強い“visage”という語を用いている。そのためドイツ語へ置き換える際には、以前は“Gesicht”という訳語が用いられていたが、現在では、いささか荘重な響きの“Antlitz”という訳語が普及している。

無限なものは、殺人に対するその無限な抵抗によって〔私の〕能力を麻痺させる。強固で不屈のこの抵抗は、他人の顔の内で、無防備なその眼の全き裸形の内で、超越的なものの絶対的な開けである裸形の内で閃き出る。ここにあるのは、とても大きな抵抗との関係ではなく、絶対的に他なる何ものかとの関係である。それは抵抗しないものによる抵抗――つまり倫理的な抵抗なのである（Levinas 1987a, 286 邦訳三五二―三頁）。

レヴィナスは、他者との出会いを超越の侵入として記述しようとしている。そのため彼の主観性についての考え方は、フッサールとハイデガーをはるかに超え出てもいる。というのも、主観性を「意識」あるいは「存在しつつまさにこの存在に関わっている」（SZ 191）ような「現存在」、つまりそもそもの「対自」とみなすかわりに、レヴィナスは、主観性を「根源的に対他であるもの」と解する。「私は倫理的な概念を用いて主観性を記述しています。この場合、倫理は、前提をなす実存の基盤に付け加えられるわけではありません。責任として理解される倫理においてこそ、主観的なものの結び目そのものがつくられるのです」（Levinas 1986, 72 邦訳一二〇頁）。レヴィナスの著作の展開の中で次第に明らかになってゆくのは、他者性が、完成あるいは閉鎖された主観性に対立する「外部性」ではありえないということである。むしろ、主観性はいつもすでに他者性に貫かれているからこそ、他者性に捕われうる。したがって結局のところ、主観性である（Subjektivität-Sein）とは、同一性が構成されるに先立って他者に「憑かれている」ということなのである。主観性であるとは、根源的に自己である（Selbstsein）ことではなく、むしろ主観性の核心に他者性という「裂け目」があるということである。主観性を主観性として創設しているのは、この裂け目なのである。そのかぎりで、他人は単に月並みで通俗的な、あるいは経験的な意味において「私に先立って」いるだけでなく、別の仕方で――「事柄の順序として」――理解された種の時間性において、「私に先立って」いる。この時間性とは、主観性が決して回収することのできない「隔時性（Diachronie）」である。

このことをレヴィナスは、原印象やキネステーゼや感覚についての独自の分析の中で、フッサールとともに、あるいはフッサールを超える仕方で、現象学的に示そうとしている（これに関しては、特にLevinas 1983を参照）。同様に、レヴィナスにとっては、ハイデガーとの対決も中心的な位置を占めている。すでに早い時期から、レヴィナスは、「現存在の重荷という性格」（SZ, §29, 134f. 参照）についてのハイデガーの思想を取り上げている。そのような性格を通じて、主観性は、存在を、免れることのできない「あらねばならない」や「自分でなければならない」として経験する。このことをレヴィナスは、「存在からの逃走」への欲求として解釈する（そのような欲求は、他者性がすでに主観性の中に差し込まれていることの痕跡である）。つまりこの欲求は、〈私〉が自分であることから解放されたい、自己であることに囚われている状態から解放されたいという欲求である。自我論的な拗れからの解放は、超越への応答として、他者性によって初めて可能になる。そのかぎりで超越（Transzendenz）とは、レヴィナスにとって脱自（Ex-zendenz）、つまり自己同一性からの逃走である（Gelhard 2005, 43参照）。この脱自すなわち自己超出とは、他者との終わりなき出会いである。もはやそこでは自己回帰が起きることがなく、むしろ絶え間なく自己を開き、他者への応答に没頭することが重要なのである。

以上のような理由から、レヴィナスは「引き受けられるほどに増大してゆく」ような「無限の責任」についても語っている（Levinas 1992, 44 邦訳四三頁）。これは従来の責任概念とは違っている。従来の責任概念は、たいていの場合、請け負われ、相互的であり、限度があるという契機に由来しているからだ。〔レヴィナスによれば〕主観性は責任を免れることができない——つまり応答しないことができない——だけでなく、責任を引き受けることもできない。なぜなら主観性は、〔何らかの自由な作用をなしうる〕「私」であるよりもっと前から責任であるからである。[129] 主観性は元来、受動的に憑かれていることであり、かつ、先行する他者の呼びかけに応答することである。さらにこのことは、厳密な意味で非対称的な一人称的観点において理解されねばならない。それゆえレヴィナスは次のように言うことができる。「原則的に〈私〉は自らの「一人称」から身を引き離すことがありません。〈私〉は世界を担っているのです」(Levinas 1986, 77 邦訳一二七頁)。というのも、一人称は、他者のためにあるという運動の出発点であり置き換え不可能なものであり続けるからだ——認識論的にそうであるだけでなく、まずもって、倫理的に置き換え不可能なのである。

> 私の責任は譲渡することができないものであり、誰も私の代わりになることはできません。実際のところ、人間的な〈私〉の本来的な同一性は、責任を起点として指定されねばならないのです。[…]この重荷は、唯一者にとっての至高の栄誉です。私がかけがえのない者として唯一であるのは、私が責任を負うかぎりにおいてなのです (Levinas 1986, 78 邦訳一二九頁)。

それゆえ責任は、「譲り渡される」こともありえない。したがって「〈私〉自己からの解放」とは、解消ではなく代行、つまり他者のための一者となることなのである。

2　他者の権利、「第三者」と正義

ところで、「他者の権利」という概念もまた、この構造の内部に位置づけられる。ある箇所でレヴィナスは、他者が「実践的には無限の権利」を有している（Levinas 1998, 12 邦訳二〇頁）ということについて語っている。この無限は私の無限の責任との関連において、あるいは原理的に境界づけられえない他者性の無限との関連において理解されるべきである。同時に注目すべきは、すでに述べた通り、レヴィナスが前もって存している規範的構造から出発するわけではないということである。むしろ他者の侵入とは「意味の生起（Sinnereignis）」[130]である。つまり意味の生起が主観性を倫理的な主観性として創設するのであって、そのことに基づいて初めて主観性が規範的構造の中で責任を果たすのである。他者自身は確固とした規範的構造をつくることがない。何しろ他者は、この構造に対立するもの（この構造にとって他なるもの）ですらある。よって他者の権利について語ることは、他者がいつもすでに突破していたはずの秩序や諸秩序に他者をずっとつなぎとめたままにしておくことを意味してしまう。すると用語法に関して言えば、（すでにヴ

(129) したがって自由は、自由は、応答することもしないこともできる状態から始まるのではない。というのも、すでに述べたように、私は応答しないことができないからだ。むしろ私の自由は、呼びかけを突き返したり私の責任を否認したりすることができるというところからようやく始まるのである。確かに、それもまた応答である。それゆえ自由は、呼びかけられていることに対しては自由ではないのである。

(130) 意味の生起という概念は、志向的意識の中で意味形成が自ずから始まることを表している。意味の生起は、降りかかってくるという性格を持つ他者性の経験である。意味の生起という発想によって、意識の意味形成のプロセスが、他者性という観点から詳細に探究される（Tengelyi 2007 も参照）。

ァルデンフェルスが行っているように)[131] 正確を期して、前述定的な出来事としての他者からの「呼びかけ」について語るのがよいかもしれない。それによってわれわれは、レヴィナスの言及する「無限の権利」を、規範に先立つ「倫理的な呼びかけ」として把握することができるであろう。それは、綿密に定式化された規範や確固とした規範的構造に支えられた「道徳的権利」という古典的な発想と対立するものである。この呼びかけあるいは呼びかけられていることはどの程度まで、あらゆる存在と当為の二分法以前の基礎的で先行的な経験の次元を示しているのか——そのことをベルンハルト・ヴァルデンフェルスは、あるインタビューの中で、とても具体的に説明している。

私が呼びかけと名づけているものは、まずもって倫理的な局面を有しています。レヴィナスの言葉を借りて言えば、それは「どうでもよい」ものではないのです。もしあなたが記述／指令や存在／当為の二者択一を持ち出すならば、私は、呼びかけはそれらの相違の彼方で到来すると主張します。つまり私は、「初めに事実があってその次にしかじかのことがある」ということから出発することができないのです。ましてや、初めに規範があってその次に事実があるというわけではなおさらないのです。一つ例をあげてみましょう。誰かがあなたに「いま何時ですか？」と尋ねるとします。なるほど、あなたはこれを観察して「君は私に「いま何時ですか？」と尋ねたんだね」と言うこともできるでしょう。そうすることで、あなたは事実を確認するのです。しかしあなたは、それによって純粋な事実の受取を確認したわけではないし、そもそも応答していないのです。よって、呼びかけという形をとる倫理的なものは、後からつけ加わるのではなく、初めから中にあるのです。言い換えれば、倫理的なものは決して入って来ることがないのです。確かにわれわれは、同時に倫理的なものを観察することもできます。その場合には、われわれはルーマンの立場をとることになります。しかしそれは、呼びかけへの応答に代わる選択肢ではないのです（Waldenfels 2000）。

すでに説明したように、応答することによって責任をとることは相互的な関係ではない。むしろ逆に、それは、他者の呼び求めに従えば従うほど増加してゆく、一人の〈私〉（ein Ich）にとっての義務なのである。「〈私〉（das Ich）はつねに、他のどんな者よりも多くの責任を負っているのです」（Levinas 1986, 76 邦訳一二五—六頁）。そのかぎりで、「無限の権利」あるいは「倫理的な呼びかけ」はつねに他者の側に、そして無限の義務はつねに私の側にあり続ける。「しかし、他人もまた私に対して責任があるのではないでしょうか」という疑問に対して、レヴィナスは次のように返答している。「おそらくはそうでしょう。しかし、それはその他人にとっての問題です。［…］このような［非対称的な関係という］意味において、私は他の人々に責任を負っており、たとえ私の命が危険に曝されることになったとしても、私が相手に同じことを期待することはないのです」（Levinas 1986, 75 邦訳一二四—五頁）。この倫理的意味における主体（Sub-jekt［この表記は従う者＝臣下という意味を含ませている］）は、他人に服従させられており、他人の根底に置かれている、「一者」である。つまり（唯一の一人称的観点であるがゆえに）他人のためにある唯一の者なのである。これをレヴィナスは、近さの関係と呼んでもいる。「他人の近さとは［…］他人が空間的に私に近いとか、親族のように近いということだけではなく、私がその人に責任を負っていると感じるということ——それは直

（131）第二部第二章第三節第四項2を参照。

ちに、私がその人に責任を負っているということなのですが――そのことによって、本質的に私に近づいているという事実なのです」(Levinas 1986, 73f. 邦訳一二二頁)。

この先行的で根源的な他者との関係は、主観性が超越に完全に献身することの基本形である。ただしこのような他者のための一者の純粋で受動的な献身と責任は、そこに構造的に内在している、第三者という登場人物による攪乱を被らざるをえない[132]。

もし近さが私に対して他の誰でもなく一人の他者だけを課してきたとしたら――問題という語の最も広い意味においてさえも――「何も問題はなかっただろう」し、問いが生じることもなかっただろう[…]。他者に対する責任は問いに先立つ直接性であり、まさしく近さである。ところがそれは、第三者の到来とともに攪乱され、問題となるのだ(Levinas 1992, 342 邦訳三五七頁)。

ここでレヴィナスは、「私は何をなすべきか」という理性の問いの発生を認識させてくれる枠組みを設定している。呼びかけはいつもすでに複数の呼びかけであるから、無限の責任は(いつもすでに)、複数の他者に対して正義に適った判断を下すことへの義務づけへと移り変わる。責任そのものが私を正義へと義務づけるのであって、理性は正義の要求として生じるのである。というのも、正しくあろうとするなら、可視化され、考量され、根拠づけられ、権利が語られねばならないからだ。したがってレヴィナスの論述の中には、第三者による正義の要求の下で規範的・法的な理性の思考が始まるための事象的・構造的な転換点が見定められうる。それは決して「経験的な事件」と混同されてはならず[133]、あくまで倫理的な主観性の発生の構造の記述として理解されねばならない。

第三者は隣人とは別の者である。しかし第三者はもう一人の隣人、他者の隣人でもあって、単に他者と類似した者ではない。では他者と第三者は、互いに対していかなる者なのか。彼らは互いに対して何をなすのか。［…］他者を前にした〈語ること〉の意味は今まではただ一つだけの方向に向かっていたのだが、第三者がその〈語ること〉の中に矛盾を導入する。今や自ずから責任は限界に直面し、「正義によって私は何をしなければならないのか」という問い、すなわち良心の問いが生じる。必要とされているのは正義であり、すなわち比較、共存、同時性、集合、秩序、主題化、複数の顔の可視性、ひいては志向性と知性である。そして志向性と知性においては、体系の理解可能性が必要であり、そのかぎりで、法廷を前にしているかのような、平等な共現前が必要である（Levinas 1992, 343 邦訳三五七―八頁）。

（132）第三者とは、レヴィナスにおいては、「三であること（Dreiheit）」あるいは「三番目であること（Tertialität）」に関する三つの形式の内の一つである。「第三者（le tiers）という概念に加えて、われわれは三人称という概念を、自らの視点を普遍的理性の立場と一致させるような中立的な観察者として見出す。さらにまた、［フランス語の］三人称単数の代名詞の形からとられた彼性（Illeität）という難解な概念がある」（Bernasconi 1998, 88）。彼性は、神、他者性、そして存在の彼方の善さの痕跡を表している。そのような善さが、他者の顔において閃くのである（より正確な第三者の規定と記述については、Delhom (2000), 200ff. を、第三者の社会哲学的・倫理的・政治的な側面についてはBedorf (2003) を参照）。

（133）第三者の介入は経験的な事実で、他者に対する私の責任が「事の成行きで、仕方なく」計量を余儀なくされるというのではない。他者の近さにおいては、この他者とは別の全ての他者が私を強迫するのだが、このときすでに、強迫は正義を声高に要求し、尺度と知を要請し、強迫はすでにして意識と化している（Levinas 1992, 344 邦訳三五九頁）。

議論の中心となるのは、ここでレヴィナスが説明している導出関係である。正義とは決して理性的な自己目的ではない。むしろ正義は責任に関する基本的関係から生じるのであって、そこから出発し、かつそれを参照しつつ理解されねばならない。前もって責任関係の中で姿を表す主観性は、今や、「裁き手」の立場を取らねばならない。このことは次のようにも言い換えられる。すなわち、主観性は自らの根源的な責任から出発して、正義に適った制度の創設を請け負わねばならないのである。こうして痕跡が、倫理学から政治学、国家、（実定）法へと通じることになる。[134]「共通の目標あるいは共通の規則の上に打ち立てられるコミュニケーションの秩序を備えた制度においては、人格的な第三者は、真理、法則、良心、志向的意味あるいは妥当性要求などの称号を担う中立的な第三者という非人格的な審級に転換する」（Waldenfels 1996, 74）。ただしその際には、「多数者の同時性は二者の隔時性を中心として確立される」（Levinas 1992, 347 邦訳三六二頁）ということがつねに妥当している。したがって、責任に関する基本的関係は、決して放棄されない。最終的に相互性を、そして私に権利を保障する国家的・法的秩序においてすらも、一次的に倫理的責任を負っているのはこの私である。私は他者に、他者たちに、そして正当な諸制度に対して責任を負った者なのである。

正義が正義であり続けるのは、近い者と遠い者が区別されない社会においてのみである。しかしそのような社会では、隣人を見過ごすこともまた不可能であり続けている。そこでは、万人の対等性は私の非対等性によって、つまり私の権利に対する私の義務の剰余によって支えられている（Levinas 1992, 347 邦訳三六二頁）。

したがってレヴィナスは、第三者を手がかりとして、規範的思考や政治的・国家的・法的秩序への必然的な移行を成し遂げる。ただしその際に、先行する他者との責任関係への繋がりが断ち切られるわけではない。「正義をもたらす者が近さの内にいないかぎり、正義は不可能である。［…］裁き手は係争事件の外部にいるのではない。そうではなく、法律は近さの内部で妥当するのである」(Levinas 1992, 347 邦訳三六一頁)。権利概念と正義概念はこうして形づくられる。倫理は、それらの手前に、あるいはそれらとは別のところに位置づけられるのではなく、それらの核心にある。

3　他なる人間の権利としての人権

ところで、人権についてのレヴィナスの理解は、人権の「意味」が根源的な仕方でわれわれに立ち現れてくるのは他者においてであるという考えを根拠にしている。つまりそれは、他者の唯一性やかけがえのなさとの倫理的な出会いを根拠にしているのである。「人権は、絶対的で根源的なものとしては、他者の内で、他なる人間の権利としてのみ意味を得る。そのような権利から、私は決して逃れることができない」(Levinas 2007, 120 邦訳『他者と超越』一二八頁)。したがって、人権が実質的に依拠しているとされる根源的経験[135]は、自分の価値や自分の傷つきやすさについての経験ではないし、法制度を創設し保護することの

(134) さらにここでは、哲学、認識論、存在論もまた成立する。「ここでは問題ともに、真理への気遣い、存在の開示への気遣いが始まる。ただし、全てが現出するのは、あくまで正義のためである」(Levinas 1992, 351 邦訳三六五―六頁)。

(135)「人権として要求されている権利［…］、一人ひとりの人間の尊厳と生命と自由への尊敬のための、つまり法の下での

できる政治的な公共団体についての経験でもない。むしろこの根源的経験とは、（各自の）一人称にとっての、他者の権利に対して責任があるということについての倫理的な経験なのである。

そこでレヴィナスは、さしあたりは古典的な自然法・理性法思想を思わせる言い回しで、人権が歴史的に成立したという考え方を退け、人権を「原因の時系列」や「思考の光に照らされてこの権利が台頭してくる時にとる偶然的な諸形態」（Levinas 2007, 97 邦訳『外の主体』一九一頁）から独立したものとして説明している。しかしその後で、レヴィナスの人権思想の紛れもない現象学的特徴が際立ってくる。というのも彼によれば、語らねばならないのは、この「どんな立法よりも正統で、どんな正当化よりも正当な諸権利」が「意識の成立以来」ずっと存しているということだからだ（Levinas 2007, 97 邦訳『外の主体』一九一―二頁）。それは「時間の順序」における成立時点としてではなく、「事柄の順序」における成立時点として理解されねばならない。つまりそれは、主観性の仕組みからの人権の発生（意識構造の成り立ちについて問う発生的現象学の意味における発生）[136] として理解されねばならないのである[137]。

したがってレヴィナスの言う人権は、（「古典的」人権と同じように）アプリオリに、つまり自然的資質や社会的関係や功績に依らずに妥当する[138]。「それはどんな授与にも先立っており、より詳しく言えば、どんな伝統にも、どんな法学にも、特権や威厳や称号の配分にも、不当に理性たらんとする意志によるどんな認可にも先立っているのである」（Levinas 2007, 98 邦訳『外の主体』一九二頁）。というのも、レヴィナスによれば権利を提供するのは理性ではなく、むしろ理性は、正義の名の下に客観的で普遍化可能な観点を「苦悩しつつ」（Levinas 2007, 104 邦訳『外の主体』二〇〇頁）生み出すために用いられるにすぎない。そして、そのようなものであるかぎりにおいてのみ、理性は思慮深い理性でありうるのだ（こうしたカント批判には、すぐ後で立ち戻る）。それゆえ人権は、われわれの内なる理性の尊厳ではなく、理性に先行している何かを表現している。この何かは、共通の性質よりもむしろ、〈私〉と他者の根源的な分離（フッサールが語っているような、私の意識流と他我の意識流の間の無限の隔たり）を指し示している。それは各々の人間の他者性であり、各々の人間にとって絶対的なもの、すなわちあらゆる参照の差し止めである。それは「類の内にある多様

万人の平等のための権利は、権利についての根源的な意識に、あるいは根源的な権利についての意識に立脚している」（Levinas 2007, 97 邦訳『外の思考』一九一頁）。

(136) これについては第一部第二章第三節〜第五節を参照。

(137) レヴィナスはタルムードの解釈者としても知られており、確かに彼の倫理学においては、いくつかの神学的な考え方が際立った仕方で支持されている。「他者」において「存在の彼方」を指示する痕跡は——ただし存在の彼方は「彼性」として取り返しのつかないほどに遠ざかっているのだが——結局のところは神をめぐる思考の、他者の側での手がかりとして理解されうる。しかし、だからといって、それによって神学的な人権の根拠づけだけが可能になっているというわけではない。レヴィナスも、そのような神学的な根拠づけを試みているわけではない。レヴィナスが示唆しているように、人権は、そこにおいて「神が思考に到来する」交点をなしている。ただし彼は、直ちに以下のように付け加えている。「哲学に相応しいのは、未知の神から出発することなしに人権について思考することである」（Levinas 1995, 256）。

(138) またレヴィナスは、基本的な「諸々の人権」の種類と数についての議論を取り扱っており、最も基礎的な諸要求を「揺るぎなく」明らかにするような、一義的な目印となる定型文（Festschreibungen）について、注意深く批判的な仕方で述べている。「それらの諸権利に関していかなる種類の緊急性、秩序、ヒエラルキーがあるのか、そして軽率にも何もかもを要求する時に、それらの権利が基礎的な権利を危うくしてはいないかどうか」を自問することは重要である。しかし「だからといってわれわれは、これらの権利の弁護に際しての限界を認めているわけではない」（Levinas 2007, 102 邦訳『外の主体』、一九八頁）。

な諸個体の個体性の彼方にある唯一性」(Levinas 2007 邦訳『外の主体』一九三頁)——つまり、標識や個体化する差異には依拠していない、「一人称としての私から論理的に区別することができない」唯一性なのである(Levinas 2007, 98 邦訳『外の主体』一九三頁)。

さらなる論証を通じて、レヴィナスは、古典的なカント的理性による法の根拠づけに反対することになる。『人倫の形而上学』において下された周知の定義によれば、「法とは、その下で、ある者の選択意志と他の者の選択意志とが普遍的な自由の法則に従って統合されうるような諸条件の総体である」(MdS, A33 邦訳五五頁)。だがレヴィナスによれば、それだけでは不十分であるとされる。なぜなら、多数の相異なる——ただし相互に無関係である——自由意志の間に境界線を引くことから導出される正義は、いつでも、ただの悪しき妥協でしかないからである。このとき他の権威は、均衡をもたらすための権威として必要とされているにすぎない。しかし、単なる不介入ではなく、他者との関係における固有の肯定的な事柄が人権の根拠づけのために考えられねばならない。すると人権の根拠づけは、もはや自由から出発することによってではなく、責任関係から構想されねばならないであろう。ある自由は「潜在的にはすでに他の全ての自由の否定であり、そこでは、その自由と他の諸自由が制限し合うことによって、初めてそれらが正しく配置される」(Levinas 2007, 106 邦訳『外の主体』二〇二頁)。

正義の中で、排他的な項の間の純粋な尺度——あるいは節度——の規範の下で自分を保持することは、さらに、人間という類に属する成員間の関係を、何らかの論理的外延に属する個体間の関係と同等に扱うことになってしまう。後者の関係において諸個体が一方から他方に対して意味しているのは、もっぱら否定、追加、あるいは無関心である(Levinas 2007, 106 邦訳『外の主体』二〇三頁)。

しかし人間の間には近さが打ち立てられるのであって、その意味は概念の外延という空間的なメタファーから生まれるものではない。本来的に人間的なものは、単なる均衡を樹立する理性の内では把握されない。(139)

さらに言えば、私と他者性の間の差異は、そこから尺度が導出されるような関係ではないのである。

さらにレヴィナスは、人権を根拠づけることから証言することへ、すなわち完全に別の「基礎理解」に移行しているという点でも、伝統的な人権思想から区別される。古典的な論証は、自由意志と理性的存在者の尊厳から人権を根拠づけている。この局面の背後へと遡り、情緒的な概念を用いて同型の議論を繰り返すことは、レヴィナスの意図ではない。(140) 古典的な存在論的・理性理論的・超越論的な人権の根拠づけは、そもそもの構想からして、もはや端的に不可能なのである。むしろ行われるべきなのは、応答によって他者性という意味の生起を証言することであり、したがって、原初的に（primär）倫理的な仕方で権利〔＝法〕を把握することである。レヴィナスは、主観性そのものの無－起源的な（an-archisch）(141) 構造へと立ち返

(139) まずもってレヴィナスは、カント的権利論のこの側面を批判的に解釈している。他方で彼は、カントを肯定的に読む場合には、もともとは善意志に関連している他の文章を「善」の「抑え難い自発性」として解釈しようとしている（Levinas 2007, 112 邦訳『われわれのあいだで』、二九三頁）。これに関してヒルシュは以下のように述べている。「レヴィナスはカントのテクストを、自分自身の寛大さと倫理的運動を意識することがなく、無限の普遍性への欲求が何に由来するのかを予想することもないものとして読んでいる。というのも、一体どうして私が、自分の格率が普遍的法則であるべきだと意志することができるというのか？ この「意志することができる」は、飽くことを知らない非完成的な欲望によってのみ説明されうる。そのような欲望そのものは理性の法則から免れており、何よりまず、主体による制御の埒外にある」（Hirsch 2005b, 237）。

(140) Loidolt (2009a) 259を参照。

る。彼は理性あるいは最初の契約ではなく、起源に先立って他者に捕われていることを始まりに据えようとしている。しかし今や、主観性は他者の権利だけにではなく、全ての他者たちの諸権利に対して責任を負っており、それゆえまた、それらの権利を保障し、強化し、支持するような正義に適った諸制度が設立されることに対して責任を負っている。よって、自分を「同等の者」として理解してよいということは、レヴィナスにおいては、大きな倫理的責任に否応なしに随伴している。レヴィナスと同様にフランス革命のスローガンを用いて言い表すならば、事象的には「友愛」が「平等」に先行しているのである。

こうした型の論証は、古典的な法哲学の思想とは全く異質である。古典的な思想は、通常は自由意志の理性的な均衡から、すなわち客観的な三人称的視点による観察から出発する。これに対してレヴィナスは、他者の権利の本源的な自己呈示（Sich-Zeigen）を、意識の遂行として語る。これによって彼は現象学的な一人称的観点の内に留まり、個別的な主観から出発して、人権の意味の発生を、各々の主観にとっての義務づけとして描き出す。権利を徹底的な客観性の成果とみなすかわりに、レヴィナスは、他者の権利を徹底的な主観性のさらに根源的な経験として主題化する（そしてこの主観が、客観的な諸制度を保証することへとつねに義務づけられているのである）[142]。

ではこうした状況において、一人の〈私〉もまた要求することができるような権利はいかにして与えられるのか。レヴィナスの理解によれば、（三人称的観点が支配することによって）私をも含む事後的な「普遍性」と「客観性」が保証されるのは、単に第三者の制度の設立だけによってではない。私は、自分の責任を遂行する時にも、自分が自由な者であることを露わにするのである。

〔人権の〕根源的な「配置」においては、義務づけられている者たちの権利もまた、自由の明示であると主張される。そしてこのことは、人権がそのつどの他者において現出している通りの仕方で単純に〔義務づけられている者の側に〕移し入れられることによって、つまり人権の一般化のおかげでなされるだけではない。責任を呼び起こしてくるそのつどの他者に対する彼の義務は、彼自身の自由の投入でもあるのである（Levinas 2007, 108 邦訳『外の主体』二〇五頁）。

ところでこの自由は、自己自身を定立する主観の古典的自由ではもはやなく、「第二の自由」である。根底において、それは、「他者から始まること」（Gelhard 2005, 134）なのであって、これによって私は自己中心的なあり方から解放される。結局のところ、私の唯一性の中で責任を負った者として取り替えがきかないという「恩寵」が、「私の権利」の根拠でもあるのだ。そのためには、私が自分を「事実的に」他者を代理しているか否かという基準が考慮されることはできないし、そうする必要もない。というのも、ここでつねに問題になっているのは、主観性の構造についての徹底的な反省だからである。

別の自然状態？(143)

人権を友愛と他者の権利から理解するというレヴィナスの発想は、新しい法哲学的な観点を開く。こう

(141) レヴィナスにおいて、主観性はもはやアルケー、根拠あるいは原理として理解されてはいない。それゆえ主観性は「無-起源的」であるとされる。
(142) 本段落は、部分的にLoidolt (2009a) 254–255の内容を取り入れている。
(143) 本段落の諸部分は、Loidolt (2009a) 255–258の内容を取り入れている。

して、社会化されていない自由な意志という中立的な地盤から、つまり無関心な（見かけ上は）客観的な三人称的観点から離れて、責任を負った主観性に着目してその発生を考察することへと——したがって、現象学的な一人称的観点へと向かうことができるようになる。責任を負った主観性への着目は、古典的な「自然状態」を再考することにも繋がるかもしれない。つまりそこに存しているのは、もはや自由な意志どうしの抗争ではなく、他者のための一者なのである[144]——いわばこれは、客観性の到来よりも先なる意識の「自然状態」である。古典的な自然状態についての人間学的な取り組み[145]からかけ離れているだけでなく、ここでは存在論的なアプローチも倫理的なアプローチのために乗り越えられている。レヴィナスは、「自己」の受動性の内に、あらかじめ倫理的に呼びかけられていることとしての人間の「根源状態」あるいは「自然状態」を見てとっている。呼びかけられていることによって、初めて主観は（責任を負った者として）個体化するというわけである。偏りのない観点の根源的な対称性に基礎を置いている万人の同等性という従来の前提に反して、レヴィナスは、この正義の「対称的状態」を事後的なものとみなし、より根源的な非対称の状態をそれに先行させる。こうして、一人称的観点は、「万人の万人に対する闘争」にも自由意志の競合する自由にも先行することになるだろう。こうした倫理的な観点は、これまで当然のものとみなされてきた、存在しようとする努力（conatus essendi）を突破したのかもしれない。

これに対しては、次のようなプラグマティックな反論が想定される。すなわちこうした「別の自然状態」は、結果においては先行する考え方とほとんど区別されないではないか、と。実定法を契約から出発して理解するか、それとも責任から出発するか、あるいは敵対的な基本状況から出発するか、それともあるる者が他者に応答し、それ以前にまたはそれによって自由であるような根源状態から出発するか——こうしたことは、一見すると、実定法の地位に関していかなる区別ももたらさないように思われる。しかし、よく考えてみなければならない。立法（他者のための立法としての、そして正義の共同遂行としての立法）のための（政治的な）責任の経験であるかぎりにおいて、この別の自然状態は、やはり検討に値する対案なのである。なぜならこの対案は、国家とその法制度を、より一層「正義に適った」ものにするとともに、それによって社会的あるいは人格的な責任を廃棄することがないようにせよという呼びかけを体現しているからである。さらにこの対案は、法／権利が依拠している根源的な自由という概念が、それ自体は自由に引き受けることができないような先行的な義務づけに負っているということを思い出させてくれる。このことによってのみ、法律の彼方の善でありうるものが理解できるようになる。つまりそれは、平等であれという普遍的命令を毀損することなしに、普遍性を超越するものなのである。

すると、これらの注記から、レヴィナスの国家観についてさらにいくつかの帰結を引き出すことができる。ミゲル・アバンスールによれば、レヴィナスの国家観は、「正義の国家」（Abensour 2005）として特徴づけられる。前述の通り、何よりもまずレヴィナスにとって、国家の由来は責任から、つまり「別の」自然状態から理解されるべきである。さもなければ、秩序が自己目的になってしまい、おそらくは戦闘的な

(144) ミゲル・アバンスールは、論文「正義の国家」においてこのテーゼに言及しており、非常に具体的に、レヴィナスを「反ホッブズ」と呼んでいる（Abensour 2005, 46）。

(145) レヴィナスは、（例えばホッブズの描いた人間像に対立するものとして）「人間」にしかじかの（存在的に理解された）諸性格を帰すような特定の「人間像」を目指しているわけでは決してない。これについては以下のレヴィナス自身の発言を参照。「われわれが行おうとしているのは、人間学的分析ではなく存在論的分析である。実際のところ、われわれは存在論的な問題と構造が実在していると信じている」（Levinas 1989, 17 邦訳二三二頁）。

自己目的にすらなってしまうからである。

人間がそこにおいて自己を成就するような（そしてそれを設立し、維持することが肝要であるような）平等で正義に適った国家は、万人の万人に対する闘争に由来するのか、それとも一者の万人に対する還元不可能な責任に由来するのか。また、そのような国家は、友情と顔なしでいられるのか。こうしたことを知るのは決して取るに足りないことではない。戦争が良心の名の下で慣行とならないようにするために、こうしたことを知るのは、決して取るに足りないことではないのである（Levinas 1992, 347f. 邦訳三六二頁）。(146)

確かに国家は、正義に適った体制としては必要である。しかしそれは、人間に関する事柄のアルファでもなければオメガでもない。そのかぎりで、まさに人権の擁護こそは、「旧約聖書における政治権力を前にしての予言のように、国家の外にあって、政治社会において一種の治外法権を享受している」（Levinas 2007, 105 邦訳『外の主体』二〇二頁）任務なのである。他者の名において語ることは、つねに秩序に抗して語ることでありうるし、そうでなければならない。「この治外法権と独立性を保証する可能性によって、自由な国家が定義される。そしてまた、それによって、どのようにして政治と倫理が自ずから結合しうるかが記述されるのである」（Levinas 2007, 105f. 邦訳『外の主体』二〇二頁）。ここでレヴィナスが「自由な国家」として曖昧な仕方で特徴づけているものを、アバンスールは、より正確な仕方で、単なる「法治国家」を超え出る「正義の国家」として特徴づけている。このとき問題になっているのは、「善い」秩序を明確に記述することではない。そのような秩序であっても、再び専制的な形態をとることは避けがたいからである。むしろ問題になっているのは、秩序を開かれたままに保ち、それを攪乱したりそれを突破したりする可能性である。

この国家形態〔＝正義の国家〕が由来する根源的な近さは、いつでも直接に基準へと、つまり判断の審級へと転換する。そのかぎりにおいて、この国家形態は、批判に開かれているという可能性を自分自身の内に含んでいる。正義の国家にとっても、ある種の暴力――他者すなわち隣人を守るための暴力――は無縁ではない。その場合でも正義の国家においては、必要とあれば、諸制度の誕生を促したものの名において、それらの制度に抗して革命を起こすことが可能である（Abensour 2005, 52）。

国家の由来と裏づけを近さという基本関係から思考することが同時に含意しているのは、「国家においては、他者に対する一者の責任の統制を免れることができるものは何もない」（Abensour 2005, 52）ということである。こうしてレヴィナスは、啓蒙された「分別のある市民」の代わりに――あるいはそれを超え出て――「責任を負った市民」を提示したのかもしれない。彼は、政治的なものと法的なものをこの責任を負った市民の観点から理解しているのである。おそらく、このようにしてもっぱら倫理的なものによって

(146) 以下の表明は、もっとはっきりとホッブズに関係づけられている。「語の通常の意味での社会というものが、はたして「人間は人間にとって狼である」という原理に制限を加えた帰結なのか、あるいは逆に、「人間は人間のためにある」という原理に制限を加えた帰結なのかということを知るのは極めて重要なことである」（Levinas 1986, 62 邦訳一〇一―一〇二頁）。

裏づけられる時には、法と政治に特有の仕組みや、それらの体系的な働きを十分包括的に捉えられないのではないか――ひいては、諸主観とそれらの行為の動機を、この文脈においては十分に解明できないのではないかという懸念が生じるだろう。それにもかかわらず、レヴィナスは、ある方法についての生産的な理解を可能にしてくれる。その方法とは、倫理・政治・法という三領域の結びつきを、ポスト形而上学の時代において「大きな基礎づけ」の彼方で思考し、かつその際に責任を恣意的なものにしておくことも他者たちを一まとめにすることもないようにするための方法である。

4　間文化的な人権倫理学（アルフレート・ヒルシュ）

レヴィナスの主張は、いかにして人権に関する議論のより広い文脈において展開され、デリダ、ヴァルデンフェルス、ひいてはアーレントにおける他者性の倫理学・政治学の計画と関係づけられうるのだろうか。このことについては、アルフレート・ヒルシュが一つの見取り図を提示している。『異他的なるものの人権――間文化的な人権倫理学の基礎づけのために』(2005)と題されたテクストで、彼は、人権の文化的発生をめぐる問題圏へと踏み込んでいる。そのような文化的発生は、特に、われわれが文化間の差異を真剣に受け止めたり、あるいは「他の」文化を適切に遇しようとしたりする時には、人権の普遍性要求と衝突する。ヒルシュは、「普遍主義者」と「相対主義者」の間の論争に、他者性の政治という構想を対置している。この構想は、人権を「異他的なるものの諸権利」として理解し、それに対応する形で、基礎づけをめぐる討議と実践的な遂行の双方にとっての帰結を引き出している。「このようにして、いつもすでに他者を忘却し否定してきた人権概念には、自らの普遍性をつねに新たに触診し吟味することのできる人権思想が対置される。したがってこの人権思想は、主張や普及をめぐる争いを正当化するものとして、そしてそのような争いの誘因として持ち出されることはほとんどないだろう」(Hirsch 2005a, 39)。

すると、基礎づけをめぐる討議においては、おそらく最終的な基礎づけという言葉は避けるべきだろう(すでにリチャード・ローティが述べているように、そうした言葉は、いつもすでに一定の価値世界の何らかの特殊性を隠し持っている)。のみならず、構想の内に密かに含まれているヨーロッパ中心主義的で理性普遍主義的な表現に注意すべきだろう。(148) これらは、例えばユルゲン・ハーバーマスやオットフリート・ヘッフェにおいて見出される――そこにおいてはアポステリオリな基礎づけ理論が問題になっている、つまり国際法による人権保障の後で、その普遍的で超法規的な正統性を守るために、そのような理論が問題になっているのだとしても(Hirsch 2005a, 9を参照)。例えばヘッフェは、「部分的な人間学」(149)と「超越論的交換」という表現を用いて、人間的なものを可能なかぎり文化的に限定しないように努めている。しかしヘッフェにおいては、

(147) これについては、告知されているヒルシュの著作『他者性の政治――人権の文化と平和の応答』も参照〔本書は現在までに出版されていない〕。現象学的に根拠づけられた人権の倫理のさらなる計画については、Loidolt (2005c) を参照。

(148) もちろん、レヴィナスの構想の内にも基本的に「西洋的な」思想が見出されるのではないかという問いが立てられる。つまり、そもそもたいていの場合、他者が私に(諸制度という背景の手前で)呼びかける個人として考えられているのではないだろうか。「他者」と「第三者」という思考の枠組みからして、すでに他者と諸々の他者たちが、私の根源的経験の中で集合体として現れるわけではないということを示唆している。このことは、とりわけ人権をめぐる間文化的な討議に関わる事柄であるように思われる。というのも、「アジア的価値観」というキーワードの下では、まさしく個人が重要であるという西洋的な考え方が問いに付されているからだ。

(149) トマス・ケッセルリングは、論文「人権のための基礎づけ戦略――超越論的交換(ヘッフェ)あるいは協働(ロール

道徳的に中立的な交換という表現が、依然としてヨーロッパ中心主義的な前提として問題がないわけではない。差異の倫理の視点からのこの批判を度外視するとしても、「給付と反対給付、すなわちもっぱら利益追求のみを基礎とする社会文化からは、そもそも留保なしの当為や真正の連帯が出てくるのだろうかという問いが立てられる」(Hirsch 2005a, 10)。この問題提起とともに、ヒルシュは、全ての(思考の)秩序を攪乱することのできる先行的で倫理的な「権利」が帰せられる「他者」の思想を取り上げている。のみならず彼は、ばらばらの原子のような諸個人だけから出発する国家と法の基礎づけ理論に対してレヴィナスが行った批判をも取り上げている。ヒルシュは、この批判的な路線をハーバーマスにも向けている。というのもハーバーマスは、人権を「自律という概念に収斂するもの」とみなしているからである。こうした見方は、普遍的な始点と終点としての自律的な主体を前提している。そしてこの普遍的は、まさに一つの「自我」を起点として創設されると考えられている。

ここで法を呼び求めているのは、初めは、さしあたりまずもって自我であり、しかるのちにようやく他者が出てくる。しかし人権は、法の論理からしても他者から、すなわち異他的なるものを起点として考えられねばならない。というのも、そうすることによってのみ、人権はアプリオリに、どんなに異他的なものにもどんなに下層の者にも否認されてはならない権利になるからだ(Hirsch 2005a, 11)。

それゆえ理論そのものが異他的なものに開かれており、異他的なものに優位を、つまり「根源的権利」を認める構想を持っていなければならない。それによって、この権利の根源的な意味創設(他者についての倫理的経験としての「人権の現象学」)にふさわしい仕方で応答が可能となるのである。

ヒルシュは、そのような「人権の発生の現象学」(Hirsch 2005a, 19) を、制定法以前の生活世界での経験としての他者との出会いから描き出している。〔同質的な〕理性が語るよりも前に、他者が語っている——他者が私に呼びかけているのである。「まだ認識されず名指すこともできないような仕方で他者が私に向けている呼びかけや訴えかけから出発することで、初めて人権が定式化され明確なかたちをとりうる」(Hirsch 2005a, 19)。そのため、人権概念は原理的につねに新たな——理性によって完全に把握することが決してできないような——他者の呼びかけに開かれてもいる。なぜなら、他者性が現実的な他者性として証示されることがありうるはずだとすれば、理性すらも他者性を取り戻すことが可能であってはならないからだ。したがって人権の「尺度」は抽象的理性ではない。むしろレヴィナスが述べている通り、人権そのものが、他者の権利として、「全ての権利〔＝法〕の尺度であり、おそらくはその倫理なのである」(Levinas 2007, 97 邦訳一九一頁)。「まさしくそれゆえに人権は、法と倫理の間を揺れ動いており安定してどちらかに

ズ)」において「超越論的交換」に関するヘッフェの主張を端的にまとめている。「オットフリート・ヘッフェは一九九〇年代の数多くの著作において、「超越論的交換」から出発して人権を基礎づけようと試みている。彼の主張によれば、人権とは、われわれがいくつかの直接的な行為の自由を行使しないことによって、互いに対して認める権利である。するとわれわれは、身体と生命の保護についての人権を、他者を殺害する自由を行使しないという相互的な約束に負っているのである。「超越論的交換」という言い回しは、すでに説明した通り、われわれが平和裡に自分たちの利益を追求できるように、[無制限な自由の行使を] 放棄することを全面的に交換することを表している。何かを交換するという状況における通例通り、われわれはこれを純粋な「自己利益」に基づいて行う。ヘッフェは、この種の関心を超越論的と形容している。なぜならそれは、われわれのその他の関心を満足させることを可能にしてくれるはずの条件の保証に関わっているからである」(Kesserlring 2004, 85)。

適合することがないという特殊な混種性を示すのである。人権は法の倫理として生じるのであって、法が他者に対して正しくあろうとするなら、法はそのような倫理へと方向づけられていなければならない」(Hirsch 2005a, 20)。

　こうした主張によれば、人権は、先規範的なものと規範的なもの、倫理的なものと法的なもの、生活世界における他者性との関係と国家的なものの間[150]を流動して双方を結びつけるような意味統一体として構想されている。その際には、レヴィナスの「他者」と「第三者」という概念によって捉えられている、この関係に特有の構造に注意せねばならない。他者性との関係において呼びかけられているという基礎的で倫理的な状態は、正義に適った諸制度の創設によって「忘却」されるに至る(Hirsch 2005, 21)[151]。だからといって諸制度は、決して自分の正義に安住して、それ自身の内で硬直するようなことがあってはならない。むしろ諸制度が本来的な正統性を経験するのは、自らを体系や秩序を攪乱する者として告げ知らせてくる他者の呼びかけを「聴く」こともできるということによってのみである。そうすることによって、結局のところはつねに本質的に「逃れ去り」において、人権の「内容」が余すところなく保持されるのである。そのような逃れ去りによって、人権は、われわれとわれわれの制度に対して、たえざる増大の要求、他者へのさらなる正義の要求」(Hirsch 2005a, 20)として提示されるのである。そうすることによってのみ、人権は、「異他的なものと他者の文化による「呼びかけ」においてのみ得られる」ような「本来的な普遍性」を維持するのである(Hirsch 2005a, 21)。ここまで述べてきたことを、ヒルシュは以下のようにまとめている。「人権は法の倫理であり、法の規範である。それは制度化された法を疑義に付して、その法を認可している諸制度に対して、他者の権利を尺度にするよう要求する」(Hirsch 2005a, 40)。

　なおヒルシュは、著作のある箇所において、カントの「客人の権利(Gastrecht)」からデリダの「歓待

(Gastlichkeit)」についての考察を通じて、アーレントの「帰属の権利（Recht auf Zugehörigkeit)」(Arendt 1986, 601 邦訳2、三〇三頁）に至るまでの関連づけを行っている。そこで最後に、その箇所を概観することによって、本書で「法現象学的」と特徴づけられているさまざまな立場を比較してみたい。ヒルシュによれば、自律的な主体から出発する人権思想は、初めからそのような主体に共同体への帰属を認めず、それによってアーレントの言う「権利を持つ権利」を否認している。

この倫理的な権利は、この世界での他者の受け入れへと直ちに遡る。他者を受け入れるということは、

(150)「このために、人権は逆説的なものとして記述されることになる。すなわちそれは、国家の定める権利〔＝法〕を根拠づけるとともに疑義に付し、さらにはどうしても必要とするような契機として記述されるのである」(Hirsch 2005a, 20)。

(151) この点については、私の論文「私に近しい政治のための私に近しい異他性」を参照してほしい。そこにおいて私が試みたのは、他者性に関する思考の構造を政治的思考として彫琢することであった。「制度の上部構造は、自らの成立根拠と成立起源を忘却する傾向にある。複数の他者性に対して正しくあるために痛みを伴って産み出された合理性は、凝り固まって文字になってしまう。理性、国家、法律は自己目的とみなされる。無限の倫理的な呼びかけの経験は、こうした技術化された官僚制においては逃れ去ってしまう——さらに言えば、それは本質的に逃れ去ってしまうように見える。この構造は、ハイデガーの後期思想によって周知のものになっている。すなわち、与えることは、与えられたもののために逃れ去るのである。レヴィナスの場合は、無限なもの、名指すことのできないもの、同一化できないものとの関係が、類似性、比較可能性、反復可能性の基盤を（全て正義のために）創設するが、そのような関係そのものは、この創設においては退いていくのである」(Loidolt 2010, 285)。

「この世界から」他者がいなくなること、すなわち存在者の「故郷喪失」に対して責任を負うということである。まさにそのような存在者に、レヴィナスは「異他的なもの」「裸にされた者」「プロレタリア」の地位を帰している（Hirsch 2005a, 39）。

したがってヒルシュは、「権利を持つ権利」を倫理的観点から読解しているのである。そうすることによって呼びかけの関係は、いわば（自我論的観点に比べると）逆転しており、あるいは（人間の条件に基づいてこの権利を「普遍的な権利」として語る三人称観点に比べると）脱中立化している。むしろ倫理的観点においては、基本的人権は私の責任に、すなわち無限の歓待に対する私の義務づけとなるのである。そしてここで言う歓待とは、根源的な受け入れであり、私の世界が異他的なものに根源的に開かれてあることなのである（Hirsch 2005, 39 参照）[152]。

これにより、一方では、そのような「正しさ」あるいは呼びかけを実証するようにわれわれを義務づける責任関係が正確に略述される。経験を介した呼びかけの領域については、アーレントも人間の条件とともに描写している。そのような領域は、元をたどれば、そのつどそれのために証言して尽力することのできる一人の〈私〉に結びつけられているのかもしれない。他方では、これにより——レヴィナス自身においてもすでにそうであったように——（法的なものは言うに及ばず）政治的なものに固有な本質と力学がほとんど考慮されず脚光を浴びないという仕方で、倫理的な側面が強調されている。アーレントは、レヴィナスに由来する倫理学に対してはできるかぎり反論しないようにしていたようである。しかしおそらく彼女は、やはり政治的な共同行為の思想の優位性を擁護するだろう。なぜなら実定法の改正や制定は、責任の一人称的観点だけからではなく、共同の、複数の見解や関心によって印づけられたプロセスによって成し遂げられるからである。とはいえ、われわれはここで、分かれ道でどちらか一つだけを選ばねばならないような二者択一に直面しているわけではない。むしろ、倫理的な側面や呼びかけと、政治的な側面や呼びかけの双方が主題化され、結び合わされうる。というのも、どちらも基礎的な経験の次元において取り出されており、二人の著者〔レヴィナスとアーレント〕はいずれもそこに立ち戻り、人権を新たな仕方で思考し、われわれの責任の内に置こうとしているからである。

第三項　ジャック・デリダ——法、正義、脱構築

ジャック・デリダの法哲学への貢献は、例えばエマニュエル・レヴィナスのように現象学の分野と直接結びつくわけではない。法についてのデリダの考察の中心にあるのはむしろ、彼自身が創始した脱構築（*Dekonstruktion*）の思想である。そのため以下では、法に関するデリダの言説の本質的な契機を簡潔に叙述するにあたって、現象学との接点により集中する。そのような接点は、他性についてのレヴィナスの思想

(152) これに関しては、さらに「道徳的な法」との違いをはっきりさせておくべきだろう。道徳的な法とは、「真の道徳」(Feinberg 1992, 200f.) と相関しており、そのかぎりですでに「確固とした」道徳的世界観を含意しているとされる。そのような世界観は、もはや他者／異他的なものからの呼びかけによっては乱されることがありえない（そんなことはあってはならない）だろう。これに対して「倫理的な法」は、異他的なものに開かれてあることを擁護する。そうすると、ジョエル・ファインバーグ (Feinberg 1992) が行ったように「合法的な」「慣習によって道徳的であるとされた」法と「真に道徳的な」法を区別するだけでは不十分であって、さらに他者性の倫理学が言う意味での「倫理的な法」と「道徳的な法」を区別することができるだろう。

との関連の中に見られる。デリダとってこの思想は、脱構築の不可欠な「動力」を示すものなのである。脱構築はまた、現象学やフッサールの「現前の思考」との批判的な対決に負うところも大きい――とりわけ、現前の思考を退去の思考に（後者を言語とエクリチュールについてのポスト構造主義的な分析と結びつけた上で）対置するという点――これは本質的な点でハイデガーに着想を得ている――に関して。ハイデガーによる西洋哲学史の「解体」もまた、デリダの「脱構築」のプログラムのきっかけである。

デリダの法哲学への貢献は、「パフォーマティヴ・ターン」とも呼ばれる彼の後期段階（Gondek/Waldenfels 1997, 7）に属しており、国際的に議論されている。またこの貢献は、『デリダと法』（Legrand 2009）や『新しい法理論』（Buckel/Christensen/Fischer-Lescarno 2009）に見られるように、明確に法哲学的な文脈でも取り上げられている。そこで焦点となるのは『法の力――権威の神秘的基礎』（英語初版一九九〇／独語初版一九九一〔邦訳一九九九〕）である。[153] また、「偏見――掟の前」（仏語初版一九八五／独語初版一九九二）や『哲学への権利』（独語初版二〇〇三、二〇〇四、二〇〇五／仏語初版一九九〇〔邦訳二〇一四〕）のようなデリダの他のテクストも、「法」にまつわる一連の思想への取り組みの明確な痕跡を示している。デリダ自身がカードーゾ・ロー・スクールのマイケル・ローゼンフェルドとのインタビューで示唆するように、法の問題は、彼がカフカに関心を持っていた時にはすでに、そしてその後「著作権（copyright）」に関心を持っていた時にも再び、デリダを魅了していたものであり、彼がカードーゾ・ロー・スクールで数年間教えていた時のゼミナールの継続的なテーマは、責任であった。[154]

1 正義としての脱構築――法、暴力、神話的根拠

エクリチュール、反復可能性、テクストという概念を通じた模範的な入門とは別に、(155) 脱構築に近づく方法がもう一つある。それは、他者によって倫理的に揺るがされることである。こうした動揺は「他者の名において語ること」へと通じている。この観点からすると、この動揺は決して単に「批判的で中立的な」言説としてではなく、デリダ自身が述べるように、「狂気じみた（wahnhaft）」言説として理解されるのである（Derrida 1991, 52 邦訳六四頁参照）。この意味での脱構築は、過剰なものの要求に身を捧げ、自分自身を

(153) このテクストは一九八九年にカルドーゾ・ロー・スクールにおける講演として行われたものである。一九九〇年に英訳で最初に公刊され（*Deconstruction and the Possibility of Justice*）、続いてドイツ語訳が一九九一年に出版された後に、ようやく一九九四年になってフランス語のテクストが出版された（*Force de loi: Le fondement mystique de l'autorité*）。

(154) Vgl. http://www. cardozo. yu. edu/life/fall1998/derrida/〔現在は閲覧できない〕

(155) 「デリダは、書き言葉であれ話し言葉であれ、あらゆる言語的な要素ないし記号は反復可能、つまり繰り返すことができ引用可能でなければならないと主張する。ここでは、記号の反復可能性は、複製や単純な繰り返しに尽きるものではない。デリダはむしろ、反復の概念を別様であること（Andersheit）に結びつける。このことは同時に、記号がその文脈を断ち切る力を持つことを含意する。というのも、反復可能であるがゆえに、書かれたシンタグマ〔統語成文〕はつねに連結から取り出され、他のものとの連結の中に書き込まれたり、それに接ぎ木されたりするからである」（http://differenzen.univie.ac.at/glossar.php?sp=36）ここで引用したインターネット上のプロジェクト「生産的な差異（Produktive Differenzen）」は「用語集」を備えており、それによって脱構築における基本的な諸概念について入門できるようになっている。さらに充実した「デリダベース」を提供するものしてBennington（1994）を、デリダへの入門としてはEnglert（2009）を参照。

それに対する応答としてより明確に理解する思考として理解できる[156]（Gondek/Waldenfels 1997, 10ff.）[157]。こうした応答は、今度は、他者性という意味の生起に「適って」いなければならず、このことが意味するのは、せいぜいのところ、自分自身で出来事のように（ereignishaft）応答することでしかない。これによってデリダは、贈与、赦し、歓待、正義といったテーマに至るのだが、これらのトピック全てがアポリアを含み、「不可能なことを行う」ことを要求する[158]。

したがって、哲学や政治や法における数々の古典的な概念を変容させ、脱構築的に読み解くことは——レヴィナスに引き続き——デリダにとって、主権的な主体の合理性を妨げる他者性（Alterität）の出来事を通じてなされる。デリダは、差延（différance）という名を与えられたこの出来事を、何重にも批判的な思考の動きの中で追跡する。こうしたことが自分自身とその対象を脱構築し、それらの位置をつねに新たにずらしていく。これによって、思考に備え付けられた論理とヒエラルキーをつねに打破され、こうした運動が遂行されることによって、他者性が正当に評価され、他者（der Andere）への責任が引き受けられる[159]。

デリダの思想は、レヴィナスの思想と比べて、政治と法の領域をより具体的に論じる点で際立っている。政治的・法的な問いが他性の倫理的要求と関連づけられてより明確に仕上げられているだけでなく、思考の運動それ自身が、法的なメタファーや概念を用いて直接的に描写されるのである。そのためデリダは『法の力』で、脱構築は「根本的にはつねに法の問題であり、つねに法の問題、合法性と正当性の問題、法に関わる問題を提起する」（Derrida 1991, 30 邦訳三四頁）と定式化し、最終的には、さらに鋭くこう述べるのである。「脱構築は正義である」（Derrida 1991, 30 邦訳三四頁）と。

脱構築はどうやって「正義」であることができるのだろうか。

デリダは、脱構築可能性という基準によって法と正義を区別する。法は原理的には脱構築することができる。というのも、法は構築できるからである。つまり、（法学が扱うような）法を制定する行為は不可避的に行為遂行的でそれゆえ解釈の暴力に根ざしており、この暴力はそれ自体を根拠や起源として設定しなければならず、創設の瞬間には合法でも非合法でもないからである。いかなる言説も、メタ言語を介してこの創設の瞬間を正当化することはできない。「この点で、言説はその限界に直面する。それは、自分自身の中に、自分の行為遂行的な能力の中に、自分の行為遂行的な力ないし権力（Macht）の中にある。私は、これがここで神秘的なものと呼ばれるのだと提案する」（Derrida 1991, 28 邦訳三一―三二頁）。このように、デ

(156) この点についてはLoidolt 2009a, 234–246（ここでは240）を参照。著者の博士論文の刊行版である『要求と正当化（*Anspruch und Rechtfertigung*）』（Loidolt 2009a）では、デリダの正当化概念と理性概念を主題的に扱っている。以下のいくつかのパッセージはこのテクストを引き写したものであり、その箇所にはそれぞれ注記がされている。

(157) しかし、このような運動はテクストそのものを扱う作業の中ですでに行われており、「倫理的」ないし「政治的」ないし「パフォーマティヴ」な主題に明確に向かっているとはかぎらない。そのかぎりで、「パフォーマティヴな転回」という印をデリダにつける必要はおそらく全くないと主張することができる。というのも、それと同じ関心の痕跡はすでに初期のテクストにも見られるからである（vgl. Zeillinger 1993, 118f.）。

(158) 「不可能なもの」という言い方はデリダにおいて頻繁に登場する（例えば、Derrida 1990, 36; Derrida 1991, 46–59; Derrida 2003b）。「不可能なことを行うこと」とは、具体的に言えば、意のままにならないものの経験を正当に評価する義務を負った実践に関わる。そこで重要になるのは、「可能性の反対や否定ではないような不可能性である。この不可能なものを行わなければならず、その不可能なものを思考し行わなければならない。可能なものしか生じないのだとしたら、もはや何も生じないだろう。自分ができることだけを行っていたら、私は何も行っていないことになるだろう」（Derrida 2001）。

(159) Loidolt 2009a, 234 参照。

リダがモンテーニュの言葉を引用して「神秘的」と呼んだものが指し示すのは、法を創設するため欠かせない定立行為、法的な言説の行為遂行性においてつねに新たに繰り返される「暗い創設の神秘」である(Gehring 1997, 231参照)。「創設行為の暴力的な構造には、封じ込められた沈黙がある」(Derrida 1991, 28 邦訳三二頁)。そしてこの沈黙は、解読不能で不明瞭なままに留まる。

別の箇所でデリダは、法の力の「神話的根拠」との対決を、退去(Entzug)という現象学的な概念によって定式化する。

> しかし、誰かに付与された(あるいは拒否された)資格《タイトル》は、つねに何らかの作品のタイトルを前提とするのであり、このことが循環を生み出す。つまり、資格を付与する権限(Rechtstitel)を意のままにできる制度だけがそれを行うことができる。[…]資格ないし資格を付与する権力の起源は、そのものとしては決して現象とならない。こうした権力構造の法――あるいはその法の構造――は、当の起源が消えることを望んでいる(Derrida 2003a, 21 邦訳八―九頁)。

このつねに退去する力の起源、「法律の基礎づけないし根拠、定立」は、自分自身以外に基づくことができないため、「それ自体では根拠のない暴力(行為)」(Derrida 1991, 29 邦訳三三頁)である。しかし、ここで話題になっている「力(force)」は、デリダが付け加えるように、それ自体は不正なものではない。というのも、この力は、その創設行為において「合法/非合法」というカテゴリーさえも超えているからである。しかしその一方で、まさにこうした構造が法の脱構築可能性を成り立たせている。(法学が扱うような)法の創設は、歴史的にさまざまな(テクストの)層で行われている。それらの層は均質ではなく互いに付き合わせて読むことができ、そのため内部の矛盾を強調できる。こうしたことによって、法の脱構築が可能になる。[160] このように、テクストの層に現われ出るものの内に、退去しつつ自らを定立する力を示唆する不可視の痕跡が聞き取られる。この痕跡、自ら退去する自己定立が現象として顕現することにおけるこの切れ目こそ、脱構築が——運動として、つまりそれ自身を「手続き」や「方法」として確定できないものとして——追求するものである。したがってデリダは、自分のテクストに次のような副題をつけることができると述べる。「脱構築の可能性としての正義、脱構築を遂行する可能性としての法または法律の構造、あるいは法を基礎づけ、自動的に権威づけ、または自らに力を与える構造」(Derrida 1991, 31 邦訳三五—三六頁)。

というのも、デリダが慎重に(しかも叙述文を使わずに!)述べるように、「もし、正義そのもの、つまり法の外にある、あるいは法を超えた正義というものがあるならば、それを脱構築することはできない」(Derrida 1991, 30 邦訳三四頁)からである。したがって、法的な自己定立作用にもはや巻き込まれない正義、つまり「法を超えて」求められる正義もまた、脱構築可能なものを超えている。それは、脱構築の運動そのものに他ならない。そのためデリダは、脱構築を「正義」と同一視するにまでいたるのだが、そうはい

(160) 法の脱構築可能性はふたつの仕方で示される(Bischof 2004, 161)。第一に、法の完成指向、つまり、現行の法を脱構築的な運動によって改善する恒久的な可能性において、第二に、定立における法の「神話的根拠」においてである。こうした根拠はどんな判断や改善や正当化においても繰り返され、言説をその固有の限界へ——あるいは、まさしくここでこの限界を超え出て——導く。というのも、このとき「不可能なことを行う」ことの必要性について考察が始まるからである。

ってもその正義は、正義の通常の形態や言説とはあまり関係がない。なぜならば、これらの形式や言説は、つねに法という形式を目指すか、あるいは法という形式の中に直接書き込まれているからである。しかし、脱構築の正義は、超正義（Hyper-Gerechtigkeit）、狂気のような正義であり、決して自分の名前で語ることができず、自分自身を落ち着かせることができない。それは自分自身を「定立」できないのである。

ここで、法と正義の両方が脱構築を可能にするということに注意することが重要である。法は、その構造ゆえに脱構築可能であるため、いわば脱構築が「それについて行われるもの（*Woran*）」として機能する。正義は「そのこと（*Dass*）」、つまり脱構築の遂行を可能にする。というのも、正義は自ら脱構築できないからである。(161)

結論——脱構築は、正義の脱構築不可能性を法の脱構築可能性から、つまり合法化する権威または合法化される権威から分け隔てる間隙で生じる。脱構築は不可能なものの経験として、たとえそれが（まだ）あるいは決して存在していないとしても、正義があるところにおいて可能である（Derrida 1991, 30 f. 邦訳三五頁）。

別の言い方をすればこうなる。正義を目指すと同時にそれを完成させることに他ならない脱構築において、正当化に関する問題は、全ての法律が脱構築され、脱構築に抵抗するもの——つまり正義——だけが残るまで問われる。しかしこの「正義」は、通常そう思われるような実体的な余り物という性格を持っていない。こうした問いの運動それ自体は未来に向けて遂行されるのである（そしてそれは、決して「批判的な問い」の自己肯定の内にあるものではない）。

2　正義のアポリア

デリダは、「法を超える」正義はアポリアの経験と結びついていると主張する。アポリアの経験とは、根本的には完全な形でなされることがありえない経験である。というのも、まさにアポリアが通路を塞ぎ、（横断するという言葉のもともとの意味での）「経験（er-farhrung）すること」を不可能にするからである。こうして正義は、不可能なものの経験でなければならない。なぜか。デリダによれば、アポリアの経験は「神話的なもの」、根拠のない暴力的な定立に関係する。したがって、定立の背後に回ることができないという事情が、この定立の背後に回ることの要求と衝突せざるをえないのである。(162)

これらの箇所で、デリダは法学的な決定のプラグマティックな側面をとても直接的に取り上げている。ただし、『法の力』の第一部は、もともとカードーゾ・ロー・スクールでの講演として行われたものであり、それゆえに具体的には法律学関係者に向けられたものであったことを忘れてはならない。この第一部は（神話的で暴力的な定立としての）法における構造的な不正のパラドックス――そうした（法行為としての）法の定立はまさに正義を要求する――をめぐるものである。しかし、これまでの考察によれば、いかなる法の定立も正義ではありえない。なぜなら、法の定立はつねに定立の契機（したがって暴力的な解釈の契機）を要求するからである。同時に、正義は――とりわけ法に関わる言説や法の実践において――定立なしでは成り立たないように思われる。私は決定しなければならない。こうした理由により、正義を適切に呼び

(161) Loidolt 2009a, 235 参照。
(162) Loidolt 2009a, 236–237 参照。

求めることは、このアポリア的な経験の構造に翻弄されることになる。デリダ自身、法的な決定における法と正義についての思考がめぐらざるをえないアポリアとして、次の三つを記している。（一）規則のエポケー、（二）決定不可能なものの到来、（三）知識の地平を遮る緊急性[163]。

（一）について　「正義に適った」決定は、一方で、それが規則に基づいて「計算」されないことを要求する（というのも、規則に基づく計算がなされるならば、自由で責任ある裁判官は必要なく、計算機だけがあればいいということになるからだ）。他方で、「正義に適った」決定は当然ながら規則に則った手続きを要求するのであり、それは偶然的なものや即興ではなく、理由を伴うものでなければならない。それゆえ、規則はいわば保留された上でさらに再発見され正当化されなければならない。規則は未決定のままにされると同時に実際に追体験的に理解され、自由に確認され肯定されなければならない。しかし、定立が新たに行われ、根拠を与える行為が繰り返されることで、正義の問題は再び先送りされることになる。というのも、この定立は原理的に脱構築されうるからである。正義に適っているためには、いわば「発明された」、つまり追体験的に理解されている規則を手がかりに決定しなければならない。しかし同時に、このことによって、判断においては定立行為が繰り返されることになり、この行為には、再び後から問われ、それゆえ「正義に適ったもの」ではなくなる原理的な可能性が備わっているのである。

（二）について　二つ目のアポリアは「決定不可能なもの」に関わる。しかし、決定不可能なものとは、二つの規則の間で揺れ動くことではない。決定不可能なものとはむしろ、規則自体にとって異質なものであり続け、規則に従属することもできず、それでも決定されねばならないものの経験なのである。デリダは、決定不可能なものの経験が実際の決定に先行しなければならないと主張する。そうでなければ、その行為は再び純粋に規則に従うことになり、「決定」の名に値しないことになる。しかし、決定不可能なものは、たとえそれについての経験を持った後でも、決定にとって異質なものであり続ける。決定不可能なものは決して基準を提供することにはならず、そのため決定を、それが正義に適っているかどうかについて不確実なままにする。「正義は計算不可能なものである。正義は計算不可能なものを計算することを要求する」(Derrida 1991, 34 邦訳三九頁)。正義に適おうとするならば、基準を授けてくれないものについて、自分が規則として「発明」した基準を手がかりにして判断しなければならない。この点に関して、デリダは明確にレヴィナスに関連づけて次のように述べる。

第二のアポリア、あるいは同じアポリアの第二の形がすでに明らかにしているのは、現在の正義の決定的な確実性を信じること自体の脱構築が、「正義の理念」、すなわち無限の正義の理念に発するということである。この正義が無限であるのは、それが還元されることがなく、何かに帰されることもないからである。この正義が還元不可能であるのは、それが他者にふさわしく、他者から生じたものであり、他者に負うものだからである。この正義が他者に負うものであり、あらゆる契約の成立に先だっているのは、この正義が他者から生じるものであり、他者から、このつねに他なるものである特有のものから到来するからである(Derrida 1991, 51 邦訳六三頁)。

(163) 続く三つの論点については以下を参照。Loidolt 2009a, 237–239.

ここでとりわけ明らかになるように、正義が要請されるのは、要求（Anspruch）が余剰として、つまり過剰なものとして生じ、そのため倫理的な要求であるためである。「正義という主題は、このように強調点を移すことによって、第一に法的なものという形式によってではなく、より包括的な「倫理的なもの」という形で懸案になる。「他者」の先行性、この道徳的な意味での他者の「権利」が脱構築を駆動する」(Gehring 1997, 227)。まさにこうしたものをデリダは脱構築の狂気（Derrida 1991, 52 邦訳六四頁）と呼ぶのだが[164]、それは、ここでいかに不可能なプロジェクトが遂行されなければならないかを脱構築が認識しているからである。これには、決定におけるある種のパトスが付け加えられる（これについてはさらに後述する）。このパトスは、過剰なもの、決定不可能性、そして緊急性という契機における、避けることのできない義務として理解される。

(三) について　「正義は待ってくれない。正義は待ってはいけないもの、待ってはならないものである」(Derrida 1991, 54f. 邦訳六六頁以下)。したがって正義は、統制的ないしメシア的な理念の下での期待の地平とは全く無縁である。というのも、正義に適った適切な決定が直接的に要求されているからである。「正義は、それによって自らを正当化しうるような条件や規則、仮言命法に関する限界のない知識、無限の情報を最初から調達してくれるわけではない」(Derrida 1991, 54 邦訳六六―六七頁)。しかし、たとえこのように時間を費やしたとしても、決定の瞬間はつねに緊急性と切迫性という性格を持つ。というのも、決定は「つねに法的、倫理的、あるいは政治的－認知的熟慮の中断」であり続けるからである（Derrida 1991, 54 邦訳六七頁)。

これら三つのアポリアの契機によって、デリダは、法の実践そのものの中にある脱構築不可能なものを素描している。これによってデリダが示唆しているのは、曖昧で解読不可能で脱構築不可能な創設行為（これはあらゆる法的行為の中に永続する）と「法を超えた」脱構築不可能な正義の間の両義的な連携である。「デリダは、法の中に見られる「脱構築不可能なもの」の事実性を、同時に正義への「開かれ」と解釈すること」（Gehring 1997, 241）。見通しのなさを意味しうるようなアポリアの中にこそ、必然的に「せき立てられること」で「行為遂行的なものの侵入」（Derrida 1991, 56 邦訳七〇頁）という両義的なチャンスが生まれる。「行為遂行的なものの侵入」は、「もしかしたらというモードで」正義の未来における可能性を開かれたままにする。したがって、（法の構造を超えたところにあるとされる正義という意味での）正義を実務にあたる法律家が直接求めることは決してありえない。正義はむしろ、アポリア的なものの遂行において、責任ある決定が引き受けられる時に証言されるようなものでしかありえない。つまり「この決定は（私はそれを知らないし、私は確実なことを全く主張していないが）もしかすると正義に適ったものであったということになり、私はそれに責任を持つ」ということである。

3　脱構築は法にとって正義となりうるか――ペトラ・ゲーリングによるデリダ批判

先の二つの節においてすでに何度か引き合いに出しておいたペトラ・ゲーリングは、デリダの著作を綿

(164) デリダはここで、決定の瞬間を「狂気（Wahn）」とよぶキェルケゴールに言及している。

密かつ批判的に読解する。こうした読解に関する彼女の論文は、『法の力』の第二部、すなわちヴァルター・ベンヤミンによる試論「暴力批判論」(Benjaminn 1998) との対決をも主題としているのだが、この対決は複雑であるがゆえに、ここで取り上げることはできない。しかし、ゲーリングの強調点の内のいくつかは、「法現象学的思考」が今日の議論において何を意味するかを反省する上で重要であるように思われる。そのためここでは、手短に二つの論点に立ち入ってみたい。

第一の論点として指摘されたのは、デリダによるテクスト/言語の分析と法の分析の間に明らかな「類比以上のもの」があるという事情である。デリダは、法の空間の理念を展開しているが、「その空間の範型は、とても一般的な意味での言語であるとされる。より正確に言うと、ここでの言語とは、つねに行為でもあるという性質を持った言語、すなわち「行為遂行的発話 (Performanz)」としての言語である。そのような言語と法の関係は、デリダにおいては、単なる類比以上のものである」(Gehring 1997)。するとここで次のような問いが立てられる。法という特殊法律学的に規範的な言説は、そもそも法固有の書かれ方 (Verfasstheit) で発せられているのだろうか、それとも脱構築的な読解の適用分野の一つが〔法として〕新たに開かれたにすぎないのであって、脱構築的な読解は基本的に従来どおりの仕方で、従来と同様の項目に沿って進行するのではないか。

そのかぎりにおいて、われわれは、デリダの『法の力』が事実上どれほど法に近づいているのだろうかと疑うことができる。デリダの著作が問うている、あるいは「脱構築している」のは、ほんとうに明確に規範的で、同時に自らの規範を権威づけられた形で執行までするような法の言説なのだろうか。[…] 結局のところ、形而上学批判という手段を用いて分析されたのは上辺だけの法であって、それはむしろ、より一般的なやり方で仕上げられる責任の枠組みの一事例として役立つにすぎないのではないか。そしてデリダはそのような枠組みを、レヴィナスの――直接的な、あまり政治的でない――倫理に対置させようとしている、あるいは少なくとも並置しようとしているのではないか（Gehring 1997, 253）。

私が思うに、ここでゲーリングは、極めて現象学的な関心事、すなわち分析されるべき「事象そのもの」への回帰を求めている。法的な規範性の特殊さを、別のものを参照して、あるいは別のものから出発して理解しないようにすること、そしてそのような理解によって法的な規範性に固有の特徴を覆い隠さないようにすること――これらを私たちは、法現象学的な思考の体系的・方法論的な基本方針と解することができるだろう。法現象学的な思考は、やはり現象に忠実たらんとしているのである。[165] このときゲーリングが法と言語の見かけ上の同等視（あるいは同類視？）の内に指摘している問題圏は、さらに一歩先へと広がっている。つまり、もし法が実際にはテクストあるいは言語という概念の下に余すところなく含まれうるのだとしたら、デリダの分析は、さほど特別なものではなかったかもしれないが、大枠において問題はなかったであろう。しかしゲーリングによれば、本質的なのは、法が少なくとも真理を目指している言説（例えば哲学的な言説や、フーコーの言うような「真理への意志」につらぬかれ、真なる言明をなそうとする全ての言説）

(165) もちろんこれは、メルロ＝ポンティにも同様の反論が寄せられることを意味している。というのも彼は、ここで述べたのとは全く別の仕方であるにせよ、やはり言語を法的なもののモデルとして基礎に据えていたからだ（本書第二部第二章第一節第三項3参照）。

と直ちに同等視されているという点なのである。こうした真理に関する言説が、脱構築の作業における範型的な言説である。それらは、断絶や亀裂や一貫性のなさが指摘されることによって、形而上学批判としての脱構築が施されるような言説なのである。しかしゲーリングは、法の言説に対してそのまま同じ手続きを適用することに問題がないわけではないという懸念を述べている。「というのも、法は単に規範的であるだけでなく、自らが規範的な言説であることをはっきりと自覚しているからだ」(Gehring 1997, 253f.)。したがって法は、自らの一貫性のなさを十分よく知っている。それゆえ、つねに真であることを目論んでいるような読解のモデルと言語のモデルは、法の言説にぴったり当てはまるわけではないのである。デリダはアポリア的な経験を手がかりとして、法の言説の内部での当惑、混乱、そしてそれらを通じて正義へ開かれていることをも確かめようとしているが、この特殊な言説においては、そのようなアポリア的な経験は、もしかすると全く生じないかもしれない――あるいは生じるとしても、本質的で混乱を招く経験としてではなく、すでに自覚的にそうした混乱を考慮に入れた経験として生じるかもしれない(Gehring 1997, 254参照)。法律家たちはいつもすでに、「日々の仕事」の中でこうした「アポリア」を意識しており、アポリアは法の一部なのである。われわれは、法が「真理」でもなければ「正義」でもないことを知っている。にもかかわらず、規範的で行為遂行的な言説そのものが考察の対象になることもある。「法は単なる論理的な言説ではなく、その要求は別のところに向かっている――しかしデリダは、法の秩序を、真理を目指す言語の秩序と類比的なものとして理解してしまっている」(Gehring 1997, 254)。そのせいでデリダは、法の言説に固有なものについての問いを取り逃してしまうとされる。ゲーリングによれば――「日々の仕事」とは別のレベルで議論をする時には――法の言説に固有なものは、規範的なテクストと「沈黙した別の暴力」との交錯として展開される。

（真であろうとする）語りの暴力、すなわち起源と（真であろうとする）根拠づけの事後性のロゴスを法の内に求めようとする人は、それをそこに見出すことができるだろう——ただし、それだけのことである。それに対して、私は次のような異議を唱えたい。すなわち、真なる（真であろうとするが、おそらくは真であるらしいものに留まる）語りと、沈黙した別の暴力の「不気味な」「悪魔的に二義的な」混淆こそが規範的なテクストと規範的な現象に特徴的なものなのである。法を法たらしめているものはあいまいな暗闇に留まるのである、と（Gehring 1997, 254f.）。

第二の論点は、脱構築の「決断への情熱」に関わっている。この情熱は、正義の切迫性、責任、そして定立不可能性と認識不可能性という枠組みの下で、ひたすらに「行為遂行的発話の越境」（Gehring 1997, 249）へと向けられている。

脱構築するテクストが応答しようとしているのは、決断が必然的であり、今まさになされねばならないということに対してである。このとき脱構築するテクストは、法律家のように、「考量されうるもの、すなわち規則」の傍らに留まろうとしており、特定の秩序が定める指針の事実性を——たとえその指針が乗り越えられるべきものであったとしても——原理的に肯定する。このことが法と脱構築を無責任から、そして『法の力』が繰り返し暗示的な仕方で警告している政治的な決断主義から区別するのである（Gehring 1997, 250）。

決断主義からの区別と懸隔は脱構築にとって極めて重要であるが、こうした区別と懸隔は、一方では前述の通り、将来のものへと向けられた責任の内に存している。しかしながら、この規準だけでは不十分である。というのも、自分の行き当たりばったりの決断を引き受けてそれに責任を負おうとするような、責任感のある決断主義者もいるかもしれないからだ。そのため規則への「近さ」こそが決定的な点であり、それが一方では法と脱構築の「言説、つまり決断の諸様式を密かに近づけており」(Gehring 1997, 249)、したがって他方では、(「正義」と同一化した)脱構築は「法」とそもそもどのような関係にあるのか、という難しい問いを投げかけている。ゲーリングの指摘によれば、英語とフランス語における“justice”は「正義と法、法執行としての法、判決としての法」のいずれをも意味している(Gehring 1997, 249)。したがってそこには両義性があるのだが、この両義性は法の実践と密接に関連している。だが、もしデリダが脱構築の実践と法の実践を短絡的に結びつけようとしているのだとすれば――そしてこのことは、彼がレヴィナス的な責任の倫理的意味を決断という法的類型に結びつけていることから示唆されているのだが(Gehring 1997, 242参照)――その場合にはもはや、脱構築による区別と決断を脱構築以外の区別と決断から際立たせているものが何なのか、すぐには分からなくなってしまう。「法的責任の範型――それは法的決断の範型の一つでもある――は、結局のところ、『法の力』が断固として退けようとしている[例えばベンヤミンのテクストにおけるような]「批判的な」区別と決断からはっきりと切り離すことができないだろう」(Gehring 1997, 252)。

するとさらに、次のような問いが立てられる。すなわち、あらゆる種類の基準や区別を根底から脱構築してその「区別不可能性」をあらわにするのがデリダの常套手段であるとすれば、彼は「法」と「正義」に関して、「脱構築可能」か「脱構築不可能」かという区別基準をはっきり有しているわけではないのではないか。それとも、脱構築の遂行そのものにおいて初めて示されるような「より上位の基準」があるのだろうか。もしそうだとすれば、なぜそれは、同様に示され確かめられねばならない他の区別よりも「高次」の、別の地位を持つことになるのだろうか。

「脱構築に特有の決断への情熱に伴って、やはり改めて暴力の問いが立てられるように思う。ある言説が自分の名において正義の執行を権威づけるかぎりにおいて、その言説は〔前述のように規則の傍に留まろうとする〕法律家の態度を引用するだけでなく自ら引き受けている」（Gehring 1997, 252）。本書がこれまで明らかにしようとしてきたように、脱構築の根本的関心は、「自分の名」ではなく、いつももっぱら「他者の名」の下で語ることである。しかしながら、脱構築を文字どおりに受け取るならば、「脱構築は正義である」（Deriida1991, 30 邦訳三四頁）という命題を、自分の名の下で語ること――他者の名の下で語るための名であるような自分の名の下で語ること――として理解しないことは難しいのではないだろうか。ここでゲーリングが脱構築的なテクストに対して施している脱構築的な読み方は、おそらく脱構築の二重の限界を指し示している。「それ〔脱構築〕は、規範的な事態や規範的な言語活動に対しては行われなかった」（Gehring 1997, 255）し、脱構築は自己を同定してはならないのである。

第四項　応答性、法学的意味での規範性と秩序
――ベルンハルト・ヴァルデンフェルス、ペトラ・ゲーリング

第三節を締めくくるに当たって、「古典的法現象学」の周縁領域に位置する法の諸問題に関する新たなアプローチを取り上げる。この議論は二〇〇六年に『倫理的視座（*Ethical Perspectives*）』（2006b）誌上で行われたもので、この巻の主題は[166]、ベルンハルト・ヴァルデンフェルスによる応答性の現象学を指導原理として

法現象学的考察に新たな展開の可能性を検証することであった。ヴァルデンフェルス自身もこれに寄稿しており、そのドイツ語版はやはり二〇〇六年に出版された著書『道徳の影像（*Schattenrisse der Moral*）』に掲載されているが、法の主題領域に関わる彼の基本的なテーゼを要約するものになっている。このテーゼを、私はペトラ・ゲーリングによる批判的応答と対置したいと思う。ゲーリングは、応答現象学（およびより広義の現象学）は、どの程度法学的な意味での規範性に見られる独自の論理に接近しうるか、またどのような方法、どのような視角からそれに関与できるか、という原理的な問いを立てている。これらについて説明した後、この一世紀の間の現象学と法哲学のいずれにも見られる変容過程や新たに開かれたものを振り返ることで、法現象学の思考が二十一世紀にどのように引き継がれうるかに関する可能な展望として、二つの異なる見解を提示することにしよう。

1　ベルンハルト・ヴァルデンフェルス——秩序、異他性、応答性

ヴァルデンフェルスの現象学的思考を貫く基本主題は、秩序、異他性および応答性である[167]。いずれの主題も、彼の著作において、古典的現象学の模様替えと読み替えに寄与しており、「応答現象学」と名づけられる新たなアプローチを形成している。ヴァルデンフェルスは、その浩瀚な著作の中で、フッサールやハイデガーといった古典的な初期現象学に立ち帰るだけではなく、フランス現象学、とりわけメルロ＝ポンティとレヴィナスの諸著作からも主要なインスピレーションの源泉を得ている。ミシェル・フーコーからの影響もまた彼の思考には顕著である。

ヴァルデンフェルスは、単にシステム論的な秩序の観察から出発するのではなく、「経験の開け」が生

じる場を議論の中心に据えることで、既存の秩序と創造的な秩序の違いを浮き彫りにする。人間がする経験、要求に応える経験の「開け」を考慮することによって、秩序が現実に創り出されていくその中心に方法的な場を見出し、秩序の生起やその外部、その此岸や周縁に光を当てる。このような方法で、秩序の系譜を新たに、現象学的に分析することができるのである。同時に、——秩序を硬直的に見る視点とは異なり——生活形式がもつ創造性や創発性（Ereignishaft）の複数性が見えるようになる。それは、身体と自己、意味と意図、間主観的な言語構造やコミュニケーション上の出来事、社会的な意志疎通の過程、行為と行動の規範や文脈といった諸次元においてである（Kapust 2007, 18参照）。

ヴァルデンフェルスがその著書『薄明の中の秩序（*Ordnung im Zwielicht*）』（1987）で述べているのは、どんな秩序も選別的であると同時に排除的だということである。というのも、いかなる秩序も自らを秩序づける過程において選別を行わざるをえないのだが、そのつどの選別について究極的に十分な根拠が与えられ

---

(166) この巻号に掲載されたその他の寄稿は次のものである。ベルト・ファン・レルムント（Bert van Roermund）による導入「法——秩序と異邦人（Law – The Order and the Alien）」（331–257）、デヴィド・ジャンセン（David Janssen）「異邦人の法——ヴァルデンフェルス、プラトンおよび法的秩序の起源（The Law of the Stranger: Waldenfels, Plato, and the Origin of the Legal Order）」（383–410）、ウィリアム・コンクリン（William Conklin）「異邦人の人権に関する現象学理論（A Phenomenological Theory of the Human Rights of the Alien）」（411–467）、ハンス・リンダール（Hans Lindahl）「故郷世界としてのヨーロッパと異郷世界（Europe as Heimwelt and Fremdwelt）」（497–523）、ベルト・ファン・レルムント「法とわれわれ（The Law and We）」（525–553）（以下を参照。http:/www.ethical-perspectives.be/page. php?LAN=E&FILE=ep_detail&ID=112&TID=990〔現在は閲覧できない〕）

(167) ヴァルデンフェルス思想の入門書としては、以下を参照。Busch/Därmann/Kapust（2007）およびHuth（2008）。

ることは決してない以上、いかなる選別も排除となるからである。

変動する秩序の実定性を、十分な根拠の上に打ち立てようとするあらゆる試みが挫折すると、視点は今度、秩序の発生論へ、秩序が産出される一つの可能性へと向けられるようになる。その可能性とは、単に基準を当てはめ、規則を適用することによってではなく、既存の秩序の変形やそこからの逸脱を通じて基準や規則を同時に産出する可能性である（Waldenfels 1987b, 12）。

このような見方からすると、秩序は自らを生み出す形式となり、その形式は「不可能にすることによって可能にし、排除することによって境界を定め、形を変えることによって秩序を形成する」（Waldenfels 1987b, 11）。このような発生論的な観察方法を通じて明らかになるのは、「秩序がここで、すでにある現実と可能性からの選別と排除として〔理解される〕のではなく、幾重にも規制された関係の生成として理解されているということである。その関係の前に別様に規則づけられた関係として先行するものは何もない」（Waldenfels 1987b, 82）。他方で、秩序は、それ以上背後に遡って問うことのできない秩序の基本カテゴリー（例えば、道徳における「善」と「悪」など）の中で秩序が設定せざるをえない「盲点」、秩序が始動する際に必ず必要となる「盲点」に依拠している。

「一般的な意味で秩序とは、何らかの規制を受けた（つまり恣意的でない）関係のことである」（Waldenfels 1987b, 17）という広義の規定から出発して、ヴァルデンフェルスは、「宇宙的に解釈された全体秩序」と「規範的に縮減された基本秩序」、また秩序内在的には「秩序の組成」（範型、形式、図式、形相など）と「秩序のストック」（規則体系など）とを区別し、選別と排除のそれぞれに異なる層と過程があることを示した。

こうした分析と同時に、今度は秩序の境界が問題にされる。というのも、秩序があるところにはつねに、法外なもの（*Ausserordentliches*）が生起するからである。それは単に、既存の基準からの端的な逸脱としてネガティヴに現れるもののみならず、保留されたものとして、あらゆる確定可能な秩序の彼方にある過剰を示している（Kapust 2007, 19参照）。

このことは、同時に異他性の思考への移行をも特徴づけている。[168] 異他的なものは秩序の中に押し入ってきて、秩序と衝突し、破壊してしまうことさえあるかもしれない。ヴァルデンフェルスが扱うのは、異他的なものの位相が現われる形式において見出されるその特殊性である。というのも、ヨーロッパ哲学はこれまで、倫理学、美学あるいは論理学と比肩させられるようなクセノロジー（Xenologie〔異他的なものの学〕）を展開できなかったからである（Busch/Därmann 2007, 7参照）。ヨーロッパ哲学はむしろ、――ロゴスに固有の秩序形式として――撹乱的であるはずの異他的なものを同化し、足枷をはめてしまうか、単に収奪してしまう傾向にあった。ヴァルデンフェルスの異他性論は、これに対して、異他的なものの現象学なのであり、一連の異他的なものとの関わりにおいて現象学のロゴス（志向性や明証など）を限界づけるようなあら

（168）他者を論じたレヴィナスとは異なり、ヴァルデンフェルスは「異他的なもの（Fremde）」という概念を好む。なぜなら、この「異他的なもの」は同じ秩序の中の他者として分類することはもはやできず、「異他的なものは、自己（tauton; idem）の境界づけによって生起する単なる他者（heteron; aliud）――例えばプラトンにとってのソフィストたちのようなもの――ではない」と位置づけられている。（Waldenfels 1997, 20f）。むしろ、「異他的なもの」は、なお方向づけの可能性を提供する位置づけ可能なものの彼岸にある。それは、全くの外部からやってきて撹乱するものなのである（これについてはまたFlatscher/Loidolt 2010, 7–13も参照）。

ゆる概念が動員される。すなわち、経験が触発的に降りかかってくるという性格、（私の身体性、私の故郷世界、私の言語文化的な能力などが作り出す秩序において）異他的なものとの遭遇によって取り乱される状態や、いつもすでに自らを不在の中に引き戻していくか、法外なものとして現れる異他的なものが登場する際に帯びる剝奪の性格、さらには魅了されたり襲来されたりする仕方で明らかになる、異他的なものの経験がもつ受動性や（「受苦」という意味での）パトスなどである。これらはもはや私自身の構成能作の所産としてあるのではない。このような意味の生起は、たえず「先駆けてやってくるもので」、私の決断には全く左右されることなく、私自身を完全に規定してしまう。ここにレヴィナスとの並行関係が示されていることは明らかである。ヴァルデンフェルスは、レヴィナスの他者倫理を境界と閾に関する自らの現象学的な研究において、応答性（*Responsivität*）の現象学および倫理学へと構築しなおそうとしているのである。

この点で重要なことは、主著『応答の目録（*Antwortregister*）』（1994）でなされた「問いと答え」、「応答と要求」に関する彼の徹底した分析である。この著書の根底にあるテーゼは、もはや問いかけからではなく、応答から出発して考えるという視点の変更である。古典的な主観性の概念を根本的に転換するそのアプローチは、すでに『薄明の中の秩序』でも予告されていたものであるが、ヴァルデンフェルスはそこでは、対話の秩序形成的な生起を「間の領域」として捉え、秩序の別の形、すなわち応答的理性を浮き彫りにするものであるとしていた。応答的理性とは、応答することによって生まれ育ち、志向的、解釈学的、コミュニケーション的理性といった合理性の形式を超え出ていく。

間の生起として私が考察しようとしているのは、それが生じる時に他のものと結びつき、しかも、その他のものによる注意喚起と要求に対して応答するような何ものかである。［…］このような関係から発生し、規制的にその関係に介入する秩序のことを、私は応答的理性と名づける。そこで体現されているのは、開かれた規制である。なぜなら、秩序づけられるものそれ自体はこの秩序から生じているのではないからである。開かれた規制とは、あるものが異他的なものに関わり、それらに巻き込まれるそのあり方に関する規制である（Waldenfels 1987b, 47）。

応答性を主導原理として、志向性および意味といった主題に根本的な修正が加えられる。というのも、志向的な意味形成の基礎的な段階には、応答から出発して考えようとする応答的態度とは対極にある選択性の契機がすでに存在するからである。応答的であるのは、意味と規則の彼岸にあるものであり、応答が差し向けられるところのものである。「それは、（a）ある規則を超え出るもの、（b）その規範に従わないもの、（c）一つの意味に完全には収まりきらないものである」（Kapust 2007, 26）（「答と問いとは何か」とは異なる）新たな主導的問いとは次のようなものである。

何かを経験し、話し、行動する際、われわれは何に対して応答しているのであろうか。その際われわれが出発点とする想定は、言語的な出来事が継起する中に、不均衡、非対称、一貫しないもの、不可逆なものが入り込むということである。また一方が他方に含まれたり、一方が他方によって惹起されたり、双方が第三者によって可能にされたりするのではない仕方である出来事が別の出来事を引き起こす時に初めて、言語や会話の出来事の基底に到達するということである（Waldenfels 1994, 188）。

応答することは、「自ずと持ち上がる要求、しかも他の場所から生じた要求に入り込むこと」して捉えられる（Waldenfels 1994, 188）。問いと答えの相互関係は、応答する側が問いに注目するのであって、その逆ではないがゆえに、非対称的である。そのかぎりで私は初めから選ぶことができず、要求の生起によって形作られ、規定される（例えば、ある依頼に対して答えることはまた別のことであり、問いに対して答えることとはまた別の仕方での応答である）。私はまた答えないことはできない。なぜなら「答えないというのもまた一つの応答」だからである（Waldenfels 1994, 189）。応答するということを、単に何かに対して応答すること、また、命題的ないしノエマ的に生じた空所を単に充実するものとみなすのではない。仮にこのような考え方をするとすれば、応答は、入力と出力、空所と充実、エンコードとデコードといったモデルにならって、単に「詰め物」のようになってしまう（Waldenfels 1994, 191）。ヴァルデンフェルスが印象深い仕方で提示しているのは、要求されていることとの要請の性格、それによって応答することは初めから――応答が拒否されうることからしてすでに――単に知識をさらに与えること以上のものになっていることである。語ることと語られたことに関するレヴィナスの区別に改めて言及しつつ、[169]ヴァルデンフェルスは、命題内容の彼方にある、要求と応答が生起する際の性格について論じている。その際、彼にとって重要なことは、「語られたことの中でいまだ確定されていないような、述べつつある言明を先取りすることに向けられた最小限の思考技術」である（Waldenfels 1994, 195）。つまりその技術とは、語りの生起が秩序や可視的なもの、論理化可能なものになる前に、語りの中にある混乱と語りの生起という出来事性を捉えることである。それとともに、「生起の非生起化」もまた進捗させられることになる。それは（秩序の形姿として）ロゴスと自我の優位によってではなく、「主人を失った生起、ノマド化する語り、よく知られた成句」（Waldenfels 1994, 196）から生じる。この脱主観化と脱人格化は、他者たちに応答し、「異他的なものの棘」を秩序の中に同化させてしまうことのないようにという、倫理的な要請によってたえず駆り立てられている。

もちろん、応答することに失敗することもあるし、応答性が応答でないものに変わってしまう可能性もある（Waldenfels 1994, 576参照）。このことは、拒むことよりも、うっかり聞き漏らしたり聞き流すことに関係している。「われわれは、われわれが聞いたことに対して応答するのではなく、何かを聞くことによって応答するのである」（Waldenfels 1994, 250）。ヴァルフェルスのこのような基本的思考は、彼のより後期の著作の中にもなお引き継がれており、そこでは語りかけられていることの交感的側面（Phatische〔情報伝達ではない雰囲気のようなもの〕）が前面に出るような『経験の裂け目（*Bruchlinien der Erfahrung*）』（2002）を明らかにしている。ヴァルデンフェルスにとっては、前規範的であると同時に倫理的な次元を明示することが問題で、それは秩序形成的なロゴスに先行するものである。この次元がその拘束性を獲得するのは、異他的なものの要求からその唯一性を剝奪してしまう普遍的なノモスからではなく、ただこの異他的なものの要求の中心からである（Hirsch 2005a, 20参照）。

---

(169) アンドレアス・ゲルハルト（Andreas Gelhard）は、その著書の序文で、この区別に焦点を当てている。「語られたことには、特定の内容を伴った言明として捉えることができるような全ての言語的な言明を含んでいる。しかし、語られたことの中には、それがそこから発せられる語りの痕跡も示されている。そうした語りは、それが語ることの出来事的性格を強調するかぎり、いわゆる言語行為との類似性を持っている。しかしながらそれは告知という意味での「行為」でもないし「発声」でもない。語りは、他の人間が私の応答を促すという点で基本的に私に関わっている」（Gelhard 2005, 135）。

2 ヴァルデンフェルスにおける応答性と法

前述のようにいくつかの論点を一般的に説明したことに続いて、ここで、ヴァルデンフェルスの法に対する基本的な思想を素描しておくべきであろう。その思想は、「秩序」「異他性」「応答性」から成り立っている。

一般的な予備的見解を示す中で、ヴァルデンフェルスが主張しているのは、彼の考察が法内在的な論理や法の実践論、あるいは法批判ではなく、「法の生成」とその「顕在的経験における場所」に向けられているということである（Waldenfels 2006a, 119)[170]。この文脈では、法は特別な秩序形態および秩序構成力とみなされるのであり、それらは――いずれの秩序もそうであるように――それぞれに特有の外部を有する。それと同時に明らかなことは、その形態や力の言語的名づけ方によって玉虫色に変わる可変的な審級が重要だということである（法の「二重の意味」が念頭に置かれている）。それゆえ、重点が置かれているのは、法の執行それ自体における前法的、超法的な契機、すなわち倫理的な過剰が顕わになる契機である。

内部／外部の差異に対してきめ細かな注意を向けることによって、道徳という法の外部からではなく、「法という事象」そのものから批判的な視点が開けてくる。その意味で、この考察方法は、法自体から学ぶ法の現象学と言うことができる（Waldenfels 2006a, 119)。

「正義、法、平等」、「実践的なものと法的要請」および「法と正義」に対して前もってなされる歴史批判的な考察（Waldenfels 2006a, 119–130）において、ヴァルデンフェルスは、今日の法をめぐる言説とその困難をもたらした転回点に立ち入って言及している。彼が最初に示しているのは、古代の正義の理念から近代における社会的平等のダイナミクスへの移行である。それによって、標準的な秩序形式の変化が生じた。つまり、宇宙論的にあらかじめ与えられた秩序、あるいは神による創造によって成し遂げられた秩序から「まずもって法的に形成される秩序へ、さらには、カント自身が法廷として設定した理性に移行したということである。さらに正義（*dike*）の持つ力をハイデガーは遡行的に解釈して「接合（Fuge）」として捉え、「不接合（Un-fuge）」としての非正義（*adikia*）を対置した。そこでは、あるもの、最終的には世界の総体がバラバラになる。古代における正義の力は、もはや自然から指示を受け取ることのない裁判において決定される刑罰によって法の言語に変換される」（Waldenfels 2006a, 121）。規範的に把握された近代秩序が最終的な基盤となり、それに基づいて法の要請がなされ、法的紛争に決着がつけられる。(171)

(170)『現象学入門』（1992）で、ヴァルデンフェルスは法および社会科学についても短い一節を割いており、法に対しては、秩序の側からと経験の側から見る二つのパースペクティヴがありうると述べ、続けてすぐにフッサール現象学とその法現象学的な追随者たちはこの問題を方法上適切に克服しえていないと批判している。「法学および社会科学の分野に登場する問題系は、二つの側面から、つまり、法秩序および社会秩序の側面と、社会的経験の側から生まれる。フッサールによって提供された本質直観および超越論的な自己解釈という端的な手段によっては、社会的世界の問題系はほとんど克服することができない。というのも、社会制度は、同一性と事実性、固有のものと異他的なものの結束点にあるからである。そこから生まれる困難から、フッサールやシェーラーに由来する現象学は決して解放されない」（Waldenfels 1992, 96）。『道徳の影像』（2006a）でもヴァルデンフェルスは、法現象学の伝統が、「ここで扱うべき諸問題については、非常に限定的にしか役立たない」という見解をとっている（Waldenfels 2006a, 119）。この点に関しては、はっきりと、新たな現象学的アプローチを通じた法現象学の方法的ならびに主題的転換があると言うことができる。

もちろん、そうした秩序としての秩序は、立法および司法をつねに変転させ続ける偶然性と戦わなければならないであろう。平等化によって成立する法は、決して偶有性や人為性を免れてはいない。このことはすでに古代の自然的秩序（*physei*）と慣習的秩序（*thései*）の対立が示唆しているところである。それによって近代に入ってますます大きくなってきた法と正義の間の亀裂は、葛藤の相が二重化することにおいて顕著になる。つまり、葛藤の一つの水準がまだ秩序の内部で生じるものであるのに対して、第二水準の葛藤は、既存の秩序と生成しつつある秩序の間で起き、革命的な領域へと移り行く。これらの葛藤を克服するために、規範主義、伝統主義、プラグマティズム、機能主義といったさまざまな戦略が展開されてきた[172]。これらはしかし、各々の立場としても、それら全てを統一したとしても、「法と正義の間の亀裂を埋める」には至らない。「なぜなら、この亀裂はそもそも埋められるようなものではないからである」（Waldenfels 2006a, 130）。

ヴァルデンフェルスは第四節「異他的なものの要求と第三者の法」で、彼の法現象学構想をこのようなテーゼと結びつけている。彼の法現象学は、法実践自体における倫理的なものの過剰さが、法実践を中断させるものとして位置づける。正義は法に対してどのように関係するのだろうか。正義は法の一つの普遍的な地平ではありえない。なぜなら、法は、あらゆる秩序形成が偶然的であることで挫折することになるような一つの全体秩序を前提しようとするからである。他方で、正義もまたただ法を持続させるものではなく、ましてや既存の法体系という単なる事実では全くない（もしそうならば、判決は有無を言わさぬ断定と完全に一致してしまう）。

全く別の可能性は、正義を法という出来事を中断させるものとして、すなわち、法秩序から自らを引き離すことによって法秩序に属する何ものかとみなすことの内にある。——「そこでは、法的なものに対応するものが「非‐法的なもの」であり、ノモスに対応するのはア・ノミーである」（Waldenfels 2006a, 130）。

（171）ヴァルデンフェルスによれば、そこには五つの最低条件がある。（一）誰かが誰かに対してある要求を掲げるというコミュニケーション構造（ただし、妥当性要求を掲げる一つの実体から出発するのではない。というのも、その場合にはより大きな秩序が前提とされるからである）。（二）権利と義務が対抗的につり合わされるという意味での相互性。（三）妥当性要求と充実要求。これらのうち前者は原則的に基礎づけられるものであり、後者は原則的には実現されなければならない。（四）妥当性要求は原理的に争われる可能性があるという意味で要求どうしの衝突。（五）特別な種類の実践的な要求であるかぎり社会的かつ制度的に保証される権利要求。「このようにして、訴訟ははっきりと対話から区別される」（Waldenfels 2006a, 124）。

（172）規範主義とは、規範の水準において葛藤の解決を、（ハーバーマスの）コミュニケーション的理性の普遍化と手続き化を通じて行おうとするものである。これについて、ヴァルデンフェルスはいくぶん詳しく論究しているが、そこに三つの「脆弱性」を認めている（Waldenfels 2006a, 127）。（一）「第一に、討議倫理は、その法学的方法によって最小限の秩序を保障するにすぎず、そうした秩序はただ先行了解の必要条件を提供するだけで、動機づける力も発見する力も持たない」（Waldenfels 2006a, 127）。（二）「実践を一方向に向けて規範的に方向づけることは、語ることと行為の水準における対立を、語られたことが語られたことと対立するというよく知られた矛盾とは全く異なるものと誤解させる」（Waldenfels 2006a, 127）。（三）「結局、規範的なものを過大評価することは、請求（*Prätention*）という意味での非人格的な要求が訴え（*Appell*）という意味での人格的な要求から引き離されてしまうことになる。それによって第三者が他者や異他的なものに優位してしまう」（Waldenfels 2006a, 128）。

このような「外部」と「内部」の発生に関する観察は、秩序の境界を踏み越えることで、法と不法の区別以前の状態（Diesseits）を示唆することになる。それとともに、生を道徳化し法化する規範的な圧力の彼岸（jenseits）でなされる一つの分析が可能になる。この発生論的な見方は、さらに重要な二つの帰結をもたらす。

（一）異他的なものの要求と第三者による請求の差異性と同時的二元性

他者の視線、身振り、呼びかけの中に生き生きした形をとる異他的なものの要求は、正当化されたものでも正当化されていないものでもない。このことは、対話の境界に位置づけられた問いかけや依頼には当てはまるが、対話の基盤（Boden）に当てはまらない。要求（An-spruch）は、誰かへの要求と何かに対する要求という二重の意味を持っており、存在と当為のこちら側にある、あの不可避性によって特徴づけられる［…］（Waldenfels 2006a, 131）。

さらには、異他的なものの要求は、一般規則と特殊なケースの間の不連続から離れたところにあるその単一性によって、またその非対称性によって特徴づけられる。すなわち、そうした要求は、権利と義務の比較や、自分の法的位置と異他的なるものの法的位置の比較からはおよそ隔たったところにあるからである。今や第三者による請求（*Anrecht*）は、前法的な異他的なものの要求（*An-Spruch*）からは区別されなければならない。この第三者は、その際いつもすでに、ともに作用している。「というのも、他者は、特定の期待を呼び起こし、特定の役割を演じ、一般的な法を要求するようなものとしてたえず登場しているからである」（Waldenfels 2006a, 132）。つまり他者はつねにそのものの役割性と（規範的な）類型化によって過剰な負担を背負わされているが、これら役割と類型は捉えどころがなく、繰り返し破られるのである。異他的なものの要求と第三者による請求が結びつくのは、等しくないものを等しく扱い、比較できないものを比較することによる。「このことが意味するのは、等しくないものが等しいものの中に、比較できないものが比較されるものの中に登場することである。それは過剰な要求であり、法的要求や道徳的要求を凌駕するものであるとともに、それらの要求の中にも侵入する。いずれにしてもそうした過剰な要求は、法的、道徳的要求の背後にある単なる恣意とはみなせない」（Waldenfels 2006a, 132）。正義とは、ここでは一方で異他的なものの要求に耳を傾けることであり、他方ではわれわれを等しい者として扱う第三者の法でもあることになろう。両者ともに従われなければならず、それに応じて、両者は法的秩序を破るものとみなしうるのである。

（二）法律の声　私に要求してくる、たえず単なる非人格的な命令以上のものであるこの特異な声を通じて、異他的なものの要求の異他性が法律そのものの中に侵入してくる。これは、いわば、そうした要求が遂行的なものだということであり、その遂行性の中で語ることが語られたことを打ち破る。

> 語られた（énoncé, dit）水準では「誰もがなすべきだ」という形で第三者的に定式化された法令や命令が見られるのに対して、語る（énonciation, dire）という水準において、「聞け！　おまえは［…］すべきだ」と聞こえてくる。〔訳注六〕［…］端的に言えば、法は妥当している法以上のものである（Waldenfels 2006a, 133）。

法秩序の発生に見られるこの二つの特徴は同時に法秩序が破られる可能性を示すのだが、ヴァルデンフェルスはそれを、「判決」に関する第五章と最終章において、さらに次のように述べている。「判決がある規則の単なる適用以上のものであることは、すでにアリストテレスの解釈学的な洞察であった」。しかも、それ以上に、判決は、秩序そのものの遂行であり、演出であるとさえ言えよう。偽証や窃盗でさえ、法秩序の彼岸にはあるものではない。これは疫病記述学なしに神経症がなく、原子物理学なしに原子がないのと同じことである。他の全てのものが実体化されているのであり、法の場合には、すでにその秩序の「中に」いた法的人間（*homo juridicus*）が、実際に見出される前に実体化されている。判決は、それゆえ、この秩序を初めて「舞台に登場させる」遂行的な出来事として理解されなければならない。そのため、判決はいつもすでに「語ること」と「語られること」との間の二重性に引き裂かれていると言えよう。ヴァルデンフェルスはこれに関して、この分裂が生み出すいくつかの（法的な）形象を名指ししている。すなわち、被害者と加害者とが法によって割り当てられるが、それは単に利害によって決定されるものではない。同様に、弁護人は依頼者のために語るのだが、それは依頼者だけのためではない。さらに、証人は単なる観察者ではなく、自分が述べたことに対して責任を負わなければならない。最後に、裁判官は何がしかの具体的事例を裁定するのみならず、第三者の名において、すなわち法律の名において全ての人と向き合っている。つまり、行為遂行的発話であるその語りは、語られたことを凌駕し、秩序の中の倫理的な過剰を、すなわち秩序を破壊し、次に来るべき要求を提示しうるのである。というのも、そのつどいつもすでに秩序そのものが（少なくとも潜在的に）駆動しているからである。「秩序はそのつど新たに実現されるのであり、単に繰り返されるのではない。反復するものは、変化する反復の意味で反復するのであり、そのため、法の発見は、つねに法の発明という特徴を持つことになる」（Waldenfels 2006a, 137）。

要約すると、ヴァルデンフェルスの法現象学的アプローチには多数の要素を見出すことができる。それらはすでにレヴィナスやデリダにも見られたものであるが、そうした要素とともに（フーコーが構想したような）秩序の系譜論の主題がより強く意識されている。そこで基本的な指標となっているのは、法的なものそのものに見られる過剰や「過剰要求」（デリダ）が登場することを通じて生じる法と正義の間の不連続で攪乱的な関係、また秩序の自己目的化を防ぐべく（レヴィナス的な）異他的なものの要求と第三者の請求との間の二元的ないし二段階的関係、そして最後に「法律」そのものの「声」および法的なものの遂行的性格において表明される、語ることと語られたこととの区別（レヴィナス）である。

3　法秩序は応答しうるのか――ペトラ・ゲーリングによるヴァルデンフェルス批判

私がここで、再度その批判的見解として紹介したいペトラ・ゲーリングは、とりわけ、法的な規範性に特徴的な点を捉えようとしている。(173) 彼女自身の法現象学的な構想は、これに関する教授資格論文がまだ公

〔訳注六〕この省略部分には次の記述がある。「同様の区別として、他者による「大きな」掟（Gesetz）と超自我による「小さな」掟というジャック・ラカンの区別がある。道徳的原現象 Urphänomen は、特定の規定があるということの内にあるのではなく、他の誰か、他の何かが私に要求することにあるのであって、私のイニシアティヴに先行する」。ヴァルデンフェルスの原著に見られる（ ）内フランス語表記も本書では省略されている。

(173) ゲーリングはさらに、法的な諸問題と言説を、生命倫理および医療倫理の主題と結びつけて発表してきた。本書の焦点は法概念に対する問いに当てられるがゆえに、これについてここではより詳しく立ち入ることはできない（Gehring

刊されていないため、ここでは、ただその概要を提示しうるだけである。しかし、ゲーリングの法現象学的な構想がフーコーの装置（Dispositiv）概念[174]を志向するものであり、それに応じて、法的なものが装置として（*Juridische als Dispositiv*）捉えられていることは確かである[175]。

> 社会システム理論とは異なり、私は、［…］法的なもの（das Juridische）をシステム連関としてではなく装置とみなしている。それは、単に機能の全体あるいはオートポイエーシス的な全体であるばかりではなく、狭義の政治とのみカップリングされるわけでもなく、より広い意味で政治的なものであり、独特な（*sui generis*）権力連関である（Gehring 2003, 60）。

ゲーリングの構想は、法の形式をめぐるものであり、司法にその規範的‐技術的性格を与える（「司法が生まれるのは形式の力による」（Gehring 2003, 72））と同時に、生活世界的な日常に、「よそよそしく」「構造的な見通し難さ」をもたらす（Gehring 2006b, 33）。したがって、ゲーリングによれば、知覚可能な形式[176]、機能している形式としての実定法の明証性が、現代の分析がまずもって設定すべき問題となる。このことは一方では、私がこの章の冒頭で行おうとした、現象学についての方法的‐批判的反省を含意するものであり、他方では、他者倫理が法と理論的、実践的に共同する可能性に関係する懐疑的な態度を含意している。

（a）現象学と法[177]

ゲーリングによれば、法は、現象学にとっては困難な主題である。というのも、法は、古典的な現象学の概念で捉えられるべき明証性や現出という形式を持たないからである。法を直ちに経験概念と結びつけ

2007, 2002, 2001を参照）。

(174) フーコーは、その権力分析において特殊な概念装置を展開しているが、それは主に『知の考古学』および『言葉と物』においてなされたものである。その装置は特定の機能（戦略的命令）の動的なネットワークであり、討議、諸制度、建築装置、規制的な決定、制定法、行政規則、言明、哲学的‐道徳的教説などを広く含むものである（Foucault 1994, 392–395参照）。その例としては、性、狂気の制御、拘留、討議装置としてのエピステーメーなどがあげられている。これについては、自らの規定に従ってフーコーの概念をさらに一般化しているアガンベンを参照（Agamben 2008）。そこで彼は次のように述べている。「私が装置として捉えているのは、身振り、態度、生き物についての見解や語りを何らかの仕方で捉え、導き、規定し、抑制し、形成し、制御し、確保できる全てのものである」（Agamben 2008, 26）。

(175) ゲーリングがその論文「認識論？　考古学？　系譜学？　フーコーと法」（2000）で述べているように、フーコー自身は彼の著作『監視と処罰』や『知への意志』の中で、しばしば法的な実践を主題化していたが、決して法学のエピステーメーや討議については直接視野に捉えることがなかったし、法の系譜学も書かなかった。彼が展開した分析用具は、決して法に関する問いに対しては用いられなかったのであり、むしろ、彼の興味を引いたのは、「実定法に明確化されていない干渉であり、実定法の汚れた下部」（Gehring 2000, 20）だったのである。彼は時代遅れの「司法権力類型」を素描しているが、それは規律権力、唯物主義的権力、生政治的権力類型に関する彼の新しい理論と対比するためであって、精密で繊細な差異化の力を持っていない。彼の描く司法像は、荒削りな筆致で描かれていて、現在の実定法を正確に性格づけてはいない。「フーコーが推奨するモデル化において司法の持つ特殊な権力技術的な面を強調していること、王から完全に切り離された近代の実定化されたタイプの司法を強調していることは、もはや時代遅れではないかとの懸念をもたらす。フーコー的な時代区分に従う法理論家は、王権と結びついた命令だけを見ているようだ」（Gehring 2000, 32）。

(176) 「法の明証性」（2006b）という論文で、ゲーリングは「形式」（操作形式、意味形式、形式による形式）というルーマンの法概念と対決し、このような形式概念には操作性を見えなくする一方で、一定の「知覚可能性」、形式の持つ「有意義な範囲」を含意する両義性があることを明らかにしている。ゲーリングは特に現象学的観点からこうした操作的で見通しえない形式概念を構築し直し、法を性格づけるものとして理解しようとしているように見える。「法というることはできない。なぜなら、法は「意識内容」として現出するものではなく、むしろ秩序として機能するものであり、経験的事実という意味での「経験」のようなものではなく、規範的に秩序づける力だからである。ヴァルデンフェルス的な法現象学に対する批判的論文の冒頭で彼女が方法論的な点に関して批判的に推論しているように、法は現象学的「経験」と呼びうるものに与えられるものではないと言えよう。しかしながら、法は記述されうる。例えば、法は、法の規範的な身体において、全く倫理的あるいは合理的な事実として告知されてきた。その際、法がそのことですでに全てが記述されたわけでないことも明らかである。「規範的」秩序とか「合理的」秩序といったこの種の述語は、法がわれわれの内に書き込まれ、自らを貫徹する次元には適合しない。法の現象学は、さしあたり、近代的実定法が経験可能であるという地位を説明すべきであろう。というのも、こうした経験可能性は、古典的な経験秩序に対応するものではなく、潜在的にはそうした経験を超越しているからである。

法を考察する際の第二の困難は、法の領域的特殊性ならびに道徳との関係にある。ここでは、法における存在と当為の関係について、法的秩序を性格づけるのは正義との結びつきなのか、それとも、法が正義という道徳的理想を合理的な拘束力に向けて超越するという事実なのか、この点についての決断が求められる。正義との結びつきだとすると、法は第一に「正当なもの」として捉えられ、合理的な力だとすると「合理的なもの」として捉えられることになる。この二つの捉え方はどちらも、もちろん一つの還元に違いない。ゲーリングも認めているように、ライナッハ以来、現象学においては、存在と当為の対立を超える認識が支配的である。なぜなら、法はどちらか一方に還元できるものではないからである。むしろ、法がある、秩序があることから出発するのが法現象学である。そのため、近代的実定法に関する現象学は、法を、近代実定法に特有の本質的なメルクマールを備えた特殊な秩序として記述しなければならなかった。

（b）ヴァルデンフェルスの立場に対する分析と批判

ゲーリングは、論文の第三章で、法に対するヴァルデンフェルスの立場を分析し、批判しているが、それを少々正確に再現してみたい。それによると、ヴァルデンフェルスの著作の内にはある種の発展があり、それを彼女は、異他的なものの要求を少なくとも間接的に法の形式に位置づけるようなモデルが展開されているという点で、問題だとしている。彼女の批判はその点に向けられ、秩序の「内部」と「外部」が混同されているとするのである。その混同のされ方というのは、一方で法的形式を偏在的で還元できないものに拡大しながら、他方では近代的な実定法に特有なものを無視していることにある。というのも、近代実定法は全く意識的に「異他的なものによる中断」を扱い、それを取り込みうるはずだからである。

彼女は、ヴァルデンフェルスのアプローチを一般的に、二つの決定的なテーゼによって特徴づけている。その一つは、諸々の現象は秩序の内部のみで確定できるものではなく、自己を含み込むと同時に排除するような秩序を構成するというテーゼである。諸々の秩序は諸現象の外部にあるのではなく、直接その中心

名の社会的、政治的現象についての説明として、ルーマンの分析は実際に強力なものであろう。ただ操作的な統一体として与えられ、社会学者だけが見ることのできる二面性を持った形式というモデルは、結果的に非学問的な日常における法形式の見通しがたさ、あるいは非明証性を持つというテーゼを導く。［…］この形式は自分自身を提示しない形式と言えよう」（Gehring 2006b, 32）。法の限界は、「完全に抽象的なものではなく、むしろ法の公的拘束性を高める純粋に法的な公的機能を失うことであろう」（Gehring 2006b, 34）。

（177）ここで扱っているのは英語のテクストであるので、私の翻訳は直訳ではないが、オリジナルに近いものではある。

に見出されるということである。第二は、諸現象はわれわれに関わるものであり、われわれはいつもすでに応答的で交感的な仕方で諸現象を経験するというテーゼである。何かが与えられる時、すでに異他的なものが組み込まれており、それがわれわれを驚かせ、刺激する。そうであるかぎり、われわれはわれわれの経験の只中において、いつでも突然に降りかかりうる倫理的な要求に晒されている。

第一に、(『応答記録』における法に関する一連の議論を要約したものとしてなされた)応答性というパラダイムにおいて〔異他的なものの〕要求(Anspruch)と〔法的〕請求(Anrecht)を結合するという再構成について。ゲーリングは、その批判の中で第一に次のような問いを立てている。法は、そうした特殊な反応という意味で「応答する」秩序として理解できるのだろうか、と。ヴァルデンフェルスのテクストに関する彼女の分析が示しているのは、この問いに対してヴァルデンフェルスの意味ではさしあたり明確に「否」と答えられるはずだが、その「否」はさらに広い範囲ではつねに「是とも否とも言える(Jein)」あるいは「是」へと展開されているということである。

ヴァルデンフェルスの応答倫理は、合理的に基礎づけられた要求(*claim*)という論理に対抗するものである。すなわち、彼の倫理は、経験、意味構成、実践、明証性というあらゆる形式で出会われる倫理的に過剰な要求を扱うものであるとともに扱おうとするものだということである。この倫理が依拠しているのは、われわれが応えるべき要求であって、すべきことやできることへの要求ではない。したがって、そこでの問題とは、正当化された要求とは何か、正当化されていない要求とは何かということではなく、次のような要求である。すなわち、その要求とは、「正当化された秩序、正当化されていない秩序」の設立につねに先行するものであり、その先行する要求に応えなければならないという要求である。ヴァルデンフエルスが『応答記録』の中で、秩序内部で秩序に基づいてなされる要求と秩序外的で異他的なものによってなされる要求とを区別しているモデルは、まさに法のモデルである。彼が「(第三者による)請求」として語っているのは、それが秩序内的なものであり、秩序の内に位置づけうるものであることから「(異他的な)要求」と区別される(前記2および Waldenfels 1994, 557–586, Gehring 2006a, 474 参照)。

ゲーリングによれば、これは基本的に法律家的思考が要請することである。それによって、法としての法からつねに外れてしまうものが見てとれるからである。すなわち、自分の身分証明書を焼いてしまった逃亡者、決して証明できない行為の実行者とその犠牲者、家族が脅迫されているために決して証言できない目撃者などのことである(Gehring 2006a, 475)。したがって、応答倫理は請求権‐概念に対する一連の批判の内で展開されるものであり、そこにその基本的な強みがある。正当化されるものとされないものとの区別はつねに更新されなければならないために、問題となるのは、努力のいる批判的作業であるが、「異他的なもの」や「他者」に義務を負うラディカルな倫理という不可能な企てではない。したがって、そこで一貫しているのは、『応答記録』の内で法の応答性が展開されるわけではないということだけである。道徳は潜在的に応答的だが応答的でない場合もある(すなわち道徳による秩序形成力への要求が挫折する際にはつねに応答的でない)欠陥のある倫理であるが、法は『応答記録』においては、決して潜在的な応答性を示さない非応答的な秩序としてのみ登場する。法的な原理は、こうしたテーゼにより、異他的なものの要求を見逃したり拒否したりすることを余儀なくさせる。別の言い方をすれば、異他的なものの要求は、法的形式の硬さのためにつねに挫折するということである。それゆえ、ゲーリングによれば、法は異他的なものの要求に応答することができないし、すべきでもない。というのは、たとえ法が〔第三者的〕請求を自ら認め、法自身の秩序形成力によって肯定し、そのことによって法の「盲点」を認めたとしても、法はうまく機能するからである。このことは秩序の論理自体から明らかである。この点からすると、ヴァルデンフェルスはレヴィナスの要求倫理よりもベンヤミンやフーコーに近いかもしれない。要求の倫理的無限性を限界づけるのは、過剰な要求をする主体というより、制度の冷酷さである（Gehring 2006a, 477参照）。

だが、ゲーリングも注意しているように、『応答記録』にすでに登場しているのは、「法律の声」(Waldenfels 1994, 562）という形象（Figur）である。[178] だが、彼女の考えによれば、純粋な欠陥という意味での法の過剰は、起源ににある旧約聖書の出来事または精神分析という文脈に位置づける方が、法的に操作される現実、「法」と言う秩序現象の事実の記述として読むよりもうまくいく。法律の声における「過剰」という思考は、あらゆる他の規範的現象ほど法をうまく記述していない。[179] したがって、ゲーリングが弁護しているのは、人が現在における実定‐法秩序を視野に入れようとする時、トラウマ概念や「父の法律」を用いているのではないということである。むしろ、平凡で日常的な法の形成過程をテーマ化すべきだということである（それは『応答記録』においてなされてきたものに他ならない）。それでもなお、法秩序の倫理的必然性と還元不能性に関して、ヴァルデンフェルスの議論の中に（レヴィナス的な）転換があると診断できるであろう。「「見知らぬ法律」に聞くということは立法を補完することではなく、他者の要求は請求権の分配や保護権の設定を余計なものにするわけではない」（Waldenfels 1994, 585）。第三者によって正義と正当な制度が要請されるかぎり、法は倫理を通してそれ自身の正統な地位を獲得する。法はそれによって応答しているることになるのだろうか。

第二に、異他的なものの現象学というラディカルな見方は、秩序の問題にぶつかる。そこでの基本問題とは、近代的な実定法は明らかに自らの内に包含され、自らの内で十分に基礎づけられていながら、法という秩序の理論が「正義」に向かうものとして理解できるかということである。（『異他的なものの現象学研究』[180] 四点と『経験の裂け目』[訳注七] という）彼の著作の中で、ヴァルデンフェルスは法に対する彼の現象学的な反省のスペクトラムを拡大している。そこでの見方は、異他的なものの要求を単なる「請求権」の秩序として破壊してしまうという見方から、法秩序の応答という形式と異他的なものの要求とをともに見出すような中間的な見方に変化している。ゲーリングは五つの理論軸を区別し、それらの中にそうした新しい視点を見出している（Gehring 479–481）。（一）レヴィナス的な第三者はすでに『応答記録』の中に登場しているが、それは現前しえない異他的なものの要求をあたかも間接的に現前化させることができるかのように扱われている。（二）人と事物の区別は、倫理的要求と法的要求に似た区別を可能にする（だが、そこでは他の法的カテゴリーも前提されているために、ヴァルデンフェルスとともにゲーリングもこの区別を一義的な基準に関連づけること

(178) 結局、当事者によるものであれ、「法律の声」によるものであれ、遂行的性格を持つ法適用という側面は、ヴァルデンフェルスにおいてはつねに基盤にある思想であるのかもしれない。これについてもゲーリングは懐疑的であり、法廷が法秩序の中心にある「応答機関」であるというのは素朴な見方だとしている。

(179) もっとも、ヴァルデンフェルスのテクストは法的領域を特別に性格づけるものではなく、それゆえ（道徳的なものなど）その他の掟や命令、規範的な身振りと明確に区別しようとするものではないとするのが論理的であろう。なぜなら、彼の現象学は、法をもっぱら法自身から理解しようとするために、制度やその技術性、実践的なもの、および規範的なものの発生に含まれる側面に対する強い感覚を持っているからである（Gehring 2006a, 485参照）。

(180) *Topographie des Fremden* (1997), *Grenzen der Normalisierung* (1998), *Sinnesschwellen* (1999), *Vielstimmigkeit der Rede* (1999), Frankfurt a.M., Suhrkamp.

〔訳注七〕当該著書は、なぜか原著文献表に載っていないのだが、Waldenfels (2002) として本訳書文献表にはあげておく。

はできていない)。(三)「他者の名の下で」なされる要求を、異他的なものという性質を完全に失うことなく、一般的なものへと仲介する法の媒介機能。(四)法を破るものとしてのデリダ的正義は、ゲーリングにとっては法の還元不可能性を示すものであるが、異他的なものの視点からすると全く「困惑させられる」ものであろう(Gehring 2006a, 483)。(五)「系譜学」というプロジェクトが目指す法秩序は、偶然的な秩序の生成を反映するとともに、脱構築するものである。ゲーリングによれば、こうした系譜学的視点は、内在的な正義の運動を跡づけようとする代わりに、法秩序の限界を確定するような、外部から秩序を見る視点でありうるし、そうであるはずのものである(Gehring 2006a, 481)。法の内部に他者の一連の要求を求めようとする、「秩序の内部と外部の同時性」という空間的メタファーには、明らかに限界がある。なぜなら、ゲーリングはここで、(「外部にあるものは内部にはなく、異他的なものがわれわれにそう要求するだけである」(Waldenfels 1990, 40)という言葉を引用しているように)、異他的なものの現象学はその厳格さを失うことを余儀なくされる。したがって、ペトラ・ゲーリングが示しているのは、たとえ破壊論理によるとしても、異他的なものの現象学が秩序に接近しようとすると、一貫したものにならないということである。

第三は、法の限界である。ここで再度批判的に捉えられた問いとは、一つの秩序としての法の限界内で法が異他的なものに応答し、異他的なものの要求に応えうるという構造的可能性があることを法の現象学は認めなければならないのか、ということである。これに対するゲーリングの答えは再び否定的に見える。同時に彼女が評価する現象学は、法を限界のある歴史的な構造として理解するものであり、超越論的な形象(「声」)とか絶対的な規範原理と理解するものではない。この点に関して、再び法の経験可能性という方法論的な問題が生じてくる。法秩序は経験的なものか超越論的なものか、それとも改めて別の仕方で理解すべきものなのだろうか。法は、限界のある一つの現象として、その限界内にある現象として経験されるのか、それとも一つの原理としてのみ考えられるのだろうか。多かれ少なかれ法をうまく制度化するような道徳と繋がりがあるのか、あるいは法を「当為」と「存在」の間にあるものとして考えるべきなのか。それとも、道徳的、倫理的要求とは全く切り離されるのか（Gehring 2006a, 487）。

（c）現実の秩序としての法秩序

ゲーリングの議論が、法的要求と法的思考様式の流動性に適合する方向に向かっていることは明らかである。異他的なものの要求（*An-spruch*）をラディカルに捉えることは、司法に委ねるというより脱司法化することになるのではないだろうか。第一に、これは、法化（Verrechtlichung）に対抗して個々の状況に即して語ることを求める要求があるかという倫理的問いとして扱いうる。第二に、司法化（Juridifizierung）に同意しながら、法秩序を置き換え不可能なものとして肯定する場合、現象学はその限界をどこに引くかという認識論的な問題として扱うことができる。あるいは、第三の法哲学的な問いとして、実定法を外部からではない仕方で閉じた秩序として、独自の規範的なものとして扱うことができるのかという問いとして扱うことができる。つまり、［法秩序は］それがなければ人はおそらく折り合うことができなかった歴史的で偶然的な秩序であるが、いずれの場合もその本質によって限界づけられる秩序として扱うのか（Gehring 2006a, 488参照）。ゲーリングのテーゼは、法の権威も規範的な置き換え不可能性も今では法的な妥当現象の力を基礎づけることも説明することもできないということである。むしろ、一つの型と調和した構造の絡み合いがあって、それが法的なものを経験の構造の中に取り込ませたのであろう。ゲーリングによれば、そのため、法的なもののロゴスは、法が存在しえなかったかもしれないという問いを許容しない仕方で自らをその限界から解放する（Gehring 2006a, 494）。
それゆえ、近代の法秩序は、「この」法律が法外な現れ方をする場所としてではなく、技術的で実践的なコンテクストとして機能するものであって、そのコンテクストはそれが関わるものを（例えば言語的な）実践の内で処理し、適合させる。現実の秩序としての法は、法と不法という区別を超えて機能する（フーコー的な意味での）ディスコースではなく、まさに一つの制度なのである。ゲーリングによれば、こうした意味で、フーコーとともに法の「装置」について語らなければならない（Gehring 2006a, 490 参照）。

そのように理解された現実に作動している法秩序は、それでもなお、異他的なものによる倫理的要求と関わりうるのではないか。形式的普遍性の下で「語られ」うるものは、事実上他者の要求ではないのか。（それぞれ全く違う仕方においてではあるが）ハーバーマスとデリダはこのことを認めているように見える。ただ、デリダの「出来事としての正義」という理想主義は、ハーバーマスの手続き的正義の理念よりも素朴なものであるかもしれない（Gehring 2006a, 491）。というのも、デリダは裁判官の個人的な道徳に依拠しているだけであるが、ハーバーマスは公的議論の中に制度的に組み込まれたメカニズムに依拠しているからである。われわれは、ヴァルデンフェルスとともに、この二つの立場に立ち戻ってみなければならないであろう。というのも、法秩序は一つの秩序であり、そのようなものとして構造的な刺激に敏感であり、諸要求に開かれうるのであって、法秩序を貫徹する（法適用する）ことで自らを超過したり下回ったりしうる。だが、ゲーリングが言うように、われわれがある種の不満（Irritation）や遂行的に自己を超過することを排除しえないがゆえに、法としての法はすでに倫理的に正統化されているのではないか。言い換えれば、法的なものは事実上潜在的に倫理的な意図を含んでいるのではないか。

法は違反が起こった場合でもそれに法的なカテゴリーで対処する議論の方法を最もうまく用意しているために、「倫理違反」の理念は法にとっては事実上妥当しないことを示すことで、ゲーリングはそのようなテーゼを否定している。デリダに対する批判的抗議に見られるように、彼女は法が倫理的（および政治的）に不十分であるのは決して「盲点」ではなく、実定法秩序は、（カントからハーバーマスに至る）哲学的な観点でも、（ケルゼンのような）法的－プラグマティックな視点においても、そうした盲点を意識的に規定している。一定の（理性的ないし法的な）手続きで権威づけられるものだけが法として妥当するのであって、その外部はそれと明確に区別されうるのだと。つまり、法秩序がその盲点に突き当たることがあったとしても、他者の要求として扱うのではなく、自分自身の問題として扱うのである（Gehring 2006a, 491参照）。そうした構造の持つ「公開性」や「違反不可能性」は一種の幻想のように見えるかもしれない。ゲーリングは、さらに法における正義への道が異他的なものの要求への応答であることにも疑問を呈している。むしろ、近代の実定法は、自分自身の要求に対する応答でしかない。個々の法はどうあれ、法の中には「正当な」配置がありうるとしても、それを可能とするのは法的な形式ではない（Gehring 2006a. 492）。法的形式が他者に対応する際の規範性は、〔倫理的なものに〕媒介されているかもしれないが、それでもなお、そうした規範性は〔法として〕全体的なものであり続けている。

結局そこで強調されるべきなのは、法秩序はそのカテゴリー化の作用においてある種の安定性と信頼を生み出すということである。そうすることで、当事者は利益を得ることが可能となり、異他的なものの要求に対する倫理的な鈍感さという代価を喜んで払う。したがって、ゲーリングによれば、法秩序は合理的な計算に基づいて他者を意識的に排除する（Gehring 2006a, 493参照）。こうしたことは、法的なものの特異性として理解しうる。というのも、他の秩序が排除のメカニズムを黙って働かせるのに対して、法秩序は比較できないものを比較し、等しくないものを等しく扱うことをその規範的原理にまで高める。法的形式による排除は全く意識的なものであり、異他的なものの要求や違反に対して自分自身の体系の内に「応答」を用意している。そして、その応答作用において、柔軟でプラグマティックに諸要求を許容しつつも、その要求本来の意味ではそれに応えない。

(d) 結論

法現象学が法秩序をその限界内で捉えようとするならば、われわれは倫理的要求をできるだけ自由に法的なカテゴリーによって捉えることができなければならない。それは、『応答記録』の強さでもある。そうすることで、「第三者の請求」を法という秩序づける力に持ち込むために払うべき倫理的、政治的な代価が「正当なこと」「正しいこと」として妥当するのがいつなのかという問題に答えずにすませられる。そうした法現象学は、それ自身を権威づける秩序に内在するものを記述すると同時に前規範的な領域に関わる異他的なものを扱う現象学であろうとするものではない(Gehring 2006a, 489参照)。ゲーリングの議論は、このような二つの現象学を切り離し、法現象学を秩序分析と結びつけようとする場合にのみ取り込まなければならなくなる異他的なものの現象学という重荷を減らそうとするものである。われわれがなすべきことは、異他的なものの思想を秩序自身の中に位置づけることではなく、秩序に対抗する外部からの思想として理解することである。ニーチェやベンヤミン、フーコーのような秩序の限界に関する思想家にはある意味でレヴィナスも含まれるが、彼らはあらゆる秩序の秩序として法を肯定することよりも、不規則な規範性が単独に起こることを優先させたと言ってよいであろう。したがって、異他的なものへの問いとは法の内部における問いに関わるものではない。むしろ、そうした問いは、司法化や法化ならびに法的なものに接近することで引き起こされざるをえない犠牲に関する問いである。[181]重要なことは、法の領域に入り込むことであって、その内部にある特定のルールや判決ではない。異他的なものの現象学の立場および要求と法的請求権という二重のテーマを追おうとすると、法的現象を秩序という観点から批判的に分析することになろう。

ゲーリングが強調するのは、この限界というテーマである。法はあらゆる秩序と同様にその限界を持つのであるから、異他的なもの（および秩序）に関する批判的現象学は、法が自らを「正当なもの」として肯定し、それによって（自称）全能的に全体を包括する秩序として他の生活領域、すなわち法にとって「異他的なもの」に法的に介入するところに設定されうるし、設定されなければならないであろう。そうした現象学は、多かれ少なかれ暴力的な司法化、あるいはほとんど気づかれない形でなされる実践の司法化の有り様を提示すべきであろう。法における他者ではなく、法の他者が法の境界を規定するのであり、法の他者は法秩序の限界に関する現象学によって記述されなければならないであろう。

（181）したがって、ヴァルデンフェルスの過剰な要求は、法的なものの限界に結びつけられるべきであろう。異他的なものの要求に対する「正しい」応答は、（技術や友情、信仰、政治的行為といった）別の規範的秩序の内に、そもそも法的なカテゴリーの外部（それはちょうどベンヤミンが『暴力批判論』（1998, 54 邦訳四七頁）の中で「心優しさ、情愛、平和愛、信頼などとしてあげたもの」）に見出されるものであろう。

第四節　自由と前所与性の間――さらなる法現象学の展望

ある潮流をその基本において素描しようとする試みには、つねにさまざまな限界が指摘されざるをえない。諸々の作品の中から主要な思考の「主題」にとってできるだけ代表的なものを選ばざるをえないからである。そのため、主要な章ではあまり扱われない著者や主題領域があることになる。そのため、本書最後の「さまざまな傾向性」において、そうしたいくつかの名前と方向性についても手短に扱っておかなければならない。そこは、法現象学的思考の周辺のより広い領域にあるものや、スペイン語圏やイタリア語圏における諸研究がある。そのために、本章の最後にはより広い文献表をあげておくが、それらは言語圏によって分けられているとともに、ここで述べた法現象学の限界を超えるようなもの（例えば倫理学的、人類学的、社会学的研究など）もそこに含まれている。

以下で取り上げる著者たちの中には、本書の主要箇所で扱ったいくつかのカテゴリーに対応した体系化の可能性を再び見てとることができる。すなわち、ヘルベルト・シュピーゲルベルグは形相的－実在論的法現象学に数えることができるし、カルロス・コッシオは超越論的、実存的－生活世界的な法現象学を代表する一人であり、ウィリアム・ルイペンは「実存的現象学」を課題としている。アロア・トゥローラーもまた、生活世界に定位した法現象学者である。シュピーゲルベルグとルイペンは、最終的に安心して自然法に近づける法現象学の道を提案している。

第一項　ヘルベルト・シュピーゲルベルグ——実定法、慣習道徳法則、理念法

法学および哲学の学生であったシュピーゲルベルグは、（ライナッハを扱った所でも述べたように）一九二四／二五冬学期におけるフッサールとの会話を次のように報告している。「法学の学生であった時、フッサールはアドルフ・ライナッハを参照するように薦めてくれたが、ライナッハの存在論とは全く別に、法意識の現象学が必要であると付け加えて、その当時の私にとって魅力的なイメージを与えてくれた」と（Schuhmann 1987, 249より）。かつて学生であった彼の教授資格論文[182]のタイトルは『実定法と慣習道徳法則』であり、この時のフッサールの示唆は部分的にしか取り上げられていない。なぜなら、シュピーゲルベルグは、フッサールの超越論的な方法に従うのではなく、（彼の博士論文の指導教官である）プフェンダーとライナッハの実在論的現象学に忠実であったからである。

彼が意図しているのは「科学的な法律万能主義批判」（Spiegelberg 1935, 11）であり、制定法の役割を強調しすぎることへの批判である。それはちょうど、倫理学と自然科学において法則が「基本的所与性」であるかのように強調されることへの批判に似ている。「しかし、科学の外部においても、自らの最終的な根っこのところで法的規則志向を持つ素朴な感覚を持つ人は、あらゆるところで法則（Gesetzen）や合法則性、規則性を求め、それによって世界についての最終的な理解を得られるはずだと考える」（Spiegelberg 1935,

(182) シュピーゲルベルグはこの著作を一九三一／三二年に教授資格論文として提出しようとしたが、彼が「アーリア人」ではないという政治的理由から受理されなかった。この本は一九三五年にスイスの出版社（Max Niehans）から出版されている。

19)。倫理学および法哲学を専攻する彼は、そうした思考に対して、「法則性を免れた実践論理的心理学と法哲学」(Spiegelberg 1935, 13) を対峙させようとしている。こうした試みは、すでに同書が扱った歴史的な部分でも示されているように、特に古代ギリシア哲学にすでに見られるものである。方法論的な点では、こうしたプロジェクトは、理想的な倫理秩序、法秩序が直観的に認識可能と見る実在論的－現象学理論によってなされたものであり、すでにライナッハやシェーラーにも見られる。

倫理的な法則万能主義 (Legismus) に対してシュピーゲルベルグは、「生と無縁で技術的なもの」(Spiegelberg 1935, 13) とも批判しているが、その批判は法則概念そのものについての批判的分析によってなされている。したがって、彼の著作の最初の二つの章では、実践的法則概念と理論的法則概念について突っ込んだ分析が行われ、それに次ぐ第三章では、両者を包括するような法則類型についての問いかけがなされている。体系的部分の第四章では、最終的に慣習道徳法則が扱われているが、それは誤解されてきた「本来の」法則概念から純化されるべきものである。というのも、彼の分析は、本来的な〔…〕意味での法則と非本来的な意味での法則を区別することに向かい、その分析によれば、本来的な意味での法則には立法者があり、非本来的意味での法則には立法者がいない。「実定法以外に本来的意味での法則はないのであり、そのかぎりで制定法実証主義は正しい」(Spiegelberg 1935, 20) と。正確に言えば、誤解は、慣習道徳法則を本来の意味での法則と誤解する倫理学や法哲学の側にある。「人は、つねに繰り返し、慣習道徳法則の背後に立法者がいるものと推測してきた」(Spiegelberg 1935, 21) のであり、それは神であったり、理性や意志などであった。

シュピーゲルベルグは、フッサールやプフェンダーの純粋論理学を方法的に参照し、それによって、思考の論理的な層を事態や事象対象の存在的な層に差し向けている。そのため、彼は最初の二つの章では類比的な考察を進め、実践的法則についても理論的法則についても、「言語的な表現の層、論理的な思考の層、存在的事態の層（Sachverhaltsschicht）、存在的事象の層（Sachschicht）という独自の四層」（Spiegelberg 1935, 131）があることを示している。[183] 特に、「実践的法則の構造」に関する諸々の考察は法哲学的、法現象学的に興味深い議論を含んでいるが、それらをシュピーゲルベルグは、「さまざまに誤解されてきたアドルフ・ライナッハの思想を発展させたもの」（Spiegelberg 1935, 24）とみなしている。すなわち、法則とは、その本質からして取り決め（Festsetzung）であり[184]（Spiegelberg 1935, 50）、社会的－間主観的世界に変化をもたらすためにある事態を描写することに他ならない。そのため、立法はともに働く四つの契機からなる「存在の産出」（Spiegelberg 1935, 87）である。すなわち、理想的秩序状態の描写、秩序の諸要素を確定的に提供すること、そして（これが中心的な要素と言えようが）確定する思考の産出、言語的把握の産出の四つである（Spiegelberg 1935, 88）。（シュタムラーやケルゼンのように法命題を仮定的判断と考える）判断理論、規範理論[185]、命令

(183) 実践的法則の場合にあるのは、諸規則（Regelungen）からなる秩序という存在的な層であり、第二の存在層は具体的な秩序理念としての実践的な事象像であり、具体的な秩序理念とは諸規則によって具体的で－対象的な統一として描写されるものである。

(184) ここでシュピーゲルベルグは、明らかに実定法を「規定（Bestimmung）」とするライナッハ流の実定法分析に従っている（本書第二部第一章第一節第一項8参照）。そして、彼はそれを、言語的、論理的、存在－秩序的、存在－事象構成的な法の層構造という四重の分析という意味で展開している。

(185) ここで注目すべきことは、規範概念の多義性に対する彼の慎重な分析である。彼は、規範概念について、論理的水準、認識的な水準、具体的－対象的な水準、事態的な水準、生産的－確定的水準、言語的水準を区別している（Spiegelberg 1935, 64-69 参照）。

理論、指示理論など、同時代の法理論を論じる際、彼は、それらがいかに「論理的に誤っているか」あるいは、過剰ないし過小な規定であるかを論じている。(理想法的秩序のような)決して事実上の妥当性を持たない法則の力、妥当力に関して、彼は次のように述べている。確定されたものの社会的－間主観的存在様式(Spiegelberg 1935, 47)は、「柔軟な反動性」(Spiegelberg 1935, 47)を持つはずであり、「あるいは人間の中で別の仕方で生きていることが示される」(Spiegelberg 1935, 48)。すなわち、法則は、必然的にある事態に対して社会的－間主観的な確実性を与える。法則は、現実の関係全体、取り決められたものの合理性、取り決めるものの社会的権威、その権力手段、およびそれに「従う者」による承認と従属に依存する。

体系的にこれと並行して進められた理論的法則概念に関する研究は第二章で行われているが、これについては第三章で最終的に、この二種類の法則を超える類概念としての「法則」があるかと問い、シュピーゲルベルグはこの問いに否定的に答えている。というのも、実践的法則は描写された事態の意味を確定するが、理論的法則は、描写された事態が前もって存在し、それが事実上の事態と同一であると主張する(Spiegelberg 1935, 132)。二つの法則は、論理的な働きにおいて単なる可能性以上にはっきりと区別されているため、共通の「法則」類型について語ることはできない。こうして、第三章の結論では、(第一部の)実践的法則と(第二部の)理論的法則を明確に区別し、「本来的」法則と「非本来的」法則の区別に対応させている。

最終的に第四章における慣習道徳法則概念の構造分析が示しているのは、慣習道徳法則も「非本来的な」法則であり、立法者がなく、倫理に関する事物においてはつねに(他律であれ自律的であれ)立法者を前提することができないということである。シュピーゲルベルグは、むしろ「実践的事態固有の層」に突き当たり、倫理的法則に対するその存在論的優位性を主張している。彼は、この層を「倫理的秩序」

(Spiegelberg 1935, 22参照)の第一水準、つまり直観的に直接把握することで与えられるあらゆる実践論理的倫理における基本的な所与の層としている。この秩序には、実定法とは異なる理念的な法秩序も含まれる。「実定法の外部に本来的な法則は存在しないが、実定法の外部にも法はある。だが、それは実定法に依存するのではなく、どんな制定行為にも依拠していない」(Spiegelberg 1935, 22)。

シュピーゲルベルグが一九三五年の包括的な著作である『法則と道徳法則』でもすでに予告していたのは、この著作は単なる序論であり、「ここでの分析と並行して用意されていた存在論的、知識論理的モノグラフィー」(Spiegelberg 1935, 22)がそれに続くものだということであった。これらの著作が遅れたのは、政治的な理由によるものではない。少なくとも政治的なものと同じではない。シュピーゲルベルグはナチスから逃れなければならず、スイスの出版社は、一九三八年初頭には完成していた草稿を受け取ることはなかった(Spiegelberg 1989, 1参照)。一九八九年になって初めて、さらなる研究成果として『当為と許容——倫理的な権利と義務の哲学的基礎づけ(*Sollen und Dürfen. Philosophische Grundlagen der ethischen Rechte und Pflichten*)』が、カール・シューマンの編集によって出版された(そこには、一九三七年と一九八三年のシュピーゲルベルグの序文が加えられている)。この著作は、法則から自由な倫理学という構想[186]を詳述するものであり、現象学に基づく実践哲学の基礎を新しく体系化するもの、より正確には、倫理的、社会倫理的な秩序に不可避な諸原理、および法律万能主義との闘いにおける自然法を価値哲学によって基礎づけるものとして理解されている。

---

(186) ここではまず徳倫理学が考えられるかもしれないが、シュピーゲルベルグによれば、それを権利と義務の倫理学に置き換えることはできない。むしろ重要なことは、法を超えた義務と権利を含むそのつどの内容と普遍的な性質を備えた理念的秩序を直観的に認識することである。

カール・シューマンはこれを次のように要約している。「これはシュピーゲルベルグの重要な体系書であり、そこから学ぶべきことは、個人の倫理的権利の優位性であり、著者によれば義務はつねに諸々の権利の内に基礎づけられなければならない。権利は、それ自身特殊な存在秩序の内でなされるべき行為を基礎づける資格を持つものである」(Schuhmann 1991b, 124)。

シュピーゲルベルグは、繰り返し、彼の思考の拠り所となっている人々、プフェンダー、ジンメル、シェーラー、ハルトマン、マイノング、フッサール、そして「重要性の高いライナッハの諸研究」に言及している(Spiegelberg 1989, 243)。同書は、その第一部で理念的秩序全体の分析がますます個別化していることを示し、[187] 第二部では倫理的秩序の研究を、第三部では理念的社会秩序を、そして短い第四部では社会倫理と法との関係が扱われている。「個人倫理」と「社会倫理」の区別、ならびに「基礎的秩序」と「完全な秩序」との区別は、倫理的社会秩序と法的社会秩序の差異にとって重要である(倫理的な秩序は完全性を目指し、個人的な行為に関する当為も理念的な存在すべきものと結びついているが、法的な社会秩序は社会倫理的責任と関係する基本秩序として捉えられている)。その方法は、「それが直観的に明らかにし、本質的に捉え、記述しようとする対象的諸現象に向けられる」(Spiegelberg 1989, 40)。したがって、シュピーゲルベルグは、「対象に定位した現象学」(対象現象学)を追求しているのだが、それによって(志向性を扱う)「主観性に定位した現象学」を排除しているわけではない。むしろ、要求される認識論を構築するためには不可避のものとみなしている。それでもなお、彼は、間/主観的構成が理念的秩序像を生み出すような印象を与える「構成的現象学」に従おうとはしていない(Spiegelberg 1989, 40参照)。その点で、一九二四年に現象学の定礎者によって確かに超越論的な意図の下で確かになされた「法意識の現象学」というフッサールの提案からは隔たっている。

「秩序とは一つの調和した関係であり、それは、ともにある諸対象が多様であることと、互いに関係し合い相互に組み合わされた諸対象がそれぞれ自立していることの間にある」(Spiegelberg 1989, 10)。それゆえ、彼が対象としているのは、普遍的な水準、個人倫理的水準、社会倫理的水準、法的水準における当為、(諸権利と諸要求とが結びついた)許されるものと許されないものとの理念的秩序である。この秩序は理念的なものであり、組み換えられるものとしての現実的な秩序とは対立するものであるかぎり、現実的秩序とは間接的な関わりしか持たない。(188)

簡略化するために、ここでは最後の「理念法」についてだけ触れておこう。シュピーゲルベルグによれば、あらゆる法は国家と関係する。彼は国家を、「空間的に限定された社会的共同体の中で最大の外的権力手段を持った最終的決定の審級」(Spiegelberg 1989, 229)と規定している。法における基本的な区別は、「実定法」と「理念法」の区別である。実定法とは、国家によって定立された「現実の」法であり、理念法は、さらに(一)非実定的核心と(二)国家によって積極的に補完されるべき諸規定、つまりは主要な秩序と補助的秩序に分けられる(Spiegelberg 1989, 230)。そうであるかぎり、非実定的な核心部分と実定的

(187) 第一部の三つの章では、理念的当為とその種類が扱われ(緊急性、外的時間性、時間的制約、無条件的なものと条件的なもの、一義的なものと選択的なもの、普遍的なものと特殊なものなど)、同時に理念的な非当為、理念的に可能なものについて扱われている。四章から九章までは、理念的秩序像の体系とその存在、その存在様式、認識され方、その根拠ならびに理念的「要求と対抗要求」「理念的秩序像と倫理」が扱われている。

(188) シュピーゲルベルグは、シェーラーと異なり、理念的当為と非当為としての理念的なものを初めから倫理的に拘束的なものとみなしている。これに対して、シェーラーは、理念的当為(「x であるべき」)を、具体的に二人称に対する命令の形式(「汝 x すべき」)という義務的当為から区別している(scheler 2000, 211 邦訳2、七八頁)。

補完部分からなる全体としての理念法は、（正確に規定することのできるさまざまな中間段階にある）具体的な歴史的現実への移行として示される（これはある種興味深い考え方である）。重要なのは、諸価値[189]から直接「読み取られ」うる「価値法」ではなく、歴史的な所与性に従って積極的な技術によって構成される補完的秩序を積極的に構築することである。補完的秩序が生み出されるのは、主要な当為秩序と許容秩序が未熟な状態にあるところである。したがって、例えば、失業を無条件に除去することが一般的にあるいは永久に不可能であることから、ある当為が、すなわち公的扶助を求める当事者たちの要求が生まれるのである（Spiegelberg 1989, 232参照）。補完的秩序は、例えば制裁秩序のような主要な秩序領域を守るために必要となる。実定法は、理念的秩序から引き出されるのではなく、それ固有の現象である。それゆえ、客観的正義とはつねに、たとえ（正当な主要な秩序と関係するという意味で）正義との一致が要請されたとしても、実定法が偶然に生み出すものである。そうでなければ、権利について語ることはできず、裸の強制秩序だけが問題となる。実定法による規制においてしばしば問題となるのは、正義の基準に合わず、規制の持つ全体的意図だけが吟味されるような悪しき秩序化である。

全体としての理念法の中核を構成するのは、具体的に実定的に構成される補完的秩序とともに非実定的な理念法の主要な秩序である。非実定的な理念法の諸原理は、理念的秩序論から展開される。多様な要素からなる歴史的現実を正しく評価するためには、この諸原理は、歴史状況の特殊性に注目しなければならない。そのために、さまざまな種類の理念法が存在しうる。内容的に言うと、理念法[190]を生み出すのは、特にそれが国家と関係するかぎり、（社会的機関などの）超個人的な人格間の関係および個々人の間の関係に関わる社会倫理的な理念的秩序である。そこで重要になるのは、超法規的な現象学的基盤における理念的要求、権限、権利と義務である（Spiegelberg 1989, 4）。非実定的な理念法は、（実定的な構成同様）基本法、完全な法以上のものとして設定されている。[191] このことが意味するのは、基本的な必要性、基本的な社会的要求、基本的な権限（それに応じて限定された国家の義務）を明確にすることであり、（それはまた、市民と国家といった超個人的な人格との関係において）国家の基本的義務を確定することが重要だということである。それは、「完全な国家倫理」（Spiegelberg 1989, 231）ではなく、「要求しうるものの限界」（Spiegelberg 1989, 31）を画することである。彼の議論がここで（一九三五年に！）意識的に向けられているのは、「今日全ての個々人にとって自明なものと推測しうる」と信じられる「非常に多様な全体主義」（Spiegelberg 1989, 31）である。しかし、彼は自分の試みを「個人主義的リベラリズム」と理解されようとしているのではなく（自由は他と並ぶ一つの善であろう）、基本的に自由が帰属する人格の本質に対する洞察をしようとしているのである。それゆえ、人権は、リベラルな市民とその「高貴な」権利として概念化されるのではなく、その本質的な力に

(189) シュピーゲルベルグは価値と当為を区別している（シェーラーが実定的価値は存在すべきだとしているのに似ている）。
(190) したがって、たとえ法が国家によって生み出されるとしても、国家が設立する全てが実定法であるわけではない。法と国家は一致しないのである。
(191) 道徳性と合法性というカント的区別に関するシュピーゲルベルグの注釈が興味深い。彼によれば、理念法は諸々の心情によって捉えられる。単なる利益追求のために他者を訴える者は、その行為が合法的であったとしても、法に適うものではなく刑罰に値する。これに対して、共感に基づいて偽りの証言をする者はより軽い刑罰に値する（Spiegelberg 1989, 241 以下参照）。したがって、道徳性と合法性の違いは、次のように修正される。法的に評価されるのは内的心情が外的に表明されたものだけであって、内的心情そのものではない（故意の違反者と絶望に基づく違反者との対比）と。こうした違いは、われわれの法的現実、刑罰の範囲についても見られることである。

よって自由な人間的人格に関わるものである。「個人の権利を剝奪することは、価値と理念の秩序を破壊することである」(Spiegelberg 1989, 32)。

結論――「このような理念法は、初めから言われているように、古い自然法と緊密に結びついている」(Spiegelberg 1989, 33)。彼はこのような結合関係を否定しようとしていない。彼は、自然法と直接比較して、一定の歴史的可変性を認めているとしても、全体としては、制定されていない、適用不可能な法の理念を擁護している。「そうした理念は、実定法と競合するものではなく、実定法における実定的妥当性を変えるものではない。その理念はまた、直接法的な意味を要求することはできない。それが実定法と競合しうるのは一つの領域においてだけである。それは、実定法の倫理的正当化が問題となる倫理的良心の決断という領域である。というのも、そこでは法的妥当性という事実は重要ではないからである」(Spiegelberg 1989, 33)。したがって、シュピーゲルベルグによれば、理念史的な発展において、自然法に対抗する実証主義的流れには結局一つの利点があった。すなわち「実定的」でないものがたくさんあることを示してきたことである。

第二項　カルロス・コッシオ――自由と法現象学

アルゼンチンとラテンアメリカにおける最も重要な法哲学者[192]の一人であるカルロス・コッシオは、三〇年代、四〇年代にフッサールとケルゼンの思想がアルゼンチンに導入される際に指導的な役割を果たした。彼は、『法の自我論的理論と法的自由の概念（*La teoría egologica del derecho y el concepto jurídico de libertad*）』(1944/1964) および『自我論的法理論――その概念と主題（*La teoría egologica del derecho: su problema y sus problemas*）』(1963) という二つの著作において、自我論的法概念を展開しているが、それは（ハイデガーの）実存哲学とカント的超越論哲学の影響を受けたものである。

彼の目標は、法学に関する包括的な哲学を創造することであり、法存在論、形式的法論理学、超越論的な法論理と法の価値論に取り組んだ。一方で彼はケルゼンの規範主義に基づいて、つねに実定法の分析から始めており、解釈学（Dogmatik）を法哲学的思考にとって不可避の出発点とみなしている。その一方で、彼はケルゼンを超えるところがあり、それは、機械的な規範主義を目指すのではなく、人間の行為と間主観性に関する認識論を法学的な観点から提起しようとする点にある。（彼はケルゼン的法理論が資本主義との同盟を構成するものと批判して）ケルゼンに対抗したこと、および〔ケルゼンとコッシオという〕二人の法理論家がブエノス・アイレスで行った議論は、ラテンアメリカの法哲学にとってのみ重要だったわけではない。彼は、ジュアン・ペロンの軍事政権によってブエノス・アイレス大学を追われたため、世界的な議論に影響を与える力を失ってしまった。

コッシオの試みは、具体的人間人格の形而上学的自由を出発点としているが、それは自由を人間の本質的存在とみなしているからである（Kubeš 1982, 435参照）。この自由は、法を最初に与える行為において提示される。それゆえ、法は、自我論的対象であり、形而上学的自由が現象となったものである。彼はその自我論的法理論をフッサールの超越論的自我の理論によって基礎づけている。彼は法的ロゴスを「自我論

(192) これについてはカルロス・コッシオに関するスペインのウィキペディアを参照。そこには（スペイン語圏における）PDFデータが含まれている。例えば、コッシオとケルゼンの討論やコッシオに関するその他の主要テクストや二次文献が載せられている。http://es.wikipedia.org/wiki/Carlos_Cossio

化」し、「超越論化」しようとする。すなわち、その間主観的関係性において行為する主観に回帰させようとするのである。というのも、彼が目指す超越論的構造は、判断における「われ思う」ではなく、行為における「われ為す」だからである（Cossio 1963 参照）[193]。同時に、コッシオにとって行為は状況に依存したものであり、人間の実存に立ち戻って関係づけられる。人間の行為は還元不可能な独自性、唯一性と自由によって特徴づけられるのであるから、彼にとって、間主観的な関係における人間の行為を実存論的に理解することだけが可能なことである。法は、特定の（規範的な）視野から間主観的「干渉」を受けるこうした人間の行為に関わるものである（Cossio 1964, 202 参照）。「ハイデガーの哲学とフッサールの論理学によってコッシオは「実存論的当為」概念を見出そうとしている。この概念によって、彼は、行為および（彼によれば）法までもがその中で成立する自由の本質を表現しようとする」（Kubeš 1982, 435）。

人間の経験と行為に関する価値論的次元を含む理論的アプローチによって、コッシオは実証主義的法理論だけでなく理念的な法理論の欠陥、すなわち法を形式的なものとみなしたり、自然的対象と混同する欠陥を克服しようとする（Pallard/Hudson 1999, 166 参照）。現象学的方法によれば、法を文化的、価値関係的対象として分析できるはずだということである。すなわち、つねに文化的コンテクストの内にある人間的経験を基盤として分析できるということである。彼は、こうした関係性から、理念的、自然的、文化的、形而上学的客体といったカテゴリーを含む、フッサールの出発点にあった領域的存在論を展開する。この存在論は、実存と経験と価値づけという三つの組み合わせに対応する。そうすることで、文化的価値対象と形而上学的価値対象が結びつけられる。これについて、パラールとハドソンは、次のように批判している（Pallard, Henri & Hudson, Richard 1999, 167）。こうした「諸価値」の本質と性格は不明確なままであり、諸価値が例えば理念的対象や形而上学的対象でありえないのはなぜなのか、十分に説明されていない、と。それに加えて、そもそも「文化」や「価値」がいかなる過程を通して展開されるのか、なぜこれらが法の基盤であるのかも示されていないと批判する。

要約すると、自我論的法理論の認識対象は人間の行動（Verhalten）であり、それは間主観的空間における自由な行為（Handeln）として展開され、超越論的水準を指し示している。法は規範的な構想として捉えられるのだが、それは全てを間主観的な人間的行為（Handlung）とみなすことで、唯一的で再現不可能な自由の内にある特定の行動を定義し、それが遵守されない場合には制裁を科すものである。コッシオにとって、その際に重要なことは、（あれかこれかといった）選言的判断ではなく、（……ならば……、という）仮説的判断である。

(193)「それゆえ、フッサールにとって現象学とは存在するものの存在を現象させることである。自我論的法理論における自我論も、これと似た観点で、法的ロゴスを自我論化する、すなわち（ロゴスと存在を同等視する現象学に対して）法的存在の自我論化を図る。ここで言う自我とはいわば行為の超越論的自我であり、あらゆる判断における「われ思う」自我の代わりにあらゆる行為（Handlung）における「われ為す」を、知性における「われ思う」の代わりに振る舞い（Sich-Verhalten）における「われ為す」を考えることができ、そうした自我論によって、法的存在の現象化を行動（Verhalten）として示すことができる」（Cossio 1963 ロイドルトによる独訳）。

第三項　実存主義的法理論

1　一般的注釈

「実存主義」ないし「実存哲学」[194]は、キルケゴールに始まり、それがハイデガーによって現象学的に仕上げられ、ジャン＝ポール・サルトル、シモーヌ・ド・ボーヴォワール、ガブリエル・マルセル、モーリス・メルロ＝ポンティによって「フランス実存主義」として継承されたものであるが、特に五〇年代、六〇年代の法哲学的思考にいくらかの影響を与えた。その際、この流れは非常に論争的に議論されてきた。何人かの法理論家たちの考えでは、法哲学的思考にとって最も相応しくない哲学であり[195]、他の法理論家たちの中には、法学的な規範理論や法律学的な議論の技術性に対抗するものとして弁護する者もあった。例えば、典型的な「実務家」であるジョージ・コーンがそうした弁護を行っている。ハーグの国際仲裁裁判所の判事であった彼は、『実存主義と法学 (*Existenzialismus und Rechtswissenschaft*)』(1955) において、(ケルゼンの意味における厳密な規範理論としての) 概念法学[196]を直接的に批判している。

本書の論述が目指しているのは、概念法学の排除である。本書は、あらゆる現実の法は全て特定の時点と結びついており、具体的な全体状況についての評価に基づいて明らかになるはずであり、多くの法律や法的諸概念、基本命題の分析によって発見されるものではない、という立場に立つ (Cohn 1955, 7)。

具体的な状況、個別のケースが「法本来の故郷」であり、「根源的、現実的な法の源泉」である（Cohn 1955, 47以下）。最も重視されるべき点は状況そのものにあり、規範や規則によって外から状況に取り込まれるのではない（Cohn 1955, 37）。もちろん判決を下すに当たって法律を参照することは重要であるが、

---

(194) 実存哲学は明らかに、ナチスの法律家であったカール・シュミットにも大きな影響を与えている。だが、それは、マルティン・ハイデガーとの知的交流から得られたものであって、現象学との繋がりは非常に間接的なものである。この点については、クリスチャン・フォン・クロコウ（Christian von Krockow）の『決断――エルンスト・ユンガー、カール・シュミット、マルティン・ハイデガー（*Die Entscheidung. Eine Untersuchung über Ernst Jünger, Carl Schmitt, Martin Heidegger*）』（1958）、ラルフ・ロッター（Ralf Rother）『決断をどう読むか――プラトン、ハイデガー、カール・シュミット（*Wie die Entscheidung lesen? Zu Platon, Heidegger und Carl Schmitt*）』（1993）を参照。だが、これらにおいては、一方で、現象学と結びつけるための第一次文献に具体的に当たることはほとんどない（例えば、シュミットとハイデガーの往復書簡に限定されている）。他方で、最近二十年の間にシュミットに関する研究論文は多数生産されているが、私はシュミットについて詳しく扱うことはしておらず、一般的な見方としてはKoenen（1995）、Meier（1994）、Mehring（2003）、Rüthers（1990）を参照されたい。「政治的実存主義」については、Grossheim（2002）を参照。「法現象学的思考」との関わりは不可避でないにしても、シュミットの政治的、法哲学的思考にとって実存哲学的要素は決定的に重要である。

(195) 本書第二部第二章第一節第一項（マイホーファー）およびKubeš（1982）を参照。

(196) アルトゥール・カウフマンは概念法学を次のように性格づけている。「概念法学は無条件に実証主義と結びつくものではないが、その特徴は、法命題を単なる諸概念に還元することである。例えば、「法人格」概念から、法人格は「人格」であるがゆえに名誉を持ち、刑罰に値するといった結論を導く。概念が認識の源泉として働くのである。[…] その主張者たちが概念法学の方法に求めるのは、実定法が生活関係に立ち戻ることなく、それ自身で生産的であることを証明することである」（A. Kaufmann 1994, 140）。

「法」も「状況」も単なる「法律」を超えるものであり、「法の命」(Cohn 1955, 51) は規範の中にあるのではないことを認識することが同様に重要なことである。「正しい判決」という法律家的概念は、それが原理的にどこにあるかを前もって解明することが可能だという前提に基づいているが、この点に関する基準や定義は存在しない。

いつでも予期できない状況が存在し、それが現実化して緊急に対応が求められた時にまず最初にとられるべき立場がありうる。われわれが「法」と呼ぶ事態を理解するためには、自らが具体的状況に関与していなければならない。[…] 何が法であるかを知るためには、人はそれを経験するか、すでに経験していなければならない。不法を被るか、被ったことのある者だけが、法が何であるかを知るのであり、具体的な状況や記憶像に基づいて法を説明することができる (Cohn 1955, 150f.)。

したがって、法はまた、「個人的な関わり、リスク、責任を要求するのであり、こうした点については、おそらく他の場合であれば通用するとしても、今ここにおいては通用しない一般的な規則や形式に隠れることができない場合、法の執行者が自ら背負わなければならない」(Cohn 1955, 152)。このことは、法実務にも具体的な影響力を持つ。コーンによれば、こうした理由から、法的判断を下さなければならない場合、それは個々の裁判官や法的に構成された裁判官会議だけに委ねられるものではない。「将来の裁判は、より広い社会的基盤の上に築かれなければならない」(Cohn 1955, 153)。

こうした立場の理論的背景に関しては十分に論じられていない。そうした幅広い議論については、サルトルとの多様な格闘から生まれているフランス語圏の著作(197)やイタリア語圏における研究(198)を参照することができる。ウィリアム・ハムリックの『法の実存的現象学（*An Existential Phenomenology of Law: Maurice Merleau-Ponty*）』によって、「フランス実存主義」の思想家であるメルロ＝ポンティに定位する一つの立場がこの導入部で取り上げられた。ここではさらにそれと対照的な立場を取り上げるべきであろう。それは普通、法現象学的思考によって退けられる「自然法」への回帰を実存的立場と結びつけるもので、「典型的でないもの」と言えよう。

2　ウィリアム・ルイペン——実存主義と自然法

ウィリアム・ルイペンは、その『自然法の現象学（*Phänomenologie des Naturrechts*）』（1973）において、彼自身が「実存的現象学」と称する立場をとっている。というのも、彼によれば、フッサールの試みはハイデガー、メルロ＝ポンティ、サルトルらの実存思想に発展したのであって、それらはもはや「現象学」と区別

（197）Brimo, Albert: « L'existentialisme et le fondement du Droit », in: *Melanges en l'bonneur de Gilbert Gidel*, Paris; Librairie Sirey 1961, 79–89; Chenot, Bernard: « L'Existentialisme et le Droit », in: *Revue Francaise de Science Politique* 3/1 (1953), 57–68; Donius, Charles: « Existentialisme, Phénoménologie et Philosophie », in: *Archives de Philosophie du droit* (1950), 221–231. このサークルにおける他の主張者としてはニコス・プーランザスもあげることができる。「ギリシアに生まれ、法現象学をドイツから知った彼は、後期サルトルと結びつき、批判的－マルクス主義的な社会理論を吸収することで、アプリオリな法理論に対抗している」（Waldenfels 1987a, 453）。その他、本書第二部第二章第四節第五項3の最後に上げている諸文献を参照。

（198）Cotta, Sergio, "*Il dritto nell'esistenza: line di ontofenomenologica giuridica*" Milano: Giuffre 1991.

できないからである（Luijpen 1973, 3参照）。同時に彼は、自然法の伝統（特にトマス的足跡）に立ち戻る。彼がこのような「悪名高い」概念を採用しようとする理由は、自然法が「その長い歴史の中で、考える人間がつねに心に浮かんできた何かを「見て」きたこと」を示しているからである。

この自然法概念は、ハイデガーに強く触発された共同存在としての実存という解釈と結びつけて新たに捉え直されている。同時に彼は、実存的現象学に対する批判に法哲学の側から対決している。一連の著者たち(199)は、実存的立場は法哲学には全く受け入れられないと批判してきた。というのも、実定法との関連で、唯一的で個人的な「自己存在」は普遍的な（匿名的）規範に至る道をもたらさないからである。こうした批判によれば、実存的現象学は、それを法の領域に持ち込もうとすれば、自らを否定せざるをえなくなる。また、実存的現象学は「完成された」「現実の」「前もって与えられた」規範を受け入れないために、自然法的思考に立つこともできないことになる。ルイペンは、この最後の点に関して、現象学がこの「完成されたもの（Fertige）」「現実的なもの（Wirkliche）」「前もって与えられたもの（Vorgegebene）」をどのように捉えているか、いかなる意味で（法について）それらを拒否しているかを理解しなければならないと批判している（Luijpen 1973, 142参照）〔訳注八〕。

主体の疑いなさ、実存としての現存在、（投企と事実性の動態における）主体の存在としての「無」、および「世界における存在（An-der-Welt-Sein）」（Luijpen 1973, 124以下）として実存することに関するフッサール、ハイデガーのテーゼを通して、ルイペンはその思想の中心部に訴えかける。すなわち、実存するとは共存在することである(200)、と。「法の要求に従って行動するという人間の覚悟として理解される正義は、間違いなく共存在のあり方、他者とともに世界内に存在するあり方である」（Luijpen 1973, 147）。正義の本質、並びにそこに含まれる知識をわれわれが持っている根拠は、間主観的な関係にあることが明らかな存在のあり方に依るものである。「こうした知が人間そのものであり、人間の存在である。なぜなら、人間は、その存在においてこうした知の存在が重要である存在者だからである」（Luijpen 1973, 161）〔訳注九〕。したがって、ルイペンによれば、われわれは共存在としてのわれわれの存在を通して、自然法的問いと正義の問いにいつもすでに巻き込まれているのである。

歴史的に見ると、人間存在が「倫理的天才」(201)であり、「主人公であり高貴なもの」「見る者」、倫理的領域における発明者であり、ある社会における最高のもの（die Besten）である（Luijpen 1973, 200参照）〔訳注十〕。そうした存在関係がその最高性を明らかにした（いつも繰り返し新たに明らかにしてきた）のは「野蛮さ」の中におい

(199) 例えば、Johannes Thijssen: „Staat und Recht in der Existenzphilosophie", in: Archiv für Rechts- und Sozialphilosophie XLI (1944/55), 1–18; Hans Welzel: *Naturrecht und materiale Gerechtigkeit* (1962) 209–219. 実存哲学を法哲学に導入できることについては、Werner Maihofer（本書第二部第二章第1節第1項）やErich Fechner: „Naturrecht und Existenzphilosophie", in: Archiv für Rechts- und Sozialphilosophie XLI (1944/55), 305–325にも見ることができる。

〔訳注八〕　ルイペンが同書で使用している用語は「対象的なものObjektive、現実的なものWirkliche、与えられたものGegebene」であり、ロイドルトによる引用とは微妙に異なっている。

(200) 実存する主体はコギト、思う者（Volo）、行う者（Ago）として捉えられるのであり、この主体が巻き込まれている世界は文化的世界と自然的世界に分けられる。

〔訳注九〕　ここでルイペンがあげている知とは、青い目だという理由だけで子供の目を抉り取らせたりすることや、寡婦の焼身殉死などが不正だという認識である。

(201) これは、シェーラーに由来するトポスである。本書第二部第二章第1節第二項A3参照。

〔訳注十〕　ここで引用されているのは次のような箇所である。「法の客観性が倫理的天才の実存において遂行されるという

てであり、そうすることでその最高性が野蛮さを克服可能なものにしてきた。「人間の存在が世界の中で他者に向き合う存在（Zu-sein-in-der-Welt-für-andere）としての倫理的天才性に自らを開き、そのことが人間に結びつく力を与えた」（Luijpen 1973, 185）〔訳注十二〕。「誠実で」解明的な、固有の共存在－経験が自らをその地点にまで到達させたのである。「人間はそれ自身がともにある人間という点で一種の「当為」である」（Luijpen 1973, 186）。そうした当為の実践は長い伝統を持ち、ルイペンによれば、それはつねに「愛」と呼ばれてきた。万人が万人に対する狼であるという実存形式に対抗するものが最小限の愛の要求であり、人はその実存形式において、他者を食い尽くす狼として形作られてはいない。

最小限の愛の要求、それは共存在としての人間の実存それ自体であり、その後他者の基本的権利として定式化された。他者の権利は他者の主体性に対する私の肯定の最小限の相関項であり、私の実存は他者に向かう存在であることを私に呼びかける。この「呼びかけ」が私自身である。このような他者の権利が「自然法」であり、よりよい表現では「本質」法である。なぜなら、その権利は共存在という「自然」の内にあり、さらに言えば、共存在の「本質」に属するものだからである（Luijpen 1973, 186）。

したがって、正義とは、非人間性を克服することにあり、それは直接、間接に人間をその共存する人間として評価することで行われてきた。根源的な法、法の根源は、実存を遂行することで経験される「他者の権利」である。こうした思想は、明らかにレヴィナスを思い起こさせる。

実存主義的な自然法の再解釈はこのようにしてなされる。すなわち、現実的にも理念的にも「それ自体として」不変なものとして、全てのものにとって永久に妥当するような自然法は存在しない。自然法の客観性は、「倫理的天賦の才」を持つ共存在における歴史的な行為によって実現される（Luijpen 1973, 210）。この「倫理的天賦の才」を持った（精神的、法的、政治的実践を求められる）存在は疑わしいが、このことは間主観的で歴史的な真理の実践と同一視される。（再びレヴィナスの思想と重なるが）「愛」には限界がなく、法システムは決して完成しない。「自然」とは結局、よく知られた「本質」を意味する。「自然法とは、共存在という本質の隠れがたい真実によって与えられる法である」（Luijpen 1973, 188）。この隠れがたさは正義の要求であり、愛の最小限の要求であろう。共存在する主体は、この意味で存在を理解するものとして自然－法則（*gesetz*）である。だが、このような自己理解、存在理解は、具体的な（実定）法の実践においては修正されざるをえない。少なくとも、人間性の最低条件を保障するのは法システムだけであり、「野蛮さ」が克服されるのも実定法規範と法制度が設立されることによるのである（Luijpen 1973, 212参照）。

ことは、それによって人間性が確立されているということを意味するものではない。倫理的天才、すなわち主人公であり高貴なもの、特定の社会において最高のものであるのは、人間の内の最良のものを人格的に代表するものである。」

〔訳注十一〕この引用のすぐ後に続くのは、「コギトとしての主体はそれ自身にとって光であり、その光は客観的光であって、その光の中で現れるものを否定することが許されない」という文章である。

第四項　アロア・トローラー——前所与性と法現象学

スイスの法律家アロア・トローラーは、（独占禁止法、特許権、商標権、著作権などに関する）多数の法解釈学的著作の編者であるが、『普遍的に妥当する法学原理（*Überall gültige Prinzipien der Rechtswissenschaft*）』（1965）、『哲学、法哲学、法学の出会い（*Die Begegnung von Philosophie, Rechtsphilosophie und Rechtswissenschaft*）』（1971）といった、エトムント・フッサールの強い影響を受けた法現象学的な作品を著わしている。[202] 彼の議論の中心にあるのは秩序というテーマである。「法学は、人間関係の秩序を研究し提示しなければならない。人間関係とその秩序は、さまざまに現象し、自らを示す存在者であり、法学者はそれらを直接見るべきものであって、教義学的な言明においてのみ経験すべきものではない」（Troller 1965, 32）。彼は、フッサールの現象学に基づいて（およびハルトマンとシェーラーの影響の下）、生活世界を「前所与的なもの」[203]として扱うことで法にアプローチする。現象学的還元において呈示されるこの前所与的なものは、トローラーの場合、しばしば支配的な社会関係を再生産するものである（彼は部族、民族、人種、社会階層などを「あらかじめ与えられた法秩序の組み合わせ」[204]として語っている）が、法学的思考はそうした前所与的なものにおいて維持されるべきものとされる。

前もって与えられているものが考えられないと、結果は現実と矛盾したものになる。自然において与えられているものと人間によって変えられないもの（例えば性差や個々人の実存的で無視できない不平等性など）が無視されるかどうか、一般に正しいものとして認められていない理念、人間精神によって展開された理念が余儀なき真実として組み込まれるかどうかによってその結果は変わってくる（Troller

1965, 139)。

トローラーにとって基本的に重要なことは、法学における「現実との関係」である。それゆえ彼の立場は「批判的リアリズム」(Krawietz/Ott 1987, VII) と呼ばれる。彼は、現象学を「避けがたい意識内容の多様性から出発して、直接的に現出する事態、諸事物とその本質に立ち戻る」(Kubeš 1987, 122) 方法を発見したものと考えた。彼は法律家としての自分の仕事を、彼が法秩序の唯一現実的な基盤であるとみなす生活関係に即して始めようとする。「このような認識を持つ法学は、現実存在をそれが意識に現出する仕方に

(202) これについてはトローラーの八〇歳記念論文集を参照。そこには彼の専門領域の同僚および法哲学者による諸論文が掲載されている (Hg. Krawietz/Ott 1987)。その中で特に法現象学的なものとしては、ホセ・ヴィラノーヴァ (José Vilanova)「現象学と法学の基礎づけの危機 (Phenomenology and the Crisis of Foundations in Legal Science)」(277–294)、アーミン・ヴィルダームート (Armin Wildermuth)「生活世界的プロセスとしての法の現象学 (Phänomenologie des Rechts als lebensweltlicher Prozeß)」(425–442)、ジャン・ルイ・ガルディー「法体系と論理学体系 (Système juridique et système logique)」(173–184) およびジョルジ・カリノフスキー (Georges Kalinowski)「規範に関するエトムント・フッサール　規範学と規範論理理論草稿 (Edmund Husserl sur les normes. L'ébauche d'une théorie de la science normative et d'une logique des normes)」(201–214) がある。

(203) 前所与性に関する法現象学の批判については、マイホーファーに関する私の記述を参照されたい (注を含んで本書第二部第二章第一節第一項4参照)。

(204) Troller (1965) の事項索引および第四章「前もって与えられた法秩序の構造 (Das vorgegebene Gefüge der Rechtsordnung)」を参照。

応じた形で追求することができる。そうした法学は、現実存在という基礎の上に立って、人間の意志の秩序と人間の実存の秩序がどのように構成されるかを説明することができる」(Troller 1965, 58)。

こうした思想の背景にあるのは、人間の実存はそれに応じた秩序を必要とし、それを「前もって与えられたもの」を考察することによって生み出されるはずだという考えである(これはヴァルデンフェルスの考えとは対立する立場である)。「人間はその現存在を構築すべきであり、存在は現存在にそうした当為を課す」(Troller 1971, 197)。彼は、したがって、存在秩序と現存在秩序を包括するような合理的関係性を提起(verorten)している。彼によれば、そうした関係は全く特定の権力関係によって作り出されうるものである。そして、「前所与性」を(中立的なものとして)確認しようとするだけのものと理解する疑似現象学的考察を免れうるのは、こうした認識だけである。

第五項　法現象学の領域ないし周辺領域におけるその他の著作と潮流

1　法の存在論(205)

「法存在論」はまさに法現象学に則った一つの潮流である。特に、「本質を追究する」場合がそうであり、トローラーのように秩序を備えた「前所与性」に定位する場合が含まれる。だが、そこにある違いを際立たせるためには、「存在論」や「法」に関する解釈の変化とそれぞれの把握の仕方に注目しなければならない(例えば、マイホーファーの「法存在論」は、明らかにハイデガーの存在論的投企に関係するものであるから、法現象学に属するものである）。原理的に言えることは、法存在論的構想は、法現象学よりも、存在者の認識可能な存在のあり方に関わる古典的な存在論から出発しており、（間－）主観的構成要素（現存在や主観性など）については注意を払っていない。これに対して（法－）現象学は、現象および構成に定位した思想を通じて、妥当性の構造が作られる動的－歴史的、および構造的な過程を見ている。プラトン、アリストテレス、トマス・フォン・アクィナスやヘーゲルといった古典的な哲学者と並んで、法存在論に（特に二十世紀ドイツ語圏で）影響を与えた者には、ニコライ・ハルトマン[206]やマックス・シェーラーといった現象学の周辺領域の人々がいる。

この潮流の典型的な代表者は、刑法学者で法哲学者、ラートブルフの弟子に当たるアトゥール・カウフマンであり、彼は法存在論の課題を「法の存在把握」（1994, 468）に務めること、「存在に適った、動かしがたい法」（A. Kaufmann 1994, 14）について問うことだと規定している。そこには自然法との結びつきが明白である。なぜなら、彼もまた、自然法にとって存在以外のどこにもその妥当根拠はないため、自然法論はつねに法存在論であることから出発しているからである。彼は、法の「本質」（essentia）と「実存」（existentia）とを概念的に区別し、それは自然法（本質）と実定法（実存）の区別に対応させている（Kubeš 1982, 434参照）。認識する主観とは独立に客観的存在構造を明らかにしようとする古典的存在論との結びつきは、ここではある法の考察に置き換えられている。すなわち、「（客観的、客観主義的哲学同様――著者による補足）

(205) 詳しくは本書導入部、第一部第一章第九節を参照。

(206) 本書導入部（第一部第一章第九節）で手短に扱ったウラジミール・クベシュは、そうした法存在論の代表者の一人であるが、彼の立場はハルトマンの「批判的存在論」に依拠するものである。

客観主義的法哲学も、起源にある存在が秩序や形態に隠されていること、事物や関係の「自然的」秩序が存在すること、人間が共同生活をしているところではどこでも根本的にすでに法があるということに関する驚きから出発している」と（A. Kaufmann 1994, 14参照）[207]。

2　法現象学としての構造論的深層現象学

ヨゼフ・ドゥバー[208]は、ハインリッヒ・ロムバッハに従って、法をテーマとする構造論的現象学の著作を著している。それは広範囲にわたる哲学の博士論文であるが、そこで彼は抵抗現象を通して法現象の手がかりを摑もうとしている。というのも、彼によれば、抵抗現象こそ法現象の「中核」そのものであるからである（Döbber 1989, 79）。彼は、ロムバッハの構造論的深層現象学から出発するため、法は「現象の自己運動の内部にあって分化する」「深層構造」を持つと考える（Döbber 1989, 5）。抵抗現象は、彼にとって、法現象の深層構造内部にある脱社会化を示しているように見える。彼は「構造的な自己緊張（Selbstverspannung）」（Döbber 1989, 1）、「ノイローゼー現象」（Döbber 1989, 71）について語っているが、それらは完全に新しい法思考への気づきにおいてのみ「高次の構造水準」に向けて克服されうるものである。そこで基本的に重要なことは、ある抵抗運動が（例えば自然法のような）根源的な法を呼び出し、自らを法本来の場所として理解するような実定法秩序の「外部」を構成するということである。彼はこうした問題設定をロムバッハの体系に結びつけることで、その問題はある現象の全体的動きの中にある一つの契機という意味を持つようになる。このような構造論的現象学の考察は、個々の要素を通して法現象の全体および深層を構築するものと捉え、それによって新しい法思考に到達する。これは、方法的にはロムバッハの構造現象学の「解釈学的（hermetisch）」考察方法によるものだが、ある現象の層化と発展をそれ自身の内部で、それ自身によってのみ理解しようとするものである。彼は、（部分的に曲折のある適用の仕方をしているが）法の「発生的な存在意味」（すなわち「神聖性」）を展開している。結局、彼が法という現象を「歴史的－画期的な仕方で自らを構成する人間性の存在事実の鍵となる現象、起源にある現象」とみなしている点で（Döbber 1989, 8）、彼の試みは法人類学に分類することもできるであろう。だが、そこにはハイデガー的な意味での存在史的な理念が感じられる。彼は次のように言っている。

> 法は、ここで単に存在するものとして、規約、制定法、法原理、法秩序の全体として捉えられるのではなく、真正の存在論的なものであり、さしあたりは独自の存在様式、歴史的に動いている意味領域（フッサールの言う領域的存在論）として捉えられるのであって、その領域の最も深い所には人間的現存在の自由と尊厳が満ちている（Döbber 1989, 37）。

（207）この点については、アルトゥール・カウフマン（Kaufmann, Arthur）『法の存在論的基礎づけ』（*Die ontologische Begründung des Rechts*, Darmstadt; WBG 1965）; ウラジミール・クベシュ（Kubeš, Vladimír）『法の存在論』（*Ontologie des Rechts*, Berlin: Duncker und Humblot 1986）; ウン＝ツォン・パク（Pak, Un-Zong）『法存在論について——最近のドイツ法哲学における存在論的問い』（*Über Rechtsontologie: die ontologische Fragestellung in der neueren deutschen Rechtsphilosophie*）, 1978（フライブルグ博士論文）; ウルフライト・ノイマン（Neumann, Ulfreid）『法存在論と法的議論』（*Rechtsontologie und juristische Argumentation*）, 1978（ミュンヘン博士論文）などがある。

（208）ヨゼフ・ドゥバー（Döbber, Josef）『抵抗現象と法——構造人類学的法現象学への哲学的一寄与』（*Das Widerstandsphänomen und das Recht. Ein philosophischer Beitrag zu einer strukturanthropologischen Rechtsphänomenologie*）, 1989.

3　その他の文献表

以下の文献表は、（現在の一般的な文献表には載っていない）ドイツ、イギリス、フランス、スペイン、イタリアの各言語圏で展開されている諸文献ならびに（一般的な文献表にも含まれる）論文集や概論の一覧である。

概　論

——HAMRICK, WILLIAM: Artikel "Law", in: Embree, Lester u. a. (Hg): *Encyclopedia of Phenomenology*. Dordrecht: Kluwer 1997, 407–412.

——NATANSON, MAURICE A. (Hg.): *Phenomenology and the Social Sciences*. Bd. 1 & 2. Evanston IL: Northwestern University Press 1973 (v. a. Bd. 1: "Introduction: Phenomenology and the Social Sciences", 3–45; Bd. 2: "Part VIII: Phenomenology and Legal Theory", 343–571).

——WALDENFELS, BERNHARD: *Einführung in die Phänomenologie*. München: Fink 1992, 96–101 (Kapitel „X. Phänomenologie in den Regionen der Wissenschaft: 5. Rechts- und Sozialwissenschaften").

論文集

——KRAWIETZ, WERNER & OTT, WALTER (Hg.): *Formalismus und Phänomenologie im Rechtsdenken der Gegenwart. Festgabe für Alois Troller zum 80. Geburtstag*. Berlin: Duncker & Humblot 1987.

——WÜRTENBERGER, THOMAS (Hg.): *Phänomenologie. Rechtsphilosophie. Jurisprudenz. Festschrift für Gerhart Husserl zum 75. Geburtstag*. Frankfurt a. M.: Klostermann 1969.

ドイツ語圏の諸作

——DÖPFER, UTE: *Die Ontologie der sozialen Rolle als Grundlage strafrechtlicher Entscheidungen*. München: Nomos 1993.

—— ENGISCH, KARL: *Vom Weltbild des Juristen*. Heidelberg: Winter 1950.
—— FECHNER, ERICH: *Rechtsphilosophie*. Tübingen: Mohr 1956.
—— GRÖSCHNER, ROLF: *Dialogik und Jurisprudenz. Die Philosophie des Dialogs als Philosophie der Rechtspraxis*. Tübingen: Mohr Siebeck 1982.
—— HENKE, WILHELM: *Recht und Staat. Grundlagen der Jurisprudenz*. Tübingen: Mohr Siebeck 1988.
—— Ders.: *Ausgewählte Aufsätze. Grundfragen der Jurisprudenz und des öffentlichen Rechts*. Hg. von Rolf Gröschner und Jan Schapp. Tübingen: Mohr Siebeck 1994.
—— KAUFMANN, ARTHUR: *Die ontologische Begründung des Rechts*. Darmstadt: WBG 1965.
—— KUBEŠ, VLADIMÍR: *Ontologie des Rechts*. Berlin: Duncker und Humblot 1986.
—— LINKE, PAUL: „Das Recht der Phänomenologie. Eine Auseinandersetzung mit Th. Elsenhans", in: *Kant-Studien* 21 (1917), 163–221.
—— NEUMANN, ULFRIED: *Rechtsontologie und juristische Argumentation*. Dissertation, München 1978.
—— PAK, UN-ZONG: *Über Rechtsontologie: die ontologische Fragestellung in der neueren deutschen Rechtsphilosophie*. Dissertation, Freiburg (Breisgau) 1978.
—— PESCHKA, VILMOS: *Die Eigenart des Rechts*. Budapest: Akad. Kiadó 1989.
—— RIETZLER, ERWIN: „Apriorisches im Recht", in: *Archiv für Rechts- und Wirtschaftsphilosophie* 17 (1923/24), 264–284.
—— SANDER, FRITZ: „Staat und Recht als Probleme der Phänomenologie und Ontologie", in: *Zeitschrift für öffentliches Recht* 4 (1925), 165–206.
—— SCHAPP, JAN: *Sein und Ort der Rechtsgebilde*. Den Haag: Nijhoff 1968.
—— Ders.: *Das subjektive Recht im Prozeß der Rechtsgewinnung*. Berlin: Duncker und Humblot 1977.
—— Ders.: *Grundfragen der Rechtsgeschäftslehre*. Tübingen: Mohr Siebeck 1986.
—— THYSSEN, J.: „Staat und Recht der Existenzphilosophie", in: *Archiv für Rechts- und Sozialphilosophie* 41 (1954), 1–18.
—— WELZEL, HANS: *Naturrecht und materiale Gerechtigkeit*. Göttingen: Vandenhoeck und Ruprecht 1951.

—— WIENBRUCH, ULRICH: „Der Begriff des Rechts“, in: *Phänomenologische Forschungen* 3 (1976), 88–119.
—— WOLF, ERIK: *Das Recht des Nächsten*. 2. Auflage, Frankfurt a. M.: Klostermann 1966.

英米圏の諸作，翻訳

—— AMSELEK, PAUL: “The phenomenological Description of Law”, in: Natanson Maurice A. (Hg.): *Phenomenology and the Social Sciences*. Bd. 2. Evanston IL: Northwestern University Press 1973, 367–350. [Engl. Übersetzung von Amselek 1972, siehe unten]
—— COSSIO, CARLOS: “Phenomenology of the Decision”, in: *Latin-American Legal Philosophy*. Trans. Gordon Ireland. Cambridge MA: Harvard University Press 1948, 343–400.
—— FRANKLIN, MITCHELL: “The Mandarinism of Phenomenological Philosophy of Law”, in: Natanson Maurice A. (Hg.): *Phenomenology and the Social Sciences*. Bd. 2. Evanston IL: Northwestern University Press 1973, 451–571.
—— FRIEDMAN, WOLFGANG: “Phenomenology and Legal Science”, in: Natanson Maurice A. (Hg.): *Phenomenology and the Social Sciences*. Bd. 2. Evanston IL: Northwestern University Press 1973, 343–366.
—— PAULSON, STANLEY L.: “Remarks on the Concept of Norm”, in: *Journal of the British Society for Phenomenology* 21 (1990), 3–13.
—— SALTER, MICHAEL: “Towards a Phenomenology of Legal Thinking”, in: *Journal of the British Society for Phenomenology* 23 (1992), 167–182.
—— ZAIBERT, LEO & SMITH, BARRY: “The Varieties of Normativity: An Essay on Social Ontology”, in: Savas L. Tsohatzidis (Hg.): *Intentional Acts and Institutional Facts: Essays on John Searle’s Social Ontology*, Dordrecht: Springer 2007, 57–175.

フランス語圏の著作

—— AMSELEK, PAUL (Hg.): « La phénoménologie et le droit », in : *Archives de Philosophie du droit* (1972), 185–259.

—— Ders. (Hg.):Controverses autour l'ontologie du droit. Paris: Presses Univ. de France 1989.
—— BRIMO, ALBERT: « L'existentialisme et le fondement du Droit », in: *Mélanges en l'honneur de Gilbert Gidel*. Paris: Librairie Sirey 1961, 79–89.
—— CHENOT, BERNARD: « L'Existentialisme et le Droit », in: *Revue Française de Science Politique* 3/1 (1953), 57–68.
—— DONIUS, CHARLES: « Existentialisme, Phénoménologie et Philosophie », in: *Archives de Philosophie du droit* (1957), 221–231.
—— GARDIES, JEAN-LUC: « Le droit, l'a priori, l'imaginaire et l'expérience », in: *Archives de Philosophie du droit* (1962), 171–197.
—— Ders.: « La philosophie du droit d'Adolf Reinach », in: *Archives de Philosophie du droit* (1965), 17–32.
—— KALINOWSKI, GEORGES: « La logique des normes d'Edmund Husserl », in : *Archives de Philosophie du droit* (1965), 107–110.
—— Ders.: « La logique des valeurs d'Edmund Husserl », in : *Archives de Philosophie du droit* (1968), 267–282.
—— Ders.: *La logique des normes*. Paris: Presses Univ. de France 1972 (Dt. Übersetzung: *Einführung in die Normenlogik*. Frankfurt a. M.: Athenäum 1972).
—— MAESSCHALCK, MARC: *Normes et contextes*. Hildesheim: Olms 2001.
—— PALLARD, HENRI: « La Phénoménologie et le droit: Méthode et théorie en philosophie du droit » ("Phenomenology and Law: Method and Theory in Philosophy of Law"), *in: Revue de la Recherche Juridique, Droit Prospectif* 13 (1988), 677–727.
—— POULANTZAS, NICOS: « Note sur la phénoménologie et l'existentialisme juridique », in : *Archives de Philosophie du droit* (1963), 213–235.
—— Ders.: « Sarte et le droit », in : *Archives de Philosophie du droit* (1965), 83–106.
—— Ders.: *Nature des choses et droit. Essai sur la dialectique du fait et de la valeur*. Paris: Librairie générale de droit et de jurisprudence 1965.

スペイン・ラテンアメリカ圏の著作

—— ALBERT MARQUEZ, MARTA: *Derecho y valor. Una filosofia juridica fenomenologica*. Madrid: Ediciones Encuentro 2004.

—— CONTRERAS AGUIRRE, SEBASTIÁN ANTONIO: “Fenomenología Jurídica y Derecho Natural. Iusnaturalismo clásico y doctrina apriórica del derecho”, in: *Revista de Filosofía* 21 (2008), 57–75. Internet: http://www.revistadefilosofia.com/21–06.pdf

—— LEGAZ Y LACAMBRA, LUIS: *Introducción a la ciencia del derecho*. Barcelona: Bosch 1943.

—— VILANOVA, JOSE M.: *Filosofía del derecho y fenomenología existencial*. Buenos Aires: Cooperadora de Derecho y Ciencias Sociales 1973.

イタリア語圏の著作

—— AVITABILE, LUISA: *Per una fenomenologia del diritto nell'opera di Edith Stein*. Roma: Nuova Cultura 2006.

—— BOBBIO, NORBERTO: *L'indirizzo fenomenologico della filosofia sociale e giuridica*. Turin: Pr. l'Istituto Giuridico della R. Univ. 1943.

—— COTTA, SERGIO: *Il diritto nell'esistenza: linee di ontofenomenologica giuridica*. Milano: Giuffrè 1991.

—— STELLA, GIULIANA: *I giuristi di Husserl: l'interpretazione fenomenologica del diritto*. Milano: Giuffrè 1990.

第三章　法現象学――結論と展望

　二十世紀にはさまざまな法現象学が展開されたが、そこにはある明白な変化が見てとれる。われわれはそこから、この理論伝統の将来的な展開可能性、継承可能性に関する問いに結論を出すことができる。そのためには、ここで改めて基本的な性格づけを試みなければならない。諸々の法現象学に一つの共通点を見出すことができないのは確かであるとしても、一つだけ特徴的なことがある。それは、法現象学が法哲学の主流、それも多様ではあるが、それらとは異なっていることである。それはなぜだろうか。

　(一)まず初めに指摘できることは、法現象学が、形相的－実在論的、あるいは超越論的ないし他者倫理的変容態において理解されるにしても、世界とその現象の見方について基本的に異なる方法から始めていることである。その点で法もまた新たに見えてくる。(いくつかの例で強調されていたように)これは法的あるいは特殊法哲学的な主題が無視されたということではない。従来の法哲学の構想にはいずれもこのような方法に当てはまるものがない。法現象学は従来の法哲学に代わって新しく、これまでとは異なる仕方で「法」を主題化する方法を開いたのである。例えば、社会的作用、実存的意味構造、社会的形象、選択的で排他的な秩序といったものとして。そこでは、古典的法哲学の限界が意識的に乗り越えられ、新たな結びつきが構成され、これまでと異なるコンテクストと見方が追求された。それらはもちろん実証されなければならないが、それが実証されるのは、確立された基準を満たすだけでなく、目の前にある現象の理解とその背後に遡行することが実証することだと理解する場合である。これまでの主流の法哲学がテーマを自ら設定してきた議論と法現象学的な議論が容易に結びつかなかった理由の一つがここにある。他方では次のように反論されるかもしれない。討議理論やシステム理論、マルクス主義や実証主義であれ、たいていの哲学理論は特定の見方を変え、深め、そのことで初めて見えてくる構造を見えるようにするものであるから、現象学の出発点がそれほど特異なものではない、と。だが特異であるのはただ、第一に現象学が法哲学において「確立された」自明な世界の見方ではないこと、第二に、その方法的準則が、その方法を現象にかぶせるのではなく、逆に現象する状況それ自身から方法を獲得するという点にある。現象学においては、対象と方法が理念的に一致する。さらなる発展のために決定的な点は、法現象学者たちが将来、法現象（あるいは複数の法現象）として何を理解するか、すなわち彼らが考察を始める場であるということになる。私は、複数ありうる法現象学に関してこの点を意識的に開いたままにしておきたい。しかし、法の現実、法学、既存の法理論、法実務との関係をどのように捉え、画定しているかは明らかでなければならない（この点についての発見的試みは本書第一部第三章第三節に見ることができる）。こうした基準に従って、そうした理論を評価することができなければならない。

（二）前述のことは、法現象学が強い哲学的志向を持っていることを含意している（他の法理論ももちろんそうであるが）。その傾向性は、認識論的、存在論的（形相的）な哲学および、あるいは実存的な感覚に関わる特徴を持つと言える。少なくとも〔共通して見られるのは〕「規範的な」方向性であるが、それは特にこの言葉が分析哲学や討議倫理の文脈で用いられるような観点においてである。だが、これは、しばしば分析的な側面で誤解が見られるのだが、現象学は、（単に「そのように感じられる」ものとして）記述する方法ではない。そのような方法に基づいてなされるような規範的－論争的考察もはや「現象学的」ではありえない。それとは全く逆に、すでに見たように、現象学はすでに初めから規範的な問いに関わっている。現象学はつねに現象の論理に専心しており、現象そのものに基づいて存在と当為の二元論の彼方にある要求の次元を獲得しようとしている。たとえそれが、本質直感（その他の点では「討議」以上でも以下でもないとみなされるはずの「本質」や「構造」）によるものであるとしても、あるいはフッサールにおいてすでにそうであったが、ハイデガーやレヴィナス、ヴァルデンフェルスらにおいてより強く見られるように、経験上実存的に私に迫ってくる要求がテーマとなっているとしても。現象学において規範的なものが考察される仕方は、「討議」や「コミュニケーション的行為」によって一つの謎を解決しようとするものとは異なる。現象学には確かに一貫して承認し合う共同体の思考があるが、第一次的なのはつねに一人称のパースペクティヴであり、経験の次元、人格概念である。新しい法現象学では、つねに秩序を破りうるような、それゆえ私の「解答」を繰り返し問い返させるラディカルな他者の要求がある。ここから、法もまた当然違った仕方で考えられる。

　このことは、まさに問われていることそのものであろう。近年ドイツで要求されてきたのは、『二十一世紀の法哲学（*Rechtsphilosophie im 21. Jahrhundert*）』（2008）のためにに新たな理論をもって立ち向かうことだけではない[1]。「社会的構造変化」[2]に基づいて、すなわち、今日的な要求の下で伝統的な法概念が時代遅れに

（1）エリック・ヒルゲンドルフの論文「今日のドイツの法律家たちによる基礎的探求の状況（„Zur Lage der juristischen Grundlagenforschung in Deutschland heute“ in dem Band *Rechtsphilosophie im 21. Jahrhundert*, 2008)」（Eric Hilgendorf 2008,

なっているという現実に基づいた「理論が突然求められた」と診断されたこともある（Buckel/Christensen/Fischer-Lescano 2009, XII参照）。その点で法現象学も、その他者‐思考を生産的に定着させることが求められている。この『新たな法理論』（2009）では「法的な理論生産の急増」が注目され、これまでにない新しい方向性を示す多くの理論モデルが提示されている。それは、批判的法学研究、新唯物論的法理論、フェミニズム法理論、精神分析的法理論、法の神経理論、フーコー、ブルデュー、アガンベン、ダヴィドソン、ブランドンらの法概念である。このリストに法現象学はないが、独自の接近方法としても、またそこであげられている流れのいくつかのものとの結びつきにおいても、法現象学は法律家や法哲学者を刺激しうるし、現実に即したものである点でも申し分のないものである。それについては、本書第二部第二章第三節の「人権の現象学、他者性、応答性、正義」をテーマとした現象学が、グローバル化した世界の間文化的要求だけでなく、システムを超える、見えない構造メカニズムを提起している。それは、秩序を生み出すものであると同時にわれわれの生活世界的経験の次元に広がるとともに浸透しているようなメカニズムである。

本書では法現象学の主題領域を歴史的、体系的に明らかにしてきたが、それは法現象学のさまざまな立場の多くにとって「特徴的なもの」と言える。[3] それゆえ、その領域は法思想の現代的文脈においても全く重要なものでありうる。

（一）主観性、間主観性、一人称のパースペクティヴ　法がまさに「システム」であり、つねに「生きられた」法であって、その経験されてあることがテーマ化されうるし、されなければならないということが、現象学の基本的直観である。ケルゼンの弟子に至るまで、法現象学者にとってはつねに間・主観性（あるいは現存在）と法との関係が問題である。たとえそれが社会的作用であっても、認識する法律家であっても、人格的関与であっても、として存在、主観的な感覚あるいは創造的表現であっても、つねに強調されているのは、（間）主観的な条件づけであり、法が生きられていることである。主観性の立場、あるいは一人称のパースペクティヴが現象学の領域として特徴づけられるが、その理由は、現象学が認識論的に再

114）では次のように書かれている。「一九九〇年代以降のドイツ法理論の恒常的な様相は不毛な形式化、スコラ化、主題の貧困化が見られるが、それは法哲学の危機を象徴するものであり、ドイツにおける法律家たちの基礎的探求の全体に及んでいる」と。彼によれば、最近の特徴は、そこに変化が生じるかもしれないということである。潜在的に新たな議論の領域として成立するきっかけとなると彼が考えるのは、新しい生科学、経済と法との関係、グローバル化、文化的多元化、宗教的多元化、宗教批判、刑法から安全保障法への発展、自然法論のルネッサンス、討議理論と法の学問論である。これらのテーマのいくつかにおいては、現象学的な思考や批判の可能性の活性化が期待できる。「新たな法哲学」に対するさらなる診断と提案もこの情報豊かな論文集には見られる。だが、この本は、（二〇〇九年の『新たな法理論（*Neue Theorien des Rechts*）』と比べると）「すでに確立した議論」の事例を取り上げたものに留まっている。

（2）「この社会的変化は、大きく言えば、国内産業社会からグローバルな生産ネットワークへの変化として記述できる。具体的に二つの領域について言えば、その一つは、法という大きなテクスト（Hypertext）内部でますます増大する情報を簡単に結びつける作業が増加することで、法内部の断片化が可視化されるという新しいメディア装置である。もう一つは、グローバル化によって、法もまたその規制範囲と限界の急速な変革をもたらす力に巻き込まれていることがあげられる」（前掲）。

（3）私はこれについては序論（第一部第一章第三節）で述べたが、そこでは「法現象学」の場合について、法学を単に助けるだけでなく、現象学に固有の把握力を与える場合から出発した。F・カウフマンとF・シュライアーは、それゆえその後に述べた特徴についてはある種の例外である。

現されないパースペクティヴを学問的に「厳密な」方法で解明するための正確な（記述）方法を発展させたからである。こうして主観性ないし間主観性にとって法を理解するための意味構造が大きな連関の中で新しく貫徹され、あるいはその意味がいかにして、どこで、なぜ成立しないのか、法がいかにして経験世界から遠ざかるか、逆に法の他者がいかにして法的なものの関与を免れるのかが詳しく提示される。結局、現象学は説得的な間主観性の理論であり、一つの固定的な人類学的概念を前提することなく、妥当性問題および責任問題をテーマ化することができる。この第一人称のパースペクティヴは、つねに意味の歴史性に対しても、他者の計算不可能性に対しても開かれている。これは、古典的な法理解と正義理解の試金石となる。

（二）経験と現象への接近　すでに述べたように、何が「法」という現象を作り出すのかという問いそれ自身が、なされるべき現象学の基本的な作業であり、法がそれによって現在に「現れる」（あるいは免れる）変化した諸条件を反省するとともに、批判的に発展させる作業である。そこにはある種の強い方法的定位の変化があった。一義的な「前所与性」に代わって、われわれは「野生の意味」という多義的な構造を見出し、秩序の発生に関する問いを発する。本質を直観する代わりに、われわれはわれわれに責任を問う他者の要求を聞く。法は断片化した現象として現れ、諸々の可能性を背景にもつ利用対象として現れ、包摂と排除の秩序が経験されるものとして現れ、また正義が生まれる可能性として現れる。法がそこに向けて答える「事象それ自体」の内には何があるのか。法が答えうるものと答ええないものとは何か。それ自身変化する現象である法に、それがわれわれの世界に現れる通りに接近する道を示すのは、発生的な意味構造、具体的な経験世界、抽象的な法形式、機能する諸システムに関する広範な分析領域に向かう新たな法現象学である。

（三）（生活）世界、意味、実存　法的生活（および法意識）を包括的に主題化する際に現象学が強みを持つことは、フッサールがすでに暗示していた。彼が現象学によって作り出そうとしていたのは、生活世界に関する一つの学問であって、他の特定の学問のためではなかった。それが示唆しているのは、現象学の「優位さ」ではなく、純粋に現象学的な問題設定を仕上げることの必要性であるはずである。法的現象から一つの理解を引き出す潜在力がそこにある。その理解とは、法学の内部で汲み尽くされるものではなく、人間全体の「法的意味」を問うものである。それは、法の「外部」と「内部」の間、あるいはありうる動揺の間に関する問いであり、権利（das Recht）や法律に関わるもの（das Juridisch）、あるいは（さまざまな意味次元として理解される）法的なものがわれわれに対してどのように実存的に迫ってくるか、あるいは迫ってくるに違いないかということに関する批判的な反省である。アルフレート・シュッツは、この点に関して、われわれの社会的世界を構成する「主観的意味」による複雑な絡み合いと産物を指摘している。メルロ゠ポンティが提示しているのは、創造的表現のさらに広い領域である。さまざまな法現象学の立場は、こうした理由から、決して純粋な言語分析に留まるものではなく、社会的なもの（それゆえ法的なもの）の諸次元、つねに身体性、知覚、そして初めて表現にもたらされるような経験の諸次元を反省する。

最後に、学際性に関する批判的な理解についてもう一度触れておきたい。私の考えでは、そうした批判的理解は、少なくとも単に共同すること（およびそれによる効率性）を推奨するだけのものよりは生産的である。法現象学は、従来、法学の解釈学的領域や法的議論にはあまり役立たないとされてきた。むしろ、法に関する哲学的省察としての高みに達したのだと。このような評価は変わりうるはずだが、たとえ変わらないとしても支持されるべきであろう。なぜなら、法に関する哲学的－批判的省察はつねに重要であったが、今日では一層その重要性が増しているからである。法現象学のなしうること、どこに向かって展開されてきたかという点について、本書は明確にするように努めてきた。すなわち、法現象学は、法経験、間主観性と生活世界、他者性、意味創設および意味の出現、秩序の発生、違反への注目、妥当性構造の分析、操作的手続き、沈殿と慣習化などに関する理論でありうる。したがって、これとは別の批判的観点からなされる法に対する反省は、今後なされうる一つの可能性であることも確かである。

監訳者あとがき

本書は、Sophie Loidlt, *Einführung in die Rechtsphänomenologie*, Mohr Siebeck, 2010の全訳である。著者ロイドルトは、一九八〇年生まれというからまだ四〇代の若い現象学者である。現在は、Die Technische Universität Darmstadtの哲学教授であり、そのHPの自己紹介によると、主要な研究領域は現象学、政治哲学、法哲学、倫理学、心の哲学、フェミニスト哲学、ジェンダー研究である。自分は「法学者」ではないと断った上で本書は書かれているが、法や法学の現実的な働きについても各所で示唆的な言及が見られる。

本書の特徴として最初に目につくのは、"Phänomenologie des Rechts"ではなく、"Rechtsphänomenologie"であるという点である。前者（法の現象学）であれば、法という対象の存在をあらかじめ前提しておいてその対象認識のための方法として現象学を利用するというように理解されるであろう。これに対して、後者（法現象学）は、対象と認識の二元論を拒否して両者の相互関係としての「事象」を扱うフッサール現象学に即して「法現象」にアプローチするものである。

現象学を法の世界に生かそうとする試みは日本にもあったのだが、少なくとも戦後においてはほとんど関心を持たれなくなっていた。それは、現象学の超越論的展開によって現実の社会とはある種の疎隔が生じると考えられること、およびフッサール現象学の多様な展開によって「現象学とは何か」ということ自体が議論の的となっているからであろう。そうした中で、本書は、さまざまな著作を通して、多様な展開を見せる法現象学を体系的に分類して提示しようとする大変意欲的な労作である。各章のタイトルに掲げられて詳しく扱われている主要な「法現象学者」は二六名にのぼり、その周辺の人も加えればさらに多数となる。

ロイドルト自身も述べているように、法学や法哲学の領域では現象学に関する関心はあまり高くない。というより、法学と現象学とは相性がよくない、と言った方が適切であろう。また、少なくとも私の周囲の現象学者の中では、倫理に関する議論はしても法に関心を示す者はほとんどなかった。ところが、最初に声をかけて共訳を引き受けてくれた若き（原著者と同年代の）現象学者たち（八重樫氏と植村氏）は、法や社会の問題にも関心を寄せていて、正直なところ私としては当初嬉しい驚きであった。この二人とは日本現象学会の席で顔を合わせる機会が何度かあったのだが、本書のことが話題に上るまで、私の不勉強ゆえ彼らの仕事についてはほとんど何も知らなかった。両者に紹介された鈴木氏も、この二人とともにすでにフッサールに関する立派な業績を残されているが、彼らの著作についても今回の翻訳作業を通じて初めて知ったような次第である。その後、日本現象学・社会科学会を通じて以前から面識のあった社会学者の木村氏にも加わって頂き、最後に私と同じ日本法哲学会のメンバーである宮田氏にも加わってもらった。

本書の特徴と意義について解説するためには、私自身の関心に沿って述べるのが適切ではないか、しかもそれしかできないと考え、それをもってあとがきとしたい。本書は、その目次を見ればすぐに分かるように、フッサール現象学から始まって現代の思想、しかも普通は現象学者とはみなされていない人々の著作まで実に多様な思想を扱い、それらを現象学の系譜に属するものとして「体系化」しようとしている。

私もここで扱われている著作にこれまでそれなりに取り組んできたが、このような「力技」には大変驚かされた。それぞれの著作の問題点に気づいてしまうと、それ以上踏み込んで追究することなく別のものに移行してきた私としては、それら異なる特徴を持つものを体系的に「総括する」という発想がなかったからである。言い換えれば、私には思想史的関心が薄かったのだが、本書では現象学をめぐる思想史の展開を概観することができる。そうした点で本書は、私にはないねばり強い思考力を示していると言えよう。

一　法学と現象学

「法哲学」を含む広い意味での「法学」にとって現象学が疎遠に見えるのは、まず第一に、現象学が一人称の哲学、独我論的思想と思われているからであろう。法と言えば、普通は社会全体や人一般を法（権利）主体とし、また対象としているからである。また、日本語文献だけを見ても「現象学とは何か」という類の著書が多数出版されていて、それぞれ焦点の当て方が異なるため、現象学そのものが捉えにくいという点も影響しているであろう。しかし、考えて見れば、法や法学にしても、人によってその捉え方は千差万別と言ってよいほどに多様である。実際、私が若い頃に目にした「法とは社会統制の技術である」という断定調の定義には、驚きと同時に怒りのようなものを感じたものである。これでは単に「法治主義」の立場を表明しているに過ぎず、「法の支配」原理に反するもののように思えた。また、私が研究を始めた七〇年代の法哲学会では分析哲学的議論が出始めた頃であるが、（私の関心に基づく偏見によれば）自然法論と法実証主義の対立が主な議論の対象であり、両者による法の捉え方には一八〇度近い隔たりがあった。ただ、当時の私には、両者の共通点として、自然法にせよ実定法にせよ、その認識対象が厳然と「存在」

しているものとして扱っているように思われた。法とは、そのような客観的「存在」なのだろうかという疑問が、両者への違和感を引き起こした。

「社会統制の技術」という先の定義も、「社会」なるものを客観的な統制対象として前提しているように思われた。とすると、統制する「主体」とは一体何なのか。おそらく、この問いに対して一般的には「人間」と答えられるであろう。しかし、人間と社会を主体‐客体関係で捉えることができるのか。古くから「人間は社会的動物」と言われるように、人間は社会に内属したものであるため、われわれが社会を外部から俯瞰的に捉えることはできないのではないか。人間と自然を対立的に捉えるのが西洋近代哲学の主流であろうが、見方を変えれば人間も自然の一部である。自然や社会をそこから離れて客観的に見る視点とは一体どこから得られるのか。このような問題意識を抱える中で最初に出会ったのは、サルトルやハイデガーの実存思想であった。「法とは何か」という仕方で法の「本質」を追求してきたように見える「法哲学」において、「実存は本質に先立つ」というサルトルの言葉や人間を「世界‐内‐存在」と規定するハイデガーは大変刺激的で説得力のあるものに思われた。彼らにそのように言わしめた基盤にフッサールの現象学がある。本書でもフッサール現象学が中心的に扱われているが、ハイデガーやメルロ＝ポンティの哲学に基づく「法現象学」も扱われている。

「法哲学」的関心を持つ者は、多かれ少なかれ既存の「法学」に飽き足らず、そこに何らかの学問的問題を抱くからこそ法を「哲学」しようとするのであろう。ところが、従来の法学教育によって、個々人の関係を権利義務関係で捉える近代法学の枠組みに親しんでしまうと、それに漠然とした疑問を抱いたとしても、無意識的にその枠組みに囚われてしまうものである。まして、近代の社会契約論的な意味でのリベラルな思想に馴染むと、個人が先行して、その間の合意によって社会や法規範が成立するという発想を抜け出ることは難しい。そうした点からも、「事象そのものへ」という標語の下、認識主体と認識対象の相互依存関係に定位しつつ「厳密学」を志向する現象学には大きな魅力があった。

大まかに言って、西洋法哲学には中世の自然法論から近代的法実証主義への移行があった。世界を超越する神と神によって支配される世界という「形而上学的二元論」に基づくのが自然法論であり、神の超越が人間の認識能力の事物からの超越に置き換えられることによって法実証主義が生まれたとするのがケルゼンの見方(「自然法論と法実証主義の哲学的基礎」一九二八、邦訳『自然法論と法実証主義』木鐸社、一九七三、所収)であった。彼は自らの立場を「認識批判的二元論」と呼び、物理学における「力」や心理学における「心」の概念は主観が対象を構成して法則性を導き出すための操作概念、擬人化に過ぎず、比喩的表現を好むわれわれの頭脳が生み出した修辞学的技巧に過ぎないとしてその実体性を否定する。法学においてもこれと同様に、国家や主権者の実体的存在性を否定し、法秩序から切り離された本質的実体としての国家をその領域から追い出さねばならないと言う(『社会学的国家概念と法学的国家概念』一九二八、晃洋書房、二〇〇一)。

ケルゼンの「純粋法学」はフッサール現象学ともある種の接点はある(本書第二部第一章第二節第一項)のだが、このような「認識批判的二元論」に対して、フッサールは当初から、「感性的直観から完全に切り離された(超越的)純粋思惟といったカント的理念は、認識の本質的成素を根本的に分析する以前の段階でのみ想定される」として、感性的直観に基づけられた「カテゴリー的直観」の概念を導入している(『論理学研究4』一九〇一、みすず書房、一九七六)。こうして、フッサールは、カントの認識批判を評価しつつも、いわばその不徹底さを批判し、一方的に意識が対象を構成するのではなく、自我と世界が互いに他を構成し合うことを「志向性」概念で捉える。これを基点として、フッサール現象学はその後、どんな志向的体験にも「カテゴリー的直観」に伴う意味的志向作用としてのノエシスとそれに対応する多様な志向対象としてのノエマの分析から、「カテゴリー的直観」における空間的・時間的秩序形成の原点として機能する「身体」の持つ重要な意味の発見、晩年の「生活世界」論へと展開していく。

こうした意味で、現象学は、形而上学的二元論とも認識批判的二元論とも異なる次元を開いていった。したがって、現象学は、神的視点や純粋自我といった超越的観点から法の成立や正当性の根拠を見出そうとした従来の法哲学とは異なる地平を開いたと言えよう。デカルト哲学の徹底化ともみなされるフッサール現象学については、とかく「方法論的独我論」であるとか、その志向性論は単なる「表象論」「現象論」に過ぎない、抽象的で実践的次元を欠いた理論プロジェクトであるとする理解がされてきた面がある。こうした理解を導いた一人に認知科学者のH・ドレイファスがいるが、この理解は全面的に誤りだとするのは、同じ認知学者のエヴァン・トンプソン（Evan Thompson, *Mind in Life*, Harvard Univ. Pr. 2007, p. 16–36）である。

二　法の現象学と法現象学

その点で重要な指摘が本書（一八七頁＝原著109）に見られる。それは、シュピーゲルベルグが一九二四／二五年にフッサールから受けたというアドバイスである。その証言によれば、フッサールは彼にアドルフ・ライナッハを参照するように助言すると同時に、ライナッハの法存在論とは別の「法意識の現象学」を素描してくれたという。現象学は時に便利な「方法」であって、あらゆる対象に適用可能だと見られることがある。だが、上で見たように、主観と客観、認識と対象、形相と質料といった二元論を徹底的に批判するのが現象学の真骨頂であるとすれば、法という「対象」を捉えるために適用される「方法」として現象学を捉えるのでは、十分な「法現象学」とは言えず、「法の現象学」になってしまう。

確かに「法」について何のイメージも持てない人はいないと思われるが、改めて「法とは何か」と問われると、簡単には答えられず、答えられたとしてもその答えは千差万別で一義的な答えは今もないというのが実態であろう。すでにあげた自然法論と法実証主義の対立の他にも概念法学や純粋法学、歴史法学に利益法学、目的法学等々、法学者の間にも学派の違いがあり、大陸法系と英米法系など、地域によっても法の捉え方には大きな差がある。このような違いが生まれるのは、それぞれの時代、それぞれの地域によってすでに対象化して捉えられたもの、あるいはそれぞれの価値論的立場から「これが法だ」とされるものの違いによると思われる。

そうした違いを認めた上で、法「現象」一般の「本質」を明らかにしようとした試みの一つに『法の現象学』(*Esquisse d'une phénoménologie du droit*, Gallimard 1981, 法政大学出版局、一九九六)がある。それは、モスクワ生まれの哲学者で、ロシア革命を契機にドイツに亡命した後、フランスでヘーゲル研究に従事したアレクサンドル・コジェーヴの作品である。これは本書でも言及されているが、フッサールの現象学的方法とは異なるとして「法現象学」としては扱われていない。ロイドルトは、フッサール現象学とは異なるというだけで、具体的に何が違うのかについて詳しくは述べていないが、この違いはかなり重要な論点を含んでいる。コジェーヴによれば、「法の完全な分析は、『現象学的』であるだけでなく、『形而上学的』で『存在論的』でもなければならない」(p. 17, 邦訳一一頁)。「『法』の本質とは、二人の人間存在AとBの間に相互作用があり、第三の人間存在である公平無私のCがそれに介入するとき、この介入のなかで、かつそれにより『法』の現実存在として実現され、『法』現象として開示される本体である」(p. 26, 邦訳二一頁)。この観点から、憲法や国際法と呼ばれるものは、二つの本体間の関係、相互関係が存在しないため、あるいは第三者およびその介入という観念を排除するものであるため、真正な法的意味での法（loi juridique）ではなく、せいぜい政治的な法（loi politique）でしかないとされる（§57, 58参照）。

コジェーヴの「現象学」は、法的現象（phénomène juridique）が人間のなかに生まれる様相を明らかにしようとするものであるが、自ら述べているように、その際に基本とされるのはヘーゲル哲学の原理であり、闘争・相互承認・労働がキータームとなっている。したがって、同書の訳者が後書きで述べているように、コジェーヴの「現象学」は、マルクスを経た目でコジェーヴ独自の視点で捉え直されたヘーゲル哲学（精神現象学）と見ることができる。実際、「本質はその顕在化によって規定される。そして潜在力はその顕在化行為の力としてのみ規定される。したがって、国家法こそが法の体系の統一を規定し、所与の実定法の性格を決定する」（p. 338f., 邦訳四〇一頁）といった捉え方は、理念的なものと現実的なものの一致を語るヘーゲルを彷彿とさせる。国家法のみが現実の法であるとしながら、彼はヘーゲルが明確にしていなかった主人と主人の間の相互承認関係を法学的な法（顕在的法）と政治的な法（潜在的法）との統合として捉え、次のように述べている。「人類が普遍的・等質的（universel et homogène）に組織されない限りは、いつも家族・経済・宗教その他の非政治的グループがあり、それらはさまざまに枝分かれし、さらには両立できない『特殊』利益を持っていて、これらの利益ゆえに相互に闘争する」（p. 404, 邦訳四七三頁）と。「普遍的で等質的な国家」とは「社会主義帝国（Empirie Socialiste）」のことであり、「この国家は、統治者と被統治者の関係、一切の政治的利害関係を持たないがゆえに、法的第三者の役割を果たし続けることができる」（p. 579–580, 邦訳六六五頁）。こうした社会主義的統合に進むのが歴史的進化であり、「身分と契約の弁証法は普遍的で等質的な国家とともに歴史の終焉に到達し、決定的総合（synthèse définitive）に至る」（p. 586, 邦訳六七三頁）とされる。このような国家の理想的最終形態を可能にするものを政治的、経済的利害を離れた第三者的な機能を果たす法に見る目的論的な見方には、フッサールの語る「愛の共同体」に近いものがあるのかもしれない。ただ、フッサールの「愛の共同体」における紐帯は統合された「法」存在ではなく、哲学的反省知であり、それが具体的に実現されるとはみなしてはいないように思われる。というのも、フッサール現象学においては、還元という方法において対象的存在の一般定立はつねに括弧に入れられるからである（この点について詳しくは本書第二部予備的考察参照）。

「顕在的な法は国家法である」としながら、「国家法が顕在化するとは、国家法の複数性を除去し、国際化することである」（§54）、「訴訟法は真の法ではない」（§60）など、コジェーヴによる個々の分析にはさらに検討すべき興味深い示唆が見られる。しかし、その基本的な立場はヘーゲル的存在論に立脚している点で、フッサール現象学とは根本的に異なるものがある。彼の場合は、顕在的法と潜在的法、真正の法と疑似的法など、現行法として用いられている「実定法」をさまざまな法類型に区分けした上で、歴史的進化の内で実現されるべき最終類型を提示することに力点があるように思われる。

このように、（ヘーゲル＝マルクス的）「法の現象学」においては、理念と現実、意識と対象の弁証法的総合によって具体化されうる現実あるいは社会の全体を統合しうるものとして法が捉えられるのに対して、（フッサール的）「法現象学」においては、法は間主観的に構成される領域的なものであり、つねに「法外なもの」が残されると言えよう。ロイドルトが最後の展望で述べているように、現象学最大の特徴は、方法を現象に被せるのではなく、現象する状況から方法を獲得することにある。そのため、現象学が追求する規範性は、現象そのものに基づき、存在と当為の彼方にある要求の次元、ラディカルな他者の要求であり、その要求を聴くために必要なのは他者の計算不可能性にも開かれた一人称のパースペクティヴである。こうしたフッサールの基本的な立場がその後の現象学者たちによって、法や社会に関してどのように展開されてきたのかについては、本書各章に当たってもらうほかない。

三 「法現象学」の体系

現象学は、その創始者であるフッサール自身においてもいくつかの発展段階があるとされ、その中で重点の移動がある。それをごく大雑把に言えば、次のような展開があった。論理的、理念的なものの客観性を、人間の意識が勝手に作り出したものという心理学的な説明ではない仕方で解明することを主眼とした「本質現象学」ないし「純粋現象学」から、客観的世界という超越が成り立つ仕方、意識と世界を媒介する志向性を構成する機能を解明しようとする「超越論的現象学」ないし「徹底化されたデカルト主義」へ、そこからさらに他者の志向性や時間意識の分析から生まれる「間主観性の現象学」ないし「発生的現象学」へと展開されてきた。

フッサール現象学に定位しつつ法の領域に向かう「法現象学」も、それぞれが依拠する現象学の局面によって異なることになる。本書は、これら多様な「法現象学」を三つの観点から「体系化(Systematisierung)」することを試みるものであり、それが本書の構成をなすものとされている(第一部第三章)。第一の観点とは、法や法学との関係を基点とするもので、(1)法学を理論的に補完しようとする現象学、(2)法学を法哲学的に根拠づけようとする現象学、(3)法学や実定法を批判的に評価する現象学、(4)法的なものに対して法学を超えた独自の理解を提供する現象学に区分されている。第二の観点は、法現象学を導く意図と方向性であり、(1)現実の法律家という法現象の分析、(2)生活世界というあらゆる人間関係を法に対する接近の基盤に据える方向性、(3)法的関係の本質を示そうとする意図、(4)

上記（1）や（2）のような世界内的な方向性ではなく、法理解の可能性の条件に迫る超越論的な立場、に分類されている。第三の観点は、法現象学の歴史的な展開における微妙な相違を示すとともに、自ら現象学を明示的に援用する狭い意味での「法現象学者」と、一般にそうした括りに入れられないような人々の思想のなかに読み取りうる法現象学的思想とを対比することにある。

「体系化」と言えば、さまざまに異なる諸要素をある特定の視点に立ってそれらを全体の関係のなかに位置づけることであろうが、そうした点で本書が成功しているかどうかは読者の判断に委ねたい。上記三つの「体系化」というのは、それぞれが錯綜していて統一的な視点というのは見えにくい。統一的視点とはもちろん「現象学」に帰着するのであろうが、すでに見たように「現象学」自体に強調点のおき方の違いや歴史的展開過程があるため、「体系化」することは難しいように思われる。

むしろ、本書の目次に沿って、「形相的－実在論的法現象学」、「論理－実証主義的法現象学」、「生活世界的－社会存在論的法現象学」という分類に主眼があると見ることができるであろう。著者自身が述べているように、本書は「それぞれの章が独立に読めるように構成されている」のであって、その重点は法現象学を体系化するというより、第二部第二章の「新たな試み」として取り上げられている諸思想を契機として「法現象学の領域を新たに開拓するための提案」であり、その読み方は読者に委ねられている。そこで第一に想定されている読者は、法学者および法に関心を持つ者と現象学者である。だが、言うまでもなく法は全ての人に関わりがあり、われわれは完全に法と無関係に生きることはできない。また、現象学は、空想的な世界における思考遊戯とみなされるような「哲学」とは異なり、われわれ自身の身体や意識、生活世界（生きる世界）そのものを問題とするものであるから、読者は法学者や現象学者に限定されるものでもないはずである。

フッサール現象学は「作業哲学（Arbeit Philosophie）」とも言われるように、決して完結して閉じた教説のようなものではない。その後の展開は、「現象学運動（phenomenological movement）」とも呼ばれ、"nach Husserl, gegen Husserl"というスローガンに示されるように、フッサールの問題意識を共有しつつも「事象そのもの」に対するアプローチの仕方については批判的な現象学者も少なくない。本書で扱われているライナッハ等「初期現象学派」と呼ばれる人々も、フッサールの問題提起をそれぞれ独自の仕方で受容している。本書が「法現象学の体系化」を目指すとしながら、各章を独立して読むことを勧めている点にも、単なる多様性と言うだけでは言い表せない現象学の特徴が表れている。したがって、本書の読み方は自由であって、それぞれの関心にしたがって読まれればよい。

四　現象学的態度と学問論の問題

今述べたように読み方は自由であるのだが、その際に自覚しておくべき事柄がある。「法現象学」は法に関する理論的アプローチの一つであることに変わりはない。それをどう評価するかはそれぞれの読み手の「態度」に依存する。だが、その態度がいかなるものであるべきかについては自覚的である必要がある。というのも、ある国における現在の法制度や具体的事件の扱い方を考えなければならない立場にある者からすると、法現象学的分析は具体的な問題に対して理論的に何らかの助言を与えてくれるものではないと見られやすいからである。

しかし、そうした実践的な関心において働く法意識、例えば国家制定法だけが法であって、それ以外の政治的、道徳的関心を法的考察に持ち込むべきではないとする法実証主義的態度がいかにして成立しうるのか、こうしたことはつねに実践的な場面でも問題となるはずである。大多数の者に共有される法概念であっても、それに疑問を持つ者、実際にそれに異を唱える者はつねに存在する。特に国家の枠組みが流動化しつつある現在、近代西洋法的な法の埒外に置かれた者（法の他者）にとって、その違和感は放置することのできない現実的かつ喫緊の課題である。

戦後ドイツのラートブルフがナチス時代の法は、正義（平等）を追求する意志も、法的安定性（一貫性）を保持する意図も全く欠いていたため、「悪法」以前に、そもそも「法」とは言えないと述べたことは有名である。彼の想定する法概念からすると、ナチスの法は権力者の恣意的命令に他ならず、法としての本質的契機を全く欠いていたことになる。しかしながら、ナチス時代の法の「全て」が法の本質を欠いていたという断定は言い過ぎであり、逆に現在の民主主義国家における法の全てが、正義と法的安定性、合目的性という（ラートブルフの上げる三つの）法理念の全てを満たしているかと言えば、そのようなことはとうてい言えないであろう。その意味で、いかなる社会にも「法」を装った「不法」ないし「非法」はつねに存在すると見るべきであろう。

あらゆる「存在定立」を括弧入れしようとする現象学的態度は、このような意味で、あらゆる現象に対する批判的、反省的態度を要請していると言えよう。このことは、一般に客観的とされるものについてもその根拠には「他者」による経験可能性が不可欠だとする「間主観性」の理論とも整合的なものである。この場合の「他者」は、反省の中心にある「私」との同等性が前提とされるような「他人」とは異なる。それは「異文化」理解を考える場合に最も理解しやすい「異他性（Fremdheit）」であって、近代的な西洋法概念が前提とするような対等な権利主体にとっての「他者」である。そうした点で、現象学的態度には、真摯な学問的態度に期せられる「徹底性（Radikalität）」が求められよう。

フッサール現象学が、自然的態度と超越論的態度、自然主義的態度と人格主義的態度を区別したことはよく知られている。自然主義的態度とは基本的には自然科学的態度のことであり、その対象は因果性を原理とする「自然」である。一方、人格主義的態度とは、対面する主体との関係に定位するもので、「人格」は単なる自然的事物ではなく「周囲世界（Umwelt）」の主体である。だが、この二つの態度は、いずれも自然的態度である点では共通し、日常生活でも通常の学問においても時間的、空間的現実が私に対してそこにあるという「一般定立」を前提としている。これに対して超越論的態度は、そうした「一般定立」のスイッチを切り、一旦「作用の外におく」ことによって、自然的態度によっては接近できない領域に迫ろうとするものである。その場合、超越論的態度に対応する対象は、他者も含めて自然的態度における「存在者」ではなく「総合的システム（Systeme）」（『デカルト的省察』§55, vgl., Hua. XV, 594）となる。また、主観性が与えられるのは「流れる前受動性においてであって、自己意識が生起する以前のコミュニケーションにおいてである」（Hua., XIII, 17）とされている。

ロイドルトは、「法的現実」に関する別の論文で、彼女が「純粋な現象学者」とみなすライナッハと、「現象学的法実証主義者」とみなすF・カウフマンおよびF・シュライアーとを結びつけることは可能としつつも、その難しさについて次のように述べている。ライナッハは「存在」が「当為」を生み出すこと、「存在」には規範的な実体が備わっていると確信しているのに対して、カウフマンとシュライアーは「包摂」という法的総合すなわちアプリオリな形式からなる解釈図式の内で「当為」が生み出されるとしている点で、「法的現実」に関する捉え方に架橋しがたい相違がある、と。そして、ライナッハが「当為」を生み出す「存在」の典型事例としている「契約」について、それは理念的実体に還元されるものではなく、共通の世界を志向する異なる志向性というわれわれの「間」の次元にあるものとし、生活世界における法の現実とは行為する人間によって創造され主張されるものだと述べている（"Legal Reality and it's A Pripori Foundations – a Question of Acting or Interpretation? Felix Kaufmann, Fritz Schreier and Their Critique of Adolf Reinach" in: Alessandro Salice, Hans Bernard Schmid ed., The phenomenological Social Approach to Social Reality, Springer 2016）。

こうした異なる態度に対応する法現象学がどのようなものになるか、その点についても本書の中である程度明らかにされている。ただ、私の目から見ると、ルーマンの「社会システム理論」が、法学者の視点もその対象としての一般的法主体（意識）をもシステム／環境の相関として捉えようとしている点で最も「法現象学」にふさわしいように思えるのだが、本書でも言及されてはいるものの詳しく論じられていないことは残念である。

五　本訳書の成り立ち

私の記憶が正しければ、私が本書の存在を知ったのは、二〇一八年東京大学（本郷）で行われた日本現象学会の折の休憩時間であった。その前年にも本書の共訳者である八重樫氏と植村氏が尾高朝雄を取り上げる研究報告をされていて、彼らが初期現象学に関心があるということもこの時初めて知った。その際にもすでに本書のことが示唆されていたかも知れない。彼らに紹介された本書を早速取り寄せてみて、その壮大な取り組みに魅せられてしまった。その後翻訳にとりかかる同意が得られ、直接会って打ち合わせをしたいと思っていたのだが、三人の勤め先が離れていたこともあり、時間を合わせることができずにいた矢先にコロナ騒ぎが起こってしまった。そのため、その後はもっぱらメールでのやり取りになった。その後のメンバー加入の経緯はすでに述べた通りで、宮田氏が加わって六名全員が揃ったのは二〇年の夏頃であった。

この頃から割り当てを決めて本格的な翻訳に取りかかり、鈴木氏が作成してくれた共有ファイルの上で担当者同士で組み合わせを作り、原則としてその間で相互に訳文を三回ほどチェックし合う方法をとった。最終的には共有ファイル上で私が取りまとめた第四稿を最終原稿として出版社に渡すことにした。その間、何度かzoomでの会合を持ち、それぞれの意見を基に訳語の統一も図ってきた。監訳者として全体に目を通し、統一に心がけてきたつもりであるが、浩瀚な著作である上に扱っている著作が多様であるため、同一の用語でも使われる文脈が異なり、無理に統一することが憚られる部分もあった。また、第三節の最後に述べた意味から、私としてはできるだけ一般の読者にも分かりやすい日本語を、という思いもあったのだが、それぞれの専門分野で定着している訳語もあり、その分野における思想史の流れに忠実であろうとする共訳者とは見解の分かれる部分もあった。そのため、訳語の統一は人名表記と基本的用語の統一という最低限度にとどめ、基本的には各担当者に任せることとし、専門用語や特殊な意味を含むことばについては私の責任でできるだけ「訳注」をつけるようにした。また、私の判断で修正を加えた部分もある。したがって、最終的な訳語の選択や「訳注」に不備があれば、それは監訳者である私の責任であるが、優れた訳文への賞賛は基本的に各担当者が受けるべきものである。

監訳者としてできるだけ表記や訳語の統一、誤訳の回避に努めたつもりであるが、なお不統一や誤訳が残っていることを恐れている。今回の翻訳作業を通じて改めて痛感させられたのは、「翻訳」の難しさである。特に本書は多言語にわたる文献を扱っているが、基本的にはドイツ語訳が用いられており、著者自身のドイツ語訳が原文と共に提示されている部分が少なくない。今回の日本語訳に当たって、各共訳者はドイツ語以外の原典にも当たっているが、底本としたのは原則として著者によるドイツ語訳である。したがって、この部分の日本語訳は翻訳の翻訳となっている。ドイツ語では、あるいはここで扱われているそれぞれの著作においては明確に区別されるべき用語であっても、そうした区別に正確に対応する日本語が見つけられない場合も少なくない。一例をあげれば、「領域」という同一の訳語が当てられている部分は実は十種類もの原語に対応していて、そのニュアンスは微妙に異なる。研究分野の専門性が高まるほど、これらの用語の違いに敏感であらねばならないところであるが、本書をできるだけ広い範囲の読者に届けたいという趣旨から、一般的な日本語の語感を重視した。これが正しかったか、あるいは成功しているかは分からないが、これも監訳者としての私の責任において行ったことである。

インターネットを使った共同作業というのは確かに便利な点も多いのだが、初めての経験である私にとっては、他の人の原稿にチェックを入れたり外したりといったことがスムーズにできず、そのつど共訳者の手を煩わせてきた。その点で各担当者の協力に感謝するとともに、共有ファイルの作成、管理を引き受けて頂いた鈴木氏には特に謝意を表したい。

本書は、哲学にとっても法学にとってもあまり馴染みのない専門書ということから、出版を引き受けてくれる出版社を探すことにも苦労があった。翻訳を開始した頃からいくつかの出版社に声をかけ、前向きに検討して頂いたところもあったのだが、出版界の厳しい状況を理由に途中で断られたこともある。幸いにも最終的には法政大学出版局で引き受けて頂けることになった。その間、私は、本書は専門家向けのものというより、法学系の人にも哲学的関心を持つ人にもアピールする内容を含んでいるため広い読者層を期待できることを強調してきた。原著者も目指しているように、本書は、法学に馴染みのない現象学者（哲学者）に対して法的な問題の持つ哲学的な意味を通じて現象学の有効性と適切さへのさらなる反省を促すと同時に、現象学に関心を持てない法学者にとっても法的事象を扱う際に現象学的方法が法的思考を深めるのに貢献しうるものと確信する。
本書の構成全体を大きく見れば、戦前の「古典的法現象学」から戦後の「発展・展開型法現象学」へ、そして「二一世紀型法現象学」への展望を提示している。その点で本書は、二十世紀における現象学および法的思考の歴史的展開過程を追ったテクストとして読むことも可能であろう。ともかく、本書が現象学および法学双方に対してさらなる反省の契機を与えることを、原著者とともに願っている。
研究者としてスタートして以来、私が志向してきたのも「法現象学」である。考えてみれば早いもので、すでに四〇年余りが経過してしまった。この領域においてさしたる成果も生み出せていない私が本書の監訳者となることには内心忸怩たる思いもあるのだが、この訳書が読者の思考に新たな刺激を与え、広く「法現象学」への関心を呼び起こすことを期待したい。

最後になってしまったが、厳しい出版事情のなか本訳書の出版、校正をお引き受け頂いた上、担当者のリモート会議にもご参加下さり、貴重なご意見、アドバイスを頂いた法政大学出版局編集部の高橋浩貴氏には共訳者全員を代表して改めて感謝の気持ちを表しておきたい。特に、実に丁寧な校正作業には頭が下がる思いである（若い頃、ある出版社の人に「研究者に校正を任せることはできない」と言われたことを思い出す）。また、現著者ロイドルト氏には、メールを通じた（引用箇所の確認や類似する用語法の相違等に関する）われわれの問合せ、日本語版への序言執筆依頼に対して率直かつ早急に対応して頂いた。この点についても記して謝意を表したい。

二〇二四年十月　青山治城

翻訳分担表

第一部　導入――法現象学とは何か　青山治城

第二部　法現象学の諸々の立場

予備的考察――エトムント・フッサールの現象学における法　八重樫徹

第一章　古典的法現象学

第一節　第一項　アドルフ・ライナッハ「民法のアプリオリな基礎」（一九一三）　同　右

第二項　エディット・シュタイン『国家についての考察』（一九二五）　同　右

第三項　ヴィルヘルム・シャップ『法の新科学』第一巻『現象学研究』（一九三〇）　同　右

第二節　第一項　エトムント・フッサールとハンス・ケルゼン――現象学的論理学と純粋法学　植村玄輝

第二項　フェリックス・カウフマン『論理学と法学――純粋法学体系綱要』（一九二二）と『法の諸規準――法学的方法論の諸原理に関する一考察』（一九二四）　木村正人

第三項　フリッツ・シュライアー『法の基本概念と基本形式――現象学に基づく形式法論と形式国家論の構想』（一九二四）　同　右

第三節　第一項　A　アルフレート・シュッツ　同　右

B　尾高朝雄『社会団体論の基礎づけ』（一九三二）　植村玄輝

第二項　ゲルハルト・フッサール『法の力と法の妥当性』（一九二五）、『法と世界』（一九二九／六四）、『法と時間』（一九五五）　青山治城

第二章　継承と新展開
第一節　第一項　ハイデガーと法現象学――ヴェルナー・マイホーファー『法と存在』（一九五四）　宮田賢人
第二項　シェーラーと法現象学――エアハルト・デニンガー『法人格と連帯――特にマックス・シェーラーの社会理論に注目してなされる法治国家の現象学のための一考察』（一九六七）
第三項　メルロ＝ポンティと法現象学―ウィリアム・ハムリック『法の実存的現象学――メルロ＝ポンティ』（一九八七）　同　右
第二節　第一項　ポール・アムスレク『現象学的方法と法理論』（一九六四）　鈴木崇志
第二項　シモーヌ・ゴヤール＝ファーブル『法の現象学的批判に関する試論』（一九七〇／一九七二）　同　右
第三項　ジャン＝ルイ・ガルディー『道徳と法の合理性についてのアプリオリな基礎』（一九七二）　同　右
第三節　第一項　ハンナ・アーレント――人権の現象学？　同　右
第二項　エマニュエル・レヴィナス――他者の人権　同　右
第三項　ジャック・デリダ――法、正義、脱構築　同　右
第四項　応答性、法学的意味での規範性と秩序――ベルンハルト・ヴァルデンフェルス、ペトラ・ゲーリング　植村玄輝
第四節　第一項　ヘルベルト・シュピーゲルベルグ――実定法、慣習道徳法則、理念法　青山治城
第二項　カルロス・コッシオ――自由と法現象学　同　右
第三項　実存主義的法理論　同　右
第四項　アロア・トローラー――前所与性と法現象学　同　右
第五項　法現象学の領域ないし周辺領域におけるその他の著作と潮流　同　右
第三章　法現象学――結論と展望　同　右

著　者

ソフィー・ロイドルト（Sophie Loidolt）　1980年生まれ。ウィーン大学で哲学を学び、博士号取得。現在、ドイツ・ダルムシュタット工科大学哲学研究所教授。研究領域は現象学、政治哲学、法哲学、倫理学、心の哲学、フェミニスト哲学、ジェンダー研究など。著書 *Phenomenology of Plurality: Hannah Arendt on Political Intersubjectivity*（Routledge, 2018）にてエドワード・グッドウィン・バラード賞受賞。

監訳者

青山治城（あおやま・はるき）　1951年生まれ。筑波大学大学院社会科学研究科博士課程修了、博士（法学）。神田外語大学名誉教授。著書に『なぜ人を殺してはいけないのか――法哲学的思考への誘い』（法律文化社、2013年）、論文に「現象学と法哲学――相互主観性と法的共同体」（法哲学年報、1991年）、「法と政治の現象学――現象学的他者問題から」（現象学年報、2000年）、訳書にG・シュルテ『ルーマン・システム理論何が問題なのか――システム理性批判』（新泉社、2007年）などがある。

訳　者

八重樫徹（やえがし・とおる）　1982年生まれ。東京大学大学院人文社会系研究科基礎文化研究専攻博士課程修了、博士（文学）。現在、宮崎公立大学人文学部准教授。著書に『フッサールにおける価値と実践――善さはいかにして構成されるのか』（水声社、2017年）、共編著に『ワードマップ　現代現象学――経験から始める哲学入門』（新曜社、2017年）などがある。

植村玄輝（うえむら・げんき）　1980年生まれ。慶應義塾大学大学院文学研究科博士課程単位取得退学、博士（哲学）。現在、岡山大学学術研究院社会文化科学学域准教授。著書に『真理・存在・意識――フッサール『論理学研究』を読む』（知泉書館、2017年）、共編著に『ワードマップ　現代現象学――経験から始める哲学入門』（新曜社、2017年）などがある。

木村正人（きむら・まさと）　1976年生まれ。早稲田大学大学院文学研究科社会学専攻満期退学。現在、東洋大学社会学部教授。共著に『知の社会学の可能性』（学文社、2019年）、共訳書にA・シュッツ／T・ルックマン『生活世界の構造』（ちくま学芸文庫、2015年）などがある。

宮田賢人（みやた・けんと）　1991年生まれ。大阪大学大学院法学研究科博士後期課程修了、博士（法学）。現在、小樽商科大学商学部准教授。論文に「「観点」から「態度」へ――ハートの「外的／内的観点」区分の現象学的再考」（『法の理論』42、成文堂、2024年）、「法への現象学的アプローチの課題と可能性――法哲学者の観点から」（『現象学と社会科学』第7号、2024年）などがある。

鈴木崇志（すずき・たかし）　1988年生まれ。京都大学大学院文学研究科思想文化学専攻博士後期課程修了、博士（文学）。現在、立命館大学文学部准教授。著書に『フッサールの他者論から倫理学へ』（勁草書房、2021年）などがある。

《叢書・ウニベルシタス 1166》
法現象学入門

2025年 3 月31日　初版第 1 刷発行

ソフィー・ロイドルト
青山治城 監訳
八重樫徹・植村玄輝・木村正人・宮田賢人・鈴木崇志 訳
発行所　一般財団法人　法政大学出版局
〒102-0071 東京都千代田区富士見2-17-1
電話 03(5214)5540　振替 00160-6-95814
組版：HUP　印刷：平文社　製本：誠製本

Printed in Japan
ISBN978-4-588-01166-5

人名索引

あ行

か行

さ行

た行

な行

は行

ま行

や行

ら行

事項索引

あ行

か行

さ行

た行

な行

は行

ま行

や行

ら行

参考文献

すでに邦訳のあるものはできるだけ新しいものをあげている。

略語表

GA	Gesamtausgabe (Heidegger)
Hua	Husserliana
MdS	Kant, I.: Metaphysik der Sitten
KrV	Kant, I.: Kritik der reinen Vernunft
SZ	Heidegger, M.: Sein und Zeit

ABENSOUR, MIGUEL: „Der Staat der Gerechtigkeit", in: P. Delhom & A. Hirsch (Hg.): Im *Angesicht der Anderen. Levinas' Philosophie des Politischen*. Zürich/Berlin: diaphanes 2005, 45–60.

AGAMBEN, GIORGIO: „Jenseits der Menschenrechte", in: G. Agamben: *Mittel ohne Zweck. Notenzur Politik*. Freiburg/Berlin 2001, 23–34.〔高桑和巳訳『人権の彼方に　政治学ノート』以文社，2000〕

———, *Homo sacer. Die souveräne Macht und das nackte Leben*. Frankfurt a. M.: Suhrkamp 2002.〔高桑和巳訳『ホモ・サケル』以文社，2007〕

———, *Was ist ein Dispositiv?* Zürich/Berlin: diaphanes 2008.

ALEXY, ROBERT: *Theorie der juristischen Argumentation. Die Theorie des rationalen Diskurses als Theorie der juristischen Begründung*. Frankfurt a. M.: Suhrkamp 1983.

———, *Begriff und Geltung des Rechts*. Freiburg/München: Alber 2002.

AMSELEK, PAUL: *Méthode phénoménologique et théorie du droit*. Librairie générale de droit et de jurisprudence. Paris: Pichon & Durand-Auzias 1974.

APEL, KARL-OTTO: *Transformation der Philosophie I und II*. Frankfurt a. M.: Suhrkamp 1973.

ARENDT, HANNAH: "The Rights of Man: What are they?", in: *Modern Review* 3/1 (1949a), 24–37.

———, „Es gibt nur ein einziges Menschenrecht", in: *Die Wandlung* IV

(1949b), 754–770.
———, *The Origins of Totalitarianism*. New York: HBJ 1951.〔大久保和郎訳『全体主義の起源 1——反ユダヤ主義［新版］』みすず書房，2017；大島通義・大島かおり訳『全体主義の起源 2——帝国主義［新版］』みすず書房，2017；大久保和郎・大島かおり訳『全体主義の起源 3——全体主義［新版］』みすず書房，2017〕
———, "Public Rights and Private Happiness", in: M. Mooney & F. Stuber (Hg.): *Small Comforts For Hard Times: Humanists on Public Policy*. New York: Columbia Univ. Press 1977.
———, *Vita activa. Vom tätigen Leben*. München: Piper 1981.〔森一郎訳『活動的生』みすず書房，2015〕
———, *Elemente und Ursprünge totaler Herrschaft*. München: Piper 1986.
———, *Was ist Existenzphilosophie?* Frankfurt a. M: Hain 1990.
———, *Über die Revolution*. München: Piper 1994.〔志水速雄訳『革命について』ちくま学芸文庫，1995〕
———, *Was ist Politik? Fragmente aus dem Nachlaß*. München: Piper 2003.
———, *Eichmann in Jerusalem. Ein Bericht von der Banalität des Bösen*. München: Piper 2006.〔大久保和郎訳『エルサレムのアイヒマン［新版］』みすず書房，2017〕
ARISTOTELES: *Nikomachische Ethik*. Reinbek bei Hamburg: Rowohlt 2006.〔高田三郎訳『ニコマコス倫理学』上・下，岩波文庫，1973〕
AUSTIN, JOHN LANGSHAW: *How to do Things with Words*. Cambridge, MA: Harvard Univ. Press 1962.
BARBER, MICHAEL: "The Ethics behind the Absence of Ethics in Alfred Schutz's Thought", in: *Human Studies* 14 (1991), 129–140.
BEDORF, THOMAS: *Dimensionen des Dritten. Sozialphilosophische Modelle zwischen Ethischem und Politischem*. München: Fink 2003.
BENHABIB, SEYLA: *Hannah Arendt – Die melancholische Denkerin der Moderne*. Hamburg: Rotbuch 1998.
BENJAMIN, WALTER: „Zur Kritik der Gewalt", in: *Angelus Novus. Ausgewählte Schriften 2*. Frankfurt a. M.: Suhrkamp 1998, 42–66.〔野村修編訳『暴力批判論』岩波文庫，1994〕
BENNINGTON, GEOFFREY: „Derridabase", in: G. Bennington & J. Derrida (Hg.): Jacques Derrida. Ein Porträt. Frankfurt a. M.: Suhrkamp 1994, 11–323.
BERGER, PETER L. & LUCKMANN, THOMAS: *The Social Construction of Reality*. Garden City/New York: Doubleday Anchor 1967.〔山口節郎訳『日常世界の構成』新曜社，1977〕

Bergo, Bettina: *Lévinas between Ethics and Politics*. Dordrecht: Kluwer 1999.

Bermes, Christian: *Maurice Merleau-Ponty*. Hamburg: Junius 1998.

Bernasconi, Robert: „Wer ist der Dritte? Überkreuzung von Ethik und Politik bei Levinas“, in: B. Waldenfels & I. Därmann (Hg.): *Der Anspruch des Anderen*. München: Fink 1998, 87–110.

Bernet, R Udolf, Kern, Iso & Marbach, Eduard: *Edmund Husserl. Darstellung seines Denkens*. Hamburg: Meiner 1996.

Bernstein, Richard: “Rethinking the Social and the Political”, in: G. Williams (Hg.): *Hannah Arendt. Critical Assessments of Leading Philosophers. Volume III*. London/New York: Routledge, 2006, 237–256.

Binder, Julius: *Philosophie des Rechts*. Berlin: Stilke 1925.

Birmingham, Peg: *Hannah Arendt and Human Rights: The Predicament of Common Responsibility*. Bloomington, IN: Indiana Univ. Press 2006.

Bischof Sascha: *Gerechtigkeit – Verantwortung - Gastfreundschaft. Ethik-Ansätze nach Jacques Derrida*. Freiburg (Schweiz): Herder 2004.

Bloch, Ernst: *Naturrecht und menschliche Würde*. Frankfurt a. M.: Suhrkamp 1985.

Braun, Johann: *Rechtsphilosophie im 20. Jahrhundert. Die Rückkehr der Gerechtigkeit*. München: Beck 2001.

Braun, Martin: *Hannah Arendts transzendentaler Tätigkeitsbegriff. Systematische Rekonstruktion ihrer politischen Philosophie im Blick auf Jaspers und Heidegger*. Frankfurt a. M. et. al.: Lang 1994.

Brieskorn, Norbert: *Rechtsphilosophie*. Grundkurs Philosophie 14. Stuttgart: Kohlhammer 1990.

Brocker Manfred: *Arbeit und Eigentum. Der Paradigmenwechsel in der neuzeitlichen Eigentumstheorie*. Darmstadt: WBG 1992 .

Brockmöller, Annette & Hilgendorf, Eric (Hg.): *Rechtsphilosophie im 20. Jahrhundert – 100 Jahre Archiv für Rechts- und Sozialphilosophie*. Stuttgart: Nomos 2009.

Brugger, Winfried, Neumann, Ulfrid & Kirste, Stephan (Hg.): *Rechtsphilosophie im 21. Jahrhundert*. Frankfurt a. M.: Suhrkamp 2008.

Bucher, Eugen: „Zur Kritik an Kelsens Theorie von der hypothetischen Grundnorm“ (Internet, 1982).

Buckel, Sonja, Christensen, R Alph & Fischer-Lescano, Andreas (Hg.): *Neue Theorien des Rechts*. Stuttgart: Lucius & Lucius 2006.

Burggraeve, Roger: “The Good and its Shadow. The View of Levinas on Human Rights as the Surpassing of Political Rationality”, in: *Human Rights Review* 6/2 (2005), 80–101.

Burkhardt, Armin: *Soziale Akte, Sprechakte und Textillokutionen. A. Reinachs Rechtsphilosophie und die moderne Linguistik.* Tübingen: Niemeyer 1986.

———, „Verpflichtung und Verbindlichkeit. Ethische Aspekte in der Rechtsphilosophie Adolf Reinachs“, in: K. Mulligan (Hg.): *Speech Act and Sachverhalt. Reinach and the Foundations of Realist Phenomenology*. Dordrecht: Nijhoff 1987, 155–174.

Busch, Katrin, Därmann, Iris & Kapust, A Ntje (Hg.): *Philosophie der Responsivität. Festschrift für Bernhard Waldenfels.* München: Fink 2007.

Canovan, Margaret: *Hannah Arendt. A Reinterpretation of Her Political Thought.* London: Cambridge Univ. Press 1992.

Cantegreil Julien: « D'une voie phénoménologique en théorie du droit. Remarques sur le réalisme d'Adolf Reinach », in: *Les études philosophiques* 72 (2005/1), 99–112. (http://www.cairn.info/resume.php?ID_ARTICLE=LEPH_051_0099)

Cardorff, Peter: *Martin Heidegger.* Frankfurt a. M./New York: Campus 1991.

Cohn, Georg: *Existenzialismus und Rechtswissenschaft.* Basel: Helbig und Lichtenhahn 1955.

Coing, Helmut: *Grundzüge der Rechtsphilosophie.* 5. Auflage. Berlin, New York: de Gruyter 1993.

Copoeru, Ion: “A Schutzian Perspective on the Phenomenology of Law in the Context of Positivistic Practices”, in: *Human Studies* 31 (2008), 269–277.

Cossio, Carlos: *La teoría egológica del derecho. Su problema y sus problemas.* Buenos Aires: Abeledo-Perrot 1963.

———, *La teoría egológica del derecho y el concepto jurídico de libertad* (1944). Losada, Buenos Aires: AbeledoPerrot 1964.

Crowell, Steven G.: “Phenomenology, Value Theory, and Nihilism”, in: D. Welton & G. Zavota (Hg.): *Edmund Husserl. Critical Assessments of Leading Philosophers. Volume V.* London/ New York: Routledge 2005, 99–118.

Delhom, Pascal: *Der Dritte. Lévinas' Philosophie zwischen Verantwortung und Gerechtigkeit.* München: Fink 2000.

———, & Hirsch, Alfred (Hg.): Im *Angesicht der Anderen. Levinas' Philosophie des Politischen.* Zürich/ Berlin: diaphanes 2005.

Denninger, Erhard: *Rechtsperson und Solidarität: Ein Beitrag zur Phänomenologie des Rechtsstaats unter besonderer Berücksichtigung der Sozialtheorie Max Schelers.* Frankfurt a. M. /Berlin: Metzner 1967.

Derrida, Jacques: *Du droit à la philosophie.* Paris: Galilée 1990.〔西山雄二他訳『哲学への権利』みすず書房，2015〕

———, *Gesetzeskraft. Der ‚mystische Grund der Autorität'*. Frankfurt a. M.: Suhrkamp 1991.〔堅田研一訳『法の力［新装版］』，法政大学出版局，2011〕

———, „Niemand ist unschuldig". Interview mit Ulrich Raulff. *Süddeutsche Zeitung* 24/09/2001.

———, *Privileg. Vom Recht auf Philosophie I.* Wien: Passagen 2003a.

———, *Schurken. Zwei Essays über die Vernunft*. Frankfurt a. M.: Suhrkamp 2003b.

DIEMER, ALWIN: „Zur Grundlegung einer Phänomenologie des Rechts", in: T. Würtenberger (Hg.): *Phänomenologie. Rechtsphilosophie. Jurisprudenz. Festschrift für Gerhart Husserl zum 75. Geburtstag*. Frankfurt a. M.: Klostermann 1969, 38–64.

DÖBBER, JOSEF: *Das Widerstandsphänomen und das Recht: Ein philosophischer Beitrag zu einer struktur-anthropologischen Rechtsphänomenologie*. Frankfurt a. M.: Lang 1989.

DOBRETSBERGER, JOSEF: „Die Begriffsbestimmung des Rechtes in der phänomenologischen Rechtsphilosophie", in: *Zeitschrift für öffentliches Recht*, Band VI (1927), 246–258.

DREIER, HORST: *Rechtslehre, Staatssoziologie und Demokratietheorie bei Hans Kelsen*. Baden-Baden: Nomos 1986.

DRUMMOND, JOHN J.: "Moral Objectivity: Husserl's Sentiments of the Understanding", in: D. Welton & G. Zavota (Hg.): *Edmund Husserl. Critical Assessments of Leading Philosophers. Volume V*. Routledge: London/New York 2005, 80–98.

DUBOIS, JAMES: *Judgement and Sachverhalt*. Dordrecht: Kluwer 1995.

DWORKIN, RONALD: *A Matter of Principle*. Cambridge, MA: Harvard Univ. Press 1985.〔森村進・鳥澤円訳『原理の問題』岩波書店，2012〕

———, *Law's Empire*. Cambridge, MA: Belknap Press 1986.〔小林公訳『法の帝国』未來社，1995〕

ECKL, ANDREAS & LUDWIG, BERND (Hg.): *Was ist Eigentum? Philosophische Positionen von Platon bis Habermas*. München: Beck 2005.

ELBE, INGO & ELLMERS, SVEN (Hg.): *Eigentum, Gesellschaftsvertrag, Staat. Begründungskonstellationen der Moderne*. Münster: Westfälisches Dampfboot 2009.

EMBREE, LESTER: "The Ethical-Political Side of Schutz: His Contributions at the 1956 Institute on Ethics Concerned with Barriers to Equality of Opportunity", in: L. Embree (Hg.): *Schutzian Social Science*. Dordrecht/Boston/London: Kluwer 1999, 235–318.

———, "The Appeal of Alfred Schutz in Disciplines beyond Philosophy, e. g.

Jurisprudence", in: M. Endreß, G. Psathas & H. Nasu (Hg.): *Explorations of the Life-World: Continuing Dialogues with Alfred Schutz*. New York et. al: Springer 2005, 77–96.

———, et al. (Hg.): *Encyclopedia of Phenomenology*. Dordrecht/Boston/London: Kluwer 1997.

Endreß, Martin: *Alfred Schütz*. Konstanz: UVK 2006.

———, Psathas, George & Nasu, Hisashi (Hg.): *Explorations of the Life-World: Continuing Dialogues with Alfred Schutz*. Dordrecht: Springer 2004.

Englert, Klaus: *Jacques Derrida*. München: UTB/Fink 2009.

Fasching, Wolfgang: *Phänomenologische Reduktion und Mushin. Edmund Husserls Bewusstseinstheorie und der Zen-Buddhismus*. Freiburg/München: Alber 2003.

Faust, Wolfgang: *Abenteuer der Phänomenologie: Philosophie und Politik bei Maurice Merleau-Ponty*. Würzburg: Königshausen & Neumann 2007.

Feinberg, Joel: "In Defense of Moral Rights: Their Bare Existence", in: Ders.: *Freedom and Fulfillment. Philosophical Essays*. Princeton, N. J.: Princeton Univ. Press 1992, 197–219.〔嶋津格・飯田恒之訳『倫理学と法学の架橋　ファインバーグ論文選』東信堂，2018〕

Figal, Günter: *Heidegger. Zur Einführung*. 2. überarbeitete Auflage. Hamburg: Junius 1996.

Flatscher, Matthias & Loidolt, Sophie (Hg.): *Das Fremde im Selbst. Das Andere im Selben. Transformationen der Phänomenologie*. Würzburg: Königshausen & Neumann 2010.

Foucault, Michel: *Überwachen und Strafen. Die Geburt des Gefängnisses*. Frankfurt a. M.: Suhrkamp 1977.〔田村俶訳『監獄の誕生』新潮社，1977〕

———, *Dits et écrits: Schriften III. 1976–1979*. Paris: Gallimard 1994.

Freeman, M. D. A.: *Lloyd's Introduction to Jurisprudence*. 7th ed. London: Sweet and Maxwell 2001.

Frost, Bryan-Paul: "A Critical Introduction to Alexandre Kojeve's Esquisse d'une Phenomenologie du Droit", in: *The Review of Metaphysics* 52 (1999), 595–640.

Funke, A Ndreas: *Allgemeine Rechtslehre als juristische Strukturtheorie*. Tübingen: Mohr Siebeck 2004.

Gardies, Jean-Louis: *Essai sur les fondements a priori de la rationalité morale et juridique*. Paris: Pichon & Durand-Auzias 1972.

———, "Adolf Reinach and the Analytic Foundations of Social Acts", in: K. Mulligan (Hg.): *Speech Act and Sachverhalt. Reinach and the Foundations of Realist Phenomenology*. Dordrecht: Nijhoff 1987, 107–118.

Garnsey, Peter: *Thinking about Property. From Antiquity to the Age of Revolution.*

Cambridge et. al.: Cambridge Univ. Press 2007.
GEHRING, PETRA: „Gesetzeskraft und mystischer Grund. Die Dekonstruktion nähert sich dem Recht“, in: H. -D. Gondek & B. Waldenfels (Hg.): *Einsätze des Denkens. Zur Philosophie von Jacques Derrida*. Frankfurt a. M.: Suhrkamp 1997, 226–255.
———, „Epistemologie? Archäologie? Genealogie? - Foucault und das Recht“, in: *Inter-nationale Zeitschrift für Philosophie* 1 (2000), 18–33.
———, „Am Ende nur Gewinner? Das juristische Tauziehen um die Forschung an embryonal-en Stammzellen und die politischen Folgen“, in: *BioSkop. Zeitschrift zur Beobachtung der Biowissenschaften* 4 (2001), 12–13.
———, u. a. (AutorInnenkollektiv): *„Sterbehilfe“: Die neue Zivilkultur des Tötens?* Frankfurt a. M.: Mabuse 2002.
———, „Kraft durch Form. Rechtsbestimmtheit und Justizverweigerungsverbot“, in: J. Vogl (Hg.): *Gesetz und Urteil*. Weimar: VDG 2003, 57–74.
———, “Can the Legal Order ‘Respond’?” in: *Ethical Perspectives* 13/3 (2006a), 469–496.
———, „Die Evidenz des Rechts. Zur ‚Form‘ des Geltungsphänomens Recht bei Luhmann und zur Frage, was daraus für den Formbegriff folgt“, in: D. Rustemeyer (Hg.): *Form und Feld*. Witten: Wittener kulturwissenschaftliche Studien 2006b, 27–43.
———, „Ein Organ wie jedes andere? Zur Rechtspolitik der Hirnbildverwendung und der Hirnmanipulation“, in: B. Sokol (Hg.): *Die Gedanken sind frei... Hirnforschung und Persönlichkeitsrechte*. Düsseldorf: Landtag NRW 2007, 56–75.
GELHARD, A NDREAS: *Levinas*. Leipzig: Reclam 2005.
GEPHART, WERNER: *Recht als Kultur. Zur kultursoziologischen Analyse des Rechts*. Frankfurt a. M.: Klostermann 2006.
———, *Gesellschaftstheorie und Recht. Das Recht im soziologischen Diskurs der Moderne*. Frankfurt a. M.: Suhrkamp 1993.
GEULEN, EVA, KAUFFMANN, KAI & MEIN, GEORG: *Hannah Arendt und Giorgio Agamben. Parallelen, Perspektiven, Kontroversen*. München: Fink 2008.
GOSEPATH, S TEFAN & LOHMANN, GEORG (Hg.): *Philosophie der Menschenrechte*. Frankfurt a. M.:Suhrkamp 1988.
GOYARD-FABRE, SIMONE: *Essai de critique phénoménologique du droit*. Librairie générale de droit et jurisprudence, Paris: Klincksieck 1972 (Dissertation 1970).
GRATHOFF, RICHARD: *Milieu und Lebenswelt*. Frankfurt a. M.: Suhrkamp 1989.
———, & WALDENFELS, BERNHARD (Hg.): *Sozialität und Intersubjektivität:*

Phänomenologische Perspektiven der Sozialwissenschaften im Umkreis von Aron Gurwitsch und Alfred Schütz. München: Fink 1983.

Gray, Christopher B. (Hg.): *The Philosophy of Law. An Encyclopedia*. 2 Bände. New York: Garland 1999.

Gröschner, Rolf: *Dialogik und Jurisprudenz. Die Philosophie des Dialogs als Philosophie der Rechtspraxis*. Tübingen: Mohr Siebeck 1982.

Grossheim, Michael: *Politischer Existentialismus: Subjektivität zwischen Entfremdung und Engagement*. Tübingen: Mohr Siebeck 2002.

Habermas, Jürgen: *Faktizität und Geltung. Beiträge zur Diskurstheorie des Rechts und des demokratischen Rechtsstaats*. Frankfurt a. M.: Suhrkamp 1994.〔河上倫一・耳野健二訳『事実性と妥当性』上・下，未來社，2002〕

Hamrick, William: *An Existential Phenomenology of Law: Maurice Merleau-Ponty*. Boston: Nijhoff 1987.

———, Artikel "Law", in: L. Embree u. a. (Hg): *Encyclopedia of Phenomenology*. Dordrecht: Kluwer 1997, 407–412.

Hart, Herbert L. A.: *Der Begriff des Rechts*. Frankfurt a. M.: Suhrkamp 1973.〔長谷部恭男訳『法の概念』ちくま学芸文庫，2014〕

Hart, James G.: *The Person and the Common Life: Studies in an Husserlian Social Ethics*. Dordrecht: Kluwer 1992.

———, "Husserl and Fichte: With Special Regard to Husserl's Lectures on 'Fichte's Ideal of Humanity'", in: *Husserl Studies* 12/2 (1995), 135–163.

———, & Embree, Lester (Hg.): *Phenomenology of Values and Valuing*. Dordrecht: Kluwer 1997.

Heidegger, Martin: *Einführung in die Metaphysik*. Tübingen: Niemeyer 1953. (GA 40)〔川原栄峰訳『形而上学入門』平凡社，1994〕

———, *Sein und Zeit*. Tübingen: Niemeyer 1993. (GA 2) (SZ)〔熊野純彦訳『存在と時間』全4巻，岩波文庫，2013〕

———, *Holzwege*. Frankfurt a. M.: Klostermann 2003. (GA 5)〔茅野良男／ハンス・ブロッカルト訳『ハイデッガー全集　第5巻　杣径』，創文社，1988〕

Held, Klaus: „Einleitung", in: Ders. (Hg.): *Edmund Husserl. Die phänomenologische Methode. Ausgewählte Texte I*. Stuttgart: Reclam 2002a, 5–52.

———, „Einleitung", in: Ders. (Hg.): *Edmund Husserl. Phänomenologie der Lebenswelt. Ausgewählte Texte II*. Stuttgart: Reclam 2002b, 5–54.

Henke, Wilhelm: *Recht und Staat. Grundlagen der Jurisprudenz*. Tübingen: Mohr Siebeck 1988.

Hilgendorf, Eric: „Zur Lage der juristischen Grundlagenforschung in Deutschland

heute", in: W. Brugger, U. Neumann & S. Kirste (Hg.): *Rechtsphilosophie im 21. Jahrhundert*. Frankfurt a. M.: Suhrkamp 2008, 111–133.

HILPINEN, RISTO: "Deontic Logic", in: L. Goble (Hg.): *The Blackwell Guide to Philosophical Logic*. Oxford, U. K.: Blackwell 2001.

HIRSCH, ALFRED: *Menschenrechte des Fremden. Zur Grundlegung einer interkulturellen Menschenrechtsethik*. INEF-Report 76, Duisburg-Essen 2005a.

———, „Vom Menschenrecht zum ewigen Frieden. Grenzgänge zwischen Kant und Levinas", in: P. Delhom & A. Hirsch (Hg.): Im *Angesicht der Anderen. Levinas' Philosophie des Politischen*. Zürich/ Berlin: diaphanes 2005b, 229–244.

HOBBES, THOMAS: *Leviathan*. Stuttgart: Reclam 2003.〔永井道雄・上田邦義訳『リヴァイアサン』全2巻，中公クラシックス，2009〕

HOERSTER, NORBERT: *Was ist Recht?* München: Beck 2006.

HÖFFE, OTFRIED: „Transzendentaler Tausch. Eine Legitimationsfigur für Menschenrechte?", in: S. Gosepath & G. Lohmann (Hg.): *Philosophie der Menschenrechte*. Frankfurt a. M.: Suhrkamp 1998, 29–47.

HOFFMANN, KLAUS: "Reinach and Searle on Promising - A Comparison", in: K. Mulligan (Hg.): *Speech Act and Sachverhalt. Reinach and the Foundations of Realist Phenomenology*. Dordrecht: Nijhoff 1987, 91–106.

HOFMANN, HASSO: *Einführung in die Rechts- und Staatsphilosophie*. 2., um ein Reg. erw. Aufl. Darmstadt: WBG 2003.

HOLLIS, MARTIN: *Soziales Handeln. Eine Einführung in die Philosophie der Sozialwissenschaften*. Berlin: Akademie Verlag 1995.

HOLZHEY, HELMUT: *Der Marburger Neukantianismus in Quellen*. Basel: Schwabe 1986.

HORN, NORBERT: *Einführung in die Rechtswissenschaft und Rechtsphilosophie*. 3., neubearb. Aufl., Heidelberg: C. F. Müller 2004.

HORSTER, DETLEF: *Rechtsphilosophie zur Einführung*. Hamburg: Junius 2002.

HUME, DAVID: *Eine Untersuchung über den menschlichen Verstand*. Stuttgart: Reclam 1998.〔斎藤繁雄・一ノ瀬正樹訳『人間知性研究』法政大学出版局，2020〕

———, *Über Moral*. Frankfurt a. M.: Suhrkamp 2007.〔神野慧一郎・林誓雄訳『道徳について』京都大学出版会，2019〕

HUSSERL, EDMUND: *Husserliana. Gesammelte Werke*: Den Haag: Nijhoff 1950 ff. bzw. Dordrecht: Kluwer bzw. Dordrecht/New York: Springer. (Hua)

I *Cartesianische Meditationen und Pariser Vorträge*. Hg. v. S. Strasser. Den Haag: Nijhoff 1950.〔浜渦辰二訳『デカルト的省察』岩波文庫，2001〕

III *Ideen zu einer reinen Phänomenologie und phänomenologischen Philosophie. Erstes Buch: Allgemeine Einführung in die reine Phänomenologie.* Hg. v. K. Schuhmann. Den Haag: Nijhoff 1976.〔渡辺二郎訳『イデーンⅠ―Ⅰ』みすず書房，1997；『イデーンⅠ―Ⅱ』みすず書房，1984〕

IV *Ideen zu einer reinen Phänomenologie und phänomenlogischen Philosophie. Zweites Buch: Phänomenologische Untersuchungen zur Konstitution.* Hg. v. M. Biemel. Den Haag: Nijhoff 1952.〔立松弘孝・別所良美訳『イデーンⅡ―Ⅰ』みすず書房，2001；立松弘孝・榊原哲也訳『イデーンⅡ―Ⅱ』みすず書房，2009〕

V *Ideen zu einer reinen Phänomenologie und phänomenlogischen Philosophie. Drittes Buch: Die Phänomenologie und die Fundamente der Wissenschaften.* Hg. v. M. Biemel. Den Haag: Nijhoff 1952.〔渡辺二郎・千田義光訳『イデーンⅢ』みすず書房，2010〕

VI *Die Krisis der europäischen Wissenschaften und die transzendentale Phänomenologie. Eine Einleitung in die phänomenologische Philosophie.* Hg. v. W. Biemel. Den Haag: Nijhoff 1954.〔細谷恒夫・木田元訳『ヨーロッパ諸学の危機と超越論的現象学』中公文庫，1995〕

IX *Phänomenologische Psychologie. Vorlesungen Sommersemester 1925.* Hg. v. W. Biemel. Den Haag: Nijhoff 1962.

XIII *Zur Phänomenologie der Intersubjektivität. Texte aus dem Nachlass. Erster Teil 1905–1920.* Hg. v. I. Kern. Den Haag: Nijhoff 1973.

XIV *Zur Phänomenologie der Intersubjektivität. Texte aus dem Nachlass. Zweiter Teil 1921–1928.* Hg. v. I. Kern. Den Haag: Nijhoff 1973.

XV *Zur Phänomenologie der Intersubjektivität. Texte aus dem Nachlass. Dritter Teil 1929–1935.* Hg. v. I. Kern. Den Haag: Nijhoff 1973.〔浜渦辰二・山口一郎（監抄訳）『間主観性の現象学　その方法』ちくま学芸文庫，2012；『間主観性の現象学　その展開』ちくま学芸文庫，2013；『間主観性の現象学　その行方』ちくま学芸文庫，2015〕

XVII *Formale und transzendentale Logik. Versuch einer Kritik der logischen Vernunft.* Hg. v. P. Janssen. Den Haag: Nijhoff 1974.〔山口等澍訳『形式的論理学と先験的論理学』和光出版，1976〕

XVIII *Logische Untersuchungen. Erster Band. Prolegomena zur reinen Logik.* Hg. v. E. Holenstein. Den Haag: Nijhoff 1975.〔立松弘孝訳『論理学研究１』みすず書房，1968〕

XIX/1–2 *Logische Untersuchungen. Zweiter Band: Untersuchungen zur Phäno-*

menologie und Theorie der Erkenntnis. Hg. v. U. Panzer in zwei Bänden. Den Haag: Nijhoff 1984.〔立松弘孝・松井良和・赤松宏訳『論理学研究 2』みすず書房，1970；立松弘孝・松井良和訳『論理学研究 3』みすず書房，1974〕

XXV *Aufsätze und Vorträge (1911–1921)*. Hg. v. T. Nenon & H. R. Sepp. Dordrecht: Nijhoff 1987.

XXVII Aufsätze und Vorträge *(1922–1937)*. Hg. v. T. Nenon & H. R. Sepp. Dordrecht: Kluwer 1989.

XXVIII *Vorlesungen über Ethik und Wertlehre (1908–1914)*. Hg. v. U. Melle. Dordrecht: Kluwer 1988.

XXXV *Einleitung in die Philosophie. Vorlesungen 1922/23*. Hg. v. B: Goossens. Dordrecht: Kluwer 2002.

———, *Briefwechsel* (Hg. von K. Schuhmann), HUDO III/6: *Philosophenbriefe*. Dordrecht: Kluwer 1994.

———, *Erfahrung und Urteil*. Hamburg: Meiner 1985.〔長谷川宏訳『経験と判断』河出書房新社，1975〕

———, *Philosophie als strenge Wissenschaft*. Frankfurt a. M.: Klostermann 1965.〔佐竹哲雄訳『厳密な学としての哲学』岩波書店，1969〕

———, „Adolf Reinach“ (Nachruf), in: *Kant-Studien* 23, 1919, 147–149.

———, *Zitierte unveröffentlichte Manuskripte*, Ms. A II 1, A V 19, A V 21, E III 7, F I 40, F I 24.

HUSSERL, GERHART: *Rechtskraft und Rechtsgeltung. Eine rechtsdogmatische Untersuchung. Band 1: Genesis und Grenzen der Rechtsgeltung*. Berlin/Wien: Springer 1925.

———, *Rechtskraft und Rechtsgeltung. Eine rechtsdogmatische Untersuchung. Band 2: Rechtssubjekt und Rechtsperson*. Berlin/Wien: Springer 1927.

———, *Negatives Sollen im Bürgerlichen Recht*. Breslau: Hirt 1931.

———, *Der Rechtsgegenstand. Rechtslogische Studien zu einer Theorie des Eigentums*. Berlin/Wien: Springer 1933.

———, *Recht und Zeit. Fünf rechtsphilosophische Essays*. Frankfurt a. M.: Klostermann 1955.

———, *Recht und Welt*. Frankfurt a. M.: Klostermann 1964.

———, *Person, Sache, Verhalten*. Frankfurt a. M.: Klostermann 1969.

HUTH, MARTIN: *Responsive Phänomenologie. Ein Gang durch die Philosophie von Bernhard Waldenfels*. Frankfurt a. M. et. al.: Lang 2008.

ISAY, HERMANN: *Rechtsnorm und Entscheidung*. Berlin: Vahlen 1929.

JASPERS, KARL: *Philosophie*. Berlin: Springer 1948.〔小倉志祥・林田新二・渡辺二郎

訳『哲学』中公クラシックス，2011〕

JHERING, RUDOLF VON: *Der Kampf ums Recht*. Wien: Manz 1872.〔村上淳一訳『権利のための闘争』岩波文庫，1982〕

———, *Der Zweck im Recht*. Leipzig: Breitkopf und Härtel 1877.〔山口廸彦訳『法における目的』信山社出版，1999〕

KANT, IMMANUEL: *Kritik der reinen Vernunft 1*. Werkausgabe Band III, hg. von Wilhelm Weischedel, Frankfurt a. M.: Suhrkamp 1974. (KrV)〔熊野純彦訳『純粋理性批判』作品社，2012〕

———, *Metaphysik der Sitten*. Werkausgabe Band VIII, hg. von Wilhelm Weischedel, Frankfurt a. M.: Suhrkamp 1998 (1977). (MdS)〔坂部恵・樽井正義訳『カント全集11　人倫の形而上学』岩波書店，2002〕

———, *Schriften zur Anthropologie, Geschichtsphilosophie, Politik und Pädagogik 1*. Werkausgabe Band XI, hg. von Wilhelm Weischedel, Frankfurt a. M.: Suhrkamp 1977.〔福田喜一郎他訳『カント全集14　歴史哲学論集』岩波書店，2000〕

KAPUST, ANTJE: „Einleitung. Responsive Philosophie - Darlegung einiger Grundzüge", in: K. Busch, I. Därmann & A. Kapust (Hg.): *Philosophie der Responsivität. Festschrift für Bernhard Waldenfels*. München: Fink 2007, 15–34.

KAUFMANN, ARTHUR: HASSEMER, WINFRIED (Hg.): *Einführung in Rechtsphilosophie und Rechtstheorie der Gegenwart*. 6. Auflage. Heidelberg: C. F. Müller. 1994. 初版1977〔浅田和茂・竹下賢・永田新三郎・福滝博之・真鍋俊二・山中敬一訳『法理論の現在』ミネルヴァ書房，1979〕

KAUFMANN, FELIX: *Logik und Rechtswissenschaft. Grundriß eines Systems der Reinen Rechtslehre*. Tübingen: Mohr 1922.

———, *Die Kriterien des Rechts. Eine Untersuchung über die Prinzipien der juristischen Methodenlehre*. Tübingen: Mohr 1924.

———, *Methodenlehre der Sozialwissenschaften*. Wien: Springer 1999.

KAUFMANN, MATTHIAS: *Rechtsphilosophie*. Freiburg/München: Alber 1996.

KELSEN, HANS: „Marx oder Lassalle" (1924).〔長尾龍一訳「マルクスかラッサールか」『ハンス・ケルゼン著作集II』慈学社，2010〕

———, *Allgemeine Staatslehre*. Enzyklopädie der Rechts- und Staatswissenschaft. Berlin: 1925.〔清宮四郎訳『一般国家学』岩波書店，1971〕

———, „Vom Wesen und Wert der Demokratie" (1929).〔長尾龍一訳「民主制の本質と価値」『ハンス・ケルゼン著作集 I』慈学社，2009〕

———, „Diskussion", in: F. -M. Schmoelz (Hg.): *Das Naturrecht in der politischen Theorie*, Wien: Springer 1963.

———, „Eine phänomenologische Rechtstheorie" in: *Österreichische Zeit-*

schrift für öffentliches Recht. Band XV, Heft 4 (1965a), 353–409.

———, „Was ist juristischer Positivismus?" in: *Juristenzeitung* 20. Jg., Nr. 15/16 (1965b), 466–469.

———, *Hauptprobleme der Staatsrechtslehre entwickelt aus der Lehre vom Rechtssatze*. 2. Neudruck d. 2., um eine Vorr. verm. Aufl. Tübingen 1923. Aalen: Scientia 1984.

———, „Was ist die Reine Rechtslehre?" (1953), in: G. Roellecke (Hg.): Rechtsphilosophie oder Rechtstheorie? Darmstadt: WBG 1988, 232–253. 〔森田寛二訳「純粋法学とは何か」『ハンス・ケルゼン著作集IV』慈学社出版，2009所収〕

———, Reine Rechtslehre. Nachdruck der Aufl. 1960. Wien: Österreich Verlag 2000a. 〔長尾龍一訳『純粋法学［第二版］』岩波書店，2014〕

———, *Was ist Gerechtigkeit?* Stuttgart: Reclam 2000b. 〔宮崎繁樹訳「正義とは何か」『ケルゼン選集３』木鐸社，1975所収〕

———, *Reine Rechtslehre*. Studienausgabe der 1. Auflage 1934. Hg. und mit einer Einleitung von Matthias Jestaedt. Tübingen: Mohr Siebeck 2008. 〔横田喜三郎訳『ケルゼン　純粋法学』岩波書店，1974〕

KERSTING, WOLFGANG: „Neukantianische Rechtsbegründung", in: D. Willoweit (Hg.): *Die Begründung des Rechts als historisches Problem*. München: Oldenbourg 2000, 269–314.

KESSELRING, THOMAS: „Begründungsstrategien für Menschenrechte: ‚Transzendentaler Tausch' (Höffe) oder ‚Kooperation' (Rawls) ", in: P. Mastronardi (Hg.): *Das Recht im Spannungsfeld utilitaristischer und deontologischer Ethik. Archiv für Rechts- und Sozialphilosophie*. Beiheft 94 (2004), 85–96.

KIRSTE, STEPHAN: *Einführung in die Rechtsphilosophie*. Darmstadt: WBG 2009.

KLUG, ULRICH: *Prinzipien der Reinen Rechtslehre: Hans Kelsen zum Gedächtnis*. Mit einer Ansprache von Klemens Pleyer. Krefeld: Scherpe 1974.

KOCH, HANS-JOACHIM & R ÜßMANN, HELMUT: *Juristische Begründungslehre. Eine Einführung in Grundprobleme der Rechtswissenschaft*. München: Beck 1982.

KOENEN, ANDREAS: *Der Fall Carl Schmitt. Sein Aufstieg zum „Kronjuristen des Dritten Reiches"*. Darmstadt: WBG 1995.

KOHLBERG, BRUNO: „Felix Kaufmann, der ‚Phänomenologe des Wiener Kreises'", in: F. Stadler (Hg.): *Phänomenologie und logischer Empirismus*. Springer: Wien 1997, 23–46.

KOJÈVE, ALEXANDRE: *Esquisse d'une phénoménologie du droit*. Paris: Gallimard 1982.

———, *Outline of a Phenomenology of Right*. Übers. und hg. von Bryan-Paul Frost & Robert Howse. Lanham, MD: Rowman and Littlefield 2000.

KOLLER, PETER: *Theorie des Rechts. Eine Einführung*. Wien u. a.: Böhlau 1992.

KONRAD, MICHAEL: *Adolf Reinach. Ontologie des Rechtes*. Lizentiatsarbeit, Universität Freiburg (Schweiz) 1991.

KOZIOL, HELMUT & WELSER, RUDOLF: *Grundriß des bürgerlichen Rechts. Band 1: Allgemeiner Teil. Schuldrecht*. 9. Auflage. Wien: Manz 1992.

KRAWIETZ, WERNER & OTT, WALTER (Hg.): *Formalismus und Phänomenologie im Rechtsdenken der Gegenwart. Festgabe für Alois Troller zum 80. Geburtstag*. Berlin: Duncker & Humblot 1987.

KREWANI, WOLFGANG: *Emmanuel Lévinas: Denker des Anderen*. Freiburg/München: Alber 1992.

KRISTEVA, JULIA: *Das weibliche Genie: I. Hannah Arendt*. Berlin/Wien: Philo 2001.

KROCKOW, CHRISTIAN VON: *Die Entscheidung. Eine Untersuchung über Ernst Jünger, Carl Schmitt, Martin Heidegger*. Stuttgart: Enke 1958.

KUBEŠ, VLADIMÍR: „Zu heutigen rechtsphilosophischen Theorien und die kritisch-ontologische Auffassung des Rechts“, in: *Archiv für Rechts- und Sozialwissenschaften*, Supplementa Vol. 1, Part 1. (1982), 429–476.

———, „Das Rechtsbewußtsein des Volkes“, in: W. Krawietz & W. Ott (Hg.): *Formalismus und Phänomenologie im Rechtsdenken der Gegenwart. Festgabe für Alois Troller zum 80. Geburtstag*. Berlin: Duncker & Humblot 1987, 121–134.

———, „Das Naturrecht und die Reine Rechtslehre in neuer Auffassung“, in: O. Weinberger & W. Krawietz (Hg.): *Reine Rechtslehre im Spiegel ihrer Fortsetzer und Kritiker*. Wien: Springer 1988, 279–296.

KUHN, HELMUT, AVÉ-LALLEMANT, EBERHARD & GLADIATOR, REINHOLD (Hg.): *Die Münchner Phänomenologie*. Den Haag: Nijhoff 1976.

KUNZ, J. L.: „Rezension von ‚Rechtskraft und Rechtsgeltung‘ (G. Husserl)“, in: *Zeitschrift für öffentliches Recht*, Band VI (1927), 627–629.

KUTSCHERA, FRANZ VON: *Einführung in die Logik der Normen, Werte und Entscheidungen*. Freiburg/München: Alber 1973.

LEE, NAM-IN: *Edmund Husserls Phänomenologie der Instinkte*. Dordrecht: Kluwer 1993.

LEHMAN, WARREN: “Reviewed Work: An Existential Phenomenology of Law: Maurice Merleau-Ponty by William S. Hamrick”, in: *Law & Social Inquiry*, Vol. 13, No. 4 (Autumn, 1988), 835–843.

LEVINAS, EMMANUEL: *Die Spur des Anderen*. Freiburg/München: Alber 1983.〔三谷嗣訳「他者の痕跡」『実存の発見——フッサールとハイデッガーと共に』法政大学出版局，1996〕

———, « Droits de l'homme et bonne volonté » in: *Indivisibilité des droits de l'homme*. Fribourg: Les Editions Universitaires de Fribourg 1985. [Deutsche Übersetzung : „Die Menschenrechte und der gute Wille", in: *Zwischen Uns* (1995), 252–256; Neuübersetzung: „Menschenrechte und guter Wille", in: *Verletzlichkeit und Frieden* (2007), 109–114.]

———, *Ethik und Unendliches. Gespräche mit Philippe Nemo*. Wien: Passagen 1986.〔西山雄二訳『倫理と無限――フィリップ・ネモとの対話』ちくま学芸文庫，2010〕

———, *Totalität und Unendlichkeit*. Freiburg/München: Alber 1987a.〔藤岡俊博訳『全体性と無限』講談社学術文庫，2020〕

———, « Les droits de l'homme et les droits d'autrui », in: *Hors Sujet*. Paris: Fata Morgana 1987b. [Deutsche Übersetzung: „Die Menschenrechte und die Rechte des jeweils anderen", in: *Verletzlichkeit und Frieden* (2007), 97–108.]

———, *Die Zeit und der Andere*. Hamburg: Meiner 1989.〔合田正人訳「時間と他なるもの」『レヴィナス・コレクション』ちくま学芸文庫，1999所収〕

———, *Jenseits des Seins oder anders als Sein geschieht*. Freiburg/München: Alber 1992.〔合田正人訳『存在の彼方へ』講談社学術文庫，1999〕

———, *Zwischen uns*. Wien/München: Hanser 1995.〔合田正人，谷口博史訳『われわれのあいだで』新装版，法政大学出版局，2015〕

———, *Vom Sein zum Seienden*. Freiburg/München: Alber 1997.

———, *Vom Sakralen zum Heiligen. Fünf neue Talmud-Lesungen*. Frankfurt a. M.: Neue Kritik 1998.〔内田樹訳『タルムード新五講話――神聖から聖潔へ［新装版］』人文書院，2015〕

———, *Après vous. Denkbuch für Emmanuel Levinas 1906–1995*. Frankfurt a. M.: Neue Kritik 2006.

———, V*erletzlichkeit und Frieden*. Zürich/Berlin: diaphanes 2007.〔合田正人訳『外の主体』みすず書房，1997；合田正人，松丸和弘訳『他性と超越』新装版，法政大学出版局，2010〕

Liebsch, Burkhard, Hetzel, Andreas & Sepp, Hans R Ainer (Hg.): *Negativistische Sozialphilosophie*. 2011 (im Erscheinen).

Lohmann, Georg: „Menschenrechte zwischen Moral und Recht", in: S. Gosepath & G. Lohmann (Hg.): *Philosophie der Menschenrechte*. Frankfurt a. M.: Suhrkamp 1998, 62–95.

Loidolt, Sophie: „Skizze einer Rechtsphänomenologie", in: O. Neumaier, C. Sedmak & M. Zichy (Hg.): *Philosophische Perspektiven. Beiträge zum VII.*

Kongress der Österreichischen Gesellschaft für Philosophie. Frankfurt a. M.: Ontos 2005a, 459–464.

———, „Ein Richter ohne Gesetzbuch. Das phänomenologische ‚Prinzip aller Prinzipien' zwischen Anspruch und Verantwortung", in: M. Blamauer, W. Fasching & M. Flatscher (Hg.): *Phänomenologische Aufbrüche. Reihe der Österreichischen Gesellschaft für Phänomenologie Bd. 11*. Wien et. al.: Lang 2005b, 42–57.

———, "Notes on an Ethics of Human Rights. From the Question of Commitment to a Phenomenological Theory of Reason and Back", in: D. Kusa & S. Moses (Hg.): *Aspects of European Political Culture*. IWM Junior Fellows' Conferences, Vol. XX, Vienna: IWM 2005c (CD). Internet: http://www.iwm. at/publ-jvc/jc-20-02. pdf

———, *Anspruch und Rechtfertigung. Zur Theorie des rechtlichen Denkens im Anschluss an die Phänomenologie Edmund Husserls*. Dordrecht: Springer 2009a.

———, "Husserl and the Fact of Practical Reason – Phenomenological Claims toward a Philosophical Ethics", in: *Santalka. Coactivity*, 3, 2009b, 50–61.

———, „Meine intime Fremdheit für meine intime Politik. Versatzstücke für ein Gespräch", in: M. Flatscher & S. Loidolt (Hg.): *Das Fremde im Selbst. Das Andere im Selben. Transformationen der Phänomenologie*. Würzburg: Königshausen & Neumann 2010, 282–296.

LUF, GERHARD: *Grundfragen der Rechtsphilosophie und Rechtsethik. Einführung in die Rechtswissenschaften und ihre Methoden*. Wien: Manz 2004.

LUHMANN, NIKLAS: „Die Codierung des Rechtssystems", in G. Roellecke (Hg.): *Rechtsphilosophie oder Rechtstheorie?* Darmstadt 1988, 337–377.

———, *Das Recht der Gesellschaft*. Frankfurt a. M.: Suhrkamp 1993. 〔馬場靖雄・上村隆広・江口厚仁訳『社会の法』全 2 巻，法政大学出版局，2003〕

———, *Die Gesellschaft der Gesellschaft*. Frankfurt a. M.: Suhrkamp 1997. 〔馬場靖雄・赤堀三郎・菅原謙・高橋徹訳『社会の社会』全 2 巻，法政大学出版局，2009〕

LUIJPEN, WILLIAM: *Phänomenologie des Naturrechts*. Den Haag: Nijhoff 1973.

LYOTARD, JEAN-FRANÇOIS: *Der Widerstreit*. München: Fink 1987.

MAIHOFER, WERNER: *Recht und Sein. Prolegomena zu einer Rechtsontologie*. Frankfurt a. M.: Klostermann 1954.

———, *Vom Sinn menschlicher Ordnung*. Frankfurt a. M.: Klostermann 1956.

———, *Naturrecht als Existenzrecht*. Frankfurt a. M.: Klostermann 1963.
———, (Hg.): *Naturrecht oder Rechtspositivismus?* Darmstadt: WBG 1962.
———, (Hg.): *Begriff und Wesen des Rechts*. Darmstadt: WBG 1973.

MALLY, ERNST: *Grundgesetze des Sollens. Elemente der Logik des Willens*. Graz: Leuschner und Lubensky 1926.

MARKELL, PATCHEN: "Review of Peg Birmingham, Serena Parekh, Hannah Arendt and Human Rights: The Predicament of Common Responsibility; Hannah Arendt and the Challenge of Modernity: A Phenomenology of Human Rights", in: *Notre Dame Philosophical Reviews* 12 (2008). Internet:http://ndpr.nd.edu/review.cfm?id=14788

MAYER, VERENA (Hg.): *Edmund Husserl. Logische Untersuchungen*. Berlin: Akademie Verlag 2008.

MEHRING, REINHARD (Hg.): *Carl Schmitt – Der Begriff des Politischen. Ein kooperativer Kommentar*. Berlin: Akademie Verlag 2003.

MEIER, HEINRICH: *Die Lehre Carl Schmitts. Vier Kapitel zur Unterscheidung Politischer Theologie und Politischer Philosophie*. Stuttgart/Weimar: Metzler 1994.

MELLE, ULLRICH: „Einleitung des Herausgebers", in: *Vorlesungen über Ethik und Wertlehre 1908–1914*. Husserliana, Band XXVIII. Dordrecht: Kluwer 1988, XIII-XLIX.

———, "Edmund Husserl: From Reason to Love", in: J. Drummond & L. Embree (Hg.): *Phenomenological Approaches to Moral Philosophy. A Handbook*. Dordrecht: Kluwer 2002, 229–248.

———, „Husserls personalistische Ethik", in: B. Centi & G. Gigliotti (Hg.): *Fenomenologia della ragion pratica*. Napoli: Bibliopolis 2004, 327–356.

———, „ Objektivierende und nicht-objektivierende Akte", in: D. Welton & G. Zavota (Hg.): *Edmund Husserl. Critical Assessments of Leading Philosophers. Volume III*. Routledge: London/New York 2005, 108–122.

MENKE, CHRISTOPH: „Die ‚Aporien der Menschenrechte' und das ‚einzige Menschenrecht'. Zur Einheit von Hannah Arendts Argumentation", in: E. Geulen, K. Kauffmann & G. Mein: *Hannah Arendt und Giorgio Agamben. Parallelen, Perspektiven, Kontroversen*. München: Fink 2008.

MERLEAU-PONTY, MAURICE: *Phänomenologie der Wahrnehmung*, Berlin: de Gruyter 1966.〔竹内芳郎・小木貞孝訳『知覚の現象学 1』みすず書房，1967；竹内芳郎・木田元・宮本忠雄訳『知覚の現象学 2』みすず書房，1974〕

———, *Die Struktur des Verhaltens*. Berlin: de Gruyter 1976a.〔滝浦静雄・木田元訳『行動の構造』上・下，みすず書房，2014〕

———, *Humanismus und Terror*. Frankfurt a. M.: Syndikat 1976b.〔木田元

編訳『ヒューマニズムとテロル』みすず書房，2002〕
———, *Die Abenteuer der Dialektik*. Frankfurt a. M.: Suhrkamp 1968.〔滝浦静雄編訳『弁証法の冒険』みすず書房，1972〕
———, *Vorlesungen I*. Berlin: de Gruyter 1973.〔滝浦静雄・木田元訳「哲学をたたえて」『眼と精神』みすず書房，1966所収；滝浦静雄・木田元訳「個人の歴史および公共の歴史のための「制度化」」『言語と自然』みすず書房，1979所収〕
———, *Das Sichtbare und das Unsichtbare*. München: Fink 1986.〔滝浦静雄・木田元訳『見えるものと見えないもの』みすず書房，1989〕
———, *Die Prosa der Welt*. München: Fink 1993.
MORAN, DERMOT: *Introduction to Phenomenology*. New York: Routledge 2000.
MÜLLER, CLAUDIUS: *Die Rechtsphilosophie des Marburger Neukantianismus. Naturrecht und Rechtspositivismus in der Auseinandersetzung zwischen Hermann Cohen, Rudolf Stammler und Paul Natorp*. Tübingen: Mohr Siebeck 1994.
MULLIGAN, KEVIN: "Promisings and other Social Acts: Their Constituents and Structure", in: K. Mulligan (Hg.): *Speech Act and Sachverhalt. Reinach and the Foundations of Realist Phenomenology*. Dordrecht: Nijhoff 1987, 29–90.
———, (Hg.): *Speech Act and Sachverhalt. Reinach and the Foundations of Realist Phenomenology*. Dordrecht: Nijhoff 1987.
NANCY, JEAN-LUC: *Singulär plural sein*. Berlin: diaphanes 2004.〔加藤恵介訳『複数にして単数の存在』松籟社，2006〕
NASU, HISASHI, EMBREE, LESTER, PSATHAS, GEORGE & SRUBAR, ILJA (Hg.): *Alfred Schutz and his Intellectual Partners*. Konstanz: UVK 2009.
NATANSON, MAURICE A. (Hg.): *Phenomenology and the Social Sciences*. Bd. 1 & 2. Evanston, IL: Northwestern Univ. Press 1973
NAUCKE, WOLFGANG & HARZER, REGINE: *Rechtsphilosophische Grundbegriffe*. München: Luchterhand 2005.
NDAYIZIGIYE, THADDÉE: *Réexamen éthique des droits de l'homme sous l'éclairage de la pensée d'Emmanuel Levinas*. Bern/Wien et. al.: Lang 1997.
NEUHOLD, HANSPETER, HUMMER, WALDEMAR & S CHEUER , CHRISTOPH (Hg.): *Österreichisches Handbuch des Völkerrechts*. Band 1: Textteil. Wien: Manz 2004.
OLLIG, HANS-LUDWIG (Hg.): *Neukantianismus: Texte der Marburger und der Südwestdeutschen Schule, ihrer Vorläufer und Kritiker*. Stuttgart: Reclam 1982.
OTAKA, TOMOO: *Grundlegung der Lehre vom sozialen Verband*. Wien/Berlin: Springer 1932.
PALLARD, HENRI, & HUDSON, RICHARD: "Phenomenology of Law", in: C. B. Gray (Hg.): *The Philosophy of Law: An Encyclopedia*, 2 Bände. New York/London:

Garland 1999, 645–647.

———, “Adolf Reinach”, in: C. B. Gray (Hg.): *The Philosophy of Law: An Encyclopedia*, 2 Bände. New York/London: Garland 1999, vol. 2, 732–733.

———, “Felix Kaufmann”, in: C. B. Gray (Hg.): *The Philosophy of Law: An Encyclopedia*, 2 Bände. New York/London: Garland 1999, vol. 1, 476–477.

———, “Gerhart Husserl”, in: C. B. Gray (Hg.): *The Philosophy of Law: An Encyclopedia*, 2 Bände. New York/London: Garland 1999, vol. 1, 385–386.

———, “Carlos Cossio”, in: C. B. Gray (Hg.): *The Philosophy of Law: An Encyclopedia*, 2 Bände. New York/London: Garland 1999, vol. 1, 165–167.

Alle Artikel online unter: http://www. mta. ca/~rhudson/

Parekh, Serena: *Hannah Arendt and the Challenge of Modernity: A Phenomenology of Human Rights*. New York: Routledge 2008.

Paulson, Stanley L.: “Demystifying Reinach’s Legal Theory”, in: K. Mulligan (Hg.): *Speech Act and Sachverhalt. Reinach and the Foundations of Realist Phenomenology*. Dordrecht: Nijhoff 1987, 133–154.

———, & Stolleis, Michael (Hg): *Hans Kelsen: Staatsrechtslehrer und Rechtstheoretiker des 20. Jahrhunderts*. Tübingen: Mohr Siebeck 2005.

Preglau, Max: „Phänomenologische Soziologie: Alfred Schütz“ in: Julius Morel u. a. (Hg.): *Soziologische Theorie*. 8. überarbeitete Auflage. Oldenburg: Wissenschaftsverlag 2008, 76–86.

Purnhagen, Kai: „Grundlagen der Rechtsphänomenologie. Eine kritische Darstellung der Rechtsphänomenologie von Adolf Reinach und Wilhelm Schapp zu den apriorischen Grundlagen des Privatrechts“, in: *JURA Juristische Ausbildung* 31/9 (2009), 661–668.

Radbruch, Gustav: „Der Begriff des Rechts (1914) “, in: W. Maihofer (Hg.): *Begriff und Wesen des Rechts*. Darmstadt: WBG 1973, 384–395.

———, *Grundzüge der Rechtsphilosophie*. Studienausgabe. Stuttgart: Koehler 1999.〔山田晟訳『法哲学要綱』東京大学出版会，1963，小林直樹訳「実定法の不法と実定法を超える法」『ラートブルフ著作集4　実定法と自然法』東京大学出版会，1961〕

———, *Rechtsphilosophie* (1932). Hg. von R. Dreier und S. L. Paulson. Heidelberg: UTB/C. F. Müller 2003.〔田中耕太郎訳『法哲学』東京大学出版会，1961〕

Rawls, John: *A Theory of Justice*. Cambridge, MA: Belknap Press 1971.〔川本隆史・福間聡・神島裕子訳『正義論』紀伊國屋書店，2010〕

Reinach, Adolf: *Sämtliche Werke. Textkritische Ausgabe in 2 Bänden*. Hg. von K. Schuhmann & B. Smith, München/Wien: Philosophia, 1989.〔Band 1, 1989a,

Band 2, 1989b〕

Reiner, Hans: „Zur Bedeutung der phänomenologischen Methode in Ethik und Rechtsphilosophie“, in: T. Würtenberger (Hg.): *Phänomenologie. Rechtsphilosophie. Jurisprudenz. Festschrift für Gerhart Husserl zum 75. Geburtstag*. Frankfurt a. M.: Klostermann 1969, 27–37.

Riezler, Erwin: „Apriorisches im Recht“, in: F. v. Wieser, L. Wenger & P. Klein: *KantFestschrift zu Kants 200. Geburtstag*. Berlin: Rothschild 1924, 104–124.

Roermund, Bert van (Hg.): Themenschwerpunkt: “Law – The Order and the Alien. Special Investigation into phenomenology of law through the thought of Bernard Waldenfels”, *Ethical Perspectives* 13/3 (2006). Internet: http://www.kuleuven. be/ep/page. php?LAN=E&FILE= ep_index&ID=112

Römpp, Georg: *Husserls Phänomenologie der Intersubjektivität*. Dordrecht: Kluwer 1992.

Roth, Michael S.: “A Note on Kojéve’s Phenomenology of Right”, in: *Political Theory* 11/3 (1983), 447–450.

Rother, Ralf: *Wie die Entscheidung lesen? Zu Platon, Heidegger und Carl Schmitt*. Wien: Turia+Kant 1993.

Rüthers, Bernd: *Carl Schmitt im Dritten Reich. Wissenschaft als Zeitgeist-Verstärkung?* München: Beck 1990.

Sander, Angelika: *Mensch – Subjekt – Person. Die Dezentrierung des Subjekts in der Philosophie Max Schelers*, Bonn: Bouvier 1996 .

Sander, Fritz & Kelsen, Hans: *Die Rolle des Neukantianismus in der Reinen Rechtslehre. Eine Debatte zwischen Sander und Kelsen*. Hg. von S. L. Paulson. Aalen: Scientia 1988.

Sartre, Jean-Paul: „Der Existenzialismus ist ein Humanismus“, in: *Der Existenzialismus ist ein Humanismus und andere philosophische Essays 1943–1948*. Reinbek bei Hamburg: Rowohlt 2002, 145–176.〔伊吹武彦訳「実存主義はヒューマニズムである」『実存主義とは何か』人文書院，1996所収〕

Schapp, Jan: *Sein und Ort der Rechtsgebilde*. Den Haag: Nijhoff 1968.

———, „Phänomenologie und Recht“, in: Ders.: *Methodenlehre und System des Rechts. Aufsätze 1992–2007*. Tübingen: Mohr Siebeck 2009, 245–255.

Schapp, Wilhelm: *Die neue Wissenschaft vom Recht. Band 1: Eine phänomenologische Untersuchung*. Berlin/Grunewald: Rothschild 1930.

———, *Die neue Wissenschaft vom Recht. Band 2: Wert, Werk und Eigentum*. Berlin/Grunewald: Rothschild 1932.

———, *In Geschichten verstrickt. Zum Sein von Mensch und Ding*. Hamburg: Meiner 1953.

———, *Philosophie der Geschichten*. Leer: Rautenberg 1959.

SCHELER, MAX: *Schriften aus dem Nachlass. Band I. Zur Ethik und Erkenntnislehre*. 2., durchgesehene und erweiterte Ausgabe, mit einem Anhang hg. von Maria Scheler, Bern/München: Francke 1957. (SN 1)〔飯島宗享・小倉志祥・吉沢伝三郎編『シェーラー著作集15　羞恥と羞恥心　典型と指導者』白水社，1979〕

———, *Frühe Schriften*. Mit einem Anhang hg. von Maria Scheler. Bern/München: Francke 1971. (GW 1)〔飯島宗享・小倉志祥・吉沢伝三郎編『シェーラー著作集14　初期論文集』白水社，1979〕

———, *Politisch-Pädagogische Schriften*. Gesammelte Werke, Bd. 4, Hg. und mit einem Anhang von Manfred S. Frings, Bern/München: Francke 1982. (GW 4)

———, *Schriften aus dem Nachlass*. Band IV. Philosophie und Geschichte. Hg. und mit einem Anhang von Manfred S. Frings, Bonn: Bouvier 1990. (SN 4)

———, *Der Formalismus in der Ethik und die materiale Wertethik. Neuer Versuch der Grundlegung eines ethischen Personalismus*. 7. durchges. u. verbesserte Auflage, Gesammelte Werke, Bd. 2, Bonn: Bouvier 2000. (GW 2)〔飯島宗享・小倉志祥・吉沢伝三郎編『シェーラー著作集1　倫理学における形式主義と実質的価値倫理学（上）』白水社，1979年；『シェーラー著作集2　倫理学における形式主義と実質的価値倫理学（中）』白水社，1979；『シェーラー著作集3　倫理学における形式主義と実質的価値倫理学（下）』白水社，1979〕

SCHNEIDER, WOLFGANG LUDWIG: *Grundlagen der soziologischen Theorie 1: Weber – Parsons – Mead Schütz*. 3. Auflage. Wiesbaden: Verlag für Sozialwissenschaften/Springer 2008.

SCHNELL, MARTIN W.: *Phänomenologie des Politischen*. München: Fink 1995.

SCHREIER, FRITZ: *Grundbegriffe und Grundformen des Rechts. Entwurf einer phänomenologisch begründeten formalen Rechts- und Staatslehre*., Leipzig/Wien: Deuticke 1924.

SCHUHMANN, KARL: „Husserl und Reinach", in: K. Mulligan (Hg.): *Speech Act and Sachverhalt. Reinach and the Foundations of Realist Phenomenology*. Dordrecht: Nijhoff 1987a, 239–256.

———, *Husserls Staatsphilosophie*. Freiburg/München: Alber 1988.

———, „Probleme der Husserl'schen Wertlehre", in: *Philosophisches Jahrbuch* 98 (1991a), 106–113.

———, „Herbert Spiegelberg 1904–1990", in: *Husserl-Studies* 7 (1991b),

123–127.

———, & SMITH, BARRY: “Adolf Reinach: An Intellectual Biography”, in: K. Mulligan (Hg.): *Speech Act and Sachverhalt. Reinach and the Foundations of Realist Phenomenology*. Dordrecht: Nijhoff 1987b, 3–28.

SCHUR, WOLFGANG: *Leistung und Sorgfalt. Zugleich ein Beitrag zur Lehre von der Pflicht im Bürgerlichen Recht*. Tübingen: Mohr Siebeck 2001.

SCHÜTZ, ALFRED: „Tomoo Otakas Grundlegung der Lehre vom sozialen Verband“, in: *Zeitschrift für öffentliches Recht* 17 (1937), 64–84.〔Englische traslation in Schütz, 1996, 203–220〕

———, *Der sinnhafte Aufbau der sozialen Welt. Eine Einleitung in die verstehende Soziologie* (1932). Wien: Springer 1960.〔佐藤嘉一訳『社会的世界の意味構成　理解社会学入門［改訳版］』木鐸社，2006〕

———, *Collected Papers I: The Problem of Social Reality*. Hg. von M. Natanson. The Haag/ Boston/London Martinus Nijhoff 1962.〔渡部光・那須壽・西原和久訳『アルフレッド・シュッツ著作集第１巻　社会的現実の問題［Ⅰ］』マルジュ社，1983，『アルフレッド・シュッツ著作集第２巻　社会的現実の問題［Ⅱ］』マルジュ社、1985〕

———, *Collected Papers II: Studies in Social Theory*. Hg. von A. Brodersen. Den Haag: Nijhoff 1964.

———, *Gesammelte Aufsätze 2. Studien zur soziologischen Theorie*. Hg. von A. Brodersen. Übertr. aus d. Amerikan. von Alexander von Baeyer. Den Haag: Nijhoff 1972.〔渡部光・那須壽・西原和久訳『アルフレッド・シュッツ著作集第３巻　社会理論の研究』マルジュ社、1991〕

———, *Collected Papers IV*. Hg. von H. Wagner & G. Psathas. Dordrecht/ Boston/London: Kluwer 1996.

SEARLE, JOHN: *Speech Acts. An Essay in the Philosophy of Language*. Cambridge: Cambridge Univ. Press 1969.〔坂本百大・土屋俊訳『言語行為　言語哲学への試論』勁草書房，1986〕

SEIFERT, JOSEF & GUEYE, CHEIKH MBACKÉ (Hg.): *Anthologie der realistischen Phänomenologie*. Frankfurt a. M. et. al.: Ontos 2009.

———, „Die realistische Phänomenologie als Rückgang auf Platon und als kritische Reform des Platonismus“, in: *Aletheia* VI (1993–1994), 116–162. www.iap.li/oldversion/site/research/Aletheia/Aletheia_VI/Münchal6.doc

SIEG, ULRICH: *Aufstieg und Niedergang des Marburger Neukantianismus. Die Geschichte einer philosophischen Schulgemeinschaft*. Würzburg: Königshausen & Neumann 1994.

SMITH, BARRY: “An Essay in Formal Ontology”, in: *Grazer Philosophische Studien* 6

(1978), 39–62.

———, "On the Cognition of States of Affairs", in: K. Mulligan (Hg.): *Speech Act and Sachverhalt. Reinach and the Foundations of Realist Phenomenology*. Dordrecht: Nijhoff 1987, 189–224.

———, "Logic and the 'Sachverhalt'", in: *The Monist* 72/1 (1989), 52–69.

Somló, Félix: „Der Begriff des Rechts (1927) ", in: W. Maihofer (Hg.): *Begriff und Wesen des Rechts*. Darmstadt: WBG 1973, 421–456.

Spiegelberg, Herbert: Gesetz und Sittengesetz. *Strukturanalytische und historische Vorstudien zu einer gesetzesfreien Ethik*. Zürich: Niehans 1935.

———, *The Phenomenological Movement. A Historical Introduction*. Den Haag: Nijhoff 1982.

———, *Sollen und Dürfen. Philosophische Grundlagen der ethischen Rechte und Pflichten*. Bearbeitet und hg. Von K. Schuhmann. Dordrecht: Kluwer 1989.

Srubar, Ilja: *Kosmion. Die Genese der pragmatischen Lebenswelttheorie von Alfred Schütz und ihr anthropologischer Hintergrund*. Frankfurt a. M.: Suhrkamp 1988.

Stadler, Friedrich (Hg.): *Phänomenologie und logischer Empirismus. Zentenarium Felix Kaufmann*. Wien: Springer 1997.

Stammler, Rudolf: *Lehrbuch der Rechtsphilosophie*. Berlin: de Gruyter 1922.

Staudigl, Michael: „Vorüberlegungen zu einer phänomenologischen Theorie der Gewalt. Einsatzpunkte und Perspektiven", in: H. Maye & H. R. Sepp (Hg.): *Phänomenologie und Gewalt*. Würzburg: Königshausen & Neumann 2005, 45–63.

———, „Gewalt als ‚affektive Sinngebung'. Zur Möglichkeit einer Phänomenologie der Gewalt im Anschluß an Husserl", in: M. Staudigl & J. Trinks (Hg.): *Ereignis und Affektivität. Zur Phänomenologie des sich bildenden Sinnes*. Turia+Kant, Wien 2006/07, 293–317.

Stein, Edith: *Eine Untersuchung über den Staat*. Einleitung, Bearbeitung u. Anmerkungen von I. Riedel-Spangenberger. Freiburg/Basel/Wien: Herder 2006 (Gesamtausgabe, Bd. 7).〔道躰章弘訳『国家研究』水声社，1997〕

Stella, Giuliana: „Hans Kelsen und Edmund Husserl", in: L. Gianformaggio (Hg.): *Hans Kelsen's Legal Theory. A Diachronic Point of View*. Torino: Giappichelli 1990, 161–172.

Ströker, Elisabeth: *Phänomenologische Philosophie*. Freiburg/München: Alber 1989.

Tebbit, Mark: *Philosophy of Law: An Introduction*. New York: Routledge 2005.

Tengelyi, Laszlo: *Erfahrung und Ausdruck. Phänomenologie im Umbruch bei Husserl und seinen Nachfolgern*. Dordrecht: Springer 2007.

Theunissen, Michael: *Der Andere. Studien zur Sozialontologie der Gegenwart*. Berlin/

New York: de Gruyter 1977.〔鷲田清一（抄訳）「他者」，新田義弘・小川侃編『現象学の根本問題』晃洋書房，1978所収〕

TRAWNY, PETER: *Martin Heidegger*. Frankfurt a. M.: Campus 2003.

TROLLER, ALOIS: *Überall gültige Prinzipien der Rechtswissenschaft*. Frankfurt a. M.: Metzner 1965.

———, *Die Begegnung von Philosophie, Rechtsphilosophie und Rechtswissenschaft*. Darmstadt: WBG 1971.

VERDROSS, ALFRED: *Die Verfassung der Völkerrechtsgemeinschaft*. Wien: Springer 1926.

VERNENGO, ROBERT J.: „Logik und eine phänomenologische Auslegung der Reinen Rechtslehre", in: O. Weinberger & W. Krawietz (Hg.): *Reine Rechtslehre im Spiegel ihrer Fortsetzer und Kritiker*. Wien: Springer 1988, 203–216.

VESTING, THOMAS: *Rechtstheorie*. München: Beck 2007.

VILLA, DANA: *Politics, Philosophy, Terror*. Princeton, N. J.: Princeton Univ. Press 1999.

VINX, LARS: *Hans Kelsen's Pure Theory of Law. Legality and Legitimacy*. Oxford: Oxford Univ. Press 2007.

WALDENFELS, BERNHARD: *Deutsch-Französische Gedankengänge*. Frankfurt a. M.: Suhrkamp 1987a.

———, *Ordnung im Zwielicht*. Frankfurt a. M.: Suhrkamp 1987b.

———, *Einführung in die Phänomenologie*. München: UTB/Fink 1992.

———, *Antwortregister*. Frankfurt a. M.: Suhrkamp 1994.

———, „Der Andere und der Dritte in interkultureller Sicht", in: R. A. Mall & N. Schneider (Hg.): *Ethik und Politik aus interkultureller Sicht*. Amsterdam/Atlanta: Rodopi 1996.

———, *Topographie des Fremden*. Frankfurt a. M.: Suhrkamp 1997.

———, *Der Stachel des Fremden*. Frankfurt a. M.: Suhrkamp 1998.

———, „... jeder philosophische Satz ist eigentlich in Unordnung, in Bewegung" , in: M. Fischer, H. -D. Gondek & B. Liebsch (Hg.): *Vernunft im Zeichen des Fremden*. Frankfurt a. M.: Suhrkamp 2000. Gekürzte Online Version: „Metaphysikkritik, Politikkritik, Ethik – Ausschnitte aus einem Gespräch mit Bernhard Waldenfels", in: *Journal Phänomenologie* 13 (2000). Internet: http://www.journal-phaenomenologie.ac.at/texte/jph13_interview.html (Last Access: 27. 7. 2010)

———, *Schattenrisse der Moral*. Frankfurt a. M.: Suhrkamp 2006a.

———, "Inside and Outside the Order: Legal Orders in the Perspective of a Phenomenology of the Alien", in: *Ethical Perspectives* 13/3 (2006b), 359–381.

———, & DÄRMANN, IRIS (Hg.): *Der Anspruch des Anderen. Perspektiven phänomenologischer Ethik.* München: Fink 1998.

———, *Bruchlinien der Erfahrung.* Frankfurt a. M.: Suhrkamp 2002.〔山口一郎監訳『経験の裂け目』知泉書館，2009〕

WALTER, ROBERT (Hg.): *Schwerpunkte der Reinen Rechtslehre.* Mit einer Ergänzung der chronologischen Bibliographie der Werke Kelsens von Michael Schmidt. Wien: Manz 1992.

WALTHER, GERDA: *Ein Beitrag zur Ontologie der sozialen Gemeinschaften. Mit einem Anhang zur Phänomenologie der sozialen Gemeinschaften.* Halle: Niemeyer 1922.

WALZ, GUSTAV: *Kritik der phänomenologischen reinen Rechtslehre Felix Kaufmanns. Aphorismen zur Rechtstheorie.* Stuttgart: Kohlhammer 1928.

WEBER, MAX: *Wirtschaft und Gesellschaft. Grundriß der verstehenden Soziologie.* 5., neu herausgegebene und revidierte Auflage. Hg. v. J. Winckelmann. Tübingen: Mohr Siebeck 1972.〔清水幾太郎訳『社会学の根本概念』岩波文庫，1972〕

WEINBERGER, OTA: „Fritz Schreiers Theorie des möglichen Rechts als phänomenologische Fortführung der Reinen Rechtslehre“, in: O. Weinberger & W. Krawietz (Hg.): *Reine Rechtslehre im Spiegel ihrer Fortsetzer und Kritiker.* Wien: Springer 1988, 217–254.

WELZEL, HANS: *Naturrecht und materiale Gerechtigkeit.* Berlin: Vandenhoeck & Ruprecht 1962.

WINKLER, GÜNTER: *Rechtstheorie und Erkenntnislehre. Kritische Anmerkungen zum Dilemma von Sein und Sollen in der Reinen Rechtslehre aus geistesgeschichtlicher und erkenntnistheoretischer Sicht.* Wien: Springer 1990.

———, „Einleitung“, in: F. Kaufmann: *Methodenlehre der Sozialwissenschaften.* Wien: Springer 1999.

WINSTON, MORTON: “Hannah Arendt and the Challenge of Modernity: A Phenomenology of Human Rights (Review)”, in: *Human Rights Quarterly* 31/1 (2009), 278–282.

WOLF, ERIK: „Recht und Welt. Bemerkungen zu der gleichnamigen Schrift von Gerhart Husserl“, in: *Zeitschrift für die gesamte Staatswissenschaft* 90 (1931), 328–346.

WÜRTENBERGER, THOMAS (Hg.): *Phänomenologie. Rechtsphilosophie. Jurisprudenz. Festschrift für Gerhart Husserl zum 75. Geburtstag.* Frankfurt a. M.: Klostermann 1969.

YAMAGUCHI, ICHIRO: *Passive Synthesis und Intersubjektivität bei Edmund Husserl.* Den Haag: Nijhoff 1982.

ZAHAVI, DAN: *Intentionalität und Konstitution. Eine Einführung in Husserls Logische*

Untersuchungen. Kopenhagen: Tusculanum 1992.

———, *Husserl und die transzendentale Intersubjektivität. Eine Antwort auf die sprachpragmatische Kritik*. Dordrecht: Kluwer 1996.

———, *Husserls Phänomenologie*. Tübingen: UTB/Mohr Siebeck 2003.〔工藤和男・中村拓也訳『フッサールの現象学〔新装版〕』晃洋書房，2017〕

———, *Phänomenologie für Einsteiger*. München: UTB/Fink 2007.〔中村拓也訳『初学者のための現象学』晃洋書房，2015〕

ZEILLINGER PETER: *Theologie unter feministischem Anspruch. Zur Hermeneutik theologischer Erkenntnis*. Diplomarbeit. Wien: 1993.

———, „Das Ereignis als Symptom. Annäherung an einen entscheidenden Horizont des Denkens", in: P. Zeillinger & D. Portune (Hg.): *Nach Derrida. Dekonstruktion in zeitgenössischen Diskursen*. Wien: Turia+Kant 2006, 173–199.